U0587866

新訂朱子全書

附外編

22

［宋］朱熹 撰
朱傑人 嚴佐之 劉永翔 主編

上海古籍出版社

本册書目

晦庵先生朱文公文集（二）

劉永翔　朱幼文　校點

晦庵先生朱文公文集卷第二十

申請

請徐王二生充學賓申縣劄子

契勘縣學教集生徒，漸成次第，但職事員數既少，又皆頗有分職，以此不得專意教導。竊見本縣進士徐應中留意講學，議論純正，進士王賓天資朴茂，操履堅慤，求之輩流，未見其比。乞從縣司行下本學，具禮差人敦請赴學，特給厨饌，待以賓客之禮。不惟使生徒覩其言行，得以矜式，亦庶幾士民向風，有所興勸。云云。

代同安縣學職事乞立蘇丞相祠堂狀

右某等伏覩故觀文殿大學士、太子太保致仕、贈司空趙郡蘇公，道德博聞，號稱賢相，立朝一節，終始不虧。自其高曾，世居此縣。比因遊宦，始寓丹陽。今忠義、滎陽二坊故宅基地宛然尚在，而後生晚學不復講聞前賢風節、學問源流，是致士風日就彫弊。某等今欲乞改滎、義坊爲丞相坊，仍於縣學空閑地架造祠堂一所。不惟增修故事，永前烈之風聲，庶以激厲將來，俾後生之竦飭。謹具狀申主簿學士，伏乞備申縣衙，照會施行。

申嚴婚禮狀

竊惟禮律之文，婚姻爲重，所以别男女、經夫婦，正風俗而防禍亂之原也。訪聞本縣自舊相承，無婚姻之禮，里巷之民貧不能聘，或至奔誘，則謂之引伴爲妻，習以成風。其流及於士子富室，亦或爲之，無復忌憚。其弊非特乖違禮典、瀆亂國章而已，至於妬娼相形，稔成禍釁，則或以此殺身而不悔。習俗昏愚，深可悲憫。欲乞檢坐見行條法，曉諭禁止。仍乞備申使州，檢會政和五禮士庶婚娶儀式行下，以憑遵守，約束施行。

舉柯翰狀

照對縣學見缺直學一員，竊見進士柯翰，守道恬退，不隨流俗，專以講究經旨爲務，行年五十，亹亹不倦。置之學校，必能率勵生徒，興於義理之學，少變奔競薄惡之風。欲乞備申使府，差補施行。

與曾左司事目劄子

熹已具前劄，復有愚懇，並以浼聞，事目如後：

一、本軍恭奉聖旨，打造步人弓箭手鐵甲，一年以三百日爲期，兩日一副。昨已打造到一百五十副了畢，申乞起發。繼準樞密院劄子，檢坐元降指揮，只令如法樁收。竊緣上件鐵甲計用皮鐵匠一萬八千工，錢五千二百餘貫，匠人多係遠鄉農民，追呼搔擾，離家失業，不無愁歎。錢除給降到見錢乳香數外，尚欠七百餘貫。乳香變賣不行，不敢科抑，又兑支過一千一百八十餘貫。初謂朝廷別有急切用處，今乃但令本處樁收，徒使州縣勞民費財，以供不急之用，已爲非策，又況樁收日久，皮線爛斷，札片鏽澁，不堪使用，亦有深可惜者。設若遂爲歲例，則其爲害無有窮已，尤爲不便。欲望一言密贊廟堂，特賜開陳，將已造者各令發赴比近屯駐軍馬去處，披帶教閱〔一〕，日夕使用，免致朽損。仍降指揮，向後年分更不打造，則州縣民間不勝幸甚。或慮缺於武備，即乞行下諸軍，取會累年以來中外製造鐵甲，數目不少，既是久無征戰，不應無故損失。須管契勘見收管數目若干，便見虛實。如有不足，亦可令諸州有作院處多募役兵，漸次打作，庶無闕事。

一、本軍昨來奉行增種二麥指揮，逐年所申，漸次增廣，至淳熙五年，三縣共種一千四百餘頃。内星子縣最爲窄狹，已占三百餘頃。近據知縣王仲傑申，本縣今年所種已是增多，然實計之，所種不過六千餘畝，未敢循習舊例，供申虛數。熹昨在田里，素聞此事，皆是官司立定數目，行下鄉村，妄亂供申，公行欺罔。遂判其狀行下，依實供申。及行下兩縣，亦不得循習舊弊，欺罔朝廷去訖。將來申到，比之舊數必是大段虧少。若朝廷以此加罪，固無可言；萬一緣此別行根究，竊恐其他州軍官吏有任其咎者，在熹私義，亦所未安。欲乞一言密贊廟堂，別作開陳，恐日前所申有未實處，立限許令陳首改正。違限不首，然後坐以誣上之罪，使知其罪者得以自新，實爲幸甚。然所有增種指揮，實無補於足食之功，徒有損於責實之政。而州縣奉行，鄉村應對，畫圖供帳，亦或不能無擾。或降指揮直行寢罷，尤爲簡静。

申南康旱傷乞放租税及應副軍糧狀

伏覩本軍今爲久闕雨澤，旱田旱損，已依準令式，具狀奏聞訖。照對本軍地荒田瘠，税重民貧，昨於乾道七年曾遭大旱，伏蒙聖恩，放免本年夏秋二税錢米紬絹共八萬六千三百二十貫石匹，及詔本路監司應副軍糧米四千石，撥到糴軍糧米錢九千餘貫，並撥本軍未起米一萬一千七百餘石、本軍借兑過乳香度牒錢一萬餘貫湊糴軍糧，支遣官兵，及撥到賑糶米五萬石，又拖欠兩年上供折帛月樁等錢共九萬三千四百一十六貫石匹兩，然後遺民復得存活，以至今日。今兹不幸，復罹枯旱之災，又蒙御筆深詔守臣精加祈禱。而熹奉職無狀，無以感格幽明，祈禱兩月，殊無應效。今則早田十損七八，晚田亦未可知，正使幸得薄收，其數亦不能當早田之一二。訪問耆老，皆云乾道七年之旱雖不止於如此，然當時承屢豐之後，富家猶有蓄積，人情未至驚憂。又以朝廷散利薄征，賑給之後，而人民猶不免於流移殍死，閭井蕭條，至今未復。況今民間蓄積不及往時，人情已甚憂懼，目下軍糧便缺支遣，計料見管常平米斛斗，亦恐將來不足賑濟支用。若不瀝懇先事奏聞，竊恐將來流殍之禍及它意外之憂，又有甚於前日。除已具録奏聞，許依分數放免租税〔二〕，更令轉運、常平兩司多撥錢米應副軍糧，準備賑濟外，云云。

申南康旱傷乞倚閣夏税狀

熹昨爲本軍今年災傷至重，奏截留兩年上供米斛，已蒙支撥淳熙六年未起米五千石，充軍糧及賑糶等支用。本軍除已恭禀施行訖，今來檢放旱傷秋苗，通計不止七分。除已一面攢具奏聞外，竊見本軍今年所理夏税，緣自省限起催以來，即苦旱乾，人户車水救田，日不暇給，憂勞愁歎，實與常歲不同，遂不敢嚴督諸縣依限催理，只令勸諭人户自行輸納。至今截日，方據納到紬九千四百匹、錢一萬六千七百三十五貫二百五十九文省。其紬一面支裝起發。所有見錢，竊緣本軍别無儲積可備賑糶，不免擅行兑借，並未起淳熙六年折帛錢七千三百一十九貫二百九十六文省，通前兩項，共錢二萬四千五十二貫五百五十文省。趁此米價未起之間，收糴米斛〔三〕，約計可得一萬一千五百七十餘石，賑糶飢民。却俟糶畢，收簇元錢，節次起發。其餘人户所欠錢紬數目尚多，而民間自今以往，飢餓寒凍之憂日甚一日，漸次無力可以供輸。熹誠不忍更行催督，以速其流離轉死之禍。除已具録奏聞，乞賜許將本軍今年人户未納夏税錢帛權行倚閣，令候來年蠶麥成熟，却隨新税帶納，庶幾飢饉餘民得保生業，不勝萬幸。所有熹輒將上供官錢兑借糴米之罪，亦已具奏，恭俟朝典，併乞施行。

具位。

乞住招軍買軍器罷新寨狀

熹照對本軍見準上司備準朝省指揮，招填缺額禁軍，及拋買軍器物料，並向來申請乞行省罷管下都昌縣創置新寨逐項利害，除已具公狀申聞外，合行供禀者。

一、準安撫司備準樞密院劄子，立定本軍軍額，招填禁軍共五百人。今照本軍舊管禁軍額數至多，蓋緣承平之際，户口繁多，投募者衆，州郡又未有諸色上供及揀汰歸正使臣軍員，倉庫充溢，足以支遣。近年以來，税重民貧，户口逃散，已是無人應募。州郡上供之額既重，冗食之數又多，並無留州得用錢米可以養贍。所以招收常不及額，猶尚支遣不足。蒙朝廷察見上件事理，於淳熙七年内已降指揮，權以二百人爲額。今來又準上項指揮，照應見管二百人外，尚缺三百人。雖已遵依，分委兵官招收，緣本軍僻陋小郡，户口不多，目今雖是荒年，尚乃無人應募。設若有人應募，其添招禁軍三百人，每年合用糧米五千四百石，料錢八百六十四貫文省，春冬衣絹一千三百五十匹，紬一百五十匹，綿四千五百兩，衣錢七百六十五貫，委是數目浩瀚，即無合撥窠名可以支遣。況當荒歉之後，税苗蠲放殆盡，見在人數尚且支給不行，若不申陳，竊慮虚負稽緩之責。欲望鈞慈，特賜敷奏，乞依元降指揮，且以二百人爲額。如以州郡武備不脩，必欲招足元數，亦乞限一年添招十人，庶幾數十年間漸還舊貫，而州郡得以漸次措畫，不致違誤。

一、準轉運司備準樞密院行下拋買第十一料至十五料甲葉牛皮數，竊緣郡境民貧，不堪搔擾，十一至十五料節次具申，未敢行下收買。獨十四料幸蒙漕司申奏蠲免，而又已有拋買第十五料指揮。竊緣本軍三縣去歲大旱，民間貧困，異於常時，官司夏秋二税檢放倚閣，無可催理，逐月官兵請俸尚且積壓，無可支遣。今來雖是漸次起催新税，然旱荒之後，民氣未蘇，尤當存恤撫摩，庶幾不至流散。若更分拋下縣，催督買發，官司初無合破官錢，不過科擾取辦。上件軍器既未有急切用處，徒爾驅逐飢民，使之逃亡失業，因致死亡，有負朝廷救荒恤民之意，事屬不便。欲望鈞慈軫念，特賜敷奏，權與蠲免，候二三年後，年穀豐熟，却令漸次收買，起發施行。

一、照對本軍淳熙五年内，蒙提刑司奏請，於管下都昌縣創置營寨，招刺軍兵，彈壓盜賊，已行依應旋招到軍兵二十名，及於管下巡檢司各差撥兵士十名。並於本軍添差兵官内，差委一員專一在寨統轄教閲。今照都昌爲邑百餘里，見有棠陰、四望、松門、楮溪、大孤山五寨土軍，額管四五百人，縣郭又有弓手八十人，足可彈壓盜賊。當時止緣盜徒倪四等乘船經過縣岸，提刑高公泗一時申請添置。此寨見在縣郭，當五寨之中，而與尉司相去僅百餘步，委是虛設，徒費帑廩。昨來備述利害，及以本軍匱乏，無以贍給，累具申陳，乞行省罷此寨，欲將招到軍兵併歸四望山寨，填補闕額之數，未蒙行下。欲望鈞慈，特賜敷奏，依所乞施行。

乞除豁經總制錢及月樁錢狀

熹照對本軍去歲旱傷至重，檢放秋苗八分以上，及蒙朝省行下，將第三等以下人户夏税畸零倚閣，是致經總制錢收趁不及，合行除豁，及月樁錢無從樁辦，不能如額。已嘗具申總領、轉運、提刑司照會，乞行除豁無收經總制錢，及乞據實樁到月樁錢數起發。除别具狀供申尚書省，乞賜敷奏外，今具事節合行申稟者。

一、經總制錢年額係於夏秋二税内收趁，緣本軍去年分檢放過苗米三萬七千四百五十石一斗二升三合一勺，紐計無收經總制勘合頭子錢六千三百七十二貫一百一十七文省。及依準淳熙七年十月二十六日聖旨指揮，倚閣本年第三等以下人户未納畸零夏税折帛錢二萬三千三百一十五貫四百六十五文，本色絹三千八百一十六匹九尺六寸，紐計無收經總制勘合頭子錢二千九百二十五貫八百四十七文。二項共合除放經總制錢九千二百九十七貫九百六十四文。其苗米上所收經總制頭子勘合等錢，遵從淳熙四年户部韓尚書申明已得指揮，並合隨苗除放。其夏税畸零錢帛既已倚閣，亦無合收經總制勘合頭子錢數目，合依例除豁。方欲具申，乞下總所並憲司照會，今會得池州近以旱傷申請，已奉聖旨，除豁檢放苗米上無收經總制錢。況本軍旱傷尤甚，既檢放秋苗外，又蒙倚閣第三等以下畸零夏税，所有上項經總制錢，委實無所從出。欲望鈞慈矜察，特賜敷奏，於本軍淳熙七年分合發經總制錢内，除豁前項放免無收錢九千二百九十七貫九百六十四文，仍乞行下憲司、總所及本軍照會。

一、本軍月樁錢，係於夏秋二税並場務出納錢物收到頭子、經總制無額錢及酒税課利分隸樁辦。緣去歲旱傷之故，苗米放及八分，三等夏税亦復倚閣，自九月至十二月終〔四〕，月額共合樁辦一萬四千五百三十三貫九百一十二文。除已據實收樁到錢將新補舊，遞互儹那，共計一萬三千九百一十三貫五百四十七文節次起發外，尚有六百二十貫三百六十五文，及今年正月以後合發錢數目，今空竭無可樁辦。欲望鈞慈，特賜敷奏，將淳熙七年九月至十二月終收趁不足月樁錢六百二十貫三百六十五文特賜蠲免外，所是淳熙八年正月以後合發月樁錢數，亦乞行下淮東總領所照會，據本軍每月實樁到錢數起發。候向去年歲豐熟，民力稍蘇，即依舊數發納。

申修白鹿洞書院狀

具位。

契勘廬山白鹿洞舊屬江州，今隸本軍，去城十有餘里，元係唐朝李渤隱居之所。南唐之世，因建書院，買田以給生徒，立師以掌教導，號爲國學。四方之士多來受業，其後出爲世用，名跡章顯者甚衆。至國初時，學徒猶數十百人。太宗皇帝聞之，賜以監書，又以其洞主明起爲蔡州褒信縣主簿，以旌勸之。其後既有軍學，而洞之書院遂廢，累年於今，基地埋没[五]。近因搜訪，乃復得之。竊惟廬山山水之勝甲於東南，老、佛之居以百十數。中間雖有廢壞，今日鮮不興葺。獨此一洞，乃前賢舊隱儒學精舍，又蒙聖朝恩賜褒顯[六]，所以惠養一方之士，德意甚厚。顧乃廢壞不修至於如此，長民之吏，不得不任其責。除已一面計置，量行修立外，竊緣上件書院功役雖小，然其名額具載國典，則其事體似亦非輕。若不申明，乞賜行下，竊慮歲久，復至埋没。須至申聞者。

右謹具申尚書省及尚書禮部，伏乞鈞旨，檢會太平興國年中節次指揮，行下照會，庶幾官吏有所遵守，久遠不至堙没。謹狀。

小貼子

契勘本軍已有軍學可以養士，其白鹿洞所立書院不過小屋三五間，姑以表識舊跡，使不至於荒廢堙没而已，不敢妄有破費官錢，傷耗民力。伏乞鈞照。

乞支錢米修築石隄劄子

照對本軍邊臨大江，舊有石砌隄寨，堰住西灣水汊，藏泊舟船，每歲江西諸州錢糧綱運並商権舟船浮江上下，並於寨内拋泊，或值風濤大作，亦免沉溺之患，公私兩便。自紹興以來，不暇開修，逐年風浪衝擊，砌石損動，往往多被回運空綱偷般壓船前去，以致寨内水汊沙土填塞，積歲之久，不復開浚。重載舟船不免於石寨外江心排泊，沿岸石磊不堪繫纜，每有大風震作，漂溺人船，不容拯救，前後拋失官私錢物不可勝計。本軍慮其所用工料錢米無所從出，又恐土石一興，有妨農作，緣此坐視，不敢申請。今緣本軍旱傷至重，細民闕食，檢準紹興重修常平免役令，諸災傷監司隨所分州縣有興工役而可以募人者，雖非農田水利，謂如城隍、道路、隄岸土工及種植林木之類〔七〕。各預行檢計工料錢穀之數，具利害奏聞。本軍已委星子知縣王文林、司户毛迪功躬親詣地頭，逐一從實檢計到開修石寨去處，合用工料等錢五千三百七貫一百一文，米四百五十六石四斗五升。本軍已行具申轉運使衙，取撥窠名錢米，雇募人工修葺。去後近準使司回牒，止撥到移用錢一千貫文、米五百石。今照先委星子知縣王文林、司户毛迪功檢計工料錢米，並是實用之數，本軍今不敢全乞取撥，望止乞更行增撥錢米，付本軍支散。自餘少缺之數，本軍自行計置，貼助使司撥到錢米。趁此天氣和暖，雇募人工開修，不唯官私舟船得免風濤之患，且使飢民就役，不致缺食。須至申禀者。

乞催修石隄劄子

熹照對本軍臨江石砌隄岸，自紹興以來，被風浪衝擊損壞，及港汊堙塞，稍自江水退落，不堪住泊舟船，已嘗具利害申禀，乞行計料開修。已蒙委官相度，開具合用工食錢米供申去訖，未蒙行下。緣目今水涸，正是併工開修之際，若更蹉時〔八〕，向後寒凍，工匠艱辛。除别具公狀申呈，欲望台慈早賜申奏，仍乞行下，逐旋取撥窠名錢米，一面趁時用工，開修施行，實爲公私久遠利濟之惠。

論都昌創寨劄子

熹竊見自古建立州縣，與安頓營寨去處不同。州縣須得山水環聚，地土寬平，可容官府民居去處，而未必要害；營寨即須相度地勢，果是盜賊來往所必經由之地，可以卓望邀截，不容走透，方爲要害，然後建立。此事理之必然也。故古人於此二者經度安置各有所處，未嘗差互。其州縣去處雖非要害，然既有官府民居、倉庫刑獄，則亦不可無備。故逐縣皆有尉司弓級，大者百餘人，小者不下數十人，與營寨土軍表裏防護，其用意亦備詳而深遠矣。若以州縣去處瀕江帶河，恐有姦人不測侵犯，便爲要害，則凡州縣少不近水，設使果是要害去處，其縣道亦有弓手，足得防護，不必更於弓手之外立寨招兵，然後可以守也。

本軍都昌縣者，地實瀕江，然上有棠陰、松門、四望〔九〕，下有楮溪、大孤山，大小五寨，近者四五十里，遠者亦不過百餘里，逐處可以卓望把截，是爲要害。其縣郭去處，正在五寨之間，又有尉司弓級，額管七十五人，四至八到，在隆興、饒、江三州，星子、建昌兩縣之間，即與淮南州郡並無連接去處。百十年來，除李成大盗横流之後，不聞曾有盗賊直犯縣邑。只於淳熙四年，因有散亡窮寇三人匿跡舟中，經由縣步，初未嘗敢上岸作過，却被尉司弓級緝捉驚趕，即時竄逸。是時偶有饒州職官沿檄到縣。中路得於傳聞，意謂本縣已被焚劫，遂張皇其事，妄申憲司。一時憑信，便將官吏對移，奏稱都昌縣接連淮南，而南康管内都無一兵，乞創此寨。以天子使者持斧逐捕之威，而爲窮寇三人驚駭擾亂至於如此，固已可笑；又況初不計算增兵百人，一歲所費爲米一千八百石、錢五百餘貫、絹五百匹、綿一千五百兩，使州縣何所從出？亦不審慮兵官一員、禁軍百人，出在外縣，使聽何人節制，於民有故本軍無擾擾，致誤朝廷降此指揮。自今觀之，利害得失昭然可見，人無愚智，莫不知之。故本軍昨來輒具申陳，乞行廢罷。今幸朝廷行下使司相度，竊計必蒙洞照底裏，力賜主張，使邑屋無侵擾之虞，州郡免供億之費，遂除一方永久之害。然熹愚慮尚恐州縣官員解事者少，而便文自營之私勝，觀望畏怯之習深，既不明形制要害之緩急，又不察公私事力之有無，但恐廢罷之後，萬一復有衝突，或能累己，又見元係憲司陳請，不無觀望之意。雖到地頭相度，往往不能盡公竭慮，而偷爲一切首鼠之計。或稱實係要害去處，見有招到軍兵、造到寨屋，難以廢罷，上誤鈞聽，則熹請有以折之。

夫地勢要害、衣糧耗費種種利害，熹前已詳言之矣，請更以一事論之：今所置寨，正在本縣尉司之南數十步間，若以弓手爲不足恃，則廢弓手而專募寨兵可也。今置寨以來，弓手之巡警未嘗敢廢，近又會合外縣，捉獲但淳莊賊。而所招新兵者飽食安坐，未嘗少立功効，及至本軍行下督責巡尉之際，其軍兵反教寨官申稱當來置寨只爲防護縣郭，不合下鄉巡捕。其無用如此，但能在縣生事擾民，詞訴不絶。州郡相去既遠，縣官莫敢誰何。若不早行廢罷，向後郡縣民間之害，將有不可勝言者。若蒙察此利害數端之實，許行廢罷，其見招軍兵數目不多，自可撥隸諸寨，塡補闕額，見造之屋，其數亦少，自可就近撥充弓手營房，他無所用也。豈可明知其傷財害民，有損無益，而但爲此羸卒數人、破屋數間之故，留此巨害之根，以貽患於無窮乎？

夫論事不論其利害之實，而欲因陋就簡、偷合取容，以徇目前一切之計，此乃世俗淺陋之常談，宜不足以惑高明之聽。然熹之愚亦有不能無過計之憂者，故敢復盡其言，以煩執事，伏惟幸垂察焉。其或議者尚慮復有前日舟中三人之盜而不可以無備，則望鈞慈，更垂體察，只勒本縣立限招足闕額弓手，而更於額外增置二十五人，湊足一百人，亦足以增重形勢，防衛不虞。而弓手係屬本縣縣尉、知縣，等級相承，名分素定，易爲拘轄，比之立寨招軍，利害蓋萬萬不侔矣。其都昌縣與諸寨相去遠近里數形勢，今並彩畫成圖，連粘在前，乞賜鈞覽。干冒威尊，皇恐死罪。

申免移軍治狀

準安撫轉運使衙牒，備準尚書省劄子，新差知袁州曹大夫奏，乞將南康軍移治湖口縣，撥隸彭澤縣，及都昌縣依舊成三邑，却將星子、建昌縣撥隸江州事，除已移牒諸司，從長相度經久可行利便，修寫同銜檢狀，連書施行外，牒軍詳此，從長相度有無利害，具狀供申。所準前項使牒指揮，本軍檢會昨淳熙三年内，準安撫、提刑、轉運、提舉使衙牒，準二月二十六日尚書省劄子，户部申，準都省批下白劄子，乞將南康軍建昌縣隸江州，而復以江州湖口縣隸南康軍，或建昌縣若還隸隆興府事，牒本軍契勘建昌縣、湖口縣坐落去處，並各縣抵接本軍水陸界分、地里遠近，相度經久可行利便，具狀供申。本軍已行取會逐縣具利害回報，及塌畫地圖送簽廳，集衆官會議，合依建昌縣士民比建昌水陸地界至江州皆遠，至南康皆近，陳乞仍舊隸屬本軍爲便事理，保明具申安撫、提刑、轉運、提舉使衙，照會施行去訖。今又準上項指揮，本軍今相度，開具下項，須至申聞者。

一、本軍自太平興國七年始建軍治，至建炎間，李成賊馬殘破，其元建軍額，案牘不存。尋照圖經及簽判廳舊題名記，并詢訪士民，檢到皇宋咸平本軍判官兼通判余致堯撰新創利民橋記，見得自太平興國六年，相國張齊賢轉漕江表，以其地在廬山之陽，彭蠡匯澤直注于是，每春江水漲，洲沈島没，虔、吉、撫、筠、洪諸城軍實萬艘浮江而下，或天鼓噫氣，怒濤沃空，篙工棹郎，摧檣是慮，指斯邑也爲拯溺之地。公於是度其便，則泝流之要衝，相其宜，則上游之樞會，非鳴鼓角、樹牧帥以守兹土，則觀風之政幾致闕如。由是紀事實以入奏，請改其邑爲軍。太宗皇帝嘉其言，曰：「俞，南方之俗，其在康哉！可賜名南康軍。」自是之後，幾二百年。至紹興以來，復建軍治及諸倉庫、郡官廨舍、兩獄、諸軍營房，洎至成就，所費不貲。若一旦棄而不用，徙置它所，必須創建軍治城壁及諸帑廩、郡官廨舍、兩獄、諸軍營房，不知所費從何取撥？而湖口縣治地勢窄狹，前近大江，後逼高山，亦無建立軍壘去處。今欲創建軍壘，必須占奪民間田地，搔擾不細。以此論之，移治之説，彼此公私有害無利，灼然可見。

一、星子縣係本軍見今治所，地瘠民貧，昨因經界之後，二税愈重，倍於它邑。自辛卯大旱之後，民力未甦，幸而輸納水陸皆便，朝至暮歸，無諸枉費。然而民間未免猶有愁歎，若隸江州，則陸路一百二十里，而水路順流一百二十里至湖口縣，又泝流四十里至江州〔一〇〕。泝流一里折二里，通二百里，輸送期會，轉見遥遠。以此論之，則割隸江州，於民有害，於官無利，灼然可見。

一、建昌縣元申，據進士熊望之等並父老及税户傅政等連狀：「本縣陸路至江州一百八十里〔一一〕，至南康一百三十里，水路至本軍三百里〔一二〕，去江州則又一百二十里到湖口縣，湖口縣又泝流而上八十里，方到江州。又必經由南康軍、湖口縣兩處口岸，不無阻節。見今江州係駐劄去處，一有所科，近縣則便，遠處則不便。且如德安縣，乃江州屬邑之遠者，尚不過一百二十里。本縣去在德安縣之南又六十里，且以馬料微事言之，隨税高下，均科本縣，水行五百餘里，方至江州。如陸程，則南去鄉分到本縣又百餘里，往返有六百里之遠，動經旬日。若中等之家，科藁二百束，每人止負兩束，以人數較之，動費百夫。上等人户則又不止百夫。若令人户就縣交納，亦有般擔縻費，官司解發，亦不過取辦於民。本縣既遠於德安縣，況連丁大旱之後，人民流移，未盡全復；若更以隸江州，豈特流移之家不歸，而見在人户亦必逃移。竊以普天之下莫非王土，江之東西亦皆王民，萬一必欲撥隸，民間豈敢固違？然望之等伏見朝廷清明，四方無虞，東西兩路之民各安其業，與其有所改易，不若仍舊貫爲安。陳乞備申朝省，詳酌利害施行，以便民情。」本軍今來相度，建昌縣昨來所申事理委得允當，以此論之，則割隸江州於民有害，於官無利，灼然可見。

一、本軍逐年起發上供經總制月樁等錢，及支遣官兵衣糧百色支費，全仰三邑樁辦，而建昌、星子應辦不啻過半。今來若將撥隸它州，則所餘都昌地瘠人貧，歲多旱歉，催科稍急，則有逃徙之患，財計實無所出。雖以湖口、彭澤兩縣改隸本軍，名爲依舊三縣，而湖口、彭澤所入亦少，不足裨補。且以苗米論之，星子、湖口各止六千，僅可相當，而建昌秋苗二萬，彭澤所入約計不及其半。今欲以二縣二州夏秋二税及諸色歲計之目依各縣元數，令逐州承認，惟上供之數或可隨縣改割，至於養贍在軍官吏軍兵支用之數，不知何從而出？以此論之，以建昌、星子隸江州，以湖口、彭澤隸本軍，於官有害，於民無利，灼然可見。

右本軍相度利害於前〔一三〕。又詳建議之人首尾陳述略無義理，其言江南分東西路，實以江西爲界者，今契勘江西一路，自隆興府、撫州、建昌軍皆在江西之東，若如議者之言，則此一府一州一軍盡合移治江西之西，而其諸縣亦合改隸江南東路矣。又江州、南康疆境交互，奔走期會，民頗難之。又有風濤之險，監司巡歷、民户輸送往來，每以爲艱。今契勘星子、建昌兩縣民户輸送地里遠近如前所陳，若以議者之言，便行改割，則是使之捨近就遠，去易就難，與其所陳事理利害正相違背。兼本軍所管都昌一縣雖是隔江，然人户輸納，不過苗米一項最爲粗重，自來久例，又只在本縣交納，裝綱起發，人户即無往來之阻。至於移動一軍城壁、官舍、倉庫、營寨，所費浩瀚，度須用數萬緡，而起遣一縣民居、屋舍及占奪其地，使之蕩析流離，不得安其生業，尤非細事。而議者率爾言之，僅同兒戲。不知今日民力凋弊，州縣空竭之際，如何計置得上件錢物，給此支用？而勞民動衆，爲此有害無利之舉，其説竊恐難以施行，徒然煩費文移，動摇物議，使一境軍民日夕憂惶，不遑寧處，極爲非便。謹具申監司衙，欲望詳酌，早賜奏聞，寢罷前件指揮，以安一郡軍民之心，不勝幸甚。伏候台旨。

小貼子

契勘本軍建昌縣陸路至本軍經涉江州德安縣界，而水路直至本軍，不隔外州。其隔江州界分去處，初亦無甚利害，只是德安縣遞鋪兵士以非本軍所轄，尋常不肯傳送本軍及建昌縣文字，有此一節小小利害。然亦須别有措置，豈有爲此之故而輕移一軍、遽割四縣之理？今若將德安一縣遞角文字特令兩州巡轄使臣通行點檢，則郵傳亦自不至阻滯。併乞台照。熹上覆。

論馬辛獄情劄子

熹契勘本軍軍院昨準使帖，押下承局馬辛，根勘淩犯階級情罪，依條施行。已據本院勘到招伏情節，依條合徒二年，配鄰州。熹竊詳本人所犯，却因發覺方彦故違使司元降約束，私買板木，遂致爭鬧。若便依條斷罪，竊恐情輕法重，或非台慈之本意，未敢便行決遣，亦不敢輒具公狀申陳，敢以此私於下執事。欲望矜察行下，稍從寬典，不勝幸甚。熹以亟遣遞筒，未暇别紙布謝悃〔一四〕，併乞台照。

論南康移治利害劄子

熹輒有愚懇，仰瀆台聽：近準安撫衙牒，備承使司公文，差委池州余推官前來相度曹大夫者所陳移治湖口、改割兩縣事，本軍已遵依行下兩縣相度去訖。然其事理，實有不難知者。本軍建立二百餘年，兵火之餘，掃地赤立，今又五十餘年，官府民居方稍就緒，然猶頗有未圓備處。若更遷徙，必致狼狽。兼今來民力已極困弊，官司尤覺煎熬，移治所費，少亦不下數萬緡，不知何所從出？又聞湖口地步窄狹，目今爲縣尚且費力，若欲改建軍壘，城壁、官府、倉庫、牢獄所占地步計須十倍於前，未知何處可以安頓？設使可以安頓，亦必起遣居民，毀拆其屋，占奪其地，乃可營建。不知今日幸無迫切利害，何必爲此以動摇人心，爲國取怨？此移治不便之説也。至於改割兩縣，則兩縣距今南康治所道里近，而去江州治所道里遠，南康財賦取辦於建昌、星子者過半，而湖口、彭澤二縣所入不足以補其數。雖上供歲額或可隨縣改割，而本軍官兵吏員廩禄，不知何所從出。此割縣不便之説也。竊意此事終久決難施行，而徒煩費文移，動摇衆聽，使兩處軍民之情疑慮惶惑，不安厥居，極爲非便。熹衰病之餘，扶曳來此，旦夕即爲引去之計，視此不啻如傳舍，豈有毫髮顧戀之心？特以既荷聖恩，彊畀民社，既未能有以使其人安於田里而無愁嘆之聲，誠不忍更使復爲庸人淺議所擾，故敢直以己意干昧申呈。其詳見於公狀，欲乞台覽，早賜奏陳，寢罷其説，以安兩處軍民之心。不勝幸甚。

論阿梁獄情劄子

熹照對本軍阿梁之獄節次番詞互有同異，須至依條再行推鞫。然以愚見，本人番詞雖非實情，然且只據其所通情理，亦不可恕，不必再行推鞫，盡如前後累勘所招，然後可殺也。蓋阿梁與葉勝私通，致葉勝因其夫病而手殺之，雖使阿梁全然不知殺害之情，究其所因，已絶人理。況已明知殺意，當時自合出門聲叫，或密投鄰里，以求救援。今乃抱兒立於門外半時之久，以俟其夫之死；及見其夫之出，聞其夫之聲，知其事之不成，然後隨聲叫呼以求救。只此一節，其情蓋已灼然可見，不必同謀共殺然後可置極典也。夫人道莫大於三綱，而夫婦爲之首。今阿梁所犯窮凶極惡，人理之所不容，據其番詞，自合誅死，無足憐者。本軍雖已具申，乞行推鞫，然熹愚意欲望使司詳此情節〔一五〕，別具奏聞，乞降睿旨，只依元降指揮處斬施行。不惟得以早正典刑，使姦凶之人不得以遷延幸免，亦以聳動羣聽，使衆著於人倫之義，於以弼成聖教，實非小補。熹以人微職賤，不敢頻有奏陳，敢以此私於執事，伏惟鈞照。

論木炭錢利害劄子一

熹輒有愚懇，仰瀆台聽：伏見管下都昌縣人户夏税錢内一項科折木炭，自來只用本色備船裝載，赴監送納。自紹興二十四年，提點韓寶文任内，因納炭稽遲，追典押取問，偶一時懼罪，自行供認，乞每秤折納價錢二百六十文省。解發赴監，自行置場買炭。考之縣吏，每税錢二十文折木炭一秤。以税錢則例言之，夏税見錢一貫五十文，合折絹一匹，官交價錢六貫文省。若折木炭，合管炭五十二秤半，每炭一秤，官交正錢二百六十文省，共錢一十三貫六百五十文。已上以兩項價錢比並，則木炭錢多於折絹價錢七貫六百五十文，係爭一倍以上，數目已極懸絶。況都昌民户逐年長養園林，採柴燒炭，每斤直錢五文至六文止。若比倣折納價錢，又幾三倍，所以民力重困，多掛欠籍，追逮督迫，幾不聊生。今來人户乞依祖來舊例，備本色自雇船裝載，赴監送納，獲鈔銷注，誠爲便利。民户所陳，大略如此，所有曲折，具于公牘。敢乞台慈詳酌，俯從所請，庶幾疲瘵之民得以少蘇，實出使臺之惠，不勝幸甚。冒昧台嚴，不勝悚仄。

小貼子

上件所陳乞納本色木炭事，或以爲不若比附納絹，量減價錢，却從使司置場收買，尤爲利便。更乞台慈詢究，詳酌施行。

論木炭錢利害劄子二

照對本軍管下都昌縣人户舊例送納本色木炭，赴使司交納。紹興十五年間，使司行下，每秤折納價錢一百五十文足，續又每秤至二百六十文省。契勘其炭係以絹税紐折，今來所納價錢，比之折絹計多一倍以上，委是太重，民力不堪。昨據人户陳訴，已曾具申使司，乞納本色，未蒙行下，不免具申朝廷。今準省劄，已送使司指定。竊念本軍地狹民貧，稅額偏重，而折納炭錢，比於納絹計增一倍以上，比於本色，計增三倍以上。農桑之家有木無錢，送納累年，委實困弊。欲望台慈仰體聖朝勤恤民隱之意，特賜詳酌，許依所乞送納本色，不勝幸甚。干冒台嚴，俯伏俟罪。

論木炭錢利害劄子三

熹昨日伏蒙面諭，許賜行下究實都昌木炭價錢利害，特與蠲減，仰見仁人君子所以愛民之實，不爲苟悦於一時，而所以爲之計慮深遠如此，感幸歎息，無以爲喻。適準使帖，謹已遵禀施行，續當條上。然熹竊伏思之，復有一説，上可以推廣台慈矜恤之惠，而下不至於多失有司經常之入，敢預言之，以俟采擇。謹按木炭本以稅絹紐計，納本色，比之納絹，所費已增一倍之數；折納價錢，比之納絹，所費又增三倍之數。反覆紐折，至於數倍，上違法意，下損民力，本軍三縣皆受其弊。然二縣距使臺爲遠，津般本色，其費不貲，故雖價錢稍重，而不敢深以爲苦。都昌則距使臺甚近而津般不難，故獨願納本色，而深以價錢之重爲病。要之，以錢比絹而論之，則三縣之事體初不異也。熹前者妄論未能及此，向若使司直從所請，令納本色，則熹不及有所議矣。今乃幸蒙矜念，更令究實，却與蠲減，是以熹得以復有所言。欲望台慈，更賜詳酌，三縣第三等户一概重行蠲減，其上兩等人户却令且依舊送納，庶幾一郡細民均被大賜，而上兩等户事力稍重，猶可不至大段狼狽，兼亦不至多失使司財計，免致别有經畫，實爲利便。須至申稟者。

乞聽從民便送納錢絹劄子

熹近者兩具劄目，陳乞宫廟差遣，恭想已徹鈞聽。外服下僚，不敢數以寒暄浮禮仰塵威重，玆乃復有愚悃，輒冒布之。熹束髮讀書，不親世務，加以疾病，益復懶廢。玆蒙誤恩，起家試郡，觸事昏塞，不知所爲。近因奉行近降指揮，令上三等户税絹畸零丈尺湊鈔送納本色外，下户不成端匹税絹，每尺並以一百文足折價，從便獨鈔送納。節次據本軍下户陳訴，乞依舊湊納本色。熹初不知利害曲折，只見朝廷指揮之意本爲優恤下户，但行喻遣，催促送納。自後點檢得見納到數目大段稀少，遂行詢問，乃知本軍絹價每匹不過三貫文足，今令上三等户得納本色，而下户却令一尺折錢一百文足，即納一匹計成四貫文足，委是折錢太多，所輸反重於上户，所以下户不願折納。而熹昏愚，不能加意詢訪，及時申明，致此違慢。已從本軍具狀申尚書省，欲乞許從民便，送納錢絹。敢乞鈞慈早賜敷奏行下，以憑遵守催督，免致拖欠，爲公私久遠之害。所有熹申明後時，上誤國計，亦乞明賜黜責，以爲守臣慢令廢職之戒。干冒鈞聽，伏深恐懼。

小貼子

熹所申事理，緣今夏税末限將滿，欲乞鈞慈詳酌，徑自朝廷施行，庶幾猶可及事。若送户部行遣，往還動淹旬月，州縣之吏無所禀承，則懦者不敢督趣，必至於闕供，强者不恤有無，必至於病民矣。切乞垂念。

熹又竊詳今者所降指揮，它州未聞有以爲病而申陳者，或是本處絹價高貴，今得例從低估，民間實以爲便。故熹所申，亦不敢乞減所定錢數，只乞許從民便，則價貴處人自納錢，價賤處人自納絹，兩不相妨，各得其便。伏乞鈞照〔一六〕。

乞禁保甲擅關集劄子

契勘保甲之法，什伍其民，使之守護里閭，覺察姦盜，誠古今不易之良法也。然既許其蓄藏兵仗，備置金鼓，則其節制階級似亦不可不嚴。竊見目今見行條法、累降指揮，但有團結教習之文，初無戒令糾禁之法。鄉里豪右平居挾財恃力〔一七〕，已不可制，一旦藉此尺寸之權，妄以關集教閲爲名，聚衆弄兵，凌弱暴寡，拒捍官司，何所不至？如本軍都昌縣劉邦逵等，只緣劉彦才爭競，聞得官司追呼，遂於盛夏輒行關集，鳴鑼持仗，過都越保，欲以報復怨仇，抗禦捕吏。向非託於保甲之名，安敢公然如此？熹除已將劉邦逵等依相毆報冤爲名，結集徒黨立社法等第決配編管外，仍具利害申使司，欲望台慈詳酌，特賜行下，約束施行。區區之懷，別有愚見，更望使司特賜敷奏，明降指揮：今後應保甲首領等人，輒以鬬集教習爲名，聚衆弄兵，欲以恐脅官私、報怨拒捕者，比凡人之法特加一等收罪。庶幾豪强知畏，不致夤緣敗壞良法，委實利便。須至申禀者。

乞保明減星子縣稅劄子

熹昨日方遣人具劄目申禀，想徹台聽。適所遣陳乞減星子稅人回，賫到省劄一道，謹復專人申納，乞賜台念，保明回申，不勝幸甚。其間上供對補之說，竊謂若本不虧上供元額，即初無可申請；若有别色可以對補，即亦不須申請。今有司之吝至乃以此爲問，則蠲減之恩似已無復可望。然邑人緣此陳乞，往來計會，亦已薄有所費，其心不能無僥倖於萬一。而熹元奏固已有謂「如蒙施行，不唯今日見存人户得保生業，而已逃未復，願耕無田之人，必將有扶老携幼而至者。不數十年，生齒日繁，墾田日廣，向來椿閣之數，亦可漸次起理，以復承平之舊」者，似已預爲今日解紛之地。欲望台慈，頗采其意，特爲申述，使得不爲刀筆所沮，而早得蒙被堯舜之澤，熹與邑人千萬幸甚。干冒威尊，無任戰悚。

小貼子

上件文字欲乞不别委官看詳，徑從使司保明回申，幸甚。

報經總制錢數目劄子

熹照對近準使司公牒，依準總領使所牒，催發本軍去歲未發錢四千六百餘貫，並今年未發錢三萬九千五百四十餘貫。謹按去年錢内合除豁坊場敗闕體減下錢一千四百四十貫三百餘文〔一八〕，僧道免丁比額不敷錢一百六十四貫六百餘文、截使招軍造甲經總制錢一千八百九十五貫文，及己申及乞理折曹秉義等税錢九百九貫餘文，共計登四千四百九貫三百四十五文省外，實催到茶租錢二百八貫，已差衙前蕭彦押發，别無未起之數，節次具申總領所照會去訖。所是今來錢，除已起發春季外，未發錢數内亦有合除豁坊場敗闕體減下錢、僧道免丁比額不敷錢，共登一千九百一十三貫七百九十文。自餘合催錢數，緣本軍今年夏初以來，田禾便遭枯旱，今則秋苗已放八分已上，民間目下已自闕食。兼淳熙七年第三等以下未納畸零夏税，已蒙上司備奉聖旨行下，權行倚閣。今來正税既無所入，其經總制等錢亦别無合收窠名官錢可以樁辦。所有秋季經總制等錢，係據實收到錢七千四百六十三貫二十四文省，差衙前王溥管押外〔一九〕，有冬季錢數，當在來年正月起發。本軍亦緣旱傷，人户艱於輸納，兼準近降指揮，住閣夏税官物。竊恐將來拖下合發錢數〔二〇〕，虚負罪戾，已節次具申朝廷並上司，乞賜敷奏，將合趁經總制錢容本軍據所屬實收到錢數批曆入帳，拘收起發，免以遞年季分比虧去訖。除已别具公狀供申外，今蒙使司所追，都吏以下，欲望台慈存留，催發官物。干冒威嚴，不勝惶恐之至。

乞減移用錢額劄子

熹契勘本軍財賦匱乏，官兵支遣常是不足，逐時全仰酒税課利分隸相助。近自乾道九年内，蒙使司於經常分隸錢數之外，創立名色，每月抛移用額錢一千二百餘貫，均於城下及兩縣酒税務趁辦。自此之後，酒税所收課利，除樁移用錢外，諸司所得分隸錢數不多，致本軍財計轉見闕乏，支持不行。兼近年以來，沿流州軍收税太重，商旅稀疏，又爲諸軍差出軍兵販賣物色，賫到户部總所曆頭，不許州縣收税，場務愈見虧欠，州縣愈見窘闕。只如本軍，見今拖欠使司移用錢四個月，無以起解。今有公狀具申，欲望台慈矜憐，特賜於元抛移用額錢上重賜裁減，行下樁辦，非獨場務可以補解逋欠，亦於本軍不無少有補助。干冒威嚴，不任悚慄。

小貼子

照對州縣財計取辦於稅務，稅務課額仰給於客旅，然則客旅雖非農民之比，亦官司財用取資，不宜重困，使其望風畏避而不敢出於其塗也。今者本軍得蒙使司蠲減苗米水脚錢，每石至一百三十九文，農民固已幸甚，獨往來商旅、州郡場務以課額浩大，不容優恤。若蒙台慈詳察，將上件移用無名之額痛賜裁減，使州郡得以約束務官，輕減商稅，招邀客旅，令得通行，是亦使司久遠大利之源，不必竭取於一時然後爲快也。

乞行遣攔米官吏劄子

熹已具申稟，未行之間，復有危懇，重浼鈞聽：熹昨嘗妄以鄰路遏糴利害申聞，已蒙聖旨特賜指揮。近得彼路諸司文移，始許通放，而屬縣下吏乃敢蔑視朝廷號令，帶領吏卒公肆拘攔，至於越境釘斷陂口，以絶往來之路，正復戰國相傾之世，不至於此。雖已移書彼郡及諸監司，請照條令按劾，尚恐未以爲意，不免具狀申省，乞賜約束。欲望鈞慈矜憐，早賜行遣，不勝幸甚。熹干冒非一，罪無所逃，伏紙不勝戰栗俟罪之至。

乞申明閉糴指揮劄子

熹輒有迫切之懇，仰干鈞聽：本軍地瘠民貧，米穀不多，遞年雖是豐熟，亦仰上流州軍客船販米，糴糴食用。今年遭此大旱，檢放七分以上，而上流儘有得熟去處，顧乃循習舊弊，公然遏糴，以致米船不通，細民闕食。本軍竊慮無以賑糴支遣，遂逐急那兑諸色官錢；差人前去收糴米斛。今據差去人申，已糴到米，而諸處官司出牓禁約，不許放行。竊慮客販不通，官糴又阻，境内飢民日就狼狽，除已移文諸處官司，請照累降指揮疾速放行，及不許阻節客旅外，更欲具奏及申尚書省，又慮遽失鄰援之歡，向後别致邀阻，反爲深害，謹密具此申禀。欲望鈞慈，特賜矜察，早爲敷奏，特降睿旨，檢舉舊法，遍下諸路嚴行約束。但使公私米穀遠近通行，則沿流荒旱州軍自當不至闕食，非獨此邦之幸而已。干冒威尊，伏增震悚。

小貼子

照對本軍勸諭上户賑糴近十萬石，其間多有有錢無米之人，亦須上流收糴。若被沿路阻節，米船不通，即此勸諭之數盡失指準，民命所繫，爲害非輕。伏乞鈞慈，深賜留念。

乞撥兩年苗税劄子

熹昨曾具奏及申尚書省，約計本軍今秋放旱外三分苗米一萬三千九百五十五石，及去年零欠綱運米五千餘石，乞賜截撥下本軍充軍糧支遣。今續據管内三縣申到檢放實數，多是全户乾死，所傷不啻八九分。若依元數，必取三分苗米，即恐人户無從輸納，必致逃移。其去年殘欠，初意亦候今冬催理填納。今既災傷如此，亦非並督舊逋之時。以此計之，即熹前奏所乞兩項米數，正使便蒙聖恩，許賜截撥，然皆已難作十分指準，未蒙哀憐，則其狼狽又將有不可勝言者。

蓋嘗竊謂有軍則糧決不可以不足，既旱則税決不可以不放，此二者皆必然之理也。但在今日，欲取足軍糧，則民已無食，更責其税，必有逃移死亡之憂；欲盡放民税，則有軍而無糧，民亦將有不能保其安者。二者之爲利害，其交相代又如此。然就其一端而論之，則闕軍食之禍淺而易見，不放税之禍深而難知。故今州縣之吏，不過且救目前，爲應文逃責之計，掩蔽災傷，阻遏披訴，務以餉軍不闕爲先務。至於民不堪命而流殍死亡，皆不暇恤。殊不知民既死徙，閭井蕭條，田園蕪没，或數十年而户口賦税無以復於其舊，積其所失，比之全放一年之税，何止倍蓰？且如本軍，乾道七年歲嘗大侵，流殍滿道，至今十年，而流庸尚有未安集者，田土尚有未開墾者。今者不幸復遭此旱，計其分數，乃或甚於彼時，民尚無以爲食，若復責以輸納租税，將來之患，必當有甚於前。不知更費幾年功夫，可得復似今日？此尤不可不深慮者也。然非朝廷察此利害之幾，有以給其軍食，使之得以盡實檢放而無乏供之患，則難知之深害未弭，而目前立至之禍已不可免。此熹之所以不敢避僭瀆之罪，復論前奏之未審者。仰冀鈞慈，深加憐察，特賜敷奏，且依所乞，截留兩項米斛外，更令帥漕兩司同共相度，別行應副，則闔郡軍民死生而骨肉矣。如蒙留念，更望早賜行下，以安其心。熹無任惶恐俟命之至。

小貼子

熹所申稟，只爲乞撥六年殘欠及七年放外兩項米斛，又恐朝廷怪其檢放分數之多，故其妄言遂至覼縷，誠不能無草野倨侮之嫌，然其區區之心，實欲深爲國家生聚教訓恢復久遠之計，若熹之私，則去替不遠，疾病侵陵，罪戾孤蹤，日俟譴斥，決非久於此者，亦何必曲沽民譽，過爲身謀，以罔朝聽而陷於不測之誅？伏惟鈞慈，深賜洞察。

與執政劄子

熹瞻望台躔，久不申起居之問，下情第切宗仰。比以災旱告急於朝，竊計已蒙鈞念。惟是疏拙，素不更事，重此困迫，不無煩擾。今復有劄子二通，申稟放税、乞米及鄰境閉糴事。而熹疾病之餘，不堪扶曳，輒有私懇，仰瀆威尊。敢望鈞慈，並爲敷奏，乞從所請，千萬之幸。熹頻有干慁，不敢累幅以勞侍史，並乞鈞照。

乞以泗水侯從祀先聖狀

照對本軍昨因修葺軍學，照得從祀神位名號差舛，曾具狀申尚書禮部。續準本部符降到見行從祀神位名號，本軍謹已遵依，彩畫題寫奉安訖。熹恭覩崇寧元年二月二十五日詔，追封孔鯉爲泗水侯，孔伋爲沂水侯。今按本部降到神位名號，其泗水侯獨未得在從祀之列。蓋嘗考之論語，伯魚過庭，親承詩、禮之訓，先聖又嘗使爲周南、召南之學，其才雖曰不及顔淵，然亦不應盡出七十子之下。竊意當來禮官一時討論偶失編載，非固有所取舍升黜於其間也。熹愚欲望朝廷特賜詳酌，將泗水侯列於從祀，位在七十子之後、沂水侯之前，庶幾孔門之賢悉登祀典，有以仰稱崇寧聖詔褒崇之意。須至申聞者。

右謹具申尚書省，伏乞照會施行。謹狀。

乞頒降禮書狀

照會政和五禮新儀州郡元有給降印本，兵火以來，往往散失。目今州縣春秋釋奠、祈報社稷及祀風雨雷師，壇壝器服之度、升降跪起之節，無所據依，循習苟簡，而臣民之家冠婚喪祭，亦無頒降禮文可以遵守，無以仰稱國家欽崇祀典、防範民彝之意。須至申聞者。

右謹具申行在尚書禮部，欲乞特賜申明，檢會政和五禮新儀内州縣臣民合行禮制，鏤板行下諸路州軍。其壇壝器服制度，亦乞彩畫圖本，詳著大小高低、廣狹淺深尺寸行下，以憑遵守。

小貼子

契勘王公以下冠昏喪祭之禮，鄂州見有印本，但恐其間或有謬誤。只乞行下取索，精加校勘，印造給降，不須别行鏤版。其州縣祭禮及壇壝器服制度，即乞檢會，抄寫圖畫，别爲一本，鏤版行下。

乞增修禮書狀

伏見本軍昨準尚書禮部符下政和五禮祭祀儀式，竊嘗參考，其間頗有未詳備處。方欲具狀申審，今覩進奏官報，近者判部、侍講、侍郎奏請編類州縣臣民禮儀，鏤版頒降，已奉聖旨依奏。此誠化民善俗之本，天下幸甚。然熹竊慮其間未詳備處，將來奉行或致牴牾，今具如後，須至申聞者。

一、所準行下釋奠禮儀，熹按其神位除正配三位外，有殿上兩廊從祀，未見位號名數。不委新儀全書有無具載？欲乞討論，並賜行下。然按祀令，二月、八月上丁釋奠文宣王〔二一〕，以兖國公、鄒國公配，牲共用羊一，豕一，白幣三而已。今其所祀，乃近一百餘位，一羊一豕，無緣可以遍及。又州縣廟學窄狹，祭器獻官多不及數，往往不能一一分獻，其爲欺慢，莫甚於斯。竊欲更乞相度申明，許令州學免祭兩廊諸位，縣學並免殿上十位，庶幾事力相稱，儀物周備，可以盡其誠敬。

熹又按行下釋奠行事儀引三獻官詣舒王神位前一節，係政和間所定，後來靖康年中，已有指揮追貶王安石爵秩，停罷配享訖。今來上件儀注尚仍舊文，竊慮州縣奉行，反致疑惑，亦合申明改正，並乞台照。

一、所準行下釋奠陳設儀云：「設著尊四，犧尊四，爲二重，在殿之東南隅，北向西上，配位即於正位酌尊之東。著尊在前，皆有坫，加勺冪，爲酌尊。」著尊一實明水，爲上尊，餘實泛齊，初獻酌之。犧尊一實明水，爲上尊，餘實醴齊，亞、終獻酌之。熹按後章行事儀云：「初獻酌犧尊之泛齊，亞、終獻酌象尊之醴齊。」與此不協。竊疑兩處必有一誤。尋考祭社稷、祀風雨雷師陳設儀，皆設犧尊、象尊爲酌尊，乃知正是此章之誤。其「著」字當作「犧」字，「犧」字當作「象」字。又既云北向，則是犧尊在北，象尊在南，所云在前，亦是重複倒置。欲乞申明改正行下。

一、所準行下釋奠祭祀、陳設章，皆云又設太尊二，山尊二，在神位前；太尊一實泛齊，山尊一實醴齊，各以一尊實明水。著尊二，犧尊二，象尊二，壺尊六，著尊一實盎齊，犧尊一實醍齊，象尊一實沈齊，各以一尊實明水。壺尊三實元酒，三實三酒。明水、元酒皆在上，五齊三酒皆以本處酒充。在殿下；皆北向西上，內祭社稷儀云南向東上。加冪。五齊三酒皆設而不酌。熹按此太尊、山尊，乃是都共設於殿之前楹、壇之南面，其北更容獻官拜跪酌獻，非是逐位之前各設四尊。所謂北向者，恐是太尊二爲一行，其南山尊二爲一行，又次南階下著尊二爲一行，又次南犧尊二爲一行，又次南象尊二爲一行，又次南壺尊六爲三行，其南向者反此。所謂西上者，謂西實元酒〔二二〕，東實五齊、三酒。其東上者反此。未委是否？各乞討論，並賜行下。

一、所準行下州縣社稷、風雨雷師壇壝制度，熹按其文有制度而無方位。尋考周禮左祖右社，則社稷壇合在城西。而唐開元禮祀風師於城東，祀雨師於城南，未委新儀全書有無同異？欲乞討論，並賜行下。

一、準禮，諸侯祭名山大川之在其境內者，又曰山川之神，水旱疫癘之災，於是乎禜之。蓋以其崇高深廣，能出雲氣，爲風雨，以滋養潤澤乎一方也。今州郡封域不減古之諸侯，而封內名山大川未有望祭之禮，其有祠廟，亦是民間所立，淫誣鄙野，非復古制。顧乃舍其崇高深廣、能出雲雨之實，而傴僂拜伏於土木偶人之前，以求其所謂滋養潤澤者，於義既無所當，又其牲牢器服一切循用流俗褻味燕器，於禮又無所稽。至於有山川而無祠廟者，其歲時祈禱，遂不復禜於山川，而反求諸異教淫祠之鬼，此則尤無義理，而習俗相承，莫知其謬。欲乞檢照五禮新儀，如已有祭山川禮，即與編類行下。如有遺闕，亦乞討論，依放祭社禮儀立定時日、壇壝、方位制度，並賜行下。

一、伏覩累降赦書，歷代聖帝明王、忠臣烈士，有功及民者，並令致祭。謹按唐開元禮，享先代聖王，並用禮器法服。今即未委新儀全書有無歲時祠祭儀式，欲乞檢照討論，並賜行下。

右謹具申尚書禮部，如有可採，乞賜台旨施行，庶編類成書之後，免致疑惑，復有更改。謹狀。

淳熙七年三月□日。

乞加封陶威公狀

據都昌縣稅户董翌等狀：「伏覩本軍牓示詢訪先賢事跡，數中一項：晉侍中、太尉長沙陶威公興建義旗，康復帝室，勤勞忠順，以没其身。謹按圖經，公始家鄱陽，後徙潯陽，見有遺跡在本軍都昌縣界，及有廟貌在本軍城内及都昌縣，水旱禱禳，皆有感應。未委上件事跡是與不是詣實〔二三〕？且翌等係都昌縣居民，縣境之南北的有陶威公廟二所，其神聰明正直，陰有所助。廟貌建立年代深遠，逐時居民商旅祈禱，無不感應。及本縣管下並鄰近州縣等處，遇春夏闕雨，鄉民詣廟祈求，立有感應。兼本廟邊臨匯澤大江，水勢湍急，綱運舟船往來祈禱，風濤自然恬静，前後廟記聲述分明。今來翌等不敢没其實，陳乞詳酌，具録陶威公靈應事跡，保明奏聞，乞加封號。」本軍所据前項狀述，尋行下都昌縣，勘會得董翌等所陳委是著實，保明申軍。及繳到江南劉義仲所撰公贊曰：「晉太尉陶威公侃有大功於晉，讀其書，凜乎若見其唱義於武昌，破石頭，斬蘇峻，何其壯也！東坡蘇公嘗爲予言，威公忠義之節横秋霜而貫白日，晉史書折翼事，豈有是乎？且就其説考之，威公夢生八翼，登天門，九重登其八，閽者以杖擊之，墜地折左翼。及握彊兵，居上流，潛有窺覦之志，輒思折翼之祥，自抑而止。心之所寓者爲志，神之所寓者爲夢，何自而知其然哉？至其書梅陶稱『機神明鑒似魏武，忠順勤勞似孔明』，豈不信哉？魏武起徒步，唱義兵，非若威公威名之著也。以漢德之深、磐石之固，可折箠驅之，以息天下之禍，非若成帝削弱之資也。董卓之亂，未必大於蘇峻；魏武之功，未必過於威公。保兖州以爲固，挾天子以爲資，其意安在？則其託興復以爲名，是乃窺漢之計也。名莫大乎忠孝，分莫大乎君臣。若魏武無忠臣之節，其所謂機神明鑒者，姦雄耳，威公豈其比乎？始蘇峻之禍，賊將害其子者，馮鐵也。馮鐵奔石勒，爲戍將。石勒畏威公之彊，殺馮鐵。石勒自以爲一時豪傑，標置二劉之間，俯視曹孟德、司馬仲達而氣出其右，顧畏威公如此。威公没，距今幾千年，所在廟祀之。都昌縣南北廟爲尤盛，廟屢廢而屢興，由其有功德於斯民者厚也。」又檄到近世撫州布衣吴澥所著辯論曰：「卓哉，陶士行之獨立也！方魏晉之際，浮虚之俗摇蕩朝野，一時聞人達士、名卿才大夫莫不陷於末流，罔知攸濟。唯士行深疾時弊，慨然有作，蓄其剛毅沉厚之氣，秉其忠慤正固之節，以與流俗爭衡。雖動而見尤，所向白眼，一入仕途，荆棘萬狀，而方寸耿耿者，未始少渝，終日運百甓於竹頭木屑間，纖悉經營，雖一束之檖，劬勞不怠。當時名士觀之，宜若老農俗吏，無足比數，而士行確然爲之不屑也。卒能恢廓才猷，立功立事，以大庇斯民。當晉室横流之中，屹爲底柱。自非明智獨立，安能臻此哉？然覽庾亮之傳、應詹之書，則疑侃有跋扈之心；觀温嶠之舉、毛寶之謀，則見侃有顧望之跡。比至灑血成文，登天折翼，動可疑怪，豈有是事也哉！此蓋行高於人，衆必非之。加以蘇峻之誅，庾亮恥爲之屈，既士行溘先朝露，後嗣零落，而庾氏世總朝權，其志一逞，遂從而誣謗之耳。秉史筆者既有所畏，何所求而不得哉？是其旁見曲出，乃所以證成其罪也。然觀士行義旗既建，一麾東下，子喪不臨，直趨蔡洲，一時勤王之師蔑有先者。暨元勳克集，實主斯盟，而退然不有，旋師歸藩。既坐擁八州，据上流，己重泰山，晉輕鴻毛，移其宗社，曾不反掌，而臣節益脩，未始擅作威福以自封殖。朝廷憚其勳名，每加疑備，而士行泰然，曾不少芥胸次。及末年卧疾，封府庫而登舟，舉愆期而自代，視去方伯之重，不啻脱屣。其臣節終始夷險，無一可訾。窮晉二百年間，卓然獨出，不忠之迹，果安在哉？今捨其灼然之實，而信其似是之虚，豈可謂善觀史也哉？嗟乎！自古欲誣人而不得者，必汙以閨房之事，以其難明故也。今晉史欲誣士行而乃以夢寐之祥，是其難明殆又甚於閨房哉！然不知士行而實懷異志，則如此夢寐之祥，正合自知耳，人安得而知之？晉史以此待士行，其智果不得與小兒等，其説固不待攻而自破云。」本軍今檢準乾道重脩令，諸道釋神祠祈禱靈應，宜加官爵封號廟額者，州具實事狀申轉運司，本司驗實保明。及詳本縣繳到文字，所以發明公之心迹尤爲明白，有補名教，理宜褒顯。而公位登三事，爵冠五等，當時所以品節尊名者，亦已稱其行事之實。今据士民陳請在前，欲乞朝廷詳酌，採其行事，特賜廟額，以表忠義，更不別賜爵號。須至申聞者。

右謹具申轉運使衙，伏乞照會，詳酌前項所申事理，依條施行。伏候台旨。

校勘記

〔一〕披帶教閲 「教」，浙本、天順本作「校」。

〔二〕許依分數放免租税　「租税」，浙本作「税租」。

〔三〕收糴米斛　「糴」，原作「糶」，據浙本改。

〔四〕自九月至十二月終　「至」字原缺，據正訛補。

〔五〕基地埋没　「地」，浙本作「址」。

〔六〕又蒙聖朝恩賜褒顯　「賜」，浙本作「錫」。

〔七〕種植林木之類　「植」字原缺，據浙本補。

〔八〕若更蹉時　「更」，原作「是」，據浙本改。

〔九〕然上有棠陰松門四望　「松」，原作「木」，據本卷乞住招軍買軍器罷新寨狀改。

〔一〇〕又泝流四十里至江州　「又」，原作「入」，據浙本改。

〔一一〕本縣陸路至江州一百八十里　「一」，原作「二」，據浙本改。

〔一二〕水路至本軍三百里　「軍」，原作「縣」，據浙本、天順本改。

〔一三〕右本軍相度利害於前　「於」，浙本作「如」。

〔一四〕未暇别紙布謝悃　「悃」下，正訛增一「忱」字。

〔一五〕然熹愚意欲望使司詳此情節　「司」，原作「可」，據康熙本改。

〔一六〕伏乞鈞照　「鈞」，原作「均」，據浙本、天順本改。

〔一七〕鄉里豪右平居挾財恃力　「右」，浙本作「民」。

〔一八〕謹按去年錢内合除豁坊場敗闕體減下錢　「體」字原缺，據浙本補。

〔一九〕差衙前王溥管押外　「押」，原作「抑」，據浙本改。

〔二〇〕竊恐將來拖下合發錢數　「拖」，原作「施」，據浙本改。

〔二一〕二月八月上丁釋奠文宣王　「丁」，原作「下」，據浙本改。

〔二二〕謂西實元酒　「實」下，正訛增「明水」二字。

〔二三〕未委上件事跡是與不是詣實　「詣」，原作「指」，據浙本改。

晦庵先生朱文公文集卷第二十一

申請

與辛執劄子

熹昨具劄子奏聞，乞撥米三十萬石，添貼紹興府糴濟，未蒙指揮支撥。竊緣熹所乞上件米數，内十四萬三千餘石係取到本府見行揩約間日糴濟數目，别作逐日糴濟會計合用之數，其餘亦係慮恐日後更有增添，約度大數。若不得此，則不唯使熹今日空手渡江，無以布宣聖主憂勞惻怛之意，實恐將來飢民日食半升之米，不足充虚接力，不能作業營生，必致殍死流離，上貽當宁宵旰之憂。或恐豐儲見在米數不多，難以盡行支撥，即乞且撥十四萬三千石，先付熹前去，將紹興府諸縣一例作逐日糴濟外，所乞餘數，却乞紐計價錢，付熹前去，與知明州謝直閣同共措置，雇募海船，收糴廣米，接續糴濟。仍須管除賑濟外，所有賑糶到錢令項椿管，申取朝廷指揮，實爲利便。伏望鈞慈，早賜敷奏，應副施行。

乞禁止遏糴狀

契勘紹興府、婺、衢州諸縣皆有災傷，見行賑濟，合用米斛，已承降聖旨指揮，給降到本錢三十萬貫，接續濟糶。緣本路兩年薦遭水旱，無處收糴，熹今體訪得浙西州軍極有豐稔去處，與本路水路相通，最爲近便。已行差官雇船前去收糴，及印榜遣人散於浙西、福建、廣東沿海去處，招邀客販。竊慮逐州縣不體鄰路飢荒之急，故行遏糴，及客人應募般販〔一〕，亦恐逐州縣税務循習邀阻，妄作名色，輒收雜税力勝、買醋錢之類，使本路飢民日就狼狽，虚被聖主撥賜賑邮之恩，事屬不便。今檢準淳熙令，諸穀遇災傷，官司不得禁止般販。及今年八月三日聖旨，勘會淳熙七年九月二十四日敕，兩浙、江東、湖北旱傷，全藉鄰路豐熟去處通放客米。訪聞得熟州郡輒將客販米斛邀阻禁遏，奉聖旨劄付諸路帥漕，各檢坐指揮條法，遍下州軍，不得遏糴。如敢違戾，仰逐司覺察按劾。及今年十一月二十九日，本路獲降指揮，本路州縣税場邀阻，妄收税錢力勝之類，將官吏並於見行條法各加一等坐罪。至來年六月，却依舊法。欲望朝廷特賜敷奏，早降指揮，將見行遏糴條法劄下兩浙轉運司，令行下浙西得熟州縣約束。其沿路税務邀阻收錢，亦乞依本路已獲降前件指揮，加等坐罪施行，庶幾公私般運免致艱阻，一路飢民得霑實惠。

乞賑糶賑濟合行五事狀

照對自到任以來，奉行賑糶賑濟，有合行五事，已具申朝廷，未蒙回降，開具下項：

一件：熹體訪得浙西州軍極有豐稔去處，與本路水路相通，最爲近便，已差官雇船前去收糴，及印榜招邀客販。竊慮逐州縣故行遏糴，亦恐州縣税務邀阻，妄作名色，輒收雜税力勝、買醋錢之類，乞敷奏，將見行遏糴條法劄下兩浙轉運司，行下浙西得熟州縣約束。其沿路税務邀阻，亦乞依本路已獲降指揮，加等坐罪施行。

一件：熹照得本路今歲災傷，唯紹興府最甚，雖蒙朝廷給降錢米濟糶，猶恐不能周給，其勸諭上户獻助，至今未有勸到數目。臣僚奏請，特依淳熙元年耿延年獲降指揮，減半推賞。熹詢訪得紹興府田土瘠薄，連年災傷，上户縱有儲蓄，所出之米及格者必少。乞敷奏，如諸路州縣人户願出米穀，自行般運前來紹興府賑糶賑濟，亦乞與依上項指揮，減半米數推賞。

一件：熹契勘人户身丁每年合納本色、折帛、丁鹽絹綿、丁錢等，係隨夏料送納，依準省限，合至五月十五日方行起催。熹訪聞紹興府諸縣日前年分多是正月初間便行催督，已是違法，況今旱荒，人民飢餓，不容官吏更有侵擾。熹除已行下紹興府及屬縣照應條法，不得促限追擾外，乞指揮更賜劄下紹興府，鈐束諸縣遵守條法，不得前期追擾施行。

一件：熹照對本司去年勸諭到上户陳之奇等出助米穀賑濟賑糶，合行該賞。本司先已保明，具申尚書省，未蒙朝廷推恩，以致人户無以激勸。已具録奏聞及申尚書省，乞速賜推恩施行。

一件：照對昨準省劄，熹所奏檢放不實之弊，奉聖旨令熹詢訪不實最多處，按劾施行。及續準省劄，紹興府山陰、會稽等縣人户余宗榮等狀訴檢放秋苗不盡不實，劄下檢實。熹詢訪見得本府諸縣檢放委有不實去處，但今田土多是已種二麥，及爲飢民採取鳧茈，鋤掘殆遍，無復禾稻根查，可見荒熟分數。乞且將下户等第住催，上户寬限勸諭。其新林一帶，亦許熹差官檢定潮泥不堪耕種之處，等第蠲閣租税。其衢、婺州及本路應有訴旱去處，亦乞依此委官約度分數，住催官物。乞敷奏，特降指揮施行。

右竊緣紹興府今年飢荒極重，官司雖已不住措置糶濟，竊緣錢米不多，終是不能均濟。惟有蠲除税租，禁止苛擾，激勸上户，最爲急務。譬如救焚拯溺，不可遲緩。於淳熙八年十二月十七日具申尚書省，乞照前狀，速賜指揮施行。其檢計户口、分撥錢米，見已一面施行，候見欠闕定數，别具供申，聽候指揮。

申審住催官物指揮狀淳熙八年十二月二十八日

近準尚書省劄子，勘會已降指揮，行下江、浙、兩淮旱傷州縣，將第四、第五等户今年以前應干殘欠苗税丁錢並特住催，及將官私債負權免理還。其流移人拖欠官物，亦與除豁，不得令保正長代納。并支撥米斛，通行賑濟。十二月四日，三省同奉聖旨，令江、浙、兩淮帥漕提舉司各行下所部州縣，將流移到人户遵依已降指揮多方存恤，毋致失所。來春如願歸業，趁時耕種，即量支錢米，給據津遣，與免夏料催科，仍仰所在州軍出榜曉諭。劄付本司，已即時恭禀，遍行下諸縣施行。今據紹興府新昌縣申，照對「今年以前」，未委是淳熙七年官物，或是淳熙八年二税？若是淳熙七年二税，並無合催之數。淳熙八年夏税丁錢，今年八月二十二日，已承本府帖行下備降指揮住催訖。所有今年秋苗，人户爲見前項指揮，旱傷州縣將第四、第五等下户今年應干殘欠苗税丁錢並特住催，因此不肯送納。有此疑惑，申乞行下。

右所據前項申述，本司照對所降指揮，所謂「今年以前應干殘欠苗税丁錢並特住催」，即未審「今年以前」是淳熙七年終，唯復淳熙八年見催之數。具申尚書省及户部，伏乞明降指揮行下，以憑遵守施行。

乞將衢州義倉米糶濟狀

照對衢州管下屬縣去歲旱傷，細民闕食，本州申朝廷，乞從條於有管常平義倉米取撥五萬石出糶。去年十二月十六日劄下本司，照條施行。今據本州申，淳熙七年旱傷，檢放苗米四千餘石，遂取撥義倉米及勸諭上户出助，并措置和糴，計五十餘萬石賑濟賑糶，幸無流徙。後爲去年秋旱，放苗米九千餘石，比之七年一倍以上，兼以鄰郡嚴、婺、徽、饒類皆旱歉，本州地居其中，大略相似，以此愈見艱得米穀，細民闕食。雖已勸諭及申尚書省，乞先撥義倉米五萬石，仍一面開場，每升量減作二十文足賑糶。去後但緣連遭荒旱，民情嗷嗷，艱得錢物，深山窮谷僻遠小民委是無錢糴米，乞行下，於所申取撥義倉米五萬石内，支撥二萬石應副賑濟，免有流移餓殍之患。熹尋躬親巡歷，到衢州點檢，見得本州逐縣委是災傷，多有飢民餓損，羸困闕食，合行救助賑濟。及檢準條令，義倉米專充賑給，不得它用，自合撥充賑濟。熹除已逐急一面下本州，於申請取撥出糶常平義倉米五萬石數内取撥一萬石，委官措置，收拾賑濟，其餘四萬石仍舊出糶外，欲望朝廷特賜劄下衢州施行。已具申尚書省，乞指揮施行。

救荒事宜畫一狀

今有職事，已具狀奏聞外，再申尚書省。如熹所奏得蒙降出，欲乞敷奏，早賜施行。

一、爲紹興府救荒之備不盡三月，竊恐麥熟之前、麥盡之後尚須接濟，欲乞盡推去年賞典，痛減度牒米數，再撥官會三十萬貫，庶幾賑給之餘，更可作將來儲備。又乞照應見行移用條法，支撥諸州常平義倉米斛，應副紹興府麥前急闕。

一、爲伏覩近降指揮，將臨安、餘杭兩縣四等、五等人户淳熙八年秋苗夏税依徽、饒州例並與住催。欲乞出自聖意，特降指揮，將紹興府山陰、會稽、嵊縣、諸暨、蕭山五縣四等、五等户夏税秋苗丁錢並與住催，其餘諸州縣，逐都檢放旱傷及五分以上者，五等户亦與住催，七分以上者，并四等户並與住催，候秋成日併行帶納。

論督責税賦狀九年三月三日

承尚書省劄子，勘會江、浙、兩淮州郡去歲委實旱傷去處，其合納苗税，已降指揮檢放倚閣。近來州郡以寬恤爲名，將不係檢放倚閣之數故作稽滯，不行起發，劄下本司，將管下州郡年額合起綱運除檢放倚閣數外，嚴行督責，須管日下起發。如仍前違慢，仰開具守倅令佐及當職官職位姓名申尚書省。所準前項省劄，熹恭惟國家張官置吏，本以爲民，所以平時但聞朝廷戒敕州郡奉行寬恤，惟恐有所不至。至於「督責」二字，考之前史，則韓非、李斯慘刻無恩，詿誤人主之術，非仁人之所忍言也。今來旱傷，檢放倚閣，民間固已蒙被寬恩，然其不係放閣之數，亦止合且令勸諭，寬限拘催，難以嚴行督責。所有前項朝旨，若便推行，竊慮有傷治體。熹雖愚陋，委實不敢奉行。

論臧否所部守臣狀三月三日

承尚書省劄子，勘會已降指揮，令諸路帥臣監司歲終各具所部守臣臧否聞奏。所有淳熙八年分，未見奏到。正月十三日，三省同奉聖旨，令遵依已降指揮，日下聞奏，劄付本司。所準省劄，令本司具淳熙八年分所部守臣臧否奏聞事，照對熹去年十二月六日到任，即不見得本路諸州守臣去歲臧否。兼近因按劾衢州守臣李嶧，不蒙朝廷施行，熹委是材輕德薄，不足取信，豈復更敢臧否人物？伏乞照會，免行考察。

乞給借稻種狀五月五日

本司準淳熙九年正月二十日尚書省劄子，勘會春耕是時，深慮江、浙、兩淮州縣去歲旱傷之後，貧民下户并流移歸業之人艱得稻種，却致妨廢農務，理宜措置。正月十九日，三省同奉聖旨，令逐路轉運提舉司疾速行下去歲旱傷州縣，多方措置稻種，斟量給借，務令及時布種，候豐熟，却行拘還。具已借支數目聞奏，仍多出文榜曉諭。本司照對紹興府去歲旱傷爲甚，衢、婺州爲次，遂那撥錢，發下紹興府，及下衢、婺兩州諸縣，恭禀聖旨指揮，措置給借，并鏤版曉諭人户通知。先據婺州申，本州鄉俗體例，並是田主之家給借。今措置欲依鄉俗體例，各請田主每一石地借與租户種穀三升，應副及時布種，候收成日帶還，不得因而收息。如有少欠，官司專與催理，不同尋常債負。已下諸縣從此施行。及紹興府申，支撥官錢，委官同與縣官措置給借，五縣共給借過第五等下户并流移歸業人五萬七千八百户，計錢一萬七十四貫五十四文省。并衢州申，管下屬縣那借官錢五百貫文，及勸諭上户將收到稻種共二萬一千六百二十二石四斗二升二合，斟量分借鄉民布種去訖。

發蝗蟲赴尚書省狀七月

本司近訪聞得紹興府累有飛蝗入境，即於今月初五日差人前去探問。據兵士孫勝報，今到會稽縣白塔寺相對東山下，有蝗蟲數多，收拾得大者一籃，小者一袋，其地頭村人皆稱蝗蟲遇夜食稻。熹即今前去看視，一面監督官吏打撲焚瘞，尋別具奏聞次〔一〕。須至申聞者。

右具蝗蟲大小兩色〔三〕，各用紫袋盛貯，隨狀見到。謹具申尚書省，伏乞敷奏施行。

乞支降錢物狀

熹今起發前去諸州，便要錢物分俵逐州守臣，責令運糴，以備糶濟。所有前狀所乞錢物，欲乞鈞慈，早賜敷奏，盡數支降，庶熹所到便得揭牓曉諭，宣布德意，安慰飢民，寬其流離餓殍之憂，息其無聊妄作之念，實繫利害。如是將來見得會計實數，所乞錢少，更當別具申奏，亦望廟堂力賜主張，疾速應副，千萬幸甚。

乞許令佐自陳嶽廟狀

契勘今來諸州連歲災傷，將來艱食，又非去年之比，全籍知縣、佐官協力措置，以救民命。竊慮其間或有老病庸懦、不能任事之人。欲加按劾，則無顯過；欲置不問，則爲民害。欲望朝廷敷奏，特降指揮，如有似此之人，許令自陳嶽廟差遣一次。仍嚴責已差下人，除程半月，疾速赴上，不得少有違滯。其未到間，即乞不以縣之大小，委自本司差人權攝，許於得替待闕、不應差出人内選差，俟荒政結局，即行住罷。庶幾數月之間逐縣得人，不至誤事。須至供申者。

右謹具申尚書省，伏候指揮。

申知江山縣王執中不職狀

熹今月初七日承進奏官傳到報狀云云，浙東久闕雨澤，近自衢州江山來者，本縣被旱最甚，苗已就槁，民尤乏食。鄰邑有米可糴，禁遏不令出境，江山之民爲飢所迫，已有奪糧之意。似聞衢、信間更有如此等處。若不預行措置，竊恐小民無知，易致生事。乞令有司檢舉閉糴指揮，申嚴行下。已奉聖旨依。熹照對昨巡歷至江山縣，見得知縣宣教郎王執中庸謬山野，不堪治劇。及據士民詞訴，稱其多將不應禁人非法收禁，人數極多，盡是公吏畫策，務要科罰錢物。後來疫氣大作，入者輒病，反以此勢嚇脅平民，科罰取錢等事。熹以所論不係本司職事，兼本官只是庸謬，别無顯然贓私罪犯，遂只行下本縣禁約。去外，熹近又聞衢州諸縣新穀未登，街市全無客販，及上户閉糴，絶少米斛出糶。數内江山一縣尤甚，遂即行下本縣，將去年已撥下官米及上户未糶米斛接續出糶。如有貧病無錢收糴之人，即行賑濟及煮粥存養。其知縣王執中一向坐視，並無一字報應，却據衢州繳到諸縣所申，米價每升皆四十文上下，其江山縣狀内獨稱大禾米每省升止糶一十八文，小禾米一十七文足，比之諸縣米價大段遼遠，與所訪聞事體不同。方於六月二十九日行下，追本州縣人吏赴司根究。今者伏覩前件臣僚所奏本縣飢民奪糧事理，上勤聖慮，特降指揮，而熹備使一路，曾不聞知，其本州縣全無申報，在熹無所逃罪，其知縣王執中委是弛慢不職之甚，難以容令在任。除已行下衢州，先將本官對移閑慢職事外，須至供申。

右謹具申尚書省，伏乞敷奏，將王執中特賜罷黜。所有本司失察之罪，亦乞併賜責罰施行。并牒衢州，請詳此，先將本官對移閑慢職事，聽候朝廷指揮。

申再有措置災傷事件狀

熹今再有措置本路災傷事件，已具奏聞，乞賜施行外，欲望朝廷速賜行下，庶幾一路飢民早被聖恩，不致狼狽。須至供申。今開具下項：

一、奏乞特降睿旨，支撥一百七十萬貫，湊前所給，通作二百萬貫，令熹及早分給諸州，廣行運糴。俟見糴給户口實數，却行計度支用不盡之數，先次拘收回納。仍乞於内紐計米數，量給空名告身五七十道，并度牒官會，湊成二百萬貫，付熹收掌。如有獻助及格之人，令熹與安撫使書填給付。

一、奏乞特降睿旨，於今來所降減半指揮内，删去「將來檢踏，見得災傷最重處，方得保明取旨」之文，只依乾道七年耿延年所請已得指揮施行。

一、奏乞特降睿旨，將本路災傷縣分人户夏税權行住催，却俟檢放秋米分數定日，却將夏税亦依分數蠲減，一併住催。

一、奏乞特降睿旨，許熹前項所請百七十萬貫，而令於内量撥什三，候諸州通判申到合興修水利去處，即與審實應副。其合糶給人有應募者，即令繳納糶給由曆，就雇人役，俟畢工日，糶給如舊。

一、奏乞特降睿旨，許令被災州縣人户苗米五斗以下，不候檢踏，先次蠲放，令轉運司疾速施行。

一、奏乞特降睿旨，申嚴舊請，仍詔有司，諸被災傷州縣人户，欲興販物貨往外州府收糴米穀，就闕米處出糶者，各經所在或縣或州或監司自陳所帶貨物，判執前去。其糴米訖，所買回貨，亦各經所在自陳，判執回歸。往回所過，並不得輒收分文税錢。違者並依税米穀法，必行無赦。徑下轉運司，約束施行。

右謹具申尚書省，伏候指揮。

論差役利害狀

竊見差役一事，利害非輕。本司日逐受理詞訟，多是人户陳訴上項事理，雖不敢不爲究心理斷，然其間尚有於法有礙，難以施行者。若不申明乞賜指揮，必是久困良民，難革舊弊。今輒開具下項，須至申聞者。

一、舊制，都副保正、大小保長皆選有心力材勇之人，所以聯比居民，出長入治，實古者黨正族師、閭胥比長之任，亦不輕矣。至於管幹鄉村盜賊、鬪毆、煙火、橋道公事，則耆長主之；催納税租，則户長主之。皆是募人充應，各有雇錢。而保正有願兼代耆長者，大保長有願兼户長者，則聽之。其不願者，不得輒差。此皆祖宗成法，至今爲不刊之典。然而州縣奉行往往違戾，至如江、浙等處，則遂直以保正承引，保長催税，於是承引者有雇募奔走之勞，催税者有比訊陪備之苦，破家蕩産，幾不聊生。朝廷蓋亦深知其弊，故所以爲之關防措置，無所不備。然而不得其本，民亦終不被其澤。熹嘗原其所以，蓋緣朝廷曾有指揮，罷支耆、户長雇錢，以充經總制窠名起發，遂致州縣無錢可雇耆長、户長，而此等重役遂一切歸於保正、保長無禄之人。至其猶存二長舊額去處，又皆無賴游手之徒，既無雇錢，不復可繩以法度，遂致乞覓搔擾，反爲民害。熹竊以爲莫若將罷支耆、户長雇錢一項並免起發，撥還州縣，依舊募税户充耆長、户長，罷支耆、户長錢，紹興府共管若干貫，以此計之，諸路所入錢數不多，不足顧惜。則凡此衆弊，不革自去，所以關防措置之術，皆不必講，而户無大小，家無貧富，咸得以安居樂業，爲太平之民。伏乞朝廷詳酌施行。

一、上項復雇耆、户長，最爲良法。若以吝惜小費，未能遽行，而欲少寬中下等户充大保長催科陪備之苦，則亦有一説焉。蓋論物力之等第，則通選二十五家内物力高者一人爲大保長，一年一替；通選二百五十家内物力最高者二人爲都副保正，二年一替。此見行法也。論力役之輕重，則爲保正者既皆上户，而承受引判、追呼公事，陪費實輕。大保長既是中下之户，而一年之内輪當催税者四人，比訊陪備，其費不貲，充應之家無不破産。其都内上户，是年之内偶不當充保長者，固皆拱手端坐，以視此曹之狼狽。而當此役者，其間狡猾，姦巧百端，避先趨後，舍重取輕，顛倒錯亂，神出鬼没，所以重爲貧民之害者，不可勝究。州縣間有知其弊者，則遂陰破此法以便其民，或以物力最高、合充保正之户通入保長役脚，或不專取見役十大保長輪差催税，而别通差上中之户爲催頭。此皆足以粗救一時、一方之急，而頑民得以援引條法，把持論訴，監司難以移文行下，衝改成法，大率歸於豪猾得志、貧弱受弊而已。今若朝廷不惜小費，將罷支耆、户長錢撥還州縣，依舊雇人，則更不待措置關防，而此數十年深錮牢結之弊，一旦豁然冰銷凍釋。如其不然，則莫若將大保長於物力最高人内通差，而删去大保長願兼户長一條，今人户畏避催税，如畏陷穽，豈有願兼户長之理？人户既不願兼，而官司又不可無人催税，則只是抑勒輒差，雖有徒二年斷罪之法，何嘗施用？只令十大保長各催本保人户官物，則充役者物力既高，而所催官物又少，自然易得足辦。其狹都十大保長内，有物力低小之家，即令諸縣每年夏税起催前一月，逐都一併輪差物力最高人户四名充户長。内尤高者催夏料，次高者催秋料，即不問已未見充都副保正、大保長及歇役久近，亦不理爲保正、保長役次，則庶幾諸弊稍息，而中下之户得以少安矣。伏乞朝廷詳酌施行。

一、伏覩淳熙七年六月十七日聖旨指揮，臣僚劄子奏：「夫差役以都而不以鄉，此前人成法也。何法行既久，人僞滋起，於是有徙都之弊。謂如一鄉有三都，其第一、第二都富者多而貧者少，則所差之役常及富者，而貧者得以安業；若第三都貧者多，富者少，則富者慮役及己，巧生計較，預圖遷徙於鄰都以避，謂富者頗多，迭相循環，而充役之時少也。是以富少貧多之都，每遇點差，殊乏其人，纔及數千之産，亦使之充役。逮夫著役之後，力薄費重，非唯生計蕩盡，至於鬻妻賣子，殊可憐憫。乞將差役之法不限以都，舉一鄉而通差之，庶幾役常在上户而不及於貧民。」劄本司從長相度，具本處可行利便申。熹竊詳通鄉差募，則鄉分闊處私雇家丁，隔都應役，亦於富民有所不便。今欲適中裁處，莫若立法，諸物力産錢合充保正、保長之户，無故不得移居出都保界。其有須至出界者，經官自陳户役，並於元處收排，方聽遷徙。違者杖八十，勒還本都居住。若自富鄉役次疏處移入狹鄉役次密處者〔四〕，即聽，并移户役入所居都分。如此則亦足以稍均力役，少革姦弊。其或都狹民貧，役次頻數，選差不行者，即許相度，或全都附入鄰都，或將一都分作數分，附入鄰都。其及五大保者，依法别置都保正一人，通於都内選差，則窮鄉細民亦可粗免差役頻併之苦。伏乞朝廷詳酌施行。

右謹具申尚書省，伏乞鈞慈，特賜詳覽，或與立限，委官看詳。如有可采，即乞敷奏，修立逐項條貫，頒降遵守施行。

經界申諸司狀

具位。

伏覩本州準轉運衙及準提刑、提舉衙牒，備準省劄，臣僚劄子奏：「聞經界之政公私俱利，閩、廣接壤，廣中已行經界，而閩中未行。頃者，朝廷俾閩路漕臣措置汀州經界，續恐有擾而權行住罷。夫經界雖難遽行，然因其鄉俗而行之以漸，則無勞擾之患。蓋閩郡多山田，素無畝角可計，鄉例率計種子，或斗或升，每一斗種大率繫產錢十餘文。若使民户自以本户產錢均配其田，自爲二簿，一輸之官，一爲户簿，如江、浙之例，每段畫圖而旁寫四至，配以產錢若干，其簿之首總計本户產錢，以合官簿之數。其隱瞞不載者，乾没于官〔五〕，許人告首請佃。間有郡例元產一錢約抵它郡數文者，使每一錢以十分爲率而折之，則山田小段並可均配。行之二三年，畝産漸實，然後使保正長自畫圖，爲『甲』、『乙』、『壬』、『癸』等字號而總計之，則民心自安，不差官吏、不置司局而民亦無擾矣。二月十九日〔六〕，三省同奉聖旨，令福建路監司相度，條具聞奏，牒請契勘本州曾未舉行經界，如或已行，即未委先來係作如何施行，目今見行遵守，有無所行未盡。若未行經界，亦合作何措置。逐一條具經久利便因依狀申者。」本州除已一面詢訪到龍谿知縣翁承議條具事狀，備録供申外，熹竊自念久處田間，嘗試縣吏，其於此事，尤所習知。正以本州向來不曾推行經界，田税不均，貧弱受弊，方欲少俟數月之間，條上五事，首以爲請。今覩上項指揮，適與鄙意所欲言者不約而合，以此更加詢訪，見得經界行否之利害一，經界詳略之利害一，又得其所必可行之術三，又得其將不得行之慮一，不敢隱默，謹具如後：

一、版籍不正，田税不均，雖若小事，然其實最爲公私莫大之害。蓋貧者無業而有税，則私家有輸納欠負、追呼監繫之苦；富者有業而無税，則公家有隱瞞失陷、歲計不足之患。及其久也，訴理紛紜，追對留滯，官吏困於稽考，人户疲於應對，而姦欺百出，率不可均，則公私貧富俱受其弊。歲引月長，有增無減。且以熹身之所歷者言之：熹紹興二十三、四年間，備員泉州同安主簿，是時已見本州不曾經界，縣道催理税物不登，鄉司例以逃絶爲詞，官司便謂不可推究。徐考其實，則人户雖已逃亡，而其田土只在本處，但或爲富家巨室先已并吞，或爲鄰至宗親後來占據，陰結鄉吏，隱而不言耳。固嘗畫策以請於縣，一時均割，雖亦頗多，然本原未正，弊隨日生，終不能有以爲久遠之利。況自彼時至今，又已三四十年。兹者南來，每見縣道官員諳曉民事者，無不以此爲病。至於田里之民，則其苦此而欲得經界，又不待言而可見。此經界行否之利害然也。然則今日議臣之請，亦可謂深知所以救時弊之急矣。但其所言閩、廣之事，或非親見，容有未實。蓋紹興年中，福建一路實但泉、漳、汀州不曾經界，然亦非全然不行也。是其打量攢造，蓋已什八九成，而提刑孫汝翼以爲山賊未平，民散田荒，慮有不實，亟奏罷之，本非此三州者偏有不可經界之勢也。且其至今歲月益久，流亡復業，田土開墾，又已非復昔時矣。使昔時真不可行，豈至今日終不可行而遂已乎？伏乞台察。

一、經界利害如前所陳，則其不可不行審矣。然行之詳略，又有利害者。蓋版籍之所以不正，田税之所以不均，政緣教化未明，風俗薄惡，人懷私意，不能自克，是以因循積弊，以至於此。雖有教化，亦未可以卒然變也，況今吏治，何暇及此？而遽欲版圖之正、田税之均，是豈不差官、不置局、不打量步畝、不攢造圖帳之所能辨乎？所以紹興年中，雖以秦太師之權力、李侍郎之心計，然猶不憚甚勞大費，以至淹歷歲時之久，而後能有成也。若如議者之言，即是熙寧手實之法，其初雖若簡易，其終必將大起告訐之風，徒傷淳厚之俗，而卒不足以得人户田産有無多寡之實，又反不如偷安度日、都不作爲之爲愈也。抑紹興經界立法甚嚴。人所創見，莫不震悚，然而姦猾之民猶有故犯之者。況於今日，以此苟簡之法施之玩習之民，而欲妄意簿正而税平〔七〕，豈可得哉？此經界詳略之利害者然也。伏乞台察。

一、經界之行否詳略，其利害已悉具於前矣。今欲行之，則紹興已行之法誠不可易，但當時所行亦有一二未盡善者。如不擇諸道監司以委之，而至於專遣使命，不擇州縣官吏，而泛委令佐，至其中半，又差官覆實以紛更之，此則今日之所不可不革者也。蓋當是時，秦氏用事，諸路監司皆其親黨，固未嘗擇。至於州縣官吏，又以逐州逐縣無不奉行，用人至多而不暇擇，所以其勢不得不至於此。今幸朝廷清明，而本路諸司皆一時之選，欲行經界之地，又不過三州十有七縣，其用官吏，一縣兩人，則亦不過三十四人而已。若蒙朝廷先令監司一員專主其事，使之擇三郡守，汰其昏謬疲軟、力不任事如熹等者，而於一路之中求此三四十人，應亦不至絶不可得。蓋縣令不能，則擇於其佐；佐又不能，則擇於它官；一州不足，則取於一路；見任不足，則取於得替待闕之中。皆委守臣踏逐申差，權領縣事，要以得其人而後已。既得其人，則使之審思熟慮於其始，而委任責成於其終，事畢之後，量加旌賞，以報其勤。其權領者，則又稍優其賞而歸之故官，則大事克濟，而於其不能者亦無大害。此則差官置局必可行之説也。至於打量一事，則其勢不得不少勞民力。但一縣之地，大者分爲數百千保，小者分爲數十百保，使之分頭散出，各自打量，則亦不至多費時月。而紹興遺法，亦必有能識之者。此打量步畝必可行之説也。至於圖帳之法，始於一保，大則山川道路，小則人户田宅，必要東西相連，南北相照，以至頃畝之闊狹、水土之高低，亦須當衆共定，各得其實。其十保合爲一都，則其圖帳但取山水之連接與逐保之大界總數而已，不必更開人户田宅之闊狹高下也。其諸都合爲一縣，則其圖帳亦如保之於都而已，不必更爲諸保之别也。如此則其圖帳之費亦當少減。然猶竊慮今日民力困弊，又非紹興年中之比，此費雖微，亦恐難以陪備。若蒙朝廷矜憐三郡之民，不忍使之更有煩費，則莫若令役户只作草圖草帳，而官爲買紙雇工，以造正圖正帳，專委守倅及所差官會計買紙雇工之費，實用若干錢物，具申漕憲兩司，許就本州所管兩司上供錢内截撥應副，如此，則大利可成而民亦不至於甚病。此則攢造圖帳必可行之説也。抑此皆其法也，若夫法外之意，又在官吏用心如何。熹頃在同安，嘗見惠安縣丞鄭昭叔自言知仙遊縣日，適值朝廷推行經界，初得户部行下事目，讀之茫然不曉所謂。而寮佐吏史亟請施行，因竊自念己猶未曉，何以使人，乃閉閤謝事，覃思旬日，然後通曉，心口反復，更相詰難，胸中洞然，無復疑滯。然後集諸同官而告語之，使其有疑即以相問，如是數日，而同官亦無不曉者。同官既曉，然後定差保正、保長，闔縣通差，不以煙爨遠近爲拘，不以歇役新舊爲限，但取從上丁産高人，分爲二等，大者以備都副保正，小者以備大保長，各以紙籤書其姓名，分置兩貼。又於二貼各分四類，或物力高彊，或人丁衆盛，或才智足任謀畫，或筋力可備奔走，各以其類，置於一貼。凡選一都一保，則必兼取此四色人，使之同事，令其各出所長，以相協濟。於是人皆悦從，相率就事。差役既定，然後以户部事目印本給之，又爲説其大意，使之退而講究，期以一日，悉集縣廷，凡有所疑，恣其請問，悉以己意詳爲解説，力疲氣乏，則請同官更番應之。如是五六日，凡爲保正長者，亦無不悉曉其法，然後散遣打量。不過兩月，它邑差役未定，而仙遊打量見次第矣。熹嘗竊記其言，以爲若使被差之官人人如鄭君之用心，則雖歲歲方田，年年經界，亦無害於民者。今者幸遇朝廷復有推行此法之意，敢録其説，并以陳獻。如蒙采擇，上之朝省，下之屬部，不獨使被差官吏有所取法，亦庶幾鄭君之心因以暴白於後世。鄭，福州寧德人，其後致仕家居，老壽康寧，九十六歲而終，亦其誠心愛民之報也。并乞台察。

一、經界行否詳略之利害與其必可行之術，熹之言亦詳矣。而復有所謂不得行之慮者，何也？蓋此法之行，貧民下户雖所深喜，而豪民猾吏皆所不樂。喜之者多單弱困苦無能之人，故雖有誠懇，而不能以言自達；不樂者皆財力辨智有餘之人〔八〕，故其所懷雖實私意，而善爲説詞以惑羣聽。甚者至以盜賊爲詞，恐脅上下，務以必濟其私。而賢士大夫之喜安靜、厭紛擾者，又或不能深察其情而望風沮怯，例爲不可行之説以助其勢。殊不知泉、漳之民本自良善，不能爲寇，唯汀州及漳之龍巖素號多盜。然前後數起，如沈師、姜大老官、黄三之徒，皆非爲經界而起也。乃以不曾經界，有税無業之民狼狽失所者衆而輕於從亂耳。若其富家巨室，業多税少之人，則雖有不樂受産之心，而豈肯以此之故，棄其子孫久遠之業，以爲族滅無餘之計也哉？其不足慮亦明矣。但此等事情曲折微細，亦須身履目見，乃有以信其必然。今朝廷之尊、臺府之重，其去田里有税無業之民蓋已遠矣。而又有此浮僞姦險之説以蕩摇乎其間，則亦何由信此利害之實而必行之哉？此熹所以雖獨知之，而不能不以或不得行爲慮也。伏乞台察。

右謹件如前。熹之愚意又竊以謂此事今在諸司詳爲開陳，朝廷力賜主張，首以定計爲先，次以擇人爲急，然後博采衆論，取其所長，則雖事之至難者，亦將無所不濟。如其不然，而使復爲懷姦挾詐、因循苟簡之論所勝，則是使三州之民日就窮困，永無蘇息之望矣，可不痛哉！熹衰朽之餘，誤叨郡寄，不勝喜懼交戰之極。謹具狀申安撫、轉運、提刑、提舉常平使司，伏候台旨。

小貼子

此狀所陳，乃熹平日所聞不經界之通患。今到任稍久，續行體訪，又見本州税籍不正，田畝荒蕪，官司失陷，王税數目浩瀚，無以供解歲計，遂至巧作名色，科敷責罰，以救目前。官既不法，吏又爲姦，是以貧弱之民受害愈甚。州郡非不深知其弊，然勢之所驅，有不容已，雖有賢者，不過包羞忍恥，拱手竊歎而已。若不推行經界，決是無由革去此病之根。此於通行利害之中，又是一郡要切利害，并乞台照。

再申諸司狀

具位。

伏見本州逐日承準使牒，備坐省劄内聖旨指揮，詢究經界利害。契勘熹到官之初，即被上件指揮，已具己見畫一供申。本州又已取到知龍谿翁朝奉等官議狀，備申去訖。近準泉州關報，亦已條具申聞。竊意事之利病雖未易以一言盡，然其可否之決，當亦可見於此矣。而至今累月，未有定論。使司排日移文，尚且更令詢究，此雖高明謙遜，博盡下情，謹之重之，不爲輕舉，然此一事自初降旨，今幾半歲，若欲決意舉行，則須及此七八月間畫降指揮，檢照紹興年間户部所行事目，雕印行下，令逐州縣前期講究，隨宜損益，舉辟官吏，取撥錢物，差下保正副長，要使秋成之後即便打量，東作之前次第了畢，庶幾乘此農隙，可以集事。今來已是夏末秋初，而都未見有此消息，文字往來，泛然而已。正使幸而不至寢罷，亦須明年秋冬方得下手。是則不惟虚費時月，使三州疲悴之民更受一年之苦，而上下官吏必將妄疑諸司無意主張，不肯著力詢究。兼是事未施行，利害曲折亦非常情所能預料，雖欲詢究，其道無由，徒爾紛紜。不惟無益，而適所以漏洩幾事，動摇衆心，使營私避事之人得以陰笑竊議於其後，非計之得也。且以紹興之役觀之，當時舉東南數百州之地，同日施行，只是李侍郎一人建白於下，秦太師一人主張於上，斷然行之，未嘗如此遲疑顧慮。而中外響應，無有一夫以爲厲己而敢萌叛亂之意。及其訖事，則版圖稍正，税役稍均，民到于今賴之，不可誣也。故熹竊謂此事雖或不免勞人動衆，然其勢不得不行，而其理亦決然可行。其爲利害，不在乎它，但在斷與不斷、行與不行之間爾。若蒙諸司力爲申明，朝廷早賜行下，使官吏曉然知是斷然必行之令，己終不得不任其責，則其利病之曲折，自當有能次第推尋、接續申請者。今皆不必預以爲憂，使謀空多而事不集，以失三州窮民之望也。又況本州今年早稻稍熟，民力稍寬，可爲之時，似不可失。須至申聞者。

右謹具再申安撫、轉運、提刑、提舉常平使銜，伏乞台旨施行。

具位。

回申轉運司乞候冬季打量狀

本州今月初九日準轉運衙牒，録白到尚書省十二月二日劄子，福建轉運、提刑、提舉司奏，相度到漳、泉、汀州經界，十一月二十六日降指揮，令福建轉運司照相度到事理，先將漳州措置施行。仍每縣各於所部内選差有材力能幹官一員，同知縣公共措置，務要盡得其實，毋致引惹詞訴。及委陳某專一提督，候打量開具已行事件及打量圖本申尚書省，先具知熹狀申。須至申聞者。

右準指揮，熹照對本州自去年二月準使司牒，條具經界利便，於六月恭奉聖旨，令熹相度聞奏，當已節次具狀申奏去訖。仍累行下屬縣，曉諭士民，各據陳述利便，紐算方法。仍會到福州、興化軍諸縣紹興十八年舉行經界案祖，逐項斟酌，取其簡便易行、將來不至煩擾者分明曉諭，并將田形算法鏤版行下四縣，先令人吏習學，指教民户，務要人人通曉。其它節目，亦皆稍有倫緒。只是差保正副長分畫都界、置立土封之類，以未得旨，不敢預先行下。今來伏準使牒，備坐省劄恭奉聖旨指揮，先將本州措置施行。熹聞命驚喜，即欲奉行，既而思之，方量之役，全在田野，其所使令保正副長，喚集照應書押人户，又是産税耕農之家，所以紹興十八年間舉行此法，必在十月以後，正以不欲奪其農時，務欲公私兩便。而熹自去年累次申請，亦欲秋成之後即便打量，東作之前次第了畢。其後又因具奏待罪，明言年歲向晚，播穀有期，若便施行，亦恐不免有緩不及事之責。蓋區區之愚慮，亦未嘗不在於此也。目今雖然方是正月中旬，然閩南地煖，管下田土纔及冬春之交，民間已是耕犂，若於此時施行，不惟有妨農務，而春月雨水常多，原野泥濘，恐亦難得應期了畢。曠日持久，勞費倍多，將使無知之民不見朝廷之良法美意，而反以爲厲己。豪家大姓隱瞞租税之人本所不悦，又得以此藉口，肆爲扇惑動揺之計。凡此曲折，實有未便，以是反有遲疑，未敢遽然下手。然又竊惟念此事之行雖非熹所建白，然而節次條陳利害，則熹實任其可行，致蒙諸司特賜保明，朝廷俯從所請。至於異議紛紜，久而不決，又蒙聖明果斷，特許行之一州。德意所加，至深至厚，豈可不亟奉行，更有前却？則又且欲及此農務尚寬之際，先次差下保正副長，便令打量城市山坂，至春深而權罷，俟秋晚而復行。既又深念如此施行，不惟未有深益，且是既行復止，中間半歲，機緘泄露，人情玩習，其弊且將無所不有。是以不敢復顧避事之嫌，而極論其未可遽行之説如此。欲望使司詳酌其宜，特賜敷奏，略倣紹興十八年事體，許俟七月一日方行差役，十月一日然後打量。其它分畫都界、置立土封之類，即容本州日下一面措置。以至秋成之後，打量之時，規畫當益詳盡，吏民當益諳熟，既免妨農之實害，又銷不逞之浮言。蓋雖遲之數月，而累歲依違不決之議，一方因襲難革之弊，百年久遠一定之規，可以優游而責成，不至趣迫而害事，豈勝幸甚。謹具申轉運使衙，伏乞台旨，備奏施行。

乞撥飛虎軍隸湖南安撫司劄子

熹竊見荆湖南路安撫司飛虎軍元係帥臣辛棄疾創置，所費財力以鉅萬計，選募既精，器械亦備，經營葺理，用力至多。數年以來，盜賊不起，蠻傜帖息，一路賴之以安。而自棄疾去鎮之後，便有指揮撥隸步軍司，既而又有指揮撥隸荆鄂副都統。自此之後，只許緩急聽本司節制，而陞差事權並在襄陽。竊詳當日創置此軍，本爲彈壓湖南盜賊，專隸本路帥司。本路别無頭段軍馬，唯賴此軍以壯聲勢。而以帥司制御此軍，近在目前，行移快疾，察探精審，事權專一，種種利便。今乃遥隸襄陽，襄陽乃爲控制北邊大敵，自有大軍萬數，何藉此軍爲重？而又相去一千二百餘里，其將吏之勤惰、士卒之勇怯、紀律之疏密、器械之利鈍，豈能盡知？而使制其升黜之柄，徒使湖南失此事權，不過禮數羈縻，略相賓服而已。於其軍政，平日無由覺察，及有調發，然後從而節制之，彼此不相諳委，有誤事必矣。欲望朝廷考究元來創置此軍一宗本末，照辛棄疾當時所請，特賜敷奏，别降指揮，仍舊以湖南飛虎軍爲額。其陞差節制一切事務，並委帥臣專制，只令荆鄂副都統司每歲十月關湖廣總領所，同共差官，按拍事藝，覺察有無闕額虚券雜役之類，庶幾互相防檢，緩急可恃。

祧廟申省狀

右熹初十日蒙恩宣引，面奏祧廟事狀〔九〕。蒙聖慈宣諭，若曰：「僖祖自不當祧，高宗即位時不曾祧，壽皇即位時亦不曾祧，太上即位時又不曾祧，今日豈可容易？」竊見聖明已有定議。今已多日，未委因何不蒙朝廷審奏，取旨施行。謹具狀申尚書省，乞賜檢會將上，早降指揮。伏候鈞旨。

再申省狀

右熹昨具狀申尚書省，議不當祧遷僖祖廟室，及具劄子奏聞，乞行詳議。面奉聖訓：「僖祖自不合祧，高宗時未嘗祧，壽皇時未嘗祧，太上時亦未嘗祧，今豈可祧？」續蒙降出所奏劄子，今來日久，未見施行。熹不勝惶恐，所有妄議宗廟之罪，欲望朝廷付之理官，依法施行。謹具狀申尚書省，伏候鈞旨。

小貼子

熹所請依法坐罪，或恐朝廷未欲如此施行，即乞鈞旨，請與議衆官同赴都堂，並給筆札，與熹廷辯。如熹委是妄言，甘伏朝典。

史館擬上政府劄子

熹等竊聞高宗皇帝駐蹕紹興時，有小官婁寅亮上書，以皇嗣未生，乞選宗室子入侍禁中。是時高宗年未三十，一聞其言，欣然開納，即以寅亮爲監察御史。其後宰相趙鼎、張浚等遂建大議，至尊壽皇聖帝由此入資善堂，封建國公。然猶未正皇嗣之名，仍有配嫡之慮，議者憂之。又後數年，乃有張燾之疏。見於其家所述行狀。最後因范如圭進其所集昭陵儲議，且請高宗斷以公道，毋貳毋疑，其言尤切。一日，高宗遂詔宰相陳康伯定策，以壽皇爲皇子，進封建王，遂自儲宫正位宸極。其事見於日曆，本末詳備。熹等竊惟堯父舜子傳受之美，遠邁前世，冠絶古今。雖由天命，非出人謀，然而一二忠賢抗言悟主，其功亦不可以不録。又聞故將岳飛亦嘗有請，故殿中侍御史張戒私記其事，而它臣僚亦有嘗獻言者，但無文字可以稽考。欲望朝廷特賜開陳，廣行搜訪，稍加褒顯，以見聖朝崇德報功之意。

婁寅亮、張燾、趙鼎文字抄録見到。其范如圭有子念德，見知平江府長洲縣；張戒家在建昌軍居住。欲乞行下兩處取索。其張戒亦係紹興名臣，有奏議、文集、雜記等書凡數十卷，并乞指揮建昌軍抄録申送，付下實録院參照修纂。

校勘記

〔一〕及客人應募般販　「般」，原作「船」，據浙本、天順本改。
〔二〕尋别具奏聞次　「次」字原缺，據浙本補。
〔三〕右具蝗蟲大小兩色　「具」原作「其」，據正訛改。
〔四〕移入狹鄉役次密處者　「鄉」，原作「都」，據閩本、浙本、天順本改。
〔五〕乾没于官　「乾」，原作「甘」，據正訛改。
〔六〕二月十九日　「月」下，浙本有「二」字。
〔七〕而欲妄意簿正而税平　「平」，原作「干」，據閩本、浙本改。
〔八〕不樂者皆財力辨智有餘之人　「辨」，原作「辦」，據浙本改。
〔九〕面奏祧廟事狀　「狀」，浙本作「伏」，當屬下。

晦庵先生朱文公文集卷第二十二

辭免

辭免召命狀己卯

右熹九月二十六日準尚書省劄子，八月十三日，三省同奉聖旨，召赴行在者。伏念熹性資朽鈍，學術迂疏，絶無所長可以自見。爲親干禄，得備祠官，斗升是營，敢有他望？今者伏遇公朝薦延多士，濫塵收召之目。雖知非稱，豈敢有辭？獨念素有心氣之疾，近數發動，應對思慮，未復故常。若使貪冒恩榮，聞命奔走，竊恐臨事顛錯，自取罪戾，無以上副招徠之意。欲乞且依徐度、吕廣問、韓元吉例，令熹候嶽廟滿日前赴行在，庶幾得遂恬養，猶或可以勉悉愚慮，備使令於異日，熹不勝幸甚！謹具狀申尚書省，伏望特賜敷奏施行。謹狀。

辭免召命狀癸未

右熹四月十二日準尚書省劄子云云，熹已於當日望闕祇受訖。伏念熹性資朴鄙，學術空疏，内自省循，無以仰副朝廷招徠之選。若不瀝情控告，祈免誤恩，即恐冒昧之嫌，難逃物論。伏望某官某官特賜敷奏，追寢元降指揮，使熹得以少安愚分。謹具狀申尚書省。謹狀。

回申催促供職狀一己丑〔一〕

右熹準尚書省劄子，勘會樞密院編修官施元之因磨勘改官，别行注授，令熹疾速前來供職，仍具已起發月日申尚書省。緣熹近感濕氣，見患足疾，未任起發前去供職。謹具狀申尚書省，伏乞照會。謹狀。

乞嶽廟劄子

熹昨監潭州南嶽廟未滿，準敕差充樞密院編脩官。近準尚書省劄子，令熹疾速前來供職。竊緣熹近感濕氣，見苦足疾，未任就道。而家貧親老，急於禄養，久欲復備祠官，顧未敢請。今既迫以官期，深恐稽延，自取罪戾。欲望鈞慈，特與陶鑄嶽廟差遣一次，干冒威嚴，不勝恐懼之至。

回申催促供職狀二〔二〕

右熹昨準尚書省劄子，令熹疾速發來供職者。照對熹昨於五月内兩次準尚書省劄子，催促前來供職，已具因依回申，乞監嶽廟一次，未蒙施行。今來又準前件指揮，緣熹委是家貧親老，迎侍不前，不敢依應指揮，前去供職。欲望檢會前狀，早賜陶鑄嶽廟差遣。伏乞照會施行。

辭免召命狀一 壬辰二月

右熹正月十七日準建寧府遞到乾道七年十二月二十六日尚書省劄子，令熹遵依已降指揮，疾速起發赴行在。續準本府再送到元寄納軍資庫尚書省劄子二道，内一道備坐乾道六年十二月二十六日三省同奉聖旨召熹赴行在指揮，熹已於二月十日就本家望闕謝恩訖。伏念熹才不逮人，學無所就，累蒙召擢，訖無補報。近者喪制未終，復叨收召之命，甫及除禫，朝旨又趣其行。熹雖至愚，仰戴恩遇，豈不感激奮勵，庶以圖報萬分？實以凡庸，自知甚審，頃希微禄，徒以爲親。今則禍罰之餘，荒蕪益甚，誠不忍虚冒榮寵，以增不洎之悲；加以憂患侵凌，心志凋弱，近於髀裏復發癰腫，雖幸破潰，耗損愈多。正使義無可辭，筋力亦難勉强。惟是跡涉違慢，心不自安，敢罄微誠，仰干洪造。伏望參政、僕射平章相公洞鑒悃愊，曲賜矜憐，都俞之間，特賜敷奏，早與寢罷元降指揮，庶使微賤小官獲安愚分，免以稽留威命抵冒刑誅，則熹不勝幸甚。謹具狀申尚書省。謹狀。

辭免召命狀二

右熹五月三日準建寧府遞到尚書省劄子一道，四月十三日，三省同奉聖旨：「林枅、朱熹依已降指揮，疾速起發赴行在。」熹已於當日望闕謝恩祇受訖。伏念熹昨蒙聖恩收召，續被朝旨趣行，自知愚陋，初乏寸長，無以仰稱公朝薦延之意。復念往者爲親，妄意干禄，然猶自審無能，不敢過希榮進。矧今孤露，僅及免喪，遽於此時起趨名宦，情既不忍，義亦難安。加以禍罰餘生，氣血凋瘁，疾病攻撓，勉强不前，即已具狀懇辭，乞賜敷奏，寢罷去訖。竊慮其狀在路迂回，未徹朝聽，是致今來再有前件聖旨指揮，恩厚命嚴，跼蹐無措。然匹夫之志，前已具陳，勢迫情哀，必蒙鑒察。更望參政丞相、丞相特與檢會，早賜開陳，收回元降指揮，以安愚賤之分，則熹不勝幸甚。

辭免召命狀三

右熹準尚書省劄子，檢會四月十三日三省同奉聖旨，「林枅、朱熹依已降指揮，疾速起發赴行在，劄付熹，令疾速起發」者。伏念熹微賤無堪，頻煩趣召，拜恩踧踖，震懼靡皇。實以祿弗逮親，不忍從宦，加以疾病，牽勉莫前，已於二月、五月内兩次具狀陳乞敷奏寢罷去訖〔三〕。雖人微趣下，詞義鄙拙，不足以仰勤朝聽，然披瀝肝膽，事皆有據，不敢一言之妄，以取要君罔上之誅。伏望參政丞相、丞相更賜檢會，少留聽覽，特與敷奏，寢罷施行，則熹不勝幸甚。謹具狀申尚書省。謹狀。

辭免召命狀四

右熹準尚書省劄子，據熹狀，乞敷奏寢罷趣召指揮，「劄付熹，遵依已降指揮，疾速起發前來」者。伏念熹自蒙收召，前後三狀，陳述事理已極詳明。既未蒙敷奏施行，今亦未敢别有祈請。偶以近遭叔母之喪，别無得力子弟，喪葬之役，須當躬親營奉，度至來春方得了辦。欲望朝廷矜憐，特賜寬假，許熹候叔母葬事了日，别聽指揮，不勝幸甚。謹具狀申尚書省，伏乞照會。謹狀。

辭免召命狀五

右熹準三月二十六日尚書省劄子，令熹遵依已降指揮，疾速起發赴行在，仍具已起發月日申尚書省者。伏念熹昨蒙聖恩，猥加收召，自省庸愚，無所可用，兼以私義有所不安，且復疾病支離，不堪奔走，已嘗節次具狀瀝懇，乞賜敷奏罷免去訖。不謂愚誠未能上達，致煩朝旨再三催促，愈益嚴峻。熹自揣微賤，不勝恐懼，遂不敢再有陳述。只乞候叔母葬事畢日，別聽指揮。今來又準上項朝旨，再念熹貧家獨力，卜地營葬已及半年，未有次第。若遽舍之而出，竊恐愈見狼狽。重以多難早衰，舊疾間作，近因久雨，感濕傷冷，復苦脚弱，步履艱難，雖不俟屨而疾趨，其勢亦有不可得而勉彊者。竊恐久稽朝命，負罪益深，夙夜憂危，不遑啓處。謹復具狀申尚書省，欲望參政丞相俯賜敷奏〔四〕，收回元降指揮，以安愚分，且便私計，實爲厚幸。或恐不欲以一介犬馬之私輕改朝廷已行之命，即乞別賜陶鑄，差熹監嶽廟一次，使得杜門養病。萬一異時稍復彊健，尚或可備使令之末，熹不勝幸甚。

辭免改官宮觀狀一 癸巳

右熹準建寧府送到五月二十九日尚書省劄子一道，五月二十八日，奉聖旨，「朱熹安貧守道，廉退可嘉，特與改合入官，主管台州崇道觀，任便居住」者。熹聞命震驚，罔知所措。伏念熹至愚不肖，昨蒙聖恩收召，至于再三，屬以憂患之餘，疾病衰廢，不能扶曳一造闕庭，逋慢之誅，方竊俯伏以俟，不謂天地父母之恩至隆極厚，既赦其罪，不即誅滅，而又過於臨照，誤有褒嘉，一字之榮，踰於華衮。至於特改京官，即畀祠禄，又皆朝廷平日所以進賢賞功，優老報勤之典，乃使愚賤小臣終年安坐，一日無故而驟得之，熹雖至愚，豈不知感激聖恩，誓死圖報？何敢復議辭受取舍於其間？實以多病無能，求退得進，揆之私義，既有未安，而賞不當功，名不孚實，竊慮以此或致上累聖朝綜核之政，則熹之罪又將有不可勝誅者。此熹之所以怔營前却，千慮百思而終不得以不辭者也。所有前件省劄不敢祗受，謹已寄納建寧府軍資庫訖。敢復瀝懇披陳，仰干洪造，欲望參政丞相特賜敷奏，收還元降指揮。或許仍理舊資，即乞别與嶽廟差遣，以安愚分，實爲幸甚。謹具狀申尚書省。謹狀。

辭免改官宫觀狀二〔五〕

右熹昨準尚書省劄子，奉聖旨，特與改合入官，主管台州崇道觀。熹以私義未安，未敢祗受，已具狀申尚書省，及將所準省劄申建寧府寄納軍資庫訖。今來又準告命一軸，仰戴異恩，俯伏震懼。然熹愚懇已具前狀，不敢再有陳述。除已將上件告命并送建寧府寄納訖，謹具狀申尚書省，乞賜檢會前狀，敷奏施行。謹狀。

辭免改官宮觀狀三

右熹準十一月二十四日尚書省劄子，據熹狀，辭免改合入官、主管台州崇道觀恩命，乞許仍理舊資，别與嶽廟差遣事，檢會到乾道二年十二月十八日敕節文，臣僚辭免恩命，各有定制，比來不合辭免，亦具申陳，委是妨廢職事，令吏部申嚴行下，劄熹依已降指揮施行者。伏念熹昨以憂哀摧毁，疾病侵凌，不獲恭趨嚴召，所以累具辭免。乃蒙聖慈寬赦不誅，誤加褒異，恩生望外，事踰例表，非常之寵，風動四方。況熹身被隆私，豈不知感？實以衰惰廢棄，志行不脩，無德可褒，無功可録，無以仰稱聖主特達之知，有愧國家勸勵賢能之意，以故冒昧復有懇辭。不意愚誠不能感動，乃蒙檢會前件指揮施行。在熹豈敢固執迷方，輕冒憲綱〔六〕？然竊詳考元降指揮，止爲辭免推遷，妨廢職事，合行禁約。若熹所被恩除，初無職業，即與前件立法之意事體不同，敢復披誠，再干洪造。所冀愚悃得徹聖聰，庶幾微賤小臣幸終免於逋慢之誅，而區區匹夫之守，獨得伸於分列之外。又況屏絶浮虚，抑止貪競，其於聖朝厲精責實之政，亦未必全無所補。熹之所請，亦非止以自爲而已。下情無任瞻望祈扣之切，伏望參政丞相洞鑒精悃，早賜開陳，則熹不勝幸甚。謹具申尚書省。謹狀。

辭免改官宮觀狀四

右熹準建寧府送到三月十七日尚書省劄子，據建寧府據熹狀申，乞敷奏寢罷昨來特改宣教郎、主管台州崇道觀恩命事，并檢會乾道九年閏正月二日不許臣僚辭免恩命指揮，三月十六日，三省同奉聖旨，劄下朱熹照會者。熹聞命震驚，罔知所措。竊念熹昨蒙聖恩誤有褒擢，感戴激切，不知所言。徒以自知本非巖穴知名之士，行能材術又不逮人，貧病退藏，自其常分，實無毫髮可以仰稱聖朝褒勸之意，所以屢觸科禁，冒罄悃誠。不謂聖慈尚閟俞音，恐懼顛越，愈不自安。不免冒昧再有陳述，狂妄昏愚，罪在不赦。伏望鈞慈，委曲敷奏，特加寬宥，追寢誤恩。或令仍守舊資，別與嶽廟差遣，則不惟小臣獲免昧利苟得之譏，在聖朝亦無輕用名器之失，熹不勝幸甚。謹具狀申尚書省。謹狀。

申建寧府狀一

右熹伏蒙使府專委崇安縣丞王文林賫送到熹元寄納告命一道、尚書省劄子一道、印紙一軸，到熹所居，令熹祗受者。照對熹近準尚書省劄子一道，據熹狀辭免上件恩命，檢會近降不許辭免指揮，付熹照會。熹竊詳上項指揮本意，蓋慮内外職任臣僚妄爲辭免，妨廢職事，即與熹今來所乞事體不同。已將所準省劄具狀申使府寄納軍資庫，及申尚書省，乞賜敷奏寢罷去訖。所有今來使府送到告命文字，委實難以祗受。重念熹一介微賤，本無寸長，際遇聖明，累叨奬拔，所以每形遜避，蓋亦各有端由。昨來申省狀中，不敢縷細陳述，是致愚悃未能自通。今敢述其一二，乞賜備申，庶幾微誠或蒙矜察。

竊緣熹本以諸生應舉干禄，於紹興十七年請到文解，得試禮部，叨預奏名，濫綴末第。後來參部銓試，注授泉州同安縣主簿。到任四年，省罷歸鄉。偶以親老食貧，不能待次，遂乞嶽廟差遣。再任未滿，誤蒙召對，除武學博士。又以急於禄養，復乞嶽廟一次。又未滿間，準敕差充樞密院編修官，尋以丁憂，不及供職。續蒙收召，又以憂制未終，不獲拜命。比及免喪，再蒙檢舉催促，則憂患之餘，心志摧謝，血氣耗傷，疾病交攻，不復堪從仕矣。艱苦半生，首末如此，迂愚之分，敢不自安？

今乃誤蒙褒嘉，特改京秩，畀以祠禄，寵數過優，内省庸虚，實爲非據。蓋語其勞最，則入仕以來二十七年，閑居之日十居七八；語其志節，則隨羣逐隊，應舉覓官，前後求閑，皆緣急禄；語其學行，則躬行不力，未能寡過，俯仰愧怍，内訟方深。此皆非有高世之心、絶俗之行，豈真能驕富貴而輕爵禄者，而使之竊安貧守道之名，冒養老優賢之禮，以熹愚昧，尚有以自知不稱，況公論有在，人謂斯何？若復貪戀恩榮，不知引避，彊顔忍耻，靦面受之，此必傳笑四方，貽譏後世。在熹雖不足道，實懼玷辱聖朝，此區區所以冒犯鈇鉞而不得不盡其辭者也。所有告劄印紙，熹既不敢祇受，謹已即時當面納還崇安縣丞王文林。仍具公文回報，請爲申送使府，依舊送庫寄納外，今謹具述愚懇，欲乞鈞慈矜念，特與備申朝廷，乞賜敷奏，收回元降告劄印紙，庶使小臣不致久違朝命，免獲罪戾。或蒙還以丁憂已前初品舊階，改差嶽廟一次，俾安愚分，以盡餘年，尤爲厚幸。熹不勝祈懇激切之至。謹具狀申建寧府使衙，伏乞照會，備申施行。謹狀。

申建寧府狀二

右熹準使府牒，差建陽縣主簿送到尚書省劄子一道，并熹元寄納告命一道、省劄二道、印紙一軸，令熹祇受者。竊緣熹昨來辭免，實以私義未安，不敢冒受朝廷褒寵之恩，所以控竭愚誠，仰干朝聽，亦蒙使府備申去訖。今來雖有上件回降指揮，緣熹所陳未奉俞允，義難苟止，須至再有陳述。今有狀一封申尚書省，欲乞使府發遞前去。所有告命一道、省劄三道、印紙一軸，其建陽主簿不肯交領前回，今專遣家人賫詣使府，乞依舊寄納軍資庫。謹具狀申建寧府使衙。謹狀。

謝改官宫觀奏狀

右臣熹昨準尚書省劄子，奉聖旨，以臣安貧守道，廉退可嘉，特改左宣教郎、主管台州崇道觀。續準降到告命一道，授臣前件官。臣聞命震驚，罔知所措，前後三次具狀申尚書省，乞與敷奏寢罷。尋準尚書省劄子，檢會近降不許庶官辭免指揮，奉聖旨劄與臣照會者。仰體德意，不敢固辭，已於六月二十三日望闕謝恩祗受訖。

伏念臣一介微賤，無所能似，昨蒙聖恩收召，實以憂患侵凌，血氣凋瘁，不獲輿曳殘疾，顛越道塗，以盡臣子之恭。方竊屏伏，以俟誅夷，乃蒙聖慈誤形褒寵，改官賦禄，絶無近比。及其皇恐辭避，冒觸科禁，則又申命丁寧，不以即罪。恭惟褒勸之意、寬赦之恩，皆非臣愚所能稱塞。顧不敢再有辭遜，以瀆天威。祗命感恩，心口相誓，惟當躬佩訓詞，益堅持守，以求無負天地父母至隆極厚之恩。舍此而言，則雖湛身碎首，九隕而不辭，亦不足以論報矣。臣無任瞻天望聖受恩感激之至，謹具狀奏聞。謹奏。

申省狀

右熹昨準尚書省劄子，奉聖旨以熹安貧守道，廉退可嘉，特改左宣教郎、主管台州崇道觀。續準降到告命一道，授熹前件官。聞命震驚，罔知所措。前後三次具狀申尚書省，乞賜敷奏寢罷。尋準尚書省劄子，檢會近降聖旨，再劄付熹照會者。熹仰體德意，不敢固辭，已於六月二十三日望闕祗受訖。除已具奏稱謝外，謹具狀申省，伏乞照會。謹狀。

申建寧府狀

右熹兹者祗受告命，係出特恩，今有奏狀稱謝，合於使府附遞申發。竊慮小臣微賤，限於條制，無由得徹冕旒之聽，謹具狀申建寧府使衙，欲乞照會，繳奏施行。

辭免祕書郎狀一 丙申七月八日

右熹準六月二十一日尚書省劄子并告命一道，授熹祕書郎者。熹聞命震驚，罔知所措。竊以聖主寤寐俊傑，圖起事功，片善寸長，靡不收用，巖穴幽隱，亦弗棄遺，遂使妄庸，有此遭遇。恩德隆重，捧戴難勝，豈敢飾詞遜避，以孤奬拔之意？

然熹竊惟國家開建圖書之府，所以儲蓄秀異之才，選試有程，未始輕授。郎以奉守爲職，雖異典校之官，然自昔相承，或用以處老成耆德之士，如熹凡陋，豈所克堪？今若貪冒寵榮，不自量度，此必坐取嘲笑，以累聖主知人之明，又況頃年屢以多病不才，懇辭召命，已蒙聖慈洞照肺腑。蓋既憐其愛君憂國、粗有畎畝夙夜之誠，而又知其衰朽無庸，重閔勞以官職之事，故凡所以假借褒嘉、惠養全活之意，雖非愚賤之所當得，然天地父母委曲生成之恩，則有不可以終辭者。此熹所以懇辭踰年而卒拜明命，且復具以此意附奏陳謝〔七〕，其所以感恩自誓之誠，蓋有皦然而不可欺者。今乃欲因聖主前日所以假借惠養之資，而遂夤緣以冒進擢無涯之寵〔八〕，則是古人所謂登龍斷而左右望以罔市利者。不惟士夫清議有所不貸，而熹之不肖，亦竊羞之。是以恐懼回皇，不敢祗受。伏惟鈞慈憐察，特爲敷奏，早賜寢罷元降指揮，使熹愚分稍安，不勝幸甚。熹除已將省劄、告命申建寧府送軍資庫寄納外，謹具狀申尚書省，伏候指揮。謹狀。

辭免祕書郎狀二

右熹準八月三日尚書省劄子，以熹辭免新授祕書省祕書郎恩命，八月三日，三省同奉聖旨，不許辭免者。伏念熹草茅賤士，章句腐儒，昨被詔除，自知不稱，輒形控避，方俟譴訶，豈意天慈曲垂恩旨。聞命震恐，即合奉承，敢以固辭，重勤淵聽？伏況邇者聖德日新，容受讜言，旌賞狂直，雖在亡没，亦不棄捐。海内聞風，感動興起，以至更相勸勵，咸願竭忠。如熹之愚，雖不及此，亦豈不願依附末光，效其尺寸？何忍自棄明時，老死巖谷，泯泯没没，徒與草木俱腐？實以空疏頑鄙，本非臺閣之姿，不敢輒塵華貫，進官頒禄。已冒閑退之寵，難以復造朝班，所以千慮百思，徊徨瞻顧，雖感恩惜日，不勝畎畝之誠，而仰愧俯怍，卒不得不盡其詞也。是敢重瀝肺肝，再嬰斧鑕，必冀上回沖鑒，下遂夙心。伏望參政特爲開陳，早賜寢罷，或仍舊與宫廟差遣一次，則熹不勝大幸。其降到省劄内有聖旨指揮，不敢拜受，已寄納建寧府軍資庫外，謹具狀申尚書省，乞賜敷奏施行。謹狀。

辭免知南康軍狀戊戌

今月十七日〔九〕，準尚書省劄子，奉聖旨，差知南康軍，填張杅闕。又準尚書省牒，奉勑，宜差權發遣南康軍事兼管内勸農事，仍借緋者。聞命震驚，若無所措。伏念熹疏繆之姿，不堪從宦，病卧林野，日益支離。昨蒙聖慈矜憐〔一〇〕，特與改官，仍畀祠禄，以遂閑退之願，於熹愚分，已爲過優。今者忽有前件恩命〔一一〕，又出意望之外，足見天地之仁，不遺一物，寸長尺短，皆欲使其有以自見。在熹感激誠不自勝〔一二〕，然竊惟念州郡之寄，所係不輕，苟非其人，千里受弊。所以朝廷不惟審擇以寄民命〔一三〕，而又嚴立資格，以叙人材。蓋不欲使庸妄輕淺之流得以因緣冒處，爲民不利。前後臣寮建請，詔旨丁寧，亦可謂深切而著明矣〔一四〕。如熹之愚，素號庸劣，又自初官一任解罷，今已二十餘年，杜門空山，罕接人事，民情吏職，懵不通曉。改官以來，未滿四考，雖名知縣資叙，而備數祠官〔一五〕，初無職事可以自試，默默寢卧〔一六〕，習成媮惰〔一七〕。一旦使之彊起田間，攝承郡事，不惟資淺望輕，有礙累降指揮，亦懼無以承流宣化，仰稱聖天子綜核名實、愛養元元之意。此熹之所以恐懼踧踖而不得不辭者也。或者以爲熹之賤微，屏處窮僻〔一八〕，而朝廷記憶，恩指隆厚至於如此，若復苟圖安佚，固爲遜避，則將無以自竭犬馬報效之勞，而陷於不恭之罪。熹竊以爲不然。蓋熹本以無能退處田里〔一九〕，聖朝過聽，誤加奬借，寵以廉退之名，勵以堅高之操，訓詞在耳，天鑒弗違。熹雖至愚，不能及此，猶當刻心自誓，終始不渝，庶幾可以仰報萬分，下全素守。今不務此，而欲以奔走承命爲恭〔二〇〕，則亦非義之所安矣〔二一〕。又況蒲柳之質，多病早衰，年歲以來，精力頓減，政使方在仕塗〔二二〕，亦須量力引退，顧乃甫於今日彊自修飾，起趨名宦，豈不大爲有識所笑，重貽前詔之羞哉？初以官卑人微，不敢輒具辭免，且欲祗拜恩命，續伸投閑之請。竊緣所差南康軍係填見闕〔二三〕，度亦不過兩月〔二四〕，即便復紊朝聽，誠不若直情控訴，冀蒙矜察〔二五〕，庶免煩瀆之罪。所有遞到劄子敕牒不敢祗受，除已申送建寧府軍資庫寄納外，謹具狀申尚書省。欲乞參政丞相少保特爲敷奏，寢罷今來所降指揮，令熹依舊宮觀差遣，則熹不勝幸甚。謹狀。

乞宫觀劄子

熹昨蒙聖恩，差權發遣南康軍事，屬以私義未安，不敢祗受，即已具狀辭免。續奉聖旨不許辭免，令疾速前去之任，候任滿日前來奏事。熹聞命震慴，已於十月二十三日望闕謝恩祗受敕命訖。仰惟天地之恩至隆極厚，一介疵賤，捧戴難勝。矧以孤愚，久被涵育，雖緣疏拙，自甘退藏，至於策名委質之義、學道愛人之心，則實有所不能忘者。豈不願及明時奉承寬詔，悉心營職，爲國養民？實以今秋以來，疾病益侵，精神益耗，勉從吏役，懼速顛隮。加以本軍闕人已久，若以熹故更復遷延，竊恐官曹解弛，簿書緣絶，别致誤事，則熹違命不恭之罪，益難幸免。欲望鈞慈，俯賜矜念，特與陶鑄宫廟差遣一次，則熹不勝幸甚。

乞宫觀狀

右熹昨以疾病衰耗，不堪吏役，曾於正月二十日具狀申尚書省，陳乞宫廟差遣。然以被命已久，不敢寧居，即於當月二十五日扶病起離前來。二月四日至信州鉛山縣管下歇泊，聽候指揮。已經旬日，未奉處分。而熹伏自到此以來，衰病之軀愈覺羸悴，雖無痛楚危急形證，而精神氣力日見凋枯，行坐無力，語言少氣，思慮應接，失後忘前。旁人雖未遽覺，而熹之自知甚審。若更勉彊扶曳前去，不惟在路必至顛踣，雖幸到官，亦難於支吾。欲望鈞慈，俯憐衰朽，檢會前狀，并賜開陳，特與改差宮廟差遣一次，使螻蟻微命，得遂天年，不至狼狽於道路，則熹不勝幸甚。熹見今且在鉛山縣聽候指揮，謹具狀申尚書省，乞賜敷奏施行。

與宰執劄子

熹輒有危懇，冒瀆鈞嚴：熹昨以衰病支離，不堪吏責，累具申陳，乞賜陶鑄宮廟差遣。然以久稽朝命，義不遑安，即已扶病離家，前來信州管下聽候處分。今已旬日，未奉進止。而熹衰病日益侵加，精神昏耗，氣力綿惙，若復勉彊輿曳之官，必取顛踣，爲世嗤笑。在熹賤微，不足深恤。竊恐或非聖朝所以眷憐收用之本意也。今不獲已，復具公狀，冒昧有請。伏惟丞相幸垂察而加憐焉，特賜開陳，從其所欲，俾之早得歸伏田里，休息疲瘁，訪問醫藥，以終餘年，則熹之感恩戴德，銘鏤肺肝，何有窮已。敢忘進越，輒具劄子申聞，伏乞鈞察。

自劾不合用劄子奏事狀

右熹伏覩都進奏院牒，臣寮劄子奏，「臣竊見舊制，章奏凡內外官登對者，許用劄子，其餘則前宰執、兩省官以上許用劄子，以下並用奏狀。乞申嚴有司，應帥漕郡守主兵官，如事涉兵機，許用劄子，餘僭越犯分，有不如式，則令所屬退還」等事，三省同奉聖旨依奏者。伏念熹山野生疏，不識事體，近於今年六月二十二日，因本軍陳乞蠲減税錢事，曾具劄子奏聞。雖在上項指揮之前，實亦有違舊制，聞命震恐，不知所爲。即欲具奏自劾，又恐復以狂妄，重干典憲，謹具狀申尚書省，欲望敷奏，亟行罷黜，以爲疏遠小臣慢上不恭之戒。謹狀。

自劾不合致人户逃移狀一

右熹昨蒙聖恩，畀以郡紱，懇辭不獲，冒昧而來。到官未幾，不勝吏責，疾病交作，殆不自支，即具劄子申乞改差宫觀差遣。側聽累月，未蒙敷奏施行。熹誠愚昧，夙夜靡寧，亦欲勉悉疲駑，以酬恩遇。顧以山野，不閑吏道，重以凋郡財匱民貧，去年上供綱運起發至今粗及其半，官吏相承但知竭力催科，以給公上，庶逃罪責。不意屬縣今秋有旱傷處，不惟失於檢放，加以程督過嚴，遂致人户流移，怨謗蠭起。雖已遣官慰喻，尚恐未能安帖。熹竊自惟平生章句腐儒之學，雖不適於世用，然區區之志，亦未嘗不以愛人利物爲功。今乃以是上負使令，下負所學，積此慚懼，疾病侵加，誠無心顔可食俸禄。欲望鈞慈，特與敷奏，早賜罷免，以爲遠近牧守不勤撫字之戒。而熹亦得以杜門省身，益求其學之所未至，庶幾後效，以贖前愆，不勝幸甚。謹具狀申尚書省，伏候鈞旨。

自劾不合致人户逃移狀二

右熹昨緣本軍管内今秋有荒旱處，不知及早檢放，而催理舊欠過於嚴急，遂致人户愁怨，相率逃移，已於十月内具狀自劾，申尚書省，乞賜罷黜，以爲州縣之戒。惕息俟命，至今兩月，未奉處分。憂懼日積，疾病有加，職事之間，益以荒廢。謹具狀申尚書省，乞賜檢會前狀，早賜敷奏施行。謹狀。

乞宫觀劄子庚子正月

熹輒有誠懇，上瀆鈞聽：熹昨蒙聖恩，差權發遣南康軍事，已於去年三月三十日到任。累以疾病，陳乞祠禄，未蒙敷奏施行。今來在任已滿十月，非久當書一考。實緣衰病愈侵，心力凋耗，加以脚氣痰飲發作無時，難以勉强在職。欲望朝廷特賜敷奏，改授祠廟差遣一次，使得杜門竊食，休養殘廢，庶幾不至即日顛殞，不勝幸甚。

乞宫觀狀庚子三月

右熹昨準敕，差前件差遣，累以病患辭免，不蒙開允，遂於去年三月三十日扶病到官，交割職事。今來在任已是踰年，疾病支離，不堪吏責。中間節次具狀陳乞宮觀差遣，亦未準回降指揮。近於三月六日視事之際，風痰大作，頭目旋暈，幾至僵踣。今已累日，精神愈見昏憒，委是狼狽，不可支持。謹具狀申尚書省，欲乞鈞慈，檢會熹累乞宮觀文字，早賜敷奏，特依所請，不勝幸甚。伏候鈞旨。

與政府劄子

熹昨以衰病支離，輒具劄目，陳乞陶鑄宮觀差遣。側聽踰月，未蒙處分。近於三月六日視事之際，風痰大作，頭目旋暈，幾欲僵仆。今已累日，精神愈見昏慢，委是狼狽，不堪勉彊。已具狀申尚書省，欲望鈞慈，早賜敷奏，特從所請，使熹得遂休養，以保餘齡，不勝幸甚。干冒威嚴，俯伏俟罪。

乞宮觀劄子

熹輒有危迫之懇，干冒鈞聽：熹舊有心氣之疾，近因禱雨備災，憂懼怵迫，復爾發動，怔忡炎燥〔二六〕，甚於常時。竊慮當此旱荒，曠廢郡事，其爲利害，又非它時之比。欲望鈞慈，特賜敷奏，與熹宮廟差遣，令得少遂休養，不勝幸甚。所有本軍荒政，昨已措置略有次第，更望催促替人石斆疾速前來，接續賑救，則千里飢民不勝幸甚。

辭免直祕閣狀一

右熹準七月十八日尚書省劄子，七月十七日，三省同奉聖旨，以熹昨任南康軍日，修舉荒政，民無流殍，可除直祕閣者。熹聞命震驚，受恩感激，有不知所以言者。然竊伏念熹昨以非才，誤蒙任使，不能布宣德意，以惠遠民，乃以刑政失中，招致殃咎，赤地千里，民不聊生，據罪論刑，豈容幸免！政使粗能措畫，不致大段狼狽，亦是職守之常，何足補塞愆負？而況蠲閣租税，撥賜錢米，許借上供錢物，糴米賑糶，皆是聖主天地旣施非常之恩，官吏於此，豈有絲毫之力？至於勸諭富民發廩糶濟，亦是聖朝不愛官爵，以救民命，頒下賞格，極於醲厚，以故富民觀感視傚，始肯竭其囷倉累歲之積，以應公上一旦之須，亦非官吏之力所能及也。然其賑濟人户，初無致旱之罪，今又不取一錢，而捐米四五千石，方得一官，自私家言之，其數亦已多矣。此則在所當賞而不可緩者，非一時官吏有罪無功之可比也。今熹幸際隆寬，曲加容貸，更蒙除用，已極叨踰。今者又被聖恩，復有上件除命。而熹前所奏南康軍賑濟人户張世亨等四名，合依元降賞格補授文武官資者，有司顧以微文沮却其事，至今未見報行推賞指揮。是乃聖主過恩，既賞於其所當罪；而有司失信，反吝於其所當賞。

熹雖至愚，於此竊有所不安者。所有降到省劄，不敢祗受，已送建寧府寄納軍資庫。謹具狀申尚書省，欲望朝廷洞照誠悃，特爲敷奏，許賜收回。仍檢會今年閏三月内南康軍奏及熹獨銜奏狀，詳酌所陳事理，如是節次官司果是固爲邀阻，至今不爲保明推賞，即將張世亨等併爲敷奏，依熹所乞，不候諸司保明，特與先次依格等第推賞，直降付身，令本軍日下當官給賜。是則不惟熹之私義得以自安，亦庶幾自今以來，州郡長吏奉法遵職，務格和平，不至幸民之災，自圖身利。不惟此四人者早蒙聖恩，免有邀阻乞覓之擾，父子兄弟感戴無窮，而萬一不幸四方復有水旱饑饉之災，亦使其他富民知所激勵，易爲勸誘，貧者有所恃賴，不復流移，其利非止一端而已也。狂妄僭率，干冒朝聽，祈恩俟罪，無任懇切恐懼之至〔一七〕。謹狀。

小帖子

稅户張世亨，賑濟五千石，依格乞補承節郎。稅户劉師輿，賑濟四千石，依格乞補承信郎。進士張邦獻，賑濟五千石，依格乞補迪功郎。待補太學生黄澄，賑濟五千石，依格乞補迪功郎。

右具如前。伏念熹罷官還家，舊任别無絓繫，只此一事未了。初謂朝廷賞格必非虚文，不謂今乃以此自陷於罔民之罪，每一思之，如負芒刺。顧以居閑，不敢陳請。今者幸因辭免恩命，得效一言。過此則分守有拘，又將無以自達。切望鈞慈，早賜垂念，千萬幸甚。如是四人近日皆已得霑恩賞，不曾報行，即熹屏居深山探問不實之罪，亦乞矜貸。而其所乞辭免恩命，與此事體自不相須〔二八〕，更望力賜開陳，期於得請，乃爲厚幸。伏乞鈞照。

辭免直祕閣狀二

右熹九月初四日準八月十七日辰時尚書省遞到告命一道，照對熹昨準尚書省劄子，奉聖旨，以熹前任南康軍日，修舉荒政，民無流殍，可除直祕閣。熹竊伏惟念昨來在任，政刑乖錯，招致旱災，有罪無功，不敢祇受。兼在任日遵奉淳熙七年九月二十三日敕旨賞格，勸諭到税户張世亨、劉師輿、進士張邦獻、待補國學生黄澄四名出米賑濟，共計一萬九千石，已行支散，即具奏聞及申諸司，乞與保明推賞，補授文武官資。今來已是半年，竊慮熹既得替之後，諸司未曾保明，致得本人未蒙朝廷推賞，已具狀申尚書省，乞賜敷奏，收還誤恩，仍將張世亨等四名不候諸司保明，早依原降賞格特與推恩，給降付身，令本軍日下當官給付。及具狀繳連所降省劄，寄留建寧府軍資庫訖。今來又準上項告命，熹爲有前項所申兩節事理未準回降指揮，不敢祇受，已并申建寧府寄留外，謹再具狀申尚書省，伏乞檢會前狀，特與敷奏，許熹辭免。仍將張世亨、劉師輿、張邦獻、黄澄四名早賜依格推賞，則熹不勝幸甚。

謹狀。

辭免直祕閣狀三

右熹準九月五日尚書省劄子，備坐熹前狀所乞寢罷新除直祕閣恩命事，奉聖旨不許辭免者。熹仰戴聖恩，不勝感激。雖未敢即日祗受，謹已望闕稱謝訖。但熹狀内所稱熹雖至愚於此有不能自安者，正爲南康軍保明勸諭到税户張世亨獻米五千石賑濟，依格合補承節郎；進士張邦獻獻米五千石賑濟，依格合補迪功郎；待補國學生黄澄獻米五千石賑濟，依格合補迪功郎；税户劉師輿獻米四千石賑濟，依格合補承信郎一節，未蒙户部依格放行恩賞，乞賜敷奏施行。今來所準省劄内，却删去此項事理，熹竊恐區區愚昧迫切之誠，未得仰闢天聽，其合推賞人依舊未得霑被聖恩，則熹於義亦難祗受。又況目今諸路水旱廣闊，公家所積已經發散，所餘無幾，全賴富民獻米賑恤。若見朝廷施行如此，誰肯應募助國救民？兼熹見蒙改除提舉浙東常平公事，當此凶歲，專以救荒爲職，若此所乞依格推賞不蒙施行，不惟失信於南康舊治，亦無面目可見浙東之民，將來必致誤事，上貽仁聖宵旰之憂。熹雖萬死，不足塞責。欲望朝廷詳酌，特賜敷奏，詳熹前狀所陳，將南康軍所奏税户張世亨、劉師輿、黄澄、張邦獻各與照應元格，早賜補授文武官資，則上件恩命不必加於熹身，而聖朝綜核之政脩於上，遠近觀聽有所激勸於下矣。謹再具狀申尚書省，伏候指揮。

除浙東提舉乞奏事狀

右熹今月二十二日準尚書省劄子，奉聖旨，改除前件差遣。熹以衰病之餘，心力凋耗，目昏耳重，不堪繁劇，擬具情懇，干告廟堂，乞與敷奏，聽容辭免。而聞之道路，本路今年災傷至重，民已艱食，若更遷延，有失措置，竊恐向後飢民愈見狼狽，重貽聖主宵旰之憂，謹已於當日望闕謝恩祇受訖。所有合赴行在奏事，未奉指揮。伏念熹自違陛戟十有九年，誠不勝臣子惓惓，願得一瞻天日之光。況今救荒，合行奏稟事件非一，又熹前任南康，亦有合奏聞事，謹具狀申尚書省，欲望鈞慈，特賜敷奏施行。謹狀。

辭免進職奏狀一 壬寅

臣九月四日到處州遂昌縣，準尚書省劄子，奉聖旨，淳熙八年旱傷去處，監司守臣賑濟有勞，令臣進職一等者。聞命震驚，不知所措，謹已即時望闕謝恩訖。伏念臣昨以孤愚，誤叨臨遣，仰瞻玉色，既閔然有畏天恤民之誠，而聖訓丁寧，又無非惻怛焦勞之實。退惟疵賤，遭遇如此，誠不敢愛其夙夜之勤，冀以仰稱萬一。而疾病之餘，精力淺短，徒費大農數十萬緡之積，而無以全活一道饑饉流殍之民。蓋嘗一再自劾，恭俟嚴科。陛下赦而不誅，已爲寬典，至於過恩假寵，躐等疏榮，則懼非所以示勸懲、惜名器而謹馭臣之柄也。況臣昨以按劾知台州唐仲友，反被論訴，見蒙送浙西提刑司，差官體究。近日雖蒙聖斷，已罷本人新任，所有體究指揮，尚未結絶。臣方當囚服藉藁，以俟斧誅，豈宜遽竊恩榮，以紊賞刑之典？所有前件恩命，臣實不敢祗受。欲望聖慈，特許辭免，臣不勝幸甚。

辭免江西提刑奏狀

右臣九月十二日準尚書省劄子，八月十八日，三省同奉聖旨，除臣江南西路提點刑獄公事，填見闕。去冬已經奏事，不候受告，疾速前去之任者。臣聞命感激，已於當日就衢州常山縣界首安泊處望闕謝恩，解罷前任職事訖。

伏念臣天賦樸愚，與世寡合，爰自早歲，即甘退藏。雖蒙聖朝累加收用，竟亦不敢冒昧就職。杜門屏處，玩思遺經，賴天之靈，偶窺管穴，因竊妄意討論删述，冀成一家之言，以待後之學者。中間誤蒙聖恩，特改京秩，訓詞褒勵，蓋亦以是期之。其後更被除書，起補郡吏，而臣所守不固，不能力辭，二年之間，中夜撫枕，起坐太息，未嘗不私自憐悼而悔其初心也。既而復忝推擇，備使近畿，凡所奏陳，多蒙開納，賜錢蠲税，無請不從。自惟孤愚，遭遇如此，則又皤然思竭駑頓，以稱所蒙。唯懼縱姦賊民，棄命廢職，異時無復面顔以見陛下。至於觸忤權貴，掇取怨嫌，則雖必知其然，而有所不暇計也。既而果如所料，沮撓萬端，又獨蒙陛下聖明，察其孤忠，委曲覆護，非唯不加誅殛，又使得以進職遷官爲名而去。臣竊不自知區區之迂愚疵賤，何以得此於陛下？顧念感激，涕下交頤。所有恩命，誠不當更有辭避，以孤睿獎。

然臣之愚，實有所不獲已者，蓋以心目俱昏，不堪吏責，今夏已嘗抗章俟罪，未奉進止。而旱蝗繼作，恭奉御筆，戒喻丁寧，仰惟聖心憂勞特甚，是以惶懼屏息，未敢復言。今既蒙恩許解賤職，正是草野愚臣乞賜骸骨以遂夙心之時，而所除官又係塡唐仲友闕，蹊田奪牛之誚，雖三尺童子，亦皆知其不可，況臣雖愚，粗識義理，何敢自安？儻蒙聖慈特賜罷免，或與嶽廟差遣，使臣得以歸耕故壟，畢志舊聞，内休已憊之精神，外避當途之猜怨，則臣不勝千萬幸甚。所有前件省劄内除授恩命，臣決不敢祗受，已送衢州常山縣寄收。仍一面出本路界，還家俟命。欲望聖慈，早賜指揮。謹録奏聞，伏候敕旨。

辭免江東提刑奏狀一

右臣十月九日準尚書省劄子，據臣辭免新除江西提刑恩命，奉聖旨，令臣與江東提刑梁總兩易其任。臣已即時望闕謝恩訖。伏念臣區區誠懇，已具前奏，既蒙改命，曲遂其私，使得免於攘奪之嫌，以全素守，其在微臣，固已甚幸。但臣前所奏陳，願得蒙恩投置閑散，以爲養病著書、全身遠害之計，則尚有未蒙聖察者。於臣私計，未便猶多，敢昧萬死，再有塵瀆。欲望聖慈，詳臣前奏，曲賜哀憐，追寢誤恩，改畀祠禄，使其得遂夙心、免罹非禍，則於微臣又爲莫大之幸。所有省劄内聖旨指揮，臣不敢祗受，已送建寧府崇安縣寄收訖。聖恩隆厚，報效無階，瞻望軒墀，臣無任犬馬戀慕激切之至。

貼黄

臣祖鄉徽州婺源縣，正隸江東，見有墳墓宗族及些小田産，合該回避。又梁總到官今方月餘，一旦忽然無故改易，不惟迎新送故，煩擾吏民，亦礙累降指揮，有失朝廷舉措之重。伏乞聖照。

申省狀

右熹十月九日準尚書省劄子，據熹辭免新除江西提刑恩命，奉聖旨令熹與江東提刑梁總兩易其任。熹以前奏所乞未蒙開允，不敢祗受，已再具奏辭免外，謹具狀申尚書省，欲乞敷奏寢罷，或與嶽廟差遣，不勝幸甚。

辭免江東提刑奏狀二

右臣十一月七日準尚書省劄子，據臣奏辭免江東提刑及回避田產事，奉聖旨不許辭免，田產特免回避者。臣草野賤微，屢有煩瀆，顧勞天語，重賜丁寧，感極涕零，不知所措。已即時望闕遥謝訖。重念臣昨被使令，妄意職業，智識淺短，條奏闊疏，上誤公朝，失於舉措，自知罪大，不敢自赦。是以再蒙恩除，不免瀝懇辭避。凡所陳述，皆出鄙誠，非敢飾辭備禮，以爲觀聽之美而已。唯是曲折之間，猶有不敢盡其辭者。然竊仰惟陛下天日之明，無幽不燭，固不待臣之喋喋然後有以悉其危懼怵迫之情也。又況今來所除差遣，仍是按察官司，若復奉公守法，則恐如前所爲，或至重傷朝廷事體。若但觀勢徇私，又恐下負夙心，上孤陛下眷知任使之意。進退惟谷，無地自處。是敢忘其再三之瀆，上干鈇鉞之威，欲望矜憐，早賜開允，特與嶽廟差遣一次，使臣得以休養精神，卒其舊業，退避仇怨，保此餘生。或者未填溝壑間，得見陛下重振綱維，一新治化，而達聰明目，未忘孤忠，别有遠外重難驅使，則臣雖衰拙，尚庶幾效其尺寸，將惟陛下所以命之，不敢復有辭矣。若爲今日之計，則退藏之外，無可爲者。伏惟陛下哀憐財幸〔二九〕。干冒宸嚴，臣無任戰栗俟命之至。

申省狀

右熹準尚書省劄子，據熹辭免江東提刑恩命，及回避祖鄉田産事，奉聖旨不許辭免，田産特免回避，劄付熹者。伏緣狂妄疏拙，已試罔功，不敢復當刺舉之職，已再具奏狀辭免。謹具狀申尚書省，伏乞敷奏施行。

辭免進職奏狀二

右臣十一月七日準降到告命一道，授臣直徽猷閣者。臣昨在任日，被省劄，備坐前件恩命，已嘗具奏，稱爲按劾台州唐仲友贓濫不法，反被論訴，未蒙結絶，不敢祗受。今者伏覩已降指揮，仲友已罷新任，更不差官體究，其紹興府見勘已招僞造官會人蔣暉等〔三〇〕，亦聞已得朝旨盡行釋放訖。詳此事理，竊恐臣所按劾不公不實，別有合得罪名，未蒙朝廷行遣，難以却因職事微勞，遽與其他無罪之人例霑恩賞。其所降到告命，臣不敢祗受，已送建寧府崇安縣寄收訖。欲望聖慈深察，特賜追寢施行，則臣不勝幸甚。

辭免江東提刑奏狀三

右臣十二月十四日準尚書省劄子〔三一〕，據臣辭免直徽猷閣及江東提刑恩命，奉聖旨並不許辭免，令疾速起發前去之任者。臣昨以怨仇當路，蹤跡孤危，屢貢封章，乞回成命，情迫意切，忘其再三。既而深自省循，始知震懼，方且計日以俟誅夷，不謂陛下天度含容，聖恩溥博，雖未開允，亦免譴訶。臣聞命感激，涕泗交頤。恭惟聖詔丁寧，不可數得，雖知私義有所未安，然不敢不抑鄙情以承睿獎，即於當日遥望闕庭拜受直徽猷閣恩命訖。所有江東提刑職事，迫威命之已行，亦擬即日拜受，晝時起發。而臣至愚，反復思慮，復有所甚懼而不能已者，不免昧死瀝血，再觸天威，瞻顧徬徨，不知所措。伏念臣所劾臟吏黨與衆多，棋布星羅，並當要路。自其事覺以來，大者宰制斡旋於上，小者馳騖經營於下。其所以蔽日月之明而損雷霆之威者，臣不敢論。若其加害於臣，不遺餘力，則遠而至於師友淵源之所自，亦復無故横肆觝排。向非陛下聖明，洞見底蘊，力賜主張，則不惟不肖之身久爲魚肉，而其變亂白黑、詿誤聖朝，又有不可勝言者。然陛下之憐臣愈厚，則此輩之疾臣愈深，是以爲臣今日之計，惟有乞身就閑，或可少紓患害。若更貪戀恩榮，冒當一道刺舉之責，則其速怨召禍，必有甚於前日者。陛下雖欲始終保全，亦恐有所不能及矣。故臣於此深竊恐懼，再三籌度，以爲與其他日拘攣戚促而失身於仇人之手，不若今日再三辭避而得罪於陛下之前。又況陛下至仁至明，且既憐臣之厚而保全之如此，固未必肯以此加臣之罪而必棄之也。是敢決意仰首呼天而一罄其説如此。所有前件差遣，欲望聖慈，深察危懇，特賜改差嶽廟一次，使臣得以卒被前日生死肉骨之恩，免遭異時睚眦中傷之禍，臣不勝幸甚。若臣前奏所謂著書者，則臣自集諸經訓説之外，於資治通鑑亦嘗妄有論次，數年之前，草藁略具，一行作吏，遂至因循。每一念之，常恐永爲千古之恨。今若少寬原隰之勞，更竊斗升之禄，假以歲月，卒成此書，使於世務略有絲毫之補，則臣之所以仰報大恩者，固不必在於簿書期會之間也。臣狂妄進越，死有餘罪。伏惟陛下天地父母矜而赦之，臣不勝幸甚！謹録奏聞，伏候敕旨。

貼黄

臣誤蒙聖恩，俾將使指，而臣方以按劾贓吏，干忤相臣，一身孤危，不能自保，其何以控制姦猾，循撫柔良？凡此哀鳴，非特自愛，實爲陛下一司事權、一道民命之計。切望聖慈，深賜鑒察。

臣舊讀資治通鑑，竊見其間周末諸侯僭稱王號而不正其名，漢丞相亮出師討賊，而反書入寇，此類非一，殊不可曉。又凡事之首尾詳略，一用平文書寫，雖有目録，亦難檢尋。因竊妄意就其事實別爲一書，表歲以首年，而因年以著統，大書以提要，而小注以備言。至其是非得失之際，則又輒用古史書法，略示訓戒，名曰資治通鑑綱目。如蒙聖慈許就閑秩，即當繕寫首篇草本，先次進呈。恭俟臨決。

申省狀

右熹準十二月十四日尚書省劄子，據熹辭免直徽猷閣及江東提刑恩命事，奉聖旨並不許辭免，令疾速起發前去之任。熹仰惟恩旨稠疊，不敢固辭，已於當日拜受直徽猷閣恩命訖。所有江東提刑差遣，緣熹於廊廟大臣有合回避事理，已別具狀奏聞。如蒙降出，乞賜敷奏，早與施行，熹不勝幸甚。謹具狀申尚書省，伏候鈞旨。謹狀。

乞宮觀劄子

熹伏自頃歲罷官浙東，聖恩畀以祠禄，至今考滿，家貧累重，未能忘禄，欲望特賜敷奏，更與再任一次。伏候指揮。

申建寧府改正幫勘俸給狀

右熹昨於去年二月内準尚書省牒，差充上件差遣，當申使府批書，勘請俸給，蒙糧料院依職司人例幫勘。緣熹昨來雖蒙聖恩除授江西、江東提刑，當即辭免，並不曾受告赴任，難以依職司人例勘請添支。已即節次具狀申使府，乞行改正，未蒙施行。在熹私義，實難冒受。今再具狀申建寧府使衙，伏乞指揮，依條施行。謹狀。

辭免江西提刑狀一

右熹見任主管南京鴻慶宫，七月二十八日，準尚書省劄子，三省同奉聖旨，朱熹除江西提點刑獄，替馬大同成資闕者。孤遠之迹，誤蒙聖恩，感激之深，豈敢辭避？實以連年災患，久病摧頹，此去赴官之期，又已不過數月，竊慮將來不堪繁劇，終須別有祈懇，已受復辭，爲罪愈大，所有恩命委實不敢祇受。其省劄已送崇安縣寄收外，欲望朝廷特爲敷奏，追寢成命，令熹依舊奉祠，以安愚分。

辭免江西提刑劄子一

右熹近準尚書省劄子，奉聖旨，令奏事訖之任者。熹聞命震驚，即欲依稟起發前去。實以累年以來，積負憂畏，精神恍惚，耳重目昏，筋骨支離，腰痛足弱，其餘病苦發歇不常，蓋有言所不能盡者。所以昨來被命之初，即以此誠控告，未蒙俞允，不敢遽有煩瀆。今來又被前件恩旨，熹竊惟念已試無堪，再蒙收用，天地父母之恩已極隆厚，而又特降睿旨，使得奏事而行，以爲使臣光華之寵。自惟何者，有此遭逢？若使稍能自力，一造闕庭，不惟得以少慰八年犬馬慕戀之誠，面陳重疊受恩感激之意，而拜起應對之間，亦須便蒙聖主哀憐照察，不至虚有詞費，以干留令之誅。顧實衰殘，不堪扶曳，仰孤隆旨，自棄明時，望絶雲天，涕下霑臆。輒冒萬死，復罄愚衷。欲望朝廷特賜敷奏，寢罷前降指揮，令熹依舊奉祠，以終餘息。

辭免江西提刑劄子二 四月一日

熹昨緣衰病，嘗具劄目，陳乞宫觀差遣。續準聖旨，令依已降指揮，疾速赴行在奏事訖之任。熹聞命震驚，不敢復有辭避，已於三月十八日起離前來。緣路疾病發作不常，所至濡滯，今幸已到信州。深欲勉彊前進，而病勢侵加，腰脚疼痛，俯仰拜跪，極爲費力。顧以趣召之嚴，未敢輒爲歸計，不免專具申稟，迤邐前路聽候。欲望矜憐，特賜敷奏，改差宫觀差遣，令熹早得還家將理，不至狼狽道路，不勝幸甚。

辭免江西提刑劄子三

照對熹昨蒙聖恩，令赴行在奏事，實緣衰病，嘗具劄目，陳乞宫觀差遣。續準尚書省劄子，備奉聖旨，令依已降指揮，疾速赴行在奏事訖之任。熹聞命震驚，不敢復有辭避，已於三月十八日起離前來。緣路疾病發作不常，所至濡滯，於當月三十日到信州。深欲勉彊前進，而病勢侵加，腰脚疼痛，俯仰拜跪，殊覺艱難。顧以趣召之嚴，未敢輒爲歸計，已於四月初一日再具劄子申稟，迤邐前路聽候。乞賜敷奏，改差宫觀差遣，令熹早得還家將理，不至狼狽道路。尋即扶曳前來，以初四日到玉山縣等候。今已十有餘日，未見前回。竊慮所差去人在路病患，致熹愚誠未徹。稽違益久，罪戾愈深，謹復專人别具申稟。伏望鈞慈詳酌，早賜敷奏施行，不勝幸甚。

乞宫觀劄子

熹衰遲之迹，退閑既久，兹蒙召對，遂獲再瞻咫尺之威。又蒙聖慈擢登郎省，感戴恩寵，何以論報？伏緣熹舊有足疾，沿路偶值陰雨，感冒濕氣，遂復發動。比入都城，疾勢稍間，粗能扶持一登殿陛，而勞曳遂增沉綿，伏枕呼號，兩脛如割，是以被受省劄累日，未能赴部供職。雖已具申，乞給朝假將理，竊慮未有痊愈之日，稽留成命，義有未安。欲望特賜敷奏，改授一在外宫觀差遣。

辭免江西提刑狀二

熹衰悴餘生，養痾待盡，聖上不忍棄捐，復加收用，且令奏事而去。自惟孤遠，何以上軫記憐？感激恩遇，未知報塞，固當聞命即日引道，實緣頻年憂患，疾病多端，不免具狀陳乞祠禄。既不得請，即不敢家居固辭，而力疾就道。行次信州，脚氣果作，兩次遣人復申前請，俯伏俟命。凡歷四旬，幸而調治稍安，且有促行之命，即遂扶曳前進。然自入國門，右足復痛，中間幸得小愈，始克進望清光，面陳愚悃，悉荷開納。於熹志願，豈復有它？而奏對之時，左足已痛，繼以參謁，勞動有加。及至次日，特蒙聖恩，除熹兵部郎官，則痛楚已甚，宛轉號呼，不能履地矣。熹以未能即日拜命供職，即具申朝廷，給假將理。是晚忽有吏人抱印前來，令熹交割。熹以未曾供職，不敢收領。嘗具公狀劄子回申本部，並無回報，但令吏人指揮必要交印。熹又具劄子陳懇，亦不收受。熹不得已，遂令吏人在安下處同共看守，呻吟少暇，即令呼喚嚴切照管，擬俟病愈，赴部供職。凡此本末，衆所共知，守印吏人亦皆見聞，未嘗敢有毫髮偃蹇邀求之意。而次日傳聞長貳已有劾章，熹不敢自辯，即時具狀請祠回避。復蒙聖慈，曲賜全護，使得仍舊持節江西，并與放行累年磨勘。在熹愚分，優幸已深，即合奔走赴上，以圖報稱。而繼聞論者謂熹姦妄，過有邀求，目爲亂人之首，加以事君無禮之罪，對衆宣言，遠近傳播。聞之駭懼，益不自勝，但以去國未遠，嫌於紛競，不敢遽然有請。今迤邐西行，浸迫所部。竊自思念，爲人臣子而有此名，罪當誅戮，豈可復任外臺耳目之寄？政使聖恩寬貸，在熹亦何面目可見吏民？兼熹所患足疾，日困奔馳，不得休息，乍止乍休，未能一向痊平，而江西憲司久闕正官，若更遷延日月，則是以熹衰病嫌疑之故，久廢一路之事，稽留朝命，爲罪愈深。熹除已一面還家待罪，欲望朝廷特賜敷奏，詳熹罪狀，實如論者之言，即乞重行黜責，使得杜門念咎，畢此餘生，熹不勝幸願祈懇之至。伏候指揮。

小貼子

或謂熹之此請，跡涉違慢，恐實論者之言，反速大戾。熹竊自念前日奏對劄子，兩論刑獄利害，一論經總制錢不當立額，一論江西諸州科罰之弊。熹之區區，豈是妄有邀求，厭薄外使？但以今者自致煩言，不堪耳目之寄，須至陳懇。天日在上，必蒙監照，欲乞併賜敷奏施行。

與宰執劄子

熹輒有危悃，冒干鈞聽：熹一介孤遠，久荷聖知，兹者曲被記憐，擢自冗散，付以一道祥刑之寄。又使得以職事奏對，面賜褒諭，留置省曹。在熹何人，可以報稱？實以素有足疾，在道屢作，自入國門，右足先痛。中間小愈，僅能扶持入對，行立稍久，即覺左足復痛，不能支吾。既出宫門，復行參謁，即遂大痛。比及被受省劄，則已赤腫拘攣，不能履地矣。以此不得即日供職，亦嘗申省請假，即非有它。而傳聞長貳遽有封章，劾其姦妄，指爲亂人之首，加以事君無禮之罪。雖聖朝廣大，曲加掩覆，使之得以私請，復畀舊官，從容而去，然彈文喧播，罪戾著聞。竊自揣量，若使果如所言，則熹罪當誅戮，豈可復叨外臺耳目之寄？今有公狀申省待罪，伏望鈞慈，特賜敷奏，重行黜責，使得杜門屏跡，深自循省，不勝萬幸。

辭免江西提刑狀三

右熹昨爲兵部侍郎林栗抗章劾數其要君拒命、作僞無禮之罪幾數百言，得之傳聞，不勝駭懼，遂不敢前赴新任，而具狀申省，伏候嚴譴。今準尚書省劄子，六月二十六日奉聖旨：「朱熹力疾入對，奏劄皆論新任職事，朕諒其誠，復從所請，可依已降指揮，疾速之任。」熹拜受伏讀，感極涕零。伏惟天日之明，洞燭幽隱，凡羣下之誠僞曲直，蓋無所匿其情者。以至皇慈廣覆，不間微賤，優容之至，辨白之詳，撫喻之温，褒借之寵，則又有非疏遠小臣所當得者。誠宜祇承德意，拜命即行。而熹歸途踏熱度嶺，足疾又頗發動，委是不任起發前去。又況林栗見今在職，餘憤未平，萬一事有統臨，必至重遭按治。孤遠之迹，誠不自安。欲望朝廷哀憐，特賜敷奏，寢罷元降指揮。或恐聖慈閔其貧病，即乞委曲開陳，特與宫廟差遣一次，使得杜門念咎，畢此餘生，千萬幸甚。謹具狀申尚書省，伏候鈞旨。

與宰執劄子

熹輒有私懇，仰干公聽：熹昨以疾病未愈，誣詆未明，不敢祇赴新任，輒以公狀申省待罪，及具劄子控瀝鄙懷。近者伏奉省劄，仰聆玉音，乃知聖明已垂深照，辨理昭晰，訓喻丁寧。三復以還，不勝感涕。實以所苦足疾在路踏熱，頗有增加，而林侍郎列職中臺，尚須回避。除已別具申省文狀，陳乞敷奏施行外，敢復具此，冒昧崇聽。欲望鈞慈矜念，早賜開陳，俾寬彈射之虞，獲疇香火之願，熹不勝幸甚。

辭免磨勘轉官狀

右熹今月二日準尚書吏部降到告命一道，磨勘轉朝奉郎者。伏念熹昨以無能，跧伏林野，聖慈過聽，特改京官，在熹之愚，已出望外。後來雖有考第，合該磨勘，緣熹改官之後，一向奉祠，即無勞效可考。中間雖曾實歷知南康軍一任，及提舉浙東常平數月，又已各蒙聖恩，特除貼職，所以不敢妄有陳乞，自速貪冒之罪，以負褒擢之恩。今來不謂方被重劾，反蒙聖知，仍舊差遣，特詔有司給還磨勘，以寵其行，致有上件恩命。仰戴天慈，雖深感激，俯循私分，敢負夙心？兼以近方具狀申省，回避兵部侍郎林栗，仍乞宮觀差遣，所有恩命，熹實不敢無故祗受。除已送建寧府寄收外，謹具狀申尚書省，伏乞敷奏，收回所降告命，以安愚分，伏候鈞旨。

與宰執劄子

熹輒有愚悃，仰干鈞聽：熹昨以蹤跡孤危，懇求祠禄，未奉進止，方竊凌兢，忽蒙尚書吏部遞到磨勘轉官告命一道。熹實以自昨改秩以來，累任祠官，無績可考。中間兩被任使，又已各蒙除授職名，所以前後不敢陳乞磨勘，即非固爲矯激。又況今來方被重劾，曲荷寬恩，揆之師言，已爲幸免，豈敢無故冒當聖世陟明之典，上累公朝責實之政？ 除已具狀申尚書省，欲望鈞慈，特賜敷奏，追寢前命，則熹不勝千萬大幸。

辭免直寶文閣狀

熹昨以妄庸，薦叨除用，辟言引疾，曲荷俯從，省己顧私，不任感激。所有宮觀差遣，熹已即時望闕謝恩祇受訖。惟是進職恩命，眷奬隆深，自顧么微，莫堪稱塞。兼覩近制，内閣清班，非有勳庸，不輕遷授。而熹無狀，行不掩言，無以取信交遊，以至自貽詬辱。既勤聖慮，復紊朝綱，罪則已多，功於何有？ 靦顔冒受，義實難安。欲望朝廷，特賜敷奏，追寢成命，令熹且以舊官竊食祠館，不勝榮幸。伏候指揮。

與辛執劄子

熹輒有愚懇，仰塵鈞聽：熹昨者辟言引疾，曲荷矜憐，已遂奉祠之請，不勝幸甚。但蒙聖恩横加職秩，俯循愚分，仰稽近制，皆有所未安者，謹已具狀申省辭免。欲望鈞慈，深察誠悃，早賜敷奏，特與施行，則熹尤不自勝千萬幸願之至。

辭免召命狀

右熹準九月二十六日尚書省劄子，奉聖旨：朱熹召赴行在。熹聞命震駭，不知所爲。伏念熹今年六月已蒙賜對，狂妄無取，被劾而歸。雖蒙聖明始終臨照，遷官進職，曲賜寵光〔三二〕，自揣妄庸，莫勝負荷，俯仰跼蹐，慚懼已深。獨念凡此誤恩，皆爲許其閑退，故竊冒受，不以爲嫌。不謂皇慈未忍捐棄，復加收召，俾造闕庭。區區臣子之心，豈不深願乘此幸會，再見君父，庶以畢其前日未盡之餘忠？顧以方竊難進易退之褒，遽爾復爲彈冠結綬之計，則其爲世觀笑，不但往來屑屑之譏，又況朝廷舉措之重，亦有不宜數爲天下有識所窺者。熹誠恐懼，不敢冒進。乞賜敷奏，收還前件指揮，使得卒被矜憐惠養之厚恩，不至上誤訓辭褒勸之隆指。伏候指揮。

與宰執劄子

熹輒有愚悃，敢冒公朝之聽：熹昨丐祠禄，休養衰殘，曲荷矜從，方此拜命。忽爾并被堂帖，又蒙聖恩收召。聞命震惕，無所自容。顧以今夏已嘗進對，尋被彈劾，惶懅而歸。半年之間，屢叨榮寵，若不自揆，復此奔趨，是使詔褒悉爲虚語，龍斷之誚，熹竊懼焉。又況意廣才疏，頭方命薄，儻復更遭詆辱，不惟愈傷士氣，亦恐重爲朝廷之羞。已具狀申省辭免，欲乞鈞慈，特賜敷奏，得遂追寢，實爲厚幸。

辭免召命奏狀

右臣輒有愚懇，上瀆天威：臣伏自今年六月蒙恩賜對，繼叨除授，寵數重疊，卒畀祠禄，以遂退藏。感激方深，慚懼亦劇。曾未踰月，又蒙收召。臣以屢蒙褒嘉，不敢復希榮進，具狀申省，乞賜寢罷。而陛下過恩，未即開允，仍詔疾速趨赴行在。臣聞命震恐，不知所爲。顧念前狀所陳已極詳盡，未蒙聖照，不敢頻煩。竊自惟念，昨者進對，迫於疾作，口陳之説有所未盡，即嘗面奏，乞具封事以聞。至今日久，未得投進，恐或以此之故，再煩趣召之嚴。内省稽違，不勝恐懼。今謹撰成奏疏一通，準式實封，隨狀投進。伏望聖慈，少賜觀覽，則臣雖不獲身到闕庭，亦與面對指陳無異。陛下幸試察焉。如其可行，則采其狂妄之言，而全其進退之節，臣之幸也。如不可用，亦乞聖明哀憐其愚，曲加裁赦，只與寢罷元降指揮，亦臣之幸也。草野賤微，干犯斧鉞，下情無任危懼戰栗之至。謹録奏聞，伏候敕旨。

申省狀

右熹昨嘗具狀申，乞敷奏寢罷召赴行在指揮。今準尚書省劄子，奉聖旨不許辭免，疾速赴行在者。熹聞命震恐，不能自勝。伏念臣之事君，猶子事父，東西南北，唯命之從，此古今不易之理也。矧熹至愚，遭遇明聖，不忍終棄，曲賜甄收。私義未安，不免辭避，未蒙開允，猶復有言，揆以常情，實乖臣子之禮。然熹之愚悃，前狀敷述已極詳明，今更不敢喋喋以煩公聽。惟是今年六月蒙恩賜對，時以迫於疾作，口陳之説不獲究盡，即嘗面奏，乞具封事以聞。至今日久，未得投進，恐或以此之故，再煩收召之嚴。内省稽違，不勝恐懼。謹已繕寫，準式實封，遣人賫擎，詣闕通進。若使狂妄之言得塵聖覽，即熹雖不獲身到闕庭，亦與面對口陳無異。必蒙聖慈許其辭免，以全進退之節。除已具狀奏聞外，謹具狀申尚書省。伏乞更賜敷奏，寢罷元降指揮。伏候鈞旨。

與宰執劄子

熹昨具狀劄，懇辭召命，茲被恩旨，未賜允俞。熹之微誠已具前牘，不敢重陳，以煩公聽。今謹撰到奏疏一通，準式實封，具狀繳進。及别具狀，略述鄙誠，恭扣廟堂，乞賜敷奏。

欲望鈞慈照察，早垂矜念，使得遂其所請，不至久稽宸命，以乖臣子之恭，則熹不勝幸甚。干冒威尊，伏增震悚。

申登聞檢院狀

右熹昨於今年六月蒙恩賜對，偶以足疾發作，更有口陳事理未得殫盡，嘗即面奏，乞許續具封事以聞。至今日久，未獲投進。兹者又蒙聖恩，輒敢撰到奏疏一通，準式實封，遣人賫擎，詣闕投進。并述愚誠，懇辭恩命。謹具狀申行在登聞檢院，欲望依法施行。謹狀。

辭免崇政殿説書奏狀

右臣昨蒙收召，懇辭未獲，輒敢具奏，再申愚悃。自惟冗賤，輕犯天威，方此跼蹐，以俟嚴譴。今月三十日，忽準省劄，奉聖旨，差臣主管西太一宫，兼崇政殿説書，疾速前來供職。臣聞命震恐，無地自容。伏念臣本以今歲以來屢叨恩獎，不敢祗赴召命，又慮稽違日久，有乖承命之恭，以故不免籲天陳誠，冀蒙開允。至於輒干斧鉞，冒進封章，亦幸聖明察其淺妄，庶幾必遂退藏之願。不謂聖恩隆厚，天度并包，雖閟俞音，亦寬刑典，其爲感激，已不勝言。而又特降除書，俾侍經幄。竊惟此職屢得真儒，實闡聖猷，以開帝學，職親地密，任遇非輕。顧臣何人，敢與兹選？又況方祈閑退，反得超陞，冒昧之嫌，亦難自解。在臣私義，尤所未安。伏望聖慈俯察誠欵，特賜寢罷元降指揮，令臣仍奉外祠，以全素守，不勝幸甚。干冒宸嚴，臣無任恐懼隕越之至。謹録奏聞，伏候敕旨。

申省狀

右熹昨以懇辭召命，未蒙開允，輒具奏聞，及申尚書省，乞賜敷奏。今月三十日，忽準尚書省劄子，奉聖旨，差熹主管西太一宮，兼崇政殿説書，疾速前來供職者。熹方祈自屏，反被殊恩，聞命震驚，莫知所措。已再具狀奏聞，乞賜寢罷外，更乞朝廷特賜敷奏，早降指揮，以安愚分。熹不勝幸甚。謹具狀申尚書省，伏候鈞旨。

與宰執劄子

熹輒有愚誠，仰干朝聽：熹昨以控辭召命，未蒙開允，僭率具奏，深懼犯干。乃蒙聖恩，擢侍經幄。自惟山野，方願退藏，反速褒陞，益深悚仄〔三三〕。已具奏狀懇辭，及申朝廷，乞賜敷奏外，欲望鈞慈，察熹所陳即非備禮，早賜將上，令熹依舊得竊外祠之禄，以畢餘年，不勝大幸。冒瀆威尊，伏深戰栗。

辭免祕閣修撰狀一

右熹昨具奏狀，辭免主管西太一宮兼崇政殿説書恩命。今月十一日，準尚書省劄子，奉聖旨依所乞，可除祕閣修撰，仍舊宫祠。熹已即時望闕謝恩，復還舊任，下情不勝感戴欣幸之至。唯是進職指揮，竊緣去秋方蒙聖恩直寶文閣，懇辭不獲，祗受無名，自頃至今，曾未五月，每自循省，慚懼日深。今來只因辭免新除，别無絲髮勞效，復有前件優異之恩，比之去年尤爲超躐。恭惟聖主隆天厚地之施，豈一介疏遠小臣所敢辭避？實以公朝爵賞之重、私心義理之安交有所妨，決難冒受。欲望朝廷，深賜矜察，特爲敷奏，寢罷元降指揮，庶幾少安愚分。謹具狀申尚書省，伏候鈞旨。

與宰執劄子

熹輒有私懇，仰干公聽：熹近準省劄，恭被聖恩，以熹辭免内祠經幄之命，俾以中祕論撰之職復歸故官。熹謹已拜恩，還理舊任，感幸之至，不可勝言。唯是進職無名，頻繁超躐，不唯分義之守有愧私心，亦恐過誤之恩未厭公議，已具狀申尚書省，乞賜敷奏寢罷。又念所請實出至情，即非尋常備禮辭遜，是以復此干冒威尊，欲望矜憐，早賜處分。熹下情無任祈扣迫切之至。

辭免祕閣修撰狀二

右熹四月二十二日準尚書省劄子，以熹辭免祕閣修撰恩命，奉聖旨不許辭免。仍準吏部降到告命一道，授熹前件職名者。聞命感激，不知所言，伏念聖朝爵賞之重，小臣分義之安，前狀敷陳已極詳備，不敢重出以煩公聽。獨觀近事，蓋有曾任執政臣僚，見帶職名，起鎮藩服，丐祠得請，進職一階，有命未行，已復報罷者。況熹微賤，非彼之倫，而誤寵横加，乃超三級，則又非特如彼之序進而已。法義昭著，比類明白，不待有識而後知其不可。此熹所以不避再三之瀆，而敢復有辭者也。又況熹本以賤貧，應舉干禄，豈敢輒忘君臣之義，妄意山林之高？前後所以累辭恩命，實緣自度卑鄙，無以仰稱所蒙。至如中間東浙救菑之役，稍可勉效驅馳，即便承命以行，未嘗一辭丐免。其後節次該遇霈恩，合得恩例，熹亦隨衆陳乞，此亦足以見其非敢矯情飾詐而罔上以要名矣。今者所陳，實以決無可受之理，所以不量螻蟻之賤，屢觸雷霆之威。儻未允從，不容苟止。伏惟朝廷深察此意，力賜開陳，特與追寢誤恩，或令且帶舊職，庶幾仰全壽皇眷知惠養之意，昭示聖主涵容覆露之恩，免使戇愚，自取夷滅，則熹不勝千萬幸願之至。所有告命，不敢祇受，已送建寧府寄收訖。謹具狀申尚書省，伏候鈞旨。

與辛執劄子

熹有危迫之懇，不避誅斥，再犯威嚴，伏望高明，少賜憐察。伏念熹昨以蒙恩進職，輒具辭免，非敢矯情飾詐，罔上盜名，實以僥冒重疊，獎拔超踰，稽之國常，揆以私義，決無可受之理，故輒冒昧，日冀允從。不謂愚衷未能上達，不免復具公狀，引例陳情。切望鈞慈，深照本末，詳賜開陳，得蒙聖恩，俯從卑願，則熹不勝千萬幸甚。干瀆再三，俯伏俟罪。

校勘記

〔一〕己丑　「丑」，原作「卯」，據浙本改。又，朱子文集大全類編政蹟卷一，「己丑」作「丁亥」。

〔二〕回申催促供職狀一　朱子文集大全類編政蹟卷一題下有「戊子」二字。

〔三〕已於二月五月内兩次具狀陳乞敷奏寢罷去訖　「五月」，原作「五日」，據正訛改。

〔四〕欲望參政丞相俯賜敷奏　「俯」，原作「府」，據文意改。浙本作「特」，疑臆改也。

〔五〕辭免改官宫觀狀二　「二」，原作「一」，據閩本、浙本、天順本改。

〔六〕輕冒憲綱　「綱」，浙本、天順本作「網」。

〔七〕且復具以此意附奏陳謝　「附」，淳熙本作「敷」。

〔八〕而遂黄緣以冒進擢無涯之寵　「黄」，淳熙本作「因」。

〔九〕今月十七日　「今」上，淳熙本有「右某」二字。

〔一〇〕昨蒙聖慈矜憐　「慈」，淳熙本作「恩」。

〔一一〕今者忽有前件恩命　「者」，淳熙本作「此」。

〔一二〕在熹感激誠不自勝　「激」，淳熙本作「幸」。

〔一三〕所以朝廷不惟審擇以寄民命　「擇」下，淳熙本有「賢能」二字。

〔一四〕亦可謂深切而著明矣　「深」，淳熙本作「詳」。

〔一五〕而備數祠官　「數」，淳熙本作「奉」。

〔一六〕默默寢卧　「卧」，淳熙本作「飯」。

〔一七〕習成媮惰　「媮惰」，淳熙本作「惰媮」。

〔一八〕屏處窮僻　「窮」，淳熙本作「荒」。

〔一九〕蓋熹本以無能退處田里　「里」，淳熙本作「園」。

〔二〇〕而欲以奔走承命爲恭　「恭」，淳熙本作「榮」。

〔二一〕則亦非義之所安矣　「義」，淳熙本作「某」，則原必爲「熹」字。「矣」，淳熙本作「也」。

〔二二〕政使方在仕塗　「政」，淳熙本作「設」。

〔二三〕竊緣所差南康軍係填見闕　「竊」，淳熙本作「却」。

〔二四〕度亦不過兩月　「兩」，淳熙本作「旬」。

〔二五〕冀蒙矜察　「冀」，淳熙本作「覬」。

〔二六〕怔忡炎燥　「忡」，浙本作「忪」。

〔二七〕無任懇切恐懼之至　「無」，閩本、浙本、天順本作「不」。

〔二八〕與此事體自不相須　「此」，原作「比」，據浙本、天順本改。

〔二九〕伏惟陛下哀憐財幸　「財」字原缺，據閩本、浙本補。

〔三〇〕已招僞造官會人蔣暉等　「暉」，按卷一八、一九按唐仲友狀作「輝」。

〔三一〕右臣十二月十四日準尚書省劄子　「二」，原作「一」，據浙本改。

〔三二〕曲賜寵光　「賜」，浙本、天順本作「示」。

〔三三〕益深悚仄　「仄」字原缺，據閩本、浙本、天順本補。

晦庵先生朱文公文集卷第二十三

辭免

辭免江東運使狀一

右熹見任主管西京嵩山崇福宫，忽於今月九日準尚書省劄子，奉聖旨：「朱熹除江東轉運副使，填見闕，不候受告，疾速之任，任滿前來奏事。」熹聞命震驚，不知所措。伏念熹空疏無取，疾病早衰，入仕四十餘年，止是循常竊禄，本無奇節可以踰人。徒以屢蒙恩私，横加除用，間有非其分之所當得與其力之所能堪者，不得不控辭以干朝聽。而傳聞不察，指目多端。獨荷壽皇天日之照臨，許全素守；又辱聖主雲章之藻飾，誤借寵褒。遂得偷安里閭，畢願香火。在於愚分，已極叨踰。不謂聖恩記憐，遂加任使。仰惟始初清明之日，正是賢智馳騖之秋。顧雖殘廢之餘，豈不願效尺寸？實以積衰既久，百恙交攻，心剿形疲，視昏聽重，竊自揣度，決然不堪一路耳目之寄。若不祈哀丐免，必致自取顛隮。兼熹祖鄉徽州，正屬本路，見有墳墓宗族田産在婺源，竊慮在法亦合回避。欲望朝廷洞照本末，曲爲敷奏，特與追寢新命，令熹復還故官，庶幾少安愚賤之迹，則熹不勝千萬幸甚。謹具狀申尚書省，伏候鈞旨。

與宰執劄子

熹輒有愚誠，仰干崇聽：今者伏蒙聖恩，除熹江南東路轉運副使。此蓋廟堂光輔聖主，圖起治功，既已並用羣材，不忍獨遺一士之意，非特熹之私幸。然熹以久病積衰，目昏耳重，心力凋殘，動多遺忘，自度不堪公朝一道之寄，已具狀申尚書省，乞賜敷奏寢罷去訖。其間所陳病證，皆有實迹，不敢輒有一詞之僞。至於墳墓田産，有嫌當避，理亦明甚。欲望洪造矜憐，早賜將上，曲爲開陳，使得依舊竊食祠官，以安賤迹，實熹疾病孤危千萬之幸。干冒威尊，不勝俯伏震懼之至。

辭免江東運使狀二

右熹十月二十一日準尚書省劄子，據熹辭免新除江南東路轉運副使恩命，及回避祖鄉田産事，十月五日奉聖旨，免回避，依已降指揮疾速之任。熹已於當日望闕謝恩訖。竊聞臣之事君，猶子事父，東西南北，唯命之從。熹雖至愚，敢忘斯義？又況平生碌碌，初無奇節，今者該遇覃恩轉官，改賜章服，並是隨衆陳乞，冒昧祇受，豈敢獨於聖恩除授差遣，乃飾它詞，固爲遜避，上干違命之誅，下速近名之謗？實以衰病支離，不容勉彊。且於衆疾之中，目昏爲甚，今但拜官入境，便有吏民訴訟，遮擁道路，百十爲羣。若但草草一觀，備禮撥遣，即於愚心有所未安。若欲子細披閱，必期有以上副使令，下慰民望，則熹之目力實所不堪。未論其它職業曠廢，只此一事，便見疏虞。在熹孤蹤，固難逃於吏議。而於公朝推擇之意，亦豈不至上累聖明？反復思惟，益增惶懼，不免復此控訴，祈免誤恩。欲望朝廷特賜敷奏，令熹仍舊奉祠竊禄，以安愚分。干冒威尊，下情不任戰灼之至。謹具申尚書省〔一〕，伏候鈞旨。

小貼子

熹所陳回避田産事，雖蒙聖恩特免回避，然熹宗族衰微，子弟猥衆，當此之際，豈無貪緣侵擾鄉鄰、紊煩官府之害？故雖未敢祗受，而已不勝憂懼之懷。然不敢專以此事爲辭者，蓋恐又煩朝廷換移別路差遣，而熹衰病，終是不堪，又須再有塵瀆，則熹獲罪愈深，無由自解。伏乞鈞慈，俯賜憐察。

與宰執劄子

熹輒布腹心，仰干造化：熹昨蒙聖恩，擢貳江東將漕之寄，自度衰病，不堪任使，且有故里之嫌，恐招物議，即已具狀辭免。今乃蒙恩特免回避，仍令疾速之任。仰認隆指，感極涕零。但熹衆疾所攻，目眚爲甚，受理詞訴，搜尋案牘，皆有所不堪者。竊恐黽勉到官，必致曠闕，上誤委寄，爲罪益深。已有公狀申尚書省，欲望鈞慈，特賜將上，冀蒙聖慈矜閔，追寢前命，仍畀祠禄，以安愚分，則熹區區不勝幸甚。干瀆崇嚴，無任俯伏俟罪之至。

辭免知漳州狀

右熹準尚書省劄子，奉聖旨差知漳州，填見闕，不候受敕疾速之任，候任滿前來奏事者。伏念熹昨者懇辭江東恩命，陳乞依舊祠禄，今準前件指揮，雖未盡從所請，然已極爲優幸。自惟么麽，無所取材，乃蒙聖主覆冒容載之恩，公朝委曲成就之意至於如此，豈宜復有辭避，以重違命之誅？實以所苦目疾，昏暗愈甚，省閱書判，皆有所妨。若不自量，冒昧祇赴，必至貽患千里，獲罪非輕。是以再三籌度，終不獲已，而復敢冒鈇鉞之威，以畢前懇。欲望鈞慈，特賜敷奏，令熹依舊奉祠，以安愚分，固爲莫大之幸。或且別與僻遠閑慢差遣一次，使得少效微勞，仰承德意，而免於曠職殃民之罪，以全晚節，則亦熹之幸也。謹具狀申尚書省。伏候鈞旨。

小貼子

竊見諸路帥司參議之屬，比之宫觀，粗有職業，但以禮秩太優，不敢陳乞。若蒙陶鎔，使得備數，過望幸甚。

與宰執劄子

熹輒有私懇，仰干公聽：熹昨者懇辭江東恩命，已蒙聖恩改畀郡紱。此蓋廟堂矜憐衰朽，曲賜陶鎔，有以及此，幸甚幸甚。但熹所苦目疾，比復增劇，自度決然不任郡事，已具狀申省，乞許辭免。若蒙矜憐，令熹依舊奉祠，固爲甚幸。或與改一閑慢差遣，使得少效微勞，仰承德意，而免於曠職殃民之罪，則於熹亦爲甚幸。屢瀆威嚴，俯伏戰汗。

辭免知漳州劄子

熹伏準尚書省劄子，以熹辭免差知漳州恩命，令熹依已降指揮，疾速之任者。螻蟻寸誠，未能上達天聽，又迫已行之命，有不容勉彊者，敢復控辭，以干洪造。伏念熹多病早衰，本非一證，昨以餘疾雖切己身，未至有妨職事，以故不敢一一陳述，而專以目眚爲言。又念聖主臨御之初，非是臣子堅卧固辭之日，以故不敢必求祠禄，而并以閑局爲請。區區愚悃，自謂必蒙矜憐，不意廟堂未察其私，不爲及時將上，使熹違命日久，進退無據。今又反蒙朝命督趣，危懼益深，是以不免復此控訴。伏望鈞慈，俯垂聽察，特與敷奏，除熹依舊宫觀，或合入閑慢差遣一次，使熹得以尋訪醫藥，休養衰殘，庶幾未死之前，或可别聽驅策，則熹不勝千萬幸甚。干冒威嚴，無任俯伏俟罪之至。

自劾本州地震及患脚氣不能祇赴錫宴妨廢職務乞賜罷黜奏狀

右臣中年病廢，久託祠官，近蒙聖恩，起分符竹。到任今恰半年，却無大段疾痛。又被聖訓，令臣相度本州先行經界利害。臣竊自幸，以爲若得憑恃威靈，更且彊健，誓當竭力奉行仁政，使一方千里之内，貧富之民各得其所，而州縣之間亦得以隱覈姦欺，實出失陷財賦，而免於白撰歲計、違法害民之弊。而臣不幸賦性至愚，臨事多暗，刑政乖戾，侵迫陰陽。當州境内自九月以來累次地震，臣實恐懼，未及申奏待罪，而舊苦脚氣忽然發動，痛楚寒熱，倍於常年，遍傳兩足，連及右臂。以至會慶聖節滿散錫宴之日，病勢方劇。臣以臣子之誼不敢自安，亟欲彊自扶掖，少伸三呼百拜之恭，而筋骨拘攣，不容自力，憂悸反側，無地自容。只此一節，已無心顔可居士民之上。又況在告日久，獄訟稽留。今雖略能彊起視事，而病中服藥，出汗過多，氣血精神，日益凋耗。一郡軍民之務，日有萬端，思慮少或不周，爲害非細。加以年歲向晚，播穀有期，而所請經界至今未奉進止。設使即今便蒙行下，已是後時，雖欲竭力奉行，終恐不免緩不及事之責。以是思惟，憂惶怵迫，不知所以爲計，輒冒萬死，哀籲以聞。伏惟聖慈察臣守土失職、事上不恭之罪，特賜罷黜，投之遠裔，以爲中外臣子之戒，臣死且不朽。儻或憐臣愚暗拙疏疾病狼狽之實，不加大譴，曲賜保全，使臣得以自裹殘骸，歸窆故土，亦死且不朽。干犯天威，臣無任震懼隕越之至。謹録奏聞，伏候敕旨。

乞宫觀劄子

熹輒有哀懇，仰瀆崇聽：熹昨以被病，不堪郡寄，輒露投閑之請。伏蒙聖恩未賜俞允，亦會賤軀稍可支吾〔一〕，不敢再有陳乞。續準轉運司牒，被奉聖旨，許令本州先行經界。熹即已遵稟，日逐講究，漸見倫緒，只俟秋冬下手打量，意謂可以少效疲駑，仰副使令之意。而熹無狀，行負幽明，長男暫往婺州，遽爾夭歿。不惟老病之餘不堪悲痛，而料理喪葬、收拾遺孤，相去隔遠，私計實有未便。雖欲彊自扶持，黽勉從事，勢有不可得者。欲望鈞慈，特爲敷奏，復俾奉祠，退歸田里，則熹父子存殁均被莫大之恩，不勝千萬幸甚。

辭免祕閣修撰狀一

右熹昨蒙聖恩，權發遣漳州事，在任陳乞奉祠。今月二十七日，準尚書省劄子，奉聖旨，依淳熙十六年正月二十三日指揮，除祕閣修撰，差主管南京鴻慶宫，任便居住。熹已於當日望闕謝恩，將本州牌印職事交割次官通判軍州事高伉管幹訖。獨念熹以愚賤疏遠，無所能似，昨者誤蒙至尊壽皇聖帝非常之知，已曾除授前件職名。熹以無名授受，力具辭免。適當聖上即政之初，已荷聖恩特降褒詔，曲從其請。自爾以來，曾未再期，守郡一年，又無丝髮勞效可紀，特以禍患，輒丐便私，已乖陳力致身之義。方竊恐懼，不謂天慈矜閔，許以投閑，復申前命，有此超躐。内自循省，何以克堪？所有前件除祕閣修撰恩命，熹實不敢祗受。欲望朝廷，特爲敷奏，許熹辭免，則不惟在熹愚分不貽冒受之譏，其於公朝，亦免輕授之失。熹下情無任懇禱激切之至。謹具狀申尚書省，伏候鈞旨。

與宰執劄子

熹輒有誠懇，仰干崇聽：熹昨以禍患，陳乞祠禄，以便私計，伏蒙聖慈矜憐，即賜開允。拜命之次，感極涕零。但又蒙誤恩，復申進職之命，則熹昔已力辭於前，今又無名再叨横寵，區區私義，實有所不自安者。已具公狀申尚書省，欲望鈞慈，特賜敷奏，收還成命，令熹且以舊職寅奉真游，而免於受爵不遜之譏，則在熹愚分，榮幸已多。伏惟高明，俯垂照察。

辭免祕閣修撰狀二

右熹七月四日準尚書省劄子，以熹辭免新除祕閣修撰恩命，奉聖旨不許辭免者。陳誠未力，聞命不遑，謹已即日望闕謝恩訖。伏念熹昨於淳熙十六年内被前件恩除，兩具辭免，所陳事理已極詳備，所以當時便蒙開允。今者乃以私故丐祠，又叨申命之寵，在熹愚分，尤所未安。蓋若使熹在任之日遭罹災患，而能抑制私情，黽勉王事，究宣聖朝經界之仁政，以惠千里侵冤失職之民，或於懇求去郡之際，遂能辭榮納禄，致其爲臣之事，以謹不能者止之戒，則朝廷之旌勞奬退猶頗有名，而熹之辭受取舍尚不爲甚無説者。今皆不然，則於前此所陳之外，又有此不當受之説二焉。是以雖迫宸命之嚴，而顧慮徘徊，進退無據，不免上冒瀆尊之罪，下觸干名之嫌。復控血誠，仰干公聽，欲望鈞慈，特爲敷奏，收還已行告命，別降敕牒指揮，令熹且以舊帶職名仍充祠官差遣，則在熹已不勝其過分叨榮之幸。干冒威嚴，皇恐無地。伏候鈞旨。

與辛執劄子

熹輒有愚昧不移之懇，再冒威嚴，仰瀆鈞聽：熹一昨辭免新除祕閣修撰恩命，近準省劄，奉聖旨不許辭免。在熹微賤，曲荷天慈，寬其狂僭之誅，加以申命之寵，固不當再有辭避。然反覆以思，在任既無尤異可賞之功，求去又無廉退可褒之節，靦顔冒受，實懼無名。謹已再具公狀申省辭免，欲望特賜矜憐，都俞之際，曲爲敷奏，得從所乞，實爲至幸。干恩頻煩，伏深戰栗。

辭免湖南運使狀一

右熹十月九日準尚書省劄子，奉聖旨除熹荆湖南路轉運副使，填見闕，不候受告，疾速之任，任滿前來奏事。熹聞命震驚，罔知所措，已於當日望闕謝恩訖。伏念熹前任假守漳州，適緣長男物故，輒丐閑秩，歸治喪葬。蒙恩得備祠官，到任方及月餘，凡百經營，未有次第。加以憂患摧頽，精力衰耗，雖欲痛自策勵，勉赴事功，終恐無以仰稱使令之意。欲望朝廷，特爲敷奏，收還成命，令熹且食祠禄，以終餘年，不勝千萬幸甚。謹具狀申尚書省，伏候鈞旨。

與宰執劄子

熹輒有愚懇，仰干公聽：熹昨以私家患難，乞歸治葬，伏蒙矜憐，陶鑄祠禄。今來到任方及一月，貧家舉動費力，凡百尚未就緒。今者忽被聖恩，付以湖南將漕之節，仰體皇慈不遺孤遠之意，不勝感荷激切之至。然熹之家事如前所陳，而憂患以來，精力凋耗，竊恐無以仰副使令，自速罪戾。欲望某官，特賜敷奏，收還成命，令熹且食祠禄，以終餘年，則熹不勝千萬幸甚。冒瀆威嚴，俯伏俟罪。

辭免湖南運使狀二

右熹昨具狀辭免新除荆湖南路轉運副使恩命，近準尚書省劄子，奉聖旨不許辭免，仍依已降指揮，疾速之任。熹已於當日望闕謝恩訖。仰戴皇慈容覆之深，恭體聖訓丁寧之切，極知臣子之義不當復以家事爲辭，便欲起發前去，祇服賤事〔三〕，以稱明詔。顧竊惟念昨者蒙恩假守漳州，伏值聖旨行下臣僚申請，乞行本州經界，令熹相度聞奏。熹竊見本州紹興年中經界良法方行遽罷，貧民産去税存，不堪追呼之擾，富家業多税少，益長兼并之勢。後來朝廷節次欲再舉行，皆以豪右浮言沮撓而輟，積至于今，苦樂不均，公私受弊，有害國家發政施仁之實，日甚一日，無有窮已，是以不勝憤懣，即以己見論其當行。本路諸司審此曲折，亦已條具申奏。伏蒙聖恩特從所請〔四〕，貧民下户欣幸方深，而鄉官土豪已慘然不樂，怨謗蜂起矣。今者果聞已行住罷，靜惟厥咎，由熹愚昧〔五〕，思慮不審，上誤朝廷。得逭誅夷，已爲幸免；更叨寵擢，益紊彝章。熹雖不才，粗識廉恥，誠無心復效奔走，無顔復臨吏民，無宜復當委寄，輒冒萬死，自劾以聞。伏望公朝特賜敷奏，收還除命，重行黜責，以爲不度時勢、生事擾民之戒。謹具狀申尚書省，伏候鈞旨。

與宰執劄子

熹輒罄愚衷，再干洪造：熹昨以私家喪葬未畢，懇辭湖南之行，伏蒙聖恩未賜俞允。仰惟詔令督遣之嚴，俯念臣職驅馳之賤，不敢更以家事爲請，自求便安。惟是伏思見識迂疏，思慮淺短，中間被旨相度經界，不量事勢，上誤朝廷，負犯已深，何以復堪一道耳目之寄？輒已具狀申省自劾，欲望鈞慈，俯垂聽察，特爲敷奏，收還成命，重賜黜責，使得退省前愆，免罹後咎，則熹不勝千萬幸甚。

辭免湖南運使狀三

右熹今月二十日準尚書省劄子，以熹具狀自劾前任漳州相度經界，不合妄乞施行，上誤朝聽，乞賜敷奏，收還湖南轉運副使除命，別行黜責，奉聖旨，漳州經界議行已久，湖南使節事不相關，可依已降指揮，疾速之任者。自惟罪戾〔六〕，當伏重誅，上賴皇慈，曲加容覆，不唯赦其萬死。而又申以訓詞，慰喻丁寧，趣令之任，蓋雖慈父之於愛子，其恩勤閔惻不過如此。在熹一介疏遠疵賤，何以堪之！是以聞命拜恩，至於感泣，便欲即日就道，祇服厥官，以稱明詔。而熹命窮福薄，災病相挻，舊苦脚氣今春發動，腫痛寒熱，倍於常年。目今困重，未能步履。設使從今便得減瘥，更加休養，三數月間，亦恐未堪上道。曠日彌久，既乖承命之恭，而本司闕官已是數月，恐亦不無廢務。在熹愚分，尤所未安。欲望朝廷特賜敷奏，令熹補滿舊任宮觀差遣，庶幾得以深省前愆，免罹後咎，不勝幸甚。謹具狀申尚書省，伏候鈞旨。

與宰執劄子

熹輒輸賤誠，上瀆鈞聽：熹昨以前任妄議經界罪戾自劾，乞罷新除湖南將漕恩命，伏蒙聖慈赦宥洗雪，趣遣之官，訓喻丁寧，反復勤至。疏賤小臣，何以得此？所宜即日引道，以稱所蒙。而脚氣發動，異於常年，曉夕呻吟，不能履地，委實不容起發前去。竊慮久稽詔命，仰觸雷霆之威，已具狀申尚書省，陳乞祠禄外，區區愚悃，欲望鈞慈憐閔，早賜開陳，得諧卑願，以活餘年，千萬幸甚。冒昧威嚴，俯伏俟罪。

辭免知静江府狀一

右熹十二月十九日準尚書省劄子，奉聖旨除知静江府，熹聞命震驚，竊自惟念，孤賤寒遠，碌碌無聞，伏自聖主臨御，于今累年，又未嘗得羣下士，仰望日月之光，而聖恩厖鴻，不問幽隱，擢自閑散，付以名藩。在熹感激，誠無以喻，謹已即時望闕謝恩訖。再念熹性本至愚，學無所就，自其少日，已不如人，矧今衰殘，寧復有用？又況静江守臣實兼帥司職事，有數千里邊面軍民之寄，舉措得失，所係不輕。自度無能，決難冒處。加以所患脚氣之疾作止不常，春夏二時尤難將攝，萬一前路發動，却致稽留朝命，在熹愚分，尤省，伏候鈞旨。所未安。欲望朝廷，特賜敷奏，寢罷已降指揮，令熹依舊宫觀，實爲大幸。謹具狀申尚書省，伏候鈞旨。

與辛執劄子

熹輒有危懇，仰扣公朝：熹伏準省劄，恭奉聖旨，除知靜江府事，區區感激，蓋不勝言。顧以罪戾之餘，疾病沉痼，不堪任使，而内自揆度，迂疏悖謬，又非邊帥之才，實不敢冒當重寄，以累君相知人之明。輒具公狀，申省辭免。欲望某官，特賜省覽，曲爲開陳，許其遜避，以安愚分。熹冒瀆威尊，不勝皇恐戰栗之至。

辭免知靜江府狀二

右熹正月二十三日準正月七日尚書省劄子，以熹辭免知靜江府恩命，正月六日奉聖旨，不許辭免，依已降指揮疾速之任。熹聞命震驚，隕越無地。竊伏思念罪戾孤蹤，誤蒙收用。命輕恩重，感激難勝。向使自量粗能供事，豈敢輒有辭避，以速刑誅？實以材質凡庸，識慮淺暗，向來假守支郡，非有繁難，然猶不能審度時宜，以致上誤朝聽。雖幸曲蒙寬貸，獲免譴訶，然而内自省循，未忘憂懼。以故前年蒙恩將漕湖南，尚且不敢拜受，況今除授，實專西南一面軍政邊防之寄，責任至重，非它帥比，則熹又安敢冒受而不辭哉？前狀所陳，懇切詳盡，不謂未蒙照察，申命益嚴。熹雖至愚，亦豈不知微賤之臣分義有守，不當再有煩瀆？然反復以思，區區所言非止自爲身計，實恐邊境事宜或有緩急，全賴帥臣區處鎮壓，而熹乖繆妄發，又復如前，必將有以仰貽國家南顧之憂者，非細事也。是敢昧死復有陳述。至於憂悴蚤衰，足疾時作，目昏耳重，心氣短乏，凡此種種，於熹私計有不便者，則皆不敢言矣。伏惟朝廷曲垂矜閔，再爲開陳，收回誤恩，俾還舊秩，熹不勝祈懇激切、俯伏俟命之至。謹具狀申尚書省，伏候鈞旨。

與宰執劄子

熹輒布誠懇，仰扣公朝：熹昨具狀辭免知靜江府恩命，今準省劄，備奉聖旨，未賜允俞。聞命憂懼，莫知所措。然區區愚慮，猶有未能已者，已再具狀申尚書省，伏乞丞相少保國公、參政相公詳賜省覽，曲爲開陳，收回誤恩，復畀祠禄，千萬幸甚，千萬幸甚。

小貼子

愚慮終恐疏拙，不足以當一面之寄，或有緩急，必誤使令。欲望知院相公、樞密同知相公深加照察，曲爲開陳，收回誤恩，以安愚分。

辭免知潭州狀一

右熹十二月初十日準尚書省劄子，奉聖旨差知潭州者。伏念熹疏謬不材，試郡無狀，解罷之後，方知循省，所以中間兩蒙聖恩，皆嘗力陳愚悃，竟荷從欲，尚叨祠禄，以盡餘年。不意今者又蒙記憐，有此除授。三年之間，三被拔拭，自惟何者，有此叨踰！假使衰病支離，不堪扶曳，亦當聞命奔走，不敢復有辭避。實以區區愚慮前已控陳，而昨來已曾辭免知靜江府，又不能無辭遠就近之嫌，在熹私義，尤難冒處。所有降到省劄内聖旨指揮，竊緣熹見遭大功之喪，準格未該除服，未敢望闕謝恩，已送建陽縣庫寄收訖。欲望朝廷檢會前此兩番辭免申狀，詳酌事理，早賜開陳，令熹仍舊補滿宫觀考任，實爲大幸。謹具狀申尚書省，伏候鈞旨。

與宰執劄子

熹輒有誠懇，仰干朝聽：熹幸蒙陶鑄，備數祠官，竊禄養痾，方以愧幸，忽蒙恩命，假守長沙。仰戴鴻私，伏深感涕。重念熹賦性迂闊，處事乖疏，昨試偏州，已無善狀，所以兩年之間，再蒙除用，力陳悃愊，得遂退藏。不意今來復此叨冒，載循涯分，實所未安。又況昨來已辭遠戍，於今未久，復玷近藩，擇地顧私，人言可畏。謹已具狀申尚書省，乞賜敷奏寢罷。欲望某官曲垂矜閔，早賜開陳，使得仍舊奉祠，苟安田里，則熹千萬幸甚。冒犯威尊，不勝戰栗。

辭免知潭州狀二

熹昨蒙聖恩，差知潭州，即已具狀申乞補滿宫觀考任。今準尚書省劄子，奉聖旨不允，依已降指揮，疾速之任。熹聞命震驚，即已望闕謝恩訖。伏念熹自罹災患，日覺摧頽，唯有疏頑，略無悛改。所以前此再辭誤恩，皆荷天慈俯從人欲。不謂今者尚閟俞音，竊自省循，決難黽勉。是敢冒昧再有控陳，欲望矜憐，特賜敷奏，曲從所請，或畀偏州，改命通才往奠南服，則不惟衰晚無狀，獲逃戒得之譏，亦足使處置得宜，益壯維藩之勢。熹不勝鞠躬祈懇，引領俟命之至。謹具狀申尚書省，伏候鈞旨。

與宰執劄子

熹區區愚悃，前屢控陳，天聽未回，日深恐懼。今復有狀，披告朝廷。若蒙矜憐，許歸祠館，别咨時彦，往布上恩，則賢否公私，各得其所，而爲幸大矣。萬一未蒙體察，必使復效驅馳，亦乞别與陶鑄遠小州軍，或充以次閑慢差遣，則於私義雖或未免冒昧之譏，而爲湖南一道軍民之計，猶爲莫大之幸。再干威重，彌切戰兢。伏惟高明，俯賜財幸。

乞放歸田里狀

右熹叨被聖恩，濫分民社，兼領一道，事任非輕。顧嘗竊謂天下國家之所以長久安寧，唯賴朝廷三綱五常之教有以建立修明於上，然後守藩述職之臣有以稟承宣布於下，所以内外相維，小大順序，雖有彊猾姦宄之人，無所逞其志而爲亂。不然，則以一介白面書生，彊而置諸數千百里軍民之上，彼亦何所憑恃而能服其衆哉？熹雖至愚，自知甚審，而亦粗嘗竊窺古今治亂安危存亡之變矣，誠恐朽鈍之餘，不堪今日方面之寄。兼以近者伏奉大行至尊壽皇聖帝遺誥，攀號不逮，迷悶隕絶，自覺精力亦難支吾。欲望朝廷特賜敷奏，放歸田里，速選明牧，以濟多虞，則不唯下保衰殘，亦庶幾不至上誤國家建設藩屏之意，熹不勝幸甚。謹具狀申三省、樞密院，伏候鈞旨。

辭免召命狀

右熹準七月十一日尚書省劄子，奉聖旨，令熹赴行在奏事者。聞命震慴，不知所爲，謹已望闕祇受稱謝訖。恭惟聖上受禪之初，一新庶政，寤寐俊傑，協圖事功，宜得超異之才，以承付託之重。而搜揚之失，下及凡庸，是蓋不惟無益於時，亦恐適足重取嗤誚。況熹衰晚，疾病摧殘，方以不堪治劇爲憂，故敢輒以投閑爲請。又以未蒙開允，未敢再干朝聽。誠不自意誤恩猥及，俯仰踧踖，無所逃避。若使區區之精神筋力稍堪勉彊，亦豈不願及此際會，效其涓埃，以卒平生愛君憂國、畢義願忠之志？顧實支離，不堪扶曳，政使得至殿庭，亦恐顛沛失容，增益罪戾，是以不免控瀝肝膽，冀蒙哀憐，俾還香火之班，以終螻蟻之命，則熹不勝大幸。今亦不敢仰稽朝命，久留軍府，已將職事牌印交割本路運判何異，迤邐前路聽候指揮外，謹具申尚書省，欲望鈞慈，特賜敷奏，伏候鈞旨。

與宰執劄子

熹輒有誠懇，仰干朝聽：熹衰病迂疏，不適世用，蒙恩補郡，并以一道軍民爲寄，到任未久，已覺疲憊。方恐仰孤任使，輒敢便請退閑，豈意非常之恩，使得赴闕奏事？熹雖至愚，竊自揆度，荒陋不學，頑鄙無聞，不惟無以仰裨嗣皇訪落之初政，而目疼足腫，不利進趨，使造殿庭，必致顛躓。除已詳具曲折申尚書省，一面起發前路聽候指揮外，欲望某官察其悃愊，曲賜矜憐，特爲敷陳，俾諧私願，則熹不勝幸甚。干冒威嚴，伏增震恐。

辭免焕章閣待制侍講奏狀一

右臣昨任潭州日，蒙恩令赴行在奏事。方以迂疏疾病，力具懇辭，已歷兩旬，未奉報可。今者東歸，道中忽被省劄，誤蒙聖恩，除臣焕章閣待制兼侍講者。臣聞命震驚，罔知所措。恭惟國家設官分職，以熙庶事，其遷進之序、選用之方雖甚細微，莫不有法。而況次對之官，班通禁近。其自内而除者，猶有歲月之限；在外而擢者，必以勞效而陞。從昔以來，未嘗輕授。至於經帷，則又仰關帝學，在今初政，尤所當先。必得醇儒，使任其職，然後有以發揮道要，感格君心，大明謹始之規，以爲出治之本，尤不可以不遴其選也。如臣疏賤，久以病廢，比叨試用，又復罔功，固已不堪超躐不次之除；聞見甚淺，記識不彊，妄意本原，亦未知要，則又無以仰副招延自近之意。在臣非敢自愛，實恐不免冒昧之譏，有累維新之政。加以盲聵跛躄，不利走趨，昨蒙收召之恩，已伸辭避之懇，所有今來恩命，臣實不敢祗受。欲望皇帝陛下察其悃愊，特賜矜憐，俯徇愚誠，曲全素志，則臣不勝千萬幸甚。臣無任瞻天望聖激切祈懇之至。謹録奏聞，伏候敕旨。

與宰執劄子

熹輒有私懇，仰干公聽：熹昨任潭州，特蒙收召，方以疾病迂疏，力祈寢罷，未奉報可，忽被殊恩，擢陞次對之聯，俾司勸講之職。除命超躐，近比所無。聞命震驚，措身無所。謹已具奏辭免外，欲望某官察今所陳，參以前狀，即見區區懇避之實。但使暫詣闕庭，一修朝覲，揣其分際，猶所不堪，況欲接武俊遊，入侍經幄，既冒叨踰之誚，復深頓踣之虞，在於鄙懷，可勝慚懼！敢乞特爲敷奏，速賜收還，俾以舊官續食祠廩，庶安愚分，免累清朝。熹不勝千萬幸願之至。

辭免煥章閣待制侍講奏狀二

右臣昨具狀奏，辭免新除煥章閣待制、侍講恩命。今到信州，仍準尚書省劄子，奉聖旨不允者。愚衷已竭，聰聽未回，須至敷陳，再干旒扆。蓋念臣迂闊無能，分甘閑散，雖自蚤年入仕，而實歷釐務差遣僅及五任，通計不滿九考。前後伏蒙兩朝聖恩，除授職名，內自循省，已爲過分。所有見帶祕閣修撰，仍是紹熙二年八月祗受，至今僅及三年，其間即無絲髮勞效可録。資淺望輕，既不足以汙侍從之選，加以年齡晚莫，學殖荒落，目盲聽重，步履艱難，其於勸講經幄、出入禁闥，私竊自揆，尤所不堪。所以懇辭皆出情實，即非飾詞備禮、姑應故事而已。不謂螻蟻之誠不足仰動天聽，聞命踧踖，恐懼益深。又竊惟念皇帝陛下嗣位之初，方將一新庶政，所宜愛惜名器，不可輕以假人。若使僥倖之門一開，其弊豈可復塞？至於萬機之暇，博延儒臣，早夜孜孜，專意講學。蓋將求所以深得親權者，爲建極導民之本；思所以大振朝綱者，爲防微慮遠之圖。顧問之臣，實資輔養，用人或謬，所係非輕。并望聖明曲垂洞照，亟還虚授，以穆師言。臣以昨辭召命，已被疾速前來供職指揮，今兹祈免詔除，又奉不允之詔，不敢更有留滯，見已一面起離信州，前路聽候處分。仰冀聖慈，早賜開允，臣不勝千萬幸甚之至。謹録奏聞，伏候敕旨。

與宰執劄子

熹輒控鄙誠，仰干朝聽：熹攝承帥閫，方愧不堪，誤辱聖恩，特加收召。辭免未獲，又奉詔除，亟拜遜章，未蒙開允。今再具奏，冀得收還恩命。區區誠懇，悉已敷陳，皆出實情，即非僞飾。如蒙降出，切望某官早賜將上，詳爲開陳，庶幾聖主無輕授之譏，賤臣免非據之辱，盡繄大造。圖報敢忘！干冒威嚴，不勝恐懼。

辭免焕章閣待制侍講乞且帶元官職詣闕奏狀三

右臣準尚書省劄子，以臣再狀辭免新除焕章閣待制、侍講恩命，九月十四日，三省同奉聖旨，依已降指揮不允，疾速前來供職者。愚衷屢竭，天聽未回，袛誦恩言，益增震悸。伏念臣猥以凡品，遭值昌辰，龍德天飛，萬物咸覩。豈不願以此時進趨軒陛，仰瞻穆穆之光？况使執經入侍帷幄，得以所學論説人主之前，臣雖至愚，亦豈不冀幸少有萬一可以仰裨聖聽？特以次對異恩，無故超受，在臣私分，實難自安，是以徬徨，未敢拜受。今來復準前項聖旨，雖已望闕遥謝聖恩，即日起發前去外，欲乞到日許臣且依七月十一日已降指揮，帶元官職詣闕奏事。所有新除，却俟面奏辭免，别聽處分。冒瀆宸嚴，臣不任惶懼隕越之至。謹録奏聞，伏候敕旨。

申省狀

右熹準尚書省劄子，以熹再狀辭免新除焕章閣待制、侍講恩命，九月十四日，三省同奉聖旨，依已降指揮不允，疾速前來供職者。伏念熹愚賤小臣，屢煩嚴詔，不敢再三辭避，謹已即日起發前去。欲乞到日，許熹且依七月十一日元降指揮，帶元官職詣闕奏事。所有新除，却俟面奏辭免，别聽處分。除已具狀奏聞外，謹具申尚書省，伏乞照會。

又申省狀

右熹準尚書省劄子，以熹辭免新除待制、侍講恩命，奉聖旨不允，依已降指揮，疾速前來供職者。伏念熹昨以聖恩過厚，私義未安，三具懇辭，自知拙訥，不能仰動聖聽，所以未敢必冀開允，只乞許帶元官赴闕奏事，面陳悃愊，别聽處分。今來已到國門，又準前項指揮。在熹猶有未盡之懷，決然不敢冒昧祗受。然又不敢再具奏牘，頻煩天聽。欲望朝廷特賜敷奏，依熹前請，庶幾早得趨赴行宫奏事，瞻望日月之光，則熹不勝幸甚。謹具狀申尚書省，伏候鈞旨。

辭免待制侍講面奏劄子

臣一介草野，初乏寸長，遭遇兩朝，過加擢用，不幸未能有以報效萬一，而大行至尊壽皇聖帝奄棄萬國，奉諱攀號，欲死無路。旋聞太上皇帝哀疚迫切，亦厭萬機，臣子之心，尤極震懼。所幸復得遭值皇帝陛下祗膺寶命，正位當天，臨御之初，首加記憶，召命既出，除目隨頒，稽以故常，實爲超躐。自惟鄙拙，重以衰殘，義當力辭，以安愚分。顧以當仕有職，不敢屢瀆天威，冒昧以來，唯冀仰望清光，俯鑒愚款。今幸二事已遂所懷，雖先犬馬，退就溝壑，亦無所恨。唯是新除恩命累奏辭免，未蒙開允。在臣愚悃，亦豈不願因此際會，得以所聞一二仰贊大猷？獨恨病衰足弱，拜起艱難，目左翳而右昏，耳右聾而左重，内自量度，必至顛隮。伏惟聖明，必已洞照，欲望矜憐，特賜處分，收還元降除命，令臣姑守舊官，賜以祠禄，放歸田里，待盡餘齡，則臣不勝千萬大幸。干冒宸嚴，伏俟誅殛。取進止。

辭免待制改作説書狀

右熹昨具劄子面奏，辭免新除焕章閣待制、侍講恩命。續準尚書省劄子，奉聖旨，依已降指揮不允，日下供職者。熹昨蒙誤恩，輒加奬拔，實以資淺，不敢冒受。愚誠屢控，天聽未孚。至於面有奏陳，意謂必蒙矜許，乃蒙恩旨，尚閟俞音。祇拜以還，不勝感激。熹已仰體聖意，不敢力辭講筵職事。第以未得進説，先受厚恩，萬一異時未有報效，而疾病發作，不可支吾，遂竊侍從職名而去，則熹之愚，死有餘罪。欲望朝廷，察其情實，特爲開陳，與免待制職名。改作説書差遣，容熹即日拜命供職。或勉强年歲之間，少有補於聖主緝熙光明之學，見諸行事之實，發號施令，罔有不臧，然後隨衆霑恩，熹亦不敢多遜。古語有之：「事君者，大言入則望大利，小言入則望小利。」夫進言於君而望其利，已非正理，況今一言未入而遽受大利，區區於此尤所未安。然不敢數具奏狀，上勞聖覽，謹具狀申尚書省，伏候鈞旨。

與宰執劄子

熹昨日面禀，懇辭恩命，意謂愚悃必蒙矜照。今被省劄，乃奉睿旨，未賜允俞。誠意未孚，深自咎責。然念既蒙君相恩意之重如此，今已不敢力辭講筵職事。唯是職名太峻，前已具陳，庶官侍講，亦無近比，欲乞改正，然後供職，庶於愚分稍得自安。熹有狀申省，敷述義理已極詳盡。欲望某官特爲開陳，不憚改命，使熹千里而來，早得進説上前，不至遷延，虚度時日，亦區區千萬之幸。頻有干瀆，伏深恐懼。

謝御筆以次對係銜供職奏狀

右臣十月初十日準御前降到御筆一封付臣，令臣勿復牢辭次對之職。臣昨以新除恩命超躐異常，累具辭免，日望開允。豈意仰勤聖主親御翰墨，俯賜褒諭，令勿牢辭。疏賤小臣，分不當得，拜受伏讀，不勝恐懼。謹已仰遵聖訓，係銜供職外，謹具奏聞，伏乞睿照。

回中使劄子云：

熹伏蒙轉到御筆一封，已祇受訖。今有奏狀一封稱謝，得爲進呈，不勝幸甚。

辭免兼實録院同修撰奏狀一

右臣今月十四日準尚書省劄子，奉聖旨，差臣兼實録院同修撰者。臣聞命震駭，不知所爲。伏惟高宗皇帝中興艱難，實同創業，成功盛德，莫可形容。信史所傳，垂法萬世，宜得鴻博之士執簡操筆其間，庶幾將來有以考信。如臣固陋，才不逮人，白首章句之間，僅能略通訓詁。入侍經幄，已愧叨踰，至於蒐輯舊聞，勒成大典，自知寡陋，本非所長。况復病衰，心目俱廢，豈能冒昧，彊所不能，塵穢簡編，以取嗤誚？在臣非敢自愛，實懼仰貽聖朝之羞。所有前件恩命，臣決不敢祇受。欲望聖慈，洞鑒誠悃，特賜追寢，以安愚分。謹録奏聞，伏候敕旨。

辭免兼實録院同修撰奏狀二

右臣昨具狀辭免差兼實録院同修撰恩命，今準尚書省劄子，奉聖旨不允者。瀝懇控陳，必期從欲，聞命悚惕，不知所言。重念臣愚素無史學，然於是非得失之故，實有善善惡惡之心。又況先臣在紹興初嘗掌兹事，實事高宗皇帝，其於豐、祐、紹、符之際，分别邪正，用力爲多。臣雖至愚，敢忘斯志？今獲叨冒，復踐世官，在臣私心，豈非幸願？但恨心力凋耗，目翳耳昏，記憶檢尋，皆所不便。復叨選擇，備數經帷，晝繹夜思，猶懼不逮，豈有餘力可效編摩？所以懇辭，即非備禮。雖被譴却，恐懼徒深，義當固辭，不容默已。儻蒙聖察，特賜允從，庶使妄庸，獲安愚分。臣無任祈天望聖千萬懇激之至。謹録奏聞，伏候敕旨。

謝御筆與宫觀奏狀

右臣今月二十一日伏準降到御筆賜臣：「朕憫卿耆艾，方此隆冬，恐難立講，已除卿宫觀，可知悉。」臣衰病餘年，不知引退，曲蒙聖造，特賜矜憐，臣無任感恩荷聖、激切屏營之至。謹具狀奏謝，伏乞聖照。

乞放謝辭狀

右熹今月二十一日伏準御筆，除熹宫觀，已具奏稱謝訖。緣熹脚氣發動，有妨拜跪，欲望朝廷，特賜敷奏，與免謝辭。謹具狀申尚書省，伏候指揮。

辭免寶文閣待制與郡狀

右熹昨者恭奉御筆，除熹宮觀，續準尚書省劄子，奉聖旨與放謝辭。熹即已起發，前路聽候指揮。至二十五日晚，又準尚書省劄子，奉聖旨，除熹寶文閣待制，與州郡差遣。熹聞命震驚，不知所措。伏念熹戇拙有餘，勸講無狀，分當顯黜，豈合優遷？況耳重目盲，累嘗面奏，州郡繁劇，尤所不堪。所有恩命，決難祗受。欲望朝廷，特賜敷奏，令熹只以本官仍舊主管南京鴻慶宮，庶協師言，以安愚分。謹具狀申尚書省，伏候指揮。

辭免兩次除授待制職名及知江陵府奏狀一〔七〕

右臣昨奉手詔宣諭，除臣宮觀。繼準省劄，又蒙聖恩除臣寶文閣待制，與州郡差遣。臣以無名，不敢冒受，即具辭免。又準省劄，恭奉聖旨不允，仍除臣知江陵府，不候受告，疾速之任者。寶儲峻秩，荆楚要藩，委寄益隆，視遠猶邇，恩旨之重，捧戴難勝。然臣伏念昨者皇帝陛下即位之初，臣以愚賤疏遠之蹤，首蒙眷知，召置講席，正以庶官無由入侍禁闥，故特假以侍從職名。臣於是時，固已自料衰病迂闊，勢必不能久奉清問，故嘗再三懇辭，乞以本官充職，庶免後日別致紛紜。不唯不蒙開允，乃更曲荷天慈，加賜手札，俾速祗受，此見陛下虚心求善，屈己下賢之意，近歲以來君臣之間所未有也。而臣不佞，適幸遭逢，可謂千載一時之會，私念若得因此罄竭凡陋，裨補聰明，是亦臣子之至願，學問之初心。因遂不敢力辭，輒爾冒受。供職四旬，屢得進講，凡所關啓，多蒙開納。而臣戇愚迫切，便欲致君堯舜之上，遂觸忌諱，以煩譴訶。皇慈過恩，猶不加罪。親御翰墨，俾就退閑。旬日之間，除書繼下，蕩滌瑕垢，曲全始終，是亦近歲以來君臣之間所未有也。臣雖至愚，豈不知感？所宜即日拜命，奔走率職，别圖後效，以塞前愆。而反覆思惟，前日之罪既以學力未充、誠意不至，無以仰稱明詔，感悟天衷，釁咎已深，不容湔洗。所有元借職名，已是難復冒居，豈敢更叨進擢之寵？至於西門甲兵，委寄尤重，亦豈目盲耳聵之人所宜竊據，以誤使令？昨來雖略申陳，然猶未盡底藴，是致今復有此誤恩。揣分量材，決難祇受，是敢瀝懇，直貢封章。欲望聖明，俯垂鑒察，正其瘝曠之罪，追還新舊職名，俾以寄禄元官復奉鴻慶故宫列聖香火。庶幾憑恃威靈，涵濡德澤，未填溝壑之間，猶及親見陛下聖學日新，聖德日茂，盡送往事居之孝，極用賢納諫之誠，永御丕圖，爲宋令主，則臣雖即死，無復遺憾。干試雷霆，眷戀軒幄，無任皇恐激切之至。謹録奏聞，伏候敕旨。

貼黄

臣伏覩元祐初特起河南處士程頤以爲通直郎、崇政殿説書，後以人言罷守本官，權同主管西京國子監。頤上奏乞歸田里，其間有云：「若臣元是朝官，朝廷用爲説書，雖罷説書，却以朝官去，乃其分也。臣本無官，只因説書，授以朝官，既罷説書，獨取朝官而去，極無義理。」臣今實以侍講之故，得此待制職名，既罷侍講，即所授職名理合追奪，與頤所陳事理實無以異。伏望聖慈鑒察，許臣辭免，不勝至幸。

申省狀

右熹昨具狀申，乞辭免進職與郡恩命，今準尚書省劄子，奉聖旨不允，仍除熹知江陵府，不候受告，疾速之任者。伏念熹無所能似，元係庶官，只因聖主欲令進講，遂除侍從職名。今既奉職無狀，莫補豪分，尚蒙寬恩，假以秩禄，即於私分，已爲過優。先來所授侍從職名，自不當得。況又寵加峻秩，俾殿大藩，尤非罪戾殘廢之人所能負荷。已具奏聞，乞賜追還新舊職名，只以本官還奉鴻慶香火，其間叙述，義理詳明。如蒙降出，欲望朝廷早賜敷奏，特從所請，千萬幸甚。謹具狀申尚書省，伏候指揮。

與宰執劄子

熹昨被寬恩，奉祠去國，自疑罪戾，不獲躬詣大府，面稟辭行，下懷至今不勝悵仰。茲者乃復叨被除書，進職寶儲，作牧荆楚。在熹無狀，失職負痾，實無心顔可備驅使。謹已具奏申省，皆極詳明，不敢逐一覼縷，以勤聽覽。欲望鈞慈，察其悃愊，特與將上，力賜開陳，使區區賤迹得以自安，實衰朽迂愚千萬之幸。干冒威尊，不勝震悚。

乞追還焕章閣待制奏狀二 正月十四日

右臣昨具狀奏，辭免新除寶文閣待制、知江陵府恩命，并乞追還昨來任侍講日所帶焕章閣待制職名。今準尚書省牒，奉敕宜差提舉南京鴻慶宫。臣已於今月十一日望闕謝恩祗受訖。得辭閫寄，還備祠官，仰荷天慈，俯從人欲，恩深莫報，感極難言。然而尚有待制職名未蒙鐫削，區區愚悃，須至重陳。伏念臣本是庶官，無它勞效，元帶祕閣修撰，已是兩朝過恩。比者只緣聖意欲亦令講書，遂使暫陪邇列。臣亦自知衰病迂闊，決難久冒寵榮，故於聞命之初，即嘗瀝懇具奏，乞免進職，改授説書。不謂鄙誠未能上達，更煩親札褒諭益勤，遂爾冒居。未及兩月，果以罪戾遣罷而歸。所被誤恩，理宜追奪，而一再陳懇，竟未矜從。仰戴皇慈，豈勝感激！顧以愚分實有未安，敢觸天威，復此祈扣。伏望聖明洞照，早賜收還，或令依舊論撰職名，改作主管宫觀差遣。則在朝廷黜陟之典，免紊彝章，而於微臣進退之宜，亦全私誼。謹録奏聞，伏候敕旨。

貼黄

臣今雖已拜命繫銜，然尚未敢幫勘請給，恭俟報可。伏乞聖照。

申省狀

右熹昨具狀申奏，辭免進職補郡恩命，及乞追還先來任侍講日所帶待制職名，近準敕命，特授前件宫觀差遣，熹已即時望闕拜受訖。唯是所乞追還職名未奉俞允，理難冒據，恐懼益深。除已再具奏聞外，欲望朝廷更賜敷奏，特從所請，以安愚分，則熹不勝千萬幸甚。謹具狀申尚書省，伏候鈞旨。

與宰執劄子

熹輒有誠懇，再冒威嚴：熹昨具申奏，辭免進職補郡恩命，已荷開允，改授祠官，尚有所乞收還待制職名，未蒙施行。熹已具奏及申朝廷，再有祈懇。欲望某官深賜照察，特爲開陳，俾遂所祈，以安愚分，則熹不勝千萬幸甚。

乞追還待制職名奏狀三

右臣三月三日準尚書省劄子，以臣再奏，乞追還煥章閣待制職名，奉聖旨不允。臣已即時望闕遥謝聖恩訖。但念臣之所請，實出丹衷，天聽太高，未賜開允，迫以私義，決難冒居，敢復控陳，必冀省察。蓋臣竊以西厢待對，名列近臣，班序既崇，恩禮尤渥。蓋國家所以寵待儒學議論之賢〔八〕，欲其雖或守藩奉祠於外，而猶有論思獻納之責，不異朝夕陪侍於禁闥之下、出入乎周衛之間也。臣之凡愚，素號山野，入侍經幄，僅及四旬，意見闊疏，言辭鄙拙，固已自知不堪選用之意。惟有中間輒議僖祖皇帝皇家始祖，不當一旦并行祧毁，且使太廟之祀止及八世，降於天子九廟之禮，尤非所宜。獨蒙聖恩特賜宣問，親奉玉音，以謂僖祖之廟自不當遷，至于再三，即以所進議狀并劄子並行降出。竊意已蒙嘉納，必遂施行。不謂孤論難持，竟亦無取。退伏循省，益愧心顔。尚借寵榮，許仍舊職，非但有乖輿論，亦恐上累清朝。控避莫回，周章失據，敢冒萬死，再犯天威。欲望聖明察臣誠悃，縱未重加貶黜，亦合收還誤恩，庶使孤蹤獲逃後咎。臣無任祈天望聖、皇恐俟罪之至。謹録奏聞，伏候敕旨。

申省狀

右熹三月三日準尚書省劄子，以熹奏乞收還待制職名，奉聖旨不允者。愚誠既竭，聰聽未回，私義未安，不容寢默。重以向來曾有妄議太廟初室不合遷毁，已蒙聖主宣問嘉納，而朝廷不爲施行。竊疑其間所陳，必是有違典禮，自知不學無術，難以復厠近班，謹已再具奏聞，欲望朝廷特爲將上，早賜行遣，以爲臣子孤陋寡聞、輕議大典之戒，熹不勝幸甚。謹具狀申尚書省，伏候鈞旨。

與宰執劄子

熹昨具狀奏，乞賜收還元降待制恩命，未蒙開允。私義未安，不容寢默。重以向來曾有妄議太廟初室不合遷毁，已蒙聖主宣問嘉納，而朝廷不爲施行。竊疑其間所陳必是有違典禮，自知不學無術，難以復厠近班，謹已再具奏聞，并具狀申朝廷矣。欲望鈞慈，特爲將上，早賜行遣，以爲臣子孤陋寡聞、輕議大典之戒，熹不勝幸甚。干冒威尊，皇恐俟罪。

申省狀

右熹伏準尚書省降到劄子一道，以熹辭免焕章閣待制職名，奉聖旨不允。緣熹目今脚氣發作，手足拘攣，不堪拜起，謝恩不得，已送建寧府建陽縣寄收，候痊安日請領，别具申奏次。謹先具狀申尚書省，伏乞照會。

申建寧府乞保明致仕狀

右熹舊患脚氣，近數發動，日加困重，不可支吾。欲乞守本官致仕，謹具狀申建寧府，伏乞照會，依條施行。謹狀。

乞追還待制職名及守本官致仕奏狀四

右臣昨具狀奏，乞賜追還待制職名，三月二十八日，準尚書省劄子，伏奉聖旨，次對之職，除授已久，與廟議初不相關，依已降指揮不允，不得再有陳請。臣以見患脚氣，有妨拜跪，不得謝恩祇受，遂將所被省劄權送建陽縣庫寄收，仍申尚書省照會去訖。後來不意病勢危篤，自知難戀聖朝，依例合乞致仕。又念見係庶官，不敢專具奏牘，遂申本貫，依條陳乞。今來復準省劄，恭奉聖旨，未賜開允。戴恩重疊，恐懼難勝，揣分捫心，但知感激。唯是區區本以鄉來入侍日淺，自知未有毫髮報稱，不當仍帶舊職，出領祠官，所以懇避再三，即非過爲沽激。況今疾病沉痼，雖未即死，精華已竭，後效無期，更竊寵榮，義益難處。兼覩近日從臣有自西掖出守大藩者，猶自止帶修撰，況臣罪戾，方此投閑，而所得職名過爲優厚，以此較彼，誠有未安。是敢不避煩瀆之誅，復陳迫切之悃。欲望皇明委照，聖度并容，深察愚衷，參稽近比，特降睿旨，俾遂所祈，則臣不勝千萬大幸。所有昨來陳乞致仕，實緣病勢危迫，方敢冒昧。今雖苟延殘息，終是不堪異日使令，不敢更叨廩禄，以速滿盈之咎。亦望矜憐，並賜俞允，使就窮約，庶保餘年。臣無任祈天望聖、俯伏俟命之至。謹録奏聞，伏候敕旨。

貼黄

臣今者伏蒙吏部降到告命，磨勘轉官，臣即已謝恩祇受，可見愚衷非敢飾詞妄爲遜避。伏乞聖照。

申省狀

右熹累具申奏，乞罷所帶職名，及於建寧府陳乞保明致仕。今準尚書省劄子，各奉聖旨，未賜開允。熹以私義難安，不能自已，不免復申前請，别具奏陳。如蒙降出，欲望朝廷特賜將上，俯從所請，早賜施行，不勝幸甚。謹具狀申尚書省，伏候鈞旨。

與宰執劄子

熹輒有危懇，仰干鈞聽：熹昨以入侍日淺，無補豪分，既領祠官，不當復帶舊職，累奏乞行追奪，未蒙開允。近者復以疾病危篤，陳乞致仕，又蒙聖恩，未從所請。伏念熹前後所乞，皆出誠心，非敢詭衆飾辭，過爲矯激。未能感格，深不自安，不免再露血誠，復干天聽。其間陳叙曲折，援引比例，極爲詳盡。若蒙降出，欲望朝廷深察情悃，力賜開陳，使孤危之迹早遂退藏，免以罪戾姓名、愚昧識見數干旒扆，久紊彝章，招致人言，重煩譴斥，則熹不勝千萬大幸。情迫意切，言語無倫，伏惟鈞慈，并賜容照。

乞追還待制職名並自劾不合妄議永阜攢陵事奏狀五

右臣昨累具奏，乞免帶待制職名，仍以病衰，再乞致仕。伏蒙聖慈，特降睿旨：「辭職謝事，非朕優賢之意，不得再有陳請。」臣即已望闕拜命，恭謝聖恩訖。自惟愚賤，誤被睿知〔九〕，陳力無堪，輒求閑退。更蒙寵渥，申諭隆私，假以優賢之名，却其再至之請。顧臣何者，可稱袞褒？感激之深，無言以諭。所乞致仕，謹已恭禀聖訓，未敢再瀆宸聽。所辭職名，亦已仰體睿慈，不敢再祈避免。然伏自念去歲叨冒，獲厠周行，曾因集議永阜攢宫，妄意輒陳管見，欲乞少寬遠日，改卜神皋，庶妥威靈，以延運祚。後雖罷議，無所施行，然在私心，豈容自昧？今者伏覩進奏院報，前日小大之臣曾議此者，皆已坐罪次第降黜。而臣狂妄，又嘗面奏，其跡尤不可揜，其罪尤不可赦。但以所入文字不曾付外，是致漏網，未抵譴訶。若遂隱匿不言，更冒榮寵，竊慮祇受之後，公論不容，未及終朝，便煩褫奪。顧微臣進退之義雖不足言，而聖朝刑賞之中則爲可惜。以此之故，反復思惟，復致憂疑，未敢拜受。輒冒斧鉞，自劾以聞。伏望聖明奮發威斷，付之司敗，以肅邦刑，庶免煩言，重勞淵聽。臣無任祈天俟罪、踧踖屏營之至。謹録奏聞，伏候敕旨。

申省狀

右熹昨具申奏，乞免帶待制職名，仍以病衰，再乞致仕。今來伏準尚書省劄子，奉聖旨：「辭職謝事，非朕優賢之意，不得再有陳請。」熹已望闕謝恩，恭禀聖訓，未敢再乞致仕，以煩朝聽。所有職名，仰體聖恩，本亦不敢更具辭免，却緣去年集議永阜攢宫，蓋嘗妄陳管見，欲乞少緩發引之期，别擇寧神之地。今者竊見前日臣僚有曾論此者，皆已坐罪次第行遺，而熹無狀，乃獨幸免，區區愚慮，實不自安。若使祇受聖恩，復忝近列，竊料非久即致煩言，迷誤朝廷，紊亂刑賞，愚賤之迹，獲罪愈深。謹已具奏自劾，恭俟嚴誅。如蒙降出，乞賜將上，取旨特賜處分，則熹不勝千萬幸甚。謹具狀申尚書省，伏候鈞旨。

與宰執劄子

熹輒有愚悃，仰干公聽：熹昨者累奏辭免職名，再奏陳乞致仕，近準省劄批降睿旨，示以優賢之意，杜其再至之請，恩指隆厚，假借超踰。熹雖至愚，豈不知感？告老之牘，未敢重陳；除職之恩，亦擬拜受。但以頃於欑陵嘗有妄議，今見前後同爲此説者，皆已坐罪行遣，而熹獨漏網，更冒寵榮，竊料公論終不見容，異日决難幸免。萬一拜命之後，即致煩言，則不唯使聖朝失刑賞之中，而區區賤迹亦乖進退之義，俯仰跼蹐，無地自容。謹已具奏自劾，及申朝廷去訖。欲望某官曲加憐念，特賜開陳，照例施行，庶愜輿議。熹不勝千萬祈懇之至。

乞追還待制職名奏狀六

臣昨具奏，自劾擅議山陵，陳乞免帶舊職。今者伏準尚書省劄子，恭奉聖旨，「朱熹自劾，無罪可待，餘依已降指揮」者。頻瀆天威，久須嚴譴，復蒙寬宥，感極涕零。伏念臣自去歲誤蒙聖恩，擢寘近列，使侍講筵，即以迂疏寡陋、資淺望輕懇辭四五，而不獲命，遂已不敢復辭講職。只慮所帶職名大爲超躐，今若冒受，則將來或有罷免，却須回納，又致紛紜，遂具狀申省，乞賜敷奏，令臣且以元官舊職改充説書。其所陳説，極爲詳備。尋以宸翰下臨，不容固避。然而口與心誓，所有職名只是暫受權帶，以爲入從之階，異時若罷講官，此職決當回納，庶以少贖今日不能力辭之罪。其後果以老病怯寒，不能立講，曲蒙矜憫，重賜親筆，除臣宮觀。既已拜命，又被恩旨，進職與郡，則臣不敢當。而亟如向來私誓之言，具奏辭免。雖幸追寢後命，而猶未鐫舊職。自是之後，凡四具奏，力申前懇，率皆不蒙開允。蓋臣本意止爲已罷講官，不敢復帶侍從職名，而於其間三次奏狀，乃因它事，忘其前語，此其所以屢瀆聖聰而曾不足以少回天意者也。於今始覺前日之謬，不敢再有它説，輒冒萬死，復此祈恩。伏惟聖明，洞鑒誠悃，特降睿旨，照臣去年申省及後來第一、第二次辭免奏狀，早賜施行，使臣得以本官仍奉香火，屏伏田畝，以終餘年，則臣不勝千萬大幸。干冒宸嚴，無任祈天俟命、激切屏營之至。伏候敕旨。

貼黄

臣聞或者謂臣去歲初除之日，已受疏封錫服之寵，該遇饗恩，又叨封贈蔭補之澤，其後又承吏部取會磨勘，得轉一官，皆爲已受侍從恩數之實。今於職名乃欲回避，不無作僞之嫌。臣味其言，極爲有理，實於彼時思慮不及，致此冒昧，追悔無由，今又不敢輒乞回納。伏望聖慈並賜處分，討論改正，臣不勝幸甚。

乞改正已受過從官恩數狀

右熹昨具狀奏，乞免待制職名，已蒙聖恩特賜開允，仍舊充祕閣修撰、提舉南京鴻慶宫。已於今月六日望闕祗受及奉表稱謝訖。竊緣元奏内有貼黄稱，於昨來已冒疏封錫服之寵、封贈蔭補之澤，及用檢舉磨勘轉官，皆爲已受從官恩數，乞賜處分，討論改正。今來未奉進止，在熹私義，實所未安。然又不敢頻具封章，上瀆天聽，只乞朝廷更賜矜憐，特爲敷奏，申敕攸司，將熹所陳五項事理檢照條例，逐一討論，悉行改正，庶安愚分，免紊彜章，則熹不勝大願。謹具狀申尚書省，伏候鈞旨。

與宰執劄子

熹復有誠懇，敢瀆公聽：熹昨來辭免近職，已荷聖恩特從所請，不勝幸甚。但元奏貼黄内所陳疏封、錫服、磨勘、封贈、蔭補五項，欲乞並行改正，未蒙施行。在熹愚計，深不自安。今來不敢別具奏牘，輒具公狀申尚書省，欲乞將上，取旨特降處分，則熹不勝千萬幸甚。

申建寧府乞保明致仕狀

熹年滿七十，疾病衰殘，尚忝階官，義當納禄。伏緣見係謫籍，不敢冒貢封章，乞依條備録申奏，令熹守本官致仕，庶得偷安田里，以盡餘年。伏候台旨。

與辛執劄子

熹輒有私懇，仰干公聽：熹伏爲今歲年滿七十，疾病衰殘，尚忝階官，義當納禄。又以見係謫籍，不敢冒貢封章，遂經本貫建寧府具狀陳乞。本府以熹罪戾，不敢依條保奏，已爲備録申尚書省去訖。欲望鈞慈矜念，特與敷奏，令熹守本官致仕，庶得偷安故里，待盡餘年，則熹不勝千萬幸甚。冒瀆威嚴，伏深戰栗。

乞致仕狀

右熹昨爲年滿七十，疾病衰殘，尚忝階官，義當納禄，又以見係謫籍，不敢冒貢封章，遂經本貫建寧府具狀陳乞。本府以熹罪戾，不敢依條保奏，已爲備録申尚書省去訖。近者忽覩臣僚論列士大夫老不知退之弊，已得聖旨，播告施行。因伏自念雖幸日前已嘗有請，然今累月，未聞可報，竊慮本府所申，在路或有遺失，致熹寸誠不能上達，且將重得違戾聖制、干犯名教之罪，反復思惟，不勝恐懼，不免冒昧蓦越披訴。欲望朝廷矜憐，特賜敷奏，依熹所乞，令守本官致仕，庶安賤迹，以盡餘年，免以孤愚再煩吏議，則熹不勝千萬幸甚。謹具狀申尚書省，伏候鈞旨。

與宰執劄子

熹輒有私懇，仰干公聽：熹昨爲年滿七十，疾病衰殘，尚忝階官，義當納禄，又以見係謫籍，不敢冒瀆封章，遂經本貫建寧府具狀陳乞。本府以熹罪戾，不敢依條保奏，已爲備録申尚書省去訖。今來日久，未奉進止。又聞臣僚建議，申嚴致仕條限，已得聖旨，播告施行。竊慮元狀稽留遺墜，使熹重得違戾聖制、干犯名教之罪，不勝憂懼，不免再具公狀，徑申朝廷。欲望鈞慈矜念，特與敷奏，令熹守本官致仕，庶得偷安故里，待盡餘年，免以孤蹤再煩吏議，則熹不勝千萬幸甚。冒瀆威嚴，伏深戰栗。

與宰執劄子

熹輒有危懇，再干崇聽：熹草野微命，罪戾孤蹤，始生之年，號紀建炎，歲在庚戌，應舉入仕，脚色分明，推移至今，適滿七十足歲，考之禮經，合乞致仕。顧念名在謫籍，深慮不合自陳，因竊詢考條貫，乃知元無妨礙，遂於去冬預懇州郡投納公狀，乞作今年正月開假之日，備録申奏。而閭里横議，官吏過疑，咸謂負罪之人無事可致，不當冒昧自求優逸，遷延稽故，不爲依條保奏。至二月半間，方得申尚書省狀一紙，又以私家貧乏，無力遣人，至三月初方得附發前去。尋覩邸報，知有臺臣章疏申嚴休致舊法，已得指揮，播告施行。方幸所請前已控陳，私歲官年，元無增減，然而引頸俟命，今已五旬，却方探問得此狀三月末間尚未申到。竊慮在路稽違，或是别有沉匿，致使微誠無路上達，則於元犯姦惡大罪之外，且將更取違戾聖制、干犯名教之誅。枯朽之餘，豈堪摧拉？謹已具狀徑申朝廷，及具公劄申稟去訖。恐此瑣末，無由上徹鈞聽，故敢復此縷縷敷陳。冒犯威嚴，伏祈鑒照。

與宰執劄子

熹竊以孟夏漸熱，伏惟某官廊廟尊嚴，政幾暇豫，神人依賴，鈞候起居萬福。熹罪戾孤蹤，名在謫籍，化鈞無外，得以偷安，區區鄙懷，豈不知感？兹緣年及，禮合告休，又蒙某官特爲開陳，即賜俞允，所以上昭聖明優老念舊、洗垢匿瑕之美意，下使衰朽捐棄之人得託退休之號、除廢錮之籍，而少慰其出身事主、一世勤苦之夙心，則其爲賜也大矣，其爲勸也廣矣，然猶非爲熹一人設也。至於加賜鈞翰，封示敕書，且復垂諭所以委曲保全之意，則又仰見洪鈞大化之中，克勤小物之慮至深至遠，而熹獨幸得被此賜之爲安且吉也。感激之私，言有不能喻者，禮當修具公啓，略布萬一。而聖制有嚴，不敢干紊，謹具短劄，少見下誠。伏惟鈞慈，特垂照察。黄閣在望，趨拜無期，切乞順時之宜、從民之望，益保崇重，以永太平之基。熹下情不勝瞻望拳拳之祝。諸執政無「然猶」至「吉也」一節。

校勘記

〔一〕謹具申尚書省　「具」下，浙本有「狀」字。

〔二〕亦會賤軀稍可支吾　「賤」，原作「殘」，據浙本、天順本改。

〔三〕祗服賤事　底本原注云：「賤事」，疑當作「職事」。

〔四〕伏蒙聖恩特從所請　「特」，原作「待」，據閩本、浙本、天順本改。

〔五〕由熹愚昧　「昧」，浙本作「暗」。

〔六〕自惟罪戾　「惟」，原作「罹」，據浙本、天順本改。

〔七〕辭免兩次除授待制職名及知江陵府奏狀一　「一」字原缺，據浙本補。

〔八〕蓋國家所以寵待儒學議論之賢　「議」，天順本作「講」。

〔九〕誤被睿知　「睿」，浙本作「眷」。

晦庵先生朱文公文集卷第二十四

書 時事出處

與鍾户部論虧欠經總制錢書

二月一日，具位朱熹謹東向再拜，致書侍郎右司執事：熹昨得見執事於省户下，忽忽五年矣。中間執事來使閩部，熹是時方退伏田里，有俯仰出入之故，雖不得瞻望履舄之餘光，亦嘗以章少卿丈所致書，輒爲數字之記以通於左右。是後乃不復敢有所關白，不自知其果能達視聽否也。比來同安，跧伏簿書塵土中，乃聞執事復爲天子出使巴蜀萬里之外，弛去逋負緡錢之在官者以數百巨萬計。弭節來還，天子嘉之，下所議奏於四方，擢執事置尚書省爲郎，以計六曹二十四司之治，可謂寵且榮矣。又以執事通於君民兩足之義，俾執事攝貳於版曹，務以均節財用、便安元元爲職。除目流聞，四方幽隱無不悦喜，以爲執事必能以所嘗施於蜀者惠綏此民，寬其財力之所不足，以助天子仁厚清静之政也。今執事之涖事數月矣，四方之聽未有所聞也，熹不佞，竊有所懷，敢以請於下執事。

蓋熹聞之，天子憫憐斯民之貧困，未得其職，故數下寬大詔書，弛民市征口算與逃賦役者之布，又詔税民毋會其踦贏以就成數，又詔遣執事使蜀，弛其逋負，如前所陳者。熹愚竊以爲此皆民所當輸，官所當得，制之有藝而取之有名者〔一〕，而猶一切蠲除，不復顧計，又出御府金錢以償有司，是天子愛民之深而不以利爲利也明矣。而況於民所不當輸、官所不當得、制之無藝而取之無名，若所謂虧少經總制錢者乎？熹以謂有能開口一言於上，以天子之愛民如此，所宜朝奏而暮行也，而公卿以下共事婞阿，莫肯自竭盡以助聰明、廣恩惠。前日之爲户部者，又爲之變符檄、急郵傳，切責提刑司，提刑司下之州，州取辦於縣，轉以相承，急於星火。奉行之官，如通判事者，利於賞典，意外督趣，無所不至。此錢既非經賦常入，爲民所逋負〔二〕，官吏所侵盗，而以一歲偶多之數制爲定額，責使償之，又如合零就整，全是經總制錢，今年二税放免，今年虧欠必多，亦不可不知也。自户部四折而至於縣，如轉圜於千仞之坂，至其址而其勢窮矣，縣將何取之？不過巧爲科目以取之於民耳。而議者必且以爲朝廷督責官吏補發，非有與於民也，此又與盗鍾掩耳之見無異。蓋其心非有所蔽而不知，特藉此爲説，以註誤朝聽耳。計今天下州縣以此爲號而率取其民者，無慮什之七八，幸其猶有未至於此者，則州日月使人持符來逮吏，繫治撻擊，以必得爲效。縣吏不勝其苦，日夜相與撼其長官以科率事，不幸行之，則官得其一，吏已得其二三，並緣爲姦，何所不有！是則議者所謂督責官吏者，乃所以深爲之地而重困天子所甚愛之民也。夫吏依公以侵民，又陽自解曰：此朝廷所欲得，非我曹過也。夫愚民安知其所以然者何哉？亦相聚而怨曰：朝廷不卹我等耳。嗚呼！此豈民之所當輸，官之所當得者耶？其制之無藝，取之無名甚矣。夫以天子之愛民如此，彼所當輸當得，有藝而有名者猶一切出捐而無所吝，況如此者？惟其未之知耳，一有言焉，其無不聽且從矣。而獨愛其言者，何哉？是執政任事之臣負天子也。執事誠能深察而亟言之，使所謂虧欠經總制錢者一日而罷去，則州縣之吏無以藉其口，而科率之議寢矣。然後堅明約束，痛加繩治，敢以科率病民者，使民得自言尚書省、御史臺，則昔之嘗爲是者，其罪亦無所容矣。於以上廣仁厚清靜之風，下副四方幽隱之望，無使西南徼外巴賨邛莋之民夷獨受賜也，豈不休哉！豈不休哉！

熹疏遠之跡，於執事有先君子之好，而亦嘗得一再見，辱教誨焉。今也執事適在此位，爲可言者，誠不自知其愚且賤，思有以補盛德之萬分，故敢獻書以聞，惟執事之留意焉。方春向温，伏惟益厚愛以俟真拜。不宣。

與李教授書

竊惟朝廷興建學官，以養天下之士，使州之士以學於州，縣之士以學於縣，以便其仰事俯育之私，而非以别異之也。然其制財用之法，所謂贍學錢者，蓋州、縣通得用之。今執事之議於提學司曰：業於州者得食於縣官，而業於縣者無與焉。以熹觀之，朝廷立學養士之意與夫制財用之法，似皆不如此。今且置此，而以私言之：蓋朝廷以執事宜爲人師，故以執事教泉之人爲士者，執事固不得而盡教之。雖使教，不能盡，亦不愈於坐而棄之乎？今執事之議曰：使縣之任其費。執事以爲縣將焉取之？縣之取之於民者悉矣，今兹民力困竭，官吏愁勞，日不暇給，而責之以此，是其不能有以教而將直棄之明甚。於執事不爲有補，執事何苦而必行之，以棄此縣之人也？如曰縣學所以教者不能如州，則諸縣者熹所不能知，如熹所領學，其誦説課試大小條科，熹自以爲亦無甚愧於執事之門。而其師生相接之勤，則竊自隱度，以爲雖執事，力或有所未能也。謂宜得在假借之域，而反以例削之，使不得自盡，此何説哉？熹已具公狀申禀，而以此私於左右。伏惟思究朝廷立學養士之意，而考其制財用之法，痛念吏民之艱弊，而深察熹之所領，其於州縣有異焉，於不可與之中捐而與之，亦所以視高明之意有在，而不專於己勝，足以勸其能者，而不能者知所厲焉，又況理法有可與者乎？干冒威嚴，不勝皇恐。

答陳宰書

昨夕坐間，蒙出示廣文公書，似未見察者，聊陳其一二。李君兄弟之賢，聞於閩中。熹少時見諸老先生道語其故，心甚慕之。及來此，道過三山，乃識其兄迂仲，即之粹然而温，無諸矜爭之色。時未識李君，以謂其猶兄也。至官未久，聞其分教是邦，心甚喜，以爲所領縣學事有相關者，當大得其力助，故事有可不可，未嘗不因書文以喻意指，而不意其怒至此也。熹所辨七事如左：

李君書以爲熹有少年鋭氣。嘗謂論事者當以事理之長短曲直，而不當以其年之先後。若直以年長者爲勝，則是生後於人者，理雖長而終不可以自伸也。又謂奚不於監司、郡守前論列，此李君之所能而熹誠不敢也。所以然者，直不欲以監司、郡守之勢脅持上下耳。此李君之所能，而熹誠不敢也。李君又自謂本無欲勝人之心，止是推車欲前耳。異哉，李君之欲前其車也！獨不思夫郡、縣之學本一車耶？譬則郡其軫蓋而縣其衡軏也，後其衡軏，而獨以蓋軫者驅馳之，曰吾欲前此耳，此熹所不曉也。又謂四分錢乃郡、縣學通得用，熹既留其二，而歸其二於郡學矣，尚何言？使縣不得用其二分，是猶州不得用其二分也。

假糧於道，是乃前所謂自備錢糧者，奚獨縣學則可，而郡學則不可乎？推此言之，前李君所自謂無勝人之心者，熹不信也。又謂郡學，泉州學也；同安學，同安縣學也。各盡力於其中耳。此又不然。熹前疏所陳云云者，非以自高，乃所以極論究心一二而求見哀於李君耳。豈有一州之教官，上爲丞相所自擇用，下與大府部刺史分庭抗禮，而熹銓曹所擬一縣小吏，而敢有勝之之心乎？今李君所云，無乃與熹之私指謬也。又謂熹不能有所養，而於此未能自克，此則中其病。但熹所爭，乃公家事，無毫髮私意於其間。此固官長之所深知，而其戒熹敢不思也！

熹已謝學事，但此色官錢終不可失，蓋此乃同安一縣久遠利害，非吾人所得用以徇一旦之私。伏惟持之不變，以幸此縣之人，而以熹所陳者曉李君無深怒也。李君書與熹前所爲劄並封納呈，他尚容面究。

與黄樞密書辛巳冬

竊聞虜酋隕命，種人遁走，淮北遺民悉降我師，此蓋天命眷顧宗廟社稷之靈，廓清中原，以全畀付，莫大之慶，海内同之。然熹之愚慮，獨不勝私憂過計，敢以布于下執事。

蓋自戊午講和以至于今，二十餘年，朝政不綱，兵備弛廢，國勢衰弱，内外空虚。近歲以來，天啓聖心，稍加振理，始復漸有條緒。然宿弊已深，非得同心同德之臣，素爲海内所屬望者爲之輔佐，進賢退姦，脩滯補弊，要之以盡而持之以久，使其勢翕然而大變，則未可以有爲也。

前日不量事勢，亟下親征之詔，則既失之易矣。然理直言順，庶幾有成，事同發機，有進無退。而曠日引月，不聞進發之期；任國政者，不聞有寇忠愍之謀；典宿衛者，不聞有高烈武之請。使諸將惰心，六軍解體，虜騎横突，深入兩淮，兵少而敵益彊，事急而糧已匱。於是戒嚴未及兩月，而募兵科借之禍已及民矣。向非天佑皇家，降罰于彼，則勝負之決，蓋未可知。今日之事，其不可謂諸公謀於廟堂之效、羣帥攻城野戰之功亦已明矣。愚謂正宜君臣相戒，兢慎祇肅，改圖柄任，益脩政理，以荅揚上天眷顧之命，不宜坐虞鄰國之難，以幸爲利，而遽自以爲安也。

抑今中原之地幅員萬里，虜人奔走震駭之餘，力未能爭，朝廷坐視而不取則非計，取之則功緒廣而勞費多。此正安危得失之機，差之毫釐，繆以千里，不可以不審也。熹竊以爲必能因其人以守，因其糧以食，使東南之力不困，然後根本固而不揺，必有以大慰其來蘇之望而深結其同濟之心，使西北之情益堅，然後藩籬密而可恃，必使虜人他日痛定力全之後，不能復窺吾盧龍之塞，然後朝謁陵廟、還反舊京之事乃可言也。

不知今日朝廷之上，侍從之列誰爲能辨此者？獨舊人之賢，起而未用者一二公，使之出，則重於今日視師之人，授之政，則賢於今日秉鈞之士，獨恐朝廷終不聽用，則無如之何耳。失今不早爲計，虜人士馬精彊，固未有損，今兹所失，獨完顏亮一夫耳。萬一旬月之間，復悉其衆，挾其喪君之恥以來，倏怨于我，不知朝廷之議復以何計禦之？斂民則民憔悴而不堪，募兵則兵脆弱而無用。將據中原而與之爭，則形勢未習；將棄中原而守淮泗，則恢復無期。不知議者何以處此？苟處之未審，而曰姑又以待天幸之來，則非愚之所敢知者。是以私憂過計，夙夜拳拳而不能已也。

顧衰病之餘，氣短辭拙，不能言利害之實。然其大要不遠是矣。閣下以道學履踐致身廟堂，在諸公間最有人望，故熹敢以此言進。觸冒威尊，皇恐無地。狂妄之罪，惟左右者裁之。

答陳漕論鹽法書季若　癸未

熹昨承垂示鹽法利害，累日究觀，竊以爲適今之宜，莫便於此。及詢諸鄉人，則其説不無同異，不敢不以聞。蓋問之崇安之人，則比其舊費略有所省，無不以爲便者。問之建陽之人，則云千金之産，今日買鹽，所折不過千錢，而新法輸錢半倍其舊，又須出錢買引鹽食之，計引鹽至建溪上流，比之今價，亦不能甚賤，則其爲利爲害未可知也。兩邑之數，具之别紙，可見其實。又不知他邑如何爾。然熹竊謂法之大體，實已利便。蓋彊弱均敷，已寬下貧，應役之民便省陪費。又凡種種弊倖，皆無所自而作，固不可以輕變。但更須博盡衆謀，多方措置，使輸錢之數比舊稍輕，買鹽之價比舊頓減，即公私兩便，法可久行。若其不然，則官户豪宗昔幸免而今例輸者，横議紛紛，必有所緣而起，雖有良法美意，不可行矣。

竊嘗思之，引價之所以貴，以引額之數拘之也；本錢之所以多，以所支之數取之也。此鹽之所以貴也。賣引之額所以狹，以所運之數拘之也；海船之錢所以取，以般運之費計之也。此計産輸錢之所以重也。欲致二利、去二害，在乎罷海倉之買納而已矣。誠能罷海倉及下四州諸縣之買納，而使客人請引，南自漳、泉，北至長溪，各從便路，徑就埕户買鹽興販，則引價可減、本錢可輕而鹽賤矣。引額可增、海船可罷，而計産所輸亦薄矣。夫海倉爲鹽法蠹害之根本，使臺知之詳矣。下四州諸縣買納之弊不異乎海倉，而漳州以盜賣合支産鹽，重爲民害，使臺知之亦詳矣。使其無害於今日所議之法，猶將廢置以蠲積弊，況所以增官鹽之價而厚私鹽之利者，皆在乎此，豈可以不罷而改圖其新乎？夫賣引之額，以上四州逐年運到一千萬斤者爲率，而海倉每歲所取亦止此數，尚有乏絶不繼、停留綱運之時，故引價至於二十三文而患其貴，引錢止得二十三萬而患其少，皆此之由也。熹竊謂夫一千萬斤者，官運之正數也。若夫出於埕户、搭於綱船、漏於步擔而散於四郡之間，食之無餘者，一歲又何啻數百萬斤？此乃埕户所煎、民間所食之實數。而前日棄之，以爲私販之資者，正以海倉侵盜本錢，稽留剋剥，使埕户不願輸官，而寧私爲賤鬻，以救目前之急故也。今若罷去海倉而收此數百萬斤者併入引額，則引價每斤可減數錢，而所以收引錢大數反增於舊矣。謂如增作一千五百萬斤引，而一斤止賣二十文，亦得三十萬貫。恐不止此數，更乞籌之。又使埕户更無私鹽可賣而官鹽益快，何憚而久不爲此？

夫所以使客人納鹽本錢每斤十二文者，將以給埕户爲循環本也。今官收而官給之，在客人則爲枉費，在埕户則無實利，曷若使埕户客人自爲貿易而官封之，沿海逐縣專委令丞或簿尉。則客人不費四五文可得鹽一斤，每斤所省數錢，足以具舟楫、資往來。埕户售鹽一斤，實得四五文，比之請於官司，名爲十二文，而經過官吏攬子之手，什不得其一二者，大相遠矣。所以使州縣椿海船錢五萬餘貫者，本爲漕司自海倉運至懷安，以待客販也。若罷海倉，而使客人徑從便路興販，則此錢固已在所蠲矣。行此數者，使引價可減、本錢可省，則官鹽自賤而私販自戢。引額可增，海船錢可罷，則此兩項所增所罷之數，以減計産所輸之數，亦不啻什四五矣。下四州人户則使徑就埕户買鹽，不限引法，但立法以防其興販透入上四州界可也。此外非熹聞見思慮所及。但議者見使司自王侍郎以來，三四年間代納上供，其數不少，或謂增鹽尚有可減之數，更望計度。如其可減，則願更減分數，於三項立法之中，均退幾錢，尤爲久遠之利。使閩中之人相與稱曰：鹽法之利於吾民，自陳公始。子孫不忘，豈不休哉！鄙見如此，未知當否？以下問之勤，不敢虚辱。既採民言，又竭愚慮，以稱塞萬分。狂妄之罪，尚冀高明矜而恕之。幸甚幸甚。

答劉平甫書

聞已遣兩使議和，虜人待遇甚厚，或疑虜勢實衰，故欲且緩我師耳。所遣乃歸正人也，楊已罷御營，用周元持之言也〔三〕。周已還南槅矣。山中已聞否？伯崇兄不及別上狀，想且留屏山。比日讀何書？講論切磋之益，想不但文字間也。上蔡帖中儒異於禪一節，道間省記，頗覺有警。試相與究之，見日面論也。

與陳書謾寫去，只可呈大兄一讀，而焚之勿留也。此言之發，其不能受也固宜，然萬一成行，則所言必有甚於此者。又將何以堪之耶？觀此氣象，不若杜門之爲愈，下計終當出此耳。元履云，若爲貧，即不妨。己以行道自任，而以爲貧處人，此正吳材老之論古音也，可以一笑。

與延平李先生書

熹拜違侍右，倏忽月餘，頃嘗附兩書於建寧，竊計已獲關聽矣。熹十八日離膝下，道路留滯，二十四日到鉛山，館於六十兄官舍，路中幸無大病。今日戴君來診脈，其言極有理，許示藥方矣。云無他病，只是稟受氣弱，失汗多，心血少，氣不升降，上下各爲一人。其他曲折，皆非俗醫所及。頃在建陽，惟見大湖一親戚語近此耳。至於心意隱微，亦頗得之，信乎其不可揜也。

熹向蒙指喻二説，其一已叙次成文，惟義利之説見得未分明，説得不快。今且以泛論時事者代之，大略如中前書中之意。到闕萬一得對畢，即録呈也。但義利之説乃儒者第一義，平時豈不講論及此？今欲措辭斷事，而茫然不知所以爲説，無乃此身自坐在裏許而不之察乎？此深可懼者。此間亦未有便，姑留此幅書，以俟附行。若蒙賜教，只以附建寧陳丈處可也。天氣未寒，更乞爲道保重，以慰瞻仰。九月二十六日拜狀，不備。

與魏元履書

熹六日登對，初讀第一奏，論致知格物之道，天顔温粹，酬酢如響；次讀第二奏，論復讎之義；第三奏，論言路壅塞，佞幸鴟張，則不復聞聖語矣。副本已送平甫，託寫呈，當已有之矣。十二日有旨除此官，非始望所及，幸幸甚甚。然闕尚遠，恐不能待，已具請祠之劄，辭日投之。更屬凌丈催促，必可得也。

和議已決，邪説横流，非一葦可杭。前日見周葵，面質責之，乃云此皆處士大言，今姑爲目前計耳。熹語之曰：「國家億萬斯年之業，參政乃爲目前之計耶？」大率議論皆此類。韓無咎、李德遠皆不復尋遂初賦矣，庶寮唯王嘉叟諸人尚持正論，然皆在閒處，空復爾爲。兩日從官過堂詣府第，不知所論云何。欲少贊之，輒不值，未知渠所處也。言路惟小坡論甚正，但恐其發不勇，不能勝衆楚爾。王之望、龍大淵已差使、副，不知尚能挽回否？諸非筆札可盡。

共父之出，中批所命，朝野不知所坐。本欲作先生一書，醉矣不能，因書及之。亦令平甫寫其劄副藁寄呈矣。

與魏元履書

近時一種議論出於正人之口，而含糊鶻突，聽之使人憒憒。似此氣象規模，如何抵當得？王之望、尹穡輩更何足掛齒牙間也！

與陳侍郎書

昨者伏蒙還賜手書，慰藉甚厚，拜領感激，不知所言。而奉祠冒昧之請，又蒙台慈引重再三，卒以得其所欲。所示堂帖，謹以祗受，仰荷恩眷，尤不敢忘，而不知所以報也。蓋熹賦性朴愚，惟知自守，間一發口，枘鑿頓乖〔四〕。度終未能有以自振於當世，退守丘園，坐待溝壑而已。今以閤下之力得竊廪假，以供水菽之養，其爲私幸，亦已大矣。顧於義分猶有僥冒之嫌，而閤下推挽之初心猶以爲不止於此，此則豈熹所敢聞哉？

又蒙垂喻今日之事，慨然有戛戛乎其難哉之嘆。且承任職以來屢有建白，去處之義自處甚明。熹也雖未獲與聞其詳，然有以見賢人君子立乎人之本朝，未嘗一日而忘天下之憂，亦不肯以一日居其位而曠其職蓋如此。然猶不鄙迂愚疏賤之人而語之及此，其意豈徒然哉！熹誠不足以奉承教令，然竊不自勝其慕用之私，是以忘其不佞而試效一言焉，執事者其亦聽之。

熹嘗謂天下之事有本有末，正其本者，雖若迂緩而實易爲力；救其末者，雖若切至而實難爲功。是以昔之善論事者，必深明夫本末之所在而先正其本，本正則末之不治非所憂矣。且以今日天下之事論之，上則天心未豫而饑饉荐臻，下則民力已殫而賦斂方急，盜賊四起，人心動摇。將一二以究其弊，而求所以爲圖回之術，則豈可以勝言哉？然語其大患之本，則固有在矣。蓋講和之計決而三綱頹、萬事隳，獨斷之言進而主意驕於上，國是之説行而公論鬱於下，此三者，其大患之本也。然爲是説者，苟不乘乎人主心術之蔽，則亦無自而入。此熹所以於前日之書不暇及他，而深以夫格君心之非者有望於明公。蓋是三説者不破，則天下之事無可爲之理，而君心不正，則是三説者又豈有可破之理哉？不審閤下前日之論，其亦嘗及是乎？抑又有大於此者，而山野之所弗聞、弗知者乎？閤下誠得其本而論之，則天下之事一舉而歸之於正，殆無難者，而吾之去就亦易以決矣。熹竊不自勝其憤懣之積，請復得而詳言之。

夫沮國家恢復之大計者，講和之説也。壞邊陲備禦之常規者，講和之説也。内咈吾民忠義之心，而外絶故國來蘇之望者，講和之説也。苟逭目前宵旰之憂，而養成異日宴安之毒者，亦講和之説也。此其爲禍，固已不可勝言，而議者言之固已詳矣。若熹之所言，則又有大於此者。蓋以祖宗之讎，萬世臣子之所必報而不忘者。苟曰力未足以報，則姑爲自守之計，而蓄憾積怨以有待焉，猶之可也。今也進不能攻，退不能守，顧爲卑辭厚禮以乞憐於仇讎之戎狄，幸而得之，則又君臣相慶，而肆然以令於天下曰：凡前日之薄物細故，吾既捐之矣，欣欣焉無復豪分忍痛含冤、迫不得已之言，以存天下之防者。嗚呼，孰有大於祖宗陵廟之讎者，而忍以薄物細故捐之哉！夫君臣之義，父子之恩，天理民彝之大，有國有家者所以維繫民心、紀綱政事本根之要也。今所以造端建極者如此，所以發號施令者如此，而欲人心固結於我而不離，庶事始終有條而不紊，此亦不待知者而凜然以寒心矣。而爲此説者之徒懼夫公論之沸騰而上心之或悟也，則又相與作爲獨斷之説，傅會經訓，文致姦言，以深中人主之所欲，而陰以自託其私焉。本其爲説，雖原於講和之一言，然其爲禍則又不止於講和之一事而已，是蓋將重誤吾君，使之傲然自聖，上不畏皇天之譴告，下不畏公論之是非，挾其雷霆之威、萬鈞之重以肆於民上，而莫之敢攖者，必此之由也。嗚呼，其亦不仁也哉！甚於作俑者矣。仁人君子其可以坐視其然，而恬然不爲之一言以正之乎？此則既然矣，而旬日之間，又有造爲國是之説以應之者，其欺天罔人、包藏險慝，抑又甚焉。主上既可其奏，而羣公亦不聞有以爲不然者，熹請有以詰之：夫所謂國是者，豈不謂夫順天理、合人心而天下之所同是者耶？誠天下之所同是也，則雖無尺土一民之柄，而天下莫得以爲非，況有天下之利勢者哉！惟其不合乎天下之所同是而彊欲天下之是之也，故必懸賞以誘之，嚴刑以督之，然後僅足以劫制士夫不齊之口，而天下之真是非則有終不可誣者矣。不識今日之所爲，若和議之比，果順乎天理否耶？合乎人心否耶？誠順天理、合人心，則固天下之所同是也，異論何自而生乎？若猶未也，而欲主其偏見、濟其私心，彊爲之名，號曰「國是」，假人主之威以戰天下萬口一辭之公論，吾恐古人所謂德惟一者似不如是，而子思所稱「具曰予聖，誰知烏之雌雄」者，不幸而近之矣。

昔在熙寧之初，王安石之徒嘗爲此論矣，其後章惇、蔡京之徒又從而紹述之。前後五十餘年之間，士大夫出而議於朝，退而語乎家，一言之不合乎此，則指以爲邦朋邦誣，而以四凶之罪隨之。蓋近世主張國是之嚴，凜乎其不可犯，未有過於斯時者〔五〕。而卒以公論不行，馴致大禍，其遺毒餘烈至今未已。夫豈國是之不定而然哉？惟其所是者非天下之真是，而守之太過，是以上下相徇，直言不聞，卒以至於危亡而不悟也。傳曰：「差之毫釐，繆以千里。」況所差非特毫釐哉！嗚呼，其可畏也已！奈何其又欲以是重誤吾君，使之尋亂亡之轍跡而躬駕以隨之也？

嗚呼，此三説者，其爲今日大患之本明矣！然求所以破其説者，則又不在乎他，特在乎格君心之非而已。明公不在朝廷則已，一日立乎其位，則天下之責四面而至。與其顛沛於末流而未知所濟，孰若汲汲焉以勉於大人之事，而成己成物之功一舉而兩得之也？

熹杜門求志，不敢復論天下之事久矣，於閤下之言竊有感焉，不能自已，而復發其狂言如此，不審高明以爲如何也？尚書汪公計就職已久〔六〕，方羣邪競逐，正論消亡之際，而二公在朝，天下望之，屹然若中流之底柱，有所恃而不恐。雖然，時難得而易失，事易毁而難成。更願合謀同力，早悟上心，以圖天下之事。此非獨熹之願，實海内生靈之願也。

與汪帥論屯田事〔七〕

崇安有范芑通判者，頃從鄭資政鎮蜀，能言當時漢中屯田之利，所以實邊郡、紓民力、省歲費者，甚有條理。不知其幕府文書猶有存於今日者否。就使不完，當日官吏必尚有可訪者。今之所謂和好，豈可長保？萬一可保，而在我者亦豈當但爲安坐以守所保之計乎？聚人之本，財用爲急。與其賣度牒，責財於民而髡其首，以絶生聚之源，賣官告，使入仕之流猥濫訛雜，以爲吾民之病，孰若因天時、分地利，借力於飽食安坐之兵，而坐收富彊之實效乎？況前人已試之驗未遠，在博訪而亟行之爾。稼穡之功，經歲乃成。然當可爲之時，緩之一日，則失一歲之事。今以閤下之明，乘此邊事少休、歲收大稔之際，兵民皆有餘力，可以就事。況諸司又皆通情，則事之在漢中者，亦可委曲審議而共爲之。失今不爲，恐後難復值此可爲之會矣。

熹在遠僻，不能深得利病之詳。然得於傳聞，參以簡册所記載，竊以爲此最當今邊防之急務。而申軍律、練士卒、備器械抑又次之，皆不可不先事預謀以爲之備。不審台意以爲如何？

與曹晉叔書

熹此月八日抵長沙，今半月矣。荷敬夫愛予甚篤，相與講明其所未聞，日有問學之益，至幸至幸。敬夫學問愈高，所見卓然，議論出人意表。近讀其語説，不覺胸中洒然，誠可嘆服。嶽麓學者漸多，其間亦有氣質醇粹、志趣確實者，只是未知向方，往往騁空言而遠實理。告語之責，敬夫不可辭也。長沙使君豪爽俊邁，今之奇士，但喜於立異，不肯入於道德，可惜。屢詢近況，似深念尊兄者，曾得近書否？共父到闕之後，言事者數矣，其言又皆慷慨勁正，近世之所未有，聖主聰明，無不容納。然所憂者一薛居州，若得三五人贊助之，國事或可扶持也。此豈人力所能參哉？看上蒼如何耳。

與魏元履書

被教，備悉至意，大概只放税、廩窮兩事爾。放税是秋冬間事，且與諸公商量未晚。廩窮亦是州縣間合行事，似不必聞之朝廷。朝廷每事如此降指揮，恐不是體面。昨日已作芮書，今録呈，不知且如此可否？

第五等是五百文以下，其間極有得過之人。若物業全被水傷，固不可不全放，若但傷些小，如何一例放得？但百十錢以下産户，即不能如此分别，與全放不妨爾。

西府書旦夕遣去，熹亦當作書，且以老兄所説與熹鄙意告之，惟其所擇。但一兩縣災傷，似只是監司、州郡事。若執政者切切然只專爲鄉里理會事，似屬偏頗，道理亦不如此。芮漕之書相咨問如此，若以誠告，豈有不行？徐任亦方留意此事〔八〕，儘得商量。若商量到十數日間，亦須有定議矣。朝廷在千里外，其爲報應，豈不緩耶？但商量事須酌中合宜，教人行得，即無不可告之理。其或不入，咎乃在彼。若自家所説過當，教人信不及、行不得，則是自家未是，安得專咎他人耶？況禹、稷、顔子事體不同，吾人已是出位犯分了。若合告州府、監司者告州府、監司，合告朝廷者告朝廷，盡誠以告之，而行與不行付之於彼，猶未爲大失。今一向如此，却似未是道理。蓋此事一發，使朝廷失慮四方之體，州郡、監司失其職，吾輩失其守，雖活千人，不可爲也。如何如何？不若更度事理之所宜，力告諸公，有合朝廷應副者，令自申明，而約以助其請，則庶幾或可爾。

謝諸公書必已有定論，頃見伊川集中謝韓康公啓，乃是除講官後方謝之。吴憲既得書，却難不答，且答其書，因謝其意，似無不可。但諸公無書來者，則未須爾。將來謝帥之辭，不過自叙己意，謝其薦揚而已，橫渠有數篇謝人薦舉書，甚佳。何必作佞語，亦何必作蠢辭？但薦書中有此人姓名，亦是人生不幸事，此古人所以難受爵位也。

養源小批如此，而遂竟去，何耶？熹看得今日之事，只是士大夫不肯索性盡底裏説話，不可專咎人主。柳子厚曰：「食君之禄畏不厚兮，悼得位之不昌。退自服以默默兮，曰吾言之不行。」今人多是此般見識也。

得汪丈六月十九日九江書云，六月末可到玉山，於彼俟請祠之報〔九〕，已作書速其行矣。一請猶是禮數，若又再請，則無謂矣。熹與書云：「有如再請，忽遂雅懷，而治亂消長由此遂分，豈惟公終身恨之，天下後世亦且有所歸責矣。」不知渠又以爲如何？所欲言甚衆，亟遣人，草草。

與魏元履書

里中大稔，數年所無，幸事。然小民債負亦倍常年，比收斂已，想亦無餘矣。昨得趙推書云，漕司已備録熹劄子行下府中，未知後來如何。王守、趙漕都未通書，蓋亦懶與此事矣。

共父前月二十間因論王琪專被密旨築真州城，不經由三省密院，大忤上旨，批與端殿、宮觀，次日又批與知隆興。乞放謝，却令朝辭；乞以念八日，又令初四日。却似悔前舉之失。然共父書云，陳丈力爭此事，恐亦不能久。兩公在朝雖做大事不得，然善類不無所恃。

今各辭去，亦可慮也。書中令致意尊兄，云事體與昔不同，陳丈若去，則此事當自審處。平父亟遣人至雲際，人立俟書，草此爲報。集議文字上内，欽夫他文未暇檢。然多取而不究其旨，此乃尊兄舊病，何爲未能去耶？芮老書中相告戒，切中拙病，荷其相愛之意，不敢忘也。

賀陳丞相書戊子冬

恭聞制書延拜，進秉國均，凡在陶鎔，孰不欣賴？伏惟明公以大忠壯節早負天下之望，自知政事，贊襄密勿，凡所論執，皆繫安危。至其甚者，輒以身之去就爭之，雖未即從，而天子之信公也益篤，天下之望公也益深，懍懍然惟懼其一旦必去而不可留也。夫明公所以得此於上下者，豈徒然哉！今也進而位乎天子之宰，中外之望莫不欣然，咸曰陳公前日之言，天下之言也。爭之不得，危於去矣，而今乃爲相，則是天子有味乎陳公之言而將卒從之也。陳公其必以是要説上前，而決辭受之幾矣。且天下之事，其大且急者又不特此，陳公果不得謝而立乎其位，必且次第爲上言之、爲上行之，其不默然而受、兀然而居也明矣。熹雖至愚，亦有是説。然今也聽於下風亦既餘月，政令之出，黜陟之施，未有卓然大異於前日，則是明公蓋未嘗以中外之望於公者自任，而苟焉以就其位矣。熹受知之深，竊所愧歎，未知明公且將何以善其後也。請得少效其愚，而明公擇焉：

蓋聞古之君子居大臣之位者，其於天下之事知之不惑，任之有餘，則汲汲乎及其時而勇爲之。知有所未明，力有所不足，則咨訪講求以進其知，扳援汲引以求其助，如救火追亡，尤不敢以少緩。上不敢愚其君，以爲不足與言仁義；下不敢鄙其民，以爲不足以興教化；中不敢薄其士大夫，以爲不足共成事功。一日立乎其位，則一日業乎其官；一日不得乎其官，則不敢一日立乎其位。有所愛而不肯爲者，私也；有所畏而不敢爲者，亦私也。屹然中立，無一毫私情之累，而惟知爲其職之所當爲者。夫如是，是以志足以行道，道足以濟時，而於大臣之責可以無愧。不審明公圖所以善其後者，其有合於此乎？其有近於此乎？無乃復有進於此者，而熹之愚不足以知之乎？願亟圖之，庶乎猶足以終慰天下之望，毋使前日之欣然者，更爲今日之悒然也。

抑熹又有請焉：蓋熹嘗辱明公賜之書矣，其言有曰：「前輩爲大臣，不過持循法度，主張公道，知無不言，復君以德，公行賞罰，進賢退不肖而已。今日事有至難，風俗敗壞，官吏苟且，彊敵在前，邊備未立，如之何其可爲也？」熹愚不肖，深有所疑。蓋凡明公之所易者，皆古人之所難；而明公所難者，乃古人之所易也。反復思慮，不得其説，將以質之左右而未暇也。今者敢因修慶而冒以爲請，伏惟明公試反諸心，而以事理之輕重本末權之。誠知夫真難易之所在而有以用其心焉，則亦無難之不易矣。詩曰：「伐柯伐柯，其則不遠。」願明公留意，則天下幸甚！

答魏元履書

所喻杜征南語，此固切論。然今日之事，恐異於此。蓋彼以彊大兼人之國，故其計謀規畫不得不然；今以弱小自守，而義當有爲，乃其義理事勢不得不爾。今日雖無征南之明略，而天下之事當得但已耶？愚謂孟子所謂成功則天，董子所謂明道正義，武侯所謂鞠躬盡力，死而後已，成敗利鈍非所逆料者，正是今日用處。若以征南之言爲正，竊恐落第二義也。前日答書，思慮偶不及此，見來書又言之，聊發其愚，不知老兄以爲如何也？

頃見林黄中說在宫邸讀史記秦伐楚，王翦、李信爭兵多少處，偶及近事，因云：「今乃欲以數萬之卒横行中原，何其慮事之不詳也！」熹因爲言此事正不爾，秦滅六國，楚最無罪，故楚既亡，而其國人悲思，有三户之謡。則當時秦人之攻、楚人之守，勢可知矣。今日之事與此正相反，奈何以爲比乎？此與所論亦稍相似，因謾及之。大抵議論先要根本正當，然後紀綱條目有所依而立。近看論語說及爲兒輩說唐鑑，因得究觀范太史之學，不知此人胸中如何，其議論乃爾。暇日試熟觀數過，當見古人論事輕重緩急之方矣。每讀至會心處，未嘗不廢卷而歎也。

與陳丞相書己丑

熹啓：中夏毒熱，恭惟僕射平章樞使相公鈞候起居萬福。熹昨奉咫尺之書，修致慶問，因以愚慮上瀆高明，自揣妄庸，宜得譴斥之罪，乃蒙鈞慈還賜手教，撫存開納，禮意勤厚。伏讀三歎，有以見明公位愈高而心愈下，德彌盛而禮彌恭，果非小人之腹所能料也。台司禮絶，不敢復致啓謝，惟是區區歸心黄閤之下，未始一日而忘。

忽又奉承堂帖，戒以祗事之期，囊封疾置，似亦非常制所當得者。自顧何人，可以當此？尤竊恐懼，不能自安。然熹之狂狷朴愚，不堪世用，明公知之蓋有素矣。頃自祠官叨被除目，聞命之初，即惕然有不敢當之意。顧以近制不應辭避之科，因欲復求祠官，幾得斗升之禄，以共水菽之養，則又以待次尚遠，懼有貪躁之嫌，是以因仍寢嘿，以至于今。幸官期已及，而廟堂又特爲下書以招徠之，則熹之不獲已而有求，似亦不爲甚無謂者。已别具劄子一通，道其所欲。伏惟明公哀憐而幸聽之，不使輕犯世故，以貽親憂，則明公之賜於熹厚矣。或恐未即遽蒙矜許，則熹請得復罄其説：

蓋熹雖愚不肖，無所短長，然區區用力於古人之學，閲天下之義理，亦庶幾不爲懵然者。豈不知外有君臣之義，内有母子之情，而平生知己如明公者，待之又不爲不厚，豈不願及明時，效尺寸以報君親、酬知遇，而直逡巡退縮，以求守此東岡之陂乎？此其中必有甚不得已者，惟明公幸察焉，而聽其所欲，使得竊祠官之禄以養其親，而自放於荒閒寂寞之境，以益求其所志，庶乎動心忍性，涵泳中和，賴天之靈，得遂變化其狂獧朴愚之質，則異時明公未忍終棄，猶欲熏沐而器使之，其或可以奉令承教而不敢辭也。

明公亦宜自謀所以清化原、革流弊者，使乾剛不亢而君道下濟，忠讜競勸而臣道上行，則天地交泰，上下志同，而天下之士雖有囂囂然處畎畝而樂堯舜者，猶將爲明公出，況如熹者，又豈足道也哉！伏惟明公勉焉，則天下幸甚。自餘加護鼎食，以慰具瞻。熹不勝懇禱拳拳之至。謹奉手啓以聞，伏惟照察。

與汪尚書書己丑

自頃拆號，日望登庸，尚此滯留，不省所謂。海内有識之士，蓋莫不爲明公遲之，而熹之愚，獨有爲明公喜者。蓋以省闈之取舍觀之，則疑明公於天下之義理尚有當講求者，而喜其猶及此閒暇之時也。

自道學不明之久，爲士者狃於偷薄浮華之習，而詐欺巧僞之姦作焉。上之人知厭之矣，然欲遂變而復於古，一以經行迪之，則古道未勝，而舊習之姦已紛然出於其間而不可制。世之人本樂縱恣而憚繩檢，於是乘其隙而力攻之，以爲古道不可復行，因以遂其自恣苟簡之計。俗固已薄，爲法者又從而薄之，日甚一日，歲深一歲，而古道真若不可行矣。譬之病人，下寒而客熱熾於上，治其寒則熱復大作。俗工不求所以治寒之術，遂以爲真熱而妄以寒藥下之，其不殺人也者幾希矣。蘇氏貢舉之議正如此，至其詆東州二先生爲矯誕無實，不可施諸政事之間，則其悖理傷化，抑又甚焉。而省闈盜用此文者兩人，明公皆擢而寘之衆人之上，是明公之意蓋不以其說爲非也。生於其心，害於其政，發於其政，害於其事。明公未爲政於天下，而天下之士已知明公之心，争誦其書，以求速化，耳濡目染，以陷溺其良心而不自知。遂以偷薄浮華爲真足尚，而敢肆詆欺於昔之躬行君子者不爲非也。況於一旦坐廟堂之上，而以宰相行之，其害又當如何哉？明公前者駁正張綱之謚，深詆王氏之失，識者韙之。而今日之取舍乃如此，死者有知，得無爲綱所笑？不審明公亦嘗悔之否乎？熹愚無知，辱知獎甚厚，往者亦嘗闕說及此，而今略驗矣。故獨不敢以延拜之遲爲恨，而以猶得及此暇時，講所未至爲深喜。明公若察其願忠之意，而寬其忘分之誅，則願深考聖賢所傳之正，非孔子、子思、孟、程之書不列於前，晨夜覽觀，窮其指趣而反諸身，以求天理之所在。既以自正其心，而推之以正君心，又推而見於言語政事之間，以正天下之心，則明公之功名德業，且將與三代王佐比隆，而近世所謂名相者，其規模蓋不足道，況蘇氏浮靡機變之術，又其每下者哉！

熹忽被堂帖，戒以官期，本不欲行，今乃得遂初心。有書懇丞相，求祠禄以供水菽之奉。恐或怒其不來，未易遽得，即乞從容一言之賜，早遂所求，幸甚幸甚。參政梁公之門，初無灑掃之舊，不敢以書請。又恐疑於簡己也，有劄子一通，乞轉致之，且及此意，則又幸甚。熹不敢復論時事，蓋亦有不待論而白者，明公尚勉之哉！

答汪尚書書六月十一日

徐倅轉致五月二十七日所賜教帖，恭審比日暑雨潤溽，台候起居萬福，感慰之深。伏蒙勸行，尤荷眷念。熹近拜手啓，并申省狀，自崇安附遞，懇請祠禄，不審已得徹台聽否？熹孤賤無庸，學不加進，而戇愚日甚，與世背馳，自度不堪當世之用久矣。往者猶意明公來歸，必將有以上正君心、下起頹俗，庶幾或可效其尺寸，以佐下風，是以未敢決然遂爲自屏之計。而今也明公之歸亦既累月矣，似又未有以大慰區區平昔之望，則熹也尚復何望於他人，而可輒渝素守，以從彼之昏昏哉？所以深不獲已，而有前書之請。非獨自爲，亦欲明公識察此意而圖其新耳。今承誨飭之勤，敢不深體至意。然熹愚竊謂明公必欲引内其身，不若聽用其言，言行矣，則其身之出也可以無所愧，其不出也可以無所恨。若言不用，道不合，顧踽踽然冒利禄而一來，前有厚顔之愧，後有駭機之禍，熹雖至愚，獨何樂乎此而必爲之，而明公亦何取乎熹而必致之也？

抑明公之教熹曰：「既到之後，若有未安，則在我矣。」兩得元履書，亦以公言見告如此。此則明公愛熹之深，而所以爲熹謀者反未盡也。夫事之可否，方雜乎冥冥之中而未知所決，則姑爲之以觀其後可也。今此身之不可仕，仕路之不見容，已昭然矣，尚何待於既至然後有所未安耶？古之君子量而後入，不入而後量。今身在山林，尚恐不能自主，況市朝膠擾之域，當世之大人君子，至是而失其本心者踵相尋也。若熹者，又可保其不失耶？故熹深有所不能無疑於明公之計，惟前書之懇，敢因是而復有請焉。如蒙矜許，固爲大幸；若其不遂，則熹豈敢坐違朝命而不一行？

但老人年來多病，既不敢勞動登途，又不敢遠去膝下，只此一事，便自難處。藉令單行，至彼就職，則便被拘縻；不就，則重遭指目。就職之後遽去，則又似無説；不去，則自違素心。凡此曲折，皆已思之爛熟，其勢必至顛沛，無可疑者。伏惟明公以其所以見愛之心施之於此而爲之謀，則必有所處矣。然熹亦非必欲祠禄，若荒僻無士人處教官、少公事處縣令之屬，似亦可以藏拙養親，但恐無見闕耳。窮空已甚，若有數月之闕，即不可待，又不若且作祠官之爲便也。復因徐倅便人拜啓，區區底藴，敢盡布之，伏惟明公察焉。進見未期，伏乞進德脩業，爲主眷人，望千萬自重。不宣。謹啓。

答汪尚書書七月二日

國史侍讀内翰尚書丈台席：去月十一日，徐倅轉致台翰之賜，即已具啓，盡布腹心，今當徹聽聞久矣。今日得崇安遞中十八日所賜教帖，伏讀再三，仰認至意，感服之餘，得以竊聞比日暑中台候起居萬福，又以爲慰。

熹學不加進，而迂戾日甚，特以去違門牆之久，明公不深知，猶復以故意期之，移書招徠，詞旨篤厚。此見高明好賢樂善之意有加於前，而熹無以堪之，徒自懼耳。區區之懷所欲陳者，所附徐倅書已索言之。但不知向託元履致丞相書及申省狀等，曾一一投之否？度可否之報，必已有所定。然未知諸公所以必欲其來，何謂也哉？以爲欲行其道，則熹學未自信，固無可行之道。今日所處，人得爲之，又非可行之官。且諸公皆以耆德儁望服在大僚，而紀綱日紊，姦倖肆行，未有能遏之者，又非有可行之效也。以爲欲榮其身，則使熹捐親而仕，舍靈龜而觀朵頤，隨行逐隊，則有持禄之譏，卬首信眉，則有出位之戒。是亦何榮之有哉？凡此數者，久已判然於胸中。往時猶欲以明公卜之，是以未敢決然爲長往之計。今明公還朝期年，諸事又且如此，則熹亦豈待視一魏元履而爲去就哉？然聞元履數有論建，最後者尤切。至若一旦真以此去，則有志之士雖欲不視之以爲去就亦不可得矣。蓋出處語默固不必同，然亦有不得不同者，皆適於義而已。熹累蒙敦譬〔一〇〕，固已不敢輒徇匹夫之守。今只俟前日之報，若已得請，固爲幸甚，無所復言；若猶未也，而諸公果能協成元履之論，使聖德日新，讒佞屏遠，逆耳利行之言日至於前而無所忤焉，則熹失所望於前者，猶或可以收之於後，又何説之辭哉？程、張二先生固可仕而仕，然亦未嘗不可止而止也。熹則何敢議此？特因來教而及之。

至於前日冒進瞽言，明公不以爲譴，而欲與之上下其論，且將推是而益省察焉，明公進德不倦之意可謂盛矣。然事變無窮，幾會易失，酬酢之間，蓋有未及省察而謬以千里者。是以君子貴明理也。理明則異端不能惑，流俗不能亂，而德可久、業可大矣。若熹前日所請，欲明公致一於孔、孟、程子之書者，乃窮理之要，不審高明果以爲何如也？近見吕申公家一二議論，殊乖僻悖理，不謂原明親炙有道，而所見乃爾。向見明公篤信之，今亦覺其非否？蓋天下無二道，今兩是相持於胸中，所以臨事多疑，而當疑者反不察也。所欲言者無窮，薄暮，欲遣書入遞，不能盡懷。伏惟益爲此道，千萬自重。不宣。

與陳丞相書己丑七月十四日

熹昨以愚懇，冒瀆威尊，似聞鈞慈憐念，未許遽就閑退，區區感激，何可具言？實以鄙性惷愚，觸事妄發。竊觀近事，深恐一旦不能自抑以取罪戾，不肖之身非敢自愛，誠懼仰負相公手書招徠之意，重玷聽言待士之美，則其爲罪大矣。伏況老親行年七十，旁無兼侍，尤不欲其至於如此，日夕憂煩，幾廢寢食，人子之心，深所不遑。是敢再瀝悃誠，仰干大造。欲乞檢會前狀，特與陶鑄嶽廟一次，俾得婆娑丘林，母子相保，遂其麋鹿之性，實爲莫大之幸。情迫意切，不知所言，伏望鈞慈，俯賜憐察。

答汪尚書書七月二十六日

熹此月二日遞中領賜教：即以尺書附遞拜答。續又領章左藏寄來台翰，又以數字附劉審計，伸前日之懇。不審今皆呈徹未也？忽徐倅送示九日所賜手帖，恭審即日秋暑，盛德有相，台候起居萬福，感慰不可言。

重蒙戒喻，令熹審思出處之計，苟合於義，他不必問也。熹雖至愚，荷明公矜念之深、教誨之切至於如此，豈不願奉承一二，少答知己之遇？然區區之意已具前書，更望留意反復，則有以知熹之所處，其度於義蓋已審矣。但恐熹所謂義，乃明公所謂不必問者而忽之耳。然熹既已申省，則今日亦須再得省劄而後敢行。但至彼不過懇辭而歸，他亦無以自效。却慮一旦親見諸公之訑訑，音聲顔色有不能平，所發或至於過甚，以自取戾，則明公雖欲曲加庇護而不可得，殆不若早爲一言，遂其所請之爲愈也。

前書戒以勿視元履爲去就，熹固已略言之矣。夫朝有闕政，宰執、侍從、臺諫熟視却立，不能一言，使小臣出位犯分，顛沛至此，已非聖朝之美事。又不能優容奬勵，顧使之逡巡而去，以重失士心，又不俟其自請而直譴出之，則駭聽甚矣。陳公之待天下之士乃如此，明公又不少加調護而聽其所爲，則熹亦何恃而敢來哉？蓋熹非敢視元履爲去就，乃視諸公所以待天下之士者而爲進退耳。願明公思之，爲熹謝陳公：熹之坐違朝命，已三月矣，欲加之罪，不患無辭。既不早從所請，則不若正其違傲之罪而譴斥之，亦足以少振風聲，使天下之士知守道循理之不可爲，而一於阿諛委靡之習，以遂前日之非，亦一事也。不識明公其亦以爲然乎？頃年陳公在建安，明公在蜀郡，熹嘗獲侍言於陳公，竊以爲天下之事非兩公不能濟，陳公蓋不辭也。至於今日，乃復自憂其言之不效。往者則不可諫矣，來者其亦尚可追乎？伏惟明公深達陳公，相與亟圖之，熹之心蓋猶不能無拳拳也。

承諭旦夕即上告歸之請，熹竊惑之。蓋明公非不可去，特萬里還朝，主知人望如此其不薄也，一旦未有以藉手而無故以去，此古人所以有屑屑往來之譏也。愚意却願明公審思以合於義，毋使人失望焉，則熹之願也。陳公劄子一通，乞賜傳達，幸甚幸甚。邈然未有拜侍之期，伏惟順時之宜，爲國自重。不宣。

與陳丞相書七月二十六日〔一一〕

屢以愚懇冒瀆鈞聽，未蒙矜許，憂懼實深。今日復得尚書汪公書，戒以速行，謹以愚見復之，頗盡曲折。竊恐相公未知區區之心，試取而一觀之，則知我罪我，當有所決矣。熹受知之深，豈願如此？亦惟有以深矚其不得已之故，或遂改圖，則不惟熹猶有望焉，而天下實受其賜。惟相公深圖之。

答劉平甫書

領武昌五月下旬書，知行李平安，登覽雄勝，甚慰所懷。而安國諸詞更勤手筆，讀之使人飄然直有凌雲之氣也。比日新秋尚熱，伏惟到荆已久，侍奉萬福。

熹請祠久不報，昨得元履書，云相君怒甚，恐不可得。然三得汪尚書書〔一二〕，已兩報之，竭盡底藴，次第亦須見怒矣。或恐更有備禮文字來，即當再入文字，彊勉一到衢、婺間聽朝命。又不得請，即須一到，面懇諸公，恐到彼終無好出場耳。

元履竟不容於朝，雖所發未爲中節，然比之尸位素餐、口含瓦石者，不可同年語矣。陳固無可觀，汪亦碌碌，知人之難乃如此，此則拙者之誤一兒也。聞到鄂已有所處置，威望隱然，甚善甚善。到荆不知又別有何施行？想規模素定，不勞而政舉也。邊候既未聳，統帥之命當且中止，似亦不必切切以爲言。熹向兩書爲一兒言此，知皆達否？

答張欽夫

昨所惠吴才老諸書，近方得暇一觀，始謂不過淺陋無取，未必能壞人心術如張子韶之甚。今乃不然，蓋其設意專以世俗猜狹怨懟之心窺聖人，學者苟以其新奇而悦之，其害亦有不勝言者。道學不明，無一事是當，更無開眼處，奈何奈何？

元履十六日已到家，昨日遣書來，未暇往見之。然想其脱去樊籠，快適當如何也！諸公既不能克己從善，使人有樂告之心，又曲意彌縫，恐有失士之誚。用心如此，亦已繆矣。熹所與劄子謾録呈，足以見區區，然勿視人，幸甚。

校勘記

〔一〕制之有藝而取之有名者　「藝」，原作「義」，據浙本、天順本改。

〔二〕爲民所逋負　「負」，浙本作「貰」。

〔三〕用周元持之言也　「持」，原作「特」，據嘉泰吳興志卷一七周操傳改。元持，周操之字。

〔四〕枘鑿頓乖　「枘」，原作「柄」，據閩本、浙本改。

〔五〕未有過於斯時者　「斯」，原作「近」，據浙本、天順本改。

〔六〕尚書汪公計就職已久　「汪」，原作「王」，據正訛改。按下文云：「二公在朝，天下望之。」同卷答汪尚書書（七月二十六日）復言「竊以爲天下之事非兩公不能濟」，兩公，指汪應辰、陳俊卿也。

〔七〕與汪帥論屯田事　「事」，浙本作「書」。

〔八〕徐任亦方留意此事　「任」，據本卷答汪尚書書（六月十一日）及答汪尚書書（七月二日），疑當作「倅」字。

〔九〕於彼俟請祠之報　「俟」，浙本作「候」。

〔一〇〕熹累蒙敦譬　「累」，浙本、天順本作「屢」。

〔一一〕七月二十六日　「六」，浙本作「八」。

〔一二〕然三得汪尚書書　「尚」字原無。原校云：「『汪』下疑當有『尚』字，或上『書』字乃『丈』字之誤。」

晦庵先生朱文公文集卷第二十五

書 時事出處 劄子

答張敬夫書〔一〕

垂喻曲折，必已一一陳之。君相之意果如何，今當有一定之論矣。伏蒙不鄙，令誦所聞，以裨萬一，此見臨事而懼之意。推是心也，何往不濟？然此蓋非常之舉，廢興存亡，所繫不細。在明者尚不敢輕，況愚昧荒迷之餘，其何敢輕易發口耶？大抵來教綱領極正當，條目亦詳備，雖竭愚慮，亦不能出是矣。顧其間有所未盡，計非有所不及，恐以爲無事於言而不言耳，請試陳之：

夫春秋之法，君弑，賊不討，則不書葬者，正以復讎之大義爲重，而掩葬之常禮爲輕，以示萬世臣子，遭此非常之變，則必能討賊復讎，然後爲有以葬其君親者。不則雖棺槨衣衾極於隆厚，實與委之於壑，爲狐狸所食、蠅蚋所嘬無異。其義可謂深切著明矣。而前日議者乃引此以開祈請之端，何其與春秋之義背馳之甚耶！又況祖宗陵寢、欽廟梓宮往者屢經變故，傳聞之説，有臣子所不忍言者，此其存亡，固不可料矣。萬一狡虜出於漢斬張耳之謀以誤我，不知何以驗之，何以處之？

熹昨日道間見友人李宗思，相語及此。李云，此決無可問。爲臣子者但當思其所以不可問之痛，沫血飲泣，益盡死於復讎，是乃所以爲忠孝耳。此語極當。若朝廷果以此義存心，發爲號令，則雖瘖聾跛躄之人，亦且增百倍之氣矣，何患怨之不報，恥之不雪，中原之不得，陵廟梓宮之不復，而爲是紕繆倒置、有損無益之舉哉！不知曾爲上論此意，請罷祈請之行否？此今日正名舉義之端，不可不審。萬一果有如前所陳張耳之説，却無收殺。若前日之言未盡此意，當更論之，此不可放過也。

其他則所論盡之，但所謂德者當如何而脩，所謂人才者當如何而辨，所謂政事者當如何而立，此須一一有實下功夫處。愚謂以誠實恭畏存心，而遠邪佞、親忠直、講經訓以明義理爲之輔。凡廷臣之狡險逢迎、軟熟趨和者，以漸去之；凡中外以欺罔刻剥生事受寵者，一切廢斥。而政令之出，必本於中書，使近習小人無得假託以紊政體。此最事之大者。又須審度彼己，較時量力，定爲幾年之規。若孟子大國五年、小國七年之説，其間施設次第，亦當一一子細畫爲科條，要使上心曉然開悟，知如此必可以成功，而不如此必至於取禍，決然不爲小人邪説所亂，不爲小利近功所移。然後可以向前擔當，鞠躬盡力，上成聖主有爲之志，下究先正忠義之傳。如其不然，則計慮不定，中道變移，不惟不能成功，正恐民心内揺，仇敵外侮，其成敗禍福，又非坐而待亡之比。家族不足惜，奈宗社何？此尤當審處，不可容易承當，後將有悔而不及者。願更加十思，不可以入而後量也。

抑又有所獻：熹幸從遊之久，竊覵所存，大抵莊重沉密氣象有所未足，以故所發多暴露而少含蓄，此殆涵養本原之功未至而然。以此慮事，吾恐視聽之不能審而思慮之不能詳也。近年見所爲文，多無節奏條理，又多語學者以所未到之理，此皆是病。理無大小，小者如此，則大者可知矣。又丐免丁絹，期反牛羊之説，喧播遠近，尤非小失，不可不戒〔一〕。願深察此言，朝夕點檢，絶其萌芽，勿使能立，則志定慮精，上下信服，其於有爲，事半而功倍矣。事之有失，人以爲言，固當即改，然亦更須子細審其本末，然後從之爲善。向見舉措之間多有一人言而爲之，復以一人言而罷之者，亦大輕易矣。從之輕，則守之不固必矣。慕仰深切，不勝區區過計之憂，敢以爲獻，想不罪其僭易也。

虞公能深相敬信否？頗聞尚有湖海之氣，此非廊廟所宜。願從容深警切之，使知爲克己之學，以去其驕吝之私，更進用誠實沈静之人，以自輔其所不足，乃可以當大任而成大功。不然，鋭於趨事而昧於自知，吾恐其顛躓之速也。熹向得汪丈書，道虞公見問之意。時已遭大禍，不敢越禮言謝。今願因左右，效此區區，庶幾不爲虚辱公之問者。伯恭於此何爲尚有所疑？熹嘗以爲内脩外攘，譬如直内方外，不直内而求外之方固不可，然亦未有今日直内而明日方外之理。須知自治之心不可一日忘，而復讎之義不可一日緩，乃可與語今世之務矣。

答張敬夫〔三〕

今日既爲此舉，則江、淮、荆、漢便當戒嚴以待，不知將帥孰爲可恃者？近年此輩皆以貨賂倚託幽陰而得兵柄，漫不以國家軍律爲意。今日須爲上説破此病，進退將帥，須以公議折中，與衆共之，則軍不待自練而精，財不待自節而裕矣。此張皇國威之本，不可不早慮也。

兩淮屯田，兩年來措置不知成倫緒否。議者紛紛，直以爲不可，固不是議論，然亦恐任事者未必忠信可仗，其所措畫未必合義理、順人心，此亦不可不早爲之所。向見范伯達丈條具夫田之説甚詳〔四〕，似可行於曠土，便爲井地寓兵之漸，試詢究其利病如何？

均輸之政，見上曾及之否？ 此決無益於事，徒失人心。 今時州縣，老兄所親見，豈有餘剩可刻刷耶？

閩中之兵，春間忽有赴帥司團教指揮，七郡勞遣，所費不貲，然後肯行。 至彼又無營寨止泊，閒極咨怨，出不遜語。 此等舉動誠不可曉。

昨日道間又見奉行强盗新法者，殺傷人、犯姦、縱火皆死，此固無疑於當戮。 但贜滿之限亦從而損之，此似太過。 蓋所以改此法，正以人之軀命爲重耳。 今乃一例爲此刻急，則人但見峻文之迹，而未察乎所以愛人之心者，亦不得不駭矣。 不若改此一條，使贜滿之數比舊法又加寬焉，以見改法之本意，所重乃在人之軀命，而不在乎貨財，則彼微有貪生惜死之情者，爲惡將有所極，而人之被劫者，亦或可以免於殺傷之禍、汙辱之恥矣。 又經貸命而再犯者殺之，似亦太過，不若斬其左足，使終身不復能陸梁。 全生之仁，禁非之義，並行不悖，乃先王制刑督姦之本意也。 憂居窮寂，不聞外事，接於耳目者，僅有此耳。 一一薦聞，幸少留意。

答張敬夫

奏草已得，竊觀所論，該貫詳明，本末巨細無一不舉。 不欲有爲則已，如欲有爲，未有舍此而能濟者。但使介遂行，此害義理、失幾會之大者。若虜人有謀，不拒吾請，假以容車之地，使得往來朝謁，不知又將何以處之？今幸彼亦無謀，未納吾使，不若指此爲釁，追還而顯絶之，乃爲上策。若必待彼見絶而後應之，則進退之權初不在我，而非所以爲正名之舉矣。尊兄所論雖不見却，然只此一大節目，便已乖戾，而他事又未有一施行者，竊意虞公亦且繆爲恭敬，未必真有信用之實。不若早以前議與之判決，如其不合，則奉身而退，亦不爲無名矣。蓋此非細事，其安危成敗間不容息，豈可以坐縻虚禮，逡巡閔默，以誤國計而措其身於顛沛之地哉？必以會慶爲期，竊恐未然之間，卒有事變，而名義不正，彌綸又疏，無復有著手處也。彼若幸而見聽，則更須力爲君相極言學問之道，使其於此開明，則天下之事不患難立。詳觀四牘，却似於此有未盡也。

熹常謂天下萬事有大根本，而每事之中又各有要切處。所謂大根本者，固無出於人主之心術，而所謂要切處者，則必大本既立，然後可推而見也。如論任賢相、杜私門，則立政之要也；擇良吏、輕賦役，則養民之要也。公選將帥，不由近習，則治軍之要也。樂聞警戒，不喜導諛，則聽言用人之要也。推此數端，餘皆可見。然未有大本不立而可以與此者，此古之欲平天下者所以汲汲於正心誠意以立其本也。若徒言正心，而不足以識事物之要，或精覈事情而特昧夫根本之歸，則是腐儒迂闊之論、俗士功利之談，皆不足與論當世之務矣。吾人向來非不知此，却是成己功夫於立本處未甚端的，如不先涵養而務求知見是也。故其論此，使人主亦無下功夫處。今乃知欲圖大者當謹於微，欲正人主之心術，未有不以嚴恭寅畏爲先務、聲色貨利爲至戒，然後乃可爲者。此區區近日愚見之拙法，若未有孟子手段，不若且循此塗轍之無悔吝也。不審高明以爲如何？

答張敬夫

昨陳明仲轉致手書，伏讀再三，感幸交集。蓋始見尊兄道未伸而位愈進，實不能無所憂疑。及得此報，乃豁然耳。向者請對之云，乃爲不得已之計，不知天意慇懃，既以侍立開盡言之路，而聖心鑒納，又以講席延造膝之規，此豈人謀所及哉？竊觀此舉，意者天人之際、君臣之間，已有響合之勢，甚盛甚盛，勉旃勉旃！凡平日之所講聞，今且親見之矣。蓋細讀來書，然後知聖主之心乃如此，而尊兄學問涵養之力，其充盛和平又如此，宜乎立談之頃發悟感通，曾不旋踵，遂定腹心之契，真所謂千載之遇也。然熹之私計，愚竊不勝十寒衆楚之憂，不審高明何以處之？計此亦無他術，但積吾誠意於平日，使無食息之間斷，則庶乎其可耳〔五〕。

夜直亦嘗宣召否？夫帝王之學雖與韋布不同，經綸之業固與章句有異，然其本末之序，愚竊以爲無二道也。聖賢之言平鋪放著，自有無窮之味。於此從容潛玩，默識而心通焉，則學之根本於是乎立，而其用可得而推矣。患在立説貴於新奇，推類欲其廣博，是以反失聖言平淡之真味，而徒爲學者口耳之末習。至於人主能之，則又適所以爲作聰明自賢聖之具，不惟無益，而害有甚焉。近看論語舊説，其間多此類者，比來尊兄固已自覺其非矣。然近聞發明「當仁不讓於師」之説云：「當於此時識其所以不讓者爲何物，則可以知仁之義。」此等議論又只似舊來氣象，殊非聖人本意，才如此説，便只成釋子作弄精神意思，無復儒者脚踏實地功夫矣。進説之際，恐不可以不戒。

筵中見講何書？愚意孟子一書最切於今日之用，然輪日講解，未必有益。不若勸上萬幾之暇，日誦一二章，反復玩味，究觀聖賢作用本末，然後夜直之際，請問業之所至而推明之。以上之聰明英睿，若於此見得洞然無疑，則功利之説無所投，而僥倖之門無自啓矣。異時開講，如伊川先生所論坐講之禮，恐亦當理會也。

孟子論王道，以制民産爲先。今井地之制未能遽講，而財利之柄制於聚斂掊克之臣，朝廷不恤諸道之虚實，監司不恤州縣之有無，而爲州縣者又不復知民間之苦樂。蓋不惟學道不明，仕者無愛民之心，亦緣上下相逼，只求事辦，雖或有此心而亦不能施也。此由不量入以爲出，而反計費以取民，是以末流之弊不可勝救。愚意莫若因制國用之名而遂脩其實，明降詔旨，哀憫民力之凋悴，而思所以膏澤之者，令逐州逐縣各具民田一畝歲入幾何，輸稅幾何，非泛科率又幾何，一縣内逐鄉里不同者，亦依實開。州縣一歲所收金穀總計幾何，諸色支費總計幾何，逐項開。有餘者歸之何許，不足者何所取之，俟其畢集，然後選忠厚通練之士數人，類會考究而大均節之。有餘者取，不足者與，務使州縣貧富不至甚相懸，則民力之慘舒亦不至大相絶矣。陸宣公論兩稅利害數條，事理極於詳備，似可采用也。是則雖未能遽復古人井地之法，而於制民之産之意亦彷彿其萬一。如此然後先王不忍人之政庶乎其可施也。

又屯田之議，久廢不講，比來朝廷似稍經意，然四方未覩其效，而任事者日被進擢，不知果能無欺誕否？今日財賦歲出以千百巨萬計，而養兵之費十居八九，然則屯田實邊，最爲寬民力之大者。但恐疆理不定，因陋就簡，則欺誕者易以爲姦，而隱覈者難於得實。此却須就今日邊郡官田，略以古法畫爲丘井溝洫之制，亦不必盡如周禮古制，但以孟子所言爲準，畫爲一法，使通行之。邊郡之地已有民田在其間者，以内地見耕官田易之，使彼此無疆埸之爭，軍民無雜耕之擾，此則非惟利於一時，又可漸爲復古之緒。

高明試一思之，今日養民之政，恐無出於兩者。其他忠邪得失，不敢概舉。但政本未清，倖門未窒，殊未有以見陽復之效。願更留意，暇日爲上一二精言之。至於省中職事，施行尤切，伏想直道而行，無所回互，不待愚言之及矣。猥承下問，敢效其愚，伏惟采擇。

答沈侍郎書

熹伏蒙送示告命，極感眷存，竊計揄揚推挽之力多矣。然熹愚不肖，昨以憂苦之餘，疾病殘廢，不堪仕宦，故召命之下，不得不辭。最後諸公以謂無故罷遣，非朝廷待士之禮，勢必難從，不若以嶽祠爲請，庶幾有以藉手而罷。始者猶以無事而食祿爲嫌，不敢出口，久之然後敢言。意謂向來遭喪，既已去官，今若朝廷畀之舊秩，從其所請，使之得便私計而免於稽違偃蹇之罪，則已爲非常之恩矣。不謂今復横被殊私，事出於望表，始者聞之未敢遽信，既而猶謂臺省諸賢必有能論其失者，勢必中寢。忽前日府中送省劄來，乃知此命之遂行。而今得竊窺訓誨叮嚀之意，尤使人皇恐震慄而不敢當，已送建寧府寄内。

今有二狀申省，輒以附内，得賜台旨投達爲幸。但其間所陳，緣愧恐悚迫，不能盡鄙懷，敢乞因見丞相，特借一言，因熹之辭，便從所請，不惟孤疏之迹，得免邀君釣寵之譏，亦免以謬恩濫賞，上累公朝綜核之政，則上下之勢兩便而俱全矣。如其不然，寧碎首瀝血，以請違命之誅，不敢蒙羞忍恥，爲徼幸苟得之人也。切望台慈，鑒此誠懇，早賜矜念，則覆護保全之賜，終身銜佩，何敢弭忘。本欲自作劄祈哀，又念孤遠，不敢容易。至感激知遇之厚，則有不待言而喻者。然亦頗恨其不能置此無用之人於度外，而必爲此以促迫之也。此懷抑鬱，無路自通，正賴高明終惠之耳。

與建寧諸司論賑濟劄子

一、安撫司賑濟米合於冬前差船般運，免至冬後與民間般載租米互有相妨，或致延滯。

一、廣南最係米多去處，常歲商賈轉販，舶交海中。今欲招邀，合從兩司多印文榜，發下福州沿海諸縣，優立價直，委官收糴，自然輻湊。然後却用溪船節次津般，前來建寧府交卸。

一、般運廣米，須得十餘萬石，方可濟用。合從使府兩司及早撥定本錢，選差官員使臣或募土豪，給與在路錢糧，令及冬前速到地頭，趁熟收糴。潮、惠州與本路界相近。往回別無疏虞，即與支賞。約運到米一千石，支錢三十貫充賞，更多尤好。其糴到米數最多之人，仍與別議保奏，推賞施行。

一、上件福、廣米既到府城，即城下居人自無闕食之理，不須過有招邀上溪般米，反致鄉村匱乏，將來却煩官司般米賑濟，勞費百端。今合先次出榜曉諭諸縣産户寺院，除日逐出糶，不得閉糴外，每産錢一貫，椿米三十石省。禾亦依此紐數〔六〕，兩貫以下不樁。委社首遍行勸諭，親自封樁，開具本都樁管米數及所椿去處，限十一月内申縣，祗備覆實。不得輒徇顔情，虚申數目，及妄挾怨仇，生事搔擾。其社首家禾米即委隅官封樁。

一、鄉下有外里産户等寄莊，即仰社首及本處居人指定，經官陳説，封樁十分之七。

一、鄉下有産錢低小而停積禾米之家，仰鄰保重立罪賞陳告，亦與量數封樁十分之五，並依前法。

一、上户有願於合樁數外别行椿糶之人，許具實數經縣自陳，收附出糶，量行旌賞。

一、所椿禾米更不預定價直，將來隨鄉原高下量估，平價出糶。不使太貴以病細民，亦不使太賤以虧上户。

一、所樁禾米自來年正月爲始，以十分爲率，至每月終，即給一分還元樁産户自行出糶。直至稍覺民飢，即據見數，五日一次差隅官監糶，大人一斗，婦人七升，小兒四升。如至六月中旬，民間不甚告飢，即盡數給還産户自行出糶。

一、府城縣郭及鄉村居民合糴禾米之家，合預行括責，取見户口實數，即見合用米數；及將來分定坊保，給關收糴，庶免欺弊。大人、婦人、小兒逐户分作三項。

一、上户自有蓄積，軍人自有衣糧，公吏自有廪禄，市户自有經紀，工匠自有手作，僧道自有常住，並不在收糴之限。

一、鰥寡孤獨老病無錢糴米之人，候三四月間别議措置。如是饑荒，須令得所。

右謹具呈。第一項至第三項，乞使府兩司早賜詳度定議。第四項以後，乞使府出榜通衢，恐有未盡未便之處，令諸色人詳其利害，疾速具狀陳述，廣詢審議，然後施行，庶使大户細民兩得安便。伏候台旨。

此米須留以待來歲之用，目今秋成在邇，般運到人已食新，切乞存留，無爲虚費。椿米多則上户不易，少又儲蓄不足，此數更乞裁酌，更以户口之數計之，方見實用米數。

與建寧傅守劄子

熹竊以秋冬之交，寒氣未應，恭惟某官台候起居萬福。熹北津建陽，凡兩拜問，必皆已呈徹矣。拜違誨益，忽已累日〔七〕，追思館遇勞貺之寵，已劇愧荷。至於連榻奉教，又皆潤澤忠厚老成人之言，感發多矣，幸甚。熹昨日已至山間，弛檐兩日，又當南下。然旱久水澁，更須數日乃可抵城下也。

歸塗訪問田畝，豐儉相補，計已未至甚虧常數〔八〕。但備禦之策不可不講，而知舊往往見尤，不能深陳縻穀之害。且云未論醞釀所耗，只今造麯，崇安郭内度費萬斛，黄亭小市亦當半之，而鄉村所損，又未在數。與其運於他州，有風波之虞、舟楫之費，曷若坐完此穀了，無事而百全也！萬斛之䴵，將來所糜秫米又當以數萬計。若能果如前日收糴秫米之說，所完亦豈及此？聞邵武已行此令，彼以蕞爾小邦，尚能行之，豈堂堂使臺大府之力而反不能乎？到家得浦城知友書，亦頗及此。今謹納呈，願高明更與楊丈熟計之也。但恐已緩不及事耳。此人姓張名體仁，好學有志佳士也，似亦與景仁昆弟同年。前此因垂問人物，亦嘗及之矣。

又聞楊丈已行下主簿糴米，而未及秔秫之别，不知果如何？糴秔之害，前已陳之。然千里之内，户口不知其幾，若必人人糴米而食之，恐無以濟。其勢須令上户樁留禾米，如前日之説，儲備乃廣。但所遇縣道官吏之説，皆憚於此計，蓋恐上户見怨，又慮見欺。殊不知救災之政與常日不同，決無靜拱而可以獲禽之理。夫富人之多粟者，非能獨炊而自食之，其勢必糶而取錢，以給家之用。今但使之存留分數，以俟來歲聽官司之命，以恤鄰里之闕，何所不可？正使其間不無冥頑難喻之人，然喻之以仁恩，責之以大義，甚不從者俟之以刑，其樂從者報之以賞，何至憚其怨怒且慮其欺己而不敢爲哉！似聞建陽之西，已有自言於官，願以家貲二百萬糴米，以俟來歲之荒而以本價出之。若果如此，則人亦豈爲鬼爲魅，全不可化者？但患上之人先以無狀期之，故彊者視以爲深仇而肆其凌暴，弱者畏之如大敵而不復能以正義相裁，二者其失均也。

嘗讀蘇明允書，以爲權衡之論爲仁義之窮而作，竊以爲此乃不知仁義之言。夫舒而爲陽，慘而爲陰，孰非天地生物之心哉？仁義之於人，亦猶是已。若仁義而有窮，則是天道之陰陽亦有窮也，而可乎？故凡此所論，雖若柱後惠文一切之説，其實趨時救弊，不得不然。蓋其心主於救人而所及者博，故雖有人所不欲而彊之者，初亦不出乎仁術之外也。夜不能寐，起坐作此，信意直書，無復倫次，不審高明以爲然否？正使未必可行，亦足以當一劇論也。

前日所稟弟子職、温公雜儀謹納上，字已不少〔九〕，似可便刊。女誡本傳中有一序，恐可并刊。此印行紙内上數幅，字數疏密，須令作一樣寫乃佳。仍乞早賜台旨，當不日而就也。刻成之日，當以弟子職、女誡各爲一秩，而皆以雜儀附其後。蓋男女之教雖殊，此則當通知者，使其流行，亦輔成世教之一事也。雜儀之書，蓋頃年楊丈嘗以教授者，感今懷昔，歲月如流，而孤露至此，言之摧咽不能自已〔一〇〕。語次及之，亦足爲慨然也。熹本更拜書楊丈，昨日方歸，今早有人行，鷄鳴起，僅能及此，遂不暇作。然所欲言不過此，想從容次必盡及之。未拜侍前，更乞以時自重。前即詔除，然區區竊與閩人俱不能無惜留之願耳。

答傅守劄子

垂喻曲折，極感眷念之勤。但兹事鄙意初固料其如此，蓋理法當然，無可疑者。台念不置，宛轉至今，事體益以明白。在使府雖欲奉承朝廷矜恤之美意，而在熹豈得執法令之疑文，以冒受所不當得之禄哉？熹雖貧病，然爲日已久，粗能自安，實不敢以此自毁廉隅，仰累執事。謹具狀申，乞寢罷其未行者，收毁其已行者，以安愚賤之迹。切望憐其誠懇，特與施行，千萬幸甚。

答龔參政書

乃者明公還朝，一再旬朔，即被書贊，延登廟堂。近歲以來，君臣之契，感會神速，未有若斯之盛者。熹竊聞之，不勝其喜，即欲脩咫尺之書，以稱慶於門下。顧以衰病懶廢，因循前却，以至于今，而遂不知所以進也。不謂明公眷念不忘，枉賜手教，伏讀感懼，不知所言。又得本府韓尚書報，朝廷以熹未敢受禄之故，申飭所司特給符券，府司既受而行之矣。此非明公矜憐之厚，則亦何以得之？自是以往，不惟得以少逭溝壑之虞，抑使窮悴孤蹤，不以矯異詭激得罪於公正之朝，爲幸大矣。惟是支離伉拙，無由進趨賓客之後，自竭愚頓，以報萬分。伏惟明公深以平生所學爲念，仰體聖天子所以圖任仰成之心，端本清源，立經陳紀，使陰邪退聽、公論顯行，則羣生蒙福，海内幸甚。熹不勝瞻望惓惓之至。

答龔參政書

伏自去春拜啓之後，不復敢貢起居之問，蓋懼瀆尊之咎，亦避援上之嫌。其於瞻仰之私，則不以一日而忘也。兹蒙賜之手書，眷撫甚厚，區區感激，蓋不勝言。惟是恩除過望，深所未安。此雖參政記憐疇昔，有以及此，然熹之平生，有志無才，少容多忤，參政固所深知。顧乃以是處之，似恐未得其適也。數年以來，私自揣度，決無可用於世。重以前歲冒受朝廷寵褒惠養之恩，其義不容復捨退閒，起趨名宦。非惟自處已審，至於友朋之論，亦皆以謂必其若此，庶或可以少補前日冒受之非也。敬以公狀申堂，伏惟矜憐，早爲敷奏，如其所請，或令仍舊充備祠官，則熹之受賜亡涯矣。熹其勢終不可出，萬一未蒙俞允，必至再辭。竊恐迫阨之甚，言語粗率，有以自取罪戾者。參政必不欲其至此，幸早圖之。所以記憐擁護之恩，宜無大此者焉。伏惟留意，千萬幸甚。

答陳祕監書

熹憂患餘生，屏處田野，瞻仰重望，蓋亦有年，顯晦殊途，無由徹聲于下執事。茲乃伏辱不鄙而惠以書，喻以恩除之意，且速其來，眷予良厚。顧惟衰賤無庸，久絶榮望，於此有不獲承命者，已具公狀哀懇廟堂。所示告劄，亦已送本府寄納矣。衰疾杜門，瞻望無日，鄉風引領，不勝依依。

與傅漕書

熹竟不免真有前日之命，皇恐失措。龔公以書付陳舍人，遣人以來，此意雖厚，然熹出處之計已定於前歲受官之日矣，至此不容復有前却，已具狀申省，及以告劄寄納軍帑，乞賜台判送下，幸甚。宫觀恐合日下解罷，俸給亦乞住勘爲幸。龔公亦有書至門下，還書之際，幸略及鄙意，蓋終不可復出者。異時復得舊物，或奉香火於幔亭之祠，以畢誅茅夕陰之願，於熹足矣。若迫之不已，必發其狂疾，却恐倍費調護，不若及此而藥之之爲全也。熹申省狀已極詳備，不復爲第二狀之計矣。用此進呈，少假一言之助，其勢可以一請而遂，切乞力爲言之，盡此底藴。千萬幸甚。

與呂伯恭書

熹六月初始得離婺源，扶病觸熱，幸免他虞。到家未幾，忽聞除命，出於望外，不知所爲。然向年所叨異恩，已是朝廷愍勞惠養之意，況今又兩三年，精力益衰，豈復尚堪從官〔一一〕？不免復以此意懇辭，當以力請必得爲期耳。

昨日得韓丈書，遣時未有是説。然見人説韓丈嘗於榻前復及姓名，勢必緣此。若然，則是向來哀懇都無絲毫之效〔一二〕，足見平生言行不相副，無以取信於人如此〔一三〕，使人皇恐，無地自容。向來冒受恩命，已是辭却一年，後來見無收殺，又思此既是朝廷美意，又直許其退閑，於理疑若可受，故不能終辭。然朋友四面之責，已不勝其喋喋。況昔已取彼，今復受此，則是真爲壟斷〔一四〕，無復廉耻，雖有子貢之辨，亦不復能自明矣。在熹一身固無足道，然區區自守，略已半生，辛勤勞苦，無所成就，今日韓丈又豈忍必破壞之邪？況世衰道微，士大夫假真售僞、託公濟私者方鶩於世，若又開此一塗，使清官美職可以從容辭遜而得〔一五〕，年除歲遷，何所不至？則是此弊由熹致之。平生所以自任者雖不足言，然又不至如此之輕〔一六〕，實不忍以身啓此弊，爲後世嗤笑〔一七〕。已作韓丈書懇之，幸因書更爲一言，使其察此衷誠，力贊廟堂，因其辭避〔一八〕，早爲寢罷，不使蹤跡布露，反取譴訶，則拙者之幸也。又況如老兄者，未忘經世之心，而又富有其具，乃未收用，而使此荒拙猥在其先，此又豈所宜邪？

年來百念俱息〔一九〕，唯覺親勝己、資警益之樂爲無窮。何時復奉從容，豁此意耶？又向來見人陷於異端者，每以攻之爲樂、勝之爲喜。近來唯覺彼之迷昧爲可憐，而吾道不振之可憂，誠實痛傷〔二〇〕，不能自已耳。此不知年老氣衰而然耶，抑亦漸得情性之正也？向見吾兄於儒釋之辨不甚痛説，此固爲深厚。然不知者便謂高明有意陰主之，此利害不小。熹近日見得學者若於此處見得不分明，便使忠誠孝友有大過人之行，亦須有病痛處，其爲正道之害益深。正當共推血誠，力救此弊，乃是吾黨之責耳〔二一〕。

與吕伯恭書

區區出處之計，極感誨喻。異時難處，亦深慮之。但目下便有許多間阻，使人難於進退。平生多所愧耻，於此自信未及，打不過耳。又更有一二事，平生自知無用，只欲脩葺小文字，以待後世，庶小有補於天地之間。今若一出，此事便做不成。設使異時收拾得就，將來亦無人信矣。又今日諸公推挽之意，人人知之，若到彼之後，所見一有不同，便爲背負知己。如陳了翁事，亦是賢者之不幸，非其所欲也。若每事唯唯，緘默隨衆，則其爲負益深，又非鄙性所堪。然則亦何爲必出，以犯此數患乎？今日聞元履褒贈之命，使人感傷。渠亦正坐當時不量諸公相知之淺深、趣向之同異，故後來不免紛紛之論耳。康節之慮，前此固嘗講之。所以受却前年恩命，亦政爲此。然曾不足以止今日之所蒙者，而或反以爲梯，此又豈計慮之所及乎？猜阻之患，亦深憂之。但既出之後，或有妄發不能自已處，則其爲猜阻甫益深耳。

前日龔參自以書來，當時煩撓中答之，不盡此意，旦夕或别以書言之。今且望老兄以此兩書曲折盡達韓丈，今日别無醫治方法，只有早聽其辭，便自帖帖無事。若更降指揮，一下一上，則干冒頻煩，傳聞廣而譏議多，必别致生事矣。熹祠官向滿，方患未敢再請，只得再差一次，爲幸甚厚。此外實不敢有一毫意想也。前書勇往之説，以今觀之，又似舊病依然，略未痊減一二分。易言之責，深以自懼耳。

答韓尚書書

區區行役，前月半間，始得還家。忽聞除命，出於意望之外。自視才能，豈稱兹選？愧懼窘迫，不知所爲。然竊妄意此必尚書丈過恩推挽之力。既而府中遞到六月十五日所賜書，傳丈亦以所得别紙垂示，乃知台意所以眷念不忘者果如此，私感雖深，然非本心平日所望於門下也。

熹狷介之性，矯揉萬方而終不能回；迂疏之學，用力既深而自信愈篤。以此自知決不能與時俯仰，以就功名。以故二十年來自甘退藏，以求己志。所願欲者，不過脩身守道，以終餘年，因其暇日，諷誦遺經，參考舊聞，以求聖賢立言本意之所在。既以自樂，間亦筆之於書，以與學者共之，且以待後世之君子而已，此外實無毫髮餘念也。中間懇辭召命，反誤寵褒，初亦不敢奉承。既而思之，是乃君相灼知無用之實，而欲假以閔勞惠養之恩，故少進其官，益其祿而卒許以投閑，似若有可受者，以故懇避踰年，而終於拜受。私竊以爲是足以上承朝廷之美意，而下得以自絶於名宦之途，自是以往，其將得以優游卒歲，就其所業，而無蹙迫之慮矣。而事乃有大繆不然者，熹亦安得默然而亡言哉？

夫以熹之狷介迂疏，不能俯仰，世俗固已聞風而疾之矣。獨賴一時賢公名卿或有誤而知之，然聽於下風，考其行事議論之本末，則於鄙意所不能無疑者尚多。今若不辭而冒受，則賓主之間，異同之論，必有所不能免者，無益於治而適所以爲羣小嘲笑之資。且熹之私願所欲就者，亦將汩没而不得成。其或收之桑榆而幸有所就，人亦必以爲已試不驗之書而不之讀矣。又況今日一出，而前日所以斟酌辭受而不敢苟然之意，亦且黯闇而不能以自明。諸公誠知之深、愛之厚，則曷爲不求所以伸其志、全其守，而必脅敺縱臾，使至此極也耶？

且士大夫之辭受出處，又非獨其身之事而已，其所處之得失，乃關風俗之盛衰，故尤不可以不審也。若熹者，向既以辭召命而得改官矣，今又因其所改之官而有此授，熹若受而不辭，則是美官要職可以從容辭遜，安坐而必致之也。近世以來，風頹俗靡，士大夫倚託欺謾，以取爵位者不可勝數，獨未有此一流耳。而熹適不幸，諸公必欲彊之，使充其數，熹雖不肖，實不忍以身蒙此辱，使天下後世持清議者得以唾罵而嗤鄙之也。

且熹之言此於門下有年，苦言悲懇，無所不至，而執事者聽之藐然，方且從容遊談，大爲引重，而其要歸成效則不過使之内違素心、外貽深誚而後已。此熹所不能識，且復竊自計，其平生言行必有大不相副者，而使執事者不信其言以至此也。深自悔責，無所歸咎，然亦不敢終默默於門下，是以敢復言之，伏惟憐而察焉。

熹前日所報大參書，怱怱不及盡此曲折，故今僭易有言，非獨以伸鄙意於明公，亦使因是以自達於龔公也。必若成命已行，不欲追寢，則願因其請免，復畀祠官之秩，其於出令之體，似未爲失。何必待其狂疾之既作，然後藥之乎？瞻望門牆，無由趨侍，情意迫切，言語無倫。伏惟高明垂賜矜察。

與龔參政書

熹衰陋亡庸，誤蒙引拔，自知不稱，嘗力懇辭，未奉俞音〔二二〕，祗增震懼。今再有狀，欲望哀憐，早賜敷奏施行，則熹之幸也。

抑又有以聞于下執事者：熹自幼愚昧，本無宦情，既長稍知爲學，因得側聞先生君子之教，於是皤然始復，誤有濟時及物之心，然亦竟以氣質偏滯，狂簡妄發，不能俯仰取容於世，以故所向落落，無所諧偶。加以憂患，心志凋零，久已無復當世之念矣。而明公乃欲引而致之搢紳之列，不識明公將何所使之也？使之隨羣而入、逐隊而趨耶？則盛明之旦，多士盈庭，所少者非熹等輩也。使之彊顔苟禄，以肥妻子耶？則熹於飢寒習安已久，所病者又不在此也。且必無已，而使之得以其所聞於古而驗於今者，效其愚於百執事之後，則熹之所懷，將不敢隱於有道之朝。竊料非獨一時權倖所不樂聞，意者明公亦未必不以爲狂而斥之也。由前二者，明公之計決不出此。由後之説，則懼熹之殺身無補而反得罪於明公也。意迫情切，言不及究，伏紙隕越。

與龔參政書

熹竊伏田里，仰依大造，自頃拜敕奉祠，以書陳謝之後，無故不敢輒通牋敬，以犯等威，區區第切瞻仰。兹者竊聞還政宰路，歸榮故鄉，行道之難，不無私歎。然意者必得參候車塵，瞻望顏色，以慰積年引領之懷，而卧病田間，偶失偵伺，遂乖始願，尤劇惘然。獨念頃歲黄亭客舍拜違左右，屈指於今十有五年。其間事變反覆，何所不有？而其不如人意，使人悒悒不能無遺恨者，則已多矣。憂患之餘，衰病零落，雖已無復當世之念，然私所幸願，猶冀天啓聖心，日新厥德，公道庶幾其復可行乎？明公彊食自愛，應之於後，以遂初心，則海内幸甚。暑行良苦，引首馳情。

答陳丞相書

熹昨罹私釁，仰勤吊恤，拜啓還使，未足究盡鄙懷。方欲别伸問訊之禮，忽聞拜章公車，祈就閒退，聖主重違明公之意，峻其班秩而後賜可。竊自惟念，雖與一道窮民同失膏雨之潤，不無怊悵，然想税駕里門，雍容就第，超然事物之外，其樂有不可涯者。至於聖主不忘之意，則又海内搢紳之所共慶，而熹之愚昧，竊獨深有感焉。蓋今時論歸趣益異於前，後來諸公未見卓然有可望以回天意者，有識之士日夕寒心。明公受國家大恩，起布衣至將相，位尊禄厚，德流子孫。今又爲聖主所優尊、士大夫所歸鄉如此，誼豈以一身之樂而忘天下之憂哉？伏惟高明，深念此意，亟於此時反躬探本，遠佞親賢，以新盛德、廣賢業，庶幾異時復起，有以格君定國、剗弊鉏姦，慰斯人之望者。千萬幸甚。

與陳公別紙

前幅所稟親賢遠佞之意，蓋已屢瀆鈞聽。然似頗未蒙深察，懷不能已，輒復陳之。蓋在今日，此事利害尤不難見。惟試思平日所以願忠於國者云何，而反求諸其身，則其得失之數，隱然心目之間矣。有諸己而後求諸人，無諸己而後非諸人，況欲格君心以救一時之禍，此豈細事，而可不責之於吾身、積之於平日，而苟焉以一朝之智力圖之哉？

與陳丞相書

竊聞鈞旆尚留上饒，不審幾日遂東？所以反覆啓告之方，必已有定論矣。但熹竊料比來言者指陳闕失，白發姦欺，不爲不盡，而未有開悟之益，正坐不正之於本而正之於末，不求之於理而求之於事，不言所以增崇聖德、紀綱政體之意，而惟羣小之過惡是攻，此其所以用力多而見功少者與？伏惟高明，深察乎此而有以反之，庶乎其有以慰天下之望也。蓋不惟元老大臣所以告君之體當然，顧其理勢，攻之於彼，不若導之於此之爲易；誦衆人之所已言，不若濟其言之所不及者之爲切也。鄙意如此，而不能達之於言，不審相公以爲如何？數日道閒竊窺日用之妙，其忠誠博厚之意，蓋盎然溢於容貌詞氣之間，知數年以來，所以進德者如此其深且遠也。以此感物，何往不通？況吾君之聰明，而又助之以海内忠臣義士之心乎？願相公益勉旃。不幸而不得其言，則不可暫而立其位也。

熹前幅之尾所禀，尤願垂意。蓋不合而去，則雖吾道不得施於時，而猶在是，異時猶可以有爲也。不合而苟焉以就之，則吾道不惟不得行於今，而亦無可望於後矣。此其機會，所繫不淺。熹愚不肖，又病且衰，蓋已決然無復當世之願，顧其痛心疾首所不能忘者，獨在於此。前日雖嘗言之，然自覺有所未盡，故復喋喋於此。忠憤所激，至于隕涕，伏惟相公念之。

答吕伯恭書

遞中兩辱手教，獲聞邇日秋清，尊候萬福，感慰之至。但所被恩命，以熹之資歷分義、精神筋力，皆無可受之理。雖感君相矜憐之意，重以仁賢説誘之勤，終未敢起拜而恭受也。

申省狀已附遞回付奏邸，副本録呈。叙説雖詳，然似無過當之語，只是須如此説，方盡底藴耳。如以未安，幸爲却回，仍别爲作數語見教，庶幾可以無忤。若只熹自作，終只有此等詞氣出來也。觀此氣象，豈是今日仕途物色？當路者必欲彊之，大是違才易務矣。區區之志，狀中備見。

更有一事，自數年來絶意名宦，凡百世務，人情禮節，一切放倒。今雖作數行書與人，亦覺不入時様。唯在山林，則可以如此恣意打乖，人不怪責。一日出來作郡，承上接下，豈容如此？又已慣却心性，雖欲勉彊，亦恐旋學不成，徒爾發其狂疾，此是一事。又數年來次輯數書，近方略成頭緒，若得一向無事，數年不死，則區區所懷，可以無憾，而於後學亦或不爲無補。今若出補郡吏，日有簿書期會之勞、送往迎來之擾，將何暇以及此？因循歲月，或爲終身之恨，而其爲政又未必有以及人，是其一出，乃不過爲兒女飢寒之計，而所失殊非細事。

此皆未易與外人道，故狀中不敢及之。只欲老兄知之，更爲宛轉緩頰，使上不得罪於君相，下不見疑於士大夫足矣。扶接導養之功，正應於此用力，想不以爲煩也。揆路未敢作書，煩爲深達此意。只俟此事定疊，再得宫觀如舊，便自作書謝之也。武夷今冬當滿，今既未受命，亦未敢便落舊銜，但未敢請俸耳。或恐得祠，别有所加，此亦決然難受。亦可微詞風曉之，免臨時復紛紛也。千萬留念，至懇至懇。保全孤跡，使不至疏脱，深有望於高明也。

熹來日出紫溪，迎哭劉樞之柩。昨得其訣書，猶以國耻未雪爲恨，亦可哀也。臨行甚冗，又急遣回遞中，草草作此，殊不盡意。八月十七日上狀，不宣。熹頓首再拜。

子重不及拜狀，昨日亦嘗以書附政和行者，想未能即達也。此事亦告調護，得免疏脱，朋友之賜厚矣。欽夫久不得書，彼想時聞問也。王程驅迫，不得少休，聞此尤使人怕出頭耳。

答鄭自明書

副封囊恨未見，今兹幸得竊讀，感歎之餘，歛衽敬服。嘗竊論之，以爲非獨忠諒懇切有以過人，於才辨智略亦非人所能及。不知劉元城、陳了翁輩如何爾？上聖聰明，開納如此，一旦感寤，去鼠輩如反覆手耳。太平萬歲，雖老且病，尚庶幾及見之，幸甚幸甚。

補郡懷章，雖鬱公議，然得以此閒暇進德脩業，益懋久大之規，天意亦有非偶然者矣。更願深自培養，以厚其基，篤志講學，以濬其源，使誠意充積而鋒穎潛藏，義理著明而議論條暢，則一日復進而立於朝，其所以動寤啓發者，決不但如今日之所就而止也。蓋前日文字固爲剴切，但論事多而論理少，數羣小之姦欺雖詳，而於人主之所以端本清源、脩德立政之意有未備也。此其所以然者，失於逆料聽者謂之迂闊而不敢言，亦自於此理講之未精，不免於自以爲迂闊而不足言也。兼今日之病，只此一病最大，若藥之未效，則其他小小證候不必泛投湯劑，以緩藥勢。而欲攻此病，所用之藥亦須一君二臣三佐五使，多少緩急，次第分明，乃易見效。今既雜治他證，而所用以攻病根者，又未免互有得失。亦已嘗爲令弟言之〔一三〕，歸當一一稟白，不審尊意以爲如何？衰陋不足以及此，猥蒙不鄙，見使與議其間，亦私感時論之至此，不覺傾倒而忘其愚耳。

此外則伯恭所告讀書取人之意，亦所宜深留意者。蓋吾人所立已如此，使天無意於右宋則已，若有此意，異日之事豈得而辭其責哉？然則今日吾人之進德脩業，乃是異時國家撥亂反正之所繫，非但一身之得失榮辱也。惟高明深念之。然講學之方未得面論，猶頗以爲恨也。

陳丈此行，所繫不輕，待於下流，不勝日夕之拳拳也。熹之出處不足爲時重輕，諸公或聽其辭固幸，不爾，則受命而復請祠。又不得，則當申審奏事，以卜可否。又不得，則引疾丐閑。此於進退固自以爲有餘裕者，未審老兄以爲如何？若終身不出之計，則自祿不逮養之時已決於心懷矣。今亦不敢固必，且得隨事應之耳。但申審狀中，欲少露久違軒陛，願得一望清光之意，使知本無羞薄詔除之心，不知可否？幸爲籌度，留數字於曹晉叔處，令尋的便附來見教爲望。或不必然，即只依常格寫去也。

似之文字果佳，甚慰人意。老兄亦當勉其進脩，以俟時也。向來一番前輩，少日粗有時望，晚年出來，往往不滿人意，正坐講學不精，不見聖門廣大規模，少有所立，即自以爲事業止此，更不求長進了。荆公所謂末俗易高、險塗難盡者，亦可念也。人材衰少、風俗頽壞之時，士有一善，即當扶接導誘，以就其器業，此亦吾輩將來切身利害。蓋士不素養，臨事倉卒乃求，非所以爲國遠慮而能無失於委任之間也。陳侯官處更有胡明仲侍郎史論，議論亦多切於事理，不知嘗見之否？若未，可就借看，發人意思也。

昨得都下知識書云，伯恭説熹不必請對，此其意蓋恐熹復以抵觸得罪，沮壞士氣。此意人少識之者，只似熹偷得差遣做一般。彼意固善，然恐不可承用也。如何？

校勘記

〔一〕答張敬夫書　「敬」，浙本作「欽」。按張栻字敬夫，一字欽夫。以下篇題同。

〔二〕不可不戒　「戒」下，浙本有「也」字。

〔三〕答張敬夫　「夫」下，浙本有「書」字，下三篇題同。
〔四〕向見范伯達丈條具夫田之說甚詳　「丈」，原作「文」，據浙本改。
〔五〕則庶乎其可耳　「耳」，閩本作「矣」。
〔六〕禾亦依此紐數　「紐」，原作「紀」，據浙本改。
〔七〕忽已累日　「日」，正訛改作「月」。
〔八〕計已未至甚虧常數　「未」，浙本作「不」。
〔九〕字已不少　「少」，原作「小」，據閩本改。
〔一〇〕言之摧咽不能自已　「咽」，閩本作「崩」。
〔一一〕豈復尚堪從官　「官」，淳熙本、浙本補版作「宦」。
〔一二〕則是向來哀懇都無絲毫之效　「毫」，淳熙本作「髮」。
〔一三〕無以取信於人如此　「以」，淳熙本作「從」。
〔一四〕則是真爲壟斷　「真」，淳熙本作「終」。
〔一五〕使清官美職可以從容辭遜而得　「辭遜」，淳熙本作「遜避」。
〔一六〕然又不至如此之輕　「又」，淳熙本作「亦」。
〔一七〕爲後世嗤笑　「笑」下，淳熙本有「也」字。
〔一八〕因其辭避　「辭」，淳熙本作「遜」。

〔一九〕年來百念俱息　「念」，淳熙本作「慮」。
〔二〇〕誠實痛傷　「痛傷」，淳熙本作「傷痛」。
〔二一〕乃是吾黨之責耳　「耳」下，淳熙本有「云云」二小字。
〔二二〕未奉俞音　「音」，淳熙本作「旨」。
〔二三〕亦已嘗爲令弟言之　「嘗」，浙本、天順本作「詳」。

晦庵先生朱文公文集卷第二十六

書時事出處　劄子

與史丞相劄子〔一〕

熹中謝常禮，已具公函，候問勤誠，又見前幅，不敢復有陳及，以慁鈞聽。唯其愚賤之鄙懷，則有不得不爲執事言者：熹伏自頃者誤蒙陶鑄，懇辭不獲，不敢屢瀆朝聽，即已力疾上道，來見吏民。違負初心，已積慚憒，而閑放之久，驟嬰吏役，觸事迷塞，復有血指汗顔之羞。加之伉拙有素，不能俯仰流俗，雖欲抑而爲之，念已不入時宜，輒復慨然自廢。計此孤危，竊恐未敢告去之間，已不免於彈射之禍矣。在熹愚賤，不足深惜。所可惜者，明公薦延海内名士，今無得立於朝者，甚或重遭詆毁，被以惡名而去。若又以熹之故重爲門牆之辱，則於私義誠有所不敢安者。切望鈞慈，早賜垂念，使得先駭機之未發，而奉其不肖之身以歸老於故丘，則明公之賜之厚，又百倍於前日之所蒙矣。冒昧威尊，伏增恐懼。至於病衰目暗，作字草略，并冀寬度有以亮之。幸甚幸甚。

與王樞密劄子

熹申謝常禮，已具公函，候問勤誠。又見前幅，不敢復有陳及，以溷鈞聽。唯其區區之鄙懷，則有不得不爲執事言者：熹伏自鉛山拜領鈞翰之賜，開譬詳悉，愛念良厚，遂不敢復請，謹已力疾來見吏民。違負初心，已積慚憤，而閑放之久，遽從吏役，觸事迷塞，復有血指汗顔之羞。加之伉拙有素，不能俯仰流俗，雖欲抑而爲之，念已不入時宜，不忍徒變所守，輒復慨然自廢。計此孤危，竊恐未及引去之間，而已有或擊之者。雖欲夙夜究心，詢求民瘼，爲此一方除深錮之害、興久遠之利，以副聖上特達之知、羣公薦寵之意，亦不可得矣。有少文字，託潘郎中、袁寺丞面禀。若蒙矜念，早賜宛轉，使得先駭機之未發而去之，則熹之受賜又不啻前日之所蒙矣。冒瀆威尊，伏深戰栗。病衰目暗，字畫不謹，并乞矜恕。

與袁寺丞書〔二〕

熹失計此來，無可言者。初若稍可支吾，亦不敢必爲去計。今内則精神昏憒，兩目生花，白晝對人，往往坐睡，而省閲文案、簽書決遣之際爲尤甚。此一當去也。外則財用耗竭，支遣不行，性本疏拙，不能稽考收拾，恐更一二月，轉見狼狽。此二當去也。至於刑獄，最是重事，而一經監司何問，官吏便欲望風希旨，變異情節〔三〕，則是此事亦復不得自專。此三當去也。鄙性伉直，不能俯仰，所以忍飢杜門，不敢萌仕進意。今行年五十，乃復變其所守，爲此睢盱，以求苟免於譴辱，中夜思之，既以自愧〔四〕，而當其俯仰之時，大悶不聊〔五〕，深恐不能自抑而忽發其狂疾。此四當去也。到官兩月，思歸之情不能自閟，往往無日不發於言語書問之間。官吏知之，亦不復以尊重難危見期。所以號令不行，財賦不辦，而熹以一身孤客於此，攜小兒外甥在此〔六〕，無婦女看當〔七〕，無日不病。熹時又須自視問其醫藥〔八〕，家中碎小，想見無人收拾，亦復不成模樣。業已不爲久計〔九〕，又不容復往般取，以耗公家。此五當去也。蒙喻作書從班言路諸公，此非所憚〔一〇〕。但初意只一二月間便去，故不能虚爲此以違素心。今既不能得去，又有所奏請事勢須關白，已不免作書與之。但言語拙直，不能婉順其間，未必不有觸其忌諱者。或反以速其抨彈，亦不可知〔一一〕。此六當去也。向來閑中私竊有所論著，自謂庶幾可以傳前聖之心、開後學之耳目，實非細事。今既來此，無復功夫可以向此，而衰困澌盡，與死爲鄰，萬一溘然於此，則此事遂成千古之恨，非獨熹不瞑目而已也。此七當去也。

當去之事，略數之有此七條，其他曲折，不暇徧舉。熹亦已有書懇諸公丐祠〔一二〕，然又不敢盡言此意，只告尊兄力爲一言，使必從所請〔一三〕，乃千萬之幸。大抵自度材力事勢，祠廟之外，不選甚差遣都做不得〔一四〕。小即小狼狽，大即大狼狽，遠即遠狼狽，近即近狼狽。諸公儻相哀憐，必欲扶持而全安之，豈應使至此極耶？幸以此意極力盡言，使不至於再請，以煩尊聽，則大善。不然，繼此亦須有請。但恐前所陳者忽有一事不恰好，則諸公雖欲曲相維持，亦無所用其力耳。

與曹晉叔書

熹此既多病，而郡中窘闕，外縣廢壞，本初不爲久計，不欲深料理，今決不容久安。前月末已上祠請，度更半月必有報。萬一不遂，不免再請，以必得爲期耳。學中時到，今已漸有能致思者，但恨非久客，不能盡所以告語之意。廬阜亦唯三峽、玉淵爲最勝，然暫遊不欵，賓從猥多，不無勞擾，亦不敢數出也。作官不好，相此可見：山亦不可得遊，而況其他乎！谷簾遠，未能至，但飲其水信佳，恨遠不能奉寄以助甘旨之奉耳。趙丞書掩已附的便。渠前日遣人來，有書，今却附納。直卿已歸，所與之書亦回納也。周子一册二圖已就，令内去。又一本寄伯謨，不及别書。便中承書，甚慰意也。子澄近到此，相聚甚樂，謾知之。

與楊教授書

熹昨日面懇寢罷鏤板事，未蒙深察。竊自愧恨誠意不孚，言語不足以取信於左右，欲遂息默，則事有利害，不容但已，須至再有塵瀆。蓋兹事之不可者四，而長者之未喻區區之心者一。

此書雖多前賢之説，而其去取盡出鄙見，未必中理，或誤後人。此不可之一也。政使可傳，而脩改未定，其未滿鄙意者尚多。今日流傳既廣，即將來蓋棺之後，定本雖出，恐終不免彼此異同，爲熹終身之恨。此其不可之二也。忝爲長吏於此，而使同官用學糧錢刻己所著之書，内則有朋友之譙責，外則有世俗之譏嘲，雖非本心，豈容自辨？又況孤危之蹤，無故常招吻唇，今乃自作此事，使不相悦者得以爲的而射之，不唯其啾喧呫囁使人厭聞，甚或緝以成罪，亦非難事。政如頃年魏安行刻程尚書論語，乃至坐贓論，此不遠之鑒。此其不可之三也。近聞婺源有人刻熹西銘等説，方此移書毁之。書行未幾，遽自爲此，彼之聞者，豈不怪笑？其被毁者，豈不怨怒？此又使熹重得罪於鄉黨宗族。此其不可之四也。

昨日蓋嘗以此爲懇，而執事不深曉，直以熹爲謬爲謙遜者。熹之不得已而爲此書，其不遜甚矣。正以非其一時苟作之文，是以謹之重之而不敢輕出。而平日每見朋友輕出其未成之書，使人摹印流傳而不之禁者，未嘗不病其自任之不重而自期之不遠也。區區於此實有廣己造大之羞，而執事者反謂其謬爲謙遜，而爲此不情之語，其不相察亦甚矣。

愚意迫切，不得不力懇於左右，幸辱矜照，一言罷之。其所已刻者，熹請得以私錢奉贖毁去，而其已置之版，却得面議，别刻一書，以成仁者開廣道術之意，自不失爲善事。不審尊意以爲如何？專此布露，切冀痛察。

與臺端書

熹未見顔色，比輒妄以名姓自通，方以僭瀆自咎，乃蒙教答，又枉手帖之誨。降屈威重，謀及疏遠，此古人之事，而執事者行之，甚盛甚盛。顧熹之愚不足以當之，然敢無詞以對？

蓋嘗竊謂欲起膏肓之疾者，必攻其受病之處，而其用功之緩速、制藥之寒温，又有不可以頃刻毫釐差者。今天下之病在膏肓者久矣，夫人而能知之，夫人而欲言之，顧以不當其任，則雖欲一效其伎而無所施耳。乃者天子以執事有廉靖貞孤之操，擢寘諫垣，納用其言，屏去姦惡，皆所謂膏肓之餘證。海內有志之士知上之心蓋已深悟隱疾之在躬，而欲假執事之藥以去之也，又知執事之心所以姑從事於此者，蓋亦以爲之兆耳。其必將有以譴之，則夫所謂病本者可去無疑也。然而側聽累月，未有所聞，則又懼夫二豎子者知良醫之傷己，而先爲術以去之，以是憂疑，不知所定。尚幸聖心堅定，不入其言，而又進執事於臺端之重，是必君臣之間已有一定之計，足以少慰士大夫心。然熹之愚竊獨私憂過計，意夫姦賊窺見端倪，則其所以自爲謀者，必將愈深愈切，而有先執事以發其機者。不審執事何以處之？蓋伐木而翦其枝葉，不若斧其根；壅水而捍其波流，不若塞其源；鳴金鼓、耀戈甲而譟呼以逐虎，不若乘其方睡而斃之之速也。今執事則既撼而覺之矣，又猶欲緩視徐趨，以當其虓怒決裂之勢，熹竊爲執事者危之也。然此等小人有生以來，自朝至暮，無非罪惡，不可殫數。且又人主素以倡優奴僕畜之，初不責以名檢〔一五〕，而間者議臣乃復抉擿苛細而一一以陳之，其不納則宜矣。唯其日侍燕閑，逢迎縱臾，使人主之心恬於逸欲，而法家拂士之言不得以進；狃於卑近，而正大久遠之計不得以聞。賄賂公行，姦邪堵立，蓋凡所以爲天下國家之綱紀者，日傾月壞，而上下相蒙，莫敢以告，是則此一二人之罪所以上通於天，而深爲今日膏肓之病者。執事誠能聲此爲罪，揚于王庭，深贊聖主去邪勿疑之志，又引同列之賢，合謀并力以決去之，則天下膏肓之病者庶幾其可去矣。太平萬歲，熹雖不武，尚能爲執事誦之，不識執事亦有意乎？

熹比因三月九日指揮，已略爲明主言之矣。顧疏賤之言未足取信，而或以取戾，謹已束裝，恭俟嚴譴。惟執事者毋以爲戒而亟深圖之〔一六〕，則天下幸甚。亟遣此人，專此布禀，交淺言深，分疏禮簡。蓋區區之心深以古人之事望於執事，而不復以世俗之常態自疑，伏惟深察。然此書也，一讀焉而采其意，然後削而投之火中，不足爲外人道也。引領臺寺，不勝拳拳。

小貼子

此事所繫不輕，其成否不可必，但義所當爲，有不得而避者，願早決計。萬一不濟，此心固無負於幽明，四方忠義之士必有聞風而興起者。直言日聞，聖主之心終必感寤矣。葵藿野心，言及於此，不勝憤激痛恨之至。

與皇甫帥書

似聞戎車將有湖廣之役，不審定以何日戒塗？伏計運籌決勝自有成算，疏遠不當僭有所陳。然慕用之私懷不自已，輒效其愚，惟高明裁之。

熹生長閩中，又嘗試吏泉、漳之間，其地密邇江西頃歲山寇出没之處。紹興十八九年間，朝廷屢遣重兵，卒不得志，甚者至於敗衂，狼狽不還。及後專委陳太尉敏招募土兵而後克之，所謂左翼軍者是也。蓋此輩初無行陳部伍，憑恃險阻，跳踉山谷之間，正得用其長技，而官軍乃以堂堂之陳當之，地形兵勢，凡彼之所長者皆我之所短，是以每戰而每不勝也。近年茶寇形勢正亦如此，所以江西官兵屢爲所敗，而卒以摧鋒敢死之兵困之，此往事之明驗也。竊計今日湖廣之寇正亦類此，熹願太尉養威持重，擇形勝之地，堅壁以待之，而廣募土人鄉兵，厚其金帛，結以恩意，使之出入山林，上下溪谷，以與此獠從事，則彼之長技正與賊同，又倚太尉之威聲，以順討逆，彼假息遊魂之衆，亦將何所逃其命哉？熹書生也，輒語兵事，近於僭率而可笑。然私心惓惓，竊恐太尉不勝忠義奮發之心，直欲以輕兵鋭進，深窮巢穴，草薙而禽獮之，則非計之得也。大率東南形勢絶與西北不同，願更博訪而審度之，以圖萬全之功，則區區之望也。仰恃知照，敢布陳之，以竢采擇。惟不以其狂妄畏怯而鄙棄之，則幸甚幸甚。

與王漕劄子

熹輒布誠悃，仰瀆台聽：熹比蒙聖恩，誤膺郡寄，懇辭弗獲，亦既視事。唯是小邦民貧財匱，歲必乏數月之糧，熹到任以來，官兵廩給全無顆粒可以支遣。究原其弊，緣本軍三邑所管苗米止四萬六千餘石，每年科撥起四萬外，餘米亦係使臺盡數刷發，如此則本軍將何所取以供用度？較之旁郡，如饒、池州，皆有存留贍用官兵米數，獨本軍先來有失申請存留支遣。況今來除上供已起外，自餘未發米數，係諸縣先因旱澇，有逃移死亡及零殘拖欠無户可催之數，縱有催到，非惟不多，又且累政隨即借兑，目今虚掛欠籍。用敢輒拜公牘，冒浼控告，欲乞台慈仰體邇者聖詔丁寧之意，計盈虚，通有無，將淳熙三年、四年、五年未起零殘之數悉從蠲免。繼自今以往，亦乞存留以爲贍用官兵之費。高明必有以矜憐之。與其留腐倉庾，終爲後人之妄費，孰若使千里並受其賜，而民力不至於重困耶？惟執事圖之。干冒台嚴，不勝恐悚。

與顔提舉劄子

熹昨者輒以撥米，干冒台聽，仰荷矜憐，俯從所請。然顒俟久之，未蒙明文行下。今復專人具禀，欲乞台慈特照舊例，早賜開允，不勝幸甚。復有少禀：本軍米斛舊來多就建康交納，近一兩年，忽蒙使臺改撥入都，不唯小郡頓增水脚之費，無所從出，而舟船艱得，裝發遲緩，盤剥留滯，耗折百端，於事有甚不便者。今亦有狀申禀，乞賜台旨，只令赴建康府交納。儻蒙垂念，不勝厚幸。

與顔提舉劄子

熹不揆疏遠疵賤之跡，自到任來，數以職事仰干台聽，例蒙矜照，感幸已深。惟是至今未被明文行下，竊與一郡官吏軍民同切翹跂，以俟嘉命。今此又有所禀，仰祈恩施，内循進越，不勝恐悚。熹昨以星子一縣税錢偏重，奏乞蠲減，亦已具申聞矣。今聞睿旨已下使臺，竊惟聖天子明目達聰之意，雖不問於芻蕘，至於其所決然取信而亡疑，則在明使者之一言耳。欲望台慈，早賜垂念，遣吏核實，具以上聞，使一方疲瘁遺氓速霑仁聖之休澤，不勝幸甚。至於前請，亦乞始終大賜，以慰顒顒之望。千萬幸甚幸甚。

與顔提舉劄子

熹瞻望使臺，無由伏謁，傾仰不自勝。長至節臨，又不獲奉觴羣吏之後，尤切馳情，已具公牘修慶。竊惟清名重德，士論所歸，履兹剛長之辰，固不待祝而諸福朋來也。熹昨者使還，蒙賜手教，復以標準新圖魯公墓帖爲貺，尤荷不鄙之意。前此因遣牙吏部綱，嘗具禀劄，略陳固陋，計今當已徹聽聞矣。恐或未安，更望垂誨，幸甚幸甚。撥米二事，仰荷台念，感激尤深。蠲租之請，亦當已蒙施行矣。區區衰拙，不堪爲吏，强顔於此，百事隤廢。若非明使者矜而容之，種種假借，久已罪去矣。復有少懇，别紙布之，伏乞台照。

與顔提舉劄子

熹復有少禀：㴋郡今秋少雨，晚田多旱，除星子、都昌多是早田，被災處少，唯有建昌一縣晚田數多，前此失於訪問，遂速檢放之限。近因遣佐官行縣，乃知其實，則又不容坐視，已具奏聞及申使司，而熹已具狀申省自劾矣。見亦一面遣官行視，俟見分數，當復具申使司，得賜矜從，略與減放，不勝幸甚。星子王令老成篤實，邑人甚愛之，同官中如其比者蓋少也。小郡荒凉，人材衰乏，同官中可任者不過三數人，其間又有有才而過當，其他則又難言。所以凡事費力，不能滿人意。誠無心顔久尸榮禄，自劾之請既上，即束裝以俟罷遣矣。每荷垂念，故敢并及之。

與執政劄子己亥冬

熹昨以疾病侵凌，不堪吏責，屢以祠官之請冒瀆朝聽。伏蒙鈞慈垂念，未忍棄捐，不惟發教下臨，慰藉勤懇，至於士友之間，傳道所以誨飭存撫之意，又諄諄焉。自惟疵賤，何以堪之？感激之心，無以爲喻。自是遂欲勉竭駑頓，冀以仰答恩私。意謂姑使上不得罪於朝廷，下不得罪於百姓，則亦可以少延時月，徐罄前懇。而山野愚瞢，不能斟酌事宜，近因屬縣旱傷失於檢放，加以催科不無追擾，遂致人户流移，怨讟蠭起。仰惟朝寄，本以爲民，俯循素心，亦期及物，今乃一舉而兩失之。日夕憂愧，疾病益侵，勢恐不堪復加勉彊，不得不早爲計，謹已具申都省。欲望鈞慈，特與敷奏，絀削罷遣，以謝無告之民。熹雖飯疏没齒，何敢有怨？或蒙矜憐，曲加全護，使其仍得祠官之禄以終餘年，則其幸抑又甚矣。干冒崇嚴，不勝戰栗。

與丞相劄子

熹輒有危懇，仰干洪造：熹昨蒙誤恩，畀以符竹，自度疏野，不堪委寄，累辭不獲，黽俛就事，今十閲月矣。惟念君相所以眷顧使令之意，不敢不竭駑頓以圖報稱。而材力有限，疾病相仍，形苦心勞，卒無善狀，政荒財匱，歲惡民流。自去秋以來，知舊往來涉其境者，問於道塗，黄童白叟無不愁歎蹙頞，或苦其刑政之苛，或病其征賦之重，以至流聞遠邇，亦莫不然，貽書誚責、提耳告戒者殆無虚日。以故去冬嘗以公狀申省自劾，又以劄目哀鳴，冀得早蒙敷奏、亟賜罷免。而鈞慈含覆，未遽矜從。疏遠賤微，何敢固必？謹以抑心自强，祇服官次，不敢復有所言矣。而一二月來，國言愈甚，士友之責愈深，使人日夕憂惶，不知所以自處。夫爲政而不宜於民，爲所厭苦至於如此，誠無心可居官府，無顔可食俸禄，不免復冒威嚴，再有陳請。而又竊惟某官終欲曲賜保全，不忍以其罪戾之跡聞于天聽，故於公劄更不敢具述如上曲折。儻蒙陶鎔，得以病免，其何幸如之！仰瀆高明，俯伏俟罪。

與丞相别紙

熹區區愚懇，已具前幅，復不自量，輒有踰涯之請。忘其罪戾，敢私言之：熹愚昧之資，少即疏懶，書史之外，酷好山水。今以某官造化之力，乃得爲吏廬阜之下。其丘林泉石，號爲東南最殊勝處，固已私愜所願。而去歲勞農山間，又得所謂白鹿洞者，溪山邃密，林趣茂美，尤有幽絶之致。熹惟是雖遐僻，而實先朝所嘗留意，不當廢墜至於如此，乃即其處復立七架小屋五間，亦已具狀申省矣。因竊妄意以爲朝廷儻欲復脩廢官，以闡祖宗崇儒右文之化，則熹雖不肖，請得充備洞主之員，將與一二學徒讀書講道於其間，庶幾上有以副知遇使令之意，下有以遂其平生之懷。若復更蒙矜憐，假之稍廪，略如祠官之入，則在熹又爲過望，而於州縣亦不甚至有糜耗。顧以事體希闊，言之若草野而倨侮者，是以不敢輒具公狀申聞。惟冀鈞慈，深察愚悃，都俞之暇，因事及之。萬一可從，則熹之受賜爲不淺矣。

狂妄之罪，亦惟有以寬之。

與王樞使劄子

熹不避狂僭瀆尊之罪，復有迫切之懇，須盡布陳：熹素愚昧，不曉物情，加以閒散日久，尤不諳悉吏事。至此將及一年，凡所施爲，雖不敢不竭愚慮，而所見乖謬，動失民和，四方士友貽書見責者，積於几閣不知其幾，而前件陳克己者尤其詳盡。其間歷數繆政，無一可者。迹其所聞，皆有實狀。區區鄙劣，亦豈不欲痛自矯厲，以補前愆？而精力凋殘，已有所不能及者矣。竊以爲此非姦民猾吏流言飛文之書，乃出於相愛慕來問學之口，尤足取信，故敢冒昧繳連陳獻。若蒙鈞念，得以徧呈東府兩公，庶幾有以察熹前言之非妄者，早爲開陳，亟賜罷免，或如前兩劄所請者，則熹猶可以不重得罪於此民，而此邦之人猶可以安其生業，而免於流亡死徙之患，不勝幸甚。干犯頻仍，伏紙尤增隕越。

與丞相劄子

熹仰恃知照，忘其罪戾，猶復别有私懇，輒以仰干鈞聽：熹近因尋訪得白鹿洞故基，稍加興葺，已具曲折上之尚書矣。今以罪戾，義當自屏，而狂妄進越，猶欲並緣此事輒有私請。蓋熹前幅所懇二端，竊計必有一遂，若直蒙賜以罷免，則固無復敢有所言，若以洪私曲被，使得復備祠官之列，則熹竊願丞相特爲敷奏，舉先朝之故事，脩洞主之廢官，使熹得備執經焉，而其禄賜略比於祠官，則熹之榮幸甚矣。蓋與其使之以崇奉異教之香火爲名而無事以坐食，不若脩祖宗之令典，使之以文學禮義爲官而食其食之爲美也。熹遠外之蹤，率易及此，誠有草野倨侮之嫌，然其實亦朝廷正名革弊之一事。竊惟聖君賢佐必垂察焉，是以敢冒言之。

與曹晉叔書

熹求去久不獲，近忽得機仲及一二知識報，諸公已有見許之意，其説可笑。會前數日已遣人行，投此機會，勢必得之。曾原伯亦許爲致力也。但聞敬夫病，殊可憂，前此得請，意欲一往視之。若已歸湖南，即自江西便道以歸也。此間謬政，想亦傳聞。近得陳勝私書，責以煩刑暴斂數條，已封與王季海，託其轉呈東府矣。今但得脱去爲上，更不論此是非虚實也。季通、子直到此，相攻亦甚力，次第不虚傳也。劉公度來此不能久居，其氣質不易得也。德廣留家於此，暫歸臨江矣〔一七〕。東老可傷，此人行遽，未暇致奠，因見其子幸及之。擇之書角煩付往，近刻康節書納一本，他無可寄也。

答黄教授書〔一八〕

熹無狀，居此一年有餘，率意直前，不能違道干譽，得罪於士民多矣。請祠雖已報聞，然旦夕自當以他罪行遣，不至久爲仁里之害也。示喻曲折，深荷愛念。然必欲使熹餧㴸虎狼，保養蛇蝎，使姦猾肆行，無所畏憚，而得歌頌之聲洋溢遠近，則亦平生素心所不爲也。姓高人事，文叔在此備見首尾。此而可恕，則亦無以官吏爲矣。至如木炭錢事，亦是州郡所當爲，而幸上司之見聽，方恨不能推類盡蠲苛擾，初不以是而求歌頌於斯人也。此錢都昌所減獨多，又是毛掾考究之力。此人固有過當處，然細詢田野之言，而考之案牘以求其實，則前日銷骨之毁，亦云甚矣。此舉錯枉直之間所以難明，非有道以照之，則所自謂公正者，未必非私意之尤也。區區不喜自辯，又於老兄不可有隱情，故久不知所以爲報。今偶有便，信筆及之，非欲較比是非，亦欲老兄深察於公私名實之間，而真得其所謂本心之正耳。太極之説甚善，南軒遺言兩句，不知其本文上下所指何事，俟更問之定叟也。

與江東陳帥書

兹者伏審榮被明綸，進班亞保，竊惟明主思賢念舊之意可謂盛矣，然使相公尚淹藩服而未得究其輔贊彌綸之業，則海内有識之士猶以爲恨。抑無故而驟遷，在彼權幸寵利之臣則可，而施於相公，則於四方之觀聽亦不能無所疑也。不審高明何以處此？熹則竊爲門下憂之，而未敢以爲賀也。兹承鈞慈遠賜手書，竊審嘗欲有所論建，自以文不逮意而罷，熹於是竊爲門下喜焉，而敢冒進其説：

夫諫説主於忠誠，不尚文飾。且今日之言有不可緩者，猶救火追亡人也。況以相公之忠義懇切，豈真以文不足爲病而怠於納誨者哉？亦曰將有待而言之耳。夫苟誠有待而言之，則其所待無有大於今日之所遭者。願相公因辭謝之章而因有以附見其説，不必引據鋪張，不須委曲回互，直以心之所欲言、時之所甚患者條件剖析，爲明主言之。其所病者乃在於文之過，而不病其不足也。幸而聽從，天下固受其賜，而相公之榮豈止於今日？不幸而不入，則相公辭受之決，亦不難處矣。失今不言，於天下之事固失其機，而在我者不無昧利之嫌。一旦雖欲復有所言，人亦莫之聽矣。長孫無忌之事與近歲李參政光前車尚未遠也。

況今所授，正與其人併肩而處，若果出於無心，尚爲可耻〔一九〕，且又安知其不故以是風切相公，而使與之同哉？熹疏賤狂瞽之言，意謂必觸雷霆之怒，今聞已降付後省矣，是明主固優容之。但此章宣露，賤迹自是愈孤危矣〔二〇〕。夫以聖恩之寬大，於熹猶且容之，而況於相公乎！萬一未即開納，無後咎餘責亦可保矣。願相公勿疑，極意盡言，以扶宗社，以救生靈。熹不勝激切懇禱之至。

與陳帥畫一劄子

一、本路諸郡旱損處多，竊料將來賑濟用米不少。然今來旱勢甚廣，近郡之穀不復可仰，須廣爲規畫，多致米斛，乃可接濟。至如乾道七年，本軍得米凡五萬石，然流殍之民不可勝數，田里空虛，至今未復，此不可不早慮也。似聞總所積穀頗多，日就陳腐，更久亦不堪用。若得商量措置，且就支此米餉給諸軍，而計諸路綱運，除檢放外，更許截留，分與諸州般運賑糶，收簇價錢所管，或候豐年補前本色斛斗，亦爲利便。

一、目今旱勢如此，而漕司差人在此催發舊欠。夫催欠之與救災，事體各别，不可雙行。欲乞一言，且與追回。其他州郡想亦有此，并得一例施行，尤爲幸甚。若是户部指揮，漕司自合申請停緩。或不敢言，則丞相自當言之，亦致和消沴之一術，而救急安民之切務也。

一、去年赦恩所放官物，諸司依舊理催。欲乞帥司因此旱傷，作訪聞檢舉行下諸州，令逐一具申，特與蠲放。

一、旱災如此，良田賦歛苛急，民氣不和所致。欲乞丞相建言，乞將赦恩所放之後一年官物并行除放。

一、本軍建昌縣去年放旱米三千餘石，總所漕司累次行下，令於上供軍用數内分豁，此甚允當。今漕司忽變其説，令本軍全於軍用數内除豁，不得減上供數。熹有劄子懇兩漕，別本具呈，乞賜鈞念，一言及之，是亦救荒之助也。

一、本軍申漕倉兩司乞撥錢米脩結石寨狀，別本具呈，并乞鈞念。或蒙應副，亦可并下諸州，放此施行。募民充役，可以集官事、濟飢民、消盜賊。伏乞鈞照。

熹復有愚懇，欲從漕司借留六年上供零米五千餘石，約今冬或來春可還。有狀申漕司，今亦録呈，乞賜宛轉及之，幸甚。適又檢得乾道七年省劄，亦録梗概上呈，恐今歲事體不減此也。提舉遞鋪司牒有近日雨水日多之説，恐江東已霑足矣。此獨無有，奈何？

與陳帥書

前此屢以上流遏糴利害申稟，未蒙施行。今本軍糴米人船已爲隆興邀截，不許解離，又凡客販皆爲阻絶。江西頗有得熟州郡，本自不須如此，又況著令及累降指揮皆有明文，已作書力懇之，恐其未必經意。蓋自初糴，已節次懇之，今乃約束愈峻，其意亦可見矣。切乞早賜移文，仍申朝省或具奏聞，乞遍下諸路約束，不獨此邦蒙大賜也。頃時劉樞，遭旱首奏此事，其後客船輻凑，米價自減，此最爲救荒之急務。向蒙賜教，乃謂上流皆旱，無所告糴，但擬撥椿積米，此但爲建康一郡計耳〔二一〕。然贛、吉、鼎、澧、湖南諸郡皆熟，若用劉樞舊例奏請〔二二〕，此米皆可致，而一路受賜矣。不然，則椿積之米得賜取撥，使諸郡各得三五萬石，亦爲幸甚。漕使本别具稟，熹偶足疾大作，疼痛亡憀，不敢多作字，只乞鈞念，爲達此懇，同賜區處，以速爲上。移文至江西附遞恐遲，得爲專人徑往，千萬之幸。

與江東王漕劄子

熹久不拜起居之問，日有瞻仰。人還被教，感慰亡窮。蒙喻置寨事，極荷台念。但事已差池，今又方有救災之急，未暇再請。若稍定未去，終當料理耳。減税事，尤感垂意之勤，初謂必可遂請，適有牙吏還自臨安，云省吏果以使司未保明爲言，勢須再下，此終有望於維持也。白鹿官書拜賜甚寵，謹已别具謝劄矣。但今歲旱勢甚盛，此自五月半間得雨之後，枯旱至今，雖有得少雨處，殊不沾洽。早稻已無可言，晚禾亦未可保，民情皇皇，未知所以慰安之者。而使司差人在郡追人吏、催官物者凡三四輩，熹雖不敢拒違台命，然當此之時，督責縣道，追擾農民，則實有所不忍。得賜追還，令得一意講求備禦賑恤之政，以救此遺民於溝壑之中，不勝幸甚。其可辦者，熹固自不敢緩也。又建昌去歲檢放，總所已行下，今均在上供州用數中〔二三〕，而反未蒙使司除豁上供之數，尤非所望於仁人君子者。熹竊惑之，更乞深賜省察。狂妄冒瀆，皇恐死罪。

熹前幅所禀之外，更有石隄一事，已具公狀申聞，不審台慈賜念否？若今之君子，則固不敢以此望之。惟執事者儻以禹稷之心爲心，則此一役也而可以兩濟。得蒙垂意，不勝幸甚。此或有委，并乞垂示。

熹前幅所禀去冬放旱事，初已得使帖，如總司之云矣。既而中改，一予一奪，殊不可曉。今别具公狀及劄子，乞賜台覽。若決不可行，則熹於此不容宿留，便當自劾去官，雖重得罪，不敢辭矣。本欲初秋即申祠請，又遭旱虐，自以爲義不當求自逸，故勉强於此。若不獲已，則亦不免冒此嫌耳。一生忍窮不敢求仕，正爲如此。且未來此時，知友皆以爲于公之仁必能庯崔君，今乃反爲所誤。而姚提點平生不相識，乃能俯聽愚言，一奏減本軍木炭錢二千貫，不審亦嘗聞之否？熹老矣，已無意於人間，不堪久此鬱鬱也。

與漕司畫一劄子

一、本軍昨具奏，乞依乾道七年例支撥錢米應副。後來照得元數頗多，恐難應副，遂再具實欠軍糧米奏，乞截留六年殘欠五千石，及今年擬放七分外三分米一萬餘石，庶幾數少易撥。今續契勘諸縣檢放分處大段乾損處多，恐不能及三分之數，即雖蒙朝廷許截上件米，亦恐不足支遣。更俟取到實放數外合納之數，却行紐計欠數申禀，或别具奏乞送使司，預乞台照。

一、本軍常平米通兩縣計五萬石，見行取會下户仰食之人數目未到，候將來冬後闕食，即將上件米斛分等第糶給，别具措畫詳細申聞。或恐米數不足，即乞支撥應副。熹已兑那諸色官錢往鄰近收糴，約可得萬餘石。但苦錢少，而近地米價已高，難運耳。

一、石隄已差官計料，以俟徐推之來。此舉本不敢容易，蓋欲因此贍給飢民，一舉兩利，切乞留念。

一、去秋建昌檢放米，當依台喻申省部，乞下使司，乞賜保明除豁。然此又是一重往復，不知徑自使司申請如何？此已一面申部矣。

一、星子減税，省部對補之説乃似肉糜之論，可付一笑。若本軍本縣自有名色可補，即何用更乞減放耶？近世議論大抵如此，令人氣塞。見已别具公狀申聞，仍申朝省極論其繆，預乞台悉。

一、聞得贛、吉諸州及湖北鼎、澧諸州皆熟，得湖南詹憲書云，湖北米船填街塞巷，增價招邀，氣象甚可喜。欲乞更與帥相商度，奏乞指揮兩路不得阻節客販，許下流被害州軍徑具奏聞，重作行遣。此一項早乞留念。

與王運使劄子

熹復有少禀：近準使牒奉行詔書，取會本軍金穀出納大數。初欲一一從實供申，偶會得池州式様，官吏皆以爲當放其所爲，可無後悔，遂止據有正當窠名合收之數以爲收支之數，而凡州郡多方措畫以添助支遣者皆不敢載。大約所供才十之二三，而米猶不在數中也。見欲一面如此攢寫供申，然在鄙意終有未安。蓋聖詔所爲丁寧，使臺所謂取索，凡以欲知州縣有無之實而均給之，以寬民力耳。今乃如此，在熹素心，則爲上欺使臺以及君父；在州郡利害，則恐今既自謂有餘，後日將不得蒙均給之惠以病其民也。是以深竊疑之，未敢不以實對。然官吏之説，則又有二端焉：其一以爲州郡措置所收窠名多不正當，恐有詰責，莫任其咎。此則使文自營之計，熹所不敢避也。其一以爲若盡實供具出數，今日固未必實有均給之惠，而盡實供具入數，異時上官所見不同，或將按籍而取之，則州郡必致重困。此則其説不爲無理，而熹有所不敢違也。是以尤竊疑之，又未敢遽以實對。伏念旬日，不能自定。敢以此私于下執事，伏惟台慈開示所鄉，使得奉以從事，不勝幸甚。

與江西張帥劄子一

熹比數以短劄承候起居，計悉已塵几下。今者復有少懇，輒敢以冒聞聽：熹以不德，招殃致凶，又無術略以濟饑饉，已屢伸告糴之請。然小郡貧薄，不能多致儲積，遠近軍民唯仰客販沿流而下，得以餬口，其引領南望，朝夕之勤，蓋不啻農夫之望歲也。今乃竊聞督府所臨，南自贛、吉，西極袁、筠，東被南城，方地數千里，幸蒙德政之餘休，皆有秋成之慶，而任事者私憂過計，未撤津梁之禁。熹愚竊意高明方以天下之重自任，其視鄰道，何以異於吾民？願賜一言，俾除其禁，則不惟蕞爾小邦歌舞大賜，抑自是以東，列城數十，實均賴之。率爾干冒，始猶自疑，及念前日荔子分甘之意，然後有以決知執事之不棄此土之人也，是以敢卒言之。伏惟台慈，俯賜矜照。

與江西張帥劄子二

咫尺門牙，無緣進謁，第切傾鄉之私。比以告糴，仰干台聽，竊意必蒙矜念。今聞收糴牙吏未及解發，而使府約束愈峻，遂不能歸。且鄙郡荒涼，舊雖豐歲，亦不免仰食船粟之來自封境者，況今旱歉，溝壑在前，其所望於餘波之惠者，又非他日之比。前記之懇，雖出僭易，然亦仁人君子所宜動心也。今再具禀，及以公文爲請，伏惟高明擴一視同仁之心，敦救災恤鄰之義，俯賜矜允，千萬幸甚，千萬幸甚。

與江西錢漕劄子

比以民饑，告羅隆興，已具曲折懇張帥，意必蒙其憐閔，推所餘以并活此邦之人。乃今聞其約束愈峻，所遣牙吏得米而不能歸，至於客販，亦復斷絶。若上流果亦荒旱，則不敢請。傳聞贛、吉、臨川諸郡及隆興屬邑自有豐熟去處，則江西當自不至闕食〔一四〕，而其餘波因可以及鄰境。恐不必過計爲此，以傷一視同仁之心，害救災恤鄰之義。熹已手書復致此懇於張帥，更望台慈賜以一言之重，使得早遂見聽，則此邦之人仰戴仁人之施，其可量哉！

與江西張漕劄子

熹未見顔色，輒有祈懇：比以民饑，告羅隆興，已具曲折懇禀張帥閣學，意必蒙其憐閔，拯此困急。今乃聞其約束愈峻，所遣牙吏得米而不能歸，至於客販，亦復斷絶。竊緣本軍地瘠民貧，雖號熟年，不免仰食上流諸郡，况今凶儉，事勢可知。然若上流果亦荒旱，則亦不敢固請。今贛、吉、臨川諸郡及隆興屬邑皆有豐熟去處，則使節所臨江西一路，決當不至闕食，而其餘波自可惠及鄰境。是以敢布其私，欲望台慈一言於張帥，早得放行本軍所糴及弛客販之禁，則台座活人之恩被於鄰道，此邦之人所以感激歸戴者爲如何哉！

與江西張帥劄子三

熹累具懇稟，告糴米船乞賜照應條法及近降指揮，特與通放，亦已累蒙公移回報開許，良感仁庇之及。但奉新令尉乃敢公然違戾，百端攔遏，其意必使敝邑飢民束手受斃而後已。設若使境之旱與弊軍等，則熹不敢有請。今使境諸邑粒米狼戾，發洩不行，而弊軍諸縣放皆及八分，山谷之民已苦艱食，所遣糴米本錢又皆兑借上供錢物，方此自劾，罪無所逃。竊意窮苦之狀必蒙矜憐，不謂此輩乃爾不仁，既格詔旨，又違使臺約束，而所以貽患於鄰邑者，尤爲無狀。熹已具公文上之幕府，欲望台慈詳酌，將本縣官吏重作行遣，將本軍米船早賜通放，上以體聖朝一視同仁之恩，下以見盛府救災恤鄰之義，不勝幸甚。

與星子諸縣議荒政書

熹爲政不德，致此旱災，雖已究心，多方措置，庶幾吾民得以保其生業而免於飢餓流離之苦，然竊自念智力淺短，不惟精神思慮多所不周，而事體次第亦須由軍而縣，方能推以及民。若非三縣同官各存至公至誠之心，深念邦本民命之重，相與協力，豈能有濟？今有愚見，懇切布聞，條具如後：

一、逐縣知佐既是同在一縣，協力公家，當以至公至誠之心相與。凡百事務，切要通情子細商量，從長措置，自然政脩事舉，民受其賜。苟或上忽其下，唯務私己吝權，下慢其上，但知偷安避事，則公家之務何由可濟？況今災數非常，民情危迫，經營措置當如拯溺救焚之急，不可小有遲緩齟齬，有誤民間性命之計。切告深體此意，盡革前弊，庶幾事有成功，民受實惠。

一、檢放之恩，著在令甲，謹已遵奉施行。今請同官當其任者少帶人從，嚴切戒約，給與糧米錢物，不得縱容需索搔擾。又須不憚勞苦，逐一親到地頭，不可端坐寬凉去處，止憑鄉保撰成文字。又須依公檢定分數，切不可將荒作熟，亦不可將熟作荒。其間或有疑似去處，或有用力勤苦之人，寧可分明過加優恤，不可縱令隨行胥吏受其計囑，別作情弊。

一、勸諭上户，請詳本軍立去帳式，令鄉衆依公推舉，約定所蔭客户、所糶米穀數目，縣司略備酒果，延請勸諭，厚其禮意，諭以利害，不可縱令胥吏非理搔擾。上户既是富足之家，必能體悉此意。其間恐有未能致悉之人，亦當再三勸諭，審其虛實，量與增減。如更詐欺抵拒，即具姓名申軍，切待別作施行。

一、根括貧民，請詳本軍所立帳式，行下諸都隅官保正子細抄劄，著實開排。再三叮嚀説諭，不得容情作弊，妄供足食之家，漏落無告之人。將來供到，更於本都唤集父老貧民逐一讀示，公共審實。衆議平允，即與保明；如有未當，就令改正，將根括隅官保正重行責罰。

一、將來糶米，亦請一面早與上户及糴米人户公共商議置場去處，務令公私貧富遠近之人各得其便。大抵官米只於縣市出糶，上户米穀即與近便鄉村置場出糶〔一二五〕，不須般載往來，徒有勞費。如有大段有餘不足去處，及將來發糶常平米斛，即具因依申來，切待别行措置。

一、凡郡中行下寬恤事件，各請誠心公共推行。如有未當或未盡事宜，更望子細示喻，當行改正。

右件如前，各請痛察。如或未蒙聽從，尚仍前弊，致此飢民一有狼狽，即當直以公法從事，不容更奉周旋矣。千萬至懇至懇！

與執政劄子

熹輒有危迫之懇，已具公劄申陳。然其曲折有不敢盡言於君父之前者，復此干冒鈞聽，得賜宛轉陶鑄，不勝幸甚。熹昨緣疾病，不堪吏役，累具劄目，乞備祠官。至五月間，伏準尚書省劄子，奉聖旨不允。自惟卑賤，不敢頻有祈扣，觸犯天威。欲俟新秋乃伸前請，而德薄政荒，招致災旱，深念千里民命之重，不忍當此艱難窮困之秋輒求自便，於是屈心抑志，黽俛服官。祈禱百方，卒無所效。又慮將來軍民必致闕食，不免行下屬縣，勸諭富民，根括下户，那兑官錢，於鄰近州縣米價稍平去處收糴米斛，準備賑給。又已申奏朝廷及申轉運、常平兩司，乞行救助。更欲勉悉疲駑，講求荒政，以副聖主子愛黎元之意。而力小任重，日夕驚憂，遂致心疾大段發動，上炎下潦，勢甚危急。在熹一身，死生夜旦所不足言，實懼失於備禦，有誤一方飢民，横致流殍，則熹爲上負朝廷，死有餘憾。於是不復敢顧辭難避事之嫌，有此申禀。欲望鈞慈憐察，特賜敷奏，與熹宫廟差遣，使得歸死故山。仍催已差下人石𡼏疾速前來料理荒政，救濟飢民，不勝幸甚。

小貼子

伏念熹昨以朝命敦迫，勉彊到官，不敢携家爲久住計，祇挈一小兒在此，方十餘歲。今若病勢有加，即彼此存没一時狼狽。欲望鈞慈，深賜憐察。

與周參政劄子

熹竊以仲秋之月，暄凉未定，恭惟參政鈞候起居萬福。熹前日專人奏記，尋即奉被遞中所賜手教，伏讀再三，感慰亡踰。又蒙垂喻，繆妄所陳，聖旨乃有假借納用之意，自惟疏賤，不宜得此，悚戴之私，殆未易以言説既也。然前事不聞有所施行，後事更被詰問，若將反以違滯之罪罪之者，惜乎聖主虚心受言之美，未有以見於行事之實也。加之賤體自遣人後，心痛寖劇，而足疾復作，痛楚非常，不能履地，在告已旬日矣。自度衰頽，不堪勉强，恐誤一郡軍民性命，日夕憂懼，不能自安。謹再具劄子，申布賤懇。然於所職，亦不敢忘過計之憂。頃有狀奏乞截綱運充軍糧事，并以申省。然於羣公前已致問，不敢頻有煩瀆。願因間語賜一言焉，得并前劄早賜開陳，使熹得輿病以歸，而軍民不至狼狽，不勝幸甚。力疾專此具禀，不能他及。瞻望台躔，邈在霄漢，無由進拜，第切拳拳。

與周參政劄子

近得尤倉書，已具道鈞意矣。固知遠方下邑，朝廷不當偏有應副，然災傷如此，竊意似當隨其重輕，普加恩意也。昨日省符行下議臣奏請檢放之弊，所謂但憂郡計之不支，不慮民力之愈困者，真可謂仁人之言矣。三復歎息，不意議者猶能及此。方之對補之論，蓋不啻九牛毛也。然郡計之不支，亦非細事，熹嘗論之矣，切望垂意。朝廷之體固不當私一郡，尤不可棄諸郡也，不審鈞意以爲如何？未能自脱，而欲爲左右言，可謂僭妄。然區區之心有不能已者，其所以望於參政者，蓋非特今人之事也。伏惟恕而察之，幸甚。

本路尤倉甚留意，然常平之積恐不足以周今歲之用。聞建康樁積甚富，而漕司亦有餘財，但相去之遠，呼叫不聞，未知所以爲計耳。前此減税及乞放去年建昌三千餘石，猶不任責，況有大於此者，尚何望哉？觀此事勢，上下決不相應。熹性狷狹，進則有搪突之傷，退則迫切無憀，疾病侵加，恐徒死而無益。參政儻哀憐之，不若投畀閑散以安全之，乃爲大幸。然其所請截撥應副，乃一郡之計，初不繫於熹之去留也。遏糴之請尤急，聞其用法甚峻，犯者或乃没入其家。此望早賜約束，少遲則早穀向盡，晚米價高，雖通無益矣。熹又思之，恐得祠去此，見在同寮未有能亢此難者，已與尤倉密計，更調守者。然朝廷亦當一面催促代者，彼至則足以蘇此人。但道里遼遠，未能猝至耳。凡此皆望深賜留念，幸甚幸甚。

又蒙垂喻所以曉子澄者，莫非至當之言，不勝歎服。但未知子澄之意果如何？若熹則方與邦人厄於陳、蔡之間，雖有雜燒之令，亦不暇起而争救之矣。匆匆亟遣此人，未及究鄙懷之一二。然其僭易煩瀆之罪，已不勝悚仄矣。并乞鈞察，千萬之幸。

與周參政劄子

熹復有愚見，懷不能已，敢以私于下執事：今歲之旱，其勢甚廣。比見連日降旨，所以爲祈禱寬恤之計者，足以知聖主之憂勞矣。然所謂禁屠宰、決杖罪、放房緡及茶鹽賞錢者，恐未足以爲應天之實。而今日又報蠲放綱運欠米十石以下者，此尤近於兒戲。欲以此消已成之災，息未形之患，吁，亦難矣！成湯桑林之禱，宣王側身脩行之意，其反求諸己者爲如何哉？熹竊思之，今日之事，應天之實有四：曰求直言，曰脩闕政，曰黜邪佞，曰舉正直。恤民之大者有六：曰重放税租，乞行下諸路監司，察州郡不受訴者，郡守察其縣令，皆以名聞。曰通放米船，乞下江西、湖南路，仍許下流諸路州軍具奏，重行責罰。曰勸分賑乏，曰截留綱運，曰嚴禁盜賊，曰糾劾貪懦。區區念此至熟悉矣，欲卬首信眉，一言於上，又慮出位干時，未必取信，故敢以告于執事。伏惟都俞之暇，從容造膝，一爲明主極言之，則天下幸甚。

與周參政別紙

竊聞參政間以隔并之災過自引咎，顧留行之詔既下，則明公不得終遂其高矣。然天戒昭昭，聖心警懼，惕然有意於講闕政以召和氣，此實盡忠補過、轉禍爲福不可失之幾，願明公深以爲意，則天下幸甚。熹前日所陳應天恤民之目，皆今日之急務，而求言之詔尤四方所渴聞者。不識明公亦有意乎？若復推遷，失此大會，則自今以往，熹之言不復能出諸口矣。引領東閣，不勝拳拳。

與陳師中書

熹試郡無狀，以丞相庇臨之力，幸及終更，復叨除命。傳聞嘗汚丞相薦墨，是以有此。意者偶因臧否支郡及之。比歸見劉平父，乃知所以假借稱道者過實殊甚，使人愧懼踧踖，不知所言。丞相既已失之，老兄在旁又不力諫止，使熹負此無實之名，他日反爲門牆之累，追悔何可及耶？欲具書謝丞相，具道此意，偶值此便未暇，更旬日間，當有的便續脩致也。歸途所過，知識往往能道次舍經歷之狀，但未知果以何日至莆中舊第？區區不勝瞻仰也。熹閏月二十七日受代，即日出城，遊山玩水，自江州界渡江，在道十餘日，以前月十九日到家。疾病支離，且得休息。江西敕告尚未被受，衰懶豈復堪此？幸闕期尚遠，得以徐爲去就耳。

自明之亡，行且期矣，念之怛然，痛恨如新。不知向來所喻編次文字，今已就否？渠所立自足以不朽，然其議論曲折，亦不可不使後人聞之也。其家事復如何？朋友傳説令女弟甚賢，必能養老撫孤，以全柏舟之節。此事更在丞相夫人奬勸扶植以成就之，使自明没爲忠臣，而其室家生爲節婦，斯亦人倫之美事。計老兄昆仲必不憚贊成之也。昔伊川先生嘗論此事，以爲餓死事小，失節事大，自世俗觀之，誠爲迂闊。然自知經識理之君子觀之，當有以知其不可易也。伏況丞相一代元老，名教所宗，舉錯之間不可不審。熹既辱知之厚，於義不可不言。未敢直前，願因老兄而密白之，不自知其爲僭率也。

與陳丞相別紙

自明云亡，忽將期歲，念之令人心折。其家想時收安問。熹前日致書師中兄，有所關白，不審尊意以爲何如？聞自明不幸旬月之前，嘗手書列女傳數條以遺其家人，此殆有先識者。然其所以拳拳於此，亦豈有他？正以人倫風教爲重，而欲全之閨門耳。伏惟相公深留意焉。

與福建顏漕劄子

前日已被改除信劄，傳聞會稽斗米八百錢，其勢不容辭避，已申乞奏事矣。邵武勢須四五日間方得歸，即治裝以俟命。萬一成行，恐不復得請教，不勝引領之懷。凡所以居官治民及救荒方略有可見教者，尚冀不鄙，幸甚幸甚。

道間詢問收成次第，云僅可得六七分。今又遭雨，若未遽止，即不得及此數矣。恐欲聞其實，故敢及之。

與顏漕劄子

熹衰病之餘，彊顔一出，適此大侵，費縣官數十萬，而越人之殍猶不可以數計。俯仰幽明，跼蹐憂愧，殆未易以言喻也。加以伉拙，不堪世俗之迫隘，中間求去不得，復此宿留。今幸二麥登場，賑救訖事，見攢帳目申發，即尋前請，庶幾觀變玩占，可以無大過耳。浙東山佳處都未得放懷登覽，剡中雖兩到，然憂累方深，無復佳興也。若便得報罷，當取道石橋、龍湫以歸，庶不負此行耳。前承枉書，竊審軺車一出，周徧八郡，狂寇束手，姦民屏息，山谷困窮受賜多矣。他可以爲一方久遠計者，尚冀高明慮之，千萬幸甚。

上宰相書

六月八日，具位謹奉書再拜，獻于某官：熹嘗謂天下之事有緩急之勢，朝廷之政有緩急之宜。當緩而急，則繁細苛察，無以存大體，而朝廷之氣爲之不舒；當急而緩，則怠慢廢弛，無以赴事幾，而天下之事日入於壞。均之二者皆失也。然愚以爲當緩而急者，其害固不爲小；若當急而反緩，則其害有不可勝言者，不可以不察也。

竊觀今日之勢，可謂當急而不可緩者矣。然今日之政則反是，愚不知其何以然也。去歲諸路之饑，浙東爲甚，浙東之饑，紹興爲甚。聖天子閔念元元之無辜，傾困倒廩以救之，而甚者至出内帑之藏以補其不足，德意之厚，與天同功。熹於是時憊卧田野，而明公實推挽之，使得與被使令趨走之末。仰惟知遇，撫己慙怍。然自受任以來，夙夜憂歎，恐無以仰承聖天子之明命而辱明公之知於此時也，是以不憚奔走之勞，不厭奏請之煩，以盡其職之當爲者，求以報塞萬一。而乃奏請諸事多見抑却，幸而從者，又率稽緩後時，無益於事。而其甚者，則又漠然無所可否，若墮深井之中。至其又甚者，則遂至於按劾不行，反遭傷中。而明公意所左右，又自曉然，使人憒濾，自悔其來而求去不得，遂使因仍，以至於今。

比日以來，神明消耗，思慮恍惚，兩目昏澁，省閲艱辛，方欲少俟旬日，別上封章，冀蒙哀憐，得就閑佚。又以連日不雨，旱勢復作，紹興諸邑仰水高田已盡龜坼，而山鄉更有種不及入土之處。明、婺、台州皆來告旱，勢甚可憂。雖已一面多方祈禱，必冀感通，然天道高遠，事有不可期者。萬一更加旬日，未遂所求，則去年境界又在目前。而上自大農，下及閭巷，公私蓄積頻年發散，亦自無餘，後日之憂必有萬倍於前日者。熹之迂愚，固不知所以爲計。誠恐雖以聖主之聰明聖智，明公之深謀遠慮，亦未必有斷然不可易之長策，真可以惠活飢民、彈壓姦盗，而保其必無意外之患也。熹是以徬徨怵迫，未敢遽請，而復冒昧一磬其愚，惟明公試幸聽之：

竊惟朝廷今日之政，無大無小，一歸弛緩。今亦未暇一一條數以恩崇聽，且以荒政論之，則於天下之事最爲當急而不可緩者。而荒政之中有兩事焉，又其甚急而不可少緩者也。一曰給降緡錢，廣糴米斛。今二廣之米，艫舳相接於四明之境，乘時收糴，不至甚貴，而又顆粒匀净，不雜糠粃，乾燥堅碩，可以久藏。欲望明公察此事理，特與敷奏，降給緡錢三二百萬，付𡩋收糴，則百萬之粟旬月可辦。儲蓄既多，緩急足用，政使朝廷别有支撥，一紙朝馳而米夕發矣。且往時不免轉大農之粟，發内帑之幣，以應四方之求矣，積之於此，與彼何異？而又乘賤廣糴，利重費輕，殆與臨期支撥糴貴傷財者不可同日而語。且今米船已集，求售無所，停住日久，坐失本利，後者懲創，因不復來，無窮之害實自今始。此一事也。二曰速行賞典，激勵富室。蓋此一策本以誘民，事急則籍之以爲一時之用，事定則酬之以爲後日之勸。旋觀今日，失信已多，别有緩急，何以使衆？欲望明公察此事理，特與敷奏，照會元降，即與推恩，使已輸者無怨恨不滿之意，未輸者有歆豔慕用之心，信令既行，願應者衆，則緩急之間，雖百萬之粟可指揮而辦。況是此策不關經費，揆時度事，最爲利宜。而乃遷延歲月，沮抑百端，使去歲者至今未及霑賞，而今歲者方且反覆卻難，未見涯際。是失信天下，固足以爲今日之所甚憂；而自壞其權宜濟事之策者，亦今日之所可惜也。謀國之計乖戾若此，臨事而悔，其可及哉！此二事也。

然或者之論則以爲朝廷撙節財用，重惜名器，以爲國之大政將在於此，二者之請，恐難必濟。愚竊以爲不然也。夫撙節財用，在於塞侵欺滲漏之弊；愛惜名器，在於抑無功幸得之賞。今將預儲積蓄，以大爲一方之備，則非所謂侵欺滲漏之弊也；推行恩賞，以昭示國家之信，則非所謂無功幸得之賞也。且國家經費用度至廣，而耗於養兵者十而八九。至於將帥之臣，則以軍籍之虛數而濟其侵欺之姦；餽餫之臣，則以簿籍之虛文而行其盜竊之計。苞苴輩載，争多鬬巧，以歸於權倖之門者，歲不知其幾巨萬。明公不此之正，顧乃規規焉較計豪未於飢民口吻之中，以是爲撙節財用之計，愚不知其何說也。國家官爵布滿天下，而所以予之者，非可以限數也。今上自執政，下及庶僚，内而侍從之華，外而牧守之重，皆可以交結託附而得。而北來歸正之人、近習戚里之輩，大者荷旄仗節，小者正任横行，又不知其幾何人。明公不此之愛，而顧愛此迪功、文學、承信、校尉十數人之賞，以爲重惜名器之計，愚亦不知其何説也。

然熹亦嘗竊思其故而得其説矣，大抵朝廷愛民之心不如惜費之甚，是以不肯爲極力救民之事；明公憂國之念不如愛身之切，是以但務爲阿諛順指之計。此其自謀可謂盡矣，然自旁觀者論之，則亦可謂不思之甚者也。蓋民之與財，孰輕孰重？身之與國，孰大孰小？財散猶可復聚，民心一失，則不可以復收；身危猶可復安，國勢一傾，則不可以復正。至於民散國危而措身無所，則其所聚有不爲大盗積者耶？明公試觀自古國家傾覆之由，何嘗不起於盗賊？盗賊竊發之端，何嘗不生於飢餓？赤眉、黄巾、葛榮、黄巢之徒，其已事可見也。數公當此無事之時，處置一二小事，尚且瞻前顧後，踰時越月而不能有所定，萬一荐饑之餘，事果有不可知者，不審明公何以處之？明公自度果有以處之，則熹不敢言。若果無以處之，則與其拱手熟視而俟其禍敗之必至，孰若圖難於易，圖大於細，有以消弭其端而使之不至於此也？古之人固有雍容深密不可窺測，平居默然若無所營，而臨大事、決大策不動聲氣而措天下於太山之安者。然從今觀之，自其平日無事之時，而規模措畫固已先定於胸中，是以應變之際敏妙神速，決不若是其泄泄而沓沓也。況今祖宗之讎耻未報，文武之境土未復，主上憂勞惕厲，未嘗一日忘北向之志，而民貧兵怨，中外空虚，綱紀陵夷，風俗敗壞，政使風調雨節，時和歲豐，尚不可謂之無事，況其飢饉狼狽至於如此！爲大臣者乃不愛惜分陰，勤勞庶務，如周公之坐以待旦，如武侯之經事綜物，以成上意之所欲爲者，顧欲從容偃仰，玩歲愒日，以僥倖目前之無事。殊不知如此不已，禍本日深。熹恐所憂者當不在於流殍，而在於盗賊；受其害者當不止於官吏，而及於邦家。竊不自勝漆室嫠婦之憂。

一念至此，心膽墮地，念不可不一爲明主言之，而猶未敢率然以進，敢先以告于下執事。惟明公深察其言，以前日遲頓寬緩之咎自列於明主之前，君臣相誓，務以盡變前規，共趨時務之急，而於熹所陳荒政一二事者少加意焉，則熹雖衰病不堪吏役，尚可勉悉疲駑，以備鞭策。至其必不可支吾而去，後來之人亦得以因其已成之緒葺理整頓，仰分顧憂。如其不然，則熹之愚昧衰遲，固不能爲此無麪之不托，而其狂妄，將有不能忍於明主之前者。明公不如早罷其官守，解其印綬，使毋得以其狂瞽之言上瀆聖聰，則熹也謹當緘口結舌，歸卧田間，養雞種黍，以俟明公功業之成而羞愧以死，是亦明公始終之厚賜也。情迫意切，矢口盡言，伏惟明公之留意焉。

與陳丞相别紙

蒙諭第二令孫爲學之意，乃能舍世俗之所尚，而求夫有貴於己者，此蓋家庭平日不言之教有以啓之，非面命耳提之所及也。熹嘗聞之師友，大學一篇乃入德之門户，學者當先講習，知得爲學次第規模，乃可讀語、孟、中庸。先見義理根原體用之大略〔二六〕，然後徐考諸經以極其趣，庶幾有得。蓋諸經條制不同，功夫浩博，若不先讀大學、論、孟、中庸，令胸中開明自有主宰，未易可遽求也。爲學之初，尤當深以貪多躐等、好高尚異爲戒耳。然此猶是知見邊事，若但入耳出口，以資談説，則亦何所用之？既已知得，便當謹守力行，乃爲學問之實耳。伊洛文字亦多，恐難遍覽，只前此所稟近思録乃其要領。只此一書，尚恐理會未徹，不在多看也。大學、中庸，向所納呈謬説，近多改正，旦夕别寫拜呈。近又編小學一書，備載古人事親事長、洒掃應對之法，亦有補於學者。併俟録呈，乞賜裁訂，以授承學也。

校勘記

〔一〕與史丞相劄子　此題下，正訛據徐樹銘新本補注「己亥以後」四小字。

〔二〕與袁寺丞書　「丞」下，淳熙本有「樞」字。

〔三〕變異情節　「異」，淳熙本作「易」。

〔四〕既以自愧　「以」，淳熙本作「已」。

〔五〕大悶不聊　「不」，淳熙本作「無」。

〔六〕攜小兒外甥在此　「外」字原缺，據淳熙本補。

〔七〕無婦女看當　「當」，淳熙本作「管」。

〔八〕熹時又須自視問其醫藥　「熹」，淳熙本作「病」。

〔九〕業已不爲久計　「已」下，淳熙本有「如此」二字。

〔一〇〕此非所憚　「憚」下，淳熙本有「也」字。

〔一一〕亦不可知　「知」下，淳熙本有「也」字。
〔一二〕熹亦已有書懇諸公丐祠　「熹亦已」，淳熙本作「非不」。
〔一三〕使必從所請　「使」下，淳熙本有「之」字。
〔一四〕不選甚差遣都做不得　「不」字，淳熙本無之。
〔一五〕初不責以名檢　「以」，原作「其」，據浙本改。
〔一六〕惟執事者毋以爲戒　「毋」，原作「每」，據浙本改。
〔一七〕暫歸臨江矣　「江」，浙本作「汀」。
〔一八〕按：此書别集卷六複出，題與黄商伯。
〔一九〕尚爲可耻　「耻」，原作「取」，據浙本改。
〔二〇〕賤迹自是愈孤危矣　「矣」，浙本作「耳」。
〔二一〕此但爲建康一郡計耳　「一」，原作「州」，據浙本改。
〔二二〕若用劉樞舊例奏請　「奏請」，原作「請奏」，據浙本、天順本乙。
〔二三〕今均在上供州用數中　「今」，浙本作「令」。
〔二四〕則江西當自不至闕食　「當」，原作「常」，據閩本、浙本改。
〔二五〕上户米穀即與近便鄉村置場出糶　「與」，浙本作「隨」。
〔二六〕先見義理根原體用之大略　考異云：「先見」，一作「究見」。

晦庵先生朱文公文集卷第二十七

書時事出處 劄子

與趙帥書子直〔一〕

竊見使司行下委兩鄰附籍事，官司嘗已施行。但此事初議只委鄉官勸諭人户自來附籍，蓋不欲使吏與其間，恐有煩擾。雖有不願請米者，亦不之彊，但欲請米者，非已附籍不給，即其人利害切己，附與不附皆須自任其責。行之既久，人漸相信。今忽有此指揮，即自此之後，生子得米之人可以安坐不問，而歸其責於鄰人，鄰人不得米者，顧乃代之任責，而又無罪賞以督其後。又況一甲之内，除懷孕家外，尚有四家，今却只取兩家爲鄰。若在街市人家齊整去處，猶可責之兩畔切鄰，不容推託。若在鄉村人煙星散去處，即或前或後，或左或右，或疏或密，必是互相推託，不肯爲任此責。其生子得米之人既不干預，却使無利害之人任無罪賞之事。而四家之中又無正定主名，萬一無人及時申附，直至生子之後，其家或欲殺棄，即通同蓋庇，不復申舉。或欲請米，即須論訴鄰人，以爲不申附之罪。鄉官既難受理根究，其勢必煩有司追證搔擾，其害不細。不知及今尚可回否？

若得且令鄉官依舊勸諭人户自行附籍，而委措置官考察附籍者之殿最〔二〕，取其尤怠慢者申縣改差而稍加沮辱，以警其餘，亦足以革舊弊、廣恩意。如其不然，即須嚴立罪賞，而使甲内四家同任其責。如有懷孕五月之家，即四鄰先取本家申乞附籍文狀，仍說願與不願請米，四鄰連名簽押。狀内公共指定，專委兩鄰某人某人傳送，取附籍鄉官批回付本家收照。候生子訖，再取四鄰保明，繳連元批，赴收支鄉官請米。其不願請米人，亦須四鄰具狀，繳連元批，保明不曾殺棄，關報注籍。如此乃可關防推託遺滯、詞訴搔擾之弊。然既如此，即事體規模頓異前日，而將來亦恐終不免於煩擾。更乞詳酌其宜，計其利害之實而行之也。

大抵此事從初商量，非不知如此措置決是不能周遍，然所恃者既無煩擾之弊，而勸諭恩意有以感動之，則賑給之惠雖不能周，而陰受生活之賜者，自將不勝其衆耳。若以此爲不廣，而欲其速得周遍，則決非勸諭之所可及，勢須一切以文法禁令驅迫，然後可成。如此非不美觀，然恐官司徒有文移而無事實，民間徒被搔擾而無恩惠，非前日所爲思慮措畫之本意也。不審高明以爲如何？熹上覆。

近日倉司所行全是文具，委官散牓，編排甲户，置立粉壁，處處紛然，而實無一文一粒及於生子之家。愚意此可以爲戒而不可學也。

與趙帥書

適聞崇安宰丞同到精舍，云被使檄有所營造，不知果然否？此是私家齋舍，不當慁煩官司。不唯在熹私義有所不安，加以蹤跡孤危，動輒得謗，今更坐役官司起造屋宇，此正是好題目，彼等所日夜窺伺而不可得者。侍郎見念之悉，豈當以此禍餉之乎？春間在彼，亦有朋友數人欲爲營葺，已定要束矣。尋聞去歲有人僞印圖牓，列熹及劉平父名銜，勸緣題疏，有一後生親見印本。因思如此乃是爲實前謗，遂報諸人罷其所謀。況今乃煩官司，豈得爲穩便乎？向嘗蒙喻，蓋已有此意。其時亦嘗具禀，委之官司，恐不穩便，但未嘗究其說耳。官司爲之，於義既不可，於事亦不便。蓋其一則必有搔擾，其二則不能如法，萬一爲之，自此熹更不敢入精舍矣。聞之憂恐，急作此附遞拜懇，乞且行下罷役。若台意必欲不虚前諾，徐別圖之，亦未晚也。

與趙帥書〔三〕

前書所禀，懷有不能自已者。既而思之，言語過當，深以自咎，然有以知高明之必見容也。賣鹽之事誠亦非便，蓋下四州民間納産鹽錢，州縣自合給鹽償之。今既例不給鹽，而帥司復行榷賣，議者之言亦未爲不當。但相承已久，調度所資，有不獲已者。向時汪丈入閩，正值沈漕罷去、王與道住賣之後，亦深以此爲疑。後不得已，竟復榷之，想亦是别無擘畫處也。不知使司今欲作如何相度？愚意此事今且如此暗行貨賣，姑爲不得已之計，則他日或有能弛之者。若遂相度奏請，明降指揮，則是福州民間增此一項無名之賦，自我而始。況泉、漳、興化事體一同，勢必援例公行，則其爲害又不但福州而已。此事更乞深思，少遼緩之，不須催促漕司相度，或只作手劄密奏，上意未必不以爲然。更以書白廟堂諸公，亦當曉然見此利害也。不審台意以爲如何？

祠請未遂，不知再入文字否？似聞論鹽事者頗及浚湖之役，不知是否？前日林子方因治建昌士人無禮教官事，幾爲要路所擠。今日風俗大抵不甚睹是，令人憤懣。伏想高懷於此必有處也。

與林擇之書

彼中旱勢如何？得雨莫已沾足否？槁苗尚可救否？此中燥濕不均，山間有頻得雨處，有極枯槁處，度其勢短長相補，亦足以相救。所患者人心喜亂，不待飢餓而已生狂妄之意。又患些小米穀爲他處般販，則亦無以爲繼，而實有飢餓之憂以速變亂耳。已累書白帥，宜亟糴廣米及台州米。近聞永嘉亦有米可來，此皆不可不早爲之計。如福州闕米，則此間米不可仰。近觀其所處置，却只是禁上流欄米及遣人來收糴。此二策者，不過取之吾之境内，譬如一家之中，二子皆飢，乃奪甲以哺乙耳。亦已極論其非是，不知以爲然否？幸以累年以來見聞之驗告之，此非細事也。唯壬午、癸未陳應之守建時禁港甚嚴，而汪丈在福州一無所問〔四〕，此最爲得。其後趙清卿、任元受在福州，則陳邦彦在建與之爭，王瞻叔在福州，則任希純在建與之爭。三公雖悍〔五〕，然卒不能奪建人之守，然後無事。今上流諸州，其小者不敢抗大府之命，其大者又未必有意於民，而亦不知其利害之若此也。帥府又快於吾令之得行，吾民之可以無飢，而未及慮夫建、劍之俗一有紛紜，則將爲吾之憂有大於此者而不及救也。只如建寧，向來屢飢，亦不免用諸縣自給之説，不得般米下船，然後村落獲濟。城中又泝流發米以助諸縣，然亦不聞城中之飢。今任事者曾不察此，諸縣以舊事告，皆不之信。此必不能有説以告帥司，全在帥司自爲一路之計，算其長者而爲之耳。聞延平積粟皆已匱竭，此可深憂。宜檄諸州照例禁港，不得般販村米。無致將來闕食生事。大凡盜賊皆起於深山遠官府處，不可不慮也。此於帥府事體，蓋所當然。而一面多方招邀運致外道米斛入界，乃爲上策。廣中雖云不熟，然亦當勝本路。如温、台則粒米狼戾，今正及時，可招可糴，不可失也。如本路糴米，則非計之得，又非其時，枉費多錢，反得少米。不若且看將來，如他處米來多，即不須糴。若不得已，亦且俟十月以後間晚禾成熟後方可糴。此理的然。前日書中亦説不盡，更煩子細爲陳之，不可有一字之遺也。

與林擇之書

近因便兵附狀，想達。秋凉，遠惟德履佳勝。不知到城中居甚處？必已不復入學矣。前書所論，曾言之否？聞汀寇甚熾，想幕府無暇及他事矣。近例帥須親到地頭督戰，此甚非策。然既有此指揮，恐不得不一出。但未可遽深入，且到延平，徐議進退可也。

此賊已敗官兵、殺將吏，決不可招，只有盡力撲討。然其所以致此，必是官司前後非理侵擾有以致之。却須詢究其由，將元來官吏奏劾，重作施行，以謝其人。仍計盜起縣分合起發支遣錢物，並令一切倚閣，以慰人心，不令别致響應。即支遣不可闕者，令漕司撥錢應副。此兩項是第一義，若能行之，即一面多出印牓，簡約其詞，令人於地頭散帖曉諭。其次即須非時接見賓客僚吏，務通下情，以資計策。此事平日已是欠闕，今尤不可循舊失也。其次須有將有兵，乃可責效。若只用見今兵官、統見今兵卒，此則決然敗事無疑。聞辛幼安只是得所募敢死之力，見馮湛説亦是招得賊中徒黨作鄉導〔六〕，方能入山破賊巢穴。本路左翼軍向來便是此等人，所以陳敏用之有功。今已無復舊人，只與諸州禁軍、土軍無異。却恐歸正官及牢城中有可募者，但得有心膽事藝者，勿問其所從來可也。向見帥喚得商榮者在彼，後來看得如何？沙世堅者，本亦只是此流，欽夫拔之徒隸之中，使捕小賊，輒有功。至李接之亂，遂收其用耳。

起發諸州禁軍，決是無用。然今卒未有人，其勢不可以不起。但亦止可遥爲聲勢，切不可使入山與賊交鋒，適所以長賊威而沮官軍之勢。亦防賊人乘虚衝突旁近州郡，或本處有嘯亂應賊之人，須稍分留，令足彈壓。必不得已，寧可申朝廷撥廣東摧鋒軍與左翼相掎角，亦是一事。但正當此荒歉，供億之費不貲，不知何以爲計耳。聞沙縣宰頗有才，南劍推官趙師淵、劍浦令丞皆曉事。此是將來帥到南劍可備使令之人，亦不可不知也。此皆老生常談，恐或可裨思慮之所不及，相見煩爲言之。

前日通放米船之説，當此火色，尤不宜力主偏見，以摇人心。更可細説，得作訪聞行下建、劍，云恐上流州郡闕米，本司日前行下通放米船約束更不施行。仍委本州逐縣隨宜相度，措置儲蓄，以備賑恤。如此即事體正當，物情便安矣。

今日向前進討，勝負之外，更有衝突、響應二事，甚可慮。西南慮衝突，東北慮響應。此間諸公，只宋倉尚可告語，然非捕盗職事，不知新憲如何？若亦未有長策，即一路之命全在趙帥一身獨自擔當，不是小事。昨夕聞此，令人展轉不寐。偶有歐陽慶嗣便，託渠先發此書。此間事不暇及，渠到必自相見也。

與趙帥書

熹竊聞究心荒政，以爲來歲之備者甚至，甚善甚善。但上流糴米之數似亦太多，蓋雖未即津發，然收之官，民間便闕此數。又且處處置場收糴，冬間米價便須增長，來春糴貴亡疑。今業已施行，不敢便乞住罷，若但得少損其數，亦不爲無補也。又聞浙米來者頗多，市價頓減，邦人甚喜，而識遠者慮其將不復來，此一道安危之大機也。謂宜多方招致，稍增市價，官爲收糴，以勸來者。比之溪船海道官自搬運，縻費損失所爭決不至多。此等事一是要早商量，二是要審計度，三是斷置果決，不可因循。去冬見議開湖事，熹謂須先計所廢田若干，所溉田若干，所用工料若干，灼見利多害少，然後爲之。後來但見匆匆興役，至今議者猶以費多利少爲疑。浮説萬端，雖不足聽，然恐亦初計之未審也。大抵集衆思者易爲力，專己智者難爲功。此等事但呼官吏之可與謀者條畫而算計之，其贏縮利害可以一日而決，不必閉閤深念，徒弊精神而又未必盡乎利病之實也。庸闇疏闊，智不謀身，而過計多言，喜與人事，深自覺其可厭，而未能遽已，不審高明以爲如何？狂妄之罪，亦惟并寬之也〔七〕。

官自運米，弊病百端，頃時會稽有一斛而虧兩斗者，不免奏劾坐押使臣。而王仲衡力庇之，反欲捃拾發舉官吏，乃剡縣葉簿，即黄丞之表弟，問之可知也。或謂當募出等商賈，使之抱認津致，雖或優其傭費，亦未敵官運折欠之多也。此事前日陳教授歸，嘗囑以禀聞，似亦可采用也。陳雖後生，然甚曉事，聞侍郎遇之頗厚，凡百更垂下問，當有所助。然詢謀貴廣，亦不專在一人。嘗記先儒解孟子「訑訑」二字，以爲自足其智、不嗜善言之貌，此言甚有味也。今時士大夫非無愛人憂國之心，但雖賢者，不免有此氣象。所以雖其所知所與可以盡言而無間者，亦未必得竭懷抱，而況於疏遠卑賤之人乎！此可爲長太息也。

諸公奏議大體甚正，其間一二篇，如蔡承禧輩議論，無甚可採，不足列於諸老之間。而獨斷數篇，恐或飲藥以增病也。温公兩篇，當爲章惇而發，雖其救時之切，不暇遠謀，然亦終不可以爲後世法也。使紹聖、崇寧之間羣小得此蹤蹟，豈不爲奇貨哉？又聞明道王霸劄子中間雖遭擯黜，今雖已復收，然恐其他更有似此若迂而實切、若小而甚大者，須别作一眼目看，不可輕有遺棄，恐後世有明眼人，冷地看著，有所遺恨，竊笑於今日也。伯恭文鑒所載奏疏甚詳，頃但見其目録，亦不暇細考，然恐其去取之間亦須有説，鄙意以爲凡其所載似不可遺，其所不載乃當增益，此亦條例中之一事也。此事之説甚長，恨去歲困於人事，不得子細請教耳。

與趙帥書

熹衰病之餘，災患踵至，殊不自堪。伏蒙問恤，良以爲感。又蒙軫其乏絶，割清俸以周之，仰認眷存，尤切愧荷。但窮巷書生，疏食菜羹自其常分，不知後生輩以爲創見，便爾傳説，致誤台慈以爲深憂，亟加救接，至於如此。在熹之義，豈當復有辭避？實以近日偶復粗可支吾，未敢虚辱厚意，謹已復授來使，且以歸納。萬一他日窘急有甚於今，當别稟請，以卒承嘉惠也。人參、附子則已敬拜賜矣。

但少有鄙懷，冒浼台聽：不審高明以近日所處劉家典庫事爲如何？若熹鄙見，則竊以爲甚不類門下平日之舉措也。鄉里自此旬月以來，閭巷聚談，有識竊歎，下至三尺童子，亦皆憤然有不平之氣。熹恐門下於此偶未之思也。行迷雖遠，尚及改圖，以全素節，以息流議，不審門下亦有意乎？如其不然，則天下之士將有以夷虜之道疑於門下而不入其鄉者矣。此熹之所大恐，蓋不特爲劉氏遊説也。久辱知遇，不敢不盡所懷。雖被譴絶，所不敢辭，伏惟有以察之而已。他喻數條，未暇報禀。歲晚，更乞順時之宜，進德自重。區區不勝祈望之切。并幾台照。

答梁丞相書

熹伏讀賜教，盛德不居，退託愚懦，仰惟明公之心正大光明，表裏洞徹，無一豪有我自私之意。而熹以妄庸受知之久，又勤下問至於如此，亦豈能恝然自閉，一無所進，以效其尺寸之愚哉？但以正此退藏，不當出位，是以於政體之是非、人材之邪正，一豪不敢有所陳説，而獨請以王通所謂「願君侯正身以統天下」者，敬爲明公誦之。其言雖近，其指則遠。伏惟明公於此試留意焉，廣引人材，勤攻己闕，使凡政事之出於我者無一疵之可指，則上以正君，下以正人，將無所求而不得。如其不然，則事之小不正者積之之多亦足以害吾之大正，使吾至大至剛之氣日有所屈於中，而德望威名日有所損於外，是則且將見正於人之不暇，尚何望其能有正君定國之功哉？今天心未豫，而民力已殫，國威未振，而虜情叵測，惟明公於此深念而亟圖之，則熹也受賜多矣。狂言犯分，亦惟高明有以寬之。

與陳福公書

北方消息，傳聞不真，春間有上封事者，前言虜爲西夏所逼，故遷國以避之，其後乃慮其設詐以謀我。此已是揣摸無一定之計，最後又只泛言乞詔樞廷嚴爲邊備而已，乃大中上意，改秩除官。其後乃聞盧帥王希吕奏，虜爲契丹遺種大石林牙所襲，失亡甚夥，老酋遁走，不知所在，三日而後得之。朝廷頗信其言。然去冬有親戚自淮上歸，已傳此言，却云渤海所襲，尋亦不聞的耗。然則此報又未知其信否也。若鄙意則以爲此虜盛極而衰，擧措顛錯，就如所聞未必得實，其勢不足深慮。彼其脩城浚汴，特爲虚聲以懼我耳〔八〕。然朝廷已爲之調發海舟，一番騷動，此正高潁、王朴之遺策，而我已落在計中。

至於天文變於上，坤軸動於下，正是君臣上下動色相戒，飭躬正事，以圖消弭之時，顧乃視之恬然，略無驚懼之意，上之則九重不聞有側席求言之詔，下之則諸府不聞有引慾避位之章，擧朝婾阿相徇，爲日已久，士大夫稍有氣節、敢議論者，盡在遠外，寂然不聞有一人能爲明主忠言，以指奸佞、裨闕失、固邦本、達民情者。聞其語及天變，則盡以歸之虜酋，使應天道，此已爲諂諛不忠之大。至於地震，東南數路無一不然，又將使誰當之而不以爲慮耶？

熹以爲今日之事所當憂者莫大於此，而境外之事不與焉。明公果有乃心王室之意，但當以此曲折極言於上，勸以博詢芻蕘、深求己闕之意，則明公雖不盡言天下之事，而天下之言因我而達，此功固已大矣，又何必刺探隱謀、密陳秘計然後爲論事哉？觀富韓公退居西都時，已嘗坐汝州青苗削奪之譴，司馬公、吕申公又皆新法異論、得罪有嫌之人，然因事抗章，盡言無隱，不少異於立朝之時。彼豈不知迹方孤危，重咈主意，復忤貴權之爲患，誠以愛君憂國之誠切於中而不暇顧也。又況明公乞身已久，於今日諸人本無睚眦之怨，固無諸公之嫌，而上心不忘，便蕃寵錫，又非若諸公之嘗在淪落擯棄之域也，亦何惜而不爲明主一言，以安宗社於阽危之際，救生靈於水火之中乎？近年以來，將相大臣始終全德，無可指議如明公者，指不可以再屈。誠能及此更爲此舉，則功烈被於當年，聲稱垂於後世者，又不止於前日矣。不然，不過今日苟全上下之交，而後之忠臣義士考觀歲月、計慮安危，必將有大不滿於明公者。夫以裴令之賢，猶不免於晚節浮沉之譏，可不念哉！可不戒哉！仰恃知照，不覺縷縷。伏惟高明，有以亮之。

與陳丞相書

竊聞侍祠之詔至于再三，此蓋聖主思見故老，有所咨詢，非獨循常備禮之所爲。而得林擇之書，側聞丞相亦有行意，伏惟久去闕庭，不勝忠戀，且以向來嘗欲有言，因循未果，乃復有此幾會，誠不可失，計程今或已在道矣。虜中事不足言，今日之憂，正在精鋭銷耎，慣習燕安，廟堂無經遠之謀，近列無盡規之義，阿諛朋黨，賢知伏藏，軍政弄於刑臣，邦憲屈於豪吏，民窮兵怨，久不自聊。季孫之憂，恐不在於顓臾也。不審尊意以爲如何？

井伯書云，廉夫有學易之意，甚善。然此書難讀，今之説者多是不得聖人本來作經立言之意，而緣文生義，硬説道理。故雖説得行，而揆以人情，終無意味。頃來蓋嘗極意研索，亦僅得其一二，而所未曉者尚多。竊意莫若且讀詩、書、論、孟之屬，言近指遠，而切於學者日用功夫也。抑嘗聞之，元城劉忠定公有言：子弟寧可終歲不讀書，而不可一日近小人。此言極有味。大抵諸郎爲學，正當以得師爲急，擇友爲難耳。

與陳福公別紙

熹冒昧有所干扣，極犯不韙。近得泉州黄寺丞書云，陳休齋病中嘗爲渠言，曾令熹致懇丞相，爲其女求嫁資，令其見語，復以稟聞。熹實不記曾有此説，初不敢爲言。既而思之，此老之意止是欲令熹與黄寺丞共致此懇，而無其端，故設此言以發之。意丞相聞其屬纊深悲之言，必當惻然憐之也。故敢因黄回便先附此劄，其詳黄必具稟，熹更不敢覼縷，然已不勝其恐懼矣。

與史太保書

熹竊聞頃者几杖造朝，禮際隆洽，蓋自祖宗盛時，所以褒崇故老、報答元勳，未有若斯之盛者也。自是以來，人無愚智，莫不咨嗟歎息，以爲聖主尊師重道之意若此其厚，而以明公平日自任之重卜之，知其所以報此殊遇者必當有以度越前人，決不肯爲張禹、孔光以及近世之以明良慶會自居者之遺臭於無窮也。今者變異重仍，虜情叵測，當宁側席，有識寒心。熹愚竊謂元老大臣同國休戚，告猷之會，誠未有急於斯時者。明公不能及此發口一言，則永無報效之期，終懷寵利之愧矣。故願深察愚言，亟召門下直諒多聞之士，曲加訪問，俾盡其説，兼總條疏，悉以上聞。於以報塞恩遇，慰答羣情，追配前脩，一洗疑論，計無便於此者。不審明公亦有意乎？至於狂瞽妄發，罪當誅斥，則惟明公有以寛之。

答史太保別紙

熹昨者狂妄，輒以瞽言仰瀆崇聽，自循分守，當得譴斥之罪。不謂高明博大，無所不容，誨答諄諄，罄竭底藴。三復自幸，不惟私以免於罪戾爲喜，而又得側聞前此告猷之益，天下已有陰受其賜者，尤竊增氣。尚恨未得躬扣昌言之目以發蒙昧耳。今者邊事益急，變異荐臻，人無智愚，共以爲懼。然熹淺陋，竊以爲境外之傳未足憂，而譴告之深爲可畏也。今朝廷於其不足慮者既已過爲之防，而於其深可畏者反未有處，熹甚惑焉。夫以災異而求直言，歷世相傳，具有故實。明公身爲天下大老，誠有憂國之心，亦不當俯及細務。願以此意爲上一言，使幽隱之情得以上通，則天下之言皆明公之言，而明目達聰，感召和氣，皆明公之功矣。感激容貸之恩，懷不能已，敢復言之，俯伏俟罪。

答詹帥書

熹自頃拜狀之後，涉秋以來，百病交攻，幸以餘庇未至委頓，以故所委文字久未能寫。及來使到，伏奉賜書，乃始下筆，欲俟其還自三山而授之，而屢寫輒不入意，比其還也，猶三四易紙，收拾補綴，又五六日然後畢。要是本不能書，而又嘗略識古人書法，不敢信手胡寫，以孤見屬之意，勉彊爲之，終是不能成字。今既無收殺，只得封納，可用與否，更在高明財之也。補貼處不入行道，須得善工識字體者儹那取正。其墨水寖漬，不見元筆路處，并令照應修減乃佳。碑額元只欲題貼職，今詳階官封爵皆高於職名，今并書之。然亦只用幅紙，碑石必可容也。但本文一二處未穩，别紙具呈，望更詳酌，恐可略脩定，庶可傳久遠耳。

侍郎丈入陪近班，日有論思之益，善類方以爲喜，今乃以區區一方鹽筴之故輕去朝廷，識者不能不以爲恨。謙仲詩雖佳，然急於枝葉而緩其根本，亦未得爲至論也。

州縣賣鹽不能無弊，閩中今亦尚有病此之處。然頃來推行鈔法，又奪州縣之入以歸朝廷，緣此州縣束手，雖軍兵衣糧，亦有支不行處，幾致生事。今者廣西所行既經仁者之慮，必無此患。然鹽利盡歸商賈，而州縣只得淨利錢，已是不及向來官賣之數；又失夾帶耗剩之利，將來必是不免須有費力去處。此恐今日亦不得不爲之過慮也。昨來會稽，見一書記李誠之廣西數事，而鹽法爲之首。大抵古人立法，非是苟爲寬弛，以劉晏造船之類，正自有深意耳。今謾録呈，幸一過目。又如半年不能千籮，而五日乃十倍之，此得無近於蔡尹之役法否？王正之頃嘗一見，雖不甚款，然意其老成更練，所慮必深，恐尚可咨訪以盡利病之實。此固高明所不憚也。辱知之厚，不敢默默，僭易及此，愧悚亡已。

欽夫舊政固有賴於脩明，然在明牧，必自有以深慰四方之望者。頃在浙東，見州郡催科奉行版曹文書，不依省限，既先期取了，民固已不堪命矣。今見小報，新坡有請州郡上供錢上下半年比校，此其勢愈急刻矣。當路之人，略無忠言奇策以開廣德意，而所以椓喪邦本者日甚一日，爲之奈何？

學術之章，固知有謂，然所以反身之實，亦實有愧於其言者，但知皇恐自修而已。此其爲賜，亦不可謂不厚也。病中整頓得中庸、孟子，頗勝於前。恨地遠不得携以請教，閑中又無人抄寫拜呈，深以爲恨耳。益遠聲光，伏幾爲斯道斯民千萬自重，區區至禱。

答詹帥書

熹向蒙下喻欲見諸經鄙説，初意淺陋，不足薦聞。但謂庶幾因此可以求教，故即寫呈，不敢自匿。然亦自知其間必有乖繆以失聖賢本指、誤學者眼目處，故嘗布懇，乞勿示人。區區此意，非但爲一時謙遜之美而已也。不謂誠意不積，不能動人，今辱垂喻，乃聞已遂刊刻。聞之憫然，繼以驚懼。向若預知遣人抄録之意已出於此，則其不敢承命固已久矣。見事之晚，雖悔莫追。竊惟此事利害，如前所陳，所繫已不細矣。又況賤迹方以虚聲横遭口語，玷黜之禍，上及前賢，爲熹之計，政使深自晦匿，尚恐未能免禍。今侍郎丈乃以見愛之深、衛道之切，不暇以消息盈虛之理推之，至爲刻畫其書，流布遠近，若將以是與之較彊弱、爭勝負者。熹恐其未能有補於世教，而適以重不敏之罪，且於門下亦或未免分朋樹黨之譏。蓋未論東京禁錮、白馬清流之禍，而近世程伯禹、洪慶善之事亦可鑒矣。豈可遽謂今之君子不能爲前日之一德大臣耶？況所説經固有嫌於時事而不能避忌者，如中庸九經之類。指爲訕上而加以刑誅，亦何不可乎？去歲建昌學官偶爲刻舊作感興詩，遂爲諸生注釋，以爲謗讟而納之臺諫，此教官者，幾與林子方俱被論列，此尤近事之明鏡。雖若無足畏避，然亦何苦而直觸此奸慝之鋒耶？欲布愚懇，便乞寢罷其事，又恐已興工役，用過官錢，不可自已。熹今有公狀申使府，欲望書押入案，收索焚毀。其已用過工費，仍乞示下實數，熹雖貧，破産還納，所不辭也。如其不然，此輩決不但已。一身目前利害初不足道，正恐以是反爲此道無窮之害耳。切乞更入思慮，不憚速改，千萬幸甚！

德慶刊本重蒙序引之賜，尤以悚仄。此書比今本所爭不多，但緊切處多不滿人意耳。序中所用善學聖賢之語極有意味，但今日紛紛，本非爲程氏發，但承望風旨，視其人之所在而攻之耳。若此人尚談清虛，則并攻老子；幸修齋戒，則兼詆釋迦；曾讀三經、字説，則攻王氏；曾讀權書、衡論，則斥三蘇。怒室色市，彼亦何嘗有定論而可與之較是非曲直哉？但不察此而欲力與之爭，則必反以激成其勢而益堅其説，或遂真爲道學之害，亦不爲難。

此尤不可不慮耳。當時與王信伯辨者，恐亦尚是近道理人，故得以此言屈之。若在今日，彼豈有憚於此耶？

蒙喻欽夫説曾點處，鄙意所疑，近已於中庸或問鳶魚章内説破。蓋明道先生乃借孟子「勿忘勿助」之語發明己意説不到處，後人却作實語看了，故不能不失其意耳。經題之説尤見精密，不肯容易放過。大抵此理何所不在？今人初不理會，只見事體小可，便謂無害，而以必整理者爲過當，非獨此事爲然也。頃嘗見楊子直説晁景迂嘗言先儒經解之題，例不敢以己之姓名加之經上，如春秋左氏傳、尚書孔氏傳、周禮鄭氏注，皆經題在上，姓氏在下，此爲得體。鄙意舊亦嘗謂如此，故每題程先生易傳，必曰周易程氏傳。後來以告伯恭，伯恭亦深以爲然，爲换却婺學易傳籤子。以此論之，則今者所喻猶若有所未盡也。如何如何？

近傳得一文字，詆鹽策尤力，不知已見之否？此事雖累蒙誨諭，然每詢之往來，無一人以爲便，而仕於廣右者，無一人不以州縣窘乏爲言。近又細詢，只桂州諸邑之鈔，已是不免等第科賣。凡此皆與尊喻不同，不知果如何？區區過計之憂，尚欲高明更加詢究，算其利於民之多者而從之也。其范守文字，謹以元本封呈，幸一過目。或有所取，則彼攻吾短者乃所以成吾之長，固仁人之所不忍棄也。僭易及此，悚恐之深，尚幸垂察。

答詹帥書

伏蒙開喻印書利病，敬悉雅意。然愚意本爲所著未成次第，每經翻閲，必有脩改，是於中心實未有自得處，不可流傳以誤後學。加以此道年來方爲羣小仄目〔九〕，竊味聖賢垂戒，欲知進退存亡而不失其正之指，只合杜門却掃，陰與同志深究力行，以俟道之將行。不當如此用官錢刻私書，故觸其所不欲聞者，使其有所指以爲病，而其禍且上流於此學，使天下鉗口結舌，莫敢信鄉。是則欲道之行而反以柅之，此稷下、甘陵所以基坑焚黨錮之禍也。然今竊味台誨，必以利害休戚置之度外爲説，則亦無可言者。但兩年以來，節次改定又已不少，其間極有大義所繫、不可不改者，亦有一兩文字，若無利害，而不改終覺有病者。今不免就所示印本改定納呈，欲乞暇日一賜省覽，即見前日之繆。本非可傳之書，削而焚之，上也；鐫而藏之，次也；必不得已，則改而正之，其字多於舊處，分作兩行注字亦可，此則最爲下策。雖未必便能不誤學者，亦且粗滿區區今日之心，然後患之來可以立竢。熹非自愛而憂之，實懼其不知妄作，未能有補於斯道斯民，而反爲之禍也。伏惟執事試深思之，若能斷然用熹所陳之上策，即案前此兩次公狀舉而焚之，如反手耳。或恐前狀未蒙書判付曹，今再納一本，切望深察也。

欽夫文集久刻未成，俗人嗜利，難與語，然亦一面督之，得即納去。次孟子說，渠已不幸，無復增脩，刻亦無害，恐未能使其無遺憾於九原耳。伯恭大事記甚精密，古今蓋未有此書。若能續而成之，豈非美事？但讀書本自不多，加以衰老昏憊，豈復能辦此事？世間英俊如林，要必有能爲之者。但恐其所謂經世之意者未離乎功利術數之間，則非筆削之本意耳。浙中近年怪論百出，駭人聞聽，壞人心術，彊者唱，弱者和，淫衍四出，而頗亦自附於伯恭。侍郎丈在遠，未必聞之。他日還朝，當爲深歎息也。

楊子直近爲趙帥招致入蜀，不知已發臨川未，尚未得書也。此間官鹽利病參半，而臨汀受弊爲尤甚，趙帥欲更之，而諸司議多不協，至有違言，子直亦遭指目，興事之難蓋如此。

録示鹽筴條奏及别紙，誨諭詳悉，尤見所以因時救弊、加惠一方之本。但不知州縣果無闕乏否？賣鈔果無科擾否？將來不至復爲招糴折苗之計否？近見一相識來此，云在廣東事但憲，聞其論此事甚悉。云家廣右數十年，平日亦嘗深持鈔鹽之論，今得家問，乃知其有不易行者。此必鄉閭之公論。聞渠已移廣西漕，必相見面議也。此人亦甚有志節，必不苟爲同異。幸更與詳細反復，殊勝遠方傳聞，其人未必皆賢，而言未必皆可信也。熹於此事本無所預，出位而言，非若印書之利病猶有關於己也。但樂慕道德之深，得之傳聞之衆，其言亦或出於平生所謂忠信不妄者之口，是以不能不深疑耳。今既蒙喻，懇切至到，雖亦未有以見其灼然無可疑者〔一〇〕，且以長者之言必當可信而不敢不信耳。然亦願深計遠慮，屢省其成，有所未便，隨事變通，使不失吾前日變法之本意而已，其迹固不必深徇而長守也。不審台意以爲如何〔一一〕？只如諸州俸給後來增添之數，舊來鹽息不入省計，故可供此。今既罷去，雖得朝廷及漕司撥錢，恐亦只可助公家支俸錢，而供給之屬無所取辦。若不徑行裁損，明乞指揮，過取一錢，論如入己贓法，則只此一項終爲久遠之害。又不知他事如何，恐亦合討論究索，預爲之防也。閩中八郡，上四州不産鹽，故舊以客鈔官般並行。下四州産鹽，故舊來只令百姓隨二税納産鹽錢，而受鹽於官以食。近歲上州客鈔廢而下州官不給鹽，其官般者利病參半。如前所云，其納錢而不受鹽者，或自買私鹽而食之，人亦不以爲病也。不知今廣西瀕海諸州産鹽地分私鹽一斤爲錢幾何？鈔鹽一斤爲錢幾何？若私價甚低，官價甚高，則宜實有不便，如范君所言者，恐亦不宜不加思也。向見浙東七郡，四郡瀕海，而例食客鹽，縣道急於辦課，力於搜捕，細民冒法陷刑，不勝其衆。嘗欲爲討論申請，參用福建下四州法而未果，至今恨之。此亦恐可以補今法之不及也。

中庸、大學舊本已領，二書所改尤多，幸於未刻，不敢復以新本拜呈。幸且罷議，他日却附去請教也。中庸序中推本堯、舜傳授來歷，添入一段甚詳。大學格物章中，改定用功程度甚明，删去辨論冗説極多。舊本真是見得未真。若論語、孟子二書，皆蒙明眼似此看破，則鄙拙幸無今日之憂久矣。高教授能留意學校，甚善。渠嘗從陸子靜學，有意爲己，必能開道其人也。近日諸處教官亦有肯留意教導者，然其所習不過科舉之業，伎倆愈精，心術愈壞，蓋不如不教猶足以全其純愚之爲愈也。太極、西銘二解，近亦嘗有所更定，今同附呈，欲乞并賜詳酌而去留之，幸甚。白鹿堂揭示，以時世輩行言之，不當在高君之前，亦乞改正，仍以高氏修學門庭爲目，幸甚。教官跋語所謂「欣然無吝色」以下數語，似熹自以此書已就而喜於流行者，尤爲非便。區區此時若知幕府已有流傳之意，即不敢承命納呈矣。今若毀棄此序，固無所施；如其不然，即乞易去此言及下文數句，幸甚幸甚。

與詹帥書

熹前日拜書，并已校過文字。臨欲發遣，而略加點檢，則諸生分校互有疏密，不免親爲看過。其間又有合脩改處甚多，不免再留來使，助其口食，令更俟三五日。昨日始得了畢，但論語所改已多，不知尚堪脩否？恐不免重刊，即不若依舊本作夾注，於體尤宜。向見子直道晁景迂之説云，先儒解經只作此體，是亦尊經之意。若不再刊，不必議也。若但脩改，亦乞專委通曉詳細之人親自監臨，儹那字數，減處空闕不妨，多處不免分作兩行，如夾注狀，不可便以此本直付匠者，恐其憚於工力，揭去紙帖，致有合改處不曾改得，久遠爲害也。

然又細思，此亦且是今日所見以爲粗免疏脱，更過數日再看，決須更有改易。若隨時修版，印版有不勝修者，且亦無時而已，將來又豈復常有留意於此者？則是此書之行，爲學者之利殊少而爲害多，使熹介然常有不滿之意，其害又不止於論列行遺而已也。懷不能已，再此具禀，伏乞台照。

與張定叟書

契勘汀州在閩郡最爲窮僻，從來監司巡歷多不曾到。州縣官吏無所忌憚，科敷刻剥，民不聊生，以致逃移，抛荒田土，其良田則爲富家侵耕冒占，其瘠土則官司攤配親鄰。是致税役不均〔一二〕，小民愈見狼狽，逃亡日衆，盗賊日多，每三四年一次發作，殺傷性命、破費財物不可勝計。雖爲王土，實未嘗得少霑惠澤，殆與化外羈縻州軍無異，甚可痛也。近因户部王郎中申請乞行經界，得旨施行，千里細民鼓舞相慶，其已逃亡在漳、潮、梅州界内者，亦皆相率而歸，投狀復業。然此一事，豪家大姓不以爲便，縣吏鄉司不以爲便，官員之無見識、樂苟簡者不以爲便，往往皆能造爲浮語，扇惑上下。獨有貧民下户欲行此事，有同飢渴，而其冤苦之情無路上通。是致前任監司妄有申述，沮格成命，使昔之鼓舞者今變而爲咨嗟，昔之投狀歸業者今復相與狼狽而去。有識之士深痛惜之，而在位者未之知也。所幸元降指揮猶有秋成取旨之文，今既及期，而汀州歲實大稔，且其守臣學道愛人，有風力可以倚辦，失今不爲，竊恐向後難得似此幾會。欲望檢舉元降指揮，詳陳前項利害，申述取旨，只委本路監司及本州守倅趁此農隙疾速推行，庶幾永爲一方久遠之利。

與王漕書齊賢

熹伏辱賜教，并審即日秋陽尚驕，臺府清暇，臺候萬福，不勝感感。熹前日伏蒙垂問，率爾具報。既而思之，其所論者乃經理州縣財賦源流之術，若以今日救荒恤民之事言之，則未爲要切之務也。慮之不精，發之不當，方以自愧，亦意高明見其迂闊，不過付之一笑而已。以故因循，未暇以書自解，不謂乃蒙專人再枉謙誨，俾盡其說。此事既非今日之急，而其條目猥多，亦有非熹之所能盡知者。然其大要，不過欲得使司於見行鹽法之中，擇其不可行之甚處，如政和、尤溪、汀州諸邑之類。小變其法，而損其歲入之數，使官享其利而民不以爲病，州縣可以立脚，而漕司不失歲輸之實而已。今一等破敗縣道，竊料不過虛有欠數，實無可得之錢。然此事乃在使司審熟討論百全而後可發，非一旦猝然之所可言也。若夫今日救荒恤民之急，則不過視部內被災之郡，使之實檢放，福建惟下四州水旱時有檢放，若上四州，則民間全不知有此條法恩意，但知田無所收，則殺人放火耳。今示之以此，亦所以息其作亂之心。捐逋租，近日州縣無他事可以擾民，唯有催理舊税，不問已納未納，一切禁繫決撻，責令重納。此爲大害。寬今年夏秋二税省限，各展一月，具以條目言之於朝，而其可直行者一面行下，然後謹察州縣奉行之勤惰得失而誅賞之，使愁嘆亡聊之民猶復有所顧藉，而不忍肆其猖狂悖亂之心，以全其首領，保其家族，靖其鄉閭，此則今日救荒恤民之急務也。此外則視荒損尤甚之鄉，使之禾米得入而不得出；有餘之處，則許其通融糴販，稍勸富民平價出糶；勸民廣種大小喬麥、蔔芋、蔬菜之屬以相接續；其貧甚者，使更互相保，而别召税户保之，借以官本，收成之後祇納元錢，亦一助也。此等爲災傷甚處乃行之，想亦不至甚多也。又此事雖屬常平司，然或彼司無錢而漕司有錢，則借而爲之，亦不爲侵官也。鄙見如此，未知當否？姑以仰塞下問之勤，伏望裁擇其可，幸甚幸甚。

山間之旱日甚一日，祈禱經月，略不見效。連日隨衆登山祈神，周視一村，太半焦赤。居此四十餘年，未嘗有今日之旱，令人憂懼，殆無措身之所，奈何奈何？使還具禀，臂病猶未能多作字，伏乞台察。

與周丞相書

熹狂妄闊疏，無用於世。一昨丞相知其如此，特加除用，使得仰奉列聖真游香火於受命之邦，感慨之餘，方竊自幸，而未及半歲，遽被誤恩。懇辭報聞，未敢再告，而袁吏部經由，出示所被賜教別紙，所以存問之意甚厚，然於愚分終不自安。近者忽聞江西代者以人言報罷，有旨趣熹躬聽臨遣。聞命隕越，不知所爲。既而方知正以丞相開陳之故，是以有此。熹竊恨丞相前日之賜不終，而虚爲此紛紛也。熹之衰病，首尾七年，去冬一二陰邪危惡之證雖已罷去，然腹心之患甫益堅牢，攻擊萬方，略無動意。若不自揆，冒昧輕進，竊恐不惟自取顛踣，亦或反貽丞相軫念之憂。故今輒有劄子復申前懇，欲望丞相始終哀憐，少假鈞陶之力，使得復供鴻慶守祧之役，則生託榮名，死題墓道，無復有遺恨。熹舊讀崔德符觀魚作詩，有「丈夫五十年，要須識行藏」之句，未嘗不反復詠歎而有動於懷，不謂今日真踐斯境，而益知其言之有味也。瞻望黄閣，無由趨拜下風，以盡其所欲言。伏惟上爲國家益隆寶衛，亟躋元宰，以慰四海具瞻之望。熹不勝祈懇願望之至。謹奉手記，伏祈鈞察。

與曹晉叔書

累辱惠問，未能一一奉報。春卿來，又奉近教，獲審比日雨凉，尊候萬福，感幸深矣。

熹行負幽明，禍及幼稚，第三女子前月末間已似向安，疾勢忽變，至此十二日遂不可救〔一三〕。痛苦之極，殆無以堪。加以衰病之餘，氣血凋耗，不勝悲惱，日覺尫悴，恐亦不復能久於世矣。江右之除，出自上意，當路不悦者衆，此恐未必爲福。而目下便失祠禄，又須來春闕到方敢請祠，已自不勝其撓。況未請之間，駭機一發，又未必敢更請祠。衰老患難一至於此，豈復更有榮望？但神明不遺，下燭幽隱，力沮邪議，褒許有加，此恩無路可報，徒切感慨而已。

答尤延之書戊申四月

熹留玉山已半月，日望回信，冀得言歸。今所遣人乃空手來，而所賜教中見喻者，又非熹之所病也。區區之意，正爲禮節之間有不能彊顔者耳。如其所謂宛轉者，去冬已聞之，此豈可信？政使可信，吾亦豈可爲此而屈哉？老大抗拙，無復餘念於此世，顧以君臣大義未能忘懷，初欲冒進，一吐所懷，知難而退，憂則違之，今亦已矣。唯願諸賢協贊明主，進賢退姦，大開公正之路，使宗社尊安，生靈有庇，則熹之受賜厚矣，亦何必誘之以其所不欲，而彊之以其所不堪也哉？再遣此人，文字在元善處，更望垂念，便得早歸，千萬之幸。餘不暇及。

與江東尤提舉劄子〔一四〕

此間糴米者五輩，其一已還，餘尚未有端倪。然四近米價皆高，恐不及元科之數〔一五〕。而諸縣下户口數萬，建昌四鄉申到，計一月已當米四千石，餘雖見催未到，然以鄉計之，尚當七倍於此，則一月已用三萬餘石。今計常平之積及本軍所餘，僅可給兩月，勸諭上户所得，可給一月，即開春便無以繼。欲以糴到錢再糴，則諸處米向後必愈難得，又恐未可指準，不知使司番陽之米將來可撥幾何？若得五萬餘石，即所欠尚有月餘，多方那價，或可接得大麥。都昌小户尤多，恐用米穀不止此。若不及此數，即尤狼狽矣。欲乞早示一公牒，撥定米數，此當一面差人般運，庶以慰安善良、彈壓奸盜，非細事也。

與周丞相劄子 六月

熹區區此來，竊知皆出丞相推挽之力。向之所以次且而不敢進者，其故亦可知已。適有幸會，遂得一見聖主，呻吐所懷之一二〔一六〕。妄意自此儻猶有以效其愚於左右〔一七〕，而事乃有出於生平意料之所不及者，卒煩君相委曲調護，然後得以逡巡而去。丞相又枉手教以存問之，此意亦益厚矣。崎嶇暑行，已及衢州之境，前望江西，不越數舍。深念此行若當前日奏對之時便蒙臨遣，則受命引道，無所復辭。今既紛紜，而所坐之罪有非臣子所能堪者，冒昧而行，實深憂懼。謹以公狀申省，因輒還家俟罪，別有劄目遍詣公府，而復以此私於下執事。三者之中，狀詞尤詳，足見本末。伏望鈞慈，取以奏稟，早賜譴黜而改命使臣，則庶幾猶可以不重其前罪。熹不勝幸甚幸甚。

抑以熹之無庸，辱知不爲不久，而未嘗少效其尺寸於門下，今遂投迹山林，不容復出，而所願於丞相又有非幅紙所能盡者。伏惟深以天下之重自任，而引天下之士以圖之，使由中及外，自近而邇，無一不出於正而亡有私意奸其間者，則君正而國定矣。若夫阿諛順指以爲固位之術，牢籠娟嫉以爲植黨之計，則固前人之所以自敗，而丞相平日所非矣，無所待於愚言。然熹之惓惓，猶願深以自警，無至於復蹈其轍也。干冒威尊，并深恐懼。

與留參政劄子

熹未嘗有一日奔走之勞於門下，而參政所以知遇獎借不後於衆人。越自頃年，叨被改秩之恩，參政實掌書命，褒與之詞，已浮其實，而所以告戒之者，又若憂其不能保夫晚節末路之難。此其所以愛之之深，可謂至矣。熹雖至愚，亦知佩服。顧以君臣之義不可終廢，自此以來，雖在疏遠，而聖主之知益深益厚，遂不自量，妄意陳力。然每起輒仆，狼狽不支。

今者之來，一前一却，雖獲扶病進望清光，然獨未及一見參政，而衰病復作，遂以煩言逡巡引去。切聞進呈之際，參政猶欲少加意焉，誠不自知其何以得此於大君子之門也。區區南歸，已迫所部。竊伏惟念，來章所指，在臣子爲不赦之罪，被此以出，復何面目以見吏民？今輒具狀申省待罪，并具劄目稟聞。伏惟機政之餘，少賜垂念，使熹便即得罪，而江西不久闕官，則所以寬其後咎餘責者莫大於此。庶幾收之桑榆，有以卒副前日丁寧眷予之意，幸甚。熹當暑病目，作字不成，貢問之初，遽爾草率，并望鈞慈，特賜矜恕。

與周丞相書七月十二日

熹負罪以來，奉頭鼠竄，脩塗酷暑，不可禁當。連日行衢、信、建寧之境，又聞猛虎白晝羣行，道旁居民多爲所食，哭泣相聞，無所赴訴。自惟命薄，尤竊憂懼，却幸偶不相值，得以善達田舍。人還，恭被省劄，仰味聖語丁寧之意，已深感激。而丞相賜書，開喻勤至〔一八〕，又增悚怍。理合拜命，即日戒塗，而區區之私終有未能自安者。竊計朝廷寬大，愛惜事體，出量度重輕，必未能别爲處分，則熹之孤蹤，只合杜門屏迹，以俟議論之定，未容冒此疑似，出備使令。未論後患如何，但只如此行止，便已非熹夙心。且如向來退避七年，及今乃能一出，猶復宿留淹回四五十日，然後敢進。熹之意非專爲畏彼也，丞相於此，其必有以察之矣。今日之事，亦何以異此耶？又且久稽王命，心不遑安。竊恐聖上以謂前日訓詞已極温厚，而熹冥頑不肯奉詔，忽震雷霆之怒。又聞江西前月亦已闕雨，不知今復如何？萬一職事曠廢，或至生事，則熹之罪皆不可逃，非但前日口語之無根而已也。若論私計，則熹自去歲八月已失祠禄，今適期年，貧病之態，不言可知。江西迓兵又已遣去，只此疾足，乃是私雇，使之往還，勢亦不容至再矣。切望丞相曲賜留念，早如所請，免致紛紜，不勝幸甚。

且又別有一事，尤係利害：昨聞去歲朝堂之議〔一九〕，欲使今袁少卿自處易贛，而丞相以爲贛卒悍而袁性剛，不可不慮，此見高明計事之審。然則熹於南康嘗因莫守經由，薄治贛卒之横，其釁有端，又非袁之比矣。弊性狷急，自度亦似不在袁下。萬一軍民之間事有曲直，不容回枉，則事將有不可知者。前此所以不敢援此自言者，政恐復如頃年避奪牛之嫌，而自西徂東，騷動兩路，竟歲不寧也。今不獲已，聊復陳之，但欲丞相知江右之不可行耳。熹已有公狀申省，及具劄子遍扣諸公之門矣。又有封事一通，乃前日已蒙聖慈開允，今恐投進不得，亦於狀内貼説，乞賜開陳。然其間全不敢及前事曲直也。前書狂易，曲蒙謙受，不勝反側。區區亦尚欲有所言，以亟遣人不暇。然每私計天下之事，則未嘗不爲丞相惜此歲月幾會也。

熹輒有私懇，率易干瀆：昨過玉山，見其邑宰鄭謨，乃十二三歲時相與同學，别後聞其陷虜隔絶，及此再見，怳然如世俗所謂前後身者，爲之太息流涕久之。然其人温謹有餘而材具不足，此縣摧敗日久，其勢必不能支。曾有文字干投丞相，乞以歸正恩例，改差一釐務添倅或簽幕之屬，仍屬熹爲面禀。昨來怱怱，不暇它及。此亦嘗託張太丞禀知，不審已蒙鈞念否？熹後來不得其書，想其事勢只有急迫。儻蒙哀憐，早賜陶鑄，千萬之幸。又邵武黄大監永存亦云向來蒙恩奉祠，無自陳之文，已嘗懇禀丞相，不知鈞意如何，屬熹乘間言之，不敢不達其意，并乞垂照。未能自脱，乃欲爲左右言，良覺可笑。伏惟宏度有以容之。

答劉漕書

熹平生戇拙，無以瘉人，揣分自安，非有他望。公朝過聽，拔用過宜，方起輒仆，上累聖神之知，於此再矣。尚賴皇明洞照幽隱，所以慰藉撫循，有非小臣所當得者。極欲彊扶衰朽，起奉明詔，而自度孤危，尚須辟人以全末路，而疾疢交攻，有不容自力者。以是仰煩開諭，反復熟悉，引義慷慨，詞旨不凡。三復竦然，敢不斂衽。然前請已行，度一二日當有進止之命。儻遂退藏，是爲大幸。區區此意，諒亦蒙深照也。

答或人書

熹不度時宜，自取困辱，比嘗自劾，幸上照知，申諭趣行，有非小臣所當得者。但顧罪垢未盡滌除，未敢即引道耳。祠請之上，勢必可得也。

校勘記

〔一〕與趙帥書子直　題下，正訛據徐樹銘新本補「癸卯」二字。

〔二〕考察附籍者之殿最　「考」，原作「者」，據浙本改。

〔三〕與趙帥書　「與」，浙本作「答」。

〔四〕而汪丈在福州一無所問　「在」，原作「任」，據閩本、浙本改。

〔五〕三公雖悍　「三」，原作「二」，據閩本、浙本改。

〔六〕見馮湛説亦是招得賊中徒黨作鄉導　「是」字原脱，據浙本補。

〔七〕亦惟并寬之也　「惟并」，浙本作「并惟」。

〔八〕特爲虚聲以懼我耳　「特」，原作「持」，據浙本改。

〔九〕方爲羣小仄目　「仄」，原作「反」，據浙本改。

〔一〇〕雖亦未有以見其灼然無可疑者　「見其灼然」，浙本作「灼然見其」。

〔一一〕不審台意以爲如何　「如何」，閩本作「何如」。

〔一二〕税役不均　「役」，浙本作「籍」。

〔一三〕至此十二日　「二」，浙本作「三」。

〔一四〕與江東尤提舉劄子　按此篇浙本在卷二六與周參政别紙之後。

〔一五〕恐不及元科之數　「科」，浙本作「料」。

〔一六〕呻吐所懷之一二　「呻」，正訛改作「伸」。

〔一七〕妄意自此　「此」，原作「比」，據浙本改。

〔一八〕開喻勤至　「勤」，浙本作「切」。

〔一九〕昨聞去歲朝堂之議　「朝」，浙本作「廟」。

晦庵先生朱文公文集卷第二十八

書 時事出處 劄子

與周丞相書 戊申八月十四日

熹前日專人奏記，伏想尋當登徹。昨日先所遣人還，拜領鈞翰之賜，感慰之極，不可具言。至於進職疏恩、奉祠得請，又出陶鑄，尤以銜戢。然而丞相方且欲然深以前日不能力辨是非爲病，此則仰見大君子責己之周，又不自勝其愧仰也。崇福謹已拜命矣。嫌名之喻，曲荷記存。此於禮律無疑，豈敢更煩公聽？惟是進職之恩，則有所未安者。蓋方以避仇自列，而彼黜己升，内揆於心，尚覺未免上九「鞶帶」之嫌。況於他人，豈容户曉？且於近制，此等遷除雖非德選，亦必有所託以爲號。今此何名也哉？又況温陵之行，情狀未白，此必快快尚有餘言。且其爲人亦嘗頗有時譽，今日之去，遠近必有爲之不平者。異時得以藉口，則非獨爲熹之害，竊恐丞相亦不得不以爲慮也。大抵近年習俗，凡事不欲以大公至正之道顯然行之，而每區區委曲於私恩小惠之際。本欲人人而悦之，而其末流之弊，常反至於左右拘牽，倍費財處，而卒又無以慰天下之公論。此則熹之所不敢言，而丞相之明其自知之，亦不待熹之言矣。熹今有公狀申省，并以劄子遍懇羣公，語悉由衷，即非備禮。切望矜察，早賜開陳，得遂鄙懷，乃荷大賜。昨辭遷秩，想亦已蒙鈞念。若猶未上，得並與將上，不勝幸甚。

與曹晉叔書

熹辭免文字修寫方畢，更一二日始得遣人，未知所請竟如何？然亦作一奏疏，極道所懷，此儻可爲行止之決耳。山間殊不聞外事，只前月得都下書，聞以諸人薦士之故，近列有横議者。不知後來竟如何？蓋其間有一二病根，若不能去除，不惟善類立不得，亦非廟社之福也。不承教之久，渴仰無量。顧無可入城之理，坐成阻闊，奈何奈何？

答陳同父書

熹所遣人度月半前後到都城，不知歲前便得歸否？但迂滯之見，書中已説盡，自看一過，亦覺難行，次第八九分是且罷休矣。萬一不如所料，又須别相度，今亦不可預定耳[一]。來教所云，心亦慮之，但鄙意到此轉覺懶怯，况本來只是間界學問，更過五七日，便是六十歲人。近方措置，種得幾畦杞菊，若一脚出門，便不能得此物喫，不是小事。奉告老兄，且莫相攛掇，留取閑漢在山裏咬菜根，與人無相干涉，了却幾卷殘書，與村秀才子尋行數墨，亦是一事。古往今來，多少聖賢豪傑韞經綸事業不得做，只恁麽死了底何限？顧此腐儒，又何足爲輕重！况今世孔孟管葛自不乏人也耶？來喻「恐爲豪士所笑」，不知何處更有豪士笑得？老兄勿過慮也。

答陳同父書

熹懇辭召命，不蒙開允，反得除用，超異非常。内省無堪，何以勝此？已上免奏，今二十餘日矣，尚未聞可報，踧踖不自勝。來書警誨，殊荷愛念。然使熹不自料度，冒昧直前，亦只是誦説章句，以應文備數而已，如何便擔當許大事？况只此僥冒[二]，亦未敢承當，老兄之言，無乃太早計乎？然世間事思之非不爛熟，只恐做時不似説時，人心不似我心。孔子豈不是至公至誠[三]？孟子豈不是粗拳大踢？到底無著手處。况今無此伎倆，自家勾當一個身心，尚且奈何不下，所以從前不敢容易出來，蓋其自知甚審。而世間一種不相識、有公論底人，亦莫不知之。只是吾黨中有相知日久、相愛過深者，好而不知其惡，誤相假借，以爲粗識廉恥，而又年紀老大，節次推排，遂有無實之名，以至上誤君父之聽。有此叨竊，每中夜以思，悚懼慚怍，無以少答上下之望，未嘗不發汗沾衣也。不意以老兄之材氣識略過絶流輩，而亦下同流俗，信此虚聲，將欲彊僬僥以千鈞之重，而不憂其覆跌狼狽，以誤知人之明也。

辭免人行已久，旦夕必有回報。似聞後來廟論又有新番，從官已有以言獲罪而去者，未知事竟如何。封事雖無高論，然恐無降出之理。萬一果如所傳，則孤蹤尤是不復可出。自今以往，牢關固拒，尚恐不免於禍，況敢望入帝王之門乎？彼去都城不遠，想已見得近日爻象矣。萬一再辭不得，即不免束裝裹糧，爲生行死歸之計。

承許見訪於蘭溪，甚幸，但恐無説話處。向來子約到彼，相守三日，竟亦不能一吐所懷。或先得手筆數行，略論大意，使未相見間，預得紬繹而面請其曲折，庶幾猶勝忽忽説話不盡，只成閑追逐也。

與周丞相書

熹間者側聞光膺詔册，進保帝躬，體貌益隆，中外交慶。熹既不獲追隨班賀之末，又不獲以時奏記，少見下懷，瞻望門牆，徒增悚惕。

前此率易申懇，伏蒙寵賜教答，誨喻丁寧，眷念有加，尤深感激。惟是所請未蒙施行，憂懼之深，莫知所措。區區鄙志，前已具陳，既未能有以上動朝聽，則亦不敢復申其説。今者具狀，獨以范參政進職近例爲請。伏惟丞相試一覽焉，則朝廷之予奪與熹之辭受，其當否得失，皆曉然矣。然朝廷於此本無愛憎之私，但爲偶失參照，則亦未爲大闕。獨使熹竊非其據而幸討論之不及，則其辱大矣。熹雖無狀，竊深恥之。萬一此請不遂，熹豈容但已？蓋與其閔默冒受，寧以罪戾竄斥爲有榮耀也。然熹之本心，亦豈樂爲是亢激者？狀中已備言其曲折矣，并乞深察而力陳之，庶幾聖主有以洞照其愚而亟遂其請，則不惟熹之幸，而免使丞相分上又添此一段不了事，則亦不爲無補也。前書率爾之言，無足采取。過荷開納，愧悚良深。顧今自謀之拙，進退失據，亦不復能爲門館計矣。

袁侍郎歸來，道間一見，語殊未款。比聞其病，欲往視之，而賤軀衰乏尤甚，未能自力，念之不能忘也。承問之及，因輒布之。疾病餘生，無從復望履舄，伏惟深爲天下之重，千萬自愛，熹不勝至願。

與李誠父書己酉五月二日〔四〕

久不拜狀，茲聞榮被親擢，進居六察之聯，深以爲慰。比日清和，伏惟台候動止萬福。

先生抱道不試，然其心未嘗忘當世也。門人弟子既不足以少承厥志，而家有賢子足繼其業，學者之望，蓋非常人之比。況新天子繼照之初，慨然有志於治，而外則夷虜憑陵，國威不振；内則陰邪朋結，國論未定，此亦賢人君子效忠宣力、垂名竹帛之秋也。尊兄平日立志持身固有定論，然區區更願一意爲國，無徇常日往還厚善之私，深察天下公議之所在，精慮而決行之，使陰消於上而陽長於下，政事脩理而國勢尊安，不亦老先生平日之所望於後人者乎？熹託契深厚，不敢效常人進諛詞以贊除用之喜，狂妄及此，不審尊兄以爲如何？胡公論事，皆合公論，甚彊人意，但二小諫之去，殊可惜，乃不能遂其言，何耶？諸公排逐正人，乃以尊兄塞責，此相輕之甚，謂兄必不能爲薛、許耳。不可懷此小恩而忘大辱，幸深念之。

與張元善書

辭免文字極荷留念，危疑之迹，久爲賢者之累，尤以慚悚。今復遣此人，乃漕司借來。省狀公劄已與錢令自投矣，只煩因見扣之。狀藁録呈，區區卑意只是如此，更無他説。如云立節抗論，却非事實，而反以益其疑忌。蓋平生辭官只是兩事，一則分不當得，二則私計不便而已，非有他也。所云如有差妄，却與此事體不同。若是本等差遣力所能堪，豈有不受之理？但名位超躐，或非力所辦，則亦不得不辭耳。清源之説，尤非所敢聞者。中固不見容，外亦非所堪，衰晚如此，精力昏耗，一事做不得，只得一日安静即是一日之福，此外無所求也。

對班果在何日？不知欲論何事？來書所云，非甚利害不暇謀人者，何見事之遲耶？觀二諫之去、江夏之升，此乃不犯手勢而斡旋運轉無不如其意者。自古小人所以敗亂國家，豈皆凶惡猛鷙、有可畏之威而後能之？但有患失之心，便自無所不至，先聖言之精且切矣。南臺西掖，乃爲差彊人意者。然不清其原而窒其流，恐徒費力而無補也。況南牀擊去新諫，此已明與之忤。渠既不得志，必須更尋一枚如此等比置之本處，不知又將何以爲計？此事不遠，計只在旦夕矣，可因見痛針劄之。此公雖未相識，然見其文字，知其純厚，不會駡人。須力從臾之，以速爲上，稍遲一日，即壞一日事矣。二諫之去，必須有曲折，幸子細報及。天下事只有個做，有個不做，無如此依違僥倖之理。彼之隱忍回互，蓋曰將以有爲也，而所就者亦止如此，與奮發直前者相去亦復幾何？向使奮發直前，果去禍根，却未必不做得事也。境外之事，則諉曰無後段，不知如此拱手安坐，幾時是有後段時？此事苦痛，更是無告訴處。不知祖宗之靈何負於此輩，而忍至此也？

誠父遷後相見否？聞渠曾與之鄰居，相與甚厚，須有以警覺之。縱不能回戈奮擊，且得不爲所使以害善良，亦幸事也。蕭果卿初除御史，虞丞相意也。人或賀之，蕭喟然曰：「彼見吾憒憒，謂我不能言，而以是處我也。其輕我甚矣！」不數日首論其黨，遂并攻之，論者服其勇云。

經總制錢若只如此減得不多，全不濟事。熹去年有一劄子，曾降出否？諸公之意非不欲速行，只是怕諸路條上，乞減太多，難可否耳。若未定論，且守前説爲佳。過了此番，又無時可理會也。紹興和買，熹向有一説，欲減總額零數，十四萬中裁其四萬。而後以田畝餘財諸般物力貫頭均敷，庶幾重者得輕，而元無者所增亦不至重。後來不曾上得。鄭書赴鎮時，曾寫與之，不知渠後來如何區處也。廣西鈔鹽，只是州縣苦之，必不至大爲民害。今復官賣，却須有害民處，以本路觀之可見矣。

詳觀所論，大率見得人情事幾未甚分明。此乃平日意思不甚沉靜，故心地不虛不明，而爲事物所亂。要當深察此病而亟反之，古人所謂安而後能慮，定而後能應，正爲此也。若只如此泛泛度日，即恐枉得道氣之名而不享其利，徒有損而無益也。千萬留念。

答李誠父書

副本垂示，極感不外之意。三復以還，伏念頃侍先生教誨，所論無非此事，感念疇昔，不勝悲歎。又喜家學有傳，遂爲世用，有以慰九原之思也。

首章所論，乃古今不易之常道，而在今日尤爲要切。然自世俗觀之，不以爲迂闊之常談、道學之邪氣者鮮矣。尊兄既發其端，此必已爲彼等所惡。然吾所以告君之道，無以易此，則亦何顧於彼？但當守此一言，以爲平生議論之本。他日論事，每每拈出此個話頭，不論甚事，都從此話上推出去，則百病之根無所藏匿，而於人主所以反躬正事之幾，亦約而易操矣。若把此話别爲一事，而當世之弊又自各爲一事，則内外精粗不相聯屬，而真不免乎迂闊之譏矣。切望勿忘此言，每見必須拈出，常令接續，無少間斷，則久久自見效矣。

恢復一事，以今事力，固難妄動，然此意則不可忘。頃見先生亦常常説今日但當將「不共戴天」四字貼在額頭上，不知有其他，是第一義。今觀老兄所論，亦得此意。但當因此便陳内脩政事之意，而稍指切今日宴安放倒之弊，乃爲有力耳。

至於分察職事，計亦默有所處。此則大要在於詳審，勿徇偏詞爲善；而覆護善人，掩其疵疾之意，亦不可忘耳。又其大本，則欲正人者必先正己，況欲正君，而可自有不正之累耶？此在高明，處之必已素定，既承下問，不容不盡耳。

答王謙仲劄子

云云，不勝千萬幸甚。又蒙不鄙，俯垂訪逮，此見高明之度，雖以爵位德業之隆，而自視欿然，不自賢智至於如此，甚感甚感。顧熹至愚，本無知識，加以疾病廢學，意見愈益闊疏，其將何以仰承嘉命？惟是平生所聞明公之節概風烈，凛然其非今世之士，其尊主庇民之略，蓋素所蓄積也。今日得其位而施之於海内，有識仰首拭目，以望膏澤之流，亦有日矣，熹獨竊意明公之優游不迫，蓋將有所待而爲之也。雖然，時難得而易失，古之聖賢蓋有皇皇汲汲而坐以待旦者。唯明公不忘疇昔之志而果斷奮發，以乘其不可失之機，則宗社之休、生靈之幸也。

與留丞相劄子

熹昨具短劄，懇辭恩命，方懼進越，自取罪戾，不謂乃蒙鈞慈，還賜手教，拜領伏讀，感悚益深。又蒙鐫喻丁寧，褒與隆厚，仰認至意，尤切凌兢，誠宜即日拜命，便道之官，服勤職業，深求所以仰稱吾君吾相知遇使令之意。而疾病之餘，昏耗已甚，竊自揆度，決無以堪一道委寄之重，不免復具公牘，再干朝聽，而别以此私于下執事。伏惟丞相國公詳加省覽，特賜矜憐，曲爲敷陳，仍畀祠禄，使得卒逃吏議，以遂餘生，則熹不勝幸甚幸甚。或恐朝廷未知熹之實病，誤謂尚堪使令，不忍終身置之閑散，則謀議之官，若蒙陶鑄，或可自效；然以禮秩太優，不敢有請。伏惟相公試詳度之。但熹雖出，終不能久，近則半年，遠則周歲，決須再有祈懇，復勞區處，不若及今便與祠禄之爲便耳。

抑嘗聽於道路，側聞乃者相公蓋嘗白發左右之姦，斥之遠外，所以輔君德、振朝綱者，甚慰中外之望。熹雖愚懦，亦不勝其喜幸。竊意相公必將乘此機會，大有建明，以爲宗社永久無窮之計；而伏聽累月，未有聞也。夫陽長而不遂進，陰消而不遂滅，此最安危治亂之機，而昔人所深畏。以熹之愚，猶竊爲相公慮之，不識高明何以處此而善其後也？

遠跡田間，無由伏謁黄閣之下仰首一言，以贊大慮，引領東望，不勝惓惓。伏惟上爲國家，俯爲人望，千萬自重，熹不勝懇禱真切之至。

小貼子

熹目力昏耗，不能細書楷字，墨色濃淡，行道欹斜，殊不成禮。本不能親書，以所被教出於手墨，勉彊作此，率略殊甚。伏乞鈞慈矜恕，幸幸甚甚。熹皇恐上覆。

與留丞相劄子己酉十月二十一日

熹竊以仲冬嚴寒，伏惟丞相國公鈞候起居萬福。熹頃以衰疾，再辭恩命，方懼僭瀆，自速罪戾，乃蒙丞相矜憐，曲爲敷奏，改畀符竹，以便其私，固已甚幸。至於那移闕次，不一而止，倍費生成之力，仰累公平之政，此又熹之所大懼也。若使稍堪勉彊，豈復更敢辭避，以招尤取鬧，而自棄於明時？實以所苦目疾浸以增加，臨漳雖名事簡，然一郡千里，生齒萬數，獄訟財計，所繫不輕。若以愛身之故，漫不加省，而委之他人，豈得自安？若欲一一親臨，則竊自揆度，決有所不能堪者。前日所以力辭江東之行，良以此故。竊意爲熹言者，亦未究知其實，而或雜以他説，是以丞相雖已憐之，而猶未深信其必然也。

以熹今日精力之所堪，惟有奉祠一官，可竊升斗之禄。又復惟念君相之恩隆厚至此，而熹必求閑退，固執不回，則或者之論，必又有以爲羞薄詔除，而加以傲上無禮之罪者。是以今者冒昧朝聽，不敢專以祠禄爲請，蓋已出怵迫無聊之計，而陷於貪冒苟求之譏矣。伏惟丞相試加察焉，賜之一言，明其實病，而復與之祠官之禄，使得休養神明，避遠讒謗，庶幾未死之間，及見丞相格君定國之效，使羣邪屏伏而衆賢彙進，姦言熄滅而公論顯行；國勢尊崇於上，民心悦豫於下：則熹雖在田野之中，亦得以安心肆意，明目開口，爲太平之民。

其與懷抱憂畏，側肩屏息，以寄其身於吏民之上者，屈伸苦樂，萬萬不侔矣。若丞相亦以熹前所疑有不得不慮者，則謀曹之請，願垂意焉。然此已爲甚不得已之計，萬一近地或無見次，則又不必謄那增創，以致人言。但與祠官，乃其舊物，縱使得罪，亦易辭也。

熹未嘗有一日灑掃之勞於門下，而丞相知之之深，念之之悉，至於如此，故熹不敢不盡其愚。伏惟丞相擇而處之，千萬幸甚。未由趨拜門館，伏乞上爲兩宮倍保崇重，永扶公道，以福蒼生。熹不勝至願。

與黄仁卿書

熹行義不修，無以取信交遊，遂使中傷之禍上及先賢，若非神聖鑒知，則其流害將不止於不肖而已。負此悚惕，無以自容。

熹竟不免臨漳之行，示喻積弊，此固當然。其横斂擾民，爲害有大於此者，到官之後，須次第討論更革之，今未敢洩此意。若過劍、福，得左右在彼面議爲幸。或出沙縣，亦當先附報，奉約一出相會也。於州縣事體本自生疏，又多時不出，意思疏懶，既承當了擔子，便又苟簡不得，甚欲子細商量也。

請祠事亦似不必如此，隨分仕宦，不起患得失之心〔五〕，何處不是安地？政不須如此。

若論爲學，則在官何嘗不可爲學？直患自不愛日用功耳。買田舉子之説甚善，此間周居晦、劉晦伯皆有此議。但愚意以爲如此則只做得一事〔六〕，不如歛散，既可舉子，兼可救荒，又將來田租亦爲豪民坐欠，催督費力，此建陽已見之弊，須更子細商量。大抵事無全利，亦無全害，但算其多者爲之耳。只恐一日饑荒，却思此米無討處也。

答趙帥論舉子倉事庚戌

次月初十日請米不得折支價錢

元立約束，逐月三次支米，使生子之家，不過一旬，便得接濟，極爲利便。但支米官獨員自支，或不得人，則徇私作過，無所不有。至有將私家所收輕禾泛穀重行估折者，亦有將所支官米準還本家私債者。似此之弊，不一而足，不但折支價錢而已。故中間甚不得已，而改爲三月一支之法，雖期日稍遠，然却得關會諸都附籍鄉官同在一處，不容大段作弊。鄉人雖是得米稍遲，却無邀阻乞覓之患，亦頗安之。今欲一月一支，誠爲中制。然若不關集諸附籍官，則獨支之弊，復如前日。若欲盡行關集，則一月一來，其稍遠者不無厭倦。支米官又利其不來，決不便行申舉，因循視傚，必致無肯來者，而獨支之弊又如故矣。反復思之，只有一説，雖或未能盡革舊弊，然亦勝於不行。欲乞更於所示事目本文「次月初十日請米一石」之下注云：「仍舊關集諸附籍鄉官，各將本籍前來參驗，方得支給。」注止此。仍於後項立法支米，以恤其私。見第三項。則或可以責其必來，而免致復有獨支之弊。如其不然，雖欲多設關防，曲行小惠，徒爲文具，終有損而無益也。

佃户人户欠米未有約束

舉子根本，全仰諸莊佃户送納租課、諸都人户回納息米。今佃户多是豪猾士人、仕宦子弟，力能把持公私，往往拖延不納，至有及來年夏秋而無敢催督之者。請米人户間有形勢之家，詭名冒請，一家至有百十石。鄉官明知其然，而牽於人情，不能峻拒；亦有慕其權勢而因以爲納交求媚之計者，亦有畏其把持嘲誚而姑爲避禍苟免之計者。及至冬月回納之時，又皆公然拖欠，鄉官無如之何，縣官亦復畏憚，不肯留意催促，遂有經隔年歲，終不送納者。麻沙常平社倉曾被一新登第人詭名借去一百餘石，次年適值大赦，遂計會倉司人吏直行蠲放。緣此鄉俗視傚，全無忌憚，視此官米便同己物，歲久月深，其弊愈甚。若不早加覺察，將欠多人追赴使司，勘斷監納，佃户即令召人剗佃，則數年之後，根本蹙拔，鄉官徒守空倉，舉子之家無復得米之望矣。

諸縣措置官下書手月支米五斗

如此，則措置官似亦當有月給。兼第一項所陳利害，欲乞并就此條立法。若云諸縣措置官月支供給錢若干，折米若干。逐官下置書手一名，月支米五斗，支米附籍鄉官逐月每人支米若干，以充茶湯飲食童僕往來之費。此數未敢擬定，更乞詳酌，稍優爲善。

與陳憲劄子

熹輒有愚悃，仰干台聽：昨以漳浦黄尉不納軍糧，營私廢職，致寨兵饑餓狼狽，事有可憂，不免具狀申省部諸司，例皆不蒙行下。獨荷使臺留意，差官前來推勘，官吏聞風，無不震悚。今者忽被使檄，乃問本人有無情弊，固已愕然。續得勘官關報，又云已奉台旨，住行起發。不惟熹竊疑之，一郡士民無不驚怪，以爲使臺舉措不應如此。熹雖已具回申，具言本人罪狀明白，不待更有情弊，然後可按，故本州前此申狀，初不謂其别有他罪，乞照已行事理施行。不審已蒙台察與否如何也。然兩日以來，竊伏思之，此事本非區區敢容私意，正爲州郡差使不行，以至欠闕軍糧，事勢危迫，若不懲治，深恐官吏習見州郡事體削弱，不能使人，向後迭相倣效，無所禀畏。萬一一旦稍有緩急，事將有不可勝慮者。所以勢不得已，須至按劾，然猶以諸司在上，不欲遽爾具奏。既見使臺特加究治，竊料台意必有所處，而不意一旦自爲縱弛以至於此也。伏惟提刑郎中，以清名直道有聞於時，必不肯容請託之私以廢公法，不知此何意也？

熹昨已具狀申省部諸司，乞避此尉。又念台慈顧遇過厚，不應遽爾妄發，遂且引却。區區衰病，雖已求去，然一郡之防，則有不當以熹之將去而遂廢者，是猶不能已而一言之。伏惟高明少賜矜察，果於去惡，而無爲因循中輟之計，以壞紀綱，以損名譽，則非熹之幸，乃此邦之幸，乃閤下之光也。

頃年嘗讀鄱陽去郡之章，至有「雖鼎鑊有所不辭」之語，嘗竊壯之，以爲此真今世之古人，其剛大正直之氣不可屈撓乃如此，而亦意其必能有以容夫度外逆耳之言也。是以不敢不盡其愚，伏惟幸察。

與留丞相劄子

熹輒有誠懇，仰瀆鈞聽：熹衰病餘生，不堪從宦，兹蒙誤恩假守，黽勉南來，意謂若幸無他疾痛，可以冒昧歲月，然於職事亦不敢不盡其愚。前此依準通融蠲減指揮，乞免上供，罷科茶錢及減無額經總制錢之額，以至恭奉聖旨，相度經界利病，皆是一郡永久利害，而經界尤利害之大者。所以不避僭率，極意盡言，不敢少有顧望前却、首鼠兩端之意。退而講究，巨細本末，不敢不盡，規摹措畫，蓋已什八九成矣。鄙意無他，蓋以本州田税不均，隱漏官物動以萬計，公私田土皆爲豪宗大姓詭名冒占，而細民産去税存，或更受俵寄之租，困苦狼狽，無所從出。州縣既失經常之入，則遂多方擘畫，取其所不應取之財，以足歲計。如諸縣之科罰、州郡之賣鹽是也。上下不法，莫能相正，窮民受害，有使人不忍聞者。熹自到官，蓋嘗反復討論，欲救其弊，而隱實郡計，入不支出，乃知若不經界，實無措手之地。所以前此申奏，欲得及此秋冬之交，早賜行下。竊聞廟堂有意施行，版曹亦無異論，亦蒙丞相賜書喻意，謂必可行。熹區區自喜，竊謂漳民自此可脱塗炭之苦，而熹區區彊顔扶病，亦不虚爲此來矣。

不幸心勞事拙，賦政不平。前九月中，州境屢有地震之異，未及自劾以聞，而舊疾發動，遍傳兩足，連及右臂，痛楚呻吟，不可堪忍。以至滿散錫宴之日，皆不得少伸臣子歸美報上之誠。今雖少能自力，扶曳出廳，執捉批判，而病中服藥，多是疏利發散之劑，精神氣血衰竭殆盡，無復筋力可以支吾。又況所請罷科茶錢、無額經總之屬，皆久不蒙開允。經界聞亦有陽爲兩可而陰實力沮之者。只今已近冬至，更五十日，即是新春，設使便蒙施行，亦無日子可以辦集。至於按劾弛慢不虔之吏，諸司又不主張，甚或已行取勘而無故自引罷者。如此，使熹寧復更有顔面可臨吏民？鄙性狷急，不能俯仰，前日所以杜門空山，甘忍窮餓，而不敢有意於仕宦，正以此耳。今年六十有一，衰病侵凌，行將就木，乃欲變心從俗，以爲僥倖俸錢禄米之計，不亦可羞之甚乎？憤懣無聊，不能自抑，已具奏牘，干犯天威，乞從罷黜，而并以此私布腹心于下執事。伏惟某官少賜矜憐，曲加陶鑄，或使復得奉祠，歸死巖壑，則又千萬之幸，而非熹之所敢望也。抵冒崇嚴，俯伏俟命，熹不任恐懼震栗之至。

與趙帥書 辛亥二月

雷雪之變，誠可憂懼，而寒雨連月，陰盛陽微，天雖不言，意極彰著，此亦可深慮者。但求言之路未廣，不知果有切至之論可以感寤聖心、解謝天意者否？侍郎身雖在外，然以宗屬之親、侍臣之重，而平日愛君憂國之心，與今之從政者不可同日而議。適此幾會，似亦不容默默以自同於衆人也。不審囊封入告，當復以何爲先？區區願竊聞之，以寬嫠緯之憂，因來密喻，千萬幸甚。

近聞有旨招填諸州禁軍，寄募沿江戍卒，兩事並行，似難辦集。且今日州郡禁軍，緩急何足恃賴？正當別作措置，以漸消除，而悉收江上諸軍子弟刺填本軍，以時練習，却令分下諸州就糧，以省餽運、防緩急，歲時更代，却還本軍，則其事藝自然不敢退墮〔七〕，而州兵之未消者，亦得以激厲增進，乃爲長久之計。今不慮此，反令州郡泛行招刺，若守將不得其人，則適足以資其賣鬻之姦，而空耗衣糧，重傷民力，又未論也。至於寄招之令，則棄子弟素習之技，而取浮浪無能之人，尤爲非計。似聞軍中向來以不堪用，嘗奏罷之，數年之間，州郡得以少息勞費。不知今日有何急切，而忽取此已棄之繆策而復行也？往在南康日〔八〕，見隆興所發之人，全船遁去，并與部轄掌事者，皆不復還，移文鄰郡，搜捕甚急。此等之人，設使到得軍中，亦豈復堪倚仗也？竊謂此二事者，在帥司亦合申請，更以書曉諸公，必不得已，且罷寄招，而稍遞增禁軍本等及大等第斗力，必使及格，方許收刺。仍於逐年奏帳本名之下，各注斗力，不測點名抽喚，令赴帥司按拍，則猶庶幾其或可用也。此間子弟投募者衆，因限以必及次高彊斗力乃收，而來者亦不少，此亦已試之驗也。

與趙帥書辛亥三月二十三日

熹竊見元降指揮，將海船作三番拘集，聽候募發，後來節次有旨，許令當番船户只在本州界内逐便漁業，此見朝廷燭見幽遠、務從寬恤之意。然去年三月八日方降指揮，本州四月八日方始被受，則船户拘集已久，不無廢業。官吏恬不省察，恣行邀索，直至命下，尚且拘留。適熹到官之初，究治姦弊，方得放散。以此之故，船户畏憚，不肯如期到岸聽候點檢，欲望使司特賜申明，乞降指揮，今後當番船隻追集到岸，日下差官點視，即時逐旋放散，令於本州界内漁業，委自守臣專切掛意，不得拘留。向後年分，並依此施行，更不候别降指揮，實爲利便。恐或未欲如此施行，即且乞逐年初冬便與預先行下，使船户知得到州點視，便得放散，自然樂於聽命，不致誤事。

答陳漕書

近因使還，已具經界乞候將來農隙施行利害申禀，伏想已塵台鑒〔九〕。未奉回降，但增悚惕。今準使牒，便令差官。熹前此準擬外州一二待闕官，近聞朝論大以爲不然，此亦小事，不欲固爭，勢須別行踏逐外州一二官員相添，乃可集事。蓋此四縣，龍溪縣官皆可委仗，不須差人。龍巖山多田少，只一劉尉，永嘉士人，嘗從王亞夫游，頗知經界利病，足當一縣，或更助以一人亦得。長泰縣小地狹，或更須一人。但漳浦地廣而荒，尤費區處。而宰丞簿或老或繆，皆不堪使，只有一尉曉事，然亦是巡捕官。已擬用一龍巖簿貼之，然更須得兩人或三人乃足用。州官中亦未見能曉事有可差者，容更踏逐，別得具申。但既未即施行，即且小候詳細差撥，庶得其人，乃爲有補。不審台意以爲如何？已具公狀申述，拱俟回降，即當遵禀。

與留丞相劄子

經界已被漕檄，竊聞此事丞相極勞經畫，乃得施行，千里貧民無不知感。但恨聞命之日，已是正初，農事方興，不容措手，已申漕司，乞候十月一日下手打量矣。其合預行措置事件，則目今不住施行講究，令益精審，以俟及期而行，必不致有誤事。但此事之行，雖細民之所願欲，而豪家右族倚勢并兼者惡其害己，莫不陰謀詭計，思有以動揺。未知此八九月之間，事體又復如何？更願丞相深察其情，而以天下至公之理裁之，有以終惠此邦之人，而不墮於騰口間説之計，則如熹等輩尚得以奔走塵坌泥塗之中，上爲國家均愛赤子，而儌幸於有成。如其不然，則雖賤軀自可支吾，亦當别以微罪自劾而歸，不敢遊丞相陶鈞之内矣。

熹以本郡不曾被受省劄，不敢具申。其回報漕司狀檢謹録一通，冒浼鈞聽，僭率皇恐。蠲減錢物，竊知已下漕司，亦當一面條具，申禀彼司，聽候處分。更望廟堂力賜主張，使不奪於有司出納之吝，則非熹之幸，乃此邦之幸，非此邦之幸，乃此民之幸也。國家愛惜斯人，如護元氣，不忍以毫髮擾之。詔令所頒，戒飭州縣，未嘗不以嚴禁科罰爲言，而其所以取之州縣者乃如此，是則陽爲禁止而陰實縱之，又從而驅之，使必出於此。聖主在御，丞相秉鈞，豈忍爲是以欺其民哉？

熹前書僭越，冒進所聞。中間伏奉手教，開納誨諭周至，三復以還，喜懼交集。然遻聽累月，竟未聞公論之勝、邪説之消，如丞相之言者，顧其當勝而反消、當消而反勝者則有之矣。州縣粗官，不當議此，惟丞相深圖之，則天下幸甚，天下幸甚！熹瞻望台躔，不勝依仰，敢乞上爲兩宫益加鼎食之衛，千萬至懇。

與留丞相劄子

熹誤蒙選擇，備數海邦，又被詔旨，特許本州推行經界，以惠疲甿。方幸得以罄竭駑頓，仰副使令，而不幸遽聞長男之訃，悲痛不堪。自度精神思慮將有不可得而黽勉者，已具公劄申稟，乞賜陶鑄宫觀差遣，使得蚤歸營辦喪葬，收拾孤嫠。切望哀憐，早賜敷奏，千萬幸甚。

熹又有愚懇：本州判官葉機，假滿百日，依條離任，念其貧病，已許爲伸嶽祠之懇，未及而遽遭此禍。然不欲食言，并有劄子率易投納。伏惟鈞慈不忍一物之失其所，并賜垂念，則不惟葉機之幸，亦熹之幸也。方寸迷亂，言無倫次，伏紙不勝皇恐俟罪之至。

與留丞相書四月二十四日

熹竊以孟夏漸熱，伏惟丞相國公鈞候起居萬福。熹遠守偏城，日荷臨庇，昨以哭子悲傷，私計不便干冒威嚴，已深震悚。而前此人還，蒙賜手教，存撫甚至，且有憐其久處瘴鄉之意。伏讀反側，不知所爲。熹去歲之病，乃是宿疾發動，即非染瘴，不知趙帥何故乃爾具稟，致煩軫念？況此邦事簡俗淳，今歲以來，吏民亦粗相安，又經界已得指揮，若非家有私故，則熹非唯義不當去，亦不願舍此僻遠之安，而就繁會之危也。幸今已聞奉祠之請既有成命，此蓋丞相察其哀懇而陶鎔及此，千萬幸甚。雖論譔華資，所不當得，然亦且得去此，只俟受命，一面控辭，而於前路聽從欲之報也。計差去人不三數日會當至此，但今郡中却有二事，不免具狀申奏：

其一爲昨來所乞蠲免罷科茶錢，已蒙行下漕司相度。今計郡中自可樁辦，只乞降旨約束官吏，不得沿此爲名，似前科擾，不敢更煩蠲免應副。而所乞除減無額一項五千緡者，即乞特詔有司便與施行，庶爲一郡久遠之利。其一爲漳浦高知縣登忠言直節，不幸貶死，欲望聖恩特與昭雪，褒録其家。二事皆乞丞相留意開陳，得從所請，千萬幸甚。雖當去此，而惟君相所以遣之此來之意似非偶然，欲圖以報萬分者，是以於此有所不能忘懷。其他瑣細，亦有合因革者，然其事在州郡而不在朝廷，又不敢以煩鈞聽也。

其他至如經界一事，若非丞相力賜主張，則浮議動摇，其罷久矣。兹者又蒙垂諭諄悉，尤切感歎。此事貧民所欲而富者不願，理勢甚明，似不難曉。而羣言胥動，噂沓萬端，則不唯愚者惑之，而賢且智者亦或不免，此可怪也。然此邦之人富者尚少，其力能沮議而得關説於前者亦不甚多。熹之所憂，獨恐温陵富室既多，其間豈無出入門牆之下承眄睞之恩者，必將巧爲詞說，乘間伺隙，以濟其私。竊願高明審加察焉，使此邦之績，不敗於將成，則泉、汀以次，悉蒙其利；而三州之境窮苦無告之民，無不感戴生死肉骨之恩矣。

昨來陳憲委官來此商度，因令行視田野，汀之行賈聞之驚喜，相率拜其車下，問此法何時可及吾州，此可以見夫人之真情矣。而必爲説以敗之而圖自利，其亦不仁也哉！往時有閤門舍人林宗臣者，亦丞相之邑子，嘗因奏對，論及此事，其言憤激痛切，蓋有所指。今泉之貧民愿士，人人能誦道之，公議良心不可泯没。彼沮之者，設不出此，子孫決不乞食，獨何必過爲之慮而蒙此詬於其身耶？是可歎已。惟丞相深念有以反之，此又自爲門下之計，而非獨爲三州貧民計也。

熹又蒙垂諭，深以士大夫之朋黨爲患，此古今之通病，誠上之人所當疾也。然熹嘗竊謂朋黨之禍，止於縉紳，而古之惡朋黨而欲去之者，往往至於亡人之國。蓋不察其賢否忠邪，而惟黨之務去，則彼小人之巧於自謀者，必將有以自蓋其迹；而君子恃其公心直道，無所回互，往往反爲所擠而目以爲黨。漢、唐、紹聖之已事，今未遠也。熹雖至愚，伏讀丞相所賜之書，知丞相愛君憂國之心，無一言一字不出於至誠惻怛，此天下之賢人君子所以相率而願附於下風也。而未能不以朋黨爲慮，熹恐丞相或未深以天下之賢否忠邪爲己任，是以上之所以告於君者，未能使之判然不疑於君子小人之分；下之所以行於進退予奪者，未能有以服天下之心、慰天下之望,而陰邪讒賊,常若反有侵凌干犯之勢。丞相又慮此身自陷於君子之黨,而使彼之蓄憾久而爲禍深也,又稍故爲迷亂昏錯之態以調柔之,反使之氣豪意健,旁若無人,敢於干禄之章,肆爲誣善之語,而朝廷亦不之問也。夫杜門自守,孤立無朋者,此一介之行也。延納賢能,黜退姦險,合天下之人以濟天下之事者,宰相之職也。奚必以無黨者爲是而有黨者爲非哉? 夫以丞相今日之所處,無黨則無黨矣,而使小人之道日長、君子之道日消,天下之慮將有不可勝言者,則丞相安得辭其責哉? 熹不勝愚者之慮,願丞相先以分别賢否忠邪爲己任,其果賢且忠耶,則顯然進之,惟恐其黨之不衆而無與共圖天下之事也;其果姦且邪耶,則顯然黜之,惟恐其去之不盡而有以害吾用賢之功也。不惟不疾君子之爲黨,而不憚以身爲之黨;不惟不憚以身爲之黨,是又將引其君以爲黨而不憚也。如此,則天下之事其庶幾乎? 前年逐二諫官,去年逐一御史,近聞又逐一諫官矣,上下不交,而天下將至於無邦。丞相不此之慮,而慮士大夫之爲黨,其亦誤矣!

熹雖荷知獎,而未遂掃門之願,顧蒙出語之勤,似不爲無可取者,是以輒空胸臆,少答恩顧,不自知其狂且妄也。干冒威尊,俯伏震懼。伏惟寬容,有以裁之。瞻望黄閤,無由趨拜。敢冀上爲國家,倍保崇重。熹不勝下情千萬懇禱之至。

熹竊見紹興初年,趙忠簡公爲相,一時收用人材之盛,後來莫及。然細考其間,亦豈無不滿人意者？但其多寡之勢，此彊彼弱，故雖少雜而不能害治，當時有「小元祐」之號。今者竊觀丞相之心即趙公之心，然論一時人材賢佞之勢，則此少而彼多，此弱而彼彊，此則區區所以不能不深憂，而輒以分別賢否忠邪之説爲獻於門下也。伏乞鈞照，熹皇恐又覆。

熹又蒙垂諭陳憲、趙守曲折，謹悉。陳憲於此極留意，熹前劄已具禀矣。昨見移節，方竊憂之，不謂鈞念已及此也，幸甚。趙守舊識之，有心力肯向前，誠如尊命。然更得一言勉之，幸甚。近因遣官下鄉分界，且遍喻父老以所爲方量之意，并以算法授之，人見其簡易易行，無不悦喜。今見熹去，頗以爲憂，而不知丞相主張之力，初不爲熹一介作輟也。更乞加意垂念，千萬至幸。熹皇恐又覆。

與留丞相書七月十日

熹竊以孟秋猶熱，伏惟丞相國公鈞候起居萬福。熹區區賤迹，自四月二十六日解罷郡事，越三日，遂發臨漳。五月二十四日，遂抵建陽，因遂寄寓，以畢喪葬。但悲惱之餘，無復生意，仰賴巨庇，偶未即死耳。

七月四日，始被省劄，并領手教之賜，仰荷鈞慈垂念之厚。但所請上還進職恩命，未奉俞允。上恩隆重，威令已行，知友皆謂不當復有干冒，而反覆以思，竟未得其所以可受之說。不免復從建寧借人，持狀申省。愚慮悃款罄竭亡餘，不敢重浼崇聽，得賜省覽，詳悉開陳，上謹聖朝予奪之公，下全匹夫辭受之義，則熹不勝千萬幸甚。

又蒙垂喻經界利病，乃是温陵士夫猶有公論。始者但見漳人有仕於朝者，奔走權門，日肆摇沮，而妄疑之耳。數日前，陳憲按部經由，亦有所聞，深不自安。改送之請，殆必爲此。然周漕始至，相見首問及此，云恐朝廷或從陳憲之請，即欲略知曲折，未知後來既聞浮議紛紜之後，又復如何？此非閑人所敢干預，第因下喻之及，敢布所聞耳。無額錢事，曲蒙垂念，尤深感戢。版曹今當已有定論，但恐出内之吝，有司常態，須仰廟堂力賜主張，始可不乖所望也。高古縣事不審已作如何施行？此事南方之人無不聞知，况如丞相尤是目睹，而梁文靖公向來亦嘗爲之申雪，固不待鄙言而後信。但得榻前委曲敷陳，特與昭洒，則不唯直既往之寃、申泉壤之恨，而自今以往，忠言日聞於丞相，效美遜直之心，亦不爲無所助矣。如聞比日朝士有以不願爲忠臣之説當上心被親擢者，遠方傳聞，不知信否？如審有之，則小人過計之憂，恐其不得爲興邦之言也。又聞其人亦嘗出入門牆，深辱知顧，當是其時未有此論。如又不然，則知言知人之訓，妄意丞相更當留意。博求直諒之賢，置之東閤，與圖天下之事，則大人格心之效不日可見，而勳業之茂，不但踰於前後數公矣。諸葛武侯之教有曰：「諸有忠慮於國者，但勤攻吾之闕，則事可成、賊可死，功可翹足而待矣。」太祖皇帝嘗語侍臣：「唐太宗虛心求諫，容受盡言，固人主之難事，然曷若自不爲非，使人無得而諫之爲愈乎？」至哉言乎！大哉言乎！愚竊願以武侯之言爲丞相獻，又願丞相以太祖聖訓日啓迪於上前也。

至如朋黨之論，則前記所陳有未究者，致煩鐫喻，至於勤縟。三復愧悚，不知所言。章、蔡之禍，誠如尊命，但忠賢奔播，至於如此，推本其原，蓋自有在。而九年之間，黜幽陟明，培固根本，其效見於靖康、建炎之際者，民到于今賴之，又自有不可誣者。若其無此，而元豐、紹聖便相傳襲，則後日之禍豈但若此而已哉？前輩有論嘉祐、元豐兼收並用異趣之人，故當時朋黨之禍不至於朝廷者。世多以爲名言。熹嘗謂此乃不得已之論，以爲與其偏用小人而盡棄君子，不若如是之猶爲愈耳。非以爲君子不可專任、小人不可盡去，而此舉真可爲萬世法也。若使當時盡用韓、富之徒而并絀王、蔡之屬，則其所以卒就慶曆之宏規、盡革熙寧之秕政者，豈不盡美而盡善乎？後之覽者，得其言而不得其心，知退守其所爲不得已之論，而不知進求其盡美盡善之策，是以國論日卑，而天下之勢卒至於委靡而不振，此可悲也。至如元祐，則其失在於徒知異己者之非君子，而不知同己者之未必非小人，是以患生於腹心之間，卒以助成仇敵之勢，亦非獨章、蔡之能爲己禍也。然則元祐之失，乃在於分別之未精，而丞相以爲太甚，熹竊有所未喻也。是以知言知人，聖有明誡，區區已效於前矣，深願丞相之加之意也。

抑又聞之：天下事勢有消長賓主之不同，以易而言，方其復而長也，一陽爲主於下，而五陰莫之能遏。及其遇而消也，五龍夭矯於上，而不足以當一陰羸豕蹢躅之孚，甚可畏也。丞相觀於今日之勢，孰爲主而方長乎？孰爲客而方消乎？孰能制人，而孰爲制於人者乎？於是焉而汲汲乎以求天下之賢以自助，使之更進迭入，日陳安危治亂之明戒，以開上心，排抑陰邪，無使主勢小傾而陷入其黨，尚恐後時而無及於事，不精而未免有失，亦何遽至預憂其分別太甚而爲異日之患乎？

熹未獲趨拜，而辱知至深，且今分甘投老，無復世念，故不自嫌而冒昧及此。伏惟赦其狂妄而取其愚忠，千萬幸甚。當暑目昏，作字不謹，并丐原恕。自餘唯冀上體兩宫之眷，俯慰四方之望，加毖重茵列鼎之衛，以究久大之業，千萬幸甚。

與留丞相書十月四日

竊以孟冬漸寒，伏惟丞相國公鈞候起居萬福。熹昨者人還，伏奉省劄，喻以聖恩褒借，不許終辭之旨。又蒙鈞慈，加賜手教，所以開曉尤極懇至。伏讀再三，仰體吾君吾相委曲眷憐之意如此其厚，謹已齋祓祇拜告命，奉表稱謝矣。恭惟丞相國公知遇之深，固不以世俗常禮見望，然亦有不敢廢者，鄙語卒章，少見所以圖報之實，儻蒙照察，千萬幸甚。

高古縣事，特蒙主張，得被仁聖漏泉之澤，九原忠憤，一旦獲伸，丞相所以褒顯忠直、擯抑姦諛之意，不但施之今日，周行之間，所勸多矣。龍溪亦蒙收召之恩，始望蓋不及此，第切惶恐。無額錢事，近聞已蒙施行，邑中尚未見報，未敢致謝。此錢雖是州額，從來抛下諸邑，漳浦爲多。此縣比年殘廢已甚，熹向來措置，州郡自爲抱認罷科茶錢數千緡，今若得更免此，則此邑庶幾有可整葺之望。萬一今來方是行下漕司指定，即將來更望丞相力賜主張，始終其惠，使此邑疲民免於非理科罰之苦，千萬之幸。或已俯從所乞，盡賜蠲除，則熹昨奏抱認罷科茶錢事雖無施行，亦乞行下本州遵守，不得再抛下縣。仍切覺察，勿令諸縣以此爲名妄行科罰，此又永久之利也。此錢自係上供之數，不敢求免，本自不必具奏，所以有前日之請，良以此耳。伏乞鈞察。

熹未嘗有一日灑掃之勞於門下，而丞相所以知獎優異不在衆人之後，顧今精神耗竭，筋力疲憊，無復可期以伸報效。區區願丞相深觀大易陰陽消長、否泰往來之變，謹察君子小人之分，而公進退之，毋爲調停之説所誤，使忠言日聞，聖德日新，而天下之人真享富壽康寧之福，朝廷之上真見平平蕩蕩之風，則衰病之軀老死丘壑，無所憾矣。如於忠邪之分察之有未明，消長之戒信之有未篤，而又以一身利害之私參錯乎其間，則今所謂持平者，是乃所以深助小人之勢以爲君子之病，將見彼黨日盛，此勢日孤，天下之事將有不可爲者。丞相雖欲奉身而退，窮勝事而樂清時，亦不得辭後世良史之責矣。熹不勝感德之至，輒復冒昧言之。伏惟恕其狂妄，而采其千慮之一得焉，則又幸之大者。

瞻望門牆，無由伏謁，伏乞以時爲國，千萬自重。熹至懇至禱，死罪死罪。

與留丞相書十月十二日

熹區區賤懇，已具前幅，必蒙矜念，俾遂退閒，不敢重出，以煩公聽。惟是昨因致謝，輒罄鄙懷，狂妄僭率，不勝皇恐。然自遣人之後，即得朝士私書，語及近事。恭聞丞相忠誠感格，天意爲回，重陰之底，復有陽復之漸，乃竊自幸其言之不效。既又反覆以思，則恐今日之事未足爲喜，而前日之論，猶有可思者也。

蓋自古君子小人，雜居並用，非此勝彼，即彼勝此，無有兩相疑而終不決者，此必然之理也。故雖舉朝皆君子，而但有一二小人雜於百執事之間，投隙抵巇，已足爲患，況居侍從之列乎？況居丞弼之任而潛植私黨，布滿要津乎？蓋一二三大臣者，人主之所與分別賢否、進退人材，以圖天下之事，自非同心一德，協恭和衷，彼此坦然，一以國家爲念而無一豪有己之私間於其間，無以克濟。若以小人參之，則我之所賢而欲進之者，彼以爲害己而欲退之；我之所否而欲退之者，彼以爲助己而欲親之。且其可否異同，不待勉爭力辨而後決，但於相與進對之間，小爲俯仰前却之態，而已足以敗吾事矣。是豈可不先以爲慮，而輕爲他計，以發其害我之機哉？此猶姑以鈞敵之常勢言之耳，況今親疏新舊之情本自不侔，忠邪遜逆之趣又各有在，彼已先據必勝之地，而挾羣黨以塞要衝，凡一舉手、一摇足，皆足以爲吾之害，下至近習纖人，亦或爲之挾持簡牘，關通内外，以助其勢；而吾乃兀然孤居，孑然特立，絶無蚍蜉蟻子之援，可與用力於根本之地，以覺上心而清言路，其可望以爲公道之助者，不能留之蹞步之間，而欲求之千里之外。彼方爲主而我方爲客，彼方爲刀而我方爲肉，此固天下之危機敗證，而又時取彼所甚惡之人，置之不能爲助之處，徒益其疑而無補於事。愚恐雖能遍起天下之賢人君子置之内外，彼亦不必動其聲氣，但陰拱而微伺其勢似能害己，則便一眴目而羣吠起，使來者或未及門，至者或未暖席，而已狼狽倉皇，奔迸四出矣，尚何國事之可圖哉？今日之事，丞相以爲但去一人，班列便無小人，臺閣便無異論乎？胡不觀於鄭尚書、王著作、孫司業之遂去而不留，袁温州之已除而中寢，此皆誰實爲之也哉？以愚觀之，但見其操心益危、慮患益深，而爲祟益甚耳。語曰：「治水不自其原，末流彌增其廣。」又曰：「射人先射馬，禽賊當禽王。」蓋慮此也。去年劉副端初除，抗論震動朝野，善類相慶，而熹獨深憂之。今日之勢，何以異此？伏願丞相試熟計之，而亟陰求學士大夫之有識慮氣節者相與謀之，先使上心廓然，洞見忠邪之所在，而自腹心以至耳目喉舌之地，皆不容有毫髮邪氣留於其間，然後天下之賢可以次而用，天下之事可以序而爲也。如其不然，則自今以往，丞相之憂乃有甚於前日，是以熹竊危之，而未敢以爲喜也。

辱知之厚，不敢不盡愚，惟高明察之。抑天下之事固多以欲速而致敗，然見幾不蚤，猶豫留時，亦智者所甚懼也。今日在我之勢固爲甚危，然乘隙疾攻，正在此時，投機之會，間不容息。惟丞相深計而亟圖之，則不唯善類之幸，實宗社生靈之幸。熹死罪死罪。

與留丞相劄子

熹竊以孟冬冰寒，伏惟某官鈞候起居萬福。熹昨蒙聖恩，超遷職秩〔一〇〕，懇辭不獲，更被寵褒，又得竊食祠官之禄，以便私計而卒其舊業，公朝誤恩，於熹已爲厚矣。故熹前日奏記，蓋嘗略陳其説，以伸謝悃，意謂必蒙矜察，不意今者又被省劄，乃復將有所使令。聞命驚惶，進退失據。至以家門患難之私、賤軀殘朽之故，反復推較，則又皆有所未安者，已具申狀禀劄，一二條陳，以干公朝之聽。顧猶有未敢盡其言者，而復以此私于下執事。

伏惟某官特賜矜憐，少垂寬假。使得躬視埋葬，以塞老牛舐犢之悲；休養神明，以駐衰頽就盡之景。更以餘日討繹舊聞，以副聖主華衮之褒，而助明時風化之美，則某官之恩之德，又將被于存没而無窮矣。

干冒威尊，不勝戰灼。又以近方拜啓，不敢復以累幅仰勤聽覽，并冀垂察。唯是瞻望門牆，無復趨拜之日，下情尊仰，不勝拳拳。敢乞上爲兩宫，倍保崇重，長輔聖主，永康兆民。熹區區無任祈懇激切之至。

與趙帥書

熹適間道左拜違，不勝惘惘移刻。伏惟台候動止萬福。所需文字，適方檢得，謹以内呈。復有少禀，乃適間所忘記者：

熹辭免文字，度今已到久矣。台旆到闕日，若已得請，則無他禱；萬一未遂，則望特爲一言，及此私計未便之實，使早得從鄙願，千萬之幸。

經界一事，將來本欲説破，以昨夕見教之勤，且復隱忍。但此事不可不使彼知之，亦幸爲詳言之，則熹雖不言，而義亦伸矣。蓋此一事，貧民以爲利，而并兼豪奪之徒以爲不便，其理甚明。故當時臣僚建請，而朝廷行下諸司，諸司行下諸郡，泉、汀之言雖有異同，而諸司察其無理，幸以熹言爲是，反復論難，蓋千百言，以聞於朝，則其慮之已不爲不審矣。今雖有此一人之訴，朝廷亦合審其虚實，押下諸司，再令審覈，則其教誘資給誣罔之罪，必將可得。如其不然，諸司中必有觀望風旨，自爲前却者，此謗猶有所分，不專在於朝廷也。今所施行，乃匆匆如此，是朝廷不以臣僚之言爲可信，又不以熹之言爲可信，又不以諸司之言爲可從，而偏聽此人之説與其教誘資給者之説也。

丞相相知甚深，薦引存問不爲不厚，熹雖知不足以堪此，然平時狂妄，所以傾倒不敢自他者，亦不爲不至。故前日之辭免，不敢決然爲不出之計，而於馬貳卿書復露異時乞郡之請，此意亦可見矣。今以此事觀之，乃知丞相所以見遇者，乃在漳州進士吴禹圭及諸教誘資給者之下，今雖無恥，其敢冒此而進哉？

熹伉拙奇蹇，一出而遭唐仲友，再出而遭林黄中，今又遭此吴禹圭矣，豈非天哉！天實爲之，豈敢尤人！然復云云如此者，猶感丞相相知之意，而懼其以此待天下之士也。幸侍郎一爲誦之，千萬至望。

與留丞相劄子

熹竊以季冬極寒，伏惟丞相國公鈞候起居萬福。熹昨者妄以小夫竿牘干冒崇聽，方懼僭瀆以取罪咎，乃蒙賜教累番，加以真翰，所以慰答其意者甚厚。至於懇避恩除，以便私計，亦蒙矜憐，委曲鐫喻。而馬侍郎、黄寺簿、吕司令又皆以書具道鈞意甚悉，區區下情，不勝感激之至。謹已仰體盛旨，不敢復以家事爲言。但經界安議竟煩寢罷〔一〕，則熹之罪戾有不敢自赦者。朝廷寛大，雖不忍寘之重辟，亦豈宜更加寵擢，以紊賞刑之典？而熹雖無狀，不識廉耻，然亦豈宜適當此時復叨任使，以乖去就之方哉？省狀公劄别具浼聞，伏惟鈞慈，幸賜財察。趙侍郎前日經此，亦嘗託其面禀。今以被受日久，方借得人，亟此申陳，不暇他及。瞻望門牆，無從進謁，敢乞上爲國家，千萬自重。熹不任祈懇激切之至。

校勘記

〔一〕今亦不可預定耳　「不」，浙本作「未」。

〔二〕况只此僥冒　「此」，原作「北」，據閩本、浙本改。

〔三〕孔子豈不是至公至誠　「至誠」，閩本、浙本作「血誠」。

〔四〕己酉五月二日　「二」，浙本作「一」。

〔五〕不起患得失之心　「得」下，浙本有「患」字。

〔六〕但愚意以爲如此則只做得一事　「但」，浙本作「論」，屬上，亦通。

〔七〕則其事藝自然不敢退墮　「藝」，原作「勢」，據閩本、浙本改。

〔八〕往在南康日　「日」，浙本作「目」，屬下，亦通。

〔九〕伏想已塵台鑒　「鑒」，浙本作「覽」。

〔一〇〕超遷職秩　「遷」，浙本作「陞」。

〔一一〕但經界妄議竟煩寢罷　「煩」，浙本作「復」。

晦庵先生朱文公文集卷第二十九

書時事出處 劄子

與趙尚書書

竊以仲春之月，氣候暄和，伏惟某官茂對明恩，神人協相，台候起居萬福。兹者竊聞榮被追詔，入長天官，夫以尚書望實之隆，宜在廟堂參斷國論之日久矣。去歲入朝，登用在即，而抗論極言，不以利害之私少有回屈，士論益以歸重，而深恨其不少留也。乃今幸甚，天啓聖心，召還故官，是蓋將授以政無可疑者。有識傳聞，交相慶賀，蓋不獨爲門下之私喜也。

然今日之事，蓋有甚難於爲力者，不審明公何以處之？竊計雅懷於其大者素有定論，不待愚者之言矣。惟其小者之一二，區區鄙懷，竊有所疑於平日，輒忘僭易而一言之，惟高明之垂聽焉：

蓋天下之事，決非一人之聰明才力所能獨運，是以古之君子雖其德業智謀足以有爲，而未嘗不博求人才，以自裨益。方其未用，而收寘門牆，勸奬成就，已不勝其衆，是以至於當用之日，推挽成就，布之列位，而無事之不成也。今夫明公之立朝不爲不久〔一〕，而未聞天下有卓然可用之才出於門墻之下。自頃出臨藩服，而熹始得觀於進退官屬之際，則見明公之所與者，率多碌碌凡庸，睢盱偵伺以希寸進之流，未有以職修事舉，爲衆所稱，以爲當舉而得之者也，而況於其學行藴畜真有以大過於人者乎〔二〕？今者進位於輔相之列，則所資於天下之才者益衆，而所進退於天下之才者益重。若但以前日進退官屬之尺度取之，則熹恐天下之士所以望於明公者有未厭也。時事如此之難〔三〕，明公之任如此之重，而所以求助者如此之狹，熹雖至愚，猶竊爲明公慮之。而辱知有素，不敢不及此而一言也。伏惟寬宏，恕其狂易，試加察焉。蓋不惟明公所自舉，而凡所爲屬之同列，以妨賢者之路，若宜皆在詘指之中，則熹之虚實可覩矣。

來使還自三山，熹前此已屢拜啓，薄冗，姑此少伸賀禮，而亦不敢爲無益之空言也。末由趨拜履舄，伏乞以時爲國自重。

答趙尚書

四月二十六日，熹扣首再拜上覆吏部尚書台座：熹久病，不得拜書，第切馳仰。即日淫雨寒涼，伏惟論思多暇，神人交相，台候起居萬福。竊聞清蹕已御外朝，尚書首奉延訪，忠言至論，聳動上心，有識傳聞，無不感歎。但以疇昔所嘗商較者揆之，似已太勁切矣。豈忠肝義膽得全於天，有不可得而抑者，抑以論議不齊，事功難必，而故出此以趨勇退之塗耶？以出處語默之常理言之，二者誠皆有當，然非海内深思遠識之士所以望於明公者也。顧今指趣已聞，標的已建，而未見幡然聽納之效，不審高明又當何以繼此？此恐更宜廣詢博訪，以善其後，未可以便謂無策而付之不可如何也。朝士下僚中，恐不能無可咨訪者。願自今以來，稍加延納，虛心降意，採其所長，庶乎其有補耳。

東府復留，勢豈能久？意其亦必自知如此，而姑爲偷安引日之計，以媚羣小，冀無後災，此其爲害又將有不可勝言者。尚書與之情義不薄，曷若勸之乘此必不能久之勢，力言於上，極陳安危治亂之機，大明忠邪枉直之辨，以爲國家久遠之計。其濟則宗社之靈，生民之幸；不濟則與其抑首下心，前迫後畏，以保此須臾之光景、纖芥之榮禄，而不能自拔於小人之羣，以誤國家，以此易彼，豈不浩然而無愧悔於心哉？但其人自無遠識，親狎庸佞，全身保妻子之慮深，而憂國愛民之念淺，恐未必能聽此大度之言耳。但尚書既與之厚，而不乘此機發此策，則於吾之心有不盡者。嘗試一言之，政使未必能用，亦未至於有害，又與建白於朝事體不同也。不審高明以爲如何？

劉德脩忽自蜀中寄一書來，慷慨振厲，略不少衰，真奇士也。觀其書意，似亦甚悔前日欠人商量，失却事機，此真可太息爾。然事變無窮，又安知後之視今，不猶今之視昔；人之視己，不猶己之視人耶？士居平世，處下位，視天下之事意若無足爲者，及居大位，遭事會，便覺無下手處。信乎義理之難窮而學問之不可已也！病中信手亂抽，得通鑑一兩卷看，正値難處置處，不覺骨寒毛聳，心膽墮地。向來只作文字看過，却全不自覺，真是枉讀了他古人書也！

熹一春病脚，至今未能出入，醫藥雜進，灸灼滿身，殊未見效。只今兩脛細弱，飲食減少，自度非能久於世者。所幸小屋略就，旦夕可以定居，便與世相忘矣。向來小報，幸是誤傳，不然又費分疏，愈增罪累耳。

閩中自得林、辛，一路已甚幸。若象先來，更能爲上四州整頓得財賦源流，即更爲久遠之惠。但恐其意只如所謂去泰甚者，則又失望耳。近日此等議論真全軀保位之良藥，而病國殄民之烏喙也。無由瞻晤，寫此紆鬱，切冀深爲人望，千萬自重。不宣。

與趙尚書論舉子田事

熹拜書將遣，而周宰見訪，説及近降指揮，出賣絶户官田。此間舉子義莊絶院二十五所田，收米四百八十餘石，或云史公所買，而無明文可考。只有淳熙三年陳公政内劄下催督義莊租課，開列二十五院，與今一同。又有八年梁公政内劄下丞廳，亦云拖照淳熙元年買建陽縣絶産田充義莊，即是當時已買分明，今自不合隨例出賣。唯是兩縣絶户江驥、江大受，作過人程如岡三家田收米七百三十餘石〔四〕，即係元不曾買，今日難以拘占。然今倉司施行甚峻，縣吏奉承唯謹，固不容辨其當賣與否矣。若不及早整理，則此田日下便爲他人之有，而舉子之政遂成中輟，甚可惜也。欲望詳酌，特爲申明，乘此機會，别降指揮，依贍學田與免出賣，則不唯已買者不爲奪去，而未買者亦可因而撥正，無復動摇。其元降指揮恐隨行無本，今并録呈。其間所引淳熙三年指揮本路絶産不許出賣通融，以充一路養子之費者，或恐亦可再與拈出。且只免賣上四州絶院，使朝廷易於聽從，而其他未舉行處，亦可漸次接續措置，誠爲永久之利。周宰亦已有書懇丘侍郎言之，但須自尚書發之，彼乃有據而行爾。此事甚急，切幸早賜留念。熹皇恐上覆吏部尚書。

後項所稟，若只云住賣上四州絶院，則又礙江驥、江大受、程如岡田。須云乞將已買及已撥充舉子田免行出賣外，將來上四州軍如有絶産寺院，並免出賣，撥充舉子之費，令安撫司拘收措置，如此則無病矣。

與趙尚書

熹向託廷老面禀一二事，不審台意如何？今日之事，第一且是勸得人主收拾身心，保惜精神，常以天下事爲念，然後可以講磨治道，漸次更張。如其不然，便欲破去因循苟且之弊而奮然有爲，決無此理。既無此理，則莫若且静以俟之，時進陳善閉邪之説，以冀其一悟。此外庶事，則唯其甚害於君心政體而立致患害者，不得不因事救正。若其它閑慢，非安危存亡所繫者，皆可置而不論，如學校之政是也。

此等事欲大更張，非唯任事者未必肯行，亦恐主議之人未必究知先王學校教育之本意良法，政使行之，未能有益而反有害。若欲因議而發，且如來教所謂就見行法中略與修整，則熹前書紙尾四五條者最爲穩當，不驚動人耳目，而可以坐消奔馳僞冒請囑之弊。然其行與不行，亦非安危存亡之所繫，議而不行，正亦不必固請也。今所規畫，皆是創立條貫，多所更革，安得謂之就見行法中修整乎？又況教官未必得人，將來姦弊百出，既已慮之，而未知所以爲計，又何必抗言極論，以爭此嘗試疏濶之策，而使旁觀者重有紛更不静之譏乎？前日山間拜書，不能盡此曲折，深有遺恨。蓋策之未善猶未足言，所深慮者，尚書人望之重，本所拳拳者當爲何事？而今乃切切於此不急之務，以取嫌忌嘲笑於流俗，知時識勢者固如是乎？

然欲爲前所謂時進陳善閉邪之説以冀上心之悟者，又在反之於身，以其所欲陳於上者先責於我，使我之身心安靜、精神專一，然後博延天下之賢人智士，日夕相與切磋琢磨，使於天下之事皆有以洞見其是非得失之正，而深得其所以區處更革之宜。又有以識其先後緩急之序，皆無毫髮之弊，然後并心一力，潛伺默聽，俟其間隙有可爲者，然後徐起而圖之，乃庶幾乎其有益耳。

尚書天資高明，而於當世之務講之熟矣。至於前世名臣議奏，又嘗博觀而精擇之以爲一書，宜其投機合變，慮無遺策。而今者之議，以大言之則不時，以小言之則不巧，不唯熹之至愚以爲未安，而天下有識亦無不竊怪其不當出於明者之口也。抑其言又有大於此者，蓋又皆以爲尚書頗以簡貴自高，憚於降屈，而無好士受言之美也。不識尚書何以得此於梁、楚之間哉？其必有以取之矣。願反諸身而熟察之，有諸己而後可以求諸人，無諸己而後可以非諸人，雖敵己以下猶然，而况於南嚮萬乘之主乎？尚書誠以天下之事爲己任，則當自格君心之非始；欲格君心，則當自身始。蓋非獨熹之所望於下執事者如此，計善類之所望莫不然也。

久欲言之而不得暇，今日偶病怯風，不敢出户，因得極陳其愚。伏惟恕其狂率，幸甚幸甚。他所欲言，無大此者，請俟後便。不宣。

與留丞相劄子

熹竊以季冬極寒，伏惟丞相國公鈞候起居萬福。熹伏自春間一再干冒，竟蒙恩厚，獲安祠館。區區感戴，蓋不勝言。顧以罪戾之餘，不敢復以姓名自通門牆之下。不意今者曾未踰年，又叨除目，付以一路軍民之寄。此蓋某官愛惜人才，不忍使其終身棄於無用之地，故以及此。德意良厚，感激難勝。但熹衰病益侵，精神益耗，使之從政，其所施爲悖眊顛錯，必有甚於前者。而廣西一路，地廣民貧，邊面闊遠，得失所繫，又非内地監司郡守之比。在熹自度，實難冒受，以誤使令之意。謹已具狀辭免，欲望鈞慈，俯察愚誠，特與將上，令熹終滿今任祠禄之後，别聽指揮。若其精神筋力足以堪之，熹不敢復辭避也。干冒威嚴，俯伏俟命，惟某官裁之。熹瞻望台躔，無由趨拜履舄，伏乞上爲兩宫垂意茵鼎之衛，光輔神聖，永福寰區。熹不勝願望之至。伏惟鈞照。

與執政劄子

云云，熹伏自違遠門牆，積有年所，疾病不問，無從脩致贄御者之問。邇者竊承延登宥密，中外交慶。辱知有素，欣賀尤深，而亦不敢進越，輒以姓名自通。不意今者誤恩横被，擢自閑散，付以一路軍民之寄。此蓋某官顧念疇昔，曲借推揚，有以及此。餘同前。

與漕司劄子 癸丑夏〔五〕

政和縣有小路數條，通羅源、寧德海鄉，步行不過兩三程可到，故私鹽每斤不過四十五文，而官鹽則必泝流運綱，或半歲而後達，脚費不貲，故官鹽立價不得不高，每斤之直遂至不下九十文。所以從來民間只喫私鹽，而官鹽自非科抑，雖銖兩無售者。蓋縣道空乏狼狽，而州府漕司不得此縣財賦之入者有年矣。中間知縣袁采，始爲出賣落草私鹽之術，其實乃自買私鹽，而分置數坊賣之，以給歲計。自此以來，縣道稍可支吾，而州府漕司亦獲其助。但民間本自不願買喫官坊貴鹽，而不買者又有申舉追呼之擾，故行之未久，即以違法致訟而罷。於是本縣一歲但起兩綱，盡數折還州府版帳、漕司增鹽之屬，本錢雖不易辦，而官吏免得冒法賣鹽致訟，民間免得買喫官坊貴鹽以致申舉追呼之擾，比之袁宰之術，尤爲穩便。上下方以爲安，而漕使陳右司政内有司偶失契勘，却將本司積下諸州縣增鹽，用船裝載，泝流般上政和，勒令出賣，每月責認解錢五百貫文。殊不知若使政和官鹽可賣，則本縣必須自般自賣，以供公上，而積其餘以爲循環之本，前不至爲冒法行險販私之詭計，後不至爲逐綱撰本盡以還州之拙謀矣。正緣鹽不可賣，是以不得已而爲此。今乃不察，而必使之抱賣他州外縣可賣不賣之增鹽，至於移貴就賤，倒置煩擾，則又未論於民有無利害，而善理財者似亦不肯如此。自此之後，本縣遂復置坊出賣此鹽，然實計每斤只賣得四十五文，其餘四十五文無所從出。又官鹽在倉日久，亦有走滷欠折之數，乃用袁宰之餘謀，陰許管坊人潛販私鹽，以足其數。後來趁賣不上，雖已量減鹽價月額，然病根不除，使官吏日懼譴責，百姓須喫貴鹽，而漕司一歲所得，不過三四千貫而已。於民有害，於官無利，其理甚明。竊恐高明未詳本末，敢採民言以獻。欲望台慈，特不下司〔六〕，密行考究，特賜住罷，百里幸甚。

與留丞相書

熹輒有愚悃，仰塵鈞聽：孤賤鄙儒，迂闊有素，中間諸公不知其不肖，往往誤有收拾使令之意，而熹方拙不能奉承，是以多致齟齬，而不能無遺恨於其後。爰自戊申之夏，狼狽出闕，杜門空山，蓋已無復當世之念矣。不意相公曾未識其面目，乃於秉鈞之初首加拔用。熹以衰懶不堪劇部爲辭，又蒙改命，更畀郡符。到官一年，有請必遂，如褒贈漳浦高公、減免經總制錢之屬，皆前日守臣所屢請而不得者。是相公於熹知之不爲不深，而於漳之士民愛之不爲不厚矣。至於經界一事，乃獨屢上而不報，至其甚不得已而陽許之，則又多爲疑貳之言，以來讒賊之口，曾不一年而卒罷之。則熹於是始疑相公所以知熹者，不若其於鄉里小兒之深；所以愛夫漳之士民者，不如其於瑣瑣姻婭之厚；而匹夫之志，因以慨然自知其決不可以復入相公之門矣。是以湖南、廣西再命再辭，蓋不唯以粗伸己志，亦庶幾陰以解謝臨漳千里狼狽失業之民，而於相公則不敢以爲恨也。

今者相公郊居累月，一旦來歸，未遑他事，而復首以不肖之姓名言於上前，付以湖南一路之寄。聖主以相公之言爲重，即使出命，而相公又申以手札之賜，慰喻勸勉，禮意勤渥，有加於前。君相之恩隆厚若此，政使賤軀羸頓，不堪上道；神識昏昧，不任治劇；亦當黽勉拜命，走伏官次，以稱所蒙。而熹之私心反復思之，終以前事有未能忘者，又竊惟念相公自居大位，悉引海内知名之士，無一不聚於朝。今兹之事，雖相公出舍於郊，不得親回天意，而諸賢在列，各攄忠悃，並進苦言，不遺餘力，是乃無異出於相公之口。相公於此得士之多，致君之效，其亦以無愧古人矣。然則若熹之愚，姑亦勿問而置之度外，似亦未足以虧盛德之萬分，而況啓擬之恩、謙尊之美，相公又已行之乎？夫宰相以得士爲功，下士爲難，而士之所守，乃以不自失爲貴。今相公之得士如此，下士如此，已爲盛美，若又能容熹，使不自失其所守，則是古人所謂人有其寶者，亦何必使之回面汙行而爲終身之羞哉？

抑今日之勢，天意雖若暫回，而恐未固；禍機雖若暫息，而恐未除。事會之來，乃有大於漳州之經界者，而恐不但如前日之易乎也。願相公深以前事爲戒，公其心，遠其慮，毋使天下之士賢於熹者復有所激而不肯出於門牆，則熹今日之言猶未爲無以報德也。區區此意，但欲相公知之。所有省狀公劄，則不敢盡吐所懷矣，儻蒙將上早賜施行，勿使至於再瀆，則熹千萬幸甚。

與留丞相書

昨者伏蒙丞相少保國公降屈威重，先辱手書，雖以奏記略陳謝悃，而語意狂率，不知所裁。竊意相公必將怒而絶之，則熹因得以伸匹夫之志。而相公方且坦懷虚受，不以爲忤，加賜真筆，眷眷益勤，此已出於望外矣。至於所乞寢罷誤恩，則又未蒙贊可。顧以元日奉觴盛禮之次，開陳督遣，且因書指喻以宜行，熹誠狹中不足以窺大人之度，然私心猶竊不能無所疑者。則以爲此雖足以見相公含垢納汙之量、屈己下士之誠，而未知相公之心以熹前日之事、今日之言爲果何如也？熹今承命再三，固已不敢必於退避，但恐衰年精力，不足以勝一道之責。欲丐相公都俞之際，委曲一言，换一小壘，若帥幕謀曹之屬，庶幾可以扶曳衰殘，仰承恩指。然其所以事相公者，則不敢少有毫髮異於前日之心也。亦願相公深以前事爲戒，於天下之事有可否，則斷以公道，而勿牵於内顧偏聽之私；於天下之議有從違，則開以誠心，而勿誤以陽開陰闔之計。則庶乎德業盛大，表裏光明，中外遠邇心悦誠服，非獨如熹等輩終身服役而不敢有議於萬分矣。如其不然，則殆不若及其去就之未定，而遂其本志之爲愈也。干冒罄竭，恐懼殊深。進之退之，唯相公之所以命。

答吳茂才書益〔七〕

熹衰繆亡狀，謬忝召除，業已在官，不容辭避。然亦以病告而宿留前途，以俟報罷之命矣。所論時務，衆共知其如此，而未知所以處之之方。來誨又若有所難言而不欲盡者，反復思之，未得其要。若便得請，固無所預；萬一不免，一到臨安，或恐當路有問焉者，尚望高明不鄙而瀆告之。然必直書其事，而勿爲材語，使愚者一見而曉然，乃爲厚幸。不然，又將有所不解而虚辱諄諄之誨矣。至懇至望。

與臨江王倅書

熹昨臨罷郡，見邸報臺諫集議素服事，已有指揮施行。時彼中尚未著紫衫，然即已榜客位，預告賓客官屬矣。過袁，見郡縣官皆已素服，獨盛府未之行，心竊疑之。欲以奉扣，而匆匆不暇也。不知後來別有指揮衝改耶，抑偶未之省也？至此，又有豐城縣官亦如宜春，恐隆興亦已如此。竊慮更當檢校討論，白守侯而正之，乃爲宜爾。向以將赴江西入辭，時永思已入土，而壽皇所御衣冠皆以大布，此爲革去千古之弊。而百官皆用紫衫皂帶，乃王丞相以親老爲嫌，不肯素服，議者皆有有君無臣之譏。近日之論，乃鑒其失，然猶未能彷彿古制也。又記在長沙初奉諱時，方語從吏車帷當易紫以青，適未即出，而何漕已易之如所言矣。蓋於心有不安，故不約而同也。并幸知之。

答汪長孺書

熹到官三月，無日不病，扶曳此來，良非獲已。上恩過厚，辭謝不獲，叨冒供職，愧恨難勝。所幸無他，而主上留神問學，得以少效區區。丞相時得間見，可以吐露心腹。但事勢牽掣，亦有不得如人意處。天變未銷，人情未靖，如涉大水，不見津涯，尚深憂懼耳。今日入侍，方講大學，頗蒙開納。歸來疲倦，來使索書，草草附此。

與王樞使謙仲劄子

熹昨者到官長沙，嘗獲一脩記府之問，伏蒙鈞慈還答之寵，捧領感慰，不勝下懷。繼以病作，不能嗣致牋敬，惟是尊仰不忘于中。未幾遂以收召去郡，行未兩日，即聞大纛移鎮是邦，甚恨不得宿留，以俟參展。然甚爲一路軍民喜於將蒙惠澤。而三月之間，頗類之政，亦幸有以陶冶於大專槃物之中也。伏想今兹已遂開府，輒因還役，敬具公牘脩賀，而復以此布其腹心，伏幸鈞察。

熹麋鹿之性，久放山林，老入脩門，尤以爲苦。雖荷閔勞之意，職務優閒，而其實則有甚難副者。日夕悚懼，未知所以逃責。伏惟高明有以教之，則千萬之幸也。長沙版築不容中輟〔八〕，軍屯未得專制，皆不得不言者。比已僭易陳及，亦皆得旨施行，想今已有所處矣。湘西精舍，漕臺想已稟聞，得賜一言，俾遂其役，千萬之望。昨欲廟祀一二忠賢以厲凡百，已委官相視矣。不知亦可并垂念否？二事皆關名教，計所樂聞，故敢輒以爲請，并幾矜察。

與王樞使劄子

熹昨在任日，因準赦書修葺忠臣祠廟，契勘晉譙閔王及近世孟、趙二龍圖，劉大夫、趙將軍皆以忠義死於國事，合立廟像，歲時奉祠，以勵臣節。即已牒州委官措置，并檢到晉志譙王衣冠制度外，及申太常寺，乞會孟龍圖等衣冠制度。今取到太常寺回牒一道，并令人塑到孟龍圖等小樣兩身，責付承局袁超賫回投納。伏望鈞旨檢會元案，特賜處分。熹又嘗支錢令進奏官製造本州祭祀三獻官法服冠冕等，恐未發到，亦乞并令催促，免致遺墜，不勝幸甚。

其譙王等廟，熹已具奏乞賜敕額，候得指揮，別具稟次。熹上覆。

答李季章書

熹扶曳殘骸，幸抵田舍，行藏之計，無復可言。但向來職事不能無遺恨，此獨深愧耳。東府爲況如何？故宇凄涼，新居鼎盛，行路之人忘其前事，頗復有爲之不平者。此處不早調護，將有乘人之隙者，此大可慮。又向來放過大體已多，今亦不容坐視，不爲收救之計。此外則無他説，唯有去耳。欲去則不可不早，然未去之間，亦不可一日不葺理。季章相與之深，不可不力爲言此也。近事因來語及一二大者，幸幸。

與趙丞相書

熹竊以獻歲發春，伏惟丞相國公鈞候起居萬福。熹伏蒙賜教，并示差敕，得備祠官之數，皆出陶鎔，豈不知感？但鐫職之請，未蒙敷奏，特從所請，區區私分，深所未安。復有祈懇，切乞留念。熹今未敢請俸，必以得遂爲期，非若異時一再不獲，尚可黽勉冒受也。

奏牘所陳之外，又有一事。蓋向來祧廟之議，上意已自開納，而丞相持之不下，便將太廟毁拆。及臺諫有言，不知只作如何處分，致後省復有云云。据其所言，亦未敢深以熹説爲非，但云未見本議，欲乞降出，而丞相又不降出，便從其請。以此而觀，其罪不在樓、陳，而丞相實任之也。夫絀始祖之尊，置之别廟，不使與於合食之列，而又并遷二祖，止祀八世，熹固已議之矣，而亦未敢盡其詞也。今太上聖壽無疆，方享天下之養，而於太廟遽虚一世，略無諱忌，此何禮也？熹本欲於免奏自劾前議不明，致此疏脱，又聞彼中他議方作，不欲以此助其指摘，姑從刊削，然不可不使丞相聞之也。聞今别廟乃是向來二后所祔，不知是否？夫以十世之祖考而下列於孫婦之廢廟，此不論而知其得失也，相公何忍爲之耶？歸來因閲所編奏議，乃知平日已不主荆公之論，此乃向來講究未精之失。今乃必遂其非而不肯改，其誤益甚矣。

熹愚暗，不見事機，向者誤謂丞相有相知之意，及今而後，知丞相之大不相知，而平日相與之意初不出於誠實也。然則今日不唯得罪於人主，而丞相固亦謂其不堪言語侍從之選矣。但恨日前不合受過恩數，不容一一回納，故且乞收還職名，以贖後咎，若又不蒙白從其請，則熹不得已，將出下策，不復能計世道之消息盛衰矣〔九〕。然丞相以宗枝入輔王室，而無故輕納鄙人之妄議，毁撤祖宗之廟以快其私，其不祥亦甚矣。欲望神靈降歆，垂休錫羨，以永國祚於無窮，其可得乎？言及於此，令人痛心疾首，不如無生。丞相其亦念之，熹自此不敢復通記府之問矣。周、吴二劄，亦已拜領。皇恐之劇，專此具禀。目盲不辨白黑，不能他及。唯乞以時爲國自重，千萬至懇。

別幅 録示所擬奏藁

向來嘗竊妄論僖祖皇帝實本朝始祖之廟，不合祧遷，已荷聖明延問嘉納，而竟不蒙廟堂講究施行，遂致太廟并遷二祖，止祀八世。不唯上簡宗廟，失禮違經，而尤非所以仰稱陛下孝養壽康、祝延萬壽之意。由臣淺陋不學，言無足採，致累聖朝貽災後世，自知不堪言語侍從之選，不免再干旒扆，自劾以聞。

答李季章書

熹歸來粗遣，但左目全盲，右目昏甚，又脾泄時作，頗妨應接耳。前日始拜祠命，職名義不當受，已復上免章。賤跡何繫重輕，計必得之也。昨聞子壽、德夫之去，方爲歎惜。忽報德脩繼往，令人尤不能爲懷。今日之勢，政使衆賢交輔，未必能濟，顧乃椓之如此，其將奈何？不知德脩徑歸蜀耶，或且留江湖間也？一書煩附便，幸勿沉浮。計此形勢〔一〇〕，與集賢不能無關涉，不知能復幾許時耳。

答李季章書

台鼎動摇，想諸事又一新。外日聞茂獻亦補外，是何故耶？文叔除命可喜，且歸鄉里作村監司，亦不惡也。德脩赴湖南否？近皆得書，目疾未暇報，因書更煩道意。旦夕寫得，却別寄也。去相彈文云何？因風語及。聞當序遷者乃下兼參與，然則當卜相於外矣，不知果誰得之也？

答黃仁卿書

所示劄子語簡意足，李倉必須留意。但恐見黃商伯狼狽後，打草蛇驚，亦不敢放手做事耳。鹽利向時不暇整頓，但初出關時，陳時中名庸，台州人，時作檢正，清和豈弟人也。相訪於浙江亭，説此利害甚詳。時不甚曉，又失於詢訪，且以救荒方急，不暇及，既而悔之。今得來諭，乃審曲折，甚愧見事之遲也。趙公相見有何語？當時大事不得不用此輩，事定之後，便須與分界限、立紀綱。若不能制而去，亦全得朝廷事體，不就自家手裏壞却。去冬亦嘗告之，而不以爲然，乃謂韓是好人，不愛官職。今日弄得朝廷事體郎當，自家亦立不住，畢竟何益？且是羣小動輒以篡逆之罪加人，置人於族滅之地，以苟自己一時之利，亦不復爲國家計，此可爲寒心者。惜乎此公有憂國之心而無其術，以至於此也。熹一目已盲，其一亦漸昏暗，勢亦必盲而後已。今年脚氣幸未發，而脾胃先衰，飲食不化，兀坐更無好況。辭職趙公已相諾，再請可得。而今已去，方復請之，未知如何？然勢不可已，或只得次等職名，不作從官，亦便可受，却是來書所説鄙夫見識。蓋位卑勢遠，只得如此，亦不奈何也。

答李公晦書

兩請既皆不遂，不免再告。鄙意休官尚可少緩，而辭職不容不力，正與諸人之見相反。然又未知今此果能遂此志否？累書所喻，得所未聞，然事已爾，無可奈何，只得任之耳。試後去住如何？鄉里雖窮寂，然却無閑是非，亦可樂也。

答李公晦書別紙〔一〕

或者以爲鄉來封贈奏補磨勘之屬，皆已引用次對恩數，今日不當反有辭避，遠近知識所說亦多如此。而熹鄙意竊謂前此供職講筵之日，帶此職名，便合受此恩例；今年已罷講職，則自不合帶此職名，便不合受此恩例。前日之受，今日之辭，彼此一時，自不相須。設使前日爲不當受，則今日只有改正納還，豈可却因已嘗誤受而終遂其非之理？至於所謂已罷講職不當復帶侍從職名，則其理亦甚分明，但人不察耳。且如侍郎給舍班皆在待制上，及其補外，則往往止帶論撰職名，如近日鄧舍人是也。豈可以其在内嘗任侍從差遣，而補外亦必待帶侍從職名乎？嘗試屏去一切利害之私，而平心以觀之，則此理曉然不難知也。

與鄭參政劄子

熹竊以仲冬之月，陽氣潛萌，伏惟參政相公鈞候起居萬福。熹伏蒙鈞慈，還賜手教，捧讀感悚，不知所言。區區之請，又復不遂，雖荷容庇，得免大戾，然非素心所望於門下也。今復有狀申奏，并懇諸公矣。此事直自去冬此等時節勞擾至今，若使鄙意止爲備禮辭讓，亦何苦冒觸天威、煩瀆朝聽，更使不相樂者得以議其後而終不自已耶？寔以從初不欲虚受，已有狀申省甚詳。後來既以罪去，其無分豪之補可知，即是全無義理可受官職，其勢不得不辭。前此却荷趙公察知此意，許以再上當爲開陳。若渠更得一兩月不去，則此事已定久矣。不然，則及國論未變、善類未逐之時，冒昧受了，今亦無由追悔。却是後來過了許多時月，入了許多文字，説了許多道理，下稍却只如此閔默受却，則熹雖無狀，豈有顔面可見友朋？今不得已，須至再上，以得爲期。却望參政力賜主張，協贊諸公同爲敷奏。謂其所請實出誠意，則天意必須可回；或恐不欲盡奪，即得降一二等，却得舊來所帶閣撰，熹亦不敢固辭矣。況此因熹力辭而改，即非責降，而可以保庇孤蹤，免遭彈射，又可以仰全國家退人之禮，於事體殊無所傷，廟堂何憚而不肯爲乎？如更不蒙留意，則是參政略無矜念之意，而直付之言路之筆端，使得肆其詆毁，而諉曰我無所預也。熹不得請，即須得罪，決於此行。若使未然，亦不容苟止，但自此不復敢以告于門下，而坐待譴訶之及耳。伏惟少垂意焉。

貼黄内事，恐只蔭補、磨勘兩事須合改正。蓋熹去年本是帶職員郎，前此一郊，中子已叨恩命，去年自不合奏請，非但不應得京官也。磨勘則所供考第不知比之庶官月日如何，恐或不足，則亦當鐫改。其餘雖不繫利害，然得盡削去，亦一快也。熹今年遣人來往，虚費不貲，今亦不能復遣。初欲附遞致懇，適龔提幹過門，謹此脩敬，并致下懷，切幸情照。無由瞻望，馳仰良深。切幾以時爲國自重，熹千萬至禱。

與鄭參政劄子

熹山野伉拙，處世不諧，然自少日即蒙當世一二鉅公教誨期許，待以國士。居常厲志，不敢少貶以辱其門，亦庶幾得因濟會，少有毫髪以自效於當世。不意暮年此志不遂，而又適遭時論大變，威福下移，忠賢奔波，海内震駭。病中聞之，憤悶鬱結，覓死無路。亟欲草疏自通，幾或開悟，而子弟諸生，交謁更諫，以爲如此適增國家之累而無益。紛拏累日，疾勢遂侵，此乃窮命使然，是亦無足言者。今若得因病辭官，并脱無名之職，則與世長辭，含笑入地，無所恨矣。伏惟參政矜憐有素，切望乘此機會，曲賜保全。萬一更有纏擾，不遂所懷，則熹素心尚在，本未能平，一旦遇事感觸，不能自已，更以垂死之年，自貽投竄之禍，亦非參政之所欲也。抑時事如此，有識寒心，而參政從容其間，未肯身任其責，此亦中外所深疑者，而熹猶竊恐高明之有待而發也。不知其果然耶，其不然耶？如其果然，則安危之機相去日遠，亦不可以少緩矣。垂絶之言，無復倫次，唯此一念，炳然如丹，伏惟明公念之。

與李季章書

平生少年日，分手易前期。及此同衰暮，非復别離時。勿言一樽酒，明日難重持。夢中不識路，何以慰相思？

史院同僚餞别靈芝，坐間或誦此言。李季章見謂平生亦甚愛此，盍書以見贈？予謂如僕乃知此味，季章未也，胡爲亦愛此耶？既而思之，解攜之際，但有一人衰暮，便足令滿坐作惡，乃知隱侯之言猶有所未盡也。因并書以寄季章，以爲如何也？

已作前幅送行之處，渠未遣行，而熹復從渠借人去上謝表，方得并令帶去。衡陽之訃，聞者傷歎，況吾人相與之厚耶？歸葬之恩，可見上意未嘗忘之。復書雖未遂，恐終不能久沮格也。熹前所請封贈廕補等五事未得指揮，不免再申朝廷，只得付之有司，使以法裁之足矣。若不可辭，熹亦無固必。但衆議論紛紛，至今未已，熹非固欲如此也。幸因見諸公一言及之，仍懇鄭丈早得回降，付去人歸爲幸。此是借人，難令久伺候也。昨聞宣入試闈，今想已出。前書所説歸計果如何耶？行之昨日過此，亦疑久未踐也。

與留丞相書

熹自少鄙拙，凡事不能及人，獨聞古人爲己之學而心竊好之，又以爲是乃人之所當爲而力所可勉，遂委己從事焉，庶幾粗以塞其受中以生之責，初不敢爲異以求名也。既而閭里後生有相問者，因以所聞告之。而流傳之誤，乃有自遠至者。其才之高下、質之厚薄雖爲不同，然皆以是心至，熹不得拒也。不謂熹之無狀，偶自獲罪於世，而詿誤連染，上累斯道，下及衆賢，例得詭僞之名，詆以不道之法，至有初不相識而横罹其禍者。杜門循習，私竊負愧，雖欲悔之，而厥路無繇矣。顧其繼而來者，又未忍卻，然每對之，未嘗不自笑其愚，而又憐彼之愚甚於熹也。今幸旬月以來，各以事歸，計亦聞知外間風色，自不敢復來矣。垂問之及，深感鈞慈風諭保全之意，故敢詳布委折。昨日李袁州過此，能言近事。又知僥冒獲附下風之義，尤竊自慶幸也。

答任行甫書

衰病益侵，無足言者。今有申府公狀及府公手書，爲乞保明申請休致，煩爲投之。仍計會申奏一宗文字，付之去人，仍作來年正月押下申發乃佳。幕僚二書，併以囑之矣。又此休致文字，不知更要録白繳申脚色之類否？案中紙札及省部亦應有合用常例，悉煩問之。此間者已批付幹人，依例支與，幸呼來。付之省部者，得子細批報爲佳。

答任行甫書

休致文字，極荷留念。所以亟欲得之，只爲欲因赴省人帶行。然亦不敢令到日即投，計程未合到，須令正月下旬以後投之，決不至爲州郡之累也。今再有書懇文昌，及託林推言之，想必可得也。録白俟檢法看如何，若須用，即續寄去。數日來頗有講論之樂，恨賢者不聞之也。

答任行甫書

熹病愈甚，蓋是天意催促休致，消息可見。悠悠之論，殊無所謂。府公聞已許開正發文字，而俞建安亦數爲游説，又令再與書致懇。此中初六、七間有人入都，須趁此前到此乃佳。書中已説托建安及賢者面言，幸早留念。若難相見，只建安言之可也。林推書説要録白文字等，今亦有書報之。但陳乞狀不欲全依式，恐有嫌疑。其他建安書中可互見，此不能盡布也。

答任行甫書

謝事文字極荷留念。林推所喻印紙，已借人寫。須更兩三日方可得，即遣人送去。且煩爲道鄙意謝之，俟遣人别上狀也。保官俞宰書中已説，但亦恐其難之，故不欲直求之，但云託其宛轉而已。今果如所料，可付一笑。所説諸人，或恐未升朝，或恐亦有所畏，不欲更啓口。只南劍田右司雖是放罷，然屢已經赦，罷後又曾磨勘轉官，恐或可作，已專令吴定往求之。今若不是乞兒，不肯與癩子作保，然亦煩更問法意如何，以狀式觀之，但非分司致仕等人自可作也。亦已喻幹請人，令勿幫正月以後俸錢，并煩爲收起券身之屬，便中示及也。

與任行甫書

保官久求不得，已絶意不求，只欲懇州府乞一申省狀。又聞府坐移鎮〔一二〕，已亟作書賀之，并别緘致此懇遣行矣。忽得昭武黄衡州書〔一三〕，自求作保。人之識度，相越乃如此，不免趕回，且發去賀書，煩爲投之。亦一面遣人去昭武僉圓文字，借印紙來，俟到即發去。求奏狀内有一書至林推，今亦且抽回。只券身仍煩取回，俟有回便却付來也。

與楊子直書

熹一病沈綿，遂不能起。今遣人去下致仕文字，不知尚及拜受否也？世間喻於義者則爲君子，喻於利者即是小人。而近年一種議論，乃欲周旋於二者之間，回互委曲，費盡心機，卒既不得爲君子，而其爲小人亦不索性，亦可謂誤用其心矣。人之將死，其言也善，惟老兄念之。

與項平父書

熹老病死矣，無復可言。今漫遣人去下致仕文字，念公平生故人，不可無數字之訣。時論一變，盡言者得禍，求全者得謗，利害短長之間，亦明者所宜審處也。

答張定叟書

熹昧於攝理，百病交攻，初亦只是常年脚氣，而根本已衰，不能與病爲敵，遂至沈困，日甚一日。今已無復生全之望，亟上掛冠之請矣。自惟平生無所肖似，雖不及趨拜先忠獻公幕府，而荷知遇之意不薄，及遊兄伯仲間，又以道義德業相期於千載。敬夫棄我而先已十餘年，而熹今衰病又如此，則亦不得久留矣。昨蒙朝廷不棄，累加收用，訖無補報，狼狽而歸。方此省愆，尚期後效，而時論一變，中外震駭，忠賢斥逐，下及韋布，蓋近世所無有。病中憤悶無聊，悲歎累日，顧念疏遠，言之無益，竟不能發一語以效其愚。適會疾亟，遂姑出此下計，庶幾旦夕瞑目，有以見兄家父兄、平生師友於地下耳。此外尚何言哉〔一四〕！

時事如此，有識寒心，默計中外羣公，威望隱然，忠義明白，誰如吾定叟者？異時扶傾補敗，洪濟艱難，熹雖瞑目，實不能不以此望於門下也。更願勉思令猷，益求彊輔，燕居深念，恬養本原，遠耳目之細娱，圖國家之大計，此又區區所深望也。游誠之才力可仗，不但救荒一事。得收置門下，異時儘有用處。但亦更願兼收並蓄，更得方正嚴重、有餘識遠慮、可敬畏者參錯其間，使勤攻吾闕，如崔州平、法孝直之於孔明，則天下之事庶乎其可濟也。

承喻先正經解，寶藏無恙，今謹封納。其間頗有續記所聞處，蓋亦疑而未定之詞。今固不容輒有增損，不審尊意以爲如何也？

熹病甚，不能作字，口占布此，氣已不相屬矣。即此永訣，切望俯念愚言，千萬自愛，至懇至懇。

答劉季章書

告老得謝，固爲甚幸，而無狀之蹤乃復累及從之。方此踧踖不能自安，忽得來書，乃聞其訃，尤深痛惜。欲寄一書慰其子弟，不知曾作何差遣來？有便幸批報也。子壽憂悴，殊可念。近日樓大防又已行遣，一時流輩芟夷略盡，其勢必從頭别尋題目整頓一番。聞鄉日湖南所按吏有訴寃於朝者，已下本路體量改正，次第首見及矣〔一五〕。知在晉輔處相聚，甚善。可更勉其收拾身心，向裏用力，不須向外枉費心神，非唯無益，當此時節，更生患害不可知。鄉日石刻及今所刊三册，勸其且急收藏，不可印出。鄉後或欲更爲此舉，千萬痛止之也。無疑志趣誠實，但惜其横起猜疑，自立界限，不肯鄉上進步，書中枉費心力分疏。

與黄直卿書

三月八日，熹啓：人還得書，知已至三山，一行安樂，又知授學次第，人益信向，所示告文規約皆佳，深以爲慰。今想愈成倫理，凡百更宜加勉力。吾道之託在此者，吾無憾矣！

衰病本自略有安意，爲俞夢達薦一張醫來，用硇砂、巴豆等攻之，病遂大變。此兩日愈甚，將恐遂不可支吾〔一六〕。泰兒又遠在千里外，諸事無分付處，極以爲撓。然凡百已定，只得安之耳。異時諸子諸孫，切望直卿一一推誠力賜教誨，使不大爲門户之羞，至祝至祝！恩老昏事，餘千有許意，彼所言者，上有外家之嫌，不可問也。

禮書今爲用之、履之不來，亦不濟事，無人商量耳。可使報之〔一七〕，可且就直卿處折衷。如向來喪禮，詳略皆已得中矣。臣禮一篇兼舊本，今先附案，一面整理。其他并望參考條例，以次脩成。就諸處借來〔一八〕，可校作兩樣本，行道大小并附去，并紙各千番可收也。謙之、公庶各煩致意，不意遂成永訣，各希珍重。仁卿未行，亦爲致意。病昏且倦，作字不成，所懷千萬，徒切悽黯。不具。

與陳建寧劄子

伏見本府夏税小麥、秋税糯米除折錢外，並納淨利錢。聞之故老，本府酒課，舊來元係官榷，至宣、政間，故御史中丞翁公出鎮鄉邦，始以官務煩費，收息不多，而民以私釀破業陷刑者不勝其衆，於是申請罷去官務，而會計一年酒課所入，除米麥本柄官吏請給之外，總計淨利若干，均在二税小麥、糯米折錢數内，别項送納，民間遂得除去酒禁，甚以爲便。但今竊詳「淨利」二字，不見本是酒課之意，竊慮將來官司不知本末，或有再榷之議。欲望台慈詢究本末，申明省都〔一九〕，將「淨利」二字改作「酒息」，庶幾翁公所以惠于鄉邦者垂於永久，不勝幸甚。

此事曲折，舊見妻家尊長説及，當時以鄉黨親戚之故，親見翁公措置此事，至今爲利。中間偶聞官司有再榷之意，因以此説告之，得寢其議。然數年以來，耆舊凋零，已無知其説者，深慮日久無復稽考，必有後患。伏惟知府尚書於姻戚間必嘗知其本末，今又屈臨此邦，得賜台念，幸甚幸甚。

乞給由子與納税户條目

一、諸縣舊例，每遇二税起催，前期印造由子，開具逐户産錢出入及合納税物逐項數目，給付人户，以憑送納。近年諸縣間有都不印給由子，致人户無憑送納，或有所納過多，既成虚費；或有少欠些小，又被追呼。欲乞行下約束，依例及時印給。

一、諸縣人户送納税物，官司交訖，合給朱鈔。縣鈔即關主簿勾銷，户鈔即付人户執照，使人户免致重疊追呼搔擾。近年諸縣間有受納錢物不即印鈔，即以鈔單給付人户，既無官印，不可行用。及至追呼，不爲點對，勘斷監納，山谷細民被害尤甚。欲乞檢坐敕條，行下約束，諸縣倉庫交到人户税物一錢以上，須管當日印給朱鈔，令所納人當官交領，不得似前只將鈔單脱賺人户。

一、諸縣受納，亦有即印鈔者，又不即時關過簿廳，已關過者主簿又不即時勾銷正簿，雖承使府倉庫發下朱鈔，亦是如此怠慢，不即勾銷，以致縣道妄行追呼。人户雖有執到户鈔者，又不與照應釋放，及將鄉司案吏重作行遣，却將已納人決撻監繫，追胥案吏，誅求乞覓，至有只欠三五十錢而所費十數千者。甚者又遭送獄禁繫，勘斷監納，人不聊生。欲乞檢坐敕條，行下約束，嚴責主簿須管依限勾銷。其催税官司，如有人户執到户鈔，即仰畫時疏放，仍將鄉司案吏重行勘斷。

右具如前，並乞行下約束，仍印小榜，簡約其詞，令人户通知。其有奉行違戾去處，許人户徑赴使府陳訴，將官吏重作行遣。

與李彦中帳幹論賑濟劄子

示喻勸分之説，足見仁人之心。區區所慮，蓋亦如此。但閑中不敢數與外事，前日但以船粟盡輸城中，鄉落細民無所得食，恐有他患，不免以書扣府公。久未得報，未知竟如何？但此説又與來喻浦城發米之説正相戾，恐不容自有異同。竊意莫若邀率鄉里諸長上，先次相與合議可行之策，使城郭鄉村、富民貧民皆無不便，然後共以白於當路而施行之。蓋此事利害稍廣，非一夫之智所能獨決。又筆札敷陳，未必盡意，不若面言之可究底蘊也。但此事之行，於富民必不能無所不利，但以救民之急，不得不小有所忍，權以濟事。若爲富民計較太深，則恐終無可行之策也。

告急朝廷，丐糴鄰部，恐亦不能有補。吾鄉在重山複嶺之中，朝廷縱有應副，不識何路可以運致？鄰部唯有廣東船米可到泉、福，然彼中今年亦旱，近得福州知識書，言之甚詳。此固無可指準，就使有之，亦如何運得到此？

浦城之米，想亦不能甚多，發之無節，恐山谷間細民饑餓，將復有貽州郡諸司之憂者，尤不可不深慮也。度今城下惟有兩縣勸分之説須作措置，然亦且令愛惜撙節，接續長遠，乃爲至策。若乘快督迫，數日之間，散盡所畜，則無以爲後日之計矣。但上户有米無米之實最爲難知，若一概用産錢高下爲數，此最不便。顧恐今勢已迫，不暇詳細，不免只用此法耳。若説不拘多少，勸諭任其自糶，則萬無是理也。要須别有一法以核其實乃佳耳。浦城之米，必不得已可就糴，而不可通販。蓋就糴猶爲有限，而通販則其出無窮，必傾此縣而後已。凡此數端，恐可以裨商論之末，故略陳之，不識高明以爲如何也？

校勘記

〔一〕今夫明公之立朝不爲不久　「夫」，原作「日」，據浙本改。
〔二〕而況於其學行藴畜　「藴」，原作「醖」，據浙本改。
〔三〕時事如此之難　「難」，浙本作「艱」。
〔四〕作過人程如岡　「岡」，浙本作「崗」。下「程如岡」同。
〔五〕癸丑夏　「夏」字原缺，據閩本、浙本補。
〔六〕特不下司　「不下」，正訛改作「下有」。
〔七〕答吴茂才書益　「茂」，浙本作「從」。
〔八〕長沙版築不容中輟　「輟」，原作「輒」，據閩本、浙本改。
〔九〕世道之消息盛衰矣　「息」，浙本作「長」。
〔一〇〕計此形勢　「形」，原作「刑」，據浙本改。
〔一一〕别紙　二字原入正文，今據文意移至題下。
〔一二〕又聞府坐移鎮　底本原注：「坐」，恐「主」字之誤。
〔一三〕忽得昭武黄衡州書　「昭」，浙本作「邵」。下「昭武」之「昭」同。
〔一四〕此外尚何言哉　「哉」下，浙本叠「尚何言哉」四字。

〔一五〕近日至見及矣　又見別集卷二劉季章。

〔一六〕將恐遂不可支吾　「遂」字原缺，據浙本補。

〔一七〕可使報之　「使」，閩本、浙本作「便」。

〔一八〕就諸處借來　「來」下，正訛據徐樹銘新本補「分寫」二字。

〔一九〕申明省都　「都」，正訛改作「部」。

晦庵先生朱文公文集卷第三十

書 汪張吕劉問答

答汪尚書〔一〕 癸未六月九日

蒙垂喻語録中可疑處，仰見高明擇理之精，不勝歎服。如韓、富未嘗同朝，王、韓拜相先後，如所考證，蓋無疑矣。龜山之語，或是未嘗深考，而所傳聞不能無誤。竊謂止以所考歲月注其下，以示傳疑，如何？

書解三段，不類記録答問之言，按行狀自有書解，恐即解中説也。共、兜事，三經義辨中亦云，若據經所記，即驩兜之罪正坐此，堯典所記皆爲後事起本，反復詳考，即自見矣。「典刑」兩句絶類王氏，殊不可曉。細推其端，即「道不可以在」之一語自莊子中來〔二〕，所以尤覺不粹。以此知異學決不可與聖學同年而語也明矣。

龜山答胡迪功問中一段，「老子五千言以自然爲宗，謂之不作可也」，熹亦疑此語。如論語老彭之説，只以曾子問中言禮數段證之，即「述而不作，信而好古」皆可見。蓋老聃周之史官，掌國之典籍、三皇五帝之書，故能述古事而信好之。如五千言，亦或古有是語而老子傳之，未可知也。蓋列子所引黄帝書，即老子「谷神不死」章也，豈所謂三皇五帝之書？即龜山之意，却似習於見聞，不以莊老爲非者，深所未喻也。帝舜申之之説，亦嘗疑之。既而考其文，則此序乃三篇之序也。「臯陶矢厥謨」，即謂臯陶謨篇也。「禹成厥功」，即謂大禹謨篇也。陳九功之事，故曰成厥功也。申，重也。帝舜因臯陶陳九德而禹俞之，因復申命禹曰：「來，禹，汝亦昌言。」而禹遂陳益稷篇中之語，此一句序益稷篇也。以此讀之，文意甚明，不煩生意。今曰不屈於法度之威，氣象却殊淺近，信乎其非所以言舜也。

謝、楊二先生事，頃見胡明仲家所記侯師聖之言，有曰：「明道先生謂謝子雖少魯，直是誠篤，理會事有不透，其顙有泚。其憤悱如此。」此語却與羅公所記暗合，恐與所謂玩物喪志者有不相害。蓋世固有人聰明辨博而不敏於聞道者矣，惟其所趣不謬於道而志之不舍，是以卒有所聞。而其所聞必皆力行深造之所得，所以光明卓越，直指本原。姑以語録、論語解之屬詳考，即可知矣。如語解中論子路有聞一章，可見其用力處也。龜山却是天質粹美，得之平易，觀其立言亦可見。妄論僭越，良犯不韙，然欲取正有道，不敢自隱其固陋耳。乞賜鐫喻可否，幸甚幸甚。

至於「不居其聖」等説，則又有所疑，亦不敢嘿，并以請教。不居其聖，若以爲謙辭，即與得無所得不類。今龜山既云非謂謙而引此爲比，則其意正合矣。上蔡於語解「好古敏求」章亦云「其言則不居，其意則不讓」矣，亦此意也。形色即是天性，非離形色别有天性，故以色即是空明之。龜山又於語解「屢空」處云，「大而化之，則形色、天性無二致也，無物不空矣」，亦此意也。然恐此類皆是借彼以明此，非實以爲此之理即彼之説也。

所示王丈云「天民」、「大人」不可分，如「大」、「聖」、「神」之不可優劣。熹竊意此等向上地位與學者今日立身處大故懸絶，故難遥度。今且以諸先生之言求之，則聖、神固不可分，横渠曰：「聖不可知謂神。莊生謬妄，又謂有神人焉。」伊川曰：「神則聖而不可知，非聖人之上又有一等神人也。」大與聖則不可不分。伊川曰：「大而化之，己與理一也。未化者，如操尺度量物，用之尚不免差。已化者，己即尺度，尺度即己。顔子大而未化，若化則達於孔子矣。」横渠曰：「大，可爲也，化，不可爲也，在熟之而已。易所謂窮神知化，乃養盛自致，非知力能强也。」又曰：「大人未化，未能有其大，化而後能有其大。」又曰：「大幾聖矣，化則位乎天德矣。」更以言語氣象揣度，則「達可行於天下而後行之」語〔三〕，正己而物正者，亦不得不異。且如伊尹曰：「吾豈若使是君爲堯舜之君哉？使是民爲堯舜之民哉？豈若於吾身親見之哉？」又曰：「予將以斯道覺斯民也，非予覺而誰也？」此可謂「達可行於天下而後行之」矣，其於舜之「恭己正南面而已矣」如何哉？似此恐未可謂不可分也。但其分難見，如顔子之未達一間處，只是顔子自知耳。狂妄率爾，肆意及此，伏惟高明樂與人爲善，必不罪而終教之，區區下情，不勝至望。

答汪尚書

別紙示及釋氏之説，前日正以疑晦未祛，故請其説。方虞僭越，得罪於左右，不意貶損高明，與之醻酢如此，感戢亡已。熹於釋氏之説，蓋嘗師其人、尊其道，求之亦切至矣，然未能有得。其後以先生君子之教，校夫先後緩急之序，於是暫置其説而從事於吾學，其始蓋未嘗一日不往來於心也。以爲俟卒究吾説而後求之，未爲甚晚耳，非敢遽絀絶之也。而一二年來，心獨有所自安，雖未能即有諸己，然欲復求之外學以遂其初心，不可得矣。然則前輩於釋氏未能忘懷者，其心之所安蓋亦必有如此者，而或甚焉，則豈易以口舌爭哉？竊謂但當益進吾學，以求所安之是非，則彼之所以不安於吾儒之學，而必求諸釋氏然後安者，必有可得而言者矣。所安之是非既判，則所謂反易天常、殄滅人類者，論之亦可，不論亦可，固不即此以定取舍也。

上蔡所云止觀之説，恐亦是借彼脩行之目，以明吾進學之事。若曰彼之參請，猶吾所謂致知，彼之止觀，猶吾所謂克己也。以其語録考之，其不以止觀與克己同塗共轍明矣。後之好佛者，遂掇去首尾，孤行此句，以爲己援。正如孔子言「夷狄之有君，不如諸夏之亡也」，豈真慕夷狄？明道適僧舍，見其方食，而曰：「三代威儀，盡在是矣！」豈真欲入叢林耶？胡文定所以取楞嚴、圓覺，亦恐是謂於其術中猶有可取者，非以爲吾儒當取之以資己學也。孔子曰：「攻乎異端，斯害也已。」吕博士謂：「君子反經而已矣，經正，斯無邪慝。今惡邪説之害正而攻之，則適所以自敝而已。」此言誠有味者。故熹於釋學雖所未安，然未嘗敢公言詆之。特以講學所由有在於是，故前日略扣其端。既蒙垂教，復不敢不盡所懷，恐未中理，乞賜開示，不憚改也。更願勿以鄙説示人，要於有定論而已。

和戰之説，頃嘗蒙面誨。及今所示，非不明白，利害較然矣，然愚意終未敢安。蓋衛君待夫子而爲政，夫子以正名爲先。以子路之賢，尚疑其迂，然後夫子極言之，以爲名之不正，其禍至於使民無所措其手足。聖人之言，萬世之法，豈苟然哉？惟明人倫、達天理，知其上際下蟠，無所不極，無所逃於天地之間，然後信斯言之果不妄也。今欲以講和爲名而脩自治之實，恐非夫子正名爲先之意。内外心迹判爲兩途，雖使幸而成功，亦儒者之所諱也。況先自處於背盟違命之地，而使彼得擅其直以責於我，内疑上下之心，外成讎敵之勢，皆非計之得也。必以摇動爲慮，則所謂自治者，其惟閉關固圉，寇至而戰，去不窮追，庶可以省息勞費，蓄鋭待時乎？以此自治，與夫因機亟決、電掃風馳者固不同，然猶同歸于是，其與講和之計不可同年而語矣。不審台意以爲如何？

答汪尚書甲申十月二十二日〔四〕

熹兹者累日侍行，得以親炙。竊惟道德純備，固非淺陋所能窺測。而於謙虚好問，容受盡言之際，尤竊有感焉。蓋推是心以往，將天下之善皆歸之，其於任天下之重也何有？愚恐他日之事常人所不能任者，閤下終不得而辭也。是以不勝拳拳，每以儒釋邪正之辨爲説，冀或有助萬分。而猶恐其未足於言也，請復陳之，幸垂聽焉：

大抵近世言道學者，失於太高，讀書講義，率常以徑易超絶、不歷階梯爲快，而於其間曲折精微正好玩索處，例皆忽略厭棄，以爲卑近瑣屑，不足留情。以故雖或多聞博識之士，其於天下之義理，亦不能無所未盡。蓋以多聞博識自爲一事，不甚精察其理之所自來，却謂别有向上一著，與此兩不相關。此尹和靖所以有「此三事中一事看破，則此患亡矣」之説，可謂切中其病矣。理既未盡，而胸中不能無疑，乃不復反求諸近，顧惑於異端之説，益推而置諸冥漠不可測知之域，兀然終日，味無義之語，以俟其廓然而一悟。殊不知物必格而後明，倫必察而後盡。格物只是窮理，物格即是理明，此乃大學功夫之始，潛玩積累，各有淺深，非有頓悟險絶處也。近世儒者，語此似亦太高矣。呂舍人書，别紙録呈。彼既自謂廓然而一悟者，其於此猶懵然也，則亦何以悟爲哉！儒者爲此學而自謂有悟者，雖不可謂之懵然，其察之亦必不詳者矣。又況俟之而未必可得，徒使人抱不決之疑，志分氣餒，虚度歲月而倀倀耳。曷若致一吾宗，循下學上達之序，口講心思，躬行力究，寧煩毋略，寧下毋高，寧淺毋深，寧拙毋巧，從容潛玩，存久漸明，衆理洞然，次第無隱，然後知夫大中至正之極、天理人事之全，無不在是，初無迥然超絶不可及者。而幾微之間，豪釐畢察，醻酢之際，體用渾然，雖或使之任至重而處所難，亦沛然行其所無事而已矣，又何疑之不決而氣之不完哉！縱言至此，亦可謂躐等矣。然以閤下之明，勉而進之，恐不足以爲難也。此其與外學所謂廓然而一悟者，雖未知其孰爲優劣，然此一而彼二，此實而彼虚，則較然矣。就使其説有實非吾儒之所及者，是乃所以過乎大中至正之矩，而與不及者亡以異也。窮極幽深，過也；反倫悖理，不及也。蓋大本既立，準則自明，此孟子所以知言，而詖淫邪遁接於我者皆不能逃其鑒也。生於其心，害於其政，發於其政，害於其事，可不戒哉！可不懼哉！愚意如此，不識高明以爲如何？如其可取，幸少留意焉，既以自任，又以是爲格非定國之本，則斯言之發，庶不得罪於君子矣。或未中理，亦乞明賜誨喻，將復思而請益焉，固無嫌於聽納之不弘也。孤陋寡聞，企望之切。

中國所恃者德，夷狄所恃者力。今慮國事者大抵以審彼己、較强弱爲言，是知夷狄相攻之策，而未嘗及中國治夷狄之道也。蓋以力言之，則彼常强，我常弱，是無時而可勝，不得不和也。以德言之，則振三綱，明五常，正朝廷，勵風俗，皆我之所可勉，而彼之所不能者，是乃中國治夷狄之道，而今日所當議也。誠能自勵以此，則亦何以講和爲哉？愚之所憂，獨恐力既不振，德又不脩，則曰戰曰和，俱無上策耳。

悦親有道，在於誠身，誠身有道，在乎明善。今和戰殊途，兩宮異論，秋防已迫，恐誤大計。蓋由誠身未至，自治未力，無以取信於親而然耳。必欲違令行義，以圖事功，其勢甚逆而難。孰若誠身幾諫，以冀感悟，其理至順而易哉！

答汪尚書七月十七日〔五〕

熹不揆愚鄙，妄陳管見，伏蒙高明垂賜誨答，反復玩味，欽佩無忘。然有所疑，敢不自竭。道在六經，何必它求，誠如台諭，亦可謂要言不煩矣。然世之君子，亦有雖知其爲如此，而不免於淪胥者，何哉？以彼之爲説者曰：子之所求於六經者，不過知性知天而已，由吾之術，無屈首受書之勞而有其效，其見解真實，有過之者，無不及焉。世之君子，既以是中其好徑欲速之心，而不察乎它求之賊道，貴仕者又往往有王務家私之累、聲色勢利之娛，日力亦不足矣，是以雖知至道不外六經而不暇求，不若一注心於彼而徼幸其萬一也。然則「何必」云者正矣，而熹竊恨其未嚴也。若易「必」以「可」，儻庶幾乎？蓋「不必」云者，無益之辭也；「不可」云者，有害之辭也，夫二者之間相去遠矣。如烏喙食之而殺人，則世之相戒者必曰不可食，而未有謂不必食而已者也。妄意如此，不審高明以爲如何？

又蒙教喻以兩蘇之學不可與王氏同科，此乃淺陋辭不別白、指不分明之過，請復陳之於後。而來教又以歐陽、司馬同於蘇氏，則熹亦未能不以爲疑也。蓋歐陽、司馬之學，其於聖賢之高致，固非末學所敢議者，然其所存所守，皆不失儒者之舊，特恐有所未盡耳。至於王氏、蘇氏，則皆以佛老爲聖人，既不純乎儒者之學矣，非惡其如此，特於此可驗其於吾儒之學無所得。而王氏支離穿鑿，尤無義味，至於甚者，幾類俳優。本不足以惑衆，徒以一時取合人主，假利勢以行之，至於已甚，故特爲諸老先生之所排詆。龜山與胡文定書及答蕭子莊書可見其意矣。在今日則勢窮禍極，故其失人人得見之。至若蘇氏之言，高者出入有無而曲成義理，如易之性命、陰陽〔六〕，書之人心、道心，古史之中、一、性善，老子之道、器、中和。下者指陳利害而切近人情，蘇氏此等議論不可殫舉，且據論語，則東坡之論見陽貨，子由之論彼子西，皆以利害言之也。其智識才辨、謀爲氣概，又足以震耀而張皇之，使聽者欣然而不知倦，非王氏之比也。然語道學則迷大本，如前注中性命諸說多出私意，雜佛老而言之。性命之説尤可笑，熹嘗辨老子説中一段，今以拜呈，可見其梗概矣。論事實則尚權謀，如陽貨、子西事，乃以此論聖人，可見其底藴矣。衒浮華，忘本實，貴通達，賤名檢，此其害天理、亂人心、妨道術、敗風教，亦豈盡出王氏之下也哉？但其身與其徒皆不甚得志於時，無利勢以輔之，故其説雖行而不能甚久。凡此患害，人未盡見，故諸老先生得以置而不論。使其行於當世，亦如王氏之盛，則其爲禍不但王氏而已，主名教者亦不得恝然而無言也。龜山集中雜説數段，爲蘇氏發也。當時固已慮此矣。程氏語録中論賢良處，亦似有所指。蓋王氏之學，雖談空虚而無精彩，雖急功利而少機變，其極也陋，如薛昂之徒而已。蔡京雖名推尊王氏，然其淫侈縱恣，所以敗亂天下者，不盡出於金陵也。龜山所論鳧鷖詩，乃其所假以爲號耳。若蘇氏，則其律身已不若荆公之嚴，其爲術要未忘功利，而詭秘過之。其徒如秦觀、李廌之流，皆浮誕佻輕，士類不齒，相與扇縱横捭闔之辨以持其説，而漠然不知禮義廉恥之爲何物。雖其勢利未能有以動人，而世之樂放縱、惡拘檢者已紛然向之〔七〕。使其得志，則凡蔡京之所爲，未必不身爲之也。世徒據其已然者論之，是以蘇氏猶得在近世名卿之列，而君子樂成人之美者，亦不欲逆探未形之禍以加譏貶。至於論道學邪正之際，則其辨有在豪釐之間者，雖欲假借而不能私也。今乃欲專貶王氏而曲貸二蘇，道術所以不明、異端所以益熾，實由於此。愚恐王氏復生，未有以默其口而厭其心也。狂妄僭率，極言至此，恐閤下未以爲然。胡不取熹前所陳者數書之説而觀之也？以閤下之明，秉天理以格人欲，據正道以黜異端，彼亦將何所遁其情哉？熹之愚昧么麽，豈不知其力之不足？所以慨然發憤而不能已，亦決於此而已矣，天下豈有二道哉？

受學之語見於呂與叔所記二先生語中，云昔受學於周茂叔，故據以爲説。「從遊」，蓋所尊敬而不爲師弟子之辭，故范内翰之於二先生，胡文定之於三君子，熹皆用此字。但二先生於康節，誠似太重，欲改爲「與」，又似太輕，不知别下何字爲當？更乞示誨，幸甚。程、邵之學固不同，然二先生所以推尊康節者至矣，蓋以其信道不惑，不雜異端，班於温公、横渠之間，則亦未可以其道不同而遽貶之也。和靖之言，恐如孟子言伯夷、伊尹之於孔子，爲不同道之比。妄意其然，不識台意以爲然否？抑康節之學抉摘窈微，與佛老之言豈無一二相似？而卓然自信，無所污染，此其所見必有端的處。比之温公欲護名教而不言者，又有間矣。因論康節及此，并以求教。

答汪尚書十一月既望

别紙諄誨，良荷不鄙。自頃致書之後，方竊悚懼，以俟譴訶，豈意高明不以爲罪而虚受之，此真熹所敬服歎慕而不能已者，幸甚幸甚！然所謂一字之失者，若推其所自來，究其所終極，恐其失不但一字而已。更望少留意焉，則熹之願也。濂溪、河南授受之際，非末學所敢議。然以其迹論之，則來教爲得其實矣，敢不承命而改焉。但通書、太極圖之屬，更望暇日試一研味，恐或不能無補萬分，然後有以知二先生之於夫子，非若孔子之於老聃、郯子、萇弘也。

惟是蘇學邪正之辨，終未能無疑於心。蓋熹前日所陳乃論其學儒不至而流於詖淫邪遁之域，竊味來教，乃病其學佛未精而滯於智慮言語之間，此所以多言而愈不合也。夫其始之闢禪學也，豈能明天人之藴、推性命之原，以破其荒誕浮虛之説而反之正哉？如大悲閣、中和院記之屬，直掠彼之粗以角其精，據彼之外以攻其内，是乃率子弟以攻父母，信枝葉而疑本根，亦安得不爲之詘哉？近世攻釋氏者如韓、歐、孫、石之正，龜山猶以爲一杯水救一車薪之火，況如蘇氏以邪攻邪，是束緼灌膏而往赴之也，直以身爲燼而後已耳。

來教又以爲蘇氏乃習氣之弊，雖不知道而無邪心，非若王氏之穿鑿附會，以濟其私邪之學也。熹竊謂學以知道爲本，知道則學純而心正，見於行事，發於言語，亦無往而不得其正焉。如王氏者，其始學也，蓋欲凌跨揚、韓，掩迹顔、孟，初亦豈遽有邪心哉？特以不能知道，故其學不純，而設心造事，遂流入於邪。又自以爲是，而大爲穿鑿附會以文之，此其所以重得罪於聖人之門也。蘇氏之學雖與王氏若有不同者，然其不知道而自以爲是則均焉。學不知道，其心固無所取則以爲正，又自以爲是而肆言之，其不爲王氏者，特天下未被其禍而已。其穿鑿附會之巧，如來教所稱論成佛、説老子之屬，蓋非王氏所及。而其心之不正，至乃謂湯武篡弑，而盛稱荀彧，以爲聖人之徒。凡若此類，皆逞其私邪，無復忌憚，不在王氏之下。借曰不然，而原情以差其罪，則亦不過稍從末減之科而已，豈可以是爲當然而莫之禁乎？書曰：「天討有罪，五刑五用哉！」此刑法之本意也。若天理不明，無所準則，而屑屑焉惟原情之爲務，則無乃徇情廢法而縱惡以啓姦乎？楊朱，學爲義者也，而偏於爲我；墨翟，學爲仁者也，而流於兼愛。本其設心，豈有邪哉？皆以善而爲之耳。特於本原之際微有豪釐之差，是以孟子推言其禍，以爲無父無君而陷於禽獸，辭而闢之，不少假借。孟子亦豈不原其情而過爲是刻核之論哉？誠以其賊天理、害人心於幾微之間，使人陷溺而不自知，非若刑名狙詐之術，其禍淺切而易見也。是以拔本塞源，不得不如是之力。書曰：「予畏上帝，不敢不正。」又曰：「予弗順天，厥罪惟均。」孟子之心亦若是而已爾。以此論之，今日之事，王氏僅足爲申、韓、儀、衍，而蘇氏學不正而言成理，又非楊、墨之比。愚恐孟子復生，則其取舍先後必將有在，而非如來教之云也。

區區僭越，辨論不置，非敢自謂工訶古人而取必於然諾，實以爲古人致知格物之學有在於是，既以求益，而亦意其未必無補於高明也。

與汪尚書己丑

去春賜教，語及蘇學，以爲世人讀之，止取文章之妙，初不於此求道，則其失自可置之。夫學者之求道，固不於蘇氏之文矣，然既取其文，則文之所述有邪有正，有是有非，是亦皆有道焉，固求道者之所不可不講也。講去其非以存其是，則道固於此乎在矣，而何不可之有？若曰惟其文之取，而不復議其理之是非，則是道自道、文自文也。道外有物，固不足以爲道，且文而無理，又安足以爲文乎？蓋道無適而不存者也，故即文以講道，則文與道兩得而一以貫之，否則亦將兩失之矣。中無主，外無擇，其不爲浮誇險詖所入而亂其知思也者幾希。況彼之所以自任者，不但曰文章而已，既亡以考其得失，則其肆然而談道德於天下，夫亦孰能禦之？愚見如此，累蒙教告，終不能移也。

又蒙喻及二程之於濂溪，亦若橫渠之於范文正耳。先覺相傳之祕，非後學所能窺測。誦其詩，讀其書，則周、范之造詣固殊，而程、張之契悟亦異。如曰仲尼、顔子所樂，吟風弄月以歸，皆是當時口傳心受的當親切處。後來二先生舉似後學，亦不將作第二義看。然則行狀所謂反求之六經然後得之者，特語夫功用之大全耳。至其入處，則自濂溪，不可誣也。若橫渠之於文正，則異於是，蓋當時粗發其端而已。受學乃先生自言，此豈自誣者耶？

大抵近世諸公知濂溪甚淺，如呂氏童蒙訓記其嘗著通書，而曰用意高遠。夫通書、太極之説，所以明天理之根源、究萬物之終始，豈用意而爲之？又何高下遠近之可道哉？近林黄中自九江寄其所撰祠堂記文，極論「濂」字偏旁，以爲害道，尤可駭歎。而通書之後，次序不倫，載蒲宗孟碣銘全文，爲害又甚。以書曉之，度未易入。見謀於此別爲叙次而刊之，恐却不難辨也。春陵記文亦不可解，此道之衰，未有甚於今日，奈何奈何！

答汪尚書

伏蒙垂教以所不及，反覆再四，開發良多。此足以見閒居味道，所造日深，而又謙虚退託，不自賢智如此。區區下懷，尤切欣幸。第顧淺陋不足以當誘掖之勤，兹爲愧懼耳。然竊思之，東、西銘雖同出於一時之作，然其詞義之所指、氣象之所及，淺深廣狹，迥然不同。是以程門專以西銘開示學者，而於東銘，則未之嘗言。蓋學者誠於西銘之言反復玩味而有以自得之，則心廣理明，意味自別。若東銘，則雖分別長傲遂非之失於豪釐之間，所以開警後學亦不爲不切，然意味有窮，而於下學功夫蓋猶有未盡者，又安得與西銘徹上徹下、一以貫之之旨同日而語哉？竊意先賢取舍之意或出於此，不審高明以爲如何？

至於體用一原、顯微無間之語，則近嘗思之。前此看得大段鹵莽，子細玩味，方知此序無一字無下落，無一語無次序。其曰「至微者，理也；至著者，象也。體用一原，顯微無間」。蓋自理而言，則即體而用在其中，所謂一原也；自象而言，則即顯而微不能外，所謂無間也。其文理密察、有條不紊乃如此。若於此看得分明，則即西銘之書，而所謂一原無間之實已瞭然心目之間矣，亦何俟於東銘而後足耶？若俟東銘而後足，則是體用顯微判然二物，必各爲一書然後可以發明之也。先生之意，恐不如此。不審高明又以爲如何？

太極圖、西銘，近因朋友商確，嘗竊私記其說。見此抄録，欲以請教，未畢而明仲之僕來索書，不欲留之，後便當拜呈也。然頃以示伯恭，渠至今未能無疑。蓋學者含糊覆冒之久，一旦遽欲分剖曉析而告語之，宜其不能入也。

又蒙語及前此妄論平易蹉過之言，稱許甚過，尤切皇恐。然竊觀來意，似以爲先有見處，乃能造夫平易，此則又似禪家之説，熹有所不能無疑也。聖門之教，下學上達，自平易處講究討論，積慮潛心，優柔饜飫，久而漸有得焉，則日見其高深遠大而不可窮矣。程夫子所謂善學者求言必自近，易於近者，非知言者也，亦謂此耳。今曰此事非言語臆度所及，必先有見，然後有以造夫平易，則是欲先上達而後下學，譬之是猶先察秋豪而後睹山岳，先舉萬石而後勝匹雛也。夫道固有非言語臆度所及者，然非顔、曾以上幾於化者，不能與也。今日爲學用力之初，正當學問思辨而力行之，乃可以變化氣質而入於道。顧乃先自禁切，不學不思，以坐待其無故忽然而有見，無乃溺心於無用之地，玩歲愒日而卒不見其成功乎？就使僥倖於恍惚之間，亦與天理人心、叙秩命討之實了無交涉，其所自謂有得者，適足爲自私自利之資而已。此則釋氏之禍横流稽天而不可遏者，有志之士所以隱憂浩嘆而欲火其書也。

舊讀明道行狀，記其學行事業累數千言，而卒道其言不過力排釋氏，以爲必闢之而後可以入道。後得吕滎公家傳，則以爲嘗受學於二程，而所以推尊稱美之辭甚盛。考其實，亦誠有以大過人者。然至其卒章而誦其言，則以爲佛之道與聖人合，此其師生之間分背矛盾，一南一北，不審台意平日於此是非之際何以處之？天之生物，使之一本，此是則彼非，此非則彼是，蓋不容並立而兩存也。

愚昧無知，誤蒙誘進，敢竭愚慮，庶幾決疑。伏望恕其狂易而終教之，幸甚幸甚。

答汪尚書論家廟癸巳

熹伏蒙垂問廟制之説，熹昨託陳明仲就借古今諸家祭儀，正以孤陋寡聞，無所質正，因欲講求，俟其詳備，然後請於高明，以定其論耳。不謂乃蒙下詢，使人茫然不知所對。然姑以所示兩條考之，竊謂至和之制雖若不合於古，而實得其意，但有所未盡而已。政和之制則雖稽於古者，或得其數，而失其意則多矣。蓋古者諸侯五廟，所謂二昭二穆者，高祖以下四世有服之親也。所謂太祖者，始封之君，百世不毁之廟也。今世公侯有家而無國，則不得有太祖之廟矣。故至和四廟，特所謂二昭二穆，四世有服之親，而無太祖之廟。其於古制雖若不同，而實不害於得其意也。又況古者天子之三公八命，及其出封，然後得用諸侯之禮。蓋仕於王朝者，其禮反有所厭而不得伸，則今之公卿，宜亦未得全用諸侯之禮也。禮家又言，夏四廟，至子孫而五，則是凡立五廟者，亦是五世以後〔八〕，始封之君正東向之位，然後得備其數，非於今日立廟之初便立太祖之廟也。政和之制，蓋皆不考乎此，故二昭二穆之上，通數高祖之父以備五世。夫既非始封之君，又已親盡而服絶矣，乃苟以備夫五世而祀之，於義何所當乎？

至於大夫三廟，説者以爲天子、諸侯之大夫皆同。蓋古者天子之大夫與諸侯之大夫，品秩之數不甚相遠，故其制可以如此。若今之世，則唯侍從官以上乃可以稱天子之大夫，至諸侯之大夫，則州鎮之幕職官而已爾。横渠先生止爲京官，而温公云官比諸侯之大夫則已貴。是安可以拘於古制而使用一等之禮哉？故至和之制，專以天子之大夫爲法，亦深得制禮之意。但其自東宫三少而上乃得爲大夫，則疑未盡。而適士二廟、官師一廟之制亦有所未備焉耳。政和之制固未必深考古者天子、諸侯之大夫同爲一等之説，然其意實近之。但自大侍從至陞朝官並爲一法，則亦太無隆殺之辨矣。蓋官職高下，則有古今之不同，但以命數準今品數而論之，則禮之等差可得而定矣。然此亦論其得失而已，若欲行之，則政和之禮行於今日，未之有改，凡仕於今日而得立廟者，豈得而不用哉？但其所謂廟者，制度草略，已不能如唐制之盛，而況於古乎？此好禮之士所以未嘗不歎息於斯也。

然考諸程子之言，則以爲高祖有服，不可不祭，雖七廟五廟，亦止於高祖，雖三廟一廟，以至祭寢，亦必及於高祖，但有疏數之不同耳。疑此最爲得祭祀之本意，今以祭法考之，雖未見祭必及高祖之文，然有月祭享嘗之别，則古者祭祀以遠近爲疏數亦可見矣。禮家又言，大夫有事，省於其君，干祫及其高祖，此則可爲立三廟而祭及高祖之驗。而來教所疑私家合食之文，亦因可見矣。但干祫之制，它未有可考耳。

墓祭之禮，程氏亦以爲古無之，但緣習俗。然不害義理，但簡於四時之祭可也。凡此皆直據鄙見與其所聞而論之，以求教於門下。伏惟高明財擇，因風還賜一言，以決其是非焉，則熹不勝幸甚。

熹又嘗因程氏之説草其祭寢之儀，將以行於私家，而連年遭喪，未及盡試，未敢輒以拜呈。少俟其備，當即請教也。

答汪尚書

前蒙垂諭廟制，率易薦聞，未知中否？不蒙辨詰，殊失所望。然若果於台意無疑，則亦足自安矣。别紙下詢，尤見謙德之盛，愈下而愈光。顧熹之愚，不足以有所發耳。夫宋公以外祖無後而歲時祭之，此其意可謂厚矣。然非族之祀，於理既未安，而勢不及其子孫，則爲慮亦未遠。曷若訪其族親，爲之置後，使之以時奉祀之爲安便而久長哉？但貧賤之士，則其力或不足以爲此，或雖爲之，而彼爲後者無所顧於此，則亦不能使之致一於所後。若宋公，則其力非不足爲，若爲之而割田築室以居之，又奏授之官以禄之，則彼爲後者，必將感吾之誼而不敢乏其祀矣。此於義理甚明，利害亦不難曉。竊意宋公特欲親奉嘗之，以致吾不忘母家之意，而其慮遂不及此耳。若果如此，則使爲後者主其祭，而吾特往助其饋奠，亦何爲而不可？伏惟高明試一思之，如有可采，願早爲之，使異時史策書之，可以爲後世法，而宋公之事不得專美於前，則區區之深願也。愚見如此，不審台意以爲如何？

答汪尚書

伏蒙垂諭祭儀之闕，此間前日蓋亦有疑之者。熹竊以爲正廟配食，只合用初配一人，其再娶及庶母之屬，皆各爲别廟祠之，乃於情義兩盡，不審台意如何？ 焚黄近世行之墓次，不知於禮何據？ 昨見欽夫謝魏公贈謚文字，却只云告廟，此與近世所行又不知孰爲得失也？ 更乞台諭，幸甚。 又見王彦輔麈史記富文忠、李文定忌日變服事，横渠理窟亦有變服之説，但其制度皆不同。 如熹前日所定，則與士庶吉服相亂，恐不可行。 不知三家之説當從何者爲是？ 亦乞批誨，當續修正也。

與汪尚書

郭子和所辨買宅事，元本尚未還納，今偶尋不獲，别録一本拜納，伏乞視至。 其所辨論，不審台意以爲如何？ 如其有徵，即合刻之程書本卷之後。 若其尚在疑信之間，則亦不必傳也。 便還，乞示一的報，幸甚。 但其所辨侍疾事，云有請問録、象學説及。 伊川往來書，雖已焚蕩，想渠尚及記憶，欲乞因書試爲詢訪，或得其大略梗概，當有益於學者，而亦可以證明其説之不妄矣。 渠説又云，譙天授亦黨事後門人。 熹見胡、劉二丈説親見譙公，自言識伊川於涪陵，約以同居洛中。 及其至洛，則伊川已下世矣。 問以伊川易學，意似不以爲然。 至考其它言行，又頗雜於佛、老子之學者，恐未得以門人稱也。 以此一事及其所著象學文字推之，則恐其於程門亦有未純師者。 不知其所謂卒業者果何事耶？ 凡此皆熹所疑，敢并以請。得賜開喻，幸甚幸甚。

與張欽夫 別紙

侯子論語抄畢内上。其間誤字顯然者，已輒爲正之矣。但其語時有不瑩，豈其不長於文字而然耶，抑别有以也？頃在豫章，見阜卿所傳語録，有尹和靖所稱伊川語云：「侯師正議論只好隔壁聽。」詳味此言，以驗此書，竊謂其學大抵明白勁正，而無深潛縝密、沈浸醲郁之味，故於精微曲折之際不免疏略，時有罅縫，不得於言而求諸心，乃其所見所存有此氣象，非但文字之疵也。狂妄輒爾輕議前輩，可謂不韙，然亦講學之一端，所不得避。不審高明以爲如何？人回却望批誨，幸甚幸甚。

答張欽夫

蒙示及答胡彪二書、吕氏中庸辨，發明親切，警悟多矣。然有未諭，敢條其所以而請於左右：答廣仲書，切中學者之病，然愚意竊謂此病正坐平時燭理未明、涵養未熟，以故事物之來無以應之。若曰於事物紛至之時，精察此心之所起，則是似更於應事之外别起一念，以察此心。以心察心，煩擾益甚，且又不見事物未至時用力之要，此熹所以不能亡疑也。

儒者之學，大要以窮理爲先。蓋凡一物有一理，須先明此，然後心之所發，輕重長短，各有準則。書所謂「天叙」、「天秩」、「天命」、「天討」，孟子所謂「物皆然，心爲甚」者，皆謂此也。若不於此先致其知，但見其所以爲心者如此，識其所以爲心者如此，泛然而無所準則，則其所存所發，亦何自而中於理乎？且如釋氏擎拳竪拂、運水般柴之説，豈不見此心？豈不識此心？而卒不可與入堯舜之道者，正爲不見天理，而專認此心以爲主宰，故不免流於自私耳。前輩有言，聖人本天，釋氏本心，蓋謂此也。

來示又謂心無時不虚，熹以爲心之本體固無時不虚，然而人欲己私汩没久矣，安得一旦遽見此境界乎？故聖人必曰正其心，而正心必先誠意，誠意必先致知，其用力次第如此，然後可以得心之正而復其本體之虚，亦非一日之力矣。今直曰無時不虚，又曰既識此心則用無不利，此亦失之太快而流於異學之歸矣。若儒者之言，則必也精義入神，而後用無不利可得而語矣。

孟子存亡、出入之説，亦欲學者操而存之耳，似不爲識此心發也。若能常操而存，即所謂「敬者純」矣。純則動静如一，而此心無時不存矣。今也必曰動處求之，則是有意求免乎静之一偏，而不知其反倚乎動之一偏也。然能常操而存者，亦是顔子地位以上人方可言此。今又曰識得便能守得，則僕亦恐其言之易也。明道先生曰，既能體之而樂，則亦不患不能守。須如此而言，方是顛撲不破，絶滲漏、無病敗耳。高明之意，大抵在於施爲運用處求之，正禪家所謂石火電光底消息也，而於優游涵泳之功，似未甚留意。是以求之太迫而得之若驚，資之不深而發之太露，易所謂寬以居之者，正爲不欲其如此耳。愚慮及此，不識高明以爲如何？

與張欽夫先生自注云：此書非是，但存之以見議論本末耳。下篇同此。

人自有生即有知識，事物交來，應接不暇，念念遷革，以至於死，其間初無頃刻停息，舉世皆然也。然聖賢之言，則有所謂未發之中，寂然不動者。夫豈以日用流行者爲已發，而指夫暫而休息，不與事接之際爲未發時耶？嘗試以此求之，則泯然無覺之中，邪暗鬱塞，似非虚明應物之體，而幾微之際，一有覺焉，則又便爲已發，而非寂然之謂。蓋愈求而愈不可見，於是退而驗之於日用之間，則凡感之而通，觸之而覺，蓋有渾然全體應物而不窮者。是乃天命流行、生生不已之機，雖一日之間萬起萬滅，而其寂然之本體則未嘗不寂然也。所謂未發，如是而已，夫豈别有一物，限於一時，拘於一處，而可以謂之中哉？然則天理本真，隨處發見，不少停息者，其體用固如是，而豈物欲之私所能壅遏而梏亡之哉？故雖汩於物欲流蕩之中，而其良心萌蘗，亦未嘗不因事而發見。學者於是致察而操存之，則庶乎可以貫乎大本達道之全體而復其初矣。不能致察，使梏之反覆，至於夜氣不足以存而陷於禽獸，則誰之罪哉？周子曰：「五行，一陰陽也；陰陽，一太極也；太極，本無極也。」其論至誠，則曰：「靜無而動有。」程子曰：「未發之前更如何求？只平日涵養便是。」又曰：「善觀者，却於已發之際觀之。」二先生之説如此，亦足以驗大本之無所不在、良心之未嘗不發矣。

與張欽夫先生自注云：此書所論尤乖戾，所疑語録皆非是，後自有辨説甚詳。

前書所扣，正恐未得端的，所以求正。兹辱誨喻，乃知尚有認爲兩物之蔽，深所欲聞，幸甚幸甚。當時乍見此理，言之唯恐不親切分明，故有指東畫西、張皇走作之態。自今觀之，只一念間已具此體用，發者方往，而未發者方來，了無間斷隔截處，夫豈别有物可指而名之哉？然天理無窮，而人之所見有遠近深淺之不一，不審如此見得又果無差否？更望一言垂教，幸幸。

所論龜山中庸可疑處，鄙意近亦謂然。又如所謂「學者於喜怒哀樂未發之際以心驗之，則中之體自見」，亦未爲盡善。大抵此事渾然，無分段時節先後之可言。今著一「時」字、一「際」字，便是病痛。當時只云寂然不動之體，又不知如何。語録亦嘗疑一處説存養於未發之時一句，及問者謂當中之時，耳目無所見聞，而答語殊不痛快，不知左右所疑是此處否？ 更望指誨也。

向見所著中論有云：「未發之前，心妙乎性；既發，則性行乎心之用矣。」於此竊亦有疑。蓋性無時不行乎心之用，但不妨常有未行乎用之性耳。今下一「前」字，亦微有前後隔截氣象，如何如何？ 熟玩中庸，只消著一「未」字，便是活處。此豈有一息停住時耶？ 只是來得無窮，便常有個未發底耳。若無此物，則天命有已時，生物有盡處，氣化斷絶，有古無今久矣。此所謂天下之大本，若不真的見得，亦無揣摸處也。

與張欽夫

昨見共父家問，以爲二先生集中誤字，老兄以爲嘗經文定之手，更不可改，愚意未曉所謂。夫文定固有不可改者，如尊君父、攘夷狄、討亂臣、誅賊子之大倫大法，雖聖賢復出，不能改也。若文字之訛，安知非當時所傳亦有未盡善者，而未得善本以正之歟？ 至所特改數處，竊以義理求之，恐亦不若先生舊文之善。若如老兄所論，則是伊川所謂「昔所未逮，今不得復作，前所未安，後不得復正」者，又將起於今日矣。已作共父書詳言之，復此具禀。更望虛心平氣，去彼我之嫌，而專以義理求之，則於取舍從違之間知所處矣。

道術衰微，俗學淺陋極矣。振起之任，平日深於吾兄望之。忽聞此論，大以爲憂。若每事自主張如此，則必無好問察言之理。將來任事，必有不滿人意處。而其流風餘弊，又將傳於後學，非適一時之害也。只如近世諸先達，聞道固有淺深，涵養固有厚薄，擴充運用固有廣狹，然亦不能不各有偏倚處。但公吾心以玩其氣象，自見有當矯革處，不可以火濟火，以水濟水，而益其疾也。

熹聞道雖晚，賴老兄提掖之賜，今幸略窺仿佛。然於此不能無疑，不敢自鄙外於明哲，故敢控瀝，一盡所言。不審尊意以爲如何？其詳則又具於共父書中，幸取而并觀之，無怪其詞之太直也。

與張欽夫

「不先天而開人，各因時而立政」，胡本「天」作「時」，欽夫云作「天」字大害事。愚謂此言「先天」，與文言之「先天」不同。文言之云「先天」、「後天」，乃是左右參贊之意。如左傳云「實先後之」，意思即在中間〔九〕，正合天運，不差豪髪。所謂啐啄同時也。此序所云「先天」，却是天時未至，而妄以私意先之，若耕穫菑畬之類耳。兩「先天」文同而意不同，「先天」、「先時」却初不異。但上言天，下言人，上言時，下言政，於文爲協耳。

「窺聖人之用心」，胡本無「心」字，欽夫云著「心」字亦大害事，請深思之。愚謂孟子言〔一〇〕：「堯舜之治天下，豈無所用其心哉？」言用心，莫亦無害於理否？

別紙

稱姪固未安，稱猶子亦不典。按禮有從祖、從父之名，則亦當有從子、從孫之目矣。以此爲稱，似稍穩當。慮偶及此，因以求教，非敢復議改先生之文也。與富公及謝帥書，全篇反復，無非義理。卒章之言，止是直言義理之效、感應之常。如易六十四卦，無非言吉凶禍福。書四十八篇，無非言災祥成敗。詩之雅頌，極陳福禄壽考之盛，以歆動其君，而告戒之者尤不爲少。卷阿尤著。孟子最不言利，然對梁王亦曰「未有仁義而遺後其君親者」，答宋牼亦曰「然而不王者，未之有也」，此豈以利害動之哉？但人自以私心計之，便以爲利，故不肖者則起貪欲之心，賢者則有嫌避之意，所趣雖殊，然其處心之私則一也。若夫聖賢，以大公至正之心，出大公至正之言，原始要終，莫非至理，又何嫌疑之可避哉？若使先生全篇主意專用此説，則誠害理矣。向所見教「同行異情」之説，於此亦可見矣。

春秋序兩處，觀其語脈文勢，似熹所據之本爲是。「先天」二字，卷中論之已詳，莫無害於理否？理既無害，文意又協，何爲而不可從也？「聖人之用」下著「心」字，語意方足，尤見親切主宰處，下文所謂得其意者是也。不能窺其用心，則其用豈易言哉？故得其意然後能法其用，語序然也。其精微曲折，蓋有不苟然者矣。若謂用心非所以言聖人，則孟子、易傳中言聖人之用心者多矣。蓋人之用處無不是心，自聖人至於下愚一也。但所以用之者有精粗邪正之不同，故有聖賢下愚之别，不可謂聖人全不用心，又不可謂聖人無心可用，但其用也妙，異乎常人之用耳。然又須知即心即用，非有是心而又有用之者也。

與張欽夫論程集改字二十七日别紙

伏蒙垂諭向論程集之誤，定性書、辭官表兩處已蒙收録，其它亦多見納用，此見高明擇善而從，初無適莫，而小人向者妄發之過也。然所謂不必改、不當改者，反復求之，又似未能不惑於心，輒復條陳，以丐指喻。

夫所謂不必改者，豈以爲文句之間小小同異，無所繫於義理之得失而不必改耶？熹所論出於己意，則用此説可也。今此乃是集諸本而證之，按其舊文，然後刊正，雖或不能一一盡同，亦是類會數説而求其文勢語脈所趨之便。除所謂「疑當作某」一例之外，未嘗敢妄以意更定一點畫也。此其合於先生當日本文無疑。今若有尊敬重正而不敢忽易之心，則當一循其舊，不容復有豪髮苟且遷就於其間，乃爲盡善。惟其不爾，故字義迂晦者，必承誤彊説而後通。如「遵」誤作「尊」，今便彊説爲「尊其所聞」之類是也。語句刓闕者，須以意屬讀然後備。如「嘗食絮羹，叱止之」，無「皆」字，則不成文之類是也。此等不惟於文字有害，反求諸心，則隱微之間，得無未免於自欺耶？且如吾輩秉筆書事，唯務明白，其肯故舍所宜用之字而更用它字，使人彊説而後通耶？其肯故爲刓闕之句，使人屬讀而後備耶？人情不大相遠，有以知其必不然矣。改之不過印本字數稀密不勻，不爲觀美，而它無所害，然則胡爲而不改也？卷子内如此處已悉用朱圈其上，復以上呈。然所未圈者，似亦不無可取。方執筆時，不能不小有嫌避之私，故不能盡此心。今人又來督書，不容再閲矣，更乞詳之可也。

所謂不當改者，豈謂富謝書、春秋序之屬？而書中所喻「沿」「泝」、「猶子」二説，又不當改之尤者耶？以熹觀之，所謂尤不當改者，乃所以爲尤當改也。大抵熹之愚意，止是不欲專輒改易前賢文字，稍存謙退敬讓之心耳。若聖賢成書稍有不愜己意處，便率情奮筆，恣行塗改，恐此氣象亦自不佳。蓋雖所改盡善，猶啓末流輕肆自大之弊，況未必盡善乎？伊川先生嘗語學者，病其於己之言有所不合，則置不復思，所以終不能合。答楊迪及門人二書，見集。今熹觀此等改字處，竊恐先生之意尚有不可不思者，而改者未之思也。蓋非特己不之思，又使後人不復得見先生手筆之本文，雖欲思之以達於先生之意，亦不可得。此其爲害豈不甚哉？夫以言乎己，則失其恭敬退讓之心；以言乎人，則啓其輕肆妄作之弊；

以言乎先生之意，則恐猶有未盡者而絶人之思。姑無問其所改之得失，而以是三者論之，其不可已曉然矣。老兄試思前聖入太廟每事問，存餼羊，謹闕文，述而不作，信而好古，深戒不知而作，教人多聞闕疑之心爲如何，而視今日紛更專輒之意象又爲如何，審此則於此宜亦無待乎熹之言而決，且知熹之所以再三冒瀆，貢其所不樂聞者，豈好己之説勝，得已而不已者哉！熹請復論「沿」「泝」、「猶子」之説，以實前議。

夫改「沿」爲「泝」之説，熹亦竊聞之矣。如此曉破，不爲無力。然所以不可改者，蓋先生之言垂世已久，此字又無大害義理，若不以文辭害其指意，則只爲「沿」字而以「因」字、「尋」字、「循」字之屬訓之，於文似無所害，而意亦頗寬舒。必欲改爲「泝」字，雖不無一至之得，然其氣象却殊迫急，似有彊探力取之弊。疑先生所以不用此字之意，或出於此。不然，夫豈不知「沿」「泝」之別而有此謬哉！蓋古書「沿」字亦不皆爲順流而下之字也。荀子云：「反鈆察之。」注云：「鈆與沿同，循也。」惜乎當時莫或疑而扣之，以袪後人之惑，後之疑者又不能闕而遽改之，是以先生之意終已不明，而舉世之人亦莫之思也。大抵古書有未安處，隨事論著，使人知之可矣。若遽改之，以沒其實，則安知其果無未盡之意耶？漢儒釋經，有欲改易處，但云「某當作某」，後世猶或非之，況遽改乎？且非特漢儒而已，孔子刪書，「血流漂杵」之文因而不改，孟子繼之，亦曰「吾於武成取二三策而已」，終不刊去此文，以從己意之便也。然熹又竊料改此字者，當時之意亦但欲使人知有此意，未必不若孟子之於武成。但後人崇信太過，便憑此語塗改舊文，自爲失耳。愚竊以爲此字決當從舊，尤所當改。若老兄必欲存之，以見「泝」字之有力，則請正文只作「沿」字，而注其下云：「某人云沿當作泝。」不則云：胡本沿作泝。不則但云「或人」可也。如此兩存，使讀者知用力之方，改者無專輒之咎，而先生之微音餘韻後世尚有默而識之者，豈不兩全其適而無所傷乎？

「猶子」之稱謂不當改，亦所未喻。蓋來教但云姪止是相沿稱之，而未見其害義不可稱之意，云稱「猶子」尚庶幾焉，亦未見其所以庶幾之説，是以愚瞢未能卒曉。然以書傳考之，則亦有所自來。蓋爾雅云：「女子謂兄弟之子爲姪。」注引左氏「姪其從姑」以釋之，而反復考尋，終不言男子謂兄弟之子爲何也。以漢書考之，二疏乃今世所謂叔姪，而傳以父子稱之，則是古人直謂之子，雖漢人猶然也。蓋古人淳質，不以爲嫌，故如是稱之，自以爲安。降及後世，則心有以爲不可不辨者，於是假其所以自名於姑者而稱焉。雖非古制，然亦得别嫌明微之意。而伯父叔父與夫所謂姑者，又皆吾父之同氣也，亦何害於親親之義哉？今若欲從古，則直稱子而已；若且從俗，則伊川、横渠二先生者皆嘗稱之。伊川嘗言禮從宜，使從俗有大害義理處，則須改之。夫以其言如此而猶稱姪云者，是必以爲無大害於義理故也。故其遺文出於其家，而其子序之以行於世，舉無所謂猶子云者。而胡本特然稱之，是必出於家庭之所筆削無疑也。若曰何故它處不改，蓋有不可改者。如祭文則有對偶之類是也。若以稱姪爲非而改之爲是，亦當存其舊文而附以新意。況本無害理，而可遽改之乎？今所改者出於檀弓之文，而彼文止爲喪服兄弟之子與己子同，故曰「兄弟之子，猶子也」，與下文「嫂叔之無服也」、「姑姊妹之薄也」之文同耳，豈以爲親屬之定名哉？猶即如也，其義繫於上文，不可殊絶明矣。若單稱之，即與世俗歇後之語無異。若平居假借稱之，猶之可也，豈可指爲親屬之定名乎？若必以爲是，則自我作古，別爲一家之俗，夫亦孰能止之？似不必强挽前達使之同己，以起後世之惑也。故愚於此亦以爲尤所當改以從其舊者。若必欲存之〔一一〕，則請亦用前例，正文作「姪」，注云：「胡本作猶子。」則亦可矣。

春秋序、富謝書其説略具卷中，不知是否，更欲細論，以求可否。此人行速，屢來督書，不暇及矣。若猶以爲疑，則亦且注其下云：「元本有某某若干字。」庶幾讀者既見當時言意之實，又不揜後賢删削之功。其它亦多類此。幸賜詳觀，即見區區非有偏主必勝之私，但欲此集早成完書，不誤後學耳。計老兄之意豈異於此，但恐見理太明，故於文意瑣細之間不無闊略之處；用心太剛，故於一時意見所安必欲主張到底。所以紛紛，未能卒定。如熹則淺暗遲鈍，一生在文義上做窠窟，苟所見未明，實不敢妄爲主宰，農馬智專，所以於此等處不敢便承誨諭，而不自知其僭易也。伏惟少賜寬假，使得盡愚，將來改定新本，便中幸白共父寄兩本來，容更參定，箋注求教。所以欲兩本者，蓋欲留得一本作底，以備後復有所稽考也。儻蒙矜恕，不録其過而留聽焉，不勝幸甚幸甚。

答張欽夫

祭説辨訂精審，尤荷警發。然此二事，初亦致疑，但見二先生皆有隨俗墓祭不害義理之説，故不敢輕廢。至於節祠，則又有説。蓋今之俗節，古所無有，故古人雖不祭，而情亦自安。今人既以此爲重，至於是日，必具殽羞相宴樂，而其節物亦各有宜，故世俗之情至於是日不能不思其祖考，而復以其物享之。雖非禮之正，然亦人情之不能已者。但不當專用此而廢四時之正禮耳。故前日之意，以爲既有正祭，則存此似亦無害。今承誨諭，以爲黷而不敬，此誠中其病，然欲遂廢之，則恐感時觸物，思慕之心又無以自止，殊覺不易處。且古人不祭，則不敢以燕，況今於此俗節既已據經而廢祭，而生者則飲食宴樂，隨俗自如，殆非事死如事生、事亡如事存之意也。必盡廢之然後可，又恐初無害於義理而特然廢之，不惟徒駭俗聽，亦恐不能行遠，則是已廢之祭拘於定制，不復能舉，而燕飲節物漸於流俗，有時而自如也。此於天理，亦豈得爲安乎？

夫三王制禮，因革不同，皆合乎風氣之宜，而不違乎義理之正。正使聖人復起，其於今日之議，亦必有所處矣。愚意時祭之外，各因鄉俗之舊，以其所尚之時、所用之物，奉以大槃，陳於廟中，而以告朔之禮奠焉，則庶幾合乎隆殺之節，而盡乎委曲之情，可行於久遠而無疑矣。至於元日履端之祭，禮亦無文，今亦只用此例。又初定儀時祭用分至，則冬至二祭相仍，亦近煩瀆。今改用卜日之制，尤見聽命於神、不敢自專之意。其它如此脩定處甚多，大抵多本程氏而參以諸家，故特取二先生説今所承用者，爲祭説一篇，而祭儀、祝文又各爲一篇，比之昨本稍復精密。繕寫上呈，乞賜審訂示及，幸甚。

答張欽夫

所示彪丈書論天命未契處，想尊兄已詳語之。然彪丈之意，似欲更令下語，雖自度無出尊兄之意外者，然不敢不自竭以求教也。

蓋熹昨聞彪丈謂天命惟人得之，而物無所與，鄙意固已不能無疑。今觀所論，則似又指稟生賦形以前爲天命之全體，而人物所受皆不得而與焉，此則熹之所尤不曉也。夫天命不已，固人物之所同得以生者也，然豈離乎人物之所受而别有全體哉？觀人物之生生無窮，則天命之流行不已可見矣。但其所乘之氣有偏正純駁之異，是以稟而生者，有人物賢否之不一。物固隔於氣而不能知，衆人亦蔽於欲而不能存，是皆有以自絶于天，而天命之不已者，初亦未嘗已也。人能反身自求於日用之間，存養體察，以去其物欲之蔽，則求仁得仁，本心昭著，天命流行之全體固不外乎此身矣。故自昔聖賢不過使人盡其所以正心脩身之道，則仁在其中，而性命之理得。伊川先生所謂盡性至命必本於孝弟，正謂此耳。遺書第十八卷一段論此甚詳。夫豈以天命全體置諸被命受生之前、四端五典之外，而别爲一術以求至乎彼哉？

蓋仁也者，心之道，而人之所以盡性至命之樞要也。今乃言聖人雖教人以仁，而未嘗不本性命以發之，則是以仁爲未足，而又假性命之云以助之也。且謂之大本，則天下之理無出於此，但自人而言，非仁則無自而立。故聖門之學以求仁爲要者，正所以立大本也。今乃謂聖人言仁未嘗不兼大本而言，則是仁與大本各爲一物，以此兼彼，而後可得而言也。凡此皆深所未喻，不知彪丈之意竟何如耳。

知言首章即是説破此事，其後提掇仁字最爲緊切，正恐學者作二本三本看了。但其間亦有急於曉人而剖析太過、略於下學而推説太高者，此所以或啓今日之弊。序文之作，推明本意，以救末流，可謂有功於此書而爲幸於學者矣，尚何疑之有哉？釋氏雖自謂惟明一心，然實不識心體，雖云心生萬法，而實心外有法，故無以立天下之大本，而内外之道不備。然爲其説者猶知左右迷藏，曲爲隱諱，終不肯言一心之外别有大本也。若聖門所謂心，則天序、天秩、天命、天討、惻隱、羞惡、是非、辭讓莫不該備，而無心外之法。故孟子曰：「盡其心者，知其性也，知其性則知天矣。存其心，養其性，所以事天也。」是則天人性命豈有二理哉？而今之爲此道者，反謂此心之外别有大本，爲仁之外别有盡性至命之方，竊恐非惟孤負聖賢立言垂後之意、平生承師問道之心，竊恐此説流行，反爲異學所攻，重爲吾道之累。故因來示得效其愚，幸爲審其是否而復以求教於彪丈，幸甚幸甚。

校勘記

〔一〕答汪尚書　「尚書」，浙本作「帥」。下五篇題中「尚書」二字同。

〔二〕道不可以在　按莊子無此語，惟則陽篇有「道不可有」之説。考河南程氏經説卷二書解堯典有「雖功高天下而不自有」之語，疑「在」當作「有」。

〔三〕而後行之語　「語」，正訛改爲「與」，則當屬下。

〔四〕甲申十月二十二日　「十月」，浙本作「六月」。

〔五〕七月十七日　此五字原缺，據浙本補。

〔六〕如易之性命陰陽　「之」，原作「説」，據浙本改。

〔七〕紛然向之　「紛」，浙本作「翕」。

〔八〕亦是五世以後　「以」，浙本作「之」。

〔九〕意思即在中間　「即」，浙本作「却」。

〔一〇〕愚謂孟子言　「言」，浙本作「云」。

〔一一〕若必欲存之　「存」字原缺，據浙本補。

晦庵先生朱文公文集卷第三十一

書汪張呂劉問答

與張敬夫〔一〕四月一日

春秋正朔事，比以書考之，凡書月皆不著時，疑古史記事例只如此。至孔子作春秋，然後以天時加王月，以明上奉天時、下正王朔之義。而加春於建子之月，則行夏時之意亦在其中。觀伊川先生、劉質夫之意似是如此。但「春秋」兩字乃魯史之舊名，又似有所未通。幸更與晦叔訂之，以見教也。

答張敬夫

竊承政成事簡，暇日復有講習之樂，英材心化，多士風靡，此爲吾道之幸，豈特一郡之福哉！奏罷丁錢，此舉甚美。初謂遂獲蠲除，不知僅免一歲，雖亦不爲無補，特非久遠利耳。然熹竊謂有身則有庸，此近古之法。蓋食王土、爲王民，亦無終歲安坐、不輸一錢之理。但不當取之太過，使至於不能供耳。今欲再奏，不若請令白丁下户每歲人納一二百錢，四等而上，每等遞增一二百，使至于極等，則略如今日之數，似亦不爲厲民；而上可以不失大農經費之入，下可以爲貧民久遠之利，於朝廷今日事力亦易聽從而可以必濟。不審尊意以爲如何？

似聞浙中諸郡有全不輸算賦者，有取之無藝、至于不可堪者。凡此不均，皆爲未便，朝廷自合因此總會所入之大數，斟酌裁損而均平之，乃爲盡善。至如尊兄前奏有不容援例之語，亦非愚心之所安也。聚斂之臣誠可憎疾，爲國家者明道正義以端本於上，而百官有司景從響附於下，則此輩之材，寸長尺短亦無所不可用。但使之知吾節用裕民之意而謹其職守，則自不至於病民矣。今議者不正其本而唯末之齊，斥彼之短而自無長策以濟目前之急，此所以用力多而見功寡，卒無補於國事而虚爲此紛紛也。

伯恭漸釋舊疑，朋友之幸。但得渠於此有用力處，則歲月之間，舊病不患不除矣。此有李伯間者〔二〕，名宗思。舊嘗學佛，自以爲有所見，論辨累年，不肯少屈。近嘗來訪，復理前語，熹因問之：「天命之謂性，公以此句爲空無一法耶，爲萬理畢具耶？若空則浮屠勝，果實則儒者是，此亦不待兩言而決矣。」渠雖以爲實，而猶戀著前見，則請因前所謂空者而講學以實之。熹又告之曰：「此實理也，而以爲空，則前日之見誤矣。今欲真窮實理，亦何藉於前日已誤之空見而爲此二三耶？」渠遂脱然肯捐舊習而從事於此。此人氣質甚美，内行脩飭，守官亦不苟，得其回頭，吾道殊有賴也。前此答福州一朋友書正論此事，書才畢而伯間至。不一二日，其言果驗，亦可怪也。今以上呈。二人伯恭皆識之，深卿者舊從伯恭遊，聞其家學守之甚固，但聞全不肯向此學用功，正恐難猝拔也。

答張敬夫

示喻黄公灑落之語，舊見李先生稱之，以爲不易窺測到此。今以爲知言，語誠太重，但所改語又似太輕，只云「識者亦有取焉，故備列之」，如何？所謂灑落，只是形容一個不疑所行、清明高遠之意，若有一豪私吝心，則何處更有此等氣象邪？只如此看，有道者胸懷表裏亦自可見。若更討落著，則非言語所及，在人自見得如何。如曾點舍瑟之對，亦何嘗説破落著在甚處邪？

通書跋語甚精，然愚意猶恐其太侈，更能斂退以就質約爲佳。太極解後來所改不多，别紙上呈，未當處更乞指教〔三〕。但所喻無極、二五不可混説，而「無極之真」合屬上句，此則未能無疑。蓋若如此，則無極之真自爲一物，不與二五相合，而二五之凝，化生萬物，又無與乎太極也。如此豈不害理之甚？兼「無極之真」屬之上句，自不成文理，請熟味之，當見得也。各具一太極，來喻固善，然一事一物上各自具足此理，著個「一」字，方見得無欠剩處，似亦不妨，不審尊意以爲如何？擇之亦寄得此書草來，大概領略一過，與鄙意同。後不曾子細點檢，不知其病如何。或是病痛一般，不自覺其病耳。

伯恭不鄙下問，不敢不盡愚。但恐未是，更賴指摘。近日覺得向來胡説多誤却朋友，大以爲懼。自此講論，大須子細，一字不可容易放過，庶得至當之歸也。

別紙所諭邵氏所記，今只入外書，不入行狀。所疑小人不可共事，固然；然堯不誅四凶，伊尹五就桀，孔子行乎季孫，惟聖人有此作用，而明道或庶幾焉。觀其所在爲政而上下響應，論新法而荆公不怒，同列異意者亦稱其賢，此等事類非常人所及。所謂元豐大臣當與共事，蓋實見其可而有是言，非傳聞之誤也。然力量未至此而欲學之，則誤矣。序目中語，所更定者甚穩，然本語熹向所謂「先生之學大要則可知已」者，正如春秋序所謂「大義數十，炳如日星，乃易見也」之比，非薄春秋之詞也，不改似亦無害。若必欲改，則新語亦未甚活落〔四〕，大抵割裂補綴，終非完物，自是不能佳耳。

與張敬夫

伯恭想時時相見，欲作書不暇，告爲致意。向得渠兩書，似日前只向博雜處用功，却於要約處不曾子細研究，病痛頗多。不知近日復如何？大抵博雜極害事，如闔範之作，指意極佳，然讀書只如此，亦有何意味耶？先達所以深懲玩物喪志之弊者，正爲是耳。范醇夫一生作此等功夫，想見將聖賢之言都只忙中草草看過，抄節一番，便是事了，元不曾子細玩味。所以從二先生許久，見處全不精明，是豈不可戒也耶？渠又爲留意科舉文字之久，出入蘇氏父子波瀾，新巧之外更求新巧，壞了心路，遂一向不以蘇學爲非，左遮右攔，陽擠陰助，此尤使人不滿意。向雖以書極論之，亦未知果以爲然否。

近讀孟子，至答公都子好辨一章，三復之餘，廢書太息。只爲見得天理忒煞分明，便自然如此住不得。若見不到此，又如何强得也？然聖賢奉行天討，却自有個不易之理，故曰「能言距楊、墨者，聖人之徒也」。此便與春秋討亂臣賊子之意一般。舊來讀過亦不覺，近乃識之耳。不審老兄以爲如何？

答張敬夫

建陽一二士人歸自臨安，云嘗獲奉教，亦録得數十段答問來，其間極有可疑處。雖所録或失本意，亦必有些來歷也。又有泛然之問，略不曾經思索，答之未竟而遽已更端者，亦皆一一酬酢。此非惟於彼無益，而在我者亦不中語默之節矣。又隨問遽答，若與之爭先較捷者，此其間豈無牽彊草略處？流傳謬誤，爲害不細。就令皆是，亦徒爲口耳之資。程子所謂轉使人薄者，蓋慮此耳。元履嘗疑學徒日衆，非中都官守所宜，熹却不慮此，但恐來學者皆只是如此，而爲教者俯就太過，略不審其所自，則悔吝譏彈將有所不免矣。況其流弊無窮，不止爲一時之害，道之興喪，實將繫焉。願明者之熟慮之也。

答張敬夫

類聚孔孟言仁處，以求夫仁之説，程子爲人之意，可謂深切。然專一如此用功，却恐不免長欲速好徑之心、滋入耳出口之弊，亦不可不察也。大抵二先生之前，學者全不知有仁字，凡聖賢説仁處，不過只作愛字看了。自二先生以來，學者始知理會仁字，不敢只作愛説。然其流復不免有弊者。蓋專務説仁，而於操存涵泳之功，不免有所忽略，故無復優柔厭飫之味、克己復禮之實，不但其蔽也愚而已；而又一向離了愛字，懸空揣摸，既無真實見處，故其爲説恍惚驚怪，弊病百端，殆反不若全不知有仁字而只作愛字看却之爲愈也。熹竊嘗謂若實欲求仁，固莫若力行之近。但不學以明之，則有擿埴冥行之患，故其蔽愚。若主敬致知交相爲助〔五〕，則自無此蔽矣。若且欲曉得仁之名義，則又不若且將愛字推求。若見得仁之所以愛，而愛之所以不能盡仁，則仁之名義意思瞭然在目矣，初不必求之於怳惚有無之間也。此雖比之今日高妙之説稍爲平易〔六〕，然論語中已不肯如此迫切注解説破〔七〕，至孟子，方間有説破處。然亦多是以愛爲言，如惻隱之類。殊不類近世學者驚怪怳惚、窮高極遠之言也。

今此録所以釋論語之言，而首章曰仁其可知，次章曰仁之義可得而求，其後又多所以明仁之義云者，愚竊恐其非聖賢發言之本意也。又如首章雖列二先生之説，而所解實用上蔡之意〔八〕，正伊川説中問者所謂「由孝弟可以至仁」，而先生非之者，恐當更詳究之也。

按遺書：或問：「中之道莫與喜怒哀樂未發謂之中同否？」先生曰：「喜怒哀樂之未發，是言在中之義。只是一個中字，用處不同。」又曰：「中所以狀性之體段。」又曰：「中之爲義，自過不及而立名。」又曰：「不偏之謂中。道無不中，故以中形道。」又曰：「與叔謂不倚之謂中，甚善，而語由未瑩。」或問何故未瑩，曰：「無倚着處。」熹按：此言「中之道」與「在中」之義不同，不知如何分别？既狀性曰「狀性」〔九〕，又曰「形道」，同異如何？所謂「自過不及」而得名之中，所謂「不偏」之中，所謂「無倚着處」之中，與所謂「中之道」、「在中之義」復何異同？皆未能曉然無疑，敢請其説。

明道先生説「推己及物之謂恕」乃違道不遠之事，而一貫之忠恕自與違道不遠異。蓋一以貫之，則自然及物，無待乎推矣。伊川先生經解於「一以貫之」處却云「推己之謂恕」，似與明道不同。而於乾道變化、各正性命之説似亦相戾，不知何謂？解中又引孟子「盡其心者知其性也」一句，豈以盡心釋「己」之義耶？如此則文意未足，且與尋常所説盡心之意亦自不合。一本下文更有兩句云：「知性則知天矣，知天則道一以貫也。」若果有此兩句，則似不以盡心釋盡己，却是以知天説一貫。然知天亦方是真知得一貫之理，與聖人一貫之實又似更有淺深也。反復推尋，未得其説，幸思之，復以見教。

曾子告孟敬子語只明道、和靖説得渾全，文意亦順，其它説皆可疑。向來牽合，彊爲一説，固未是，後來又以經解之説指下句爲工用處，亦未然也。不審尊意以爲如何〔一〇〕？

答張敬夫

大抵「觀過知仁」之説，欲只如尹説，發明程子之意，意味自覺深長。如來喻者，猶是要就此處彊窺仁體，又一句歧爲二説，似未甚安帖也〔一一〕。又太極中、正、仁、義之説，若謂四者皆有動静，則周子於此更列四者之目爲剩語矣。但熟玩四字指意，自有動静，其於道理極是分明。蓋此四字便是元、亨、利、貞四字，仁元，中亨，義利，正貞。元、亨、利、貞一通一復，豈得爲無動静乎？近日深玩此理，覺得一語嘿、一起居，無非太極之妙，正不須以分别爲嫌也。「仁所以生」之語固未瑩，然語仁之用如此下語似亦無害〔一二〕，不審高明以爲如何？

答張敬夫

細看言仁序云：「雖欲竭力以爲仁，而善之不明，其弊有不可勝言者。」此數句似未安。爲仁固是須當明善，然仁字主意不如此，所以孔子每以仁、智對言之也。近年説得仁字與智字都無分别，故於令尹子文、陳文子事説得差殊，氣象淺迫，全與聖人語意不相似。觀此序文意思首尾，恐亦未免此病。更惟思之，如何？

答張敬夫

「中」字之説甚善，而所論狀性、形道之不同，尤爲精密，開發多矣。然愚意竊恐程子所云「只一個中字，但用不同」，此語更可玩味。夫所謂「只一個中字」者，中字之義未嘗不同，亦曰不偏不倚、無過不及而已矣；然「用不同」者，則有所謂「在中之義」者，有所謂「中之道」者是也。蓋所謂「在中之義」者，言喜怒哀樂之未發，渾然在中，亭亭當當，未有個偏倚過不及處。其謂之中者，蓋所以狀性之體段也。有所謂「中之道」者，乃即事即物自有個恰好底道理，不偏不倚，無過不及。其謂之中者，則所以形道之實也。只此亦便可見來教所謂狀性、形道之不同者。但又見得中字只是一般道理，以此狀性之體段，則爲未發之中；

以此形道，則爲無過不及之中耳。且所謂「在中之義」，猶曰在裏面底道理云爾，非以「在中」之「中」字解「未發」之「中」字也。愚見如此，不審高明以爲如何？

忠恕之說，竊意明道是就人分上分別淺深而言，伊川是就理上該貫上下而言。若就人分上說，則違道不遠者，賢人推之之事也；一以貫之者，聖人之不待推也。若就理上平說，則忠只是盡己，恕只是推己，但其所以盡、所以推，則聖賢之分不同，如明道之說耳。聖人雖不待推，然由己及物，對忠而言，是亦推之也。大抵明道之言發明極致，通透灑落，善開發人；伊川之言即事明理，質慤精深，尤耐咀嚼。然明道之言一見便好，久看愈好，所以賢愚皆獲其益；伊川之言乍見未好，久看方好，故非久於玩索者不能識其味。此其自任所以有成人材、尊師道之不同。明道渾然天成，不犯人力；伊川功夫造極，可奪天巧。所引盡心知天，恐是充擴得去之意，不知是否？

秦、漢諸儒，解釋文義雖未盡當，然所得亦多。今且就分數多處論之，則以爲得其言而不得其意，與奪之際似已平允。若更於此一向刻核過當，却恐意思迫窄而議論偏頗，反不足以服彼之心，如向來所論知言不當言釋氏欲仁之病矣〔一三〕。大率議論要得氣象寬宏，而其中自有精密透漏不得處，方有餘味。如易傳序中說秦、漢以來儒者之弊，及令人看王弼、胡安定、王介甫易之類，亦可見矣。況此序下文反復致意，不一而足，不應猶有安於卑近之嫌也。又所謂「言雖近而索之無窮，指雖遠而操之有要」，自謂此言頗有含蓄，不審高明以爲如何？

以愛論仁，猶升高自下，尚可因此附近推求，庶其得之。若如近日之説，則道近求遠，一向没交涉矣。此區區所以妄爲前日之論，而不自知其偏也。至謂類聚言仁，亦恐有病者，正爲近日學者厭煩就簡，避迂求捷，此風已盛，方且日趨於險薄，若又更爲此以導之，恐益長其計獲欲速之心，方寸愈見促迫紛擾，而反陷於不仁耳。然却不思所類諸説，其中下學上達之方，蓋已無所不具。苟能深玩而力行之，則又安有此弊？今蒙來喻，始悟前説之非，敢不承命。然猶恐不能人人皆肯如此慤實用功，則亦未免尚有過計之憂。不知可以更作一後序，略采此意以警後之學者否？不然，或只盡載此諸往返議論以附其後，亦庶乎其有益耳。不審尊意以爲如何？

答張敬夫壬辰冬

答晦叔書，鄙意正如此，已復推明其説，以求教於晦叔矣。但於來示所謂知底事者，亦未能無疑，已并論之，今録以上呈，更乞垂教。

「在中之義」之説，來諭説得性道未嘗相離，此意極善。但所謂「此時蓋在乎中」者，文意簡略，熹所未曉，更乞詳諭。又謂「已發之後，中何嘗不在裏面」，此恐亦非文意。蓋既言未發時在中，則是對已發時在外矣。但「發而中節」，即此在中之理發形於外，如所謂即事即物，無不有個恰好底道理是也。一不中節，則在中之理雖曰天命之秉彝，而當此之時，亦且漂蕩淪胥而不知其所存矣。但能反之，則又未嘗不在於此。此程子所以謂「以道言之則無時而不中，以事言之則有時而中」也，所以又謂善觀者却於已發之際觀之也。若謂已發之後，中又只在裏面，則又似向來所說以未發之中自爲一物。與已發者不相涉入，而已發之際，常挾此物以自隨也。然此義又有更要子細處，夫此心廓然，初豈有中外之限？但以未發已發分之，則須如此。亦若操舍、存亡、出入之云耳。并乞詳之。

「心譬之水」，是因知言有此言而發。然性情既有動靜，善惡既有順逆，則此言乃自然之理，非用意差排也。「人無有不善」，此一言固足以具性情之理，然非所以論性情之名義也。若論名義，則如今來所說亦無害理、不費力，更推詳之〔一四〕。

太極圖立象盡意，剖析幽微，周子蓋不得已而作也。觀其手授之意，蓋以爲唯程子爲能受之。程子之秘而不示，疑亦未有能受之者爾。夫既未能默識於言意之表，則道聽塗說，其弊必有甚焉。近年已覺頗有此弊矣。觀其答張閎中書云：「書雖未出，學未嘗不傳，第患無受之者。」及東見録中論横渠清虚一大之説，使人向別處走，不若且只道敬，則其微意亦可見矣。若西銘，則推人以知天，即近以明遠，於學者之用爲尤切，非若此書詳於天而略於人，有不可以驟而語者也。孔子雅言詩書執禮，而於易則鮮及焉，其意亦猶此耳。韓子曰：「堯舜之利民也大，禹之慮民也深。」其周子、程子之謂乎？熹向所謂微意者如此，不識高明以爲如何？

答張敬夫

所引家語，只是證明中庸章句，要見自「哀公問政」至「擇善」「固執」處只是一時之語耳，於義理指歸初無所害，似不必如此力加排斥也。大率觀書但當虚心平氣以徐觀義理之所在，如其可取，雖世俗庸人之言有所不廢；如有可疑，雖或傳以爲聖賢之言，亦須更加審擇。自然意味平和，道理明白，脚踏實地，動有據依，無籠罩自欺之患。若以此爲卑近不足留意，便欲以明道先生爲法，竊恐力量見識不到它地位，其爲泛濫，殆有甚焉。此亦不可不深慮也。且不知此章既不以家語爲證，其章句之分當復如何爲定耶？家語固有駁雜處，然其間亦豈無一言之得耶？一概如此立論，深恐終啓學者好高自大之弊，願明者熟察之。其他如首章及論費隱處，後來略已脩改如來喻之意。然若必謂兩字全然不可分説，則又是向來伯恭之論體用一源矣。如何如何？

答張敬夫語解

語解云：「學者工夫固無間斷，又當時時紬繹其端緒而涵泳之。」此語恐倒置，若工夫已無間斷，則不必更言時習。時習者，乃所以爲無間斷之漸也。

「巧言令色」一段，自「辭欲巧」以下少曲折。近與陳明仲論此，説具別紙。

「三省者，曾子之爲仁」，恐不必如此説。蓋聖門學者莫非爲仁，不必專指此事而言，意思却似淺狹了。大抵學者爲其所不得不爲者，至於人欲盡而天理全，則仁在是矣。若先有個云我欲以此去爲仁，便是先獲也。昨於知言疑義中嘗論此意矣。「傳不習乎」，疑只當爲傳而不習之意，則文理順，亦是先孝弟而後學文之類。

「道千乘之國」，「道」字意恐未安。

「友不如己」，恐只是不勝己，胡侍郎説得此意思好。

「慎非獨不忽，追非獨不忘」，恐不必如此説。上蔡多好如此，似有病也。「厚者，德之所聚而惡之所由消靡」，此句亦未安。

「父在觀其志」一章似皆未安。

「信近於義，則言必可復矣；恭近於禮，則可遠耻辱矣。因是二者而不失其所親，則亦可尚也已」。熹舊説此章只如此，似於文意明順，與上文孝弟謹信而親仁，下文篤敏慎而就正，意亦相類。不審尊意以爲如何？

「樂與好禮視無諂無驕，正猶美玉之與碱砆」，此句與後面「必也無諂無驕，然後樂與好禮可得而進焉」者似相戾。蓋玉、石有定形而不可變，唯王、霸之異本殊歸者乃得以此爲譬耳。熹又嘗論此所引詩正謂孔子以無諂無驕爲未足，必至於樂與好禮而後已，有似乎治骨角者既切之而復磋之，治玉石者既琢之而復磨之，蓋不離是質而治之益精之意也。如何如何？

「患不知人」，恐未合説到明盡天理處，正爲取友用人而言耳。大率此解雖比舊説已爲平穩〔一五〕，尚時有貪説高遠、恐怕低了之意。更乞平心放下，意味當更深長也。首章便如此矣。

答張敬夫論中庸章句

「率夫性之自然」，此語誠似太快，然上文説性已詳，下文又舉仁、義、禮、智以爲之目，則此句似亦無害。或必當改，則改爲「所有」字，如何？　然恐不若不改之渾然也。

「不睹」、「不聞」等字，如此剖析誠似支離，然不如此，則經文所謂「不睹」、「不聞」，所謂「隱微」，所謂「獨」，三段都無分别，却似重複冗長。須似熹説方見得戒慎不睹、恐懼不聞是大綱說，結上文「可離非道」之意。「莫見乎隱，莫顯乎微」，是就此不睹不聞之中提起善惡之幾而言，故「君子慎其獨」。蓋其文勢有表裏賓主之異，須略分別，意思方覺分明無重複處耳。

「隨時爲中」，「爲」改作「處」如何？

「道之不明」、「不行」，來喻與鄙意大指不異，但語有詳略遠近不同耳。然熹所謂「不必知」「不必行」、「所當知」「所當行」等句，正是要形容「中」字意思。所謂「以爲不足行」「以爲不必知」、「不知所以行」「不求所以知」等句，又是緊切關紐處，恐不可闕。但鄙論自覺有個瑣碎促狹氣象，不能如來教之高明簡暢爲可恨。然私竊以謂不期於同而期於是而已，故又未能遽舍所安。萬一將來就此或有尺寸之進，此病當自去耳。大抵近年所脩諸書多類此，以此未滿意。欲爲疏通簡易之說，又恐散漫無收拾處，不知所以裁之也。

答張敬夫

中庸謹獨處，誠覺未甚顯焕，然著盡氣力只說得如此。近欲只改末後一句云：「所謂獨者，合二者而言之，不睹之睹、不聞之聞也。」比舊似已稍勝，然終亦未爲分明也。更乞以尊意爲下數語，如何？

以敬爲主，則內外肅然，不忘不助而心自存。不知以敬爲主而欲存心，則不免將一個心把捉一個心，外面未有一事時，裏面已是三頭兩緒，不勝其擾擾矣。就使實能把捉得住，只此已是大病，況未必真能把捉得住乎？儒釋之異，亦只於此便分了。如云常見此心光爍爍地，便是有兩個主宰了。不知光者是真心乎，見者是真心乎？來諭剖析雖極精微，却似未及此意。愚慮及此，不審是否，如何？

「何有於我哉」，古注云：「人無是行於我，獨我有之。」按此語是孔子自言：「此三事，何人能有如我者哉？」孔子之意，蓋欲勉人以學也。伊川先生似亦是如此説：「默識而無厭倦，何有於我哉，勉人學當如是也。」所以發明夫子之意。而尹和靖云：「孰能如孔子者哉，是以勉學者云耳。」又所以發明伊川之意。蓋此兩項七事，乃人之當然而示之以近者，故聖人以此自居而不以爲嫌。如云「不如丘之好學」之意，語雖若少揚，而意實已深自抑矣。吕氏之説，句中添字太多，恐非本意。如「吾有知乎哉？無知也」兩句，文義亦自難説。近看似此等處極多，日前都草草懸空説過了也。

再答敬夫論中庸章句

「執其兩端」，熹説是推明程子之意，未有過巧之病。如來諭云云，固先儒所未及，然却似過巧。兼此方論「中」，未應遽及此，又似隔驀説過了一位也。

「强哉矯」，矯，强貌，古注云爾，似已得之。吕、楊之説却恐不平穩也。

「素隱」，俟更思之。

「造端乎夫婦」，如此説固好，但恐句中欠字太多。兼「造端」兩字是實下功夫之意，不應如此泛濫也。此類當兩存之。

「人心之所安者，即道也」，上文有「率性之謂道」云云，故其下可以如此説。若恐人錯會，當更曉破耳。

游子之言行相顧爲有餘不足之事，恐未安。此數句各是一事，不可混而爲一也。細意玩之，自可見矣。此亦當兩存之。

章句之失，誠如尊喻，此間朋友亦有疑其如此者。但鄙意疑此書既是子思所著，首尾次序又皆分明，不應中間出此數章，全無次序，所以區區推考如此。竊意其中必須略有此意，正使不盡如此，亦勝如信彩逐段各自立説，不相管屬也。更望細考。若果未安，當爲疑詞以見之。大率擺落章句，談説玄妙，慣了心性，乍見如此瑣細區別，自是不奈煩耳。

與張敬夫六月二十八日

夷齊讓國而逃，諫伐而餓，此二事還相關否？或謂先已讓國，則後來自是不合更食周粟。若爾，則當時自不必歸周，亦不待見牧野之事，又諫不從而後去也。且若前日已曾如彼，即今日更不得如此，此與「時中」之義不知又如何？凡此鄙意皆所未安，幸乞垂教。

答張敬夫 三月十四日

熹昨承誨諭五王之事，以爲但復唐祚而不立中宗，則武曌可誅，後患亦絶，此誠至論。但中宗雖不肖，而當時幽廢特以一言之失，罪狀未著，人望未絶。觀一時忠賢之心，與其募兵北討之事，及後來諸公説李多祚之語，則是亦未遽爲獨夫也。乃欲逆探未形之禍，一旦舍之而更立宗室，恐反爲計校利害之私，非所以順人心、乘天理，而事亦未必可成也。愚慮如此，然而此外又未見别有長策，不知高明以爲如何？若維州事，則亦嘗思之矣。唐與李蓋皆失之也。夫不知春秋之義而輕與戎盟，及其犯約，攻圍魯州，又不能聲罪致討，絶其朝貢，至此乃欲效其失信叛盟之罪而受其叛臣，則其義有所不可矣。然還其地可也，縛送悉怛謀，使肆其殘酷，則亦過矣。若論利害，則僧孺固爲大言以恐文宗〔一六〕，如致堂之所論，而吐蕃卒不能因維州以爲唐患，則德裕之計不行，亦未足爲深恨也。計高明於此必有定論，幸并以見教。牛論正而心則私，李計譎而心則正。

「何有於我哉」，後來思尹子説誠未安，竊意只是不居之詞。聖人之言此類甚多，不以俯就爲嫌也。「惡知其非有也」，頃時亦嘗爲説，正如晦叔之意。後來又以爲疑，乃如尊兄所諭。今細思之，却不若從晦叔之説，文意俱順，法戒亦嚴，不啓末流之弊也。如何如何？

答張敬夫十二月〔一七〕

熹窮居如昨，無足言者。但遠去師友之益，兀兀度日，讀書反己，固不無警省處，終是旁無彊輔，因循汩没，尋復失之。近日一種向外走作、心悅之而不能自已者，皆準止酒例戒而絶之，似覺省事。此前輩所謂「下士晚聞道，聊以拙自修」者。若充擴不已，補復前非，庶其有日。舊讀中庸慎獨，大學誠意、毋自欺處，常苦求之太過，措詞煩猥。近日乃覺其非，此正是最切近處、最分明處，乃舍之而談空於冥漠之間，其亦誤矣。方竊以此意痛自檢勒，懍然度日，惟恐有怠而失之也。

至於文字之間，亦覺向來病痛不少。蓋平日解經最爲守章句者，然亦多是推衍文義，自做一片文字，非惟屋下架屋，説得意味淡薄，且是使人看者將注與經作兩項功夫做了，下稍看得支離，至於本旨，全不相照。以此方知漢儒可謂善説經者，不過只説訓詁，使人以此訓詁玩索經文，訓詁、經文不相離異，只做一道看了，直是意味深長也。中庸、大學章句緣此略修一過，再録上呈。然覺其間更有合删處。論語亦如此草定一本，未暇脱藁。孟子則方欲爲之，而日力未及也。

近又讀易，見一意思：聖人作易，本是使人卜筮以決所行之可否，而因之以教人爲善。如嚴君平所謂與人子言依於孝、與人臣言依於忠者。故卦爻之辭，只是因依象類，虚設於此，以待扣而決者，使以所值之辭決所疑之事。似若假之神明，而亦必有是理而後有是辭。但理無不正，故其丁寧告戒之詞皆依於正。天下之動，所以正夫一而不繆於所之也。以此意讀之，似覺卦爻、十翼指意通暢，但文意字義猶時有窒礙，蓋亦合純作義理説者，所以彊通而不覺其礙者也。今亦録首篇二卦拜呈。此説乍聞之必未以爲然，然且置之，勿以示人，時時虚心略賜省閲，久之或信其不妄耳。

傷急不容耐之病，固亦自知其然，深以爲苦而未能革。若得伯恭朝夕相處，當得減損。但地遠，不能數見爲恨耳。此間朋友絶少進益者，擇之久不相見，覺得病痛日深。頃與伯恭相聚，亦深歎今日學者可大受者殊少也。奈何奈何？子壽兄弟氣象甚好，其病却是盡廢講學而專務踐履，却於踐履之中要人提撕省察，悟得本心，此爲病之大者。要其操持謹質，表裏不二，實有以過人者。惜乎其自信太過，規模窄狹，不復取人之善，將流於異學而不自知耳。鄉約之書，偶家有藏本，且欲流行，其實恐亦難行，如所喻也。然使讀者見之，因前輩所以教人善俗者而知自修之目〔一八〕，亦庶乎其小補耳。

答張敬夫集大成説

孔子之謂集大成，集，合也，言合衆理而大備於身也。或曰集謂合樂，成謂樂之一變，此即以樂譬之也。集大成也者，金聲而玉振之也。金聲也者，始條理也；玉振之也者，終條理也。始條理者，智之事也；終條理者，聖之事也。此以樂明之也。金聲之變無窮，玉聲首尾如一。振之者，振而節之，猶今樂之有拍也。凡作樂者，始以金奏而後以玉振之，猶聖人之合衆理而備於身也。條理，衆理之脈絡也。始窮其然而縷析毫分者，智也；終備於身而渾然一貫者，聖也。二者惟孔子全之，三子則始不盡而終不備也。漢兒寬論封禪，亦云「兼總條貫」，金聲而玉振之意亦如此，疑此古樂家語也。知譬則巧也，聖譬則力也。猶射於百步之外也，其至爾力也，其中非爾力也。此復以射明之也。射之所以中者，巧也。其所以至者，力也。中雖在至之後，然其必中之巧則在未發之前也。孔子巧力兼全，至而且中，三子力而不巧，各至其至而不能中也。若顔子，則巧足以中，特力未充而死耳。

承示及集大成説，發明詳備，此説大意不過如此。今所欲論者，正在言語氣象微細曲折之間。然則來説似頗傷冗，費脚手，無餘味矣。「金」、「玉」二字，正是譬喻親切有功處，今却不曾説及，只做「始」、「終」字看了。如此則孟子此一節譬喻全是剩語矣。舊見學者所傳在臨安時説此一段，却似簡當，然亦不能盡記。熹舊所解又偶爲人借去，不及參考得失。然記得亦似太多，今略説如前。竊謂似此已是不精約，使人無可玩味了。若更著外來意思言語，即愈支離矣。不審高明以爲如何？

答敬夫孟子説疑義

告子篇論性數章。

按此解之體，不爲章解句釋，氣象高遠。然全不略説文義，便以己意立論，又或别用外字體貼，而無脈絡連綴，使不曉者展轉迷惑，粗曉者一向支離。如此數章論性，其病尤甚。蓋本文不過數語，而所解者文過數倍；本文只謂之性，而解中謂之太極。凡此之類，將使學者不暇求經，而先坐困於吾説，非先賢談經之體也。且如易傳已爲太詳，然必先釋字義，次釋文義，然後推本而索言之。其淺深近遠，詳密有序，不如是之匆遽而繁雜也。大抵解經但可略釋文義名物，而使學者自求之，乃爲有益耳。

夜氣不足以存。解云：夜氣之所息能有幾？安可得而存乎？

按此句之義，非謂夜氣之不存也。凡言存亡者，皆指心而言耳，觀上下文可見。云「仁義之心」，又云「放其良心」，又云「操則存，舍則亡，惟心之謂與」，正有「存亡」二字，意尤明白。蓋人皆有是良心而放之矣，至於日夜之所息而平旦之好惡與人相近者，則其夜氣所存之良心也。及其旦晝之所爲有梏亡之，則此心又不可見。若梏亡反覆而不已，則雖有日夜之所息者，亦至微薄而不足以存其仁義之良心矣，非謂夜氣有存亡也。若以氣言，則此章文意首尾衡決，殊無血脈意味矣。程子亦曰：「夜氣之所存者，良知良能也。」意蓋如此，然舊看孟子未曉此意，亦只草草看過也。

大體小體。

此章之解意未明而説太漫，蓋唯其意之未明，是以其説不得而不漫也。按本文「耳目之官不思而蔽於物」，「心之官則思」，此兩節方是分别小體之不可從而大體之當從之意。解云：「從其大體，心之官也。從其小体，耳目之官也。」只此便多却「從其」四字矣。下文始結之云：「此二者皆天之所以與我者，但當先立乎其大者，則小者不能奪耳。」此章内「先立乎其大者」一句方是説用力處，而此句内「立」字尤爲要切。據今所解，全不曾提掇著「立」字，而只以思爲主。心不立而徒思，吾未見其可也。於是又有君子徇理、小人徇欲之説，又有思非泛而無統之説；又有事事物物皆有所以然之説；雖有心得其宰之云，然乃在於動而從理之後。此由不明孟子之本意，是以其説雖漫而愈支離也。七八年前，見徐吉卿説曾問焦某先生爲學之要，焦云：「先立乎其大者。」是時熹説此章正如此解之支離，聞之惘然不解其語。今而思之，乃知焦公之學於躬行上有得力處。

反身而誠。解云：反身而至於誠，則心與理一云云。

按此解語意極高，然只是贊詠之語。施之於經，則無發明之助；施之於己，則無體驗之功。竊恐當如張子之説，以「行無不慊於心」解之，乃有落著。兼「樂莫大焉」，便是「仰不愧、俯不怍」之意，尤慤實有味也。若只懸空説過，便與禪家無以異矣。

所過者化，所存者神。解中引程子、張子之説，合而爲一。

按此程子、張子之説自不同，不可合爲一説。程子云：「所過者化，是身所經歷處；所存者神，所存主處便神。」是言凡所經過處人皆化之〔一九〕，而心所存主處，便有鼓舞風動之意，不待其居之久而後見其效也。「經歷」及「便」字尤見其意。又引「綏來動和」及易傳革卦所引用〔二〇〕，亦可見也。今以孟子上下文意求之，恐當從程子爲是。張子説雖精微，然恐非本文之意也。

君子不謂命也。

此一章前一節文意分明，然其指意似亦止爲不得其欲者而發。後一節古今説者未有定論，今讀此解，説「智之於賢者」、「聖人之於天道」兩句極爲有功，但上三句却似未穩。蓋但云出於自然，則只似言性，而非所以語命矣。頃見陳傅良作此論，意正如此，方以爲疑，不知其出於此。豈嘗以是告之耶？熹竊謂此三句只合依程子説爲稟有厚薄，亦與下兩句相通。蓋聖與賢則其稟之厚，而君子所自以爲稟之薄而不及者也。然則此一節亦專爲稟之薄者而發。

可欲之謂善，有諸己之謂信。

竊詳所解，熹舊説亦然。自今觀之，恐過高而非本意也。蓋此六位爲六等人爾，今爲是説，則所謂善者，乃指其理而非目其人之言矣，與後五位文意不同。又舊説「信」爲「自信」之意，今按此六位皆它人指而名之之辭，然則亦不得爲「自信」之「信」矣。近看此兩句意思似稍穩當，蓋善者人之所同欲，惡者人之所同惡。人之爲人，有可欲而無可惡，則可謂之善人矣。然此特天資之善耳，不知善之爲善，則守之不固，有時而失之。惟知其所以爲善而固守之，然後能實有諸己而不失，乃可謂之信人也。張子曰：「可欲之謂善，志仁則無惡也。誠善於心之謂信。」正是此意。不審高明以爲如何？此説「信」字未是，後别有説。

前書所示孟子數義皆善，但「條理」字恐不必如此説，蓋此兩字不能該得許多意思也。「始條理」、「終條理」，猶曰「智之事」、「聖之事」云爾。「條理」字不須深説，但「金玉」二字却須就「始終」字上説得有來歷乃佳耳。易之説固知未合，亦嘗拜稟，姑置之，以俟徐考矣。大抵平日説得習熟，乍聞此説，自是信不及。但虚心而徼玩之，久當釋然耳。若稍作意主張求索，便爲舊説所蔽矣。此書近亦未暇卒業，却看得周禮、儀禮一過，注疏見成，却覺不甚費力也。亦嘗爲人作得數篇記文，隨事頗有發明，卒未有人寫得。俟送碑人回，附呈求教也。心氣未和，每加鐫治，竟不能悛。中間嘗覺求理太多而涵泳之功少，故日常匆迫而不暇於省察，遂欲盡罷生面功夫，且讀舊所習熟者而加涵養之力，竟復汩没，又不能遂。大抵氣質動擾處多難收斂也。且如近讀二禮，亦是無事生事也。

蘄州文字亦嘗見之，初意其説止是不喜人闢佛而惡人之溺於佛者。既而考之，其間大有包藏，遂爲出數百言以曉之，只欲俟伯諫歸而示之，未欲廣其書也。近年士子稍稍知向學，而怪妄之説亦復蠭起〔二二〕，其立志不高、見理不徹者皆爲所引取，甚可慮也。間嘗與佛者語，記其説，亦成數篇，後便并附呈次。

昨夕因看大學舊説，見「人之所親愛而辟焉」處，依古注讀作「譬」字，恐於下文意思不屬。據此，「辟」字只合讀作「僻」字，蓋此言常人於其好惡之私常有所偏而失其正，故無以察乎好惡之公；而施於家者又溺於情愛之間，亦所以多失其道理而不能整齊也。如此讀之，文理極順，又與上章文勢正相似。且此篇惟有此五「辟」字，卒章有「辟則爲天下僇」，「辟」字亦讀爲「僻」，足以相明。但「畏敬」兩字初尚疑之，細看只爲人所懾憚，如見季子位高金多之比云爾。此説尤生，不知尊意以爲如何？然此非索而獲之，偶讀而意思及此耳。近年靜中看得文義似此處極多，但不敢一向尋求，而於受用得力處則亦未有意思耳。

與張敬夫論癸巳論語説

學而時習之。

程子曰：「時復紬繹。」本文作「思繹」，今此所引，改「思」爲「紬」，不知何説？學者之於義理，當時紬繹其端緒而涵泳之也。「學而時習之」，此是論語第一句，句中五字雖有虚實輕重之不同，然字字皆有意味，無一字無下落，讀者不可以不詳，而説者尤不可以有所略也。學之爲言效也，以己有所未知，而效夫知者以求其知；以己有所未能，而效夫能者以求其能之謂也。「而」者，承上起下之辭也。「時」者，無時而不然也。「習」者，重複温習也。「之」者，指其所知之理、所能之事而言也。言人既學矣，而又時時温習其所知之理、所能之事也。蓋人而不學，則無以知其所當知之理，無以能其所當爲之事。學而不習，則雖知其理、能其事，然亦生澀危殆而不能以自安。習而不時，則雖曰習之〔一二〕，而其功夫間斷，一暴十寒，終不足以成其習之之功矣。聖言雖約，而其指意曲折深密而無窮蓋如此。凡爲解者，雖不必如此瑣細剖析，然亦須包含得許多意思，方爲完備。今詳所解，於「學而」兩字全然闊略，而但言紬繹義理以解時習之意。夫人不知學，其將何以知義理之所在而紬繹之乎，且必曰「紬繹義理之端緒而涵泳之」，又似義理之中別有一物爲之端緒，若繭之有絲，既紬繹出來，又從而涵泳之也。語意煩擾，徒使學者胸中擾擾，拈一放一，將有揠苗助長之患，非所以示人入德之方也。

説者，油然内慊也。程子但言「浹洽於中則説」，雖不正解「説」字，而「説」字之意已分明。今既述程語〔二三〕，而又增此句，似涉重複。且「慊」者〔二四〕，行事合理而中心滿足之意，施之於此，似亦未安。

孝弟也者，其爲仁之本與？

自孝弟而始，爲仁之道，生而不窮。按有子之意，程子之説正謂事親從兄、愛人利物莫非爲仁之道。但事親從兄者本也，愛人利物者末也。本立然後末有所從出，故孝弟立而爲仁之道生也。今此所解，語意雖高而不親切。其愛雖有差等，而其心無不溥矣。此章「仁」字正指愛之理而言耳〔二五〕，易傳所謂「偏言則一事」者是也。故程子於此但言孝弟行於家而後仁愛及於物，乃著實指事而言。其言雖近，而指則遠也。今以心無不溥形容，所包雖廣，然恐非本旨，殊覺意味之浮淺也。

巧言令色。

若夫君子之脩身，謹於言語容貌之間，乃所以體當在己之實事，是求仁之要也。此意甚善，但恐須先設疑問以發之，此語方有所指〔二六〕。今無所發端而遽言之，則於經無所當，而反亂其本意矣。如易傳中發明經外之意，亦必設爲問答以起之。蓋須如此，方有節次來歷，且不與上文解經正意相雜，而其抑揚反覆之間，尤見得義理分明耳。

爲人謀而不忠。

處於己者不盡也。「處」字未安。

道千乘之國。

信於己也。「己」字未安。自使民以時之外。此句無所當，恐是羡字。

毋友不如己者。

不但取其如己者，又當友其勝己者。經但言「毋友不如己者」，以見友必勝己之意。今乃以「如己」、「勝己」分爲二等，則失之矣。而其立言造意，又似欲高出於聖言之上者。解中此類甚多，恐非小病也。

慎終追遠。

慎，非獨不忘之謂，誠信以終之也。追，非獨不忽之謂，久而篤之也。以「慎」爲不忘，「追」爲不忽，若舊有此説，則當引其説而破之。若初無此説，則此兩句亦無所當矣。且下文兩句所解亦未的當。凡事如是，所以養德者厚矣。慎終追遠自是天理之所當然、人心之所不能已者，人能如此，則其德自厚而民化之矣。今下一「養」字，則是所以爲此者，乃是欲以養德，而其意不專於慎終追遠矣。厚者德之聚，而惡之所由以消靡也。此語於經無當，於理未安。

父在觀其志。

志欲爲之而有不得行，則孝子之所以致其深愛者可知。此章舊有兩説：一説以爲爲人子者，父在則能觀其父之志而承順之，父没則能觀其父之行而繼述之，又能三年無改於父之道，則可謂孝矣。一説則以爲欲觀人子之賢否者，父在之時，未見其行事之得失，則但觀其志之邪正。父没之後，身任承家嗣事之責，則當觀其行事之得失。若其志與行皆合於理，而三年之間又能無改於父之道，則可謂孝矣。此兩説不同，愚意每謂當從前説所解爲順〔二七〕。若如後説，則上文未見志行之是非，不應末句便以「可謂孝矣」結之也。今詳此解蓋用後説，然謂父在而志不得行可以見其深愛，則又非先儒舊説之意矣。經文但有一「志」字，乃是通邪正得失而言，如何便見得獨爲「志欲爲之而不得行」，又何以見夫「致其深愛」之意耶？

三年無改於父之道，志哀而不暇它之問也。又曰：三年無改者，言其常也，可以改而可以未改者也。此句之説，惟尹氏所謂「孝子之心有所不忍」者最爲慤實。而游氏所謂「在所當改而可以未改」者，斟酌事理尤得其當。此解所云「志哀而不暇它之問」者，蓋出謝氏之説，其意非不甚美，然恐立説過高，而無可行之實也。蓋事之是非可否日接於耳目，有不容不問者。君子居喪，哀戚雖甚，然視不明、聽不聰、行不正、不知哀者，君子病之，則亦不應如是之迷昧也。所謂「可以改而可以未改」者，則出於游氏之説，然又失其本指。蓋彼曰「在所當改」，則迫於理而不得不然之辭也〔二八〕。今曰「可以改」，則意所欲而冀其或可之辭也。二者之間，其意味之厚薄相去遠矣。又此經所言，亦爲人之父不能皆賢，不能皆不肖，故通上下而言，以中人爲法耳。今解又云「三年無改者，言其常也」，似亦非是。若言其常，則父之所行，子當終身守之可也，豈但以三年無改爲孝哉？

信近於義。恭謂貌恭。又曰：恭而過於實，適所以招耻辱。恭不近禮，謂之無節而過卑則可；謂之貌恭而過實，則失之矣。且貌恭而過實，亦非所以取耻辱也。言而不可復則不可行，將至於失其信矣。或欲守其不可復之言，則逆於理而反害於信矣。此結句似不分明〔二九〕，恐未盡所欲言之曲折也。竊原本意，蓋曰欲其言之信於人，而不度於義者，復之則害於義，不復則害於信，進退之間，蓋無適而可也。故君子欲其言之信於人也，必度其近於義而後出焉，則凡其所言者，後無不可復之患矣。恐須如此説破，方分明也。

就有道而正焉。

異世而求之書。本文未有此意，恐不須過説。或必欲言之，則別爲一節而設問以起之可也。

貧而樂，富而好禮。

進於善道，有日新之功，其意味蓋無窮矣。此語不實。

詩三百。

其言皆出於惻怛之公心，非有它也。「惻怛」與「公心」字不相屬。「非有它也」，乃嫌於有它而解之之辭，然亦泛矣。詩發於人情，似無「有它」之嫌。若有所嫌，亦須指言何事，不可但以「有它」二字概之也。

無違。

生事之以禮，以敬養也。死葬之以禮，必誠必信也。祭之以禮，致敬而忠也。專言敬則愛不足，專言誠信則文不足，「忠」字尤所未曉，然致敬而忠，恐亦未足以盡祭禮。大率聖人此言至約，而所包極廣，條舉悉數猶恐不盡，況欲率然以一言該之乎？

十世可知。若夫自嬴秦氏廢先王之道，而一出於私意之所爲，有王者作，其於繼承之際，非損益之可言，直盡因革之宜而已。此一節立意甚偏而氣象褊迫，無聖人公平正大、隨事順理之意。且如此說，則是聖人之言不足以盡古今之變，其所謂百世可知者，未及再世而已不驗矣。嘗究此章之指，惟古注馬氏得之。何晏雖取其說，而復亂以己意，以故後來諸家祖習其言，展轉謬誤，失之愈遠。至近世吴才老、胡致堂始得其說，最爲精當。吴說有續解、考異二書，而考異中此章之説爲尤詳，願試一觀，或有取焉。大抵此二家說其它好處亦多，不可以其後出而忽之也。

非其鬼而祭之，諂也。無其鬼神，是徒爲諂而已。聖人之意，罪其祭非其鬼之爲諂，而不譏其祭無其鬼之徒爲諂也。諂自惡德，豈論其有鬼無鬼、徒與不徒也哉？

韶武。聖人之心，初無二致，揖遜征伐，時焉而已。此理固然，但此處解「美」「善」兩字而爲此說，似以舜武心皆盡美，而武王之事有未盡善，則「美」字反重而「善」字反輕，爲不倫耳。蓋美者聲容之盛，以其致治之功而言也。善者致美之實，以其德與事而言也。然以德而言，則性之反之雖有不同，而成功則一；以事而言，則揖遜征伐雖有不同，而各當其可。則聖人之心，亦未嘗不同也。

仁者能好人惡人。

仁者爲能克己。此語似倒，恐當正之。

無終食之間違仁。

無終食之間違仁，是心無時而不存也。造次顛沛必於是，主一之功也。此二句指意不明，語脈不貫，初竊疑其重複。既而思之，恐以上句爲成德之事，下句爲用功之目。若果如此，則當改下句云「所以存其心也」，乃與上文相應，庶讀者之易曉。然恐終非聖人之本意也。

無適無莫。

或曰：異端無適無莫而不知義之與比，失之矣。夫異端之所以不知義者，正以其有適有莫也。異端有適有莫，蓋出於程子之言。然譏其無適莫而不知義，亦謝氏之說。言雖不同，而各有所指，未可遽以此而非彼也。若論先後，則正以其初無適莫而不知義，故徇其私意以爲可否，而反爲有適有莫。既有適莫，故遂不復求義之所在，而卒陷於一偏之說也。

求爲可知。

若曰使己有可知之實，則人將知之，是亦患莫己知而已，豈君子之心哉？此説過當。若曰「所謂求爲可知者，亦曰爲其所當爲而已，非謂務皎皎之行以求聞於人也」，則可矣。

一以貫之。道無不該也，有隱顯内外本末之致焉。若無隱顯内外本末之致，則所謂一貫者，亦何所施哉？此意甚善，然其辭則似生於辨論反覆之餘者。今發之無端，則無所當而反爲煩雜。若曰「聖人之心於天下事物之理無所不該，雖有内外本末隱顯之殊，而未嘗不一以貫之也」，則言順而理得矣。

欲訥於言。言欲訥者畏天命，行欲敏者恭天職。言行自當如此，不必爲畏天命、恭天職而然。今若此言，則是以言行爲小，而必稱天以大之也。且言行之分亦未穩當〔三〇〕，行之欲敏，獨非畏天命耶？

晝寢。知抑精矣。「抑」字恐誤。

臧文仲。世方以小慧爲知。小慧似非所以言臧文仲。

季文子。非誠其思。此語未善。

顏淵季路侍。

爲吾之所當爲而已，則其於勞也奚施？「施勞」，舊説皆以「施」爲「勿施於人」之「施」，「勞」者，勞辱之事。今如此説，語不分明。子細推尋，似亦以「施」爲夸張之意，「勞」爲「功勞」之「勞」，其意雖亦可通，但不知「施」字有如此用者否耳〔三一〕。必如此説，更須子細考證，説令明白乃佳。存乎公理。此句亦未善。

質勝文則野。

失而爲府史之史，寧若爲野人之野乎？此用楊氏「與其史也，寧野」之意，然彼亦以爲必不得已而有所偏勝，則寧若此耳。今解乃先言此，而又言「矯揉就中」之説，則既曰「寧爲野人之野」矣，又何必更説「俛勉而進其文」乎？文理錯雜，前後矛盾，使讀者不知所以用力之方。恐當移此於「矯揉就中」之後，則庶乎言有序而不悖也。

人之生也直。

罔則昧其性，是冥行而已矣。此説似好，然承上文「直」字相對而言，則當爲欺罔之罔。

中人以下。

不驟而語之以上，是亦所以教之也。孟子言「不屑之教誨，是亦教誨之」，蓋爲不屑之教誨，已是絶之而不復教誨，然其所以警之者亦不爲不至，故曰是亦教誨之而已矣。所謂「亦」者，非其正意之辭也。若孔子所言「中人以下未可語上」，而不驟語之以性與天道之極致，但就其地位，告之以切己著實之事，乃是教之道正合如此，非若不屑之教誨，全不告語，而但棄絶以警之也。今曰「是亦教誨之也」，則似教人者不問其人品之高下，必盡告以性與天道之極致，然後始可謂之教誨。才不如此，便與絶而不教者無異。此極害理，非聖門教人之法也。且著此一句，非惟有害上文之意，覺得下文意思亦成躐等，氣象不佳。試思之，若但改云「不驟而語之以上，是乃所以漸而進之，使其切問近思而自得之也」，則上下文意接續貫通，而氣象無病矣。此所撰集注已依此文寫入矣。

敬鬼神而遠之。

遠而不敬，是誣而已。「誣」字未安。

知仁動靜。

知之體動，而靜在其中；仁之體靜，而動在其中。此義甚精，蓋周子太極之遺意，亦已寫入集注諸説之後矣。但在此處讀之，覺得有急迫之病，略加曲折，別作一節意思發明乃佳。大抵此解之病在於太急迫而少和緩耳。

子見南子。

過衛國，必見寡小君。孔子居衛最久，不可但言過衛。見小君者，禮之當然，非特衛國如此也。夫子聽衛國之政，必自衛君之身始。此理固然，然其間似少曲折，只如此説，則亦粗暴而可畏矣。試更思之，若何？

博施濟衆。

不當以此言仁也，仁之道不當如此求也。但言不當，而不言其所以不當之故，不足以發聖人之意。先言仁者，而後以「仁之方」結之。立人達人，仁也；能近取譬，恕也。自是兩事，非本一事而先言後結也。

述而不作。

聖人所以自居者，平易如此。「平易」二字說不著。老彭孔子事同，而情性功用則異。孔子賢於堯舜，非老彭之所及，人皆知之，自不須說。但其謙退不居而反自比焉，且其辭氣極於遜讓，而又出於誠實如此，此其所以爲盛德之至也。爲之說者，正當於此發其深微之意，使學者反復潛玩，識得聖人氣象，而因以消其虛驕傲誕之習，乃爲有力。今但以「平易」二字等閑說過，而於卒章忽爲此論，是乃聖人鞠躬遜避於前，而吾黨爲之攘袂扼腕於後也。且無乃使夫學者疑夫聖人之不以誠居謙也乎哉？大率此解多務發明言外之意，而不知其反戾於本文之指，爲病亦不細也。

默而識之。

默識非言意之所可及，蓋森然於不睹不聞之中也。又云：世之言默識者，類皆想像億度，驚怪恍惚，不知聖門實學貴於踐履〔三二〕，隱微之際，無非真實。默識只是不假論辨而曉此事理，如侯子辨總老之說是已。蓋此乃聖人之謙詞，未遽說到如此深遠處也〔三三〕。且此說雖自踐履言之，然其詞氣則與所謂驚怪恍惚者亦無以相遠矣。

子之燕居。

聖人聲氣容色之所形，如影之隨行。聲氣容色不離於形，同是一物。影之於形，雖曰相隨，然却是二物。以此況彼，欲密而反疏矣。且衆人聲氣容色之所形，亦其有於中而見於外者〔三四〕，豈獨聖人爲然哉？

志於道。

藝者所以養吾德性而已。上四句解釋不甚親切，而此句尤有病。蓋藝雖末節，然亦事理之當然，莫不各有自然之則焉。曰「游於藝」者，特欲其隨事應物各不悖於其理而已〔三五〕。不悖於理，則吾之德性固得其養，然初非期於爲是以養之也。此解之云，亦原於不屑卑近之意，故耻於游藝而爲此説以自廣耳。又按張子曰：「藝者，曰爲之分義也。」詳味此句，便見得藝是合有之物，非必爲其可以養德性而後游之也。

自行束脩以上。

辭氣容色之間，何莫非誨也，固不保其往爾。「誨」字之意，恐未説到辭氣容色之間，亦未有不保其往之意也。蓋「吾無隱乎爾」，乃爲二三子以爲有隱而發。「不保其往」，乃爲門人疑於互鄉童子而發，皆非平日之常言，不應於此無故而及之也。若以禮來者，不以一言告之，而必俟其自得於辭氣容色之間，又先萌不保其往之意，則非聖人物來順應之心矣。此一章之中而説過兩節意思，尤覺氣迫而味短也。

憤悱。

憤則見於辭氣，悱則見於顔色。此兩字與先儒説正相反，不知别有據否？

子謂顔淵。其用也，豈有意於行之？其舍也，豈有意於藏之？聖人固無意必，然亦謂無私意期必之心耳。若其救時及物之意皇皇不舍，豈可謂無意於行之哉？至於舍之而藏，則雖非其所欲，謂舍之而猶無意於藏，則亦過矣。若果如此，則是孔、顔之心漠然無意於應物，推而後行，曳而後往，如佛老之爲也。聖人與異端不同處正在於此，不可不察也。程子於此但言「用舍無與於己，行藏安於所遇者也」，詳味其言，中正微密，不爲矯激過高之説，而語意卓然，自不可及，其所由來者遠矣。程子又云：「樂行憂違，憂與樂皆道也，非己之私也。」與此相似，亦可玩味。

子行三軍則誰與？「臨事而懼，好謀而成」，古之人所以成天下之事而不失也，豈獨可行三軍而已哉？臨事而懼，好謀而成，本爲行三軍而發，故就行三軍上觀之，尤見精密。蓋聖人之言雖曰無所不通，而即事即物，毫釐之間又自有不可易處。若如此解之云，是乃程子所謂「終日乾乾，節節推去」之病矣〔三六〕。

子所雅言。性與天道，亦豈外是而它得哉？固是如此，然未須説。

子不語。

語亂則損志。「損志」二字未安。

不忍乘危。「乘危」二字未安。

弋不射宿。

奢則不孫。

聖人斯言，非勉學者爲儉而已。聖人深惡奢之爲害，而寧取夫儉之失焉，則其所以勉學者之爲儉，其意切矣。今爲此説，是又欲求高於聖人，而不知其言之過、心之病也。温公謂楊子作玄，本以明易，非敢别作一書以與易競〔三七〕。今讀此書，雖名爲説論語者，然考其實，則幾欲與論語競矣。鄙意於此深所未安，不識高明以爲如何？

曾子有疾，召門弟子。

形體且不可傷，則其天性可得而傷乎？此亦過高之説，非曾子之本意也〔三八〕。且當著明本文之意〔三九〕，使學者深慮〔四〇〕，保其形體之不傷而盡心焉，是則曾子所爲丁寧之意也。且天性亦豈有可傷之理乎？

孟敬子問之。

將死而言善，人之性則然。此語太略，幾不可曉，恐當加詳焉。動容貌者，動以禮也。正顔色者，正而不妄也。出詞氣者，言有物也。動容貌則暴慢之事可遠，正顔色則以實而近信，出詞氣則鄙倍之意可遠。此説蓋出於謝氏，以文意求之，既所未安；而以義理觀之，則尤有病。蓋此文意但謂君子之所貴乎道者，有此三事，動容貌而必中禮也，正顔色而非色莊也，出詞氣而能合理也。蓋必平日莊敬誠實，涵養有素，方能如此。若其不然，則動容貌而不能遠暴慢矣，正顔色而不能近信矣，出詞氣而不能遠鄙倍矣。文勢如此，極爲順便。又其用功在於平日積累深厚，而其效驗乃見於此，意味尤覺深長。明道、尹氏説蓋如此，惟謝氏之説以動、正、出爲下功處，而此解宗之。夫經但云「動」，則其以禮與否未可知；但云「正」，則其妄與不妄未可見；但云「出」，則其有物無物亦未有以驗也。蓋夫子嘗言「非禮勿動」，則動容固有非禮者矣。今但曰「動」，則暴慢如何而遽可遠乎？又曰「色取仁而行違」，則正色固有不實者矣。今但曰「正」，則信如何而遽可近乎？又曰「出其言不善」，則出言固有不善者矣。今但曰「出」，則鄙倍如何而遽可遠乎？此以文義考之，皆所未合。且其用力至淺而責效過深，正恐未免於浮躁淺迫之病，非聖賢之本指也。

弘毅。

弘由充擴而成。此句似説不著。

民可使由之。

使自得之。此亦但謂使之由之耳，非謂使之知也。

蕩蕩乎民無能名焉。

無所不該，而其用則密。只廣大便難名，不必言其用之密也。

禹，吾無間然矣。

皆所以成其性耳。禹之所行，皆理之所當然，固是本出於性，然禹亦爲其所當爲而已，非以其能成吾性而後爲之也。

子絶四。

絶而不復萌。此顔子不貳過之事，非所以語孔子，蓋此「絶」字猶曰「無」耳。然必言「絶」而不言「無」者，見其無之甚也。

顔淵喟然歎曰。

「約我以禮」，謂使之宅至理於隱微之際。侯氏曰：「博文，致知格物也；約禮，克己復禮也。」其説最善，此解説得幽深，却無意味也。必曰「如」者，言其始見之端的者然也。此句亦不可曉。

未見好德。

衆人物其性。此語未安。蓋性非人所能物，衆人但不能養其性而流於物耳，性則未嘗物也。

語之而不惰。

不惰，謂不惰其言也。夫子之言昭然發見於顔子日用之中，此之謂不惰。「惰」字乃怠惰之義。如所解，乃墜墮之義，字自作「墮」，或有通作「憜」者，不作惰也。且其爲説，又取禪家語墮之意，鄙意於此尤所未安也。

衣敝緼袍。不忮不求之外，必有事焉。此語不可曉。

可與共學。或者指權爲反經合道、驚世難能之事。世俗所謂權者，乃隨俗習非、偷安苟得，如公羊祭仲廢君之類耳，正不謂驚世難能之事也。

唐棣之華。唐棣之詩，周公誅管、蔡之事。論語及詩召南作「唐棣」，小雅作「常棣」，無作「棠」者。而小雅「常」字亦無「唐」音。爾雅又云：「唐棣，棣；常棣，移。」則唐棣、常棣自是兩物。而夫子所引，非小雅之常棣矣。且今小雅常棣之詩章句聯屬，不應別有一章如此，蓋逸詩爾。論語此下別爲一章，不連上文。范氏、蘇氏已如此説。但以爲思賢之詩，則未必然耳。或説此爲孔子所删小雅詩中之一章，亦無所考。且以文意參之，今詩之中當爲第幾章耶？

食饐而餲。聖人所欲不存，豈有一毫加於此哉？此句不可曉。

出三日，不食之矣。

或出三日，則寧不食焉。按經文，此句乃解上文祭肉不出三日之意，言所以三日之中食之必盡，而不使有餘者，蓋以若出三日，則人將不食而厭棄之，非所以敬神惠也。

不可則止。有不合於正理，則從而止之。按經文意，「不可則止」，但謂不合則去耳。後篇論朋友處〔四一〕，「不可則止」，文意正同。今爲此説，穿鑿費力，而不成文理，竊所未安。且兩句文同，不應指意頓異如此也。

點，爾何如？「曾子非有樂乎此也」至「故行有不掙焉也」。此論甚高，然反復玩之，則夸張侈大之辭勝，而慤實淵深之味少。且其間文意首尾自相背戾處極多，且如所謂「曾子非有樂乎此也，蓋以見夫無不得其樂之意耳」，只此一句，便自有兩重病痛。夫謂曾子非有樂乎此，此本於明道先生「簞瓢陋巷非有可樂」之説也。然顔、曾之樂雖同，而所從言之則異，不可不察也。蓋簞瓢陋巷實非可樂之事，顔子不幸遭之，而能不以人之所憂改其樂耳。若其所樂，則固在夫簞瓢陋巷之外也。故學者欲求顔子之樂，而即其事以求之，則有没世而不可得者，此明道之説所以爲有功也。若夫曾皙言志，乃其中心之所願而可樂之事也。蓋其見道分明，無所係累，從容和樂，欲與萬物各得其所之意，莫不藹然見於詞氣之間。明道所謂「與聖人之志同，便是堯舜氣象」者，正指此而言之也。學者欲求曾皙之胸懷氣象，而舍此以求之，則亦有没世而不可得者矣。夫二子之樂雖同，而所從言則其異有如此者，今乃以彼之意爲此之説，豈不誤哉！且夫子之問，欲知四子之所志也。四子之對，皆以其平日所志而言也。今於曾晳之言獨謂其特以見夫無所不得其樂之意，則是曾晳於夫子之問獨不言其平日之所志，而臨時信口撰成數句無當之大言，以夸其無所不樂之高也。如此則與禪家拈槌竪拂、指東畫西者何以異哉〔四二〕？其不得罪於聖人幸矣，又何喟然見與之可望乎？至於此下雖名爲推説曾晳之意者，然盡黜其言而直伸己見，則愚恐其自信太重，視聖賢太輕，立説太高，而卒歸於無實也。且所謂「無不得其樂」者，固以人而言之矣，而其下文乃以「天理自然，不可妄助〔四三〕，不可過不及，不可倚著」者釋之，則未知其以理而言耶？抑以人言之耶？以理而言，則與上文「得其所樂」之云似不相應；以人而言，則曾晳之心艱危恐迫，傾側動摇，亦已甚矣，又何以得其所樂而爲天理之自然耶？其以爲「叙、秩、命、討，天則所存，堯舜所以無爲而治者」，則求諸曾晳之言，殊未見此曲折。且此既許之以聖人之事矣，又以爲聖門實學存養之地，則是方以爲學者之事也。若曰姑以爲學者之事而已，而又以爲行有所不揜焉，則是又并所謂存養者而奪之也。凡此數節，殊不相應，皆熹之所不能曉者。竊惟此章之旨惟明道先生發明的當，若上蔡之説，徒贊其無所系著之意，而不明其對時育物之心。至引列子御風之事爲比，則其雜於老莊之見，而不近聖賢氣象尤顯然矣。凡此説中諸可疑處，恐皆原於其説。竊謂高明更當留意，必如横渠先生所謂「濯去舊見，以來新意」者，庶有以得聖賢之本心耳。論語中大節目似此者不過數章，不可草草如此説過也。

克己復禮。

「斯言自始學至成德，皆當從事」至「無所見夫克矣」。此一節意思，似亦因向來以克己爲後段事，故有此反復之論。今但如此發之無端，恐亦須設問答以起之。

子帥以正。

其有不率者，則明法敕罰以示之，亦所以教也。理固如此，但此處未應遽如此說，奪却本文正意耳。易曰「明罰敕法」，此倒其文，不知別有意否？

直躬。

「世之徇名而不究其實者」至「幾何其不若是哉」。此不知所指言者謂何等事，文意殊不明也。

爲命。

「雖然」至「言外之意也」。恐聖人未有此意，但作今自推說，却不妨耳。

人也。

以其有人之道也。古注云：「猶詩『所謂伊人』。」此說當矣。莊子曰：「之人也，物莫之傷。」亦與此同。若曰有人之道，極言之則太重，管仲不能當；淺言之則太輕，又非所以語管仲也。

孟公綽。

趙、魏老在當時號爲家事治者。此句不可曉，恐傳本有誤字。

正譎。

程子曰云云。此解恐當用致堂説，向見伯恭説亦如此。

古之學者爲己。

所以成物，特成己之推而已。按此「爲人」，非成物之謂。伊川以「求知於人」解之，意可見矣。若學而先以成物爲心，固失其序，然猶非私於己者，恐亦非當時學者所及也。吕與叔中庸序中亦如此錯解了。

不逆詐。

孔注文義爲順。按孔注文義極不順，惟楊氏説得之。「抑」者，反語之詞，如云：「求之與？抑與之與？」「硜硜然小人哉，抑亦可以爲次矣。」皆略反上文之意也。

微生畝。

包注訓「固」爲陋，此解是。恐亦未安。

諒陰。

大君敕五典以治天下，而廢三年之達喪。經文未有此意，短喪自是後世之失。若欲發明，當別立論而推以及之，不可只如此説，無來歷也。

脩己以敬。

敬有淺深，敬之道盡，則脩己之道亦盡，而安人安百姓皆在其中。此意甚善，但「敬有淺深」一句，在此於上下文並無所當，反使人疑脩己是敬之淺者，安百姓是敬之深者。今但削去此四字及下文一「亦」字，則意義通暢，自無病矣。

原壤。

「幼而孫弟」至「見其弊之所自也」。恐聖人無此意，今以爲當如是，推之則可耳。

予一以貫之。

所謂「約我以禮」者歟？此説已見「顔淵喟然」章。此亦子貢初年事。既曰當其可，則子貢是時應已默契夫子之意矣。後來所言夫子之得邦家者，安知不由此而得之？何以知其爲初年事耶？此等既無考據，而論又未端的，且初非經之本意，不言亦無害也。

子張問行。

人雖不見知，而在己者未嘗不行。夫子之言，言其常理耳〔四四〕。人雖不知，别是一段事，未應遽説以亂夫子之意。向後别以己意推言則可耳。參前倚衡，使之存乎忠信篤敬之理也。此謂言必欲其忠信、行必欲其篤敬，念念不忘而有以形於心目之間耳。若不責之於言行之實，而徒曰存其理而不舍，亦何益哉？

卷而懷之。

猶有卷而懷之之意，未及潛龍之隱見。恐不須如此說。

志士仁人。

仁者，人之所以生也，苟虧其所以生者，則其生也亦何爲哉？志士仁人所以不求生以害仁者，乃其心中自有打不過處，不忍就彼以害此耳〔四五〕，非爲恐虧其所以生者而後殺身以成仁也。所謂成仁者，亦但以遂其良心之所安而已，非欲全其所以生而後爲之也。此解中常有一種意思，不以仁義忠孝爲吾心之不能已者，而以爲畏天命、謹天職，欲全其所以生者而後爲之，則是本心之外别有一念，計及此等利害重輕而後爲之也。誠使真能舍生取義，亦出於計較之私，而無慤實自盡之意矣。大率全所以生等説，自它人旁觀者言之，以爲我能如此則可，若挾是心以爲善，則已不妥帖。況自言之，豈不益可笑乎？吕覽所載直躬證父一事而載取名事，正類此耳。

放鄭聲，遠佞人。

非聖人必待戒乎此也，於此設戒，是乃聖人之道也。比是聖人立法垂世之言，似不必如此説。然禹以丹朱戒舜，舜以「予違汝弼」責其臣，便説聖人必戒乎此，亦何害乎？此蓋尊聖人之心太過，故凡百費力主張，不知氣象却似輕淺迫狹，無寬博渾厚意味也。

一言終身行之。

行恕則忠可得而存矣。此句未安，當云「誠能行恕，則忠固在其中矣」。

誰毁誰譽？

毁者指其過，譽者揚其美。此説未盡。愚謂：毁者，惡未至此而深詆之也；譽者，善未至此而驟稱之也。非但語其已然之善惡而已。誰毁誰譽，謂吾於人無毁譽之意也。聖人之心仁恕公平，實無毁譽，非但無其意而已。有所譽必有所試，因其有是實而稱之。此亦未盡。試猶驗也，聖人或時有所譽者，雖其人善未至此，然必嘗有以驗之，而知其將至是矣。蓋聖人善善之速，惡惡之緩，而於其速也亦無所苟焉。又曰：可毁可譽在彼。又曰：不云有所毁，聖人樂與人爲善也，必有所試而後譽，則其於毁亦可知矣。若如此説，則是聖人固常有毁，但於此著其有譽而匿其有毁，以取忠厚之名也，而可乎？毁，破壞也，如器物之未敗而故破壞之，聖人豈有是乎？

禮樂征伐自天子出。

天子亦豈敢以爲己所可專，而加私意於其間哉？亦曰奉天理而已。意見「原壤夷俟」、「子張問行」章。

三愆。

言而當其可，非養之有素不能也。聖人此言只是戒人言語以時，不可妄發，未説到此地位也。言及之而不言，當言之理不發也。此語甚怪，蓋爲養之有素所牽而發耳。然若如此，則是自見不到，有隱於人矣。

生而知之。

其至雖一，而其氣象規模終有不同者。此一節當删去，於解經之意亦未有所闕也。

子謂伯魚。

「爲」者，躬行其實也。按諸先生多如此説，意極親切，但尋文義恐不然耳。「爲」只是誦讀講貫，「牆面」只是無所見。書所謂「不學牆面」，亦未説到不躬行則行不得處也。

患得之。

所爲患得者，計利自便之心也。此句解得文義不分明，而語意亦不親切。

君子有惡。

「以子貢之有問」至「抑可知矣」。夫子之問，未見惡人之疑；子貢之對，亦未見檢身之意。

三仁。

皆稱爲仁，以其不失其性而已。此説「仁」字恐不親切。

荷篠。

植杖而芸，亦不迫矣。止子路宿，則其爲人蓋有餘裕。又曰行以避焉，隘可知也。

此語自相矛盾。

不施其親。

引尹氏説。尹氏固佳，然不知「施」字作如何解？若如謝氏，雖亦引「無失其親」爲解，然却訓

「施」爲「施報」之「施」，則誤矣。此等處須説破，令明白也。陸德明釋文本作「弛」字，音詩紙反，是唐初本猶不作「施」字也。吕與叔亦讀爲「弛」〔四六〕，而不引釋文，未必其考於此，蓋偶合耳。今當從此音讀。

士見危致命。

楊氏曰云云。似不必如此分别。

君子學以致其道。

致者，極其致也。恐當云「致者，極其所至也」。自未合者言之，非用力以致之，則不能有諸躬。道固欲其有諸躬，然此經意但謂極其所至耳，不爲有諸躬者發也。若曰有諸躬，則當訓「致」爲「致師」之「致」，如蘇氏之説矣。然本文意不如此。

大德小德。

小德，節目也。此章説甚佳，但以記所謂「後其節目」者觀之，則此二字似未甚當。

子夏之門人小子。

「君子之道，孰爲當先而可傳」至「循其序而用力耳」。詳本文之意，正謂君子之道本末一致，豈有以爲先而傳之，豈有以爲後而倦教者？但學者地位高下不同，如草木之大小自有區别〔四七〕，故其爲教不得不殊耳。初無大小雖分而生意皆足、本末雖殊而道無不存之意也。「焉可誣也」，蘇氏得之。「有始有卒」，尹氏得之。此章文義如此而已。但近年以來，爲諸先生發明本末一致之理，而不甚解其文義，固失其指歸。然考之程書，明道嘗言：「先傳後倦，君子教人有序，先傳以近者小者，而後教以遠者大者，非是先傳以近小，而後不教以遠大也。」此解最爲得之。然以其言緩而無奇，故讀者忽之而不深考耳。

孟莊子。

孟莊子所以不改，意其事雖未盡善，而亦不至於悖理害事之甚與？莊子乃獻子之子，獻子賢大夫，其臣必賢，其政必善。莊子之賢不及其父，而能守之終身不改，故夫子以爲難，蓋善之也。此臨川鄧文元亞説，諸家所不及也。

仲尼焉學？

萬物盈於天地之間，莫非文武之道，初無存亡增損。近年説者多用此意，初若新奇可喜，然既曰「萬物盈於天地之間」，則其爲道也，非文武所能專矣。既曰「初無存亡增損」，則「未墜於地」之云，又無所當矣。且若如此，則天地之間可以目擊而心會，又何待於賢者識其大、不賢者識其小，一一學之，然後得耶？竊詳文意，所謂文武之道，但謂周家之制度典章爾。孔子之時猶有存者，故云未墜也。大抵近世學者喜聞佛老之言〔四八〕，常遷吾説以就之，故其弊至此。讀者平心退步，反復於句讀文義之間，則有以知其失矣。

生榮死哀。

生榮死哀，無不得其所者也。所解不明。似謂天下之人其生皆榮、其死皆哀，無不得其所者，不知是否？若如此説，則不然矣。子貢言夫子得邦家時其效如此，范氏所謂「生則天下歌誦，死則如喪考妣」者是也。

謹權量。此亦帝王爲治之要。此篇多闕文，當各考其本文所出而解之。有不可通者，闕之可也。「謹權量」以下，皆武王事，當自「周有大賚」以下至「公則悦」爲一章。蓋興滅國、繼絶世、舉逸民，當時皆有其事，而所重民食喪祭，即武成所謂「重民五教，惟食喪祭」者也。

校勘記

〔一〕與張敬夫　「敬」，浙本作「欽」，以下諸書之題浙本或作「敬夫」，或作「欽夫」，張栻本有此二字，無關宏旨，兹不一一注出。

〔二〕有李伯間者　「間」，原作「聞」，據浙本改。下「伯間」同。據文集卷七五送李伯諫序及卷七七蘄州教授廳記，其人實字伯諫，此作「伯間」，當是初識未遑細叩，祗記其音耳。

〔三〕未當處更乞指教　「未」，原作「來」，據閩本、浙本改。

〔四〕則新語亦未甚活落　「落」，浙本作「絡」。

〔五〕若主敬致知交相爲助　「知」，淳熙本作「和」。
〔六〕稍爲平易　「稍」，淳熙本作「至」。
〔七〕迫切注解説破　「破」下，淳熙本有「了」字。
〔八〕實用上蔡之意　「實」，淳熙本作「亦」。
〔九〕既狀性曰狀性　「既」下「狀性」二字疑衍。
〔一〇〕自「按遺書」至「如何」原缺，據淳熙本補。
〔一一〕似未甚安帖也　「安」，淳熙本作「妥」。
〔一二〕如此下語似亦無害　「下」，原作「不」，據淳熙本、浙本改。
〔一三〕釋氏欲仁之病矣　「欲」，淳熙本作「知」。
〔一四〕更推詳之　「推」，浙本作「惟」。
〔一五〕已爲平穩　「穩」，原作「援」，據浙本改。
〔一六〕則僧孺固爲大言以恐文宗　「大」，原作「人」，據浙本改。
〔一七〕十二月　「二」，浙本作「一」。
〔一八〕自修之目　「目」，原作「日」，據浙本改。
〔一九〕人皆化之　「之」，原作「也」，據浙本改。
〔二〇〕綏來動和　「綏」，原作「緩」，據浙本改。

〔二一〕亦復蠭起 「蠭」，原作「螽」，據浙本改。
〔二二〕則雖曰習之 「則」字原缺，據閩本、浙本補。
〔二三〕今既述程語 「今」字原缺，據浙本補。
〔二四〕且慊者 「且」，原作「則」，據浙本改。
〔二五〕正指愛之理而言耳 「耳」，原作「曰」，據浙本改。
〔二六〕此語方有所指 「指」，閩本、浙本作「措」。
〔二七〕當從前説所解爲順 「所解」，浙本作「文勢」。
〔二八〕則迫於理 「迫」，原作「近」，據浙本改。
〔二九〕此結句似不分明 「結」，浙本作「數」。
〔三〇〕且言行之分亦未穩當 「亦」，原作「屬」，據閩本、浙本改。
〔三一〕但不知施字有如此用者否耳 「施」，原作「勞」，據閩本、浙本改。
〔三二〕貴於踐履 「踐履」，浙本作「履踐」。下「踐履」同。
〔三三〕未遽説到如此深遠處也 「遠」，浙本作「邃」。
〔三四〕亦其有於中而見於外者 「其」，原作「以」，據浙本改。
〔三五〕各不悖於其理而已 「其」字原缺，據浙本補。
〔三六〕是乃程子所謂 「謂」，浙本作「訶」。

〔三七〕非敢別作一書以與易競　「作」，浙本作「爲」。

〔三八〕非曾子之本意也　「意」，浙本作「指」。

〔三九〕且當著明本文之意　「著」，浙本作「發」。

〔四〇〕使學者深慮　「慮」，浙本作「思」。

〔四一〕後篇論朋友處　「後」，原作「前」，據浙本改。

〔四二〕如此則與禪家拈槌竪拂指東畫西者何以異哉　浙本「家」下有「之」字，「異」下無「哉」字。

〔四三〕不可妄助　「妄」，浙本作「忘」。

〔四四〕言其常理耳　「耳」，原作「此」，當屬下句，今據浙本改。

〔四五〕不忍就彼以害此耳　「耳」，原作「且」，當屬下句，今據正訛改。

〔四六〕吕與叔亦讀爲弛　「爲」，浙本作「作」。

〔四七〕如草木之大小自有區别　「大小」，浙本作「小大」。

〔四八〕喜聞佛老之言　「佛老」，浙本作「老佛」。

晦庵先生朱文公文集卷第三十二

書 汪張呂劉問答

答敬夫論中庸説

「鳶飛魚躍」注中引程子説，蓋前面説得文義已極分明，恐人只如此容易領略便過，故引此語，使讀者於此更加涵泳。又恐枝葉太盛則人不復知有本根，妄意穿穴，别生病痛，故引而不盡，使讀者但知此意而别無走作，則只得將訓詁就本文上致思，自然不起狂妄意思。當時於此詳略之間，其慮之亦審矣。今欲盡去，又似私憂過計，懲羹吹虀，雖救得狂妄一邊病痛，反没却程子指示眼目要切處，尤不便也。

「前知」之義，經文自説禎祥妖孽蓍龜四體，解中又引執玉高卑之事以明四體之説，則其所謂前知者，乃以朕兆之萌知之。蓋事幾至此，已自昭晰，但須是誠明照徹，乃能察之。其與異端怪誕之説自不嫌於同矣。程子所説用與不用，似因異端自謂前知而言，其曰「不如不知之愈」者，蓋言其不知者本不足道，其知者又非能察於事理之幾微，特以偵伺於幽隱之中，妄意推測而知，故其知之反不如不知之愈。因引釋子之言，以見其徒稍有識者已不肯爲，皆所以甚言其不足道而深絶之，非以不用者爲可取也。今來喻發明固以爲異端必用而後知，不用則不知，惟至誠則理不可揜，故不用而自知，是乃所謂天道者，此義精矣。然不用之云，實生於程子所言之嫌，而程子之言初不謂此，引以爲説，恐反惑人。且以此而論至誠、異端之不同，又不若注中指事而言，尤明白而直截也。

切、磋、琢、磨，但以今日工人制器次第考之便可見。切者，以刀或鋸裁截骨角，使成形質；磋則或鑢或盪，使之平治也。琢者，以椎擊鑿鐫刻玉石，使成形質；磨則礱以沙石，使之平治也。蓋骨角柔韌，不容琢磨；玉石堅硬，不通切磋。故各隨其宜以攻治之，而其功夫次第從粗入細又如此。雖古今沿習或有不同，然物有定理，恐亦無以相遠也。故古注舊説雖與此異，然其以切磋爲治骨角、琢磨爲治玉石，亦未嘗亂，但不當分四者各爲一事而不相因耳。豈亦有所傳授而小失之與？來喻欲以四者皆爲治玉石之事，而謂切爲切其璞，琢爲琢其形。此於傳文協矣，然切其璞而琢其形，則不必遽磋，磋之既平，而復加椎鑿，則滑淨之上却生瘢痕，與未磋何異？竊恐古人知能創物，不應如此之迂拙重複也。蓋古人引詩，往往略取大意，初不甚拘文義。故於此兩句但取其相因之意，而不細分其物。若細分之，則以切、琢爲道學，磋、磨爲自脩，如論語之以切、琢比無諂無驕，磋、磨比樂與好禮，乃爲穩帖。今既不同，亦不必彊爲之説，但識其大意可也。況經傳中此等非一，若不寬著意思緩緩消詳，則字字相梗，亦無時而可通矣。

答張敬夫

諸諭一一具悉。比來同志雖不爲無人，然更事既多，殊覺此道之孤，無可告語，居常鬱鬱。但每奉教喻，輒爲心開目明耳。子澄所引馬、范出處，渠輩正坐立志不彊而聞見駁雜，胸中似此等草木太多，每得一事可借以自便，即遂據之以爲定論，所以緩急不得力耳。近來尤覺接引學者大是難事，蓋不博則孤陋而無徵，欲其博則又有此等駁雜之患。況其才質又有高下，皆非可以一格而例告之。自非在我者充足有餘，而又深識幾會，亦何易當此責耶？周君恨未之識，大率學者須更令廣讀經史，乃有可據之地。然又非先識得一箇義理蹊徑，則亦不能讀，正惟此處爲難耳。

建康連得書，規模只如舊日。前日與之書，有兩語云：「憂勞惻怛雖盡於鰥寡孤獨之情，而未有以爲本根長久之計；功勳名譽雖播於兒童走卒之口，而未有以喻乎賢士大夫之心。」此語頗似著題，未知渠以爲如何？然亦只説得到此，過此尤難言也。尋常戲謂佛氏有所謂大心衆生者，今世絶未之見。凡今之人營私自便，得少爲足，種種病痛，正坐心不大耳。

子重語前書已及之，所言雖未快，然比來衆人已皆出其下矣。交戰雜好之説，誠爲切至之論，吾輩所當朝夕自點檢也。誠之久不得書，如彼才質，誠欠追琢之功，恨相去遠，無所效力也。陳唐弢者，舊十餘年前聞其爲人，每恨未之識。此等人亦可惜沉埋遠郡，計其年當不下五六十矣。吳儆者聞對語亦能不苟，不易不易。此等人材與温良博雅之士，世間不患無之，所恨未見。前所謂大心衆生者，莫能總其所長而用之耳。

寄示書籍石刻，感感。近作濂溪書堂記，曾見之否？謾内一本。發明天命之意，粗爲有功，但恨未及所謂不謂命者，闕却下一截意思耳。此亦是玩理不熟，故臨時收拾不上。如此非小病，可懼也。學記刻就，幸早寄及。只作兩石，不太大否？近思舉業三段及横渠語一段并録呈，幸付彼中舊官屬正之。或更得數字，説破增添之意尤佳。蓋閩、浙本流行已廣，恐見者疑其不同。兼又可見長者留意此書之意，尤學者之幸也。中庸章句只如舊本，已如所戒矣。近更看得數處穩實，尤覺日前功夫未免好高之弊也。通鑑綱目近再修至漢、晉間，條例稍舉，今亦謾録數項上呈。但近年衰悴目昏，燈下全看小字不得，甚欲及早修纂成書。而多事分奪，無力謄寫，未知何時可得脱藁求教耳。

答張敬夫

誨諭曲折數條，始皆不能無疑，既而思之，則或疑或信而不能相通。近深思之，乃知只是一處不透，所以觸處窒礙。雖或考索彊通，終是不該貫。偶却見得所以然者，輒具陳之，以卜是否。

大抵日前所見累書所陳者，只是儱侗地見得箇大本達道底影象，便執認以爲是了，却於「致中和」一句全不曾入思議，所以累蒙教告以求仁之爲急，而自覺殊無立脚下功夫處。蓋只見得個直截根源傾湫倒海底氣象，日間但覺爲大化所驅，如在洪濤巨浪之中，不容少頃停泊，蓋其所見一向如是，以故應事接物處但覺粗厲勇果增倍於前，而寬裕雍容之氣略無毫髮。雖竊病之，而不知其所自來也。而今而後，乃知浩浩大化之中，一家自有一箇安宅，正是自家安身立命、主宰知覺處，所以立大本、行達道之樞要。所謂體用一源，顯微無間者，乃在於此。而前此方往方來之説，正是手忙足亂，無著身處。道邇求遠，乃至於是，亦可笑矣。

正蒙可疑處，以熹觀之，亦只是一病。如定性則欲其不累於外物，論至靜則以識知爲客感，語聖人則以爲因問而後有知，是皆一病而已。「復見天地心」之説，熹則以爲天地以生物爲心者也，雖氣有闔闢、物有盈虚，而天地之心則亘古亘今未始有毫釐之間斷也。故陽極於外而復生於内，聖人以爲於此可以見天地之心焉。蓋其復者氣也，其所以復者，則有自來矣。向非天地之心生生不息，則陽之極也一絶而不復續矣，尚何以復生於内而爲闔闢之無窮乎？此則所論動之端者〔一〕，乃一陽之所以動，非徒指夫一陽之已動者而爲言也。夜氣固未可謂之天地心，然正是氣之復處，苟求其故，則亦可以見天地之心矣。

答張敬夫

前書所稟寂然未發之旨、良心發見之端，自以爲有小異於疇昔偏滯之見，但其間語病尚多，未爲精切。比遺書後，累日潛玩，其於實體似益精明。因復取凡聖賢之書以及近世諸老先生之遺語，讀而驗之，則又無一不合。蓋平日所疑而未白者，今皆不待安排，往往自見灑落處。始竊自信，以爲天下之理其果在是，而致知格物、居敬精義之功，自是其有所施之矣。聖賢方策，豈欺我哉！

蓋通天下只是一個天機活物，流行發用，無間容息。據其已發者而指其未發者，則已發者人心，而凡未發者皆其性也，亦無一物而不備矣。夫豈别有一物拘於一時、限於一處而名之哉？即夫日用之間，渾然全體，如川流之不息、天運之不窮耳。此所以體用、精粗、動静、本末洞然無一毫之間，而鳶飛魚躍，觸處朗然也。存者存此而已，養者養此而已，「必有事焉而勿正，心勿忘，勿助長也」。從前是做多少安排，没頓著處。今覺得如水到船浮，解維正柂而沿洄上下，惟意所適矣。豈不易哉！始信明道所謂「未嘗致纖毫之力」者，真不浪語。而此一段事，程門先達惟上蔡謝公所見透徹，無隔礙處，自餘雖不敢妄有指議，然味其言亦可見矣。近范伯崇來自邵武，相與講此甚詳，亦嘆以爲得未曾有，而悟前此用心之左。且以爲雖先覺發明指示不爲不切，而私意汩漂，不見頭緒。向非老兄抽關啓鍵，直發其私，誨諭諄諄，不以愚昧而捨置之，何以得此？其何感幸如之！區區筆舌蓋不足以爲謝也，但未知自高明觀之復以爲如何爾。

孟子諸説，始者猶有齟齬處，欲一二條陳以請。今復觀之，恍然不知所以爲疑矣。但「性不可以善惡名」，此一義熹終疑之。蓋善者無惡之名，夫其所以有好有惡者，特以好善而惡惡耳，初安有不善哉？然則名之以善，又何不可之有？今推有好有惡者爲性，而以好惡以理者爲善，則是性外有理而疑於二矣。知言於此雖嘗著語，然恐孟子之言本自渾然，不須更分裂破也。知言雖云爾，然亦曰「粹然天地之心，道義完具」，此不謂之善，何以名之哉？能勿喪此，則無所適不爲善矣。以此觀之，不可以善惡名，大似多却此一轉語。此愚之所以反覆致疑而不敢已也。

問張敬夫

心具衆理，變化感通，生生不窮，故謂之易。此其所以能開物成務而冒天下也。圓神、方知變易，二者闕一則用不妙，用不妙則心有所蔽而明不遍照。「洗心」，正謂其無蔽而光明耳，非有所加益也。寂然之中，衆理必具而無朕可名〔二〕，其「密」之謂歟？必有怵惕惻隱之心，此心之宰而情之動也。如此立語如何？

問張敬夫

熹謂感於物者心也，其動者情也，情根乎性而宰乎心，心爲之宰，則其動也無不中節矣，何人欲之有？惟心不宰而情自動，是以流於人欲而每不得其正也。然則天理人欲之判、中節不中節之分，特在乎心之宰與不宰，而非情能病之，亦已明矣。蓋雖曰中節，然是亦情也，但其所以中節者乃心爾。今夫乍見孺子入井，此心之感也。必有怵惕惻隱之心，此情之動也。「内交」、「要譽」、「惡其聲」者，心不宰而情之失其正也。怵惕惻隱乃仁之端，又可以其情之動而遽謂之人欲乎？大抵未感物時，心雖爲未發〔三〕，然苗裔發見，却未嘗不在動處。必舍是而別求，却恐無下功處也。所疑如此，未審尊意如何？

問張敬夫

遺書有言，人心私欲，道心天理。熹疑「私欲」二字太重，近思得之，乃識其意。蓋心一也，自其天理備具、隨處發見而言，則謂之道心；自其有所營爲謀慮而言，則謂之人心。夫營爲謀慮，非皆不善也，便謂之私欲者，蓋只一豪髮不從天理上自然發出，便是私欲。所以要得「必有事焉而勿正，勿忘、勿助長」，只要没這些計較，全體是天理流行，即人心而識道心也。故又以「鳶魚飛躍」明之。先覺之爲後人也，可謂切至矣。此語如何？更乞裁喻。

答云：「栻近思却與來喻頗同。要當於存亡出入中識得惟微之體，識得則道心初豈外是？不識只爲人心也。然須實見方得，不識如何？」

問張敬夫

熹謂存亡出入固人心也，而惟微之本體，亦未嘗加益，雖舍而亡，然未嘗少損。雖曰出入無時，未嘗不卓然乎日用之間而不可掩也。若於此識得，則道心之微初不外此，不識則人心而已矣。蓋人心固異道心，又不可作兩物看，不可於兩處求也。不審尊意以謂然否？

答張敬夫

人心私欲之説，如來教所改字極善。本語之失，亦是所謂本原未明了之病，非一句一義見不到也。但愚意猶疑向來妄論引「必有事」之語亦未的當，蓋舜、禹授受之際，所以謂人心私欲者，非若衆人所謂私欲者也，但微有一毫把捉底意思，則雖云本是道心之發，然終未離人心之境。所謂「動以人則有妄，顔子之有不善，正在此間」者是也。既曰有妄，則非私欲而何？須是都無此意思，自然從容中道，才方純是道心也。「必有事焉」，却是見得此理而存養下功處，與所謂純是道心者蓋有間矣。然既察本原，則自此可加精一之功而進夫純耳，中間儘有次第也。「惟精惟一」，亦未離夫人心，特須如此克盡私欲，全復天理。儻不由此，則終無可至之理耳。

答張敬夫問目

孟子曰：「盡其心者，知其性也，知性則知天矣。」心體廓然，初無限量，惟其梏於形器之私，是以有所蔽而不盡。人能克己之私，以窮天理，至於一旦脱然，私意剥落，則廓然之體無復一毫之蔽，而天下之理遠近精粗，隨所擴充，無不通達。性之所以爲性、天之所以爲天，蓋不離此而一以貫之，無次序之可言矣。孔子謂「天下歸仁」者，正此意也。

「存其心，養其性，所以事天也。」心性皆天之所以與我者，不能存養而梏亡之，則非所以事天也。夫心主乎性者也，敬以存之，則性得其養而無所害矣。此君子之所以奉順乎天，蓋能盡其心而終之之事，顏、冉所以請事斯語之意也。然學者將以求盡其心，亦未有不由此而入者。故敬者學之終始，所謂徹上徹下之道，但其意味淺深有不同爾。

「殀壽不貳，脩身以俟之，所以立命也。」云「殀」，與「夭」同。夫夭壽之不齊，蓋氣之所稟有不同者。不以悅戚二其心，而惟脩身以俟之，則天之正命自我而立，而氣稟之短長非所論矣。愚謂盡心者，私智不萌，萬里洞貫〔四〕，斂之而無所不具、擴之而無所不通之謂也。學至於此，則知性之爲德，無所不該，而天之爲天者，不外是矣。存者存此而已，養者養此而已，事者事此而已。生死不異其心，而脩身以俟其正，則不拘乎氣稟之偏，而天之正命自我立矣。

告子曰：「不得於言，勿求於心；不得於心，勿求於氣。」孟子引告子之言以告丑，明告子所以不動其心術如此。告子之意，以爲言語之失當直求之於言，而不足以動吾之心；念慮之失當直求之於心，而不必更求之於氣。蓋其天資剛勁，有過人者，力能堅忍固執，以守其一偏之見，所以學雖不正，而能先孟子以不動心也。觀其論性數章，理屈詞窮，則屢變其說以取勝，終不能從容反覆，審思明辨，因其所言之失而反之於心，以求至當之歸。此其不得於言而勿求諸心之驗也歟〔五〕？

「不得於心，勿求於氣可，不得於言，勿求於心不可。」孟子既引告子之言而論其得失如此。夫心之不正，未必皆氣使之，故勿求於氣，未爲甚失〔六〕。至言之不當，未有不出於心者，而曰勿求於心，則有所不可矣。伊川先生曰：「人必有仁義之心，然後有仁義之氣睟然達於外。所以不得於心，勿求於氣可也。」又曰：「告子不得於言，勿求於心，蓋不知義在内也。」皆此意也。然以下文觀之，氣亦能反動其心，則勿求於氣之説未爲盡善。但心動氣之時多，氣動心之時少，故孟子取其彼善於此而已。凡曰「可」者，皆僅可而未盡之詞也。至於言，則雖發乎口而實出於心，内有蔽陷離窮之病，則外有詖淫邪遁之失。不得於言而每求諸心，則其察理日益精矣。孟子所以知言養氣以爲不動心之本者，用此道也。而告子反之，是徒見言之發於外，而不知其出於中，亦義外之意也。其害理深矣，故孟子斷然以爲不可。於此可見告子之不動心所以異於孟子，而亦豈能終不動者哉？

「滿腔子是惻隱之心」。此是就人身上指出此理充塞處，最爲親切。若於此見得，即萬物一體，更無内外之别。若見不得，却去腔子外尋不見，即莽莽蕩蕩，無交涉矣。陳經正云：「我見天地萬物皆我之性，不復知我身之所爲我矣。」伊川先生曰：「它人食飽，公無餒乎?」正是説破此病。知言亦云:「釋氏以虚空沙界爲己身〔七〕,而不敬其父母所生之身。」亦是説此病也。

「仲尼焉學」。舊説得太高,詳味文意,文武之道只指先王之禮樂刑政、教化文章而已,故特言文武,而又以未墜於地言之。若論道體,則不容如此立言矣。但向來貪箇意思,將此一句都瞞過了。李光祖雖欲曲爲之説,然終費氣力,似不若四平放下,意味深長也。但聖人所以能無不學、無不師而一以貫之,便有一箇生而知之底本領。不然,則便只是近世博雜之學,而非所以爲孔子。故子貢之對雖有遜詞,然其推尊之意亦不得而隱矣。

「寂感」之説甚佳,然愚意都是要從根本上説來,言其有此,故能如此,亦似不可偏廢。但「爲」字下不著耳。今欲易之云:「有中有和,所以能寂感。而惟寂惟感,所以爲中和也。」如何?「夫易何爲者也」止「以斷天下之疑」,此言易之書其用如此。

「是故蓍之德」止「不殺者夫」。此言聖人所以作易之本也。蓍動卦静而爻之變易無窮,未畫之前,此理已具於聖人之心矣。然物之未感,則寂然不動而無朕兆之可名;及其出而應物,則憂以天下,而所謂圓神方智者,各見於功用之實矣。「聰明睿智,神武不殺」,言其體用之妙也。

「是故明於天之道」止「以前民用」。此言作易之事也。

「聖人以此齋戒，以神明其德夫」。此言用易之事也。齋戒，敬也。聖人無一時一事而不敬，此特因卜筮而言，尤見其精誠之至。如孔子所慎齋戰疾之意也。湛然純一之謂齋，肅然警惕之謂戒，玩此則知所以神明其德之意也。

「乾坤其易之藴耶」止「乾坤或幾乎息矣」。自易道統體而言，則乾陽坤陰，一動一静，乃其藴也。自乾坤成列而觀之，則易之爲道，又不在乾坤之外。惟不在外，故曰「乾坤毁則無以見易」，然易不可見，則乾自乾、坤自坤，故又曰「易不可見，則乾坤或幾乎息矣」。

「學而」。説此篇名也，取篇首兩字爲别，初無意義。但「學」之爲義，則讀此書者不可以不先講也。夫學也者，以字義言之，則己之未知未能，而曉夫知之能之之謂也。以事理言之，則凡未至而求至者，皆謂之學。雖稼圃射御之微，亦曰學，配其事而名之也。而此獨專之，則所謂學者，果何學也？蓋始乎爲士者，所以學而至乎聖人之事。伊川先生所謂「儒者之學」是也。蓋伊川先生之意曰，今之學者有三：詞章之學也，訓詁之學也，儒者之學也。欲通道，則舍儒者之學不可。尹侍講所謂：學者，所以學爲人也，學而至於聖人，亦不過盡爲人之道而已。此皆切要之言也。夫子之所志，顔子之所學，子思、孟子之所傳，皆是學也。其精純盡在此書，而此篇所明又學之本，故學者不可以不盡心焉。

「哭則不歌」。一日之中或哭或歌，是褻於禮容。范曰：「哀樂不可以無常，無常，非所以養心也。」哭與歌不同日，不惟恤人，亦所以自養也。尹曰：「于此見聖人忠厚之心也。」

「不圖爲樂之至於斯」。言不意舜之爲樂至於如此之美，使其恍然忘其身世也。

「愼而無禮」。葸，絲里反，畏懼之貌。絞，急也。

「寢不尸」。范以爲嫌惰慢之氣設於身體。孫思邈言：「睡欲蹴，覺則舒。」引夫子「寢不尸」爲證。

「君子不以紺緅飾」。紺，玄色。説文云：「深青揚赤色也。」緅，絳色。飾者，緣領也。齋服用絳，三年之喪，既期而練，其服以緅爲飾。紅、紫非正色，青、赤、黄、白、黑，五方之正色也。緑、紅、碧、紫、騮，五方之間色也。蓋以木之青克土之黄，合青、黄而成緑，爲東方之間色。以金之白克木之青，合青、白而成碧，爲西方之間色。以火之赤克金之白，合赤、白而成紅，爲南方之間色。以水之黑克火之赤，合赤、黑而成紫，爲北方之間色。以土之黄克水之黑，合黄、黑而成騮，爲中央之間色。

「可欲之謂善」。天機也，非思勉之所及也。「今人乍見孺子入井，皆有怵惕惻隱之心」，「小人閒居爲不善，無所不至，見君子而後厭然揜其不善而著其善」。玩「乍見」字，「厭然」字，則知「可欲之謂善」其衆善之首、萬理之先而百爲之幾也歟？可欲之謂善，幾也。聖人妙此而天也，賢人明此而敬也，善人由此而不知也，小人舍此而不由也。雖然，此幾不爲堯存，不爲桀亡，其始萬物、終萬物之妙也歟？

「喜怒哀樂之未發謂之中，性也；發而皆中節謂之和，情也」。子思之爲此言，欲學者於此識得心也。心也者，其妙情性之德者歟？

易「無思也，無爲也，寂然不動」，忠也，敬也，立大本也。「感而遂通天下之故」，恕也，義也，行達道也。

「定」、「靜」、「安」三字雖分節次，其實知止後皆容易進，「安而後能慮，慮而後能得」，此最是難進處，多是至安處住了。「安而後能慮」，非顔子不能之。去「得」字地位雖甚近，然只是難進。挽弓到臨滿時，分外難開。

「舜好察邇言」。邇言，淺近之言也，猶所謂尋常言語也。尋常言語，人之所忽而舜好察之，非洞見道體無精粗差别不能然也。孟子曰：「自耕稼陶漁以至爲帝，無非取諸人者。」又曰：「聞一善言，見一善行，若决江河，沛然莫之能禦。」此皆好察邇言之實也。伊川先生曰：造道深後，雖聞常人語言，至淺近事，莫非義理。是如此。

孟子明則動矣，未變也；顔子動則變矣，未化也。有天地後，此氣常運；有此身後，此心常發。要於常運中見太極，常發中見本性。離常運者而求太極，離常發者而求本性，恐未免釋老之荒唐也。

答張敬夫

道即本也。

道即本也，却恐文意未安。蓋莫非道也，而道體中又自有要約根本處，非離道而别有本也。如云：「親親，仁也；敬長，義也。」此所謂本也。「無它，達之天下也。」則是本既立而道生矣。此則是道之與本豈常離而爲二哉？不知如此更有病否？

苟志於仁。

夫舉措自吾仁中出，而俯仰無所愧怍，更無打不過處。此惟仁者能之，顔、曾其猶病諸？今以志於仁者便能如此，亦不察乎淺深之序矣。愚竊以爲志於仁者，方是初學有志於仁之人，正當於日用之間念念精察有無打不過處。若有，即深懲而痛改之，又從而究夫所以打不過者何自而來，用力之久，庶乎一旦廓然而有以知仁矣。雖曰知之，然亦豈能便無打不過處？直是從此存養，十分純熟，到顔、曾以上地位，方是入此氣象。然亦豈敢自如此擔當？只是誠心恭己，而天理流行自無間斷爾。今説才志於仁，便自如此擔當了，豈復更有進步處耶？又且氣象不好，亦無聖賢意味。正如張子韶孝經首云：「直指其路，急策而疾趨之。」此何等氣象耶？蓋此章「惡」字只是入聲，諸先生言之已詳，豈忽之而未嘗讀耶？理之至當，不容有二，若以必自己出而不蹈前人爲高，則是私意而已矣。

橫耳所聞，無非妙道。

「橫耳所聞」，乃列子之語，與聖人之意相入不得。聖人只言耳順者，蓋爲至此渾是道理，聞見之間無非至理，謂之至理，便與妙道不同。自然不見其它。雖有逆耳之言，亦皆隨理冰釋，而初無橫耳之意也。只此便見聖人之學、異端之學不同處。其辨如此，只毫髮之間也。

與四時俱者無近功，所以可大受而不可小知也，謂它只如此。

一事之能否，不足以盡君子之蘊，故不可小知。任天下之重而不懼，故可大受。小人一才之長，亦可器而使，但不可以任大事爾。

民非水火不生活，於仁亦然，尤不可無者也。然水火猶見蹈之而死，仁則全保生氣，未見蹈之而死者。

此段文義皆是，只此一句有病，不必如此過求。

知、仁、勇，聖人全體皆是，非聖人所得與焉，故曰「夫子自道」也。

道體無窮，故聖人未嘗見道之有餘也，然亦有勉進學者之意焉。自道恐是與道爲一之意，不知是否？

上達、下達，凡百事上皆有達處，惟君子就中得個高明底道理，小人就中得個汙下底道理。

吕謂君子日進乎高明，小人日究乎汙下。

天下之爲父子者，定爲子必孝、爲臣必忠，不可易也。

羅先生云：「只爲天下無不是底父母。」此説得之。

四體不言而喻，無人説與它，它自曉得。

語太簡，不知「它」指何人，此亦好高之弊。

「强恕而行」，臨事時却爲私利之心奪，不强則無以主恕〔八〕。

「萬物皆備於我矣，反身而誠，樂莫大焉」，此是理明欲盡者；「强恕而行，求仁莫近焉」，此是强恕而行者。

「無所用耻」，小人機變之心勝，初不知有耻，故用不著它。爲機變之巧，則文過飾非，何所不至？無所用耻也。

「禮之用，和爲貴」，禮之發用處以和爲貴，是禮之和猶水之寒、火之熱，非有二也。當時行之，百姓安之，後世宜之，莫不見其爲美也。所謂「民之質矣，日用飲食，羣黎百姓，徧爲爾德」。先王之道若以此爲美，而小大由之，則有所不行。蓋天下皆知美之爲美，斯惡矣。知和之云云，又逐末而忘本，故亦不可行也。

大凡老子之言與聖人之言全相入不得也。雖有相似處，亦須有毫釐之差，況此本不相似耶？此説似亦過當，禮與和是兩物，相須而爲用，范説極好，伊川、和靜以「小大由之」一句連上句説，似更分明，可更詳味。若如此説，恐用心漸差，失其正矣。

「先行其言」。一云行者不是泛而行，乃行其所知之行也。但先行其言，便是個活底君子，行仁言則仁自然從之，行義言則義自然從之，由形聲之於影響也。道理自是如此，非有待而然也，惟恐其不行耳。

此章范、謝二公説好，不須過求，恐失正理。

「見其禮而知其政」。子貢自説已見禮便知政，聞樂便知德，禮樂正意不必是百世之王，亦不必是夫子，只是泛論。由百世之後，等校百世之王，皆莫能逃吾所見。吾所見自生民以來未有如孔子者。宰我、子貢、有若到那時雖要形容孔子，但各以其所自，見得孔子超出百世，而孔子所以超出百世，終不能形容也。

此説甚好，但不知子貢敢如此自許否？恐亦害理也，更商量看。

一云是子貢見夫子之禮而知夫子之所以爲政，聞夫子之樂而知夫子之所以爲德也。如知夫子之得邦家之事也，亦是子貢聞見所到也。「莫之能違」，則吾夫子是個規矩準繩也。

「君子無所爭，必也射乎」，謂必於射，則不免有爭焉。及求其所以爭者，則乃在乎周旋揖遜之間，故其爭也，君子異乎衆人，所以角力尚客氣也。

此説甚好。

「充類至義之盡也」。謂之義，則時措之宜，無有盡也。若要充類而至，如不由其道而得者，便把爲盜賊之類，是義到此而盡，舉世無可與者。殊不知聖賢權機應用，無可無不可者，亦與其潔之義。如象日以殺舜爲事，及見之，象喜亦喜，義到此有何盡時？不必如此説。「夫謂非其有而取之者，盜也，充類至義之盡也。」熹舊嘗爲説曰：「充吾不穿窬之心而至於義之盡，則可自謂如此，豈可緊以此責人哉？諸侯之於民，所取固不足道云。」

答張欽夫論仁説

「天地以生物爲心」，此語恐未安。

熹竊謂此語恐未有病。蓋天地之間，品物萬形，各有所事，惟天確然於上，地隤然於下，一無所爲，只以生物爲事。故易曰：「天地之大德曰生。」而程子亦曰：「天只是以生爲道。」其論「復見天地之心」，又以動之端言之，其理亦已明矣。然所謂「以生爲道」者，亦非謂將生來做道也。凡若此類，恐當且認正意而不以文害詞焉，則辨詰不煩而所論之本指得矣。

不忍之心可以包四者乎？

熹謂孟子論四端，自首章至「孺子入井」，皆只是發明不忍之心一端而已，初無義、禮、智之心也。至其下文，乃云「無四者之心非人也」，此可見不忍之心足以包夫四端矣。蓋仁包四德，故其用亦如此。前說之失，但不曾分得體用，若謂不忍之心不足以包四端，則非也。今已改正。

仁專言則其體無不善而已，對義、禮、智而言，其發見則爲不忍之心也。大抵天地之心粹然至善，而人得之，故謂之仁。仁之爲道，無一物之不體，故其愛無所不周焉。

熹詳味此言，恐說「仁」字不著。而以義、禮、智與不忍之心均爲發見，恐亦未安。蓋人生而靜，四德具焉，曰仁，曰義，曰禮，曰智，皆根於心而未發，所謂「理也，性之德也」。及其發見，則仁者惻隱，義者羞惡，禮者恭敬，智者是非，各因其體以見其本〔九〕，所謂「情也，性之發也」。是皆人性之所以爲善者也。但仁乃天地生物之心而在人者，故特爲衆善之長，雖列於四者之目，而四者不能外焉。易傳所謂「專言之則包四者」，亦是正指生物之心而言，非別有包四者之仁，而又別有主一事之仁也。惟是即此一事便包四者，此則仁之所以爲妙也。今欲極言「仁」字而不本於此，乃概以「至善」目之，則是但知仁之爲善，而不知其爲善之長也。却於已發見處方下「愛」字，則是但知已發之爲愛，而不知未發之愛之爲仁也。又以不忍之心與義、禮、智均爲發見，則是但知仁之爲性，而不知義、禮、智之亦爲性也。又謂仁之爲道無所不體，而不本諸天地生物之心，則是但知仁之無所不體，而不知仁之所以無所不體也。凡此皆愚意所未安，更乞詳之，復以見教。

程子之所訶，正謂以愛名仁者。

熹按程子曰：「仁，性也；愛，情也。豈可便以愛爲仁？」此正謂不可認情爲性耳，非謂仁之性不發於愛之情〔一〇〕，而愛之情不本於仁之性也。熹前説以愛之發對愛之理而言，正分別性、情之異處，其意最爲精密。而來諭每以愛名仁見病，下章又云：「若專以愛命仁，乃是指其用而遺其體，言其情而略其性，則其察之亦不審矣。」蓋所謂愛之理者，是乃指其體性而言，且見性情、體用各有所主而不相離之妙，與所謂遺體而略性者，正相南北。請更詳之。

元之爲義，不專主於生。

熹竊詳此語，恐有大病。請觀諸天地而以易彖、文言、程傳反復求之，當見其意。若必以此言爲是，則宜其不知所以爲善之長之説矣。此乃義理根源，不容有毫釐之差。竊意高明非不知此，特命辭之未善爾。

孟子雖言仁者無所不愛，而繼之以急親賢之爲務，其差等未嘗不明。

熹按仁但主愛，若其等差，乃義之事。仁、義雖不相離，然其用則各有主而不可亂也。

若以一仁包之，則義與禮、智皆無所用矣，而可乎哉？「無所不愛」四字，今亦改去。

又論仁説

昨承開諭仁説之病，似於鄙意未安，即已條具請教矣。再領書誨，亦已具曉，然大抵不出熹所論也。請復因而申之：

謹按程子言仁，本末甚備，今撮其大要，不過數言。蓋曰仁者，生之性也，而愛其情也，孝悌其用也。公者所以體仁，猶言「克己復禮爲仁」也。學者於前三言者可以識仁之名義，於後一言者可以知其用力之方矣。今不深考其本末指意之所在，但見其分別性、情之異，便謂愛之與仁了無干涉；見其以公爲近仁，便謂直指仁體最爲深切。殊不知仁乃性之德而愛之本，因其性之有仁，是以其情能愛。義、禮、智亦性之德也。義，惡之本；禮，遜之本；智，知之本。因性有義，故情能惡；因性有禮，故情能遜；因性有智，故情能知。亦若此爾。但或蔽於有我之私，則不能盡其體用之妙。惟克己復禮，廓然大公，然後此體渾全，此用昭著，動靜本末，血脈貫通爾。程子之言意蓋如此，非謂愛之與仁了無干涉也。此説前書言之已詳，今請復以兩言決之：如熹之説，則性發爲情，情根於性，未有無性之情、無情之性，各爲一物而不相管攝。二説得失，此亦可見。非謂「公」之一字便是直指仁體也。細觀來喻所謂「公天下而無物我之私，則其愛無不溥矣」，不知此兩句甚處是直指仁體處？若以愛無不溥爲仁之體，則陷於以情爲性之失，高明之見必不至此。若以公天下而無物我之私便爲仁體，則恐所謂公者漠然無情，但如虛空木石，雖其同體之物尚不能有以相愛，況能無所不溥乎？然則此兩句中初未嘗有一字説著仁體。須知仁是本有之性、生物之心，惟公爲能體之，非因公而後有也。故曰公而以人體之故爲仁。細看此語，却是「人」字裏面帶得「仁」字過來。由漢以來，以愛言仁之弊，正爲不察性、情之辨，而遂以情爲性爾。今欲矯其弊，反使「仁」字泛然無所歸宿，而性、情遂至於不相管，可謂矯枉過直，是亦枉而已矣。其弊將使學者終日言仁而實未嘗識其名義，且又并與天地之心、性情之德而昧焉。竊謂程子之意必不如此，是以敢詳陳之。伏惟采察。

又論仁説

熹再讀別紙所示三條，竊意高明雖已灼知舊説之非，而此所論者差之毫忽之間，或亦未必深察也。謹復論之，伏幸裁聽。廣仲引孟子「先知先覺」以明上蔡「心有知覺」之説，已自不倫，其謂「知此覺此」，亦未知指何爲説。要之，大本既差，勿論可也。今觀所示，乃直以此爲仁，則是以「知此覺此」爲知仁覺仁也。仁本吾心之德，又將誰使知之而覺之耶？若據孟子本文，則程子釋之已詳矣，曰：「知是知此事〔一一〕，知此事當如此也〔一二〕。覺是覺此理〔一三〕。」知此事之所以當如此之理也。意已分明，不必更求玄妙。且其意與上蔡之意亦初無干涉也。上蔡所謂知覺，正謂知寒暖飽飢之類爾〔一四〕。推而至於酬酢佑神，亦只是此知覺，無別物也，但所用有小大爾〔一五〕。然此亦只是智之發用處，但惟仁者爲能兼之，故謂仁者心有知覺則可，謂心有知覺謂之仁則不可。蓋仁者心有知覺，乃以仁包四者之用而言，猶云仁者知所羞惡辭讓云爾。若曰心有知覺謂之仁，則仁之所以得名初不爲此也。今不究其所以得名之故，乃指其所兼者便爲仁體，正如言仁者必有勇，有德者必有言，豈可遂以勇爲仁、言爲德哉？今伯逢必欲以覺爲仁，尊兄既非之矣；至於論知覺之淺深，又未免證成其說，則非熹之所敢知也。至於伯逢又謂上蔡之意自有精神，得其精神則天地之用皆我之用矣，此說甚高甚妙。然既未嘗識其名義，又不論其實下功處，而欲驟語其精神，此所以立意愈高、爲說愈妙，而反之於身愈無根本可據之地也。所謂天地之用即我之用，殆亦其傳聞想像如此爾，實未嘗到此地位也。愚見如此，不識高明以爲如何？

又論仁說

來教云：「夫其所以與天地萬物一體者，以夫天地之心之所有，是乃生生之藴，人與物所公共，所謂愛之理也。」熹詳此數句，似頗未安。蓋仁只是愛之理，人皆有之，然人或不公，則於其所當愛者反有所不愛〔一六〕，惟公則視天地萬物皆爲一體而無所不愛矣。若愛之理，則是自然本有之理，不必爲天地萬物同體而後有也。熹向所呈似仁説，其間不免尚有此意，方欲改之而未暇。來教以爲不如克齋之云是也。然於此却有所未察，竊謂莫若將「公」字與「仁」字且各作一字看得分明，然後却看中間兩字相近處之爲親切也。若遽混而言之，乃是程子所以訶以公便爲仁之失〔一七〕。此毫釐間正當子細也。又看「仁」字當并「義」、「禮」、「智」字看，然後界限分明，見得端的。今舍彼三者而獨論「仁」字，所以多説而易差也。又謂體用一源、内外一致爲仁之妙，此亦未安。蓋義之有羞惡，禮之有恭敬，智之有是非，皆内外一致，非獨仁爲然也。不審高明以爲如何？

答欽夫仁疑問

「仁而不佞」章。

説云：「仁則時然後言。」疑此句只説得「義」字。

「不知其仁也」章。

説云：「仁之義未易可盡，不可以如是斷。若有盡，則非所以爲仁矣。」又曰：「仁道無窮，不可以是斷。」此數句恐有病。蓋欲極其廣大而無所歸宿，似非知仁者之言也。

「未知焉得仁」章。

此章之説，似只説得「智」字。

「井有仁焉」章。

此章之説，似亦只説得「智」字。

「克己復禮爲仁」章。

説云：「由乎中，制乎外。」按程集此誤兩字，當云「而應乎外」。又云：「斯道也，果思慮言語之可盡乎？」詳此句意，是欲發明學要躬行之意，然言之不明，反若極其玄妙，務欲使人曉解不得，將啓望空揣摸之病矣。向見吴才老説此章云：「近世學者以此二語爲微妙隱奥，聖人有不傳之妙，必深思默造而後得之。此雖一偏之論，然亦吾黨好談玄妙有以啓之也。」此言之失，恐復墮此，不可不察。

「必世而後仁」章。

説云：「使民皆由吾仁。」如此，則仁乃一己之私，而非人所同得矣。

「樊遲問仁」章。

説云：「居處恭，執事敬，與人忠，則仁其在是矣。」又云：「要須從事之久，功夫不可間斷。」恐須先説從事之久，功夫不可間斷，然後仁在其中。如此所言，却似顛倒也。

「仁者必有勇」章。

説云：「於其所當然者，自不可禦。」又云：「固有勇而未必中節也者，故不必有仁。」此似只説得「義」字。

「未有小人而仁者也」章。

説云：「惟其冥然莫覺，皆爲不仁而已矣。」此又以覺爲仁之病。

「殺身成仁」章。

説云：「是果何故哉？亦曰理之所會，全吾性而已。」欲全吾性而後殺身，便是有爲而爲之，且以「全性」兩字言仁，似亦未是。

「知及仁守」章。

説云：「如以愛爲仁，而不明仁之所以愛。」此語蓋未盡。

「宰我問喪」章。

説云：「以爲不仁者，蓋以其不之察也。宰我聞斯言而出，其必有以悚動於中矣。」據此，似以察知悚動爲仁，又似前説冥然莫覺之意。

「殷有三仁」章。

説云：「三人皆處之盡道，皆全其性命之情，以成其身，故謂之仁。」又云：「可以見三子之所宜處矣。」此似只説得「義」字，又以全其性命之情爲仁，前已論之。

「博學而篤志」章。

明道云：「學者要思得之。」説云：「蓋不可以思慮臆度也。」按此語與明道正相反，又有談説玄妙之病。前所論「不知其仁」、「克己復禮」處，與此正相類。大抵思慮、言語、躬行各是一事，皆不可廢。但欲實到，須躬行，非是道理全不可思量、不可講説也。然今又不説要在躬行之意，而但言不可以言語思慮得，則是相率而入於禪者之門矣。

以上更望詳考之，復以見教。又劉子澄前日過此，説高安所刊太極説見今印造，近亦有在延平見之者，不知尊兄以其書爲如何？如有未安，恐須且收藏之以俟考訂而後出之也。言仁之書，恐亦當且住，即俟更討論如何？

答欽夫仁説

仁説明白簡當，非淺陋所及。但言性而不及情，又不言心貫性、情之意，似只以性對心。若只以性對心，即下文所引孟子「仁，人心也」，與上文許多説話似若相戾。更乞詳之。

又曰：「己私既克，則廓然大公，與天地萬物血脈貫通，愛之理得於内，而其用形於外，天地之間無一物之非吾仁矣。此亦其理之本具於吾性者，而非彊爲之也。」此數句亦未安。

蓋己私既克，則廓然大公，皇皇四達，而仁之體無所蔽矣。夫理無蔽〔一八〕，則天地萬物血脈貫通，而仁之用無不周矣。然則所謂愛之理者，乃吾本性之所有，特以廓然大公而後在，非因廓然大公而後有也；以血脈貫通而後達，非以血脈貫通而後存也。今此數句有少差紊，更乞詳之。愛之之理便是仁，若無天地萬物，此理亦有虧欠。於此識得仁體，然後天地萬物血脈貫通而用無不周者，可得而言矣。蓋此理本甚約，今便將天地萬物夾雜説，却鶻突了。夫子答子貢博施濟衆之問正如此也。更以「復見天地之心」之説觀之亦可見。蓋一陽復處，便是天地之心完全自足，非有待於外也。又如濂溪所云「與自家意思一般」者，若如今説，便只説得「一般」兩字，而所謂「自家意思」者，却如何見得耶？

又云：「視天下無一物之非仁。」此亦可疑。蓋謂視天下無一物不在吾仁中則可，謂物皆吾仁則不可。蓋物自是物，仁自是心，如何視物爲心耶？

又云：「此亦其理之本具於吾性者，而非彊爲之也。」詳此蓋欲發明仁不待公而後有之意，而語脈中失之。要之，「視天下無一物非仁」與此句似皆剩語，並乞詳之，如何？

答張欽夫

諸説例蒙印可，而未發之旨又其樞要，既無異論，何慰如之！然比觀舊説，却覺無甚綱領，因復體察，得見此理須以心爲主而論之，則性情之德、中和之妙，皆有條而不紊矣。然人之一身，知覺運用，莫非心之所爲，則心者，固所以主於身，而無動靜語默之間者也。然方其靜也，事物未至，思慮未萌，而一性渾然，道義全具，其所謂中，是乃心之所以爲體而寂然不動者也。及其動也，事物交至，思慮萌焉，則七情迭用，各有攸主，其所謂和，是乃心之所以爲用，感而遂通者也。然性之靜也而不能不動，情之動也而必有節焉，是則心之所以寂然感通、周流貫徹而體用未始相離者也。然人有是心而或不仁，則無以著此心之妙；人雖欲仁而或不敬，則無以致求仁之功。蓋心主乎一身而無動靜語默之間，是以君子之於敬，亦無動靜語默而不用其力焉。未發之前，是敬也固已主乎存養之實；已發之際，是敬也又常行於省察之間。方其存也，思慮未萌而知覺不昧，是則靜中之動，復之所以「見天地之心」也；及其察也，事物紛糾而品節不差，是則動中之靜，艮之所以「不獲其身，不見其人」也。有以主乎靜中之動，是以寂而未嘗不感；有以察乎動中之靜，是以感而未嘗不寂。寂而常感，感而常寂，此心之所以周流貫徹而無一息之不仁也。然則君子之所以「致中和而天地位、萬物育」者，在此而已。蓋主於身而無動靜語默之間者，心也；仁則心之道，而敬則心之貞也。此徹上徹下之道，聖學之本統。明乎此，則性情之德、中和之妙可一言而盡矣。

熹向來之説固未及此，而來喻曲折，雖多所發明，然於提綱振領處似亦有未盡。又如所謂「學者先須察識端倪之發，然後可加存養之功」，則熹於此不能無疑。蓋發處固當察識，但人自有未發時，此處便合存養，豈可必待發而後察、察而後存耶？且從初不曾存養，便欲隨事察識，竊恐浩浩茫茫，無下手處，而豪釐之差、千里之繆將有不可勝言者。此程子所以每言孟子才高，學之無可依據；人須是學顔子之學，則入聖人爲近，有用力處。其微意亦可見矣。且如「灑掃應對進退」，此存養之事也，不知學者將先於此而後察之耶，抑將先察識而後存養也？以此觀之，則用力之先後判然可觀矣〔一九〕。

來教又謂動中涵靜，所謂「復見天地之心」，亦所未喻。熹前以復爲靜中之動者，蓋觀卦象便自可見。而伊川先生之意似亦如此。來教又謂言靜則溺於虛無，此固所當深慮。然此二字如佛者之論〔二〇〕，則誠有此患。若以天理觀之，則動之不能無靜，猶靜之不能無動也；靜之不能無養，猶動之不可不察也。但見得一動一靜，互爲其根，敬義夾持，不容間斷之意，則雖下「靜」字，元非死物，至靜之中蓋有動之端焉。是乃所以見天地之心者。而先王之所以至日閉關，蓋當此之時，則安靜以養乎此爾，固非遠事絶物，閉目兀坐而偏於靜之謂。但未接物時，便有敬以主乎其中，則事至物來，善端昭著，而所以察之者益精明爾。伊川先生所謂「却於已發之際觀之」者，正謂未發則只有存養，而已發則方有可觀也。周子之言主靜，乃就中正仁義而言。以正對中，則中爲重；以義配仁，則仁爲本爾。非四者之外別有主靜一段事也。來教又謂熹言以靜爲本，不若遂言以敬爲本，此固然也。然「敬」字工夫通貫動靜，而必以靜爲本，故熹向來輒有是語。今若遂易爲「敬」，雖若完全，然却不見敬之所施有先有後，則亦未得爲諦當也。至如來教所謂「要須察夫動以見靜之所存、靜以涵動之所本，動靜相須，體用不離，而後爲無滲漏也」，此數句卓然，意語俱到，謹以書之座右，出入觀省。然上兩句次序似未甚安，意謂易而置之，乃有可行之實。不審尊意以爲如何？

校勘記

〔一〕此則所論動之端者　「論」，淳熙本作「謂」。

〔二〕衆理必具而無朕可名　「必」，正訛改作「畢」。

〔三〕心雖爲未發　「未」，原作「已」，據正訛改。

〔四〕萬里洞貫　「里」，浙本作「理」。

〔五〕勿求諸心之驗也歟　「勿」，浙本作「不」。

〔六〕未爲甚失　「甚」，原作「盡」，據浙本改。

〔七〕釋氏以虚空沙界爲己身　「以」，原作「和」，據浙本改。

〔八〕不强則無以主恕　「主」，正訛改作「行」。

〔九〕各因其體以見其本　「體」，記疑云：疑「端」字之訛。

〔一〇〕不發於愛之情　「於」，正訛改作「爲」。

〔一一〕知是知此事　「事」下，淳熙本有「也」字。

〔一二〕知此事當如此也　「知」，原作「如」，據淳熙本改。

〔一三〕覺是覺此理　「理」下，淳熙本有「也」字。

〔一四〕正謂知寒暖飽飢之類爾　「飽飢」，淳熙本作「覺飢飽」。

〔一五〕但所用有小大爾　「小大」，淳熙本作「大小」。

〔一六〕反有所不愛　「反」，原作「又」，據浙本改。

〔一七〕乃是程子所以訶以公便爲仁之失　「訶」，原作「謂」，據浙本改。

〔一八〕夫理無蔽　「夫」，浙本作「天」。

〔一九〕判然可觀矣　「觀」，浙本作「覩」。

〔二〇〕如佛者之論　「者」，浙本作「老」。

晦庵先生朱文公文集卷第三十三

書 汪張呂劉問答

答呂伯恭

三山之别，闊焉累年，跧伏窮山，不復得通左右之問。而親友自北來者，無人不能道盛德，足以慰瞻仰也。比日冬寒，伏惟侍奉吉慶，尊候萬福。熹不自知其學之未能自信，冒昧此來，宜爲有識者鄙棄。而老兄不忘一日之雅，念之過厚。昨日韓丈出示家信，見及枉誨甚勤。不知所以得此，顧無以堪之，三復愧汗，無所容措。區區已審察，一兩日當得對，恐未能無負所以見期之意。而心欲一見，面論肺腑，不知如何可得。自度恐非能久於此者，故專裁此以謝盛意，并致下懷。餘惟進德自愛爲禱。

答吕伯恭

前日因還人上狀，不審達否？暑氣浸劇，伏惟道養有相，尊候萬福。易傳六册，今作書託劉衢州達左右。此書今數處有本，但皆不甚精。此本讎正稍精矣，須更得一言喻書肆，令子細依此謄寫，勘覆數四爲佳。曲折數條，别紙具之。或老兄能自爲一讀，尤善也。前書所禀語録，渠若欲之，令來取尤幸。近世道學衰息，售僞假真之説肆行而莫之禁。比見婺中所刻無垢日新之書，尤誕幻無根，甚可怪也。已事未明，無力可救，但竊恐懼而已。不知老兄以爲如何？因書幸語及。前此附便所予書，至今未拜領也。未即承教，萬望以時爲道加重。

答吕伯恭

郎中丈伏惟安問日至，熹近亦領賜書，即已附便拜答。今有妻兄一書，煩爲附的便。有報章，只託漕臺遞下建陽可也。右司韓丈，因見爲道區區，幸幸。昨承惠教，便遽不及拜狀。趙卿所刻尹論甚精，鄙意却於跋語有疑，不知趙守曾扣其説否？蓋尹公本是告君之言，今跋但以誨人爲説，恐不類耳。又云伊川出易説七十餘家，不知伊川教人果如此周遮否？語次試爲扣之爲幸。謹嚴之誨，敬聞命矣。但以是心至者，無拒而不受之理。極知其間氣質不無偏駁，然亦未嘗不痛箴警之，庶幾不負友朋之責。却聞門下多得文士之有時名者，其議論乖僻，流聞四方，大爲學者心術之害，使人憂歎不自已。不知亦嘗擿其邪僞否？久欲奉聞，復忘記，今輒布之，然其曲折，非面莫能究也。

答呂伯恭

竊承進學之意甚篤，深所望於左右。至於見屬過勤，則非區區淺陋所堪。然不敢不竭所聞，以塞厚意。

熹舊讀程子之書有年矣，而不得其要。比因講究中庸首章之指，乃知所謂「涵養須用敬，進學則在致知」者，兩言雖約，其實入德之門無踰於此。方竊洗心以事斯語，而未有得也，不敢自外，輒以爲獻。以左右之明，尊而行之，不爲異端荒虚浮誕之談所遷惑，不爲世俗卑近苟簡之論所拘牽，加以歲月，久而不舍，竊意其將高明光大，不可量矣。

承喻所疑，爲賜甚厚。所未安者，别紙求教。然其大概，則有可以一言舉者。其病在乎略知道體之渾然無所不具，而不知渾然無所不具之中，精粗本末、賓主内外，蓋有不可以豪髮差者，是以其言常喜合而惡離，却不知雖文理密察、縷析豪分，而初不害乎其本體之渾然也。往年見汪丈舉張子韶語明道「至誠無内外」之句，以爲「至誠」二字有病，不若只下箇「中」字。大抵近世一種似是而非之説，皆是此箇意見，惟恐説得不鶻突，真是謾人自謾、誤人自誤。士大夫無意於學，則恬不知覺；有志於學，則必入於此。此熹之所以深憂永歎、不量輕弱而極力以排之。雖以得罪於當世而不敢辭也。

注中改字，兩説皆有之。蓋其初正是失於契勘凡例，後來却因汪丈之説，更欲正名以破其惑耳。然謂之因激增怒則不可。且如孟子平時論楊、墨，亦平平耳。及公都子一爲好辯之問，則遂極言之，以至於禽獸。蓋彼之惑既愈深，則此之辯當愈力。其禽縱低昂，自有準則，蓋亦不期然而然。然禽獸之云，乃其分内，非因激而增之也。

來教又謂吾道無對，不當與世俗較勝負，此説美則美矣，而亦非鄙意之所安也。夫道固無對者也，然其中却著不得許多異端邪説，直須一一剔撥出後，方曉然見得箇精明純粹底無對之道。若和泥合水，便只著個「無對」包了，竊恐此「無對」中却多藏得病痛也。孟子言楊、墨之道不熄，孔子之道不著，而大易於君子小人之際，其較量勝負，尤爲詳密，豈其未知無對之道邪？蓋無對之中，有陰則有陽，有善則有惡，陽消則陰長，君子進則小人退，循環無窮，而初不害其爲無對也。況熹前説已自云「非欲較兩家已往之勝負，乃欲審學者今日趣向之邪正」，此意尤分明也。康節所著漁樵對問，論天地自相依附，形有涯而氣無涯，極有條理。當時想是如此説，故伊川然之。今欲分明，即更注此段於其下，如何？

科舉之教無益，誠如所喻。然謂欲以此致學者而告語之，是乃釋氏所謂「先以欲勾牽，後令入佛智」者，無乃枉尋直尺之甚，尤非淺陋之所敢聞也。伊川學制固不必一二以循其跡，然郡學以私試分數較計餔啜，尤爲猥屑，似亦當罷之。若新除已下，則上説下教，使先生之説不遂終廢於時，乃吾伯恭之責，又不特施於一州而已也。

答吕伯恭

示喻曲折，深所望於左右。顧其間有未契處，不得不極論，以求至當之歸。至於立彼我、較勝負之嫌，則熹雖甚陋，豈復以此疑於左右者哉？持養斂藏之誨，敢不服膺。然有所不得已者，世衰道微，邪詖交作，其他紛紛者固所不論，而賢如吾伯恭者，亦尚安於習熟見聞之地，見人之詭經誣聖、肆爲異説，而不甚以爲非，則如熹者誠亦何心安於獨善，而不爲極言覈論以曉一世之昏昏也？使世有任其責者，熹亦何苦而譊譊若是耶？設使顏子之時上無孔子，則彼其所以明道而救世者，亦必有道，決不退然安坐陋巷之中以獨善其身而已。故孟子言禹、稷、顏子，易地則皆然。惟孟子見此道理，如楊子雲之徒，蓋未免將顏子只做個塊然自守底好人看。若近世，則又甚焉。其所論顏子者，幾於釋老之空寂矣。熹竊謂學者固當學顔子者，如克己復禮、不遷怒貳過、不伐善施勞之類，造次顛沛，所不可忘。但亦須審時措之宜，使體用兼舉，無所偏廢，乃爲盡善。若用有所不周〔一〕，則所謂體者乃是塊然死物而已，豈真所謂體哉！觀伊川先生十八歲時上書所論顔子、武侯所以不同，與上蔡論韶、武異處，便見聖賢之心無些私意，只是畏天命、循天理而已。此義與近世論内脩外攘之説者亦相貫。夫吾之所以自治者，雖或有所未足，然豈可以是而遂廢其討賊之心哉？

示喻蘇氏於吾道不能爲楊、墨，乃唐、景之流耳，向見汪丈亦有此説。熹竊以爲此最不察夫理者。夫文與道，果同耶異耶？若道外有物，則爲文者可以肆意妄言而無害於道。惟夫道外無物，則言而一有不合於道者，則於道爲有害，但其害有緩急深淺耳。屈、宋、唐、景之文，熹舊亦嘗好之矣。既而思之，其言雖侈，然其實不過悲愁、放曠二端而已。日誦此言，與之俱化，豈不大爲心害？於是屏絶不敢復觀。今因左右之言，又竊意其一時作於荆楚之間，亦未必聞於孟子之耳也。若使流傳四方，學者家傳而人誦之，如今蘇氏之説，則爲孟子者亦豈得而已哉？况今蘇氏之學上談性命、下述政理，其所言者非特屈、宋、唐、景而已。學者始則以其文而悦之，以苟一朝之利，及其既久，則漸涵入骨髓，不復能自解免。其壞人材、敗風俗，蓋不少矣。伯恭尚欲左右之，豈其未之思邪？其貶而置之唐、景之列，殆欲陽擠而陰予之耳。向見正獻公家傳，語及蘇氏，直以浮薄談目之〔二〕，而舍人丈所著童蒙訓則極論詩文必以蘇、黄爲法，嘗竊歎息，以爲若正獻、滎陽，可謂能惡人者，而獨恨於舍人丈之微旨有所未喻也。然則老兄今日之論，未論其它，至於家學，亦可謂蔽於近而違於遠矣。更願思之，以求至當之歸，不可自誤而復誤人也。

前書奉問謝公之説，正疑其不能無病。詳考從上聖賢以及程氏之説，論下學處，莫不以正衣冠、肅容貌爲先。蓋必如此，然後心得所存而不流於邪僻。易所謂「閑邪存其誠」，程氏所謂「制之於外，所以養其中」者，此也。但不可一向溺於儀章器數之末耳。若言所以正、所以謹者，乃禮之本，便只是釋氏所見，徒然横却個所以然者在胸中，其實却無端的下功夫處。儒者之學，正不如此。更惟詳之。

答吕伯恭

學校之政，名存實亡，徒以陷溺人心、敗壞風俗，不若無之爲愈。聞嘗有所釐正，而苟且放縱者多不悦其事，亦可想而知矣。然當留意於立教厲俗之本，乃爲有補。若課試末流，小小得失之間，則亦不足深較也。向見所與諸生論説左氏之書，極爲詳博，然遣詞命意，亦頗傷巧矣。恐後生傳習，益以澆漓，重爲心術之害。願亟思所以反之，則學者之幸也。

前書所引「文理密察」，初看得不子細。近詳考之，似以「密」爲「祕密」之「密」、「察」爲「觀察」之「察」。若果如此，則似非本指也。蓋「密」乃「細密」之「密」、「察」乃「著察」之「察」，正謂豪釐之間一一有分别耳。故曰「文理密察，足以有别」，只是一事，非相反以相成之説也。若道理合有分别，便自顯然不可掩覆，何必潛形匿迹以求之，然後爲得邪？大抵聖賢之心，正大光明，洞然四達，故能春生秋殺，過化存神，而莫知爲之者。學者須識得此氣象而求之，庶無差失。若如世俗常情，支離巧曲，瞻前顧後之不暇，則又安能有此等氣象邪？不審高明以爲如何？

答呂伯恭

所論孟子論二子之勇處，文意似未然。蓋「賢」字只似「勝」字，言此二人之勇，未知其孰勝，但孟施舍所守得其要耳。蓋不論其勇之孰勝，但論其守之孰約，亦文勢之常，非以爲二子各有所似而委曲回互也。且二子之似曾子、子夏，亦豈以其德爲似之哉？直以其守氣養勇之分量淺深爲有所似耳。此亦非孟子之所避也。大抵伯恭天資温厚，故其論平恕委曲之意多；而熹之質失之暴悍，故凡所論皆有奮發直前之氣。竊以天理揆之，二者恐皆非中道。但熹之發足以自撓而傷物，尤爲可惡；而伯恭似亦不可專以所偏爲至當也。無以報箴誨之益，敢效其愚，不審然否？因來及之，幸甚幸甚。欽夫書來，具道近事曲折，少釋憂懣。想贊助之力爲多。「出入無疾，朋來無咎」，大率致意此語，尤切當。然想已有成規，更願凡百毖重，以圖萬全。最是人材難全，懲其所短則遺其所長，取其所長則雜其所短，此須大段子細著眼力，乃可無悔吝耳。

答呂伯恭

所喻「閑先聖之道」，竊謂只當如「閑邪」之「閑」，方與上下文意貫通。若作「閑習」，意思固佳，然恐非孟子意也。政使必如是説，則閑習先聖之道者，豈不辨析是非、反復同異，以爲致知格物之事？若便以爲務爲攘斥，無斂藏持養之功而不敢爲，則恐其所閑習者終不免乎豪釐之差也。若顔子則自不須如此，所以都無此痕迹耳。此事本無可疑，但人自以其氣質之偏緣情立義，故見得許多窒礙。若大其心，以天下至公之理觀之，自不須如此回互費力也。

所論智、仁、勇之意，則甚精密。然龜山之説亦不可廢。蓋以其理言之，則所至雖不同，而皆不可闕，如左右之説是也。若以其所至之地言之，則仁者安之，知者利之，勇者强焉，又自各有所主，如龜山之説矣。然此兩説者要之皆不可廢，經緯以觀，其意始足。如何？

動静陰陽之説，竟未了然，何耶？豈非向來奉答者未得其要，有以致賢者之疑乎？比再觀之，方以爲病，欲别爲説以奉報。今以來喻所引者推明之，似却更分明也。夫謂人生而静是也，然其感於物者，則亦豈能終不動乎？今指其未發而謂之中，指其全體而謂之仁，則皆未離乎静者而言之。至於處物之宜謂之義，處得其位謂之正，則皆以感物而動之際爲言矣。是則安得不有陰陽、體用、動静、賓主之分乎？故程子曰：「仁體義用也。知義之爲用而不外焉者，可以語道矣。世之論義者多外之，不爾則混然而無别，非知仁義之説者也。」此意極分明矣。且體、用之所以名，政以其對待而不相離也。今以静爲中正仁義之體，而又謂中正仁義非静之用，不亦矛盾杌棿之甚乎？意者專以知覺名仁者，似疑其不得爲静，恐當因此更加究察。所謂仁者，似不專爲知覺之義也。

答吕伯恭

久不聞問，方切懷仰，得元履書，乃知賢閤安人奄忽喪逝，驚愕良深。伏惟伉儷義重，傷悼難堪，區區所願約情就禮，爲君親德業千萬自重，幸甚。欽夫去國，聞之駭然。想驟失講論之益，無佳況也。道遠，不敢請其説。然吾道之難行，亦可知矣。奈何奈何？因便草此奉慰，不敢别具狀疏，諒蒙識察，不次。

國器云亡，極可傷。今日又聞賓之亦逝去，善類凋殘，甚可慮也。知言疑義再寫，欲奉呈，又偶有長沙便，且寄欽夫處，屬渠轉寄。若到，千萬勿示人，但痛爲指摘爲幸。功夫易間斷，義理難推尋，而歲月如流，甚可憂懼。奈何奈何？

答吕伯恭

前日因便附書，今既達否？比日冬深，氣候暄燠，伏惟進德有相，尊候萬福。熹去喪不死，痛慕亡窮，它無可言者。但塵務汨没，舊學蕪廢，思得從容，少資警益而不可得。欽夫又一向不得書，懷想既深，憂懼亦甚。奈何？今以舅氏之葬，當走尤溪，魏應仲來墓次，得以略聞動靜。因其行附訊，匆匆不及究所欲言者。歲晚，願言爲道學自重。因便來時枉書，有以警策疲懦者不憚煩，深所願望〔三〕。前書許寄條對之文，亦幸早得之也。

答吕伯恭

近因元履之子附狀，必達。比日冬温，伏惟德業有相，尊候萬福。建人劉氏兄弟爚、炳。同預薦送，乃翁亦以免舉試禮部，皆欲見於門下。熹新阡與其居密邇，兩年相從甚熟，知其嗜學可教。因其行復附此爲先容，幸與之進。餘已具前書，此不縷縷，幸察。

答吕伯恭

便中辱書,感慰。信後已經新歲,伏惟君子履端,多納福祐。熹免喪不死,無足言者。去冬以舅氏之喪再走尤溪,逼歲方歸。而目前俗冗事狀殊迫猝,無佳思,舊學益荒蕪矣。向所附呈諸説,幸反覆痛箴藥之,區區猶有望也。立論相高,吾人固無此疑,然只要得是當,亦良不易耳。論治固有序,然體、用亦非判然各爲一事,無今日言此而明日言彼之理。如孟子論愛牛制産,本末雖殊,然亦罄其説於立談之間。大抵聖賢之言隨機應物,初無理事精粗之别。其所以格君心者,自其精神力量有感動人處,非爲恐彼逆疑吾説之迂,而姑論無事之理以嘗試之也。若必如此,則便是世俗較計利害之私,何處更有聖賢氣象耶?愚見如此,更惟精思而可否之。區區之論所以每不同於左右者,前後雖多,要其歸宿,只此毫釐之間,講而通之,將必有日矣。奏篇伏讀,感發良多。愚意尚恐其詞有未達者。此人立俟,未暇詳叩。臨書傾想無已,正遠,惟益進德業,自愛重,是所願望。

答吕伯恭

慰問之誠,謹具前幅。比日中夏久雨,伏惟純孝感格,體力支勝。熹自泉、福間得侍郎中丈教誨，蒙以契舊之故，愛予甚厚。比年以來，闊别雖久，而書疏相繼，奬厲警飭，皆盛德之言。感激銘佩，何日敢忘！區區尚冀異時得奉几杖於寂寞之濱，以畢餘誨。豈謂不淑，遽至於此！聞訃悲咽，不能爲懷。而山居深僻，無婺女之便，以故至今不能致一書以道此懷，且候左右哀疚以來興寢之狀，往來於心，如食物之不下也。不審能亮之否？左右孝誠切至，何以堪此？然門户之寄、朋友之望，實不爲輕，千萬節抑，以慰遠懷。人物眇然，伏紙增涕。

答吕伯恭

襄奉卜吉，定在何時？只就婺女否？熹貧窶之甚，不能致一奠之禮，又以地遠不得伏哭柩前，楚愴之懷，無以自見。奈何？此書因趙守轉示韓丈書，始得宛轉附此，却託韓丈致之，不知達在何時。過此又復悠悠，無通問處矣。熹向以召命不置，欲自載一至近縣，庶幾得以一見。尋念無益，且亦貧甚，無辦裹糧處，遂復中輟。已瀝懇哀祈諸公，儻得報聞，何幸如之。所欲言者無窮，此書亦未敢旁及也。

答吕伯恭

便中伏奉手疏，伏讀感愴不能已。且審反虞之久，又恨不得從執紼者之後也。即日霜寒，伏惟哀慕有相，孝履支福。熹窮陋如昔，比復遭叔母之喪，憂悴之外，無可言者。舊學雖不敢廢，然章句誦説之間，亦未見一安穩處。所欲相與講評反覆者，非書札所能寄也。示喻深知前此汗漫之非，幸甚。比來講究必已加詳密矣。累得欽夫書，亦深欲伯恭更於此用力也。别紙數事求教，幸一一批誨。比日讀書，此類甚多，少冗，不能詳録，當俟後便耳。祭禮略已成書，欲俟之一兩年，徐於其間察所未至。今又遭此期喪，勢須卒哭後乃可權宜行禮，考其實而修之，續奉寄求訂正也。因便附此，復因韓丈致之。未由承晤，千萬以時節哀，爲遺體自愛，幸甚幸甚。

答吕伯恭

專使奉教，承新春以來孝履支福，感慰深矣。教告諄複，警策殊多。離羣索居，其害至此，良可警懼。蓋初心之善未始不明，但失照管，即隨事汩没，不自覺耳。來介市書未還，偶有便人，亦欲令持此書以往，因復附此。未暇它及，先此少謝厚意。言行二書，亦當時草草爲之，其間自知尚多謬誤，編次亦無法，初不成文字。因看得爲訂正示及爲幸，餘俟盛價還日，别得奉問。便遽草草。

答吕伯恭

伏奉近告，竊審已經祥祭，追慕無窮，尊體神相多福。買茶人書尚未領，當是已徑之府中矣。謝遣學徒，杜門自治，深爲得策，所造詣想日深矣。恨未有承教之期，爲悵恨耳。但爲舉子輩抄録文字流傳太多，稽其所敝，似亦有可議者。自此恐亦當少詘其出也。如何如何？禮運以五帝之世爲大道之行、三代以下爲小康之世，亦略有些意思。此必粗有來歷，而傳者附益，失其正意耳。如程子論堯舜事業非聖人不能，三王之事大賢可爲也，恐亦微有此意。但記中分裂太甚，幾以二帝三王爲有二道，此則有病耳。胡公援引太深，誠似未察也。鄙見如此，高明復以爲如何？因便附問，草草。

眷集伏惟均慶，山中有委勿外。熹拜問。

薛湖州昨日又得書，其相與之意甚勤。聞其學有用。甚恨不得一見之。然似亦有好高之病，至謂義理之學不必深窮，如此則幾何而不流於異端也耶？其進爲甚驟，亦所未曉。因書幸見告以其所自。熹又拜。

密庵主僧從穆近已死，其徒法舟見權管幹。此庵元只作右丞莊屋〔四〕，如可且令看守，即求一榜并帖付之。恐或别有可令住者，遣來尤佳。但此庵所入亦薄，非復謙老之時矣，只令法舟守之亦便也。

答吕伯恭

便中累辱手書，伏審已經練祭，哀慕如新。即日溽暑，孝履支福，感慰之至。熹昨已作書，欲遣兒子詣席下，會連雨未果行，俟梅斷，看如何也。但此兒懶惰之甚，在家讀書，絶不成倫理，到彼冀親警誨，或肯向前。萬一只如在家時，即乞飛書一報，當呼之使歸，不令久奉累也。

「仁」字之説，欽夫得書云已無疑矣。所諭「愛之理猶曰動之端、生之道云爾」者，似頗未親。蓋「仁者愛之理」，此「理」字重；「動之端」，「端」字却輕。試更以此意秤停之，即無侵過用處之嫌矣。如何？

劉博士墓誌不曾收得，早録寄幸甚。欲作淵源録一書，盡載周、程以來諸君子行實文字，正苦未有此及永嘉諸人事跡首末。因書士龍，告爲託其搜訪見寄也。士龍相款，所論大者，幸喻及一二，亦甚恨無因緣得相見。渠更待闕耶〔五〕？其改命必有以也。前時湖州買茶人回，曾附書，不知收得否？因書煩扣之，并爲致千萬意也。庵牓已付之，其僧有狀，今附此便去。擇之來此相聚甚樂，有書納上。元履春間不幸不起疾，甚可傷。近方爲卜得地，旦夕往與謀葬也。承問及之。因便拜狀，草草，餘已具所遣兒子書矣。

答呂伯恭

潘守附致所予書，得聞近況，感慰之深。信後暑毒異常，伏惟讀禮之餘，孝履支福。熹窮居碌碌，無可言。召命竟未能免，近被堂帖，督趣逾峻，勢須一行。至衢婺間恭俟罷遣，或得承晤，何幸如之！子澄過此兩三日，諸況具能言之〔六〕。因其行附此，不復縷縷。餘惟以時保衛，區區至懇。

眷集伏惟鈞安，此間有骫勿外。兒子寓食之計，似終未穩，豈可終歲擾人耶？幸更爲處之，使賓主之間可久處而不厭，乃佳耳。與叔度書不欲深言此，但老兄以意裁之，則善矣。叔度惠書，觀其論説，氣質良厚，不易得也。聞薛士龍物故，可駭可歎。且恨竟不識斯人也。

答呂伯恭

昨以召旨之嚴，不免爲造朝計，意經由必獲一見。子澄之行，草草附問，已嘗及其故矣。既而忽有改秩奉祠之命，知獲遂退藏之願。然褒寵過厚，又有所不敢當者，力爲懇辭，未知諸公頗見亮否？萬一再三不如所請，其將何以爲計？有以見教，幸甚。兒子久欲遣去，以此擾擾，未得行，謹令扣師席。此兒絶懶惰，既不知學，又不能隨分刻苦作舉子文。今不遠千里以累高明，切望痛加鞭勒，俾稍知自厲。至於擇交游、謹出入，尤望垂意警察。如其不可教，亦幾早以見報，或便遣還爲荷，千萬勿以形迹爲嫌也。賤迹如此，又未有承晤之日，臨風悢然。惟以時節哀，爲道自愛。

答吕伯恭

前書所諭仁愛之説，甚善甚善。但不知如何立言，可使學者有所向望，而施涵泳玩索之功，又無容易領略之弊耶？因來喻及，幸甚幸甚。劉博士誌文，得之幸甚。此類文字此間所已有者，旦夕録呈，切告據此以訪其所無，異時成得一書，亦學者之幸也。近得毗陵周教授數篇論語，令兒子帶去，試一讀之，以爲與程門諸君子孰高孰下也？以一言語及爲幸。長沙此三兩月不得書，邵武有孟子説，不知所疑云何，預以見告，俟得本考之也。然此等文字流傳太早，爲害不細。昨見人抄得節目一兩條，已頗有可疑處，不知全書復如何？若洙泗言仁，則固多未合，當時亦不當便令盡版行也。吾人安得數月相攜於深山無人之境，共出其書一商訂之，以求至當之歸乎？更有數條，又具别紙，幸早垂教也。

答呂伯恭

方作書欲附便，未行而兵子還，辱書至感。又得竊聞比日秋清，孝履支福，至慰至慰。熹賤跡且爾辭免，未報爲撓。不爲已甚之戒，甚荷愛念。此非所以爲高。但坐邀禮命，有所未安。今且得力辭，冀蒙相捨。若其不獲，又别相度耳。若初意，則直欲力辭，雖使得罪，亦無所避也。欽夫得書，觀其語意，亦似不以爲可受也。更望審思，復以見教，幸甚幸甚。

時位之戒，敢不敬承。欽夫移書見戒一二事亦類此，顧恐偏蔽已甚，矯革爲難，未知終能副朋友所期否耳。今歲紛紛，蓋爲初不爲備，率然整頓，故有此患。近已預爲嗣歲之備，亦自不至此也。

周教授語解誠如所喻，愚意其篤實似尹公，謹嚴過之，而純熟或不及也。高明以此語爲如何〔七〕？

小兒無知，仰累鞭策，感愧深矣。在家百計提督，但無奈其懶何。今得嚴師畏友，先與擊去此病，庶或可望其及人也。又得叔度、叔昌書，兒子書中及回兵口説，荷其照屬之意良厚，益深愧怍。偶欲入城，臨行冗甚，作此附便，餘俟後便也。匆匆。

答吕伯恭

人還，承答字，感慰之深。比日秋高，伏惟孝履支福。熹碌碌無足言者，誨諭辭受之義，此亦方以爲撓。若如來教，雖可逆避將來之患，顧恐於今日義理未安耳。幸更爲思之，因書見告爲望，懇懇。

兒子既蒙容受，感佩非常。不知能應程課、入規矩否？凡百更望矜念愚懇，痛賜鞭策，爲幸之甚。即不可教，亦告早以垂喻，即遣還尤幸也。

横渠集刊行甚善，但不知用何處本？若蜀中本，即所少文字尚多。俟寄來看，或當補，即作别集也。説文此亦無好本，因便已作書與劉子和言之矣。欽夫近得書，寄語解數段，亦頗有未合處。然比之向來，收斂慤實則已多矣。言仁諸説録呈，渠别寄仁説來，比亦答之，并録去。有未安處，幸指誨也。因便致問，正遠，節哀自重爲請。

答吕伯恭

仁説近再改定，比舊稍分明詳密，已復録呈矣。此説固太淺，少含蓄，然竊意此等名義，古人之教，自其小學之時已有白直分明訓説，而未有後世許多淺陋玄空、上下走作之弊，故其學者亦曉然知得如此名字但是如此道理，不可不著實踐履。所以聖門學者皆以求仁爲務，蓋皆已略曉其名義，而求實造其地位也。若似今人茫然理會不得，則其所汲汲以求者，乃其平生所不識之物，復何所向望愛説而知所以用其力邪？故今日之言，比之古人誠爲淺露，然有所不得已者。其實亦只是祖述伊川仁、性、愛、情之説，但剔得名義稍分界分，脈絡有條理，免得學者枉費心神，胡亂揣摸，喚東作西爾。若不實下恭敬存養、克己復禮之功，則此説雖精，亦與彼有何干涉耶？故却謂此説正所以爲學者向望之標準，而初未嘗侵過學者用功地步。明者試一思之，以爲如何？似不必深以爲疑也。自己功夫與語人之法固不同，然如此説，却似有王氏所論高明、中庸之弊也。須更究其曲折，略與彼説破乃佳。

答吕伯恭

昨日作書，欲附便行，今日忽得手示〔八〕，獲聞比日冬寒，孝履支福，既以感慰，又得别紙誨諭之詳，伏讀再三，警發甚至，其爲欣荷，又不自勝。但所謂飽經歷、真切磨者，不敢當耳。區區已復詳具求教，顒俟益論也。

辭免文字附沈尹專人，自七八月間去此，意其已到。近託人致懇廟堂，求聽所請，得報乃云文字未至，良以爲疑。得子澄書，乃其人更過何處取書，計今必已至矣。當時若知其迂回如此，只發遞去，自無浮沉也。然部中行下建寧，又云已給批書，此須作熹狀申部出給。熹既不受，不知此文字是如何行遣？都不可曉，亦不知此物今在何處。杜門無事，乃有此撓。聞是韓丈拈出，前此亦未知。今既如此狼狽，却須得韓丈出手，大家收救，莫令到無收拾處，乃荷相念。然又不欲作書，彼亦未必以爲誠。然不知可煩老兄，因書一言所以不敢受之意非出矯僞，得自廟堂上辭免文字，特依所乞，再授元官，差監嶽廟，便是一個出場也。前日作書忘記及此，因問之及，復此忉忉，千萬垂念也。

康節恐是打乖法門，非辭受之正。伊川再受西監，止是叙復元官，還莅舊職，又可逡巡解去，即與今日事體全不相似，皆未敢援以自比。欽夫書來，亦云豈可逆料後患而先汨所守之義，此語亦甚直截。然渠却不曾爲思量如何解免得脱，若只如此廝崕，恐非臣子所敢安也。千萬便爲盡以此意達之韓丈，得早爲解紛，幸甚幸甚〔九〕。夜作此書，不能它及。

答吕伯恭

便中辱書教，感慰之深。信後忽忽，已迫長至，伏惟感時追慕，何以爲懷，神相孝履，起處萬福。熹昨以叔母之葬走政和，往返月餘。今適反舍，汨没無好況，它無足言者。臨行寓書，有所咨扣，想已聞徹。得早報及爲幸。兒子極感教誨，不知近復如何？正唯懶惰，不肯勤謹檢飭，此爲大患，計必有以變化之。爲文稍能入律否？初欲歲下令略歸，今思之，恐徒勞往返，不若且令留彼度歲。既蒙矜念如此，當不異父兄之側矣。但久溷潘宅，不自安耳。

子澄一書，告爲附便。陸子壽聞其名甚久，恨未識之。子澄云其議論頗宗無垢，不知今竟如何也？學者用工不實之弊，誠如來誨。不但學問，今凡一小事，才實理會，便自然見道理漸漸出來也。

近見建陽印一小册，名精騎，云出於賢者之手，不知是否？此書流傳，恐誤後生輩，讀書愈不成片段也。雖是學文，恐亦當就全篇中考其節目關鍵。又諸家之格轍不同，左右采獲，文勢反戾，亦恐不能完粹耳。因筆及之，本不足深論也。因便稟此，草草。

答吕伯恭

便中連辱手教，感慰亡喻。即此歲除，伏惟感時追慕，神相純孝，起居支福。熹碌碌如昨，無所可言。但懇辭既不得請，又被堂帖檢坐近降行下。然觀立法之意，乃爲有官職之事者設，與此避過恩、辭逸禄者初不相關。已復注釋此意，別作狀回申矣〔一〇〕。亦得韓丈書，敦勉甚至。却爲合下見得此一邊義理稍重，未能勇從。萬一果掇疑怒，亦無所避之也。

韓丈必已開府，前日臨安人回，已附書致謝。此便遽，又當除日百冗，不暇再作也。兒子蒙教督甚至，舉家感激不可言，但所作大義似未入律，聞亦已令專治此業，甚善。觀其氣質，似亦只做得舉子學。初尚恐其不成，今既蒙獎誘，不知上面更能進步否？此亦必待其自肯，非他人所能彊也。

子澄去就從容，甚可喜。昨聞周子充辭郡得請，今又睹此，益知辭受由人而不在於時。豈彼能之而我不能哉？若來喻所云親切用工處，誠亦更當致力。想相見必熟講之矣。范伯崇云歸途亦欲請見，今皆已到未耶？淵源録許爲序引，甚善。兩處文字告更趣之。祭禮已寫納汪丈處，託以轉寄，不知何爲至今未到？然其間有節次修改處，俟旦夕别録呈求訂正也。

所論克己之功，切中學者空言遥度之病。然向來所論，且是大綱要識得仁之名義氣味，令有下落耳，初不謂只用力於此，便可廢置克己之功。然亦不可便將克己功夫占過講習地位也。中間有一書論古人小學已有如此訓釋一段甚詳〔一二〕，幸更考之。然克己之誨，則尤不敢不敬承也。

欽夫近得書，别寄言仁録來，修改得稍勝前本。仁説亦用中間反覆之意改定矣。聞其園池增闢，盡得江山之勝，書來相招。屬此蹤跡未自由，又鄉里饑儉，未敢輕諾之也。王教授來，值熹入城，不得相見。以老兄所稱許如此，甚恨未及識之耳。

小本易傳尚多誤字，已令兒子具稟。大本校讎不爲不精，尚亦有闕誤。掃塵之喻信然，能喻使改之爲幸。聞又刻春秋胡傳，更喻使精校爲佳。大抵須兩人互讎乃審耳。兩人一誦一聽，看如此一過，又易置之。横渠集已畢未耶？得本早以見寄，幸甚。如此間程集，似亦可作小本流布。蓋版在官中，終是不能廣也。向議欲刊説文，不知韓丈有意否？試扣其説，因贊成之爲佳。偶便附此。除日百冗，不能既所欲言。惟千萬節哀自愛，以振吾道爲祝。怱怱不宣。

答吕伯恭

歲律更新，伏惟感時追慕，何以堪之？神相孝思，體力支勝。熹此粗如昨。歲前附一書於城中尋便，不知達否？紙尾所扣婺人番開精義事，不知如何？此近傳聞稍的，云是義烏人，説者以爲移書禁止，亦有故事。鄙意甚不欲爲之，又以爲此費用稍廣，出於衆力，今粗流行，而遽有此患，非獨熹不便也。試煩早爲問故，以一言止之，渠必相聽。如其不然，即有一狀煩封至沈丈處，唯速爲佳。蓋及其費用未多之時止之，則彼此無所傷耳。熹亦欲作沈丈書，又以頃辭免未獲，不欲數通都下書，只煩書中爲道此意。此舉殊覺可笑，然爲貧謀食，不免至此，意亦可諒也。正遠，萬萬節哀自重，餘已具前書矣。便遽草草。

答吕伯恭

自經新歲，未及上問，竊惟孝思有相，起處支福。祥禫計亦不遠，追慕想難爲懷也。熹屏居如昨，向來辭免，堂中竟用檢會近降海行指揮行下，不免再具狀懇辭矣。梁公至此，相見之後，始知前此請之由衷，亦爲言於諸公。今兹之請，其必遂矣。此外無致力處，姑復任之，但愓息俟罪而已。去冬了叔母葬事，又人事出入，迫歲方小定。開正復擾擾，才得旬日休息，又以梁公遭憂，不免入城弔之，計又須旬日往返。加以親舊間死喪弔送，犇走不暇，鄉民又已嗷嗷告飢，此皆不免勞心費力。殊覺胸次塵埃，學業固無由進益，至於尤悔之積，亦有不暇點檢者。每一念之，如此紛紛，竟亦何益？欲舍此以求講論規誨之助而不可得，則亦悵然而已。欽夫得書，相招爲湘中之遊，以此未能行。然它亦有使人不欲前者。至於老兄相去不遠，亦無從相見，胸中所欲言者無窮。偶有便行，臨出不及拜書，道中作此，寄家中令付之，匆匆不及究所懷之一二。若免喪之後，不免復爲禄仕，能求一官南來否乎？引領馳情，尚冀節哀自愛。不宣。

答吕伯恭

便還奉教，感慰之深，即日春和，伏惟孝履支福。已經祥祭，追慕何窮。然俯就先王之制，誠有望於賢者。熹再辭未報，惕息俟命，未知所以爲計也。承問感感。衢、温文字幸早留意。寄及横渠文集，此有一寫本，比此增多數篇，偶爲朋友借去，俟取得寄呈，可作别集，以補此書之闕也。所喻講學克己之功，裒多益寡，政得恰好，此誠至論。然此二事各是一件功夫，學者於此須是無所不用其極，然後足目俱到，無偏倚之患。若如來喻，便有好仁不好學之蔽矣。且中庸言學問思辯而後繼以力行，程子於涵養進學亦兩言之，皆未嘗以此包彼而有所偏廢也。若曰講習漸明，便當痛下克己功夫以踐其實，使有以真知其意味之必然，不可只如此說過。則其言爲無病矣。昨答敬夫，言仁説中有一二段已説破此病。近看吴才老論語説論子夏「吾必謂之學矣」一章與子路「何必讀書」之云，其弊皆至於廢學，不若「行有餘力，則以學文」、「就有道而正焉」、「可謂好學」之類，乃爲聖人之言也。頗覺其言之有味。不審高明以爲何如？因便附此，不盡所懷。餘惟節抑餘哀，千萬保重。

眷集伏惟均休。子約已别奉書矣。兒子久累教拊，舉家愧荷，不可勝言。更願終賜，使隨其資之高下有所成就，幸甚。固不敢大望之也。子澄、伯崇到彼所講何事？伯崇且還江西，尚未到里中也。叔度寄得薛士龍行狀，讀之使人慨歎不已。不知所著諸書嘗見之否？今有書吊其家，煩爲致之。欲求中庸、大學、論語説及陰符、握奇、揲蓍、本政叙凡七書，不審能爲致之否？此委却望不外。

答呂伯恭

前月末及此月初兩附便拜狀，不知達否？府中轉致近教，獲聞比日春晚，尊候萬福，感慰深矣。熹屏居如昨，近出展墓，遂登蘆山〔一二〕，小庵在孤峯絶頂之側，少留旬日。舉目雲山，盡數百里，足以稍滌塵滯，它無足言也。懇辭未報，若不將上，則不若不報之爲愈。今幸如此，且爾偷安耳。示喻專心致志之功，警發昏惰，爲幸甚矣。但年來浸益多事，雖書策功夫亦不能得相接續，此爲可懼。至於朋友，亦正自難得人。大抵氣習已偏而志力不彊，殊未有以慰人意者。門牆之下，渠亦有其人乎？誘接之道雖各不同，要是且令於平易明白處漸加功夫，時加警策而俟其自得，此爲正法耳。弟子職、女戒二書，以温公家儀系之，尤溪欲刻未及，而漕司取去。今已成書，納去各一本。初欲遍寄朋舊，今本已盡，所存只此矣。如可付書肆摹刻，以廣其傳，亦深有補於世教。或更得數語題其後，尤幸也。外書、淵源二書頗有緒否？幸早留意。兒子荷教誨，舉家感刻。昨深慮其經義疏闊，今得略有條理，甚幸甚幸。新茶三十夸，謾到左右〔一三〕。因便附此，草草不宣。

答呂伯恭

昨已具前幅，而便信差池，便中又辱況書，慰感亡量。聞攜書入山水勝處，想講學之餘，日有佳趣。小兒亦得從行，荷意愛厚矣，感刻何敢忘也！所論吴才老説經之意，切中其病。然在今日平心觀之，却自是好語也。學記「深造自得」之語，初亦覺其過，欲改之，則已刻石不及矣。以此知人心至靈，只自家不穩處便須有人點檢也。李習之在唐人特然知中庸之爲至，亦不可多得。然其所論實本佛老之説，故特於序文發之。蓋不遺其善，而抑揚之間亦不爲無意，似不可謂不足而略之也。「哀公問政」以下數章，本同時答問之言，而子思删取其要，以發明傳授之意，鄙意正謂如此。舊來未讀家語，嘗疑數章文意相屬〔一四〕，而未有以證之。及讀家語，乃知所疑不繆耳。「天斯昭昭之多」以下四條譬諭，似以天地爲積而至於大者，文意頗覺有礙。不知當如何説？幸見教。他所欲請者甚衆，臨書忽忽忘之。顧未有面論之日，兹爲恨恨耳。

答吕伯恭

子約惠書，已奉報矣，不知何故如此猶豫前却？此不誠不敬之本，於進道中正是莫大之病，須痛加治療。熹書中已極言之，想從容之際亦必有以警之也。吴晦叔來犇其母之喪，今日方見之，能道欽夫病狀。亦得欽夫書，今已復常矣。晦叔亦多病癯瘁也。人各有偏，非見徹克盡，所不能免，此誠至論，佩服不敢忘也。小兒無知，荷教誨之意甚厚。異時稍識去就，不知何以爲報也。但久擾叔度兄弟，甚不自安。又聞浙東艱食，恐向後道路難行，今專此人去，恐可遣歸。即從韓丈借人送歸，或尚可少留，即亦唯長者之命。歸來却無讀書處也。熹書中已詳禀韓丈矣，其去住遲速，却在裁度也。大學、中庸墨刻各二本，子魚五十尾，并以伴書，幸留之，它委勿外。熹再拜上問。

答吕伯恭

熹僭易拜問，台眷伏惟上下均安。子約賢友不及奉狀，前書所講，必有定論，因來幸示及。兒子久累誨督，春來不得書，不知爲學復如何？向令請問選録古文之意，不知曾語之否？此間與時文皆已刊行，於鄙意殊未安也。近年文字姦巧之弊熟矣，正當以渾厚朴素矯之，不當崇長此等，推波以助瀾也。明者以爲如何？尤川新學二刻，令兒子持納求教，幸爲一觀。記文之謬，千萬指示也。

答呂伯恭

便中連三辱書，感慰無量。即日庚伏酷暑，伏惟禮制有終，永慕何已，神相尊候，動止萬福。熹杜門如昨，辭免不遂，今日已拜命矣。屢煩悙勸，愧荷之深。前日得王漕書，亦具道盛意也。三釜之樂，永負初心。方此感愴，忽又聞一表兄之喪，明日當復犇赴，亟遣此人喚小兒還家。草草布此，未暇它及。此兒久荷教育，舉家感德無窮。今迫試期，幸聽其歸。異時復遣卒業，終以累高明也。已有書懇韓丈借人，更告借以一言，得早還家爲幸。承從人嘗至三衢，汪丈必甚款，所論何事？因書及之。熹辭免已決，秋冬間無事，或可出入。甚思承教，但未敢預期耳。正唯以時進德自重爲禱，不宣，熹頓首再拜上狀。

聞懷玉山水甚勝，若會於彼，道里均矣，如何？

答呂伯恭

兒子歸，承手書之貺，感慰良深。秋氣漸涼，伏惟尊候萬福。熹昨以事一至城中，還家諸況如昨，蓋無足言者。懷玉之約，遲以明年，無所不可。但兒子說車馬自會稽遂如天台、雁蕩，不審亦可留此勝概，以俟來春相與俱行否？若爾，則不必登懷玉，只自此徑走婺女，相就而行也。

兒子歸來，不惟課業勝前，至於情性作爲，亦比往時小異，信乎親炙薰陶之效，舉家感德，不可名言。但惜乎其氣質本凡，又無意於大受，不足以希升堂之列耳。還日又蒙借人津遣，尤以懼荷。但歸來衮衮，俗務汩没，不得如臨行所戒。次第場屋得失，初非所期，亦復任之耳。

損減收斂之喻，真實切當，謹銘坐右，不敢忘也。汪丈進德不倦，後學幸甚。但其所辨石林燕語頗留意於儀章器數之間，此曾子所謂「則有司存」者，豈其餘力之及此耶？專意於此，則亦非區區所敢知者矣。長沙頻得書，地遠，難得相見。此公疏快，書中不敢盡言，心之所憂，亦微詞以見。晦叔歸，因託寄懷，想其亦樂聞之。但事有日生者，須推類以通之，則告者不費而聞者有深益耳。中庸章句一本上納，此是草本，幸勿示人。更有詳說一書，字多未暇，餘俟後便寄去。有未安者，一一條示爲幸。大學章句并往，亦有詳說，後便寄也。「此謂知之至也」一句，爲五章闕文之餘簡無疑。更告詳之，系於經文之下，却無說也。淵源、外書皆如所喻，但亦須目下不住尋訪，乃有成書之日耳。

別紙所論，更俟參訂奉報。叔度此人已留數日，不欲久稽之，且附此書遣還也。未即承教，馳想亡窮。惟千萬爲道自愛。

答吕伯恭

昨自叔度人還之後，一向不得奉問，豈勝向仰。比日冬温，伏惟味道有相，尊候萬福。熹杜門如昔，無足言者。昨附去中庸、大學等書如何？未相見間，便中得條示所未安者，幸幸。近稍得暇，整頓得通鑑數卷，頗可觀，欲寄，未有別本，俟來春持去求是正也。聞老兄亦爲此功夫，不知規摹次第如何？此間頗苦難得人商量，正唯條例體式亦自難得合宜也。如温公舊例，年號皆以後改者爲正，此殊未安。如漢建安二十五年之初，漢尚未亡，今便作魏黄初元年，奪漢太速，與魏太遽，大非春秋存陳之意，恐不可以爲法。此類尚一二條，不知前賢之意果如何爾。所欲言者甚衆，此便又遽，不及究一二。春初即治温、台之行，承教且不遠矣。向寒，伏冀爲道自愛，不宣。十月十四日，熹頓首再拜上狀。

熹僭易再拜上問，眷集伏惟均慶。子約賢友不及拜書，兒輩附拜問禮。大兒本即遣去席下，又一動亦費力，來春當自攜行。但恐又難去叔度處，不知當置何許也。前書所扣一二事，因便告早及之，欲爲之備。貧家辦事爲難，須及早料理也。此書附建陽范澤民解元，渠去赴省，云欲便道請見。其人老成，孝友誠慤，朋輩間所難得。然苦貧，此行甚費力。或有可接手處，得與垂念，幸甚幸甚。此委不外，熹僭易拜問。韓丈政成，想多暇日相見。便遽，不敢草草爲書，語次告略及之，幸甚幸甚。熹拜懇。

答吕伯恭

近以書附建陽范澤民秀才，計已次第聞達〔一五〕。人至，伏奉手誨，竊審比日冬寒，尊候萬福，感慰之劇。功衰之戚，不易爲懷，痁疾想一向平復久矣。杜門進學，所造想日深。所謂凝聚收斂是大題目，此不易之論，乃功夫根本。至謂察助長之失，乃其間節宣之宜耳，此語却恐未盡。蓋平論之，則「有事」、「勿正」、「勿忘」、「勿助」自是四事，不應偏察其一。若偏論之，則「助」者已是用意太過之病，若又以「察」隨之，竊恐轉見紛擾。此須更審之，恐或立辭之病耳。

中庸解固不能無謬誤，更望細加考訂，來春面叩，以盡鄙懷也。叔度云欲傳録，此非所愛者，況在同志，何所不可？但恐未成之書，若緣此流布，不能不誤人耳。已書懇其且俟相見商榷之後，度可傳則傳之，亦未爲晚也。

聘禮謹如所戒，來春到彼，便可先畢此禮。但叔度書云，其令女方年十三歲，此則與始者所聞不同。此兒長大，鄙意欲早爲授室。如温公之儀，則來歲已可爲婚。此并候到彼面議。來日欲爲次子納婦。入夜百冗，草草修報，目昏不成字。承教不遠，預以自幸。未間，更冀以時珍重。

答吕伯恭

自冬來五被誨示，出入多故，復苦少便，都不得奉報，豈勝愧仰。昨聞幼弟之喪，復遭功衰之慘，伏惟悲痛何以堪處？而營治襄事，亦不能不勞神觀，區區尤劇馳情。比日歲窮，伏惟尊候萬福。熹碌碌粗安，無足言，但叔京自冬初與邵武朋友三兩人來寒泉，相處旬日，既歸即病。十一月末間，手書來告訣，得之驚駭，即走省，至則已不起數日矣。朋友間如此公者不易得，極可傷痛。然其病中極了了，語不及私，所以教子弟者，語皆可記。所與熹書并令致意諸朋友，今録去一通。度其意，於當世之慮，不無望於伯恭，當亦爲愴然也。然不必以示它人爲幸。熹開正當復往，爲料理葬。比來甚覺衰憊，不堪犇走，然不得不爲一行也。

兒子蒙收教，極感矜念。更望痛加鞭策，千萬幸甚。昨所獻疑本末倒置之病，明者已先悟其失。不知近來所以開導之際，其先後次第復如何？因來見告爲幸。

機仲、擴之來，皆未相見。擴之過此日，熹往邵武未歸。但留書云老兄有所見教一二事，甚恨未得聞也。其間略説遺書不須删定，與來書似不相照，不知果如何？然渠開正須復來此，當細扣之，便中亦望批喻也。渠託於縣宰之館，誠似未便，聞老兄亦嘗警告之。并俟其來，細與商榷，令去請教也。

修定書説甚善，得并程書、詩外傳等節次見寄，甚幸。前書託求本政書，續添圖子、論事録等，望留意。近桂林寄本政書後，更有一二種文字，已屬其别寄老兄處，或可并補足，成一家之書也。欽夫書來，及其爲政之意甚美。令作脩舜廟碑文，題目不小，勉彊成之，不及求教爲恨。今亦未暇録呈，它時當見之耳。聞更欲脩堯廟〔一六〕，此其勢必當屬筆於老兄也。

熹近讀易，覺有味。又欲脩吕氏鄉約、鄉儀，及約冠昏喪祭之儀，削去書過行罰之類，爲貧富可通行者。苦多出入，不能就。又恨地遠，無由質正。然旦夕草定，亦當寄呈，俟可否然後敢行也〔一七〕。所懼自脩不力，無以率人，然果能行之，彼此交警，亦不爲無助耳。季通昨欲出浙，竟不能行。今復欲謀之，亦未定。旦夕相見，當致盛意。應仲書亦未有報也。今日歲除，鄉人有告行者，草草附此，未究所懷。願言爲道自重，以對大來之亨，區區至望，不宣。熹頓首再拜。

答吕伯恭

昨承枉過，得兩月之款，警誨之深，感發多矣。别去忽忽兩月，向仰不少忘。便中奉告，承已税駕，欣慰之劇。信後秋氣已清，伏惟尊候萬福。熹還家數日，始登廬山之頂〔一八〕，清曠非復人境。但過清，難久居耳。至彼，與季通方議丹丘之行，忽得來教，爲之悯然。却悔前日不且挽留，或更自鵝湖追逐入懷玉深山，坐數日也。

損約收斂，此正區區所當從事。日前外事有不得已而應者，自承警誨，什損四五矣。自此向裏漸漸整治，庶幾寡過。但恐密切處不似外事易謝絶也。綱目草藁略具，俟寫校淨本畢，即且休歇數月。向後但小作功程，即亦不至勞心也。向來之病，非書累人，乃貪躁内發而然。今當就此與作節度，庶幾小瘳耳。汪丈文字，已寫寄之矣。韓丈近得書，問「清議」二字所出何書，殊不省記，但憶劉元城語耳。因書告見教。唐裝之説，此亦多知其誤紊官制，此欲救其小而不知其□於大者之過也。專人奉問，未究所懷，惟千萬爲道自重，不宣。熹頓首再拜上狀。

别紙誨示，開發良多。太伯、夷、齊事，鄙見偶亦如此也。復有少反復，更望垂誨。

已作書，又得府中寄來七月九日所惠書，爲慰尤深。但所謂前兩惠書者，其一未到，不知附何人，可究問也。數日來蟬聲益清，每聽之未嘗不懷高風也。熹又覆。

答呂伯恭

昨專人反，附府中一書，想比日秋涼，伏惟尊候萬福。近思録近令抄作册子，亦自可觀。但向時嫌其太高，去却數段，如太極及明道論性之類者。今看得似不可無。如以顔子論爲首章，却非專論道體，自合入第二卷。作第二段。又事親居家事直在第九卷，亦似太緩。今欲别作一卷，令在出處之前，乃得其序。卷中添却數段，草卷附呈，不知於尊意如何？第五倫事，閫範中亦不載，不記曾講及否？不知去取之意如何，因來告諭及也。此書若欲行之，須更得老兄數字，附於目録之後〔一九〕，致丁寧之意爲佳，千萬勿吝也。遺書節本已寫出，愚意所删去者亦須用草紙抄出，逐段略注删去之意，方見不草草處。若只暗地删却，久遠却惑人也。記論語者，只爲不曾如此，留下家語，至今作病痛也。往時商量，欲以「程子格言」爲名，不如只作「微言」如何？雖有時氏所編已用此名，然將來自作序説破不妨也，更裁之。又欲煩就汪丈處借呂和叔集，檢看有西銘解否，有望録示也。此三事切望留念。又向時所許録寄文字，及前書所請者，或去人已遺歸，所寄未盡，望續附來爲幸。更説有何人語、孟説，亦望見寄也。叔度、叔昌二兄未及拜狀，因見煩致區區，不宣。

熹頓首再拜，八月十四日。

所云府中一書無之，誤記也。

答吕伯恭

便中承書，良慰瞻仰。比日冬温異常，伏惟尊候萬福。熹窮陋如昨，諸公許不彊致，其計甚便。所喻諄複，深見仁者憂世之心。然初辭甫上，便有前却，此似有制之者，非人力所能計較也。近得建業轉致定叟報甚詳，此亦不可便謂無妄之疾，要是自處有不至耳。得韓丈書，甚以老兄爲念。然諸公不先其難者，以開進賢之路，而區區用力於末流，適足以信其讒口，於事竟何補耶？近事一二，似亦可喜。然勿貳勿疑，古人之深戒，適足爲寒心耳。

竊承讀詩終篇，想多所發明，恨未得從容以請。熹所集解，當時亦甚詳備，後以意定，所餘才此耳。然爲舊説牽制，不滿意處極多。比欲修正，又苦别無稽援，此事終累人也。不審所欲見教者何事？亟欲聞之，恐不能悉論，姑得大者數條見示，亦足以有警也。論語説得暇亦望早爲裁訂示及。會稽之行，計亦不多日也。近看周、儀二禮，頗有意思。但心力短，過眼即復惘然，又似枉費工夫耳。「相人偶」更有一二處，但皆注中語，不應禮記注中又自引此注文。不知别有成文，或當時人語如此耶？近思刻板甚善，曲折已報叔度矣。垂喻昏議，此極不忘。但熹未敢輕易，已具以來誨諭諸往來者，有可問處，别馳報也。擴之不曾相見，擇之欲來，亦未見到，不知何故。季通有母之喪，貧迫甚可念也。董氏詩建陽有版本，旦夕託人尋訪納去。其間考證極博，但不見所出，使人未敢安耳。近讀大學，疑「人之其所親愛而辟焉」，只合讀爲「僻」字，則與上章同體，而於下文甚順。幸試思之見報，如何？桂林近得書，區處一路財計甚有條理。但云州兵閲習已成次第，不知如何也。亦甚覺向來講論過高之弊矣。近復一到武夷，留近旬月，窮探遍歷，乃知昔之未始遊也。摩挲舊題，俯仰陳迹，而叔京遂爲古人，重以傷歎耳。塾子久累誨督，感刻已深。又承許其稍進，尤切銘篆。苦淡之習，欲其自知進步，恐無此日。更得明示好惡而痛加撙節，則爲幸又不可言矣。相望千里，未有承教之日，臨風不勝黯然。顧言爲道自重，副此禱懇。

答吕伯恭

廟碑恐未刻間尚可改〔二〇〕，録呈一本，幸指喻。或因書徑報桂林，令緩刻也。叔京家屬爲埋銘，方草定如此，亦以求教。此全未成，尤望斤削，然亦不必示人也。元善遭祖母之喪，遽投解官文字而歸，州郡以法不許，目今進退無據。前日來問，欲請祠或尋醫，勸其不若尋醫。蓋渠以自幼鞠於祖母，故欲如此，然亦太輕率矣。渠前日寫得亂道詩數篇去，囑其勿示人。近聞乃嘗呈似子約，云已寫得。切告掩藏，勿令四出爲幸。

答吕伯恭

正初以書附便人，想已達。自此過小溪旬日，遂來富沙見韓丈，略聞近況爲慰。比日春雨應候，伏惟尊候萬福。汪丈遽至於此，想同此傷歎。此始聞之，猶未敢信，到城中始知果然。此公實爲今日善類之宗主，一旦隕没，何痛如之！即欲犇往哭之，又不敢輒至近甸，然旦夕歸婺源，或當便道一過其家。情義所在，有不得而避者。然亦不敢見人，幸勿語人也。因擴之行，附此。草草不暇它及。塾獲依師席，幸甚。凡百望痛加鞭勒。餘惟以道自重爲禱，不宣。正月晦日，熹頓首再拜上狀。

眷集均慶，子約不及別狀。

答吕伯恭

近因韓丈得附狀，計不至浮湛。人至奉告，欣審即日春和，尊候萬福。承喻以期會之所，甚幸。但區區此行，迫不得已，須一至衢，正以不欲多歷郡縣，故取道浦城以往。只擬夜入城寺，遲明即出，却自常山、開化過婺源，猶恐爲人所知，招致悔咎。今承誨諭欲爲野次之款，此固所深願。但須得一深僻去處，跧伏兩三日乃佳。自金華不入衢，徑趣常山道間尤妙。石巖寺不知在何處？若在衢、婺間官道之旁，即未爲穩便。蓋去歲鵝湖之集，在今思之，已非善地矣。更熟籌度之。又熹行期亦尚未定，大約在後月半間，經過宿留，度月盡可到衢耳。未敢預約，候到浦城，專遣一介馳報，回日即告喻以定處爲幸。亟遣此人，草草修報。它惟爲道自重，不宣。熹頓首再拜上狀。

前書所懇爲韓丈言者，告留念。前日自言之已力，似已蒙領略。然恐或忘之，脱致紛紜，不得不深防耳。千萬。

答吕伯恭

近因韓丈遣人拜狀，計先此達矣。比日春和，伏惟尊候萬福。行期想只數日間，自此屈指以望車音，幸疾其驅，慰此傾跂也。叔度兄昨小違和，今已安否？不知諸朋友孰能同來？因便信過門，草草附問，餘惟面言。

答吕伯恭

便中兩辱誨示，感慰之深。即日雨寒，伏惟尊候萬福。熹正初復至邵武，還走富沙，上崇安，四旬而後歸。將爲婺源之行，未及而韓丈召還，道出邑中，寄聲晉叔，必欲相見。不免又出山一巡，疲曳不可支矣。極欲一到三衢哭汪丈之喪，而未敢前，未知所以爲決。旦夕上道，却徐思其宜耳。叔昌寄示所作奠文，曲盡其爲人之梗概，讀之令人隕涕也。何兄誌文語病誠如所喻，前此固已疑而改之矣。它所更定尚多，怱怱未暇録呈，草本告收毁之也。子澄已對未？所欲言者，想已子細商較。大抵今日發口，欲其盡己而不失時義之中，此爲難耳。尊嫂葬事想已畢，自此無事，以次整頓諸書以惠後學，甚善。然亦願早下手也。熹所欲整理文字頭緒頗多，而日力不足。今又方有遠役，念念未始一日去心也。

讀易之法，竊疑卦爻之詞本爲卜筮者斷吉凶，而因以訓戒。至彖、象、文言之作，始因其吉凶訓戒之意而推説其義理以明之。後人但見孔子所説義理，而不復推本文王、周公之本意，因鄙卜筮爲不足言；而其所以言易者，遂遠於日用之實，類皆牽合委曲，偏主一事而言，無復包含該貫、曲暢旁通之妙。若但如此，則聖人當時自可别作一書，明言義理以詔後世，何用假託卦象，爲此艱深隱晦之辭乎？故今欲凡讀一卦一爻，便如占筮所得，虚心以求其詞義之所指，以爲吉凶可否之決，然後考其象之所已然者，求其理之所以然者，然後推之於事，使上自王公，下至民庶，所以脩身、治國皆有可用。私竊以爲如此求之，似得三聖之遺意。然方讀得上經，其間方多有未曉處，不敢彊通也。其可通處，極有本甚平易淺近，而今傳注誤爲高深微妙之説者。如「利用祭祀」、「利用享祀」，只是卜祭則吉；「田獲三狐」、「田獲三品」，只是卜田則吉；「公用享于天子」，只是卜朝覲則吉；「利建侯」，只是卜立君則吉；「利用爲依遷國」，只是卜遷國則吉；「利用侵伐」，只是卜侵伐則吉之類。但推之於事，或有如此説者耳。凡此之類不一，亦欲私識其説，與朋友訂之，而未能就也。不審尊意以爲如何？因來，幸以一言可否之。

禮書亦苦多事，未能就緒。書成，當不俟脱藁，首以寄呈求是正也。示喻令學者兼看經史，甚善甚善。此間來學者少，亦欲放此接之。但少通敏之姿，只看得一經或論、孟，已無餘力矣。所抄切己處，便中得數段見寄幸甚。然恐亦當令多就經中留意爲佳。蓋史書鬧熱，經書冷淡，後生心志未定，少有不偏向外去者，此亦當預防也。如何？季通行計久未能辦，近復有同母兄之喪，旦夕或同過婺源，然後入浙。擴之已去，今想到彼久矣。到邑中擾擾，臨行作此，書不盡懷。子約兄不及別狀，意蓋不殊此。塾蒙收教，舉家知感。恐其懶惰未能頓革，更望痛加鞭策，千萬幸甚。餘惟爲道自重。

答吕伯恭

昨承遠訪，幸數日款，誨論開警良多。别忽五六日，雖在道途，不忘向仰。乍晴漸熱，伏惟尊候萬福。熹十二日早達婺源，乍到，一番人事冗擾，所不能免。更一兩日，遍走山間墳墓，歸亦不能久留也。

道間與季通講論，因悟向來涵養功夫全少，而講說又多彊探必取、尋流逐末之弊，推類以求，衆病非一，而其源皆在此。怳然自失，似有頓進之功。若保此不懈，庶有望於將來。然非如近日諸賢所謂頓悟之機也。向來所聞誨諭諸説之未契者，今日細思，吻合無疑。大抵前日之病皆是氣質躁妄之偏，不曾涵養克治，任意直前之弊耳。自今改之，異時相見，幸老兄驗其進否而警策之也。

近思録道中讀之，尚多脱誤，已改正送叔度處。横渠諸説告早補定，即刊爲佳。此本既往，無以應朋友之求假，但日望印本之出耳。千萬早留意，幸甚。精義可補處，亦望補足見寄。只寫所補段字〔二一〕，注云：「入某段下。」精義或以屬景望刊行，如何？熹書中已言之矣。昨所問趙公時曾有虜使到闕事，想已得之。此人回，幸批示。前日過拜石門墓下，甚使人悽愴也。因便拜狀，草草。正遠，惟爲道自重爲禱。

答吕伯恭

奉八月六日手教，開警良深。信來踰月〔二二〕，秋霖爲冷，不審尊候復何如？伏惟德業有相，起處多福。熹前月至昭武，見端明黄丈，旬日而歸，幸粗遣日，無足言者。黄丈端莊渾厚，老而不衰，議論不爲詭激，而指意懇切，亦自難及。見之使人不覺心服，益自愧其淺之爲丈夫也。

伏承誨諭辭受之説甚詳，蓋一出於忠誠義理之心，非世俗欣厭利害之私所能及。三復玩味，使人心平氣和，恨其聞之晚也。然中間亦嘗妄意出此，及被不許之命，則臨事又覺有忸怩處，遂復以狀懇辭，而甚婉其説。但昨以書謝韓丈及此并懇廟堂，則已頗盡其詞。蓋來教所謂不當廣者，悉已陳之矣。諸公悉其狂妄，必相垂念。萬一不然，則熹亦不爲有隱於今日，冒昧一行，蓋非所惜；但恐所處亦不能如來教之所謂者，則反有所激，以爲身世之害，未可知耳。昨日得伯崇書，道其所聞於周子正者，則行止又似别有所制，非復諸公所能斟酌矣。然月末再狀已行，度旬月間必有決語，亦恭以俟命而已，復何説哉！

儒釋之辨，誠如所喻。蓋正所當極論明辨處，若小有依違，便是陰有黨助之意，使人不能不致疑。而不知者遂以迷於向背，非小病也。自今切望留意於此，豈可退託以廢任道之實，幸其衰熄而忽防微之戒哉！

近思數段，已補入逐篇之末，今以上呈。恐有未安，却望見教。所欲移入第六卷者，可否，亦望早垂喻也。喪禮兩條承疏示，幸甚。或更有所考按，因便更望批報也。偶有便人，夜作此附之，未及究所欲言，臨風惘惘。子約兄未及別狀，近讀何書？所進何如？有可見語者，願聞之。

叔度向欲刻近思板，昨汝昭書來，云復中輟，何也？此人行速，亦未及作書。此事試煩商訂，恐亦有益而無損也〔一三〕。未承教中，正惟以道自重爲禱。

校勘記

〔一〕若用有所不周　「周」，原作「同」，據正譌引唐荆川本改。

〔二〕直以浮薄談目之　「談」，浙本作「輩」。

〔三〕深所願望　「願」，原作「顧」，據浙本改。

〔四〕此庵元只作右丞莊屋　「右」，原作「古」，據浙本改。

〔五〕渠更待闕耶　「耶」，原作「耳」，據浙本改。

〔六〕諸況具能言之　「具」，原作「其」，據浙本改。

〔七〕周教授至如何　此三十六字亦見文集卷三五答吕伯恭。

〔八〕今日忽得手示　「手」，原作「守」，據閩本、浙本改。

〔九〕康節恐是至幸甚　此一百二十六字又見續集卷五答吕東萊。

〔一〇〕別作狀回申矣　「申」，原作「中」，據浙本改。

〔一一〕已有如此訓釋一段甚詳　「甚」，原作「其」，據浙本改。

〔一二〕遂登蘆山　「蘆」，原作「廬」，據浙本改。

〔一三〕謾到左右　「到」，正訛改作「致」。

〔一四〕文意相屬　「意」，原作「章」，據浙本改。

〔一五〕計已次第聞達　「聞」，原作「問」，據浙本改。

〔一六〕聞更欲脩堯廟　「聞」，原作「間」，據浙本改。

〔一七〕然後敢行也　「敢」，原作「改」，據浙本改。

〔一八〕「蘆」，原作「廬」，據浙本改。

〔一九〕附於目録之後　「附」，浙本作「繫」。

〔二〇〕廟碑恐未刻間尚可改　「改」，原作「解」，據浙本改。

〔二一〕只寫所補段字　「段」，原作「假」，據浙本改。

〔二二〕信來踰月　「來」，浙本作「後」。

〔二三〕恐亦有益而無損也　「亦」，原作「未」，據浙本改。

晦庵先生朱文公文集卷第三十四

書 汪張吕劉問答（一）

答吕伯恭

前日專人拜狀，想達。偶至建陽，竊聞新除，不勝慰喜。而區區私請亦遂從欲，尤以欣幸。諸公若早知出此，則無如許紛紛矣。老兄憂時之切，惓惓不忘，竊計裂裳裹足，不俟屨而就途矣。所願慨然以身任道，無所回隱，因上心之開明，及時進説，以慰善類之望，千萬幸甚！往者固憂鄭自明之舉莫之或繼，其爲安危禍福之機，有不容息者。今得賢者進，爲少寬畎畝之憂矣。熹亦未知差敕在甚處，想諸公必已發來。或尚留彼，告爲早取附便也。大兒方幸依託，不知今當如何？欲便遣人取之，又以懇叔度催畢親事，更俟其報。若只此歲裏,則未能便喚歸也。然老婦之病日益進,深以此事爲憂。得并爲一言速之,千萬幸甚!因黄尉行附此,草草。自此不欲數以名姓入都,音問不得數通矣。千萬爲道自愛。

答吕伯恭

前月半間遣人拜書,及建陽附黄尉二書,想已達。不審從人竟用何日入都?比日初寒,伏惟尊候萬福。任道濟時,此中外所深望於明哲,而區區尤所不能忘者。計所處素定,以時發之,當不待它人之贊也。熹祠請已遂,尚未知敕命所在,不知諸公發在甚處也?前書所懇大兒姻事,今楊元禮教授經由,專託渠見叔度面議。若老兄未行,亦望留意,庶得便遣其歸也。昨所寓李主管書,今日方到,恐閑知之,未即承教,惟千萬爲道自愛。卷集伏惟均福。承惠筆墨霜柹,感領厚意。便遽,未有以爲報也。有委勿外。熹拜問。

答吕伯恭

昨附建陽黄尉兩書,不審已達未?得子約書,聞已供職矣,甚善甚善。又得向來便中所惠書,尤以慰幸。比日冬寒。伏惟尊候萬福。熹私門禍故,老婦竟不起疾,悲悼不可爲懷。兒子遠歸,已後其母,又切傷痛也。一體胖合,情義不輕,而自此門内細碎,便有不得不關心者。衰懶詎復堪此，奈何奈何？又聞叔度之病亦復不尋常，深以懸念。不知竟如何？此公清介，在朋友中最爲可畏者，且願其早平復也。

老兄到館而已旬月，諸況如何？近年一種議論，專務宛轉回互，欲以潛回主意，陰轉事機。此在古人，固有以此而濟事者，然皆居亂世、事昏主，不得已而然者。竊謂今日主相樂聞忠言非不切至，特蔽於陰邪，不能決然信用。而或者乃欲以彼術施之，計慮益巧，誠意益衰。以上聰明，亦豈不悟其爲此〔一〕？此所以屢進而卒不效也。不審高明以爲如何？然當默之，勿以語人也。前附黄尉書或未到，亦宜索之。其間亦有一二語非它人所欲聞者，不可浮湛也。自此拜狀不能及此等矣。熹祠命已下，偶值喪禍，未及拜受。上恩如此，何以爲報！正惟脩身守道，以求無負獎寵之意而已。因便拜狀，衮冗，不暇它及。千萬爲德業自愛爲禱。

答吕伯恭

私家不幸，室人隕喪，悲悼酸楚，不能自堪。黄仲本來，伏承惠書慰問，哀感之深。并辱歸賻，尤以愧荷。即日春寒，伏惟尊候萬福。史篇計已奏御，勾考計良勞，然得是非黑白不至貿亂，足以傳信久遠，亦非細事也。熹自遭禍故，益覺衰憊，内外瑣細自此便有不得不關心者。加以目下一番賓客書問之冗，至今未定，形神俱耗，不復能堪矣。偶婺源滕秀才珙在上庠，其兄來爲求書請見，因得附此致謝。滕生未相見，聞資質頗佳，亦知向學。得與其進爲幸。未有承教之期，臨風傾仰。惟千萬爲道自重，慰此遠誠。

答吕伯恭

昨黄仲本至，并領回書〔三〕，弔問甚勤，且辱賻襚，尋以數字附婺源滕生致謝，不知今已達否？即日春和，伏惟尊候萬福。熹杜門忽忽，意緒殊不佳。雨多，卜葬至今未定。更旬日間，且出謝親知，并看一兩處。若可用，即就近卜日也。今日得叔度書，知已向安，甚慰。近思已寄來，尚有誤字，已校定寫寄之矣。汝昭聞已復官，諸公必有以處之。但不知後來竟自陳否耳。徽録當已進呈，自此或少事矣。小魏過門，附此問訊，它不敢及。惟千萬爲道自愛，亟推所有以正君及物爲幸，不勝吾黨拳拳之望。

答吕伯恭

前日魏應仲行，拜狀想達。比日春暖，伏惟尊候萬福。熹所欲言者已見前書，適記一事，嚴州遺書本子初校未精，而欽夫去郡。今潘叔玠在彼，可以改正，并刻外書以補其遺。前附叔玠書，因忘及此，今此便遽，又未暇作渠書。告因便爲達此意，并求一印本，便中示及，容爲校定送彼。蓋此中已無其本也。切幸留意。友人王欽之主簿赴調過此，因得附訊。欽之有意於學，而病悠悠，因見有以警之爲幸。正遠，爲道自愛。

答吕伯恭

久不聞問，積有馳情。元善歸承書，少慰。其後曾丞經由，亦道存問之意，爲感。然久不致問訊，雖聞遷進之寵，曾不能一致賀，顧此亦未足以甚慰所望云爾。比日劇暑，伏惟尊候萬福。來書諸諭差彊人意，更願益以其大者自任，上有以正積弊之源，下有以振久衰之俗，則區區之望也。今瞑眩之藥屢進未效，其他小小温平可口之劑，固無望其有補矣。不勝畎畝私憂，輒復及此，惟高明深念之也。敬夫北歸，私計甚便。近收初夏問書，云其子病。繼聞音耗殊惡，果爾，殊可念也。楝仲到必已久，子重時相見否？叔度兄弟久不得書，不知爲況如何。詩説所欲脩改處，是何等類？因書告略及之。比亦得閒刊定，大抵小序盡出後人臆度，若不脱此窠臼，終無緣得正當也。去年略脩舊説，訂正爲多。向恨未能盡去，得失相半，不成完書耳。綱目近亦重脩及三之一，條例整頓，視前加密矣。異時須求一爲隱括，但恐不欲入此千古是非林中擔當一分。然其大義例，熹已執其咎矣。但恐微細事情有所漏落，却失眼目，所以須明者一爲過目耳。

文海條例甚當，今想已有次第。但一種文勝而義理乖僻者，恐不可取。其只爲虚文而不説義理者却不妨耳。佛老文字，恐須如歐陽公登真觀記，曾子固仙都觀、菜園記之屬乃可入，其他贊邪害正者，文詞雖工，恐皆不可取也。蓋此書一成，便爲永遠傳布，司去取之權者，其所擔當，亦不減綱目，非細事也。況在今日，將以爲從容説議開發聰明之助，尤不可雜置異端邪説於其間也。欽夫寄得所刻近思録來，却欲添入説舉業數段，已寫付之。但不知渠已去，彼能了此書否耳。近時學子有可收拾者否？近兩得子壽兄弟書，却自訟前日偏見之説，不知果如何？曾丞説劉醇叟者欲來相訪，而久不至，豈不成行邪？近看論、孟等書，儘更有平高就低處，恨未得從容面論耳。子約昨聞欲過湖秀，今已歸否？塾等拜起居。正遠，千萬爲道自重，區區至禱。

答吕伯恭

前日便中伏辱近告，感慰亡量。信後秋清，伏惟尊候萬福。熹比與純叟及廖子晦同登雲谷，遂來武夷。數日講論甚適，今將歸矣。偶浦城林叔文見訪亦累日，云嘗從徐誠叟學，頗能道其緒言。今欲至浙中謁知舊，以葬其親，意亦可憐。或恐有求館客者，其人老成篤實，得垂記念，幸甚。臨行草草附此，未暇他及。惟千萬爲道自重。

答吕伯恭

前日所禀密庵事，想蒙垂念。近以久不得報，淨昇者益無禮，至於聞官，已令回申云。熹遣人賫書往門下審其虚實矣。切望早白知府令叔，早發一信相報，或别遣一僧來，追收靜昇文帖爲佳。不然，此事無收殺，必壞此庵，可惜也。千萬至懇至懇。子重所遷何官？未及上狀，因見煩致區區。

答吕伯恭

近因劉家便人一再上狀，想達。人日遞中忽被報聞之命，丞相又以私書鐫喻懇切，勢不容復辭，已即拜受。但敕劄尚留府中，旦夕當請以歸也。朝廷厚意如此，豈敢不承？但衰懶決不堪仕宦，其勢須專人致書謝丞相，而復申宫廟之請耳。初謂夤緣可得一對，使君相親見其衰悴不堪之狀，或可脱免。今既有任滿奏事指揮，則正自不如所料，只得罄竭懇請，庶免疏脱耳。遞中具此，幸預爲一言，庶得旦夕遣人，到日便得遂請，勿使至再。不唯陰芘孤蹤，不使至於狼狽，亦使斗升微禄，不至斷絶，實爲幸甚。適獲忝覽册府賡歌，從容風議之辭，獨得之於高明耳，歎仰歎仰。比日初冬，寒氣未應，伏惟尊候萬福。更幾以時深爲吾道自重，幸甚幸甚。

答吕伯恭

月末人還，承書，具審比日冬寒，尊候萬福，感慰之劇。進長著廷，行膺獻納之選，吾道爲有望矣。熹所請不遂，諸公意則甚勤。但私計爲甚不便，私義爲甚不安。加以近來疾病益衰，前日欲略入城，將就車而病作，兩日不能起。今方粗支，然尚未敢出門户也。未論其他，觀此氣象，豈復更堪遠宦〔四〕？今亦無可奈何，且一面呼迓兵，爲輿病獨往之計。萬一臨行不堪勉彊，又當别致情懇。且前後誨諭之意非不詳悉，亦竊自念一向如此，實於大義有所不安。又思今日致身事主以扶三綱者，世不乏人，決不至以熹故遂使大倫至於廢闕，故願乞其庸繆衰殘之身，以偷安自逸，盡此餘年。且萬一不免復有祈請，全仗老兄力爲主張，使不至大段狼狽也。子約得書否？亦甚爲熹憂此行。蓋此理灼然，況今又甚於前日邪？便中寓此，不敢他及，惟以時爲道自愛。

答吕伯恭

月初遞中辱書并省劄，良感眷念。比日霜寒，伏惟尊候萬福。熹昨以祠請不遂，欲俟迓兵到即行。今忽以此故累及他人，心不自安，不免復伸前請。納去劄子三通，其中但是説病不可支，更上煩一爲宛轉。不欲作諸公書，又非倉卒所能辦。兼亦不敢家居俟命，已一面前走饒信間俟指揮。若得回降，告只發來鉛山、弋陽以來尋問也。非欲故違丁寧之誨，顧以私心實不自安，亦以鹽司前日之舉似太輕率，恐致人言，故不免復爲此請。切幸見亮，早爲料理，使得免於後日之患，則所望也。熹今雖行，亦未敢越番陽而西，且宿留安仁、餘干界中俟命耳。更有少懇：劉樞之葬，此間無曉飾棺制度者〔五〕。府中有狀申部，得戒吏屬分明圖畫、寫注行下爲幸。熹暫到城中，留此付其所遣人。連日人事紛冗，已不能支，不復他及。

答吕伯恭

昨在城中附府司持申部狀人一書，不知達未？比日霜寒，伏惟尊候萬福。熹還家兩日，南康已略遣得數人來，而今日復被堂帖趣行，勢不敢久居家。但開正須略到近處墳墓省視，及欲略走邵武問黄丈之疾，歸來方得就道，計在燈夕前後矣。昨所懇三劄，不知已投否？幸早爲宛轉，得及行之未遠而被命以還爲幸。不然，亦須早得一報，蓋在道不容久宿留也。千萬留念，至懇至懇。劉家葬禮，得早爲指揮，圖畫注釋行下爲幸。或假未開，亦告督趣行下。蓋其家葬已有期,欲及時早辦也〔六〕。渠家昨受過建康買棺錢,今欲還納。聞周内翰深以爲不可,不識何謂,試煩叩之,子細批報爲幸。遞中拜狀,不敢他及。歲晚珍重,以對大來之慶,吾黨甚望甚望。

答吕伯恭

歲前累奉狀,今想皆達。但得伯崇書,聞嘗苦末疾,甚駭聞聽。不知賢者清修寡欲,何以忽有此疾?當是耽書過甚,或失飲食起居之節,致外邪客氣得以乘虚投隙而入耳。然計根本完固,非久當遂平復,尚恃此以不恐耳。熹昨懇請祠,不知曾爲致力否?恐不曾爲料理,再遣此人去,託機仲宛轉求之。或前日所懇已有回降指揮,即語機仲,更不必投也。蓋病軀日來雖無他苦,但一味昏耗倦怠,應對隨輒遺忘,坐久即思瞌睡,此豈堪作吏者?諸公想亦能哀之也。然亦不敢居家俟命,旦夕略過分水一兩程,以俟得請而還。幸語機仲早爲致力爲幸。急遣此人,不暇他及。惟千萬加意調養,以取全安爲望。

答吕伯恭

數日來聞體中不安,懸情不可言。建卒還,得子約書,知已有退證,甚慰。以老兄平日存養之厚，根本深固，必無他慮，今當日勝一日矣。熹二十五日已離家，前至鉛山即止，以俟前請之報。但機仲不爲投下文字，此甚費力。向使當時即投前劄，今或已免此行。今若更不爲投，即不免遣還迓兵，決爲歸計矣。深不欲至此，但事勢使然，不得已耳。交歲以來，十病九痛，甚不堪此勞頓。正使遂以罪罷，不得祠禄，亦所願欲。因見機仲，幸更爲督之。若必欲熹赴官，亦須更得朝旨乃可去。蓋已報本軍官吏以嘗請祠，今無故忽然撞到面前，亦可笑也。老懶殊甚，若得遂所請尤幸。此但爲不得已之言耳。子約不及別書，意不殊此。引疾丐閑，計已屢上，若度三兩月間未能就職，不若力請爲宜也。遞中草此。

答吕伯恭

自發鉛山後，一向不聞動静，殊以爲懷。到此始得叔介書，知已出都門，體候益輕快，喜可知也。比日清和，伏惟尊候萬福。休養既久，計日覺平復矣。熹去月之晦已交郡事，違負夙心，俯仰愧歎。重以衰病，精力昏耗，驟從吏役，尤覺不堪。尚幸地狹人稀，獄訟絶簡少。然猶治事終日，不得少休。亦緣乍到，不知事之首尾，綱紀又皆廢墜，諸邑無復禀畏，極費料理。民貧財匱，不得不少勞心力，更看一二日後如何。若更如此，則住不得，便須告歸。若能少定，則或推遷至夏末也。始至，首下書訪陶桓公、靖節、劉凝之、周先生諸公遺迹，教授楊元範已作劉祠，因并立周象，配以二程先生，尚未成也。四五日一到學中，爲諸生誦説，只此一事，猶覺未失故步。其他不能盡報，堃必能略道之。或有未當，幸口授子約，細條畫見教爲望，千萬至懇。廬阜勝絶，粗慰鄙懷。漱玉、三峽皆已一到，簡寂亦深秀可喜也。每至勝處，輒念向來鵝湖之約，爲之悵然。今殊未有並遊之日，但願早脱此羈縶，亟往問訊，庶獲款教耳。未間，千萬珍重。

答吕伯恭

前日兒子行，拜狀矣。即日天氣不定，不審尊候復何似？竊惟斯文有相，益向平復。熹到此初不自料，欲小立綱紀，爲民整頓一二久遠弊〔七〕，兩日來覺氣象殊不佳，已走介請祠矣。却有小事拜懇：學中元範教授立得濂溪祠堂，并以二程先生配食，又立得陶靖節、劉凝之父子、李公擇、陳了翁祠，通榜曰「五賢」。蓋四公此間人，而了翁亦嘗謫居於此也。周祠在講堂西，五賢在東。周祠已求記於欽夫矣，五賢之記，意非吾伯恭不可作。本欲專人拜懇，而小郡寒陋之甚〔八〕，不敢多遣人出入，只令入都人附此於汝昭兄弟處。書到，切望便爲落筆，却懇韓丈借一介送來。或恐熹已行，即徑送楊教授處可也。陶公栗里只在歸宗之西三四里，前日略到，令人歎慕不能已已。廬山記中載前賢題詠亦多，獨顔魯公一篇獨不干事，尤令人感慨。今謾録呈，想已自見之也。極知老兄體候未平，不當有此請。然恐已清安，不妨運思，故敢以爲請耳。韓丈不暇拜書，蓋此所避，正韓丈向來所遭躪藉之流，甚恨失計輕去山林，踧踖于此，如坐針氊之上也。相見煩爲説及。此來不曾了得公家一事，但做得此祠堂，看得廬山耳。然非暇日不敢出，出又有所費，初亦不敢數數。今覺日子無多，不免每旬一出也。罷書才到郡，徑走谷簾，轉山北，拜濂溪書堂之下而歸，亦足以少復雁門之踦矣。今日周先生之子來訪，令人悵然。明日亦約與俱游山也。亟遣人，所欲言者尚多，皆未暇及。惟千萬加愛爲禱，不宣。

答吕伯恭

自承病訊之後，雖聞已漸向安，然殊不得手字。今又月餘，不聞動静，懸仰不可言也。比日暑溽，不審起居復何似？計益輕健也。熹到官四閲旬矣，俯仰束縛，良有不可堪者。見爲料理一二利害文字，旦夕列上，并申歸田之請也。叔度昆仲、子約諸兄友皆未及上狀。兒子到彼必已久矣，乞嚴賜檢束爲幸。顧雖無海門之禍，然亦不免了翁之憂也。必以無醫藥爲憂者惑也，高明此，令郡吏轉達。蓋恐已歸婺女，如或未行，亦可早命駕也。因便附必深矚此，聊言之以助思慮之所不及云爾。他惟爲道珍重。

答呂伯恭

近得子約書，知已還舊隱。又見德化主簿經過，云亦嘗得望顏色，喜慰深矣。比日想益輕健。但數日暑氣異常，不知宜如何耳。又聞尊嫂亦嘗不快，想亦無他也。熹失計此來，百事敗人意。此月内當遣人丐祠禄，得與不得，復未可知。然不以病去，則必以罪去矣〔九〕。前請祠記，近已畢事奉安，不審能爲抒思否？此不敢必，但若得之，不惟爲此邦之幸，亦使四方善類知老兄病中猶不廢此，足以少自慰也。廬阜奇處盡在山南，玉淵、三峽蓋已屢到。但此數日來，不欲暑行勞人，徒夢想水石間也。三峽之西有懸瀑瀉石龕中，雖不甚高，而勢甚壯。舊名卧龍，有小庵，已廢。近至其處，不免捐俸金結茅，欲畫孔明像壁間，俟得解郡事，且入其間，盤礴旬日而後去耳。此來百事敗人意，獨此差自慰耳。塾不知已到否？此兒來，自此徑去，渠至中路，又聞同中子歸家，其不聽人言語皆類此。到彼幸時呼來痛鐫責之，渠於老兄教誨即不敢忽也，千萬至懇。聞少嘉爲貢曲折，甚彊人意。此亦一大幾會，惜渠輩伎倆止此，不能乘勢立作也。此間斗海，殊不聞事，不知近事復如何耳。子約不及别狀，意不殊前。

熹來此，日間應接衮衮，莫夜稍得閒向書册，則精神已昏，思就枕矣。以此兩月間只看得兩篇論語，亦是黄直卿先爲看過，參考同異了，方爲折中，尚且如此。渠昨日又聞兄喪歸去，此事益難就緒矣。近年百念灰冷，只此一事庶幾少慰平生之願。今又如此，亦命矣夫！因毛掾告有便，附此，未能究所懷。惟千萬爲道自重，因便數頻寄聲爲幸。潘叔介書來，云老兄能書大字，書中得一二字，幸甚幸甚，不宣。六月七日，熹頓首再拜上狀伯恭參議直閣大著契兄〔一〇〕。

荆州久不聞問，遣人去亦未回，但傳其政甚偉，不知果如何也。

答吕伯恭

昨日方以書託毛掾附便，未行。今晨人還，忽領手字，把玩無斁，喜可知也。但聞尊嫂復不甚安，何乃如是？計今服藥調理，亦當平復矣。

誨諭數事，極感垂念。學中向來略爲説大學，近已終篇。今却只是令教官挑覆所授論語諸生説未到處，略爲發明。兼亦未嘗輒升講坐，侵官瀆告，如來教所慮也。但只如文翁、常衮之爲，區區志願止於如此耳。

政事固欲簡靜，但今時仕宦之人不務恤民，多是故縱吏胥，畏憚權豪，凡有公事，略加點檢，無不坐此二病者。勢不得已，須差擇一二根治，此外則絶不敢有毫髮之擾。

財賦適諸縣皆不得人，弛廢殊甚。爲丞佐所迫，亦不免追人吏監禁斷遣。然思爲縣者亦豈不欲了辦財賦、見知州郡，何苦如此逋慢？想亦是有做不行處。每握筆欲判此等文字，未嘗不慨然太息。乃知真是腐儒，不敢諱人指目也。趙守規模具在，但終是意思不如此，自使不行。然亦恐官私俱竭，政使人存政舉，亦未必能爲可繼也。此事可慮，真是使人不忍。所以急欲丐去，非是苟求自佚，亦是下不得如此毒手也。見爲星子縣討論經界添税不重定，旦夕申乞，蠲減得三五百匹和買，未知朝廷肯相從否？此爲益殊不多，然亦勝於不減耳。所懇漕司者，乃是上供餘米，兩漕近皆相許，但未得明文撥下耳。蓋本軍年額秋苗四萬六千石，而上供四萬石，餘六千石漕司樁管在軍，往往亦催不足。其見催到者，本軍既不敢支，漕司又無所用，但陳腐積壓，消折見欠數。而本軍官無支給，並是額外加耗，巧作名色取之。故今欲從漕司乞此餘數，科撥在軍，應副軍糧。然亦僅可供四五月之用，其他依舊須自辦也。平生讀書，要作如何利益底事？今到此，此等事便做不得。中夜以思，實不遑安處。每誦韋蘇州句云「身多疾病思田里，道有流亡愧俸錢」，此中百姓倏來忽往，更無固志，未嘗不低徊愧歎也。

寄居積俸，只是初到有以本身料錢爲請者。量與逐月帶支，所費不多。他如見任官員使臣任滿當去而未支者，亦量事制宜，不敢一例放行，亦不敢一切不恤也。

修造事，學中二祠只是因舊設像，別無地步可起造。其他方作得劉凝之庵亭并門。凡此等皆用初到送代者折送香藥及逐月供給中不應得者椿管爲之，不敢破使官錢。至如前書所説卧龍庵，又自用俸錢，亦不敢破此錢矣。園中蓬蒿没人，尚未能芟除，何暇及他事耶？

求去之説，如前所云。又以衰病之餘，精力耗損，每對吏民、省文案，或至坐睡，不惟有所不堪，亦恐吏輩乘隙爲姦，貽患千里〔一〕，故欲急去。且承喻之及，故悉具報如此，只得勤尊慮也。有未嘗理處，却幸垂教，所深望也。

前書懇作五公祠記，計今可以抒思矣。因來千萬早寄示爲幸。蓋已具石，恐熹或去此，又不能得了耳。承教未期，千萬加意調衛，以取十全之安，至望。

答吕伯恭

數日前毛掾人行，附狀想達。比日庚伏暑盛，竊計尊體日益清安矣。熹昏眊短拙，支吾不行，已遣人上減税之奏，并以奉祠請於諸公矣。其鳴甚哀，恐必可得。不然，亦須再請，以得爲期也。

熹向嘗拜書，以五賢祠記爲懇，後來不及遣行，而嘗因書申懇。昨偶檢閲故書得此，恐後書首尾不見，今以納呈，幸爲出數語爲賜也。近得荆州書，已許爲記三先生祠。若得老兄之文與之並傳，真此一方之幸也。「五賢」欲作「五君子」，如何？更告誨諭。然此文大概當以教官爲主，蓋劉、李之祠本楊元範所立，今但增數公耳，不欲掩其善。且近以此著於薦書，不可於此有異同也，切幸留念。

去意已決，他無可言。亦不及作叔度昆仲書，因見煩致此意。子約亦不殊此。塾已成昏未？亦不及與之書，告呼來喻之。辨志録偶不帶來，欲令塾寫一本，并告語之也。尊嫂所苦當已向安矣，暑氣未衰，更冀加意珍重，不宣。六月十八日，熹頓首再拜上狀伯恭參議直閣大著契兄坐下。

子約不及別書。塾在叔度處，只令就學書館亦幸，可否更在尊意裁度也。適又領四月三日所寄郡吏書，不及作報也。

答吕伯恭

便中屢拜狀，當一一關徹矣。比日清秋，伏惟尊候萬福。但久不聞動靜，懸想不可言。向來所苦，今當洗然矣。願更加意飲食起居之節，以壽斯文。區區之禱，非獨朋友之私情也。熹在此不樂，求去不遂，無以爲計。近因輒用劄子奏蠲租事，爲廷議所折，已申省自劾矣。祠禄不敢冀，只得罷逐而歸，亦爲幸甚也。郡事得同官相助，近却稍不費力，但所治無非米鹽箠撻之事，殊使人厭苦。得早去，真如脱免也。汝玉竟不免彈射，此亦仁鳥增逝之秋矣。前書拜懇記文，千萬勿拒，便付此人以來爲幸，千萬至禱。因遣人弔叔度，草草附此。

答吕伯恭

久不聞動靜，不勝懸仰，比日秋凉，竊計尊候益輕健矣。熹昨懇求盛文，以記五賢祠事，想已蒙念。得早示及爲幸，恐熹去不及刻矣。又嘗附隆興書，浼子約借精義，補足横渠説定本，欲與隆興刻板，亦乞爲子約言，早付其人，或徑封與彼中黄教授可也。千萬留念，至懇至懇。今日釋奠處，見楊教授説有便，亟作此，不暇他及。亦不暇作叔度昆仲書，幸爲致意。塾亦不及書，只乞唤來以此示之。餘惟爲道自重爲禱。

答吕伯恭

熹昨拜書，以五君子祠堂記文爲請，屢辱教字，都未蒙喻及可否之意。竊觀書札語意，似已不妨出此數語，以慰一方學者之望，况發明前賢出處之意，又高明平昔所以自任之重乎？非專出於鄙意也。濂溪祠記荆州已寄來矣，已屬子澄書而刻之。旦夕刻成即寄。但所請竊望便爲留意，及熹未去得之，幸甚。石謹具矣，顒俟顒俟，至懇至懇！熹上覆。塾子時乞呼來戒教之爲幸。熹又拜懇。

答吕伯恭

久不聞問，正此馳情，忽奉手告，竊審尊候日益輕安，喜不可言。子澄適亦在此，相與慶抃也。尊嫂所苦亦喜向平，浙中醫藥計不難致也。熹前日所請，只乞減星子一縣偏重稅錢，及減和買三二百匹耳。此未足以慰益上下之望，前日度力量恐不能有以加，且爾粗塞責耳。請祠已并上，甚恨聞教之晚。然衰病疏拙，實非所堪，勢不得不爲此也。李嶧之事，顔漕已燭其妄，昨亦宛轉附之。但恐此人前路復有譸張，不得不移書朝列一二故舊，使之聞之，非有咎顔漕意也。通書初實甚懶，近因申請減稅，已例與之矣。凡此隨俗，漸乖宿心，勢豈容久住？只有力懇而去，他皆不暇計也。子約不及别狀，意不殊此。餘惟爲道千萬自愛，不宣。

答吕伯恭

僭易拜問，尊嫂宜人向來聞不安，今想亦平復矣。子約老友未及别書。前便奉問達否？比讀何書？所進想日超詣，因來及之，滌此塵坌，幸甚。熹此來不得讀書，胸次覺茆塞。至於平日疾惡之心，施之政事，亦不免有刻急之譏，無復寬裕和平之氣，甚可懼也。不知所聞如何？幸有以警之。熹再拜上問。

熹汩没吏事，心力益衰。前書記得有數事致懇，今皆忘之，幸檢看，一一還報也。

答吕伯恭

昨聞尊嫂宜人奄忽喪逝，深爲驚愕。即欲遣人致慰問而未暇及。便中乃辱手書訃告，益愧不敏。竊惟伉儷義重，痛悼難堪。然尊體未盡平復，深宜節抑，以慰友朋之望也。

熹黽俛於此，恰已半年，求去不得，深以爲撓。自秋中得報，即欲再請，而諸公皆以爲雖大臣故老，典藩亦必期年而後敢請，意若以犯分僭越爲咎者，是以遲遲。又以秋來若不甚大病，作書懇請雖極諄諄，覺得亦有難説處，不免少忍踰冬，以應期年之説，庶幾得之。今亦託人先達此意，逼歲通賀正書時便并遣也。前此或恐有不相樂者，或相中害，此亦無如之何，任其彈射，不能如此切切顧慮也。

郡事比亦甚簡靜。秋間以兩縣破壞，不免暫易其人，即日詞訟便減什七八，今或至當日而無訟者。亦緣略鉏去一二亂政生訟者之故，戒令勸率，民間亦肯相信。如中間舉行别籍異財之令，父子復合者數家。此緣子澄力勸下令，初恐其未必從令，不謂其能爾也。但財計全仰商税，盈虛之數繫於風水，非人力所及。近以風故，虧欠甚多，亦殊可慮耳。文字亦稍得功夫整頓，隨分有應接，但終不似在家專一耳。亦爲黄生歸去，無人相助，頗覺闕事也。

子約書致盛意，欲得語解定本，此亦有欲修改處。今且納二册，餘却續寄也。但聞又欲修定向來所集，告且斟酌，不可太用精力也。熹解中有未安處，望口授子約，一一録示，千萬千萬。或呼塾子來，令受其説，子細寫來，亦幸。此子在彼如何？進見之際，幸痛加教戒，使知有所畏忌爲幸。叔度比日爲況如何？前已遣人弔之，尚未還也。昨得其書，自言於佛學有得，未諭是否〔一二〕，計亦當有以處此，顧乃不堪，何耶？子壽得書云欲往，見今已到未耶？向見所集詩解出車篇，説戒嚴之日，建而不旆，不知此有何證？幸見教。若果有證，説文義殊省力也。其間亦有數處可疑，今不盡記。大抵插入外來義理太多，又要文勢連屬，不免有彊説處。不知近日看得如何？亦望垂喻也。

此有周彦誠之書甚富，比借得一二，而不暇細讀。大抵多出臆見，然恐其間有可取處也。世有麻衣心易者，亦出此間人所造，嘗見之否？九日嘗登紫霄峯頂，昨日又到陶翁醉石處，過簡寂、開先而歸。山水之勝，信非他處所及。尚恨拘繫，不得恣遊，又恨不得賢者之同也。

今遣此人附狀奉問，并有賻禮，具别狀，幸視至。餘惟以時自重，因風時枉教督，只口授諸生，令子細寫來爲幸。

答吕伯恭

子壽相見，其説如何？子静近得書。其徒曹立之者來訪，氣質儘佳，亦似知其師説之誤。持得子静近答渠書與劉淳叟書，却説人須是讀書講論，然則自覺其前説之誤矣。但不肯翻然説破今是昨非之意，依舊遮前掩後，巧爲詞説。只此氣象，却似不佳耳。立之寫得伊川先生少年與人書三四幅來，規模氣象合下便如此大了，決非人所能僞作。已託渠摹勒來此刻石矣，云藏趙德莊婿方子家也〔一三〕。今且録一本去。見刻康節手筆數紙，旦夕可先寄也。尤延之已寄五賢祠記來矣，旦夕刻就寄去。今日見劉生策卷後語，令人心膽墮地，奈何奈何？熹再拜伯恭兄。

答吕伯恭

昨專人拜狀奉慰，當已達矣。叔度人來，領近書，甚慰。比日冬温，伏惟履兹陽復，起居益輕安矣。繫彊之戒，固知如此，鄙性疾惡，終不能無過當處。毛掾之於建昌，亦正坐此而有甚焉者。雖已遣官慰喻，寬租期、檢旱傷，然終不能無愧於已病之民，比復中省自劾矣。去留未知竟如何，然意緒益懶，無復好況。

詩説前已納上，不知尊意以爲如何？聞所著已有定本，恨未得見，亦可示及否？鄙説之未當者，并求訂正。只呼塾子來，面授其説，令録以呈白，而後遣來可也。桐鄉志文質實寬平，無所爲作，文字利病不足言，正足以見養德之效，甚幸甚幸。顧深自病其年愈衰而氣愈厲，未知可以進此否也。近作兩記納呈，可發一笑耳。初請諸賢祠記，蒙見喻不欲勞心，不敢固請。今見此志，乃恨其請之不力。然叔度却報云有意爲記卧龍山居，此固甚幸。然今事又有大於此者，敢以爲請，别紙所具白鹿洞事迹是也。幸賜之一言，非獨以記其事，且使此邦之學者與有聞焉，以爲入德之門，則此惠深矣厚矣。千萬勿辭，仍願亟以見寄，恐劾章忽下，不得竟其事也。郭功父舊記納呈，向怪前輩多靳侮之，果不虚得也。

荆州近寄一詩來，讀之令人感慨，今亦録去。渠以信陽事甚不自安，叔度、子約書云都下諸人頗不直，果如何？然世間人口無真是非，未知果孰爲是也。

叔度人回，草此，不能究所欲言。千萬爲吾道自重，不宣。十一月七日，熹頓首再拜上啓伯恭沖祐直閣大著契兄侍史。

復有專人隨叔度人去，令候得白鹿、卧龍記文而歸。幸一揮付之，千萬。建陽人來，聞欲刊新文海，此本已傳出耶？甚恨未見。向機仲許寄其目，亦未得也。靖康間有處士陳安節召對，授通直郎、崇政殿説書者，今史録中有其事否？幸子細批喻。其子弟見屬叙述，以不知其本末，不敢作也。千萬留念。熹又拜。

答吕伯恭

人還，領所報書，得聞尊體日益輕安，而來書字畫又足爲驗，幸不可言。記文之賜，尤荷垂念，思致筆力蓋不減未病時也。此又慰幸之甚者。既以爲賀，又以爲謝也。但鄙意有少未安處，别紙上呈，幸更爲詳酌示報。此已礱石，只俟定本，即託人寫刻也。「並山而東」，地勢略是如此，但此處已是山麓，自郡城望之，北多而東少，不知别當如何下語？或云「東北入廬山下」，不知可否？又「率損其舊十三四」，今亦不見得舊來規模廣狹，但據地基，則亦略是如此。恐此語説得亦太牢，固不若爲疑詞以記之。如云「度損其舊七八」，如何？又此役乃星子令王仲傑董之，亦欲特附名其間，以傳久遠，并望因筆及之也。其人老成忠厚，民甚愛之。此不必言，但欲知之耳。洞主命官事，記亦見之，决非僻書，但此無書可檢耳。此類傳疑，正不必深説也。

誨諭數條，極荷愛念。但前日未得回報間，已再申矣。又因地震之變，心自不安，不免具奏，乞降付三省密院。此亦面生，或恐觸忤憎嫌，因得遂請也。未去以前，郡事一日不敢廢，但終是心意自懶，覺得難勉彊耳。更看回報如何，不得請，即當如所教也。

治財太急、用刑過嚴二事，亦實有之。蓋州郡用度猶可支吾，最是上供綱運拖下兩年不起，令人坐卧不安，不得不緊急。然比之他人，已是寬了〔一四〕。稍可寬處無不放過，若更寬著，即倒却人州縣矣。傳者之言，似爲建昌而發，便是向來自劾事。初以此縣不辦〔一五〕，令户掾往代之。此公性鋭質薄，作事不無過當。初蓋亦慮之，但以無人，不免再三丁寧而遣之。到彼果然過甚，大失民和。亟遣簽判親往慰喻，然後粗定。此則選擇不精、戒喻不詳之罪，今已令且還矣。但此縣便覺無分付處，撓不可言。來喻所謂未斟酌者，可謂切中其病。少俟訟竟，事經憲司，當以尊意開喻之也。

士人犯法者，教唆把持，其罪不一。但後來坐法結斷，贓罪爲重耳。然亦但送學夏楚，編管江州。其人經赦，便計會彼州官吏違法放還。今日到家，明日便陪涉宗室，教唆詞訟，爲人所訴。復追來欲撻之，而同官多不欲者，只決却小杖數下，再送他州，亦不爲過也。弊政固多疏脱，至此一事，往來之人雖有苦口見規者，問於道途，無不以此事爲當也。判語之失，誠如所喻。前亦覺之，但已施行，無及於改耳。其所爭者，乃是一人與妻有私而共殺其夫，暑中繫獄病死，而此宗室者乃認爲己僕，而脅持官吏，禁近十人在獄，踰年不決。勢不得已，須與放却。但一時不勝其忿，故詞語不平至此耳。

詩説昨已附小雅後二册去矣。小序之説，未容以一言定，更俟來誨，却得反復。區區之意，已是不敢十分放手了。前諭未極，更須有説話也。恐尊意見得不如此處，却望子細一一垂喻，更容考究爲如何，逐旋批示尤幸，并得之却難看也。近看吴才老説胤征、康誥、梓材等篇，辨證極好。但已看破小序之失而不敢勇決，復爲序文所牽，亦殊覺費力耳。

所欲言者甚多，亟遣此人，未暇詳布。正遠，千萬爲道自愛。塾子更望時賜誨飭，令不至怠惰放逸爲幸，千萬至懇。欲趁此有人，令其挈婦還家，叔度書來，又似留其就學，二者之計，未知所處。不審尊意以爲如何？此人回，幸報及。韓丈何爲忽有此命？此未見報，不知果爲何事。今想已行矣，不知却歸何處？後便當致書也。正月四日上狀，不宣。熹頓首再拜上狀伯恭沖祐直閣大著契兄坐下。

卧龍菴記聞已蒙落筆，願并受賜也。欽夫寄一詩來，當并刻之耳。信陽事誠如來誨，然此言非獨欽夫當佩服也，在於戇拙，所警多矣。叔昌書中有數語，可發一笑。子約書中所論，却望喻其當否也。熹又覆。

今日得蘄州寄來王信伯集并語録，讀之駭人。此洞記所爲作也。然以一噎而廢食，又似過當，故愚意欲明者更加意也。恐後人觀之，復如今之視昔也。

與東萊論白鹿書院記

當是時，士皆上質實，實則入於申、商、釋、老而不自知。

祖宗盛時風俗之美固如所論，然當時士之所以爲學者，不過章句文義之間，亦有淺陋駁雜之弊。故當時先覺之士往往病其未足以明先王之大道，而議所以新之者。至於程、張諸先生論其所以教養作成之具，則見於明道學制之書詳矣，非獨王氏指以爲俗學而欲改之也。王氏變更之議，滎公初亦與聞〔一六〕。王氏之學，正以其學不足以知道，而以老釋之所謂道者爲道，是以改之，而其弊反甚於前日耳。今病於末俗之好奇而力主文義章句之學，意已稍偏，懲於熙、豐、崇、宣之禍而以當時舊俗爲極盛至當而不可易，又似太過。且所以論王氏者，亦恐未爲切中其病也。

明道程先生止卑忠信而小之也。

世固有忠信而不知道者，如孔子所稱忠信而不好學者，伊川所譏篤學力行而不知道者是也。然則王氏此言亦未爲失，但不自知其不知道，而反以知道者爲不知道，此則爲大惑耳。其以忠信目明道，以爲卑明道而小之則可，以爲卑忠信而小之則不可。蓋以忠信對知道，固當自有高卑小大之辨也。

關洛緒言止盍思所以反之哉。

程氏之言學之本末始終無所不具，非專爲成德者言也。今此語意似亦少偏，兼於上文無所繫屬。

政使止於章句文義之間止三代之始終也。

三代之教，自離經辨志以後，節次有進步處，是以始乎爲士而終乎爲聖人也。今但如此言之，則終於此而已，恐非三代教學之本意也。

自有此山以來止亦君子之意也。

所謂與日月參光者，不知何所指？更望批喻。其曰「區區濬之」者，又恐卑之已甚，有傷上文渾厚之氣，如馬伏波之論杜季良也。兼此役本爲發明先朝勸學之意，初不專爲濬之。今但得多説此邊意思出來，而略帶續其風聲之意，則事理自明，不必如此罵破也。

鄙意欲如第一段所論，引明道劄子後，即云：「不幸其説不試而王氏得政，知俗學不知道之弊，而不知其學未足以知道，於是以老釋之似亂周孔之實，雖新學制、頒經義、黜詩賦，而學者之弊反有甚於前日。建炎中興，程氏之言復出，學者又不考其始終本末之序，而爭爲妄意躐等之説以相高，是以學者雖多，而風俗之美終亦不迨於嘉祐、治平之前，而況欲其有以發明於先王之道乎？今書院之立，蓋所以究宣祖宗興化勸學之遺澤，其意亦深遠矣。學於是者，誠能考於當時之學以立其基，而用力於程、張之所議者以會其極，則齊變而魯、魯變而道矣。」此語草略不文，而其大體規模似稍平正，久遠無弊。欲乞頗采此意，文以偉辭，不審尊意以爲可否？若只如此示〔一七〕，却恐不免有抑揚之過，將來别生弊病，且將盡變秀才而爲學究矣。蓋此刻之金石，傳之無窮，不比一時之間爲一兩人東説西話，隨宜説法，應病與藥也。

答吕伯恭

人至，辱手書，得聞春來尊體益輕健，放杖徐行，又有問花隨柳之樂，甚慰。記文定本辭約義正，三復歎仰，已送山間，屬黄子厚隸書，到即入石矣。

欽夫竟不起疾，極可痛傷。蓋緣初得疾時，誤服轉下之藥，遂致虚損。一向不可扶持，從初得疾，又緣奏請數事例遭譴却，而同寮無助之者，種種不快而然。雖云天數，亦人事有以致之，此尤可痛耳。熹前月初遣人請祠，至今未還，今又專人再懇，勢必可得。只俟命下，便自此便道一過長沙哭之也。

詩傳已領，小雅何爲未見？此但記得曾遣去，即不記所附何人。或已到，幸早批喻也。綱目此中正自難得人寫，亦苦無專一子細工夫，所脩未必是當，請更須後也。雷頻失威之喻，敬聞命矣。諸喻皆一一切當，謹當佩服。但小序之説，更有商量。此人亟欲遣請祠者，不欲稽留之，别得奉扣耳。

塾蒙收拾教誨，感幸不可言。望更賜程督文字之外，因語及檢束身心大要，幸甚幸甚。子壽學生又有興國萬人傑字正純者亦佳，見來此相聚，云子静却教人讀書講學。亦得江西朋友書，亦云然，此亦皆濟事也。忽忽作此，未及詳，唯爲道珍重。

答吕伯恭

久不拜書，適潘復州來，略聞動静，粗足爲慰。比日春晚清和，伏惟尊候萬福。熹祠請竟未聞命，昨再遣人，亦無消息，不知何故如此？此心已去，住此殊無好况，百事皆懶。雖彊爲一日必葺之計，終是無十分功夫。吏民知其不久，亦不馴服，倍費心力駕馭。細思何苦造此惡業？以此思歸益切，不知所以爲計也。

荆州之訃，前書想已奉聞。兩月來，每一念及之，輒爲之泫然。朋舊書來，無不相弔。吾道之衰乃至於此，爲將奈何？得江西書，傳聞其柩已徑歸魏公墳所祔葬矣。昨遣人致奠，亦未歸，未知端的也。江州皇甫帥之子歲前至彼，見其未病時奏請多不遂，且多爲人所賣，中語亦不與之；團教義勇，亦不與支例物錢，放散之日，人得五百金而去。以此上下之情不甚和輯，馴致疾病，端亦由此，益令人痛憤。又以知今日仕宦之不可爲也。但其身後所上遺奏，乃爲人摹刻石本，流傳四出，極爲非便。或云是定叟意，其不解事不應至此，殊不可曉也。遺奏想已見之，更不録去。想聞此曲折，亦深爲慨然耳。洞記專人託子厚隸書未到，甚以爲撓。然雖去此，同官必能爲成其事也。十八日已入院開講，以落其成矣。講義只是中庸首章或問中語，更不録呈也。

向來所喻詩序之説，不知後來尊意看得如何？「雅鄭」二字，「雅」恐便是大、小雅，「鄭」恐便是鄭風，不應概以風爲雅，又於鄭風之外別求鄭聲也。聖人删録，取其善者以爲法，存其惡者以爲戒，無非教者，豈必滅其籍哉？看此意思甚覺通達，無所滯礙，氣象亦自公平正大，無許多回互費力處。不審高明竟以爲如何也？

得韓丈上饒書及尤延之書，皆令勸老兄且屏人事，捐書册，專精神，近醫藥，區區之意亦深念此。幸更於此少留意焉，千萬之望。學者之來，略隨分量接之，不可更似前日命題改課，爲此無益而有損也。塾子在彼，不能無望於此。然不敢以私計妨此至情，尤當蒙見亮耳。

因楊教授遣人，草此爲問。子約老友不及别書。前日書尾之戒甚有警發，近日更不敢中請，已忍却一兩事，但惜乎聞命之晚耳。

答吕伯恭

元範人回，承手字，獲聞比日尊體益輕健，爲慰之劇。又承誨諭數條，尤荷愛念。信後雨餘蒸鬱，伏惟玩心有相，起處享福〔一八〕。熹自被報聞之命，不敢復有請。但前日妄發，本蘄密贊聖聰，昨日乃聞降付後省。不密失身，從是始矣。然業已致身事主，生死禍福惟其所制，非己所得專也。此間只有三五擔行李及兒甥一兩人，去住亦不費力，但屏息以俟雷霆之威耳。前日如自明諸人文字及近習者皆不降出，此乃付外，又不可曉。區區愚忠，猶不能無冀幸於萬一耳。

欽夫之逝，忽忽半載，每一念之，未嘗不酸噎。同志書來，亦無不相弔者，益使人慨歎。蓋不惟吾道之衰，於當世亦大有利害也。自向來人還，至今不得定叟書，今日方再遣人往致葬奠。臨風哽愴，殆不自勝。計海内獨尊兄爲同此懷也。援筆至此，爲之涙落。痛哉痛哉！祭文真實中有他人所形容不到處，歎服。今此人去，亦有一篇，謹録呈。蓋欽夫向來嘗有書來，云見熹諸經説〔一九〕，乃知閑中得就此業，殆天意也。因此略述向來講學與所以相期之意，而歎吾道之孤且窮，於欽夫則不能有所發明也。

盛文所叙從善受言，使言者得自盡，施於褊狹，所警尤多。平日亦知敬服渠此一節，而不能學。今老矣，而舊病依然，未知所以藥之也。不唯如此，近日覺得凡百應接，每事須有些過當處，不知如何整頓得此身心四亭八當，無許多凹凸也？耐煩忍垢之誨，敬聞矣。今大綱固未嘗敢放倒，但不免時有偷心，以爲何爲自苦如此？故事有經心而旋即遺忘者，亦有不敢甚勞心力而委之於人者，亦有上説不從、下教不入而意思闌珊、因循廢弛者。此兩月來，既得不允指揮，不敢作此念。又爲狂妄之舉，準備竄謫，尤不敢爲久計。身寄郡舍，而意只似燕之巢於幕上也。言事本只欲依元降指揮條具民間利病，亦坐意思過當，遂殺不住，不免索性説了。從頭徹尾，只是此一個病根也。

獄訟極不敢草草，然見人説亦多過處，乃與塾子所論諸葛政刑相似。然欲一切姑息，保養姦凶，以擾良善，而沽流俗一時之譽，則平生素心深竊耻之，亦未知其果如何而得其中也？所論荆州從遊之士多不得力，此固當深警。然彼猶是他人不得力，今自循省，乃是自己不曾得力，此尤爲可懼也。不知老兄看得此病合作如何醫治？幸以一言就緊切處見教，千萬之望。子壽兄弟得書，子静約秋凉來遊廬阜，但恐此時已换却主人耳。渠兄弟今日豈易得？但子静似猶有些舊來意思。聞其門人説，子壽言其雖已轉步而未曾移身，然其勢久之亦必自轉。回思鵝湖講論時是甚氣勢？今何止什去七八耶？

元範立碑之説，向曾見告。嘗語之云：「熹固不足道，但恐人笑老兄耳。」意其已罷此議。不謂乃復爲之，聞之令人汗下。幸已蒙喻止，必且罷休矣。平生性直，不解微詞廣譬，道人於善，故見人有小失，每忍而不欲言。至於不得已而有言，則衝口而出，必至於傷事而後已，此亦太陽之餘證也。

塾書説近建家廟，立宗法，此正所欲討論者，便中得以見行條目子細見教爲幸。

白鹿書院承爲記述，非惟使事之本末後有考焉，而所以發明學問始終深淺之序尤爲至切。此邦之士蒙益既多，而傳之四方，私淑之幸又不少矣。謹以十一本投納書几。内一本裝褾與濂溪祠堂記爲對，又有雜刻數種并往。伊川先生與尹和靖者可背作一卷，此人亟行不暇也。然伊川先生才説病便有藥，和靖却似合下便作死馬醫。此道之傳，真未易以屬人也。

觀書實非養病所宜，若不能已，當有以程之，日讀若干以下也。

因人往永嘉督新簽赴任，附此。其人姓薛名洪，不是士龍之宗族否？中間旱甚，田幾不可耕。今幸數得雨，然鬱蒸未解，亭午揮汗，未能盡所欲言，惟千萬爲道自重，不宣。六月六日，熹頓首再拜，上啓伯恭武夷直閣大著契兄坐下。

令子想日佳茂。周子充遂參大政，不知嘗有以告之否？至此若復喑默，則更無可説，不知其計安出也？熹又拜。

此專遣人至叔度處，令便歸。告早批數字或口授子約見報。蓋至彼問兒婦消息，望其速還也。

答吕伯恭〔二〇〕

承局回，承書，得聞比日尊候萬福。細觀筆札，又比前日不同，深以爲慰。熹前被不允指揮，今已三月，方始再上祠請。適此旱災，祈禱未能感格。今早禾已不可救，若更數日不雨，即晚禾亦不可保。觀此事勢，必致大段狼狽，遂不敢言去，只得竭盡駑力。若自以曠敗抵罪，則無可奈何耳。竊觀事勢，萬一不稔，即軍食所須是第一義，而後可及賑恤。已多方擘畫，未知其濟否如何。切幸因風有以見教於其思慮之所不及者，幸甚幸甚。

囊封付出，乃邸吏云爾。方竊怪之，當時誠亦輕發，然今已不可悔矣。積其誠意，待時而發，固所當然；但恐如諺所謂「今年自家雪裏凍殺，不知明年甚人喫大椀不托」耳。言之痛心，苦事苦事！謹密之戒，乃今聞之。初但不敢以草本示人及與人説其中所論，不謂乃并此題目不得漏洩也。數年前風俗尚不如此，自今當深戒之耳。既云有調護者，即是嘗有譴怒之意，亦幸密見告也。

近緣旱虐，百事放寬，又覺得雨露太勝雪霜。然亦且得如此，前日誠有過當處也。二陸後來未再得信，救荒方急，未暇遣人問之。子靜欲來遊山，聞此中火色如此，又未知能來否耳。立廟等事甚善，他時脩定，當得求教也。康節刻成甚久，何故不曾寄去耶？今往五本。他刻恐欲分人，亦各并致一二也。塾不知果能漸解事否？人家後生，只得自有意做好人，便有可望。此郎正坐無此根本，使人憂心耳。今令歸鄉應舉，臨行更望丁寧之也。試罷略令此來，有可見教，書不能盡者，幸以語之。但恐亦不是寄附處耳。知看書不多，甚善。詩不知竟作如何看？近來看得前日之説猶是泥裏洗土塊，畢竟心下未安穩清脱。便中求所定者節目處一二篇一觀，恐或有所警發也。尤延之見祭敬夫文，以爲意到而詞語不若平日之温潤，鄙意亦頗疑其如此。渠令深勸且省思慮，意甚拳拳也。

新參近通問否？大承氣證，却下四君子湯，如何得相當？然尚幸其不發病耳。老兄與之分厚，須痛箴之。吾輩與百萬生靈性命盡在此漏船上，若喚得副手梢工不至沉醉，緩急猶可恃也。

再去長沙人未回，前日因便又作書與定叟，略致盛意矣。與説今日請祠，便是奉行敬夫遺戒第一義，時時勿忘此心而充擴之，則甚善。老兄因書更自勸勉之爲佳耳。承教未期，臨風引領，千萬爲道自重。

答吕伯恭

久不辱問，向仰良深。比日秋雨稍涼，伏惟尊候萬福。熹夏秋以來，以旱暵祈禳犇走，日日暴露，不得少休。既無所效，又不得不爲救荒之備，郡小財匱，無擘畫處，日夕究心，遂發心疾，上炎下潦，勢甚可畏。已急遣人呼二兒及約子澄，恐有不測，無人主宰。既而飲藥，僅得少定。又苦脚跟痛，不能履地，此兩日方能移步，然亦終未脱然。郡中賑助檢放等事，却已稍有緒。但軍糧無所指擬，不免具奏祈哀，并以衰病之實丐求罷免，未知復如何。但欲退縮省事，以俟終更，而事勢驅迫，有不自由者。今且信緣，未知果安所税駕也。

夏秋以來，今日方得竟日之雨，民間遂可種麥蒔蔬，庶幾有以係其心志而不至於流移。此後公私多方接濟，到得春來，則麥可食而無所事矣。但其間日月尚多，又未知果能如人所料否耳。其間隨事措置，曲折甚多，未暇一一求教。所幸民間却稍相信，鄉村士人有事便可來説，上下之情稍通，官吏不敢十分相罔，凡事省力。但一味無錢，没撰處耳。今日見省符并致文字，有相及者。此固不足爲重輕，亦殊可笑也。

比來計益輕健，詩説可見示一二大節目處否？不似書説又被人傳印也。别有論著可見教者，勿吝幸甚。子約不及别書。兒輩計今日方終場，度後月十間可到此也。所欲言者甚衆，急遣此人，不暇。正遠，惟千萬保重，不宣。八月十九日，熹頓首再拜上啓。

長沙人至今未還，亦不得明信，令人懸心耳。子壽兄弟久不得書，子静欲來，想以旱故，未必能動。旦夕或遣人候之也。自明之亡，極可痛惜，天亦爲此曹復讎也耶？不可曉。

答吕伯恭

昨專人去拜狀，想達。比日秋冷，伏惟尊候萬福。熹彊勉於此，精力日衰，大抵罔罔，如夢寐間度日耳。救荒不得不經心，然亦失前忘後，不成倫理。告歸已三請，未知可得否，方以爲憂。近再得大農曾丈報云必可得，幸甚。不知今已命下未也。大兒來自里中，懶慢如故，令誦程文，僅能記三兩句耳。數日鄉間寂然，必是又遭黜矣。且令往挈婦孫歸家，但恐自此遠去師席，愈益怠惰，奈何？此中事渠亦略能言之。偶作書多，心忡目澁，不能詳布。昨日答胡伯逢書，戲語之云：「元來禹稷如此不好做。」今日作此，又思尊兄之病未必不爲福也。子約老友承書，多感。病倦不及别狀。正遠，千萬加意攝理，以慰遠懷。幸甚幸甚。

答吕伯恭

久不奉問，向來微恙計已平復矣。著庭議幕之命相繼而下，殊不可曉。不知果彊起承上意否？熹衰病日益昏耗，恐不堪郡事。目下民間雖未告饑，然盜賊頗已有端，日夕憂窘，不知所以爲計，惟望祠請之果遂耳。昨曾丈報甚的，既而復不然，造物之意果難測也。陸子壽復爲古人，可痛可傷！不知今年是何氣數，而吾黨不利如此也？趙景昭官滿過此，甚款，意思甚好。今日如此等人亦難得也。塾到復何如？近得叔度書，似未許其歸。此番破戒差人借請，糜費公私不少，若不成行，不惟枉費，向後恐亦無人可使，轉見費力。幸爲一言及此，令其早歸爲望。元範歸，偶連日冗甚，夜作此書，未暇他及。惟千萬爲道自重。

答吕伯恭

熹近因塾行，已拜狀。今日求得西山地黄五斤，恰毛掾有便，謹以附内，向見塾説藥裹所須也。冗甚目昏，不容他及。十月九日，熹再拜。

子約不及别書。曾丈聞已過京口，欲遣人致問，尚未暇也。但所報祠請殊不效耳。

答吕伯恭

再祭敬夫之文，語意輕脱，尋亦覺之，則已不及改矣。誨諭之意，微婉深切，銘佩何敢忘也！「弘大平粹」四字，謹書坐隅以爲終身之念。稟賦之偏，前日實是不曾用力消磨，豈敢便論分數？然自今不敢不勉，更望時有以提撕警策之也。專此布謝，言不盡意。熹再拜。

熹既不得去，景望之事可以爲法。值此災傷，恐有合理會事，不得不通政府書。然非甚不得已，亦不敢發也。此間幸亦無大齟齬，諸司頗亦相悉。泉司近爲奏請，減得三縣人户木炭錢二千緡，殊非始望所及。却是漕司不識好惡，雖當予者或反奪之。前日作書，已大罵之。復思老兄之言，且忍須臾，只細與條析事理，庶幾其或悟耳。

答吕伯恭

久不拜狀，日以馳情。比聞已遂祠官之請，良以爲慰。即日霜寒，伏惟尊候萬福。熹黽俛於此，再見歲晚。祠請未報，然去替只百餘日，今亦不復請矣。幸再乞旱餘苗米，已盡得之。所遣人猶未還，而已被堂帖之命，計此周參之力爲多也。得此不唯軍士得食，官吏免責，民間亦免將來縣道預借之擾，上恩此爲厚也。賑濟當自元旦舉行，民間歲前有闕食處，稍已賑濟之。但聞頗苦乏錢，此則無如之何。然見脩江隄，役工買木，亦足以散錢於民間，但不多耳。子壽云亡，深可痛惜。近遣人酹之。吾道不振，此天也，奈何奈何！欽夫遺文見令抄寫，其間極有卓絶不可及處。然亦有舊説不必傳者，今便不令抄矣。每一開卷，令人慘然。只俟解印，徑往哭之，小洩此哀也。遣人迓子重，草草附此，此亦是小三昧矣。未即承晤，惟千萬爲道自重，不宣。

答吕伯恭

熹幸粗安，已遣人迓子重，至即合符而行矣。賑恤之備粗有支吾。奏請數事，悉蒙朝廷應副，衰拙之幸。大抵今歲江東諸郡放旱分數稍寬，緣此民間未至流徙。此間諸縣鄉村四十里置一場，糶官米及勸喻到富民米穀。元日初糶，殊未有來糴者。以賞格募得三家米近二萬石賑濟，當得官者四人，而飢民受惠不少矣。然今未敢散，須俟深春也。昨楊教授人還，領至日批示，具曉至意，不復有他請矣。子壽之亡極可痛惜，誠如所喻。近得子靜書云，已求銘於門下，屬熹書之。此不敢辭，但渠作得行狀殊不滿人意，恐須別爲抒思，始足有發明也。毛仲益自江西來，逼歲方領前此所惠書，已久，猶足慰意。又得細詢昨來動靜，如著書日有課程〔二〕，甚恨未得一窺草藁。然朋友之論多以爲病中未可勞心，深不欲老兄之就此編也。大事記想尤奇、尤有益，然尤費力，此更望斟酌也。二書告令人録一二卷多發明處見寄，甚幸。只送潘卿處，令付郡吏以來。汝昭過此小款，渠當時自合請祠，此行極費力，於義亦覺未安，不審尊意以爲如何？因奇卿人還附此，雪寒手凍，未能詳悉，惟益自愛，以慰惓惓之望。

答吕伯恭

熹在此支撑甚費力，子重不來，已遣人通吴守書，速其來矣。境内目今幸未至流殍，未知將來復如何。但願早去，庶免疏脱耳。即今覺闕雨，若更數日如此，即可慮也。少懇：向來劉樞之亡，以其兒女爲託。今其女年漸長，未有許婚之所。來議者多，往往未滿人意，不敢輕諾。與平父議，恐今年新進士中有佳士，老兄所素知者，得爲物色一人報劉氏，與之定議。平父欲自拜書，專人致懇。幸與留念推擇，使其家得佳婿，而熹不孤逝者之託，千萬幸甚幸甚。此書恐未遽達，不復他及。正遠，惟以時加衛，幸甚幸甚。子約不及書，叔度亦然，并煩爲道意。塾子望時賜檢責，不至怠惰爲望。

答吕伯恭

便中伏奉近書，筆跡輕利，視前有異，深以爲喜。比日春和，伏想日益佳健。熹疾病幸不至劇，飢民亦幸未至流徙，軍食想可支吾。比連得雨雪，麥秀土膏，人情似有樂生之望矣。子重不來，可恨。吴守度閏月初可到，到即合符而南矣。去年之旱非常，幸賴朝廷留意得早，諸處奏請，悉皆應副，故得不至大段狼狽。此於國計所損幾何，而其利甚博。此間即是周參政調護之力爲多也。欽夫遺文俟抄出寄去。子靜到此數日，所作子壽埋銘已見之。叙述發明，此極有功，卒章微婉，尤見用意深處，歎服歎服。子靜近日講論比舊亦不同，但終有未盡合處。幸其却好商量，亦彼此有益也。詩説、大事記便中切幸垂示。子約不及別書，意不殊前。正遠，切冀爲道自重。

答吕伯恭

自頃謀歸，即無暇奉問，而辱書至三四，感慰不可言。近書報及飲食衣服已不須人，尤以爲喜。吾道之衰，日以益甚，天意亦不應如此之恝然也。比日庚暑，伏惟尊候益輕健。熹一出兩年，無補公私，而精神困弊，學業荒廢，既往之悔，有不可言者。自去年秋冬災傷之後，不能求去，以及今春，遂有江西之命。又俟代者，至閏月二十七日方得合符而歸。初欲乘此一走長沙，自彼取道分寧，往還甚徑。尋以女弟之訃，悲傷殊甚，誼不可以他適，遂罷前議。替後只走山南山北旬日，拜謁濂溪書堂而歸，以四月十九日至家。雖幸息肩〔二二〕，又苦人事紛冗，老幼病患，未能有好況。然大概已是入清凉境界中矣。

道中看中庸，覺得舊説有費力處，略加脩訂，稍覺勝前。計他書亦須如此。義理無窮，知識有限，求之言語之間，尚乃不能無差，況體之身、見諸事業哉？稍定，從頭整頓一過，會須更略長進也。

子靜舊日規模終在，其論爲學之病，多説如此即只是意見，如此即只是議論，如此即只是定本。熹因與説既是思索，即不容無意見；既是講學，即不容無議論；統論爲學規模，亦豈容無定本？但隨人材質病痛而救藥之，即不可有定本耳。渠却云正爲多是邪意見、閑議論，故爲學者之病。熹云如此即是自家呵叱亦過分了，須著「邪」字、「閑」字方始分明，不教人作禪會耳。又教人恐須先立定本，却就上面整頓，方始説得無定本底道理。今如此一概揮斥，其不爲禪學者幾希矣。渠雖唯唯，然終亦未竟窮也〔一二三〕。

來喻十分是當之説，豈所敢當？功夫未到，則乃是全不曾下功夫，不但未到而已也。子靜之病，恐未必是看人不看理，自是渠合下有些禪底意思，又是主張太過〔一二四〕，須説我不是禪，而諸生錯會了，故其流至此。如所喻陳正己，亦其所訶，以爲溺於禪者，熹未識之，不知其果然否也。大抵兩頭三緒，東出西没，無提撮處。從上聖賢，無此様轍。方擬湖南，欲歸途過之，再與子細商訂，偶復蹉跌，未知久遠竟如何也。然其好處自不可掩覆，可敬服也。他時或約與俱詣見，相與劇論尤佳。俟寄書扣之，或是來春始可動也〔一二五〕。

敬夫遺文不曾謄得，俟旦夕略爲整次寫出，却并寄元本求是正也。詹體仁寄得新刻欽夫論語來，比舊本甚不干事。若天假之年，又應不止於此，令人益傷悼也。劉家事極感垂念。渠家爲閑人來問者多，頗費應酬，又招怨怒，亦欲早聞定論也。塾子蒙招撝，令寫綱目大字。渠懶甚，向令寫一二年大事記及他文字一兩篇，竟不寫來，不知竟能爲辦此否耳。意緒本自不佳，見此等事，益令人歎惋，奈何奈何！子澄相聚月餘，意思儘好，直至湖口渡頭，方分手也。聞浙中水潦疾疫，死者甚衆，聞之令人酸鼻。諸公直是放得下，可歎服也。未即承教，引領馳情，切冀厚自愛重，以幸斯人。

答吕伯恭

夏中潘家人還，奉問無便，不能嗣音，良以向仰。比日新秋已半，天氣漸涼，伏惟尊體益勝健。熹衰病如昨，非但人事縈絆，不得一意讀書爲恨。比一至郡中，鄭守時已久病，應接甚費力，又放不下。覺其精力凋耗而郡事不理，諸司數有譴問，勸其力請引去，渠甚以爲然，未及用而已不起矣。如此人材，用之違其所長，中道夭喪，甚可傷也。熹一出兩年，仙洲久不到。前日方得一往，會大雨竟日，瀑水甚壯。既而復霽，遂得窮搜澗壑，水石可觀處非止一二，悉已疏薙，而聚土累石爲臺以臨之。自此往遊，觀賞益富，不但如前日矣。但恨不能致杖屨之一來。論著當益有次第，每書各得數段見教爲幸。比看文鑑目録，無書者固不論，其可檢者尚有不能無疑處，恨不得面扣其説，當有深意也。數時絶無學者講學，便覺頹惰，無提撕警策之助。旦夕亦欲作一課程，未必有益於人，庶幾自有益耳。但塾子歸家，讀書殊無頭緒，未有以處之。因來幸有以教督之，并令如何度此光陰也。歸自山中，倦甚，草草布此。子約未暇别書，亦不能異此。惟千萬自愛爲禱。

校勘記

〔一〕汪張呂劉問答　此六字原缺，據浙本補。

〔二〕亦豈不悟其爲此　「此」，浙本作「已」。

〔三〕并領回書　「回」，浙本作「兩」。

〔四〕豈復更堪遠宦　「宦」，原作「官」，據浙本改。

〔五〕此間無曉飾棺制度者　「間」，原作「問」，據浙本改。

〔六〕欲及時早辦也　「辦」，原作「辨」，據浙本改。

〔七〕爲民整頓一二久遠弊　「弊」下，浙本爲墨丁，當缺一字。

〔八〕而小郡寒陋之甚　「郡」，浙本作「邦」。

〔九〕則必以罪去矣　「則」，浙本作「亦」。

〔一〇〕六月至契兄　此二十一字原缺，據浙本補。

〔一一〕貽患千里　「貽」，原作「胎」，據浙本改。

〔一二〕未諭是否　「諭」，浙本作「論」。

〔一三〕云藏趙德莊婿方子家也　底本原注云：「方子」下，一本空一字。

〔一四〕已是寬了　「是」字原缺，據浙本補。

〔一五〕初以此縣不辦　「辦」，原作「辨」，據浙本改。

〔一六〕滎公初亦與聞　「滎」，原作「榮」，據浙本改。

〔一七〕若只如此示　「此」，閩本、浙本作「所」。

〔一八〕起處亨福　「亨」，浙本作「萬」。

〔一九〕云見熹諸經説　「諸」，原作「説」，據閩本、浙本改。

〔二〇〕答呂伯恭　「答」，浙本作「與」，下十一書題同。

〔二一〕如著書日有課程　「課程」，閩本、浙本作「程課」。

〔二二〕雖幸息肩　「息」，原作「悉」，據閩本、浙本改。

〔二三〕然終亦未竟窮也　「竟窮」，浙本作「窮竟」。

〔二四〕又是主張太過　「是」，浙本作「自」。

〔二五〕或是來春始可動也　「或」，浙本作「然」。

晦庵先生朱文公文集卷第三十五

書 汪張吕劉問答

答吕伯恭問龜山中庸

龜山中庸首章之語，往者蓋以爲疑，欽夫亦深不取。自今觀之，却未有病。但集中云：「喜怒哀樂未發之際，以心體之，則中之體自見。執而勿失，無人欲之私焉，發必中節矣。」此則不可。

天地之所以位，萬物之所以育，雖出一理，然亦各有所從來。玩其氣象，自可見龜山之語亦不爲病。如孟子語始、終條理，則亦豈不分别而言耶？

「達道達德」一章，婺本因有兩「達德」字，而脱去中間數句，以故不成文理。今以爲勝嚴本，是亦喜合而惡離之過耳。

成己成物之道無不備，故能合内外之道而得時措之宜。蓋融徹洞達，一以貫之而然也。然細分之，亦有龜山之意。但不當專以此爲説，却無總統耳。

「誠，自成也」，此説恐是。蓋此是道理自然如此，但人却只要誠之耳。

「尊德性」一章，龜山從上説下，吕與叔從下説上，蓋無所不通。

「不尊不信」，此段未得其説。向見伊川亦只如此説，且當從之。有説勝此，乃可易耳。

龜山中庸有可疑處，如論「中庸不可能」、「不可以爲道」、「鬼神之爲德」等章，實有病。而來教所指，却不爲疵也。

别紙

聖賢之言，離合弛張各有次序，不容一句都道得盡。故中庸首章言「中」、「和」之所以異，一則爲「大本」，一則爲「達道」。是雖有善辨者，不能合之而爲一矣。故伊川先生云：「大本言其體，達道言其用。」體用自殊，安得不爲二乎？學者須是於未發已發之際識得一一分明，然後可以言體用一源處。然亦只是一源耳，體用之不同，則固自若也。天地位，便是大本立處；萬物育，便是達道行處。此事灼然分明，但二者常相須，無有能此而不能彼者耳。子思之言與龜山氣象固不同，然若使龜山又只道個「致中和、天地位、萬物育」，則不成解書矣。釋氏便要如此，嘗見其徒説李遵勗請某僧注信心銘，其人每句大書而再注本句於其下，便是只要如此鶻突也。

「中庸不可能」，明道但云克己最難，故曰中庸不可能也。此言貫徹上下，不若龜山之奇險也。龜山之説，乃是佛老緒餘，決非孔子、子思本意。兼「人之爲道而遠人，不可以爲道」兩句，若如龜山之意，則文理自不通。但人悦其新奇，不覺其礙耳。若今人依本分做文字，則「而遠人」處下「而」字不得，須下「則」字方成文理。後面雖有求仁之説，然其言自道言之，自學者言之，又似王氏説話。道若果不可爲，則學者又安可求仁以爲道？若學者可求，則不可爲之説又贅矣。枉費説詞，無益學者，而反有害於義理之正，不可從也。向見李先生亦自不守此説，又言羅先生、陳幾叟諸人嘗以爲龜山中庸語意枯燥，不若吕與叔之浹洽，此又可見公論之不可揜矣。吕與叔説「道不遠人」處記得儘好，可更檢看。

「鳶魚」、「鬼神」兩章，却是上蔡説得通透，有省發人處。如此説雖是排著一片好言語，然却無個貫穿處也。

「智」、「仁」、「勇」須做有輕重看，若言仁者必有勇，則仁勇一而已，豈有輕重？然言勇者不必有仁，則又豈可便言無輕重乎？此三者，「天下之達德」，然逐人禀賦成就不同，故有生知安行、學知利行、困知勉行之異。然仁則渾然全體，智、勇固在其中。生知安行則從容中道，而學利、困勉不足言矣。「其動以天，聖人之事」，龜山此章若以上章「誠者天之道」言之，則「以」字不爲害；若直指道體而言，則「以」字下不得矣。「近而不尊」者謂何等事？試舉一二以證之。要之此章説得常不快人意也。

答呂伯恭閏正月

承喻整頓收斂則入於著力，從容游泳又墮於悠悠，此正學者之通患。然程子嘗論之曰：「亦須且自此去，到德盛後，自然左右逢其原。」今亦當且就整頓收斂處著力，但不可用意安排，等候即成病耳。「勿正」之「正」，其字義正如今人所謂等候指準。春秋傳云：「師出不正反，戰不正勝。」用字之意亦正如此耳。

別紙

「川上」之論甚當，「不逝」之云，極知非是。然須如此説破，乃可以釋學者之疑耳。以「脩道之謂教」爲設教，此固有諸儒之説。以程子之言爲爲此而設教，則恐微有牽合之弊。大抵諸先生解經不同處多，雖明道、伊川亦自有不同處。蓋或有先後得失之殊，或是一時意各有指，不可彊牽合爲一説也。「脩道之謂教」，疑只與「自明誠謂之教」之「教」皆同言由教而入者耳。所謂「以失其性，故脩而求復」，只是直解此文，非有爲此設教之曲折也。故下文遂言「戒慎」、「恐懼」，及「致中和」，乃脩道之始終也。近得侯氏中庸亦正如此説，不知高明以爲如何？先生自注云：「此説非是。」

「中和」、「中庸」，如所論得之。然「中和」之「中」專指未發而言，「中庸」之「中」則兼體用而言。

參前倚衡之説甚簡當。尹公云：「此只是收拾心，令有頓放處。」此意亦好。艮背之用固在於止其所，然能止其所，乃知至物格以後事，始學者還便可用否？更告喻及也。

「仁」字之義，孟子言心，該貫體用，統性情而合言之也。程子言性，剖析疑似，分體用而對言之也。其他已具别説。如來喻之云固好，然恐未爲直截分明耳。

學者推求言句工夫常多，點檢日用工夫常少，今日此等人極多。然或資質敏利，其言往往有可采者，則不免資其講論之益。而在我者躬行無力，又無以深矯其弊，方此愧懼。今得來喻，敬當徧以警告常所與往來者，使自省察耳。却是老成敦篤、志行可保之人，往往又却遲鈍，看道理不透。求其有精神而醇者，真難得耳。

近看中庸古注，極有好處。如説篇首一句，便以五行、五常言之。後來雜佛老而言之者，豈能如是之慤實耶？因此方知擺落傳注，須是兩程先生方始開得這口。若後學未到此地位，便承虚接響，容易呵叱，恐屬僭越，氣象不好，不可以不戒耳。又注「仁者，人也」云：「人也，讀如『相人偶』之『人』。以人意相存問之言。」「相人偶」此句不知出於何書，疏中亦不説破，幸以見告。所謂人意相存問者，却似説得字義有意思也。

答吕伯恭

泰伯、夷、齊事，鄙意正如此。蓋逃父非正，但事須如此，必用權然後得中，故雖變而不失其正也。然以左傳爲據，便謂泰伯未嘗斷髮文身，此則未可知。正使斷髮文身亦何害也？

「富而可求」，以文義推之，恐只得依謝、楊説。伊川説雖於義理爲長，恐文義不妥帖，似硬説也。

上蔡本説學詩者不得以章句横在胸中，因有堯舜事業横在胸中之説。然則非爲「有其善」之意矣。竊疑此乃習忘養心之餘病，而遺書中上蔡所記亦多此等説話。如「玩物喪志」之類。此恐須更有合商量處，不可草草看過也。

「誰毁誰譽」一章，所論得之。但只說得三代直道而行意思，更有「斯民也之所以」六字未有下落。疑「斯民也」是指當時之人而言，今世雖是習俗不美，直道難行，然三代盛時所以直道而行者，亦只是行之於此人耳，不待易民而化也。諸儒之説，於此文義殊不分明，却是班固景贊引得有意思，注中説得亦好。大抵聖人之意，止是説直道可行，無古今之異耳。言譽而不及毁之意，來喻亦善。但「毁譽」兩字更須細看。譽者，善未顯而亟稱之也；毁者，惡未著而遽詆之也；「試」亦驗其將然而未見其已然之辭〔一〕。聖人之心欲人之善，故但有所試而知其賢，則善雖未顯已進而譽之矣。不欲人之惡，故惡之未著者，雖有以決知其不善，而亦未嘗遽詆之也。此所以言譽而不及毁，蓋非全不别白是非，但有先褒之善而無預詆之惡，是則聖人之心耳。

周教授語解誠如所喻，愚意其篤實似尹公，謹嚴過之而純熟不及，高明以爲如何〔二〕？新刻小本易傳甚佳，但籤題不若依官本作周易程氏傳。舊嘗有意，凡經解皆當如此，不以傳先乎經，乃見尊經之意。漢、晉諸儒經注皆如此也。後見朋友説晁景迂亦有此論，乃知前輩意已及此矣。今日又得景迂語解，亦有好處。大抵北方之學終是近本實也。

答吕伯恭别紙

上蔡「堯舜事業橫在胸中」之説，若謂堯舜自將已做了底事業橫在胸中，則世間無此等小器量底堯舜。若説學者，則凡聖賢一言一行，皆當潛心玩索，要識得他底藴，自家分上一一要用，豈可不存留在胸次耶？明道「玩物喪志」之説，蓋是箴上蔡記誦博識而不理會道理之病。渠得此語，遂一向掃蕩，直要得胸中曠然無一毫所能，則可謂矯枉過其正矣。觀其論曾點事，遂及列子御風，以爲易做，則可見也。大抵明道所謂「與學者語如扶醉人」，真是如此。來喻有「懲創太過」之説，亦正謂此，吾人真不可不深自警察耳。

「誰毁誰譽」，已具答子約書中。然頃時聞伯恭議論常有過厚之意，今此所論，却與往者不同，豈亦前所謂矯枉過正之論耶？聖人大公至正處，似無人情。然其隱惡揚善之心，則未嘗無也。此乃天地生物之心，孔門教人求仁，正是要得如此耳。試更思之，復以見教爲幸。

言仁諸説，欽夫近亦答來，於舊文頗有所改易，然於鄙意亦尚有未安處。大率此書當時自不必作，今既爲之，則須句句字字安頓得有下落始得，不容更有非指言仁體而備禮説過之語在裏面，教後人走作也。「性與天道不可得而聞」，但是聞者未易解耳。聖賢之言固無所不盡，如孟子説箇「浩然之氣」，大小面生，然亦只説得個難言了，下面便指陳剖析，一向説將去，更無毫髮不盡處也。伊尹「先知」、「先覺」，伊川以爲「知是知此事，覺是覺此理」，與上蔡所謂「心有知覺」意思迥然不同。向來晦叔諸公亦正引此相難，蓋不深考也。且如而今還敢道「伊尹天民之先仁」否〔三〕？試更子細較量，便可見矣。「懲創太過，不免倚著之病」，近亦深覺其然。然嘗見明道有言，學者須守「下學上達」之語，乃學之要，又似且如此用功，基脚却稍牢固，未敢便離却下學之地，别求上達處也。但當更於存養踐履上著力，不可只考同異、校詳略，專爲章句之學而已。大抵道理平鋪放著〔四〕，極低平處，有至高妙底道理，不待指東畫西，説南道北，然後爲得不傳之妙也。明者思之，以爲如何？

「養忠厚、革澆浮」之論甚善，要當以此爲主，而剖析精微之功自不相妨耳。和靖録中説伊川未嘗言前輩之短，此意甚善。今人往往見二先生兄弟自許之高，便都有個下視前輩意思。此俗不可長。和靖之言，要當表而出之也。

答吕伯恭論淵源録

元豐中詔起吕申公，此段初固知其有誤，然以其不害大體，故不復刊。今欲正之，亦善。但去「司馬温公温公不起」八字，及依程集本題改「寄」爲「贈」可也。

明道言當與元豐大臣共政，此事昨來已嘗論之，然亦有未盡。今詳此事乃是聖賢之用、義理之正，非姑爲權譎，苟以濟事於一時也。蓋伊川氣象自與明道不同，而其論變化人材，亦有此意。見外書胡氏所記。易傳於睽之初爻，亦有「不絶小人」之説，足見此事自是正理當然，非權譎之私也。然亦須有明道如此廣大規模、和平氣象，而其誠心昭著，足以感人，然後有以盡其用耳。常人之心既不足以窺測此理，又無此等力量，自是信不及。設有信者，又不免以權譎利害之心爲之，則其悖理而速禍也爲尤甚矣。此今之君子所以不能無疑於明道之言也。胡氏所記，尹氏亦疑之，豈所謂未可與權者耶？邵子文晚著此書，於其早歲之所逮聞者，年月先後，容或小差。若語意本末，則不應全誤。且所謂二公並相，蓋終言之；召宗丞未行，以疾卒，亦記其不及用耳。非必以爲二公既相，然後召明道也。又謂邵録多出公濟，恐亦未然。蓋其父子文體自不同也。

折柳事有無不可知，但劉公非妄語人，而春秋有傳疑之法，不應遽削之也。且伊川之諫，其至誠惻怛、防微慮遠既發乎愛君之誠，其涵養善端、培植治本又合乎告君之道，皆可以爲後世法。而於輔導少主，尤所當知。至其餘味之無窮，則善學者雖以自養可也。故區區鄙意深欲存之，蓋其説如此，非一端也。今乃以一説疑之而遽欲刊去，豈不可惜？若猶必以爲病，則但注其下云「某人云：國朝講筵儀制甚肅，恐無此事」，使後之君子以理求者得其心，以事考者信其迹，其亦庶乎其可矣。

范公不爲程門弟子，下卷范公語中論之已詳。此年譜所載，特鮮于所録之本文耳。然不削去「門人」二字者，范公語中既引以爲説，則此不可削，史固有變例也。但來喻引范公日記，以爲伊川所爲范公未必盡知。若率先具素饌，則應大與東坡忤，何以能處程、蘇之間而無違言乎？此則恐於事理皆未盡也。蓋范公所記正叔獨奏，乞就寬凉處講讀，而并及脩展邇英次第，則固善之之辭，而非有譏貶之意也。但伊川已奏而事方施行，則自不必更言。而在范公之自處，則亦或有不敢言者。至於國忌齋筵，葷素所宜，則以范公之賢，於己之所行自當顧義理之是非以爲從違，不當視同列之喜怒以爲前却也。使其果欲依違兩間，曲全交好，則具素饌既忤東坡，具酒肉亦忤伊川〔五〕。若慮於彼而忽於此，則亦非所以兩全矣。況范公之意未必出此，而他書所記亦云范醇夫輩食素，秦、黄輩食肉，則所記雖不同，而范公之不畏東坡而每事徇從，亦當時所共知矣。故嘗竊意范公雖不純師程氏，而實尊仰取法焉。其於東坡，則但以鄉黨游從之好素相親厚，而立朝議論趣向略同。至其制行之殊，則迴然水火之不相入。且觀其辨理伊川之奏，則其心豈盡以東坡爲是哉？但不能辨之於當時，而發之於數年之後，此則剛强不足，不免乎兩徇之私者，而其所重在此，故卒不能勝其義理之公也〔六〕。大抵程、蘇學行邪正不同，勢不兩立，故東坡之於伊川素懷憎疾，雖無素饌之隙，亦不相容。若於范公，則交情既深，而其氣象聲勢無足畏者，故雖有右袒之嫌，而不以害其平生之驩也。

侯師聖論二先生，大概亦得之，但語意少不足耳，亦不必删去也。文潞公事，但注其後云：「某人云：先生判監時，潞公未嘗尹洛，疑此有小誤。」「以管窺天」，此伊川本語，見於遺書，不必曲爲隱諱。兼其語有抑揚，善讀者當自知之。若爲其不善讀而毁吾説以避之，則古今書傳之得存者寡矣。

横渠墓表出於吕汲公，汲公雖尊横渠，然不講其學而溺於釋氏，故其言多依違兩間，陰爲佛老之地，蓋非深知横渠者。惜乎當時諸老先生莫之正也。如云學者苦聖人之微而珍佛老之易入，如此則是儒學異端皆可入道，但此難而彼易耳。又稱横渠不必以佛老而合乎先王之道〔七〕，如此則是本合由老佛然後可以合道，但横渠不必然而偶自合耳。此等言語與横渠著書立言、攘斥異學，一生辛苦之心全背馳了。今若存之，非但無所發明，且使讀者謂必由老佛易以入道，則其爲害有不可勝言者，非若前段所疑年月事迹之差而已也。又行狀記事已詳，表文所記無居狀外者，亦不必重出。

吕侍講學佛老似不必載〔八〕，如何？

溝封奉聖鄉雖非封建，然亦可以爲封建之漸，且無時不可爲。若曰分茅胙土、大封王侯，則主少國疑，誠非可爲之時矣。但伊川决不至如此不曉事，必待晚年更歷之多然後知其不可也。大抵前輩議論不能無小不同，今兩存之，學者正好思索商量，非若汲公之論横渠，大本不同，其流有害也。

楊應之事，以少見，故悉取之，亦變例也。恐可訪問，更增廣之。

楊於程門，亦未必在弟子列也。

吕進伯、和叔本當别出，以事少無本末，故附之與叔，甚非是。告訪問增益，别立兩條。臨川有薛氏，汲公甥也，可因人問之。

蘇博士語中胡公所論，蓋以越職言事，便非語默之當然。又以其得罪之重，知其言必有過當處耳。詞之未瑩，故若可疑，然蘇乃元符末年應詔上書，恐未可以越職罪之也。此事吾輩更合商量，非特爲蘇公之是非也。

楊公墓志首尾聯貫，不容剪截，故全書之，亦變例也。胡公所辨發明述作之意最爲有功，似不可去。

胡公行狀取屏斥學生事，乃爲作學録、行學規之樣轍，非獨爲後來論列張本也。然明道叙述中亦有如此者，劉立之記罷判武學事。伊川存而不去，蓋欲備見事情。雖知氣象之小，而不得避也。其他浮辭多合删節，當時失於草草耳。卷首諸公，當時以其名實稍著，故不悉書。自今觀之，誠覺曠闕。但此間少文字，乏人檢閲，須仗伯恭與諸朋友共成之也。

答吕伯恭

熹昨見奇卿，敬扣之以比日講授次第，聞只令諸生讀左氏及諸賢奏疏〔九〕，至於諸經、論、孟，則恐學者徒務空言而不以告也。不知是否？若果如此，則恐未安。蓋爲學之序，爲己而後可以及人，達理然後可以制事。故程夫子教人先讀論、孟，次及諸經，然後看史，其序不可亂也。若恐其徒務空言，但當就論、孟、經書中教以躬行之意，庶不相遠。至於左氏、奏疏之言，則皆時事利害，而非學者切身之急務也。其爲空言，亦益甚矣。而欲使之從事其間而得躬行之實，不亦背馳之甚乎？愚見如此，不敢不獻所疑，惟高明裁之。

答劉子澄

四月十三日，左迪功郎、監潭州南嶽廟朱熹謹西向再拜，復書主簿學士足下：熹至愚極陋，自幼事事不能及人，顧乃不自度量，妄竊有意於古人爲己之學。雖講之有年矣，而未始有聞也。徒以從事之久，足迹相接於先生長者之門，反復論辨，不絕於一二友朋之口，是以人或以務學之名歸之。而世之不識其面目、不接其言議者，遂相與疑之，以爲是果何如人也。誠使一日見其面目，聽其辭氣而徐察其所爲，則冗然一庸人耳，其不唾之而去者幾希。

執事以盛年壯氣、清節直道發軔進塗，既有聞於當世矣，而説學好問之意勤勤有加，又將有意於古人爲己之學者而然邪？誠如是，則所以取友而輔仁者，擇之亦宜審矣〔一○〕。熹誠乃道聽於人，枉道垂顧，以禮於名爲務學而未始有聞之庸人，畀之手書，辭高而禮下。熹誠不佞，不識執事於夫人之言何所取信，而遽爲謙屈以至於此也？既又留連竟日，告語不倦，雖疏食菜羹，相與共之，略無厭怠之色，則又疑執事真若有取於熹者。顧樸陋荒淺，殆不能有以裨補一二爲慚，率意妄言，間亦自知其可笑也。然則執事果何所取於斯哉？恐懼增劇，因風陳布，莫究所懷。連日快晴，計已次昭武矣。承顔盡懽，退有怡怡之樂，爲況良不惡。向暑，千萬以時自重。

答劉子澄〔一一〕

來書深以異學侵畔爲憂，自是而憂之，則有不勝其憂者。惟能於講學體驗處加功，使吾胸中洞然無疑，則彼自不能爲吾疾矣。若不求衆理之明而徒恃片言之守，則雖早夜憂虞，僅能不爲所奪，而吾之胸中初未免於憒憒，則是亦何足道？願老兄專以聖賢之言反求諸身，一一體察，須使一一曉然無疑，積日既久，自當有見。但恐用意不精，或貪多務廣，或得少爲足，則無由明爾。

熹比來温習，略見日前所未到一二大節目，頗覺省力。但昏弱之姿，執之不固，尤悔日積，計有甚於吾友之所患者。乃承訪以所疑，使將何辭以對耶？然以所聞質之，則似不可不兩進也。程夫子曰：「涵養須用敬，進學則在致知。」此二言者，體用本末無不該備。試用一日之功，當得其趣。不然，空抱疑悔，不惟無益，反有害矣。夫涵養之功，則非他人所得與，在賢者加之意而已。若致知之事，則正須友朋講學之助，庶有發明。不知今者見讀何書？作如何究索？與何人辨論？惟毋欲速，毋蓄疑，先後疾徐，適當其可，則功日進而不窮矣。因書或有以見教，勿憚辭費，熹亦不敢不盡愚也。向見前輩有志於學而性涉猶豫者，其内省甚深，下問甚切，然不肯沛然用力於日用間，以是終身抱不決之疑，此可以爲戒而不可以爲法也。

伯恭近通問否？比亦嘗附一書，不知達否。所示三録，極有警發人處，然亦有合商量者。所云只被公家學佛，又顧子敦治通典之説，此兩條曾與伯恭商量否？既云從容侍食，告語之詳，而又云云，則疑若有欲告而不得盡之意。既云專治通典，使應變浹洽，而元祐經筵駁議，乃似未始略知今古之人，此不知亦有説耶？如未嘗語及，告因書爲扣伯恭，却以見教爲幸。今世學者語高則淪於空寂，卑則滯於形器，中間正當緊要親切合理會處，却無人留意，此道之所以不明不行，而邪説暴行所以肆行而莫之禁也。不知伯恭後來見得此事如何？所欲言似此者非一，無由面論，徒增耿耿。

答劉子澄

反復書辭，具悉近況。但學者正欲胸中廓然大公、明白四達，方於致知窮理有得力處。今乃追咎往昔，念念不忘，竊恐徒自煎熬，無復理義悦心之味也。程子所謂「迫切不中理」，則反爲不誠」，亦正慮此耳。升高自下，陟遐自邇，能不遺寸晷而不計近功〔一二〕，則終必有至矣。如何如何？張、吕時得書，有所講論，然亦頗有未定者，未欲報去也。大抵聖賢立言，本自平易；而平易之中，其旨無窮。今必推之使高，鑿之使深，是未必真能高深，而固已離其本指、喪其平易無窮之味矣。所論緑衣篇意極温厚，得學詩之本矣。但添入外來意思太多，致本文本意反不條暢，此集傳所以於諸先生之言有不敢盡載者也。試更思之，如何？

答劉子澄壬辰

知言之書用意精切，但其氣象急迫，終少和平。又數大節目亦皆差誤〔一三〕，如性無善惡、心爲已發、先知後敬之類，皆失聖賢本指。頃與欽夫、伯恭論之甚詳，亦皆有反復，雖有小小未合，然其大概亦略同矣。文字頗多，未能寫去，又有掎摭前輩之嫌，亦不欲其流傳也。然此等文字且未須看，俟自家於論、孟、諸經平易明白處見得分明無疑，然後可以逐一考究，判其是否。固未可盡以爲是，亦未易輕以爲非也。

天運不息，品物流形，無萬物皆逝而已獨不去之理。故程子因韓公之歎而告之曰：「此常理從來如是，何歎焉？」此意已分明矣。韓公不喻，而曰：「老者行去矣。」故夫子又告之曰：「公勿去可也。」以理之所必無者曉之，如首篇所云「請別尋一個好底性來，換了此不好底性著」之意爾。及公自知其不能不去，則告之曰：「不能，則去可也。」言亦順夫常理而已。反覆此章之意只如此，恐不必於「不去」處別求道理也。

明道德性寬大，規模廣闊；伊川氣質剛方，文理密察。其道雖同而造德各異。故明道嘗爲條例司官，不以爲浼，而伊川所作行狀，乃獨不載其事。明道猶謂青苗可且放過，而伊川乃於西監一狀較計如此，此可謂不同矣。然明道之放過，乃孔子之「獵較」爲「兆」；而伊川之一一理會，乃孟子之「不見諸侯」也。此亦何害其爲同耶？但明道所處是大賢以上事，學者未至而輕議之，恐失所守。伊川所處雖高，然實中人皆可跂及，學者只當以此爲法，則庶乎寡過矣。然又當觀用之淺深、事之大小，裁酌其宜，難執一意，此君子所以貴窮理也。横渠龍女衣冠事，却是一時偶見未到。若見得到，横渠必不肯放過。蓋此乃禮官職事，使明道當之，亦不肯放過也。

劉、李、游、楊四公所到固未敢輕議，然如所論，亦近之矣。但却不專爲仕宦奪志而然，蓋劉、李未嘗不仕，游、楊非固徇俗，自其所見有淺深，故所就有純駁耳。大抵學問緊要是見處要得透徹，然不自主敬致知上著功夫，亦無入頭處也。

學者所志固當大，至於論事，則當視己之所處與所論之事、所告之人而爲淺深，則無失言失人之患、出位曠官之責矣。吾學若果未至，見若果未明，既未能自信，且不爲人所信，則寧退而自求耳。言而背其所學，用而不副其言，皆不可也。

卒章所問甚切，在賢者處之必已熟矣，淺陋何足以及此？然竊謂此事難以言語定論，須且虛心觀理，積習功夫，令一日之間胸次洞然，則隨事隨物無不各有一定之理矣。無補於事而祇以取名固所不爲〔一四〕，然亦有義所當爲，而或疑於二者，則亦不得而避也。如此處極要斟酌，須是理明義精，則源源自見，不待問人矣。

答劉子澄

此間文字修改不定，朝成暮毀，甚覺可笑。直卿必能言之。所喻學者心粗，愛看見成義理，此亦人之通患。但雖如此，終是須要自家玩味浹洽、考訂精詳，方信得及。通計亦是許多工夫也。綱目亦修得二十許卷，此一卷是正本五卷。義例益精密，上下千有餘年，亂臣賊子真無所匿其形矣。恨相去遠，不得少借餘力，一加訂正。異時脱藁，終當以奉累耳。

近看温公論東漢名節處，覺得有未盡處。但知黨錮諸賢趨死不避爲光武、明、章之烈，而不知建安以後，中州士大夫只知有曹氏，不知有漢室，却是黨錮殺戮之禍有以毆之也。且以荀氏一門論之，則荀淑正言於梁氏用事之日，而其子爽已濡跡於董卓專命之朝。及其孫彧，則遂爲唐衡之婿、曹操之臣，而不知以爲非矣。蓋剛大直方之氣折於凶虐之餘，而漸圖所以全身就事之計，故不覺其淪胥而至此耳。想其當時，父兄師友之間，亦自有一種議論文飾蓋覆，使驟而聽之者不覺其爲非而真以爲是，必有深謀奇計可以活國救民於萬分有一之中也。邪説横流，所以甚於洪水猛獸之害，孟子豈欺予哉！年來讀書，只覺得此意思分明，參前倚衡，自不能舍。雖知以是爲人所惡，而終窮以死，其心誠甘樂之，不自以爲悔也。來喻之云，真知我者，尚何言哉！然亦願子澄深察此意，有以自振於頽波之中也。欽夫得書云嘗得子澄書，於所謂云云者，亦頗有所疑也。

答劉子澄

程子遺書廣東未寄來，道遠難督趣，甚撓人耳。近一朋友借得游先生家本，有鮑若雨録數條頗佳，昨所未見也。他雜出者已一面編集，但殊費心力。知言已刊行，謹納一本，幸視至。暇日熟觀，亦發人意思也。周之想時過從，所論何事？異時來簿延平，則有承教之期矣。所委記文非敢忘之，亦衮衮未暇，旦夕當思所以應命者，幸察。

答劉子澄

七月二十一日熹頓首再拜子澄通守奉常老兄：詹總幹、章參議兩致手帖，良以爲慰。比日秋已復涼，伏惟尊候萬福。熹五月間因曹挺之行附書，想已達矣。悲惱之餘，心氣間作，加以瘡腫諸疾交攻，更無一日寧帖，恐不復能支久矣。日前爲學緩於反己，追思凡百多可悔者。所論著文字，亦坐此病，多無著實處。回首茫然，計非歲月功夫所能救治，以此愈不自快。前時猶得敬夫、伯恭時惠規益，得以警省。二友云亡，耳中絶不聞此等語，因循媮憧，安得不至於此？今乃深有望於吾子澄，自此惠書，痛加鐫誨，乃君子愛人之意也。朗灃之行，覽觀山川，感今慨古，亦足償其勞矣。又有同行令弟感發精進，此尤可樂者。恐有行記，撰録一時之勝，願以見寄也。李丈到闕，未聞有何大議論。經筵直宿，足以從容啓沃，亦非細事也。游誠之聞到三山已久，一向不得書。其人彊敏可喜，而忮狠之根不除，又計較世俗利害太切，切恐不免上蔡「鸚鵡」之譏耳。許生初意其飄然無累，方欲約之來此教小兒，今聞其既授室，此事又差池矣。塊坐窮山，無嚴師畏友之益，其不爲小人之歸也鮮矣。奈何奈何！直卿赴試長沙，病於清江，賴向丈診視之。前日聞得，亟遣人往覓信，至今兩旬未還，甚令人懸心。然必是已向安，遂西行矣。此間後生中只有渠尚可望，但亦傷太狹耳。昨渠行時，亦屬令過省景陽、公度，不知病後能枉道經由否。

小學書曾爲整頓否？幸早爲之，尋便見寄，幸幸。昨來奉報，只欲如此間所編者。今細思之，不若來教規模之善。但今所編皆法制之語，若欲更添「嘉言」、「善行」兩類，即兩類之中自須各兼取經史子集之言，其説乃備。但須約取，勿令太泛乃佳。如管仲「畏威如疾」之語，心每愛之。文章尤不可泛，如離騷忠潔之志固亦可尚，然只正經一篇已自多了。此須更子細決擇。敘古蒙求亦太多，兼奥澁難讀，恐非啓蒙之具。却是古樂府及杜子美詩意思好，可取者多，令其喜諷詠，易入心，最爲有益也。來喻又有避主張程氏之嫌，程氏何待吾輩主張？然立言垂訓，事關久遠，亦豈當避此嫌耶？其詳雖已見於近思，然其一言半句，灼然親切，不可不使後學早聞而先入者，自不妨特見於此書也。若只欲其合於世俗而使庸人愛之，則符讀書城南一篇足矣，何事勞吾人捃摭之功哉？

荒田如何措置？能録示其施行條目爲幸。更如何勸得離軍歸正人情願耕佃尤佳。向曾於封事中及此，去冬奏對，猶蒙上記憶宣喻，以爲善也。學校頗得人表率否？不然，亦恐無益，徒費錢糧耳。精舍四言并十詠幸早爲賦之。適得祁師忠書，聞書堂中元前後可立木〔一五〕。又寄得所爲編定武當集録，甚簡當。但與王叔堅、林質夫論兵一二篇頗佳，何爲不録耶？

熹向承見語有爲昆弟之約，未敢遽信。而忽蒙加以非據之稱，一向因循，不得辭避。今欲復尋故約而罷去無實之稱，如蒙報書，須用此禮，即大幸也。千萬痛察痛察。社記得爲撰數十言，叙致本末，亦使拙者省得一半氣力，尤妙。

荆州地勢四平，其守當在外，楚人所謂「方城爲城，漢水爲池」是也。若不能守，直至城下，則無説矣。

答劉子澄

行記甚佳，但人説天池光怪，有飛空往來，或入簷楹，或出自房闥者，與所記不類，豈偶有所遺，抑所見適止此耶？此爲陳寳之屬，無足深怪。世人胸次昏憒隘狹，自以爲疑耳。此記流傳，亦足以少祛其惑也。

答劉子澄

熹一出三月，歸已迫歲。病軀幸無他，臂痛竟不脱然去體，但不甚妨事，可置不問。却是精神困憊，目力昏暗，全看文字不得，甚覺害事耳。舊書且得直卿在此商量，逐日改得些少，比舊儘覺精密。且令寫出淨本，未知向後看得又如何也。

到泉南，宗司教官有陳葵者，處州人，頗佳。其學似陸子靜，而温厚簡直過之。但亦傷不讀書，講學不免有杜撰處。又自信甚篤，不可回耳。後生中亦有一二可教，其一已入陳君保社，其一度今歲當來此。然亦恐只堪自守，未必可大望。自餘則更是難指望，此甚可慮。蓋世俗啾喧，自其常態，正使能致焚坑之禍，亦何足道？却是自家這裏無人接續，極爲可憂耳。

讀所寄文字，切切然有與世俗爭較曲直之意，竊謂不必如此。若講學功夫實有所到，自然見得聖人所謂「不知不愠」不是虚語。今却爲只學人弄故紙，要得似他不俗，過了光陰，所以於此都無實得力處。又且心知其爲玩物喪志而不能決然捨棄，此爲深可惜者。且既謂之玩物喪志，便與河南數珠不同，彼其爲此，正是恐喪志耳。班范外事不知編得於己分有何所益？於世教有何所補？而埋没身心於此，不得超脱，亦無惑乎子靜之徒高視大言而竊笑吾徒之枉用心也！且羅守之賢如此，與之同官相好，乃不能補其所不足，而反益其所有餘，又從而自陷焉，亦獨何哉？數年來，此道不幸，朋舊凋喪，區區所望以共扶此道者，尚賴吾子澄耳。今乃如此，令人悼心失圖，悵然累日，不知所以爲懷。不審子澄能俯聽愚言而改之乎？不然則已矣，無復有望於此世矣。奈何奈何！

小學書却非此比，幸早成之。精舍詩拈筆可就，亦不妨早見寄也。羅守之文，可謂有意於古矣。社壇記已寫送似矣，此是狀體文章，不古不今，不知是何亂道，而人來求不已，殊不可曉，但可笑耳。于尉策題亦不易，此等人且收拾教減得分數，亦是一事。桃原詩卷甚佳，但李習之復性書已有襌了，石林考其年是未見藥山時作。必是有此根苗，韓公不曾斬截得斷，後來遂張王耳〔一六〕。詩中所辯，却恐未必然也。向丈詩初亦未解，承喻乃荷其見愛之深，當因書謝之也。拙詩并序録呈。韓丈爲作記來，意態閑暇，甚可愛。渠更欲改一二處，未及寫去也。祁居之論兵處，何爲不取？願聞其説。説易詩誠可疑也。

濂溪書堂聞規模甚廣，鄙意恐不必如此。將來無人住得，亦只是倒了。不若裁損制度而壯其材植，更爲買少田以贍守者，使其可以長久，乃爲佳耳。壽安銘乃大佳，恨得之晚。今亦當刻版散施也。趙蘄水書來，聞嘗就取「庶人」章解。當時草草，説得不周徧。後在會稽，因探禹穴，見壁間有古靈勸喻文，愛其言簡切有理，因刻印散之。凡投牒者，亦人與一本〔一七〕，并刻石置臺門外。今各往一通，恐亦可散施，或有益也。公度聞近到建昌娶婦，甚念一見之而不可得，奈何奈何？因書更勸其向裏做工夫，莫又錯了路頭也。知通不受互送，罪不在專殺譚、賴之下，可惜不作一章劾了，少快公論耳。一笑一笑。

然老兄宿逋已盡償，又有菜飯可喫，又已穿壙買棺，可謂了事快活人。如僕則債未盡償，食米不足，將來不免永作祠官，方免溝壑。儉德亦方用力，但惜乎其已晚耳。有意入閩相見，甚善。熹固衰憊，意老兄未至此。然觀來書，説得亦可畏，誠不可不謀一再會合。但恐諸公迫於公議，有不得已而相挽者，或能敗此約耳。然若能遂吐至言，力扶公議，則其功不細，又不敢以私計不遂爲恨也。

楊子直何爲到彼？相聚幾日？曾説廟學配祀升黜之議否？不合與晁家人相聚來，遂一向與孟子不足，亦可怪也。三山見趙子直，稍款。莆中過龔實之墓下，并見其子弟，令人感歎。陛辭論恢復，乃是勸勿輕舉之意，反遭醜詆，甚可傷耳。

與劉子澄

吴生之傳，甚駭人聽，不謂禍根乃爾。近日此類非一，不了官事，連累平人，其勢駸駸，恐未遽已，使人憂懼。奈何奈何？襄陽之役不爲無補，細讀來書及詩，令人慨歎。此事未知將來分付甚人，天意必有在矣。吾徒之力，無如之何，只有講學脩身，傳扶大教〔一八〕，使後生輩知有此道理，大家用力，庶幾人材風俗，他日有以爲濟世安民之助而已。

所喻戲謔本欲詞之巧而然，此固有之。然亦是自家有此玩侮之意以爲之根，而日用之間流轉運用，機械活熟，致得臨事不覺出來。又自以爲情信詞巧主於愛人，可以無害於義理，故不復更加防遏，以至於此。蓋不惟害事，而所以害於心術者尤深。昔横渠先生嘗言之矣。見之近思四〔一九〕。此當痛改，不可緩也。近覺所聞所知真實行得，令人大段歡喜，與尋常會得説得不同。此不可不知，不可不勉也。博雜之病，亦是把做小事忽略了，以爲不足以喪人之志，又不自知是自家病痛，却以應副人情爲解。此亦是大病，非小病，須痛斬截也。吾人未老先衰，餘日幾何，而費日力於此，却於自家身心上都不著力，豈不是顛倒迷惑之甚耶？小學書却與此殊科，只用數日功夫便可辦〔二〇〕，幸早成之，便中遺寄也。

得公度書，有哭弟之悲，又云甚窘，深以爲念。地遠無力，不能少助之爲恨。季章甚不易，比來作何功夫？須更切己用力，乃有實頭進步處耳。此間學者未有大段可分付者，然亦有一二，將來零星湊合，或可大家扶持也。

喻及治財聽訟望祀之意，甚善。所刻之書皆有益，但小學惜乎太遽，又不蒙潤色耳。近略修改，每章之首加以本書或本人名字，又別爲題詞韻語，庶便童習。今謾録去一觀，他時有暇，終望爲補故事之缺也。羅集等異時刻就，各求一二本。端良止此，極可傷惜。信道不及，亦是合下看得記誦詞章太重了，後來又於此得味，所以一向不肯放下，未必專爲禁忌指目也。若使見得此道理重，便斬作萬段，亦須向前，豈容復有顧慮耶？

與劉子澄

近年道學外面被俗人攻擊，裏面被吾黨作壞，婺州自伯恭死後，百怪都出。至如子約，別説一般差異底話，全然不是孔孟規模，却做管商見識，令人駭歎。然亦是伯恭自有些拖泥帶水，致得如此，又令人追恨也。子靜一味是禪，却無許多功利術數。目下收斂得學者身心，不爲無力。然其下稍無所據依，恐亦未免害事也。

去年被人强作張、吕畫贊及敬夫集序，今并録呈。婺州學者甚不樂也。李丈奏議行狀可得一觀，幸甚。甚恨不得一見此老，然讀其書，却是大模樣、大手段，非如一種左右掇拾、委曲計校小小家計，爲無用之學也。他時與羅鄂州小集皆願附名於其後，然亦只能作題跋，無力做得大文字也。被鄉林向丈來催後序，正冗，未能下筆。近得書，乃以死見要，甚令人皇恐也。社記樸拙粗疏，不成文字，不知端良以爲如何？渠文字細密，有經緯可愛，真如來喻之云也。

汝昭歲前到山間，只得一宿，便發病遽歸。近聞尚未全安。渠却是將護太過，易得生疾耳。伯起聞已到官，想經由必款曲。居晦近一再相會，皆爲人多，説話不得。旦夕無事，當招其入山，或過武夷相聚數日也。蔡季通、劉韜仲諸人近日皆長進，潘德夫之子友端廷對甚切直，尤延之甚愛之。爲同寮所抑，頗降其等。此不足計，渠兄弟皆好，此輩後生將來皆可望也。

熹又三四日祠禄便滿，前日因便已託尤延之爲再請，勢必得之。食貧，不得已復爲此舉，甚不滿人意。前此聞諸人頗有蓋抹之意，決難承當，此不過徒與談者藉口耳。然若得其用汝昭故事，亦可優游卒歲也。不審明者以爲如何？

建陽有丘伯與者，字敦詩，廉謹質實，今爲武安節度推官。得書云趙清獻嘗爲此官，嘗即廨舍營一堂，求名以見師慕趙公之意。熹爲名曰「愛直」，蓋取碑額云爾。渠復求記，以不暇作辭之。已語之，將爲轉求於子澄矣，不識能爲作否？此亦好題目，得勉爲出數語爲幸。

公度不及別書，向來諸生頗復來集否？離羣之後，誰更進益耶？西山詩，蘇、黄之外，却是三孔有筆力，但不知所謂「攙槍枉矢」指何人耳。晁、張一時聲價如此，詩在衆人中未覺穎出也。此等小技，直是有定分，況其大者，功力不到處，可强耶？廣陵歸塗必取道浙中，到衢、信間，能略見過，喚集朋友説話數日否？老矣多病，後會不可知，「此日足可惜」也。

與劉子澄 七月九日

諸書今歲都修得一過，比舊儘覺簡易條暢矣，恨不得呈似商量也。小學見此修改，益以古今故事，移首篇於書尾，使初學開卷便有受用，而末卷益以周、程、張子教人大略及鄉約、雜儀之類别爲下篇，凡定著六篇。更數日方寫得成，恨仲叔不能等候，得後便當附呈也。

知欲一來建安，甚善甚善。前書亦嘗奉問，欲就中路深僻處相聚數時，不知曾踏逐得此去處否？麻姑當是佳處，但聞去城差近，不免人事之擾，却不濟事耳。武夷結茅雖就，然亦苦此。覺得却是朋友直來相訪，只就書院中寢食，則都無外面閑人相擾也。晉陵將來如何？尤丈得書，亦云甚願得賢守臨之，但恐難合耳。今豐守稍正當，諸司已不樂之，不知將來竟如何。前此似有相物色作史官者，今又寂然，想又有不主張者〔二一〕。此等自有時節，但景色日見不佳，萬一不免，即難出手耳。

向丈「著甚來由」之語，是此老子受用得力處，然却不是鄉林句法也。序文極力只做得如此，却是好個題目，所恨筆力弱耳。仲叔來此，前此在社倉宿食，相去差遠，近方移來閣下，渠又告歸。其人資性平和，看文字亦易曉，然似亦習成閑懶，離羣之後，全不曾做得功夫。到此方討册子看，便未有可商量處。如倉庫無紅腐貫朽之積，軍士無超距投石之勇，只是旋收旋支，或鼓或罷，終是不成頭緒。已向渠説，別後惜取光陰，須看教滿肚疑難，不能得相見，相見後三五日説不透，方是長進也。希仲相見，每問動静，亦甚以晉陵之行爲慮也。居晦才力有餘，晦伯、韜仲恐不及。然意趣則皆可喜。誠之久不相見，不知後來遊諸賢間所進如何。但向覺其物我太深，胸中不甚坦夷，此甚礙著事耳。

伯恭無恙時愛説史學，身後爲後生輩糊塗説出一般惡口小家議論，賤王尊霸，謀利計功，更不可聽。子約立脚不住，亦曰「吾兄蓋尝言之」云爾。中間不免極力排之，今幸少定〔一二〕。然其彊不可令者，猶未肯竪降幡也。但昨日得婺人書云，子約五月間得眩瞀之疾，繼以藏府不安，或作或止。地遠，未得安信，甚令人念之也。子静寄得對語來，語意圓轉渾浩，無凝滯處，亦是渠所得效驗。但不免有些禪底意思〔一三〕。昨答書戲之云：「這些子恐是葱嶺帶來。」渠定不伏。然實是如此，諱不得也。近日建昌説得動地，撑眉努眼，百怪俱出，甚可憂惧。渠亦本是好意，但不合只以私意爲主，更不講學涵養，直做得如此狂妄。世俗滔滔，無話可説，有志於學者又爲此説引去，真吾道之不幸也。

公度書來，似有此病痛，不知季章如何？學問固是須著勇猛，然此勇猛却要有箇用處。若只兩手握拳，努筋著力，枉費十分氣力，下稍無可成就，便須只是怪妄而已。吳伯起資質本是大段昏弱，故得此氣力，便能振厲而短長相補，不至於怪，然亦失之偏枯，恐不能大有所就。若資性中本有些子精神，被此發作，如陽藏人喫却伏火丹砂，其不發狂者幾希耳。近日因看大學，見得此意甚分明。聖賢已是八字打開了，但人自不領會，却向外狂走耳。

所寄諸書刻皆佳。端良之亡，爲可惜也。然其文意亦傷冗，乃是困於所長耳。郡守題名記法戒甚備，射亭詞筆皆佳，不知兩君爲如何人也。

與劉子澄

衡陽改命，不省所繇。今日忽聞蘇訓直又有别與近次之命，此於取舍之際，不無可疑。不審何以處之？計必有定論，不容草草也。學館答問甚佳，曾君亦不易得，但亦須有的當存主處，此等始爲有助耳。家塾祀夫子，於古未聞。若以義起，當約釋菜禮爲之乃佳。開元、政和兩書必有之，可參考也。時令之書恨未得見，不知所補於家國者何事爲急？因便幸示及，并喻及子細也。

子路不能變化氣質之論，言之不難，政懼行之不易，是以難輕言耳。周子有言：「聖人之教，使人自易其惡，自至其中而已爾。」竊意如子路者，可謂能易其惡矣。若至其中一節功夫，則雖夫子每每提撕，然未見其有用力處也。人百己千者終可必至，宜若登天則終不可及，兩論正自不同，又何疑耶？大學近再看過，方見得下手用功處路陌徑直。日前看得誠是不切，亂道誤人也。

趙子直入蜀，前日至武夷別之。亦與説游誠之、周居晦，渠却云今只要尋個不説話底人。看此議論，似已怕此一等人了，宜乎作貴人也。更進一步，便參到周子充地位矣。張甥向學不易得，可喜。但讀大學章句恐無長進，須向裏面尋討實下手處乃佳耳。直卿去冬暫歸，今已復來。仁卿亦來相訪，見在此，意思亦甚好也。

便人告行，復作此附之，未能盡所欲言。但念果爲湖南之行，即相望益遠，令人作惡耳。宋憲樂善愛民，可與共事。諸子頗有意向學，但前此未得師友，今在彼又爲戴溪鶻突。若到彼，可力與救拔，亦一事也。

與劉子澄

使至，辱誨示，得聞到郡諸況，深用慰喜。信後秋深益熱，恭惟尊候萬福。條教所先，必有以大慰遠人之望者，不審謂何？今既累月，上下亦必已相安矣。酒引竟作如何處置？宋憲亦當可商量。天下事有極要委曲者。趙子直在此，講求臨汀鹽法利病甚悉，竟以諸司議論不一而罷，甚可惜。然亦是渠合下不與漕司商量之過，不可專罪他人也。居官無脩業之益，若以俗學言之，誠是如此。若論聖門所謂德業者，却初不在日用之外，只押文字，便是進德脩業地頭，不必編綴異聞乃爲脩業也。近覺向來爲學實有向外浮泛之弊，不惟自誤，而誤人亦不少。方別尋得一頭緒，似差簡約端的，始知文字言語之外真別有用心處，恨未得面論也。

浙中後來事體大段支離乖僻，恐不止似正似邪而已。極令人難説，只得皇恐，痛自警省，恐未可專執舊説以爲取舍也。小學能爲刊行，亦佳。但須更爲稍加損益乃善。近得韓丈書云，如鄧攸縛子於樹之屬，似涉已甚，恐此等處誠可削也。若不欲盡去其事，且刊前此語亦佳耳。史傳中嘉言善行及近世諸先生教人切近之語，亦多有未載者。更望刷出補入，乃爲佳也。衡州劉德老，宋憲嘗言之，二君却未聞。僻郡有此，亦可喜，此間却自艱得也。

與劉子澄

老兄歸來無事，又得祠禄添助俸餘，無復衣食之累，杜門讀書，有足樂者。不審比來日用事復如何？且省雜看，向裏做些功夫爲善。

熹病雖日衰，然此意思却似看得轉見分明親切。歲前看通書極力説個「幾」字，儘有警發人處。近則公私邪正，遠則廢興存亡，只於此處看破，便斡轉了。此是日用第一親切工夫。精粗隱顯，一時穿透。堯舜所謂「惟精惟一」，孔子所謂「克己復禮」，便是此事。食芹而美，甚欲獻之吾君也。

去歲作高彦先祠堂記，前日漳守方送來，今往一本。此等議論亦觸時忌，會帶累人喫章也。廬陵舊學子却須聚集，高、劉諸人頗長進否？今日無事可爲，只有收拾後生，磨礱成就，是著得力處。而此間朋友鼓作不起，深爲可慮。不知彼中如何？更望留意，以身率之，乃所望也。

向讀女戒，見其言有未備及鄙淺處，伯恭亦嘗病之。間嘗欲別集古語，如小學之狀，爲數篇，其目曰「正靜」，曰「卑弱」，曰「孝愛」，曰「和睦」，曰「勤謹」，曰「儉質」，曰「寬惠」，曰「講學」。班氏書可取者，亦删取之。如正靜篇，即如杜子美「秉心忡忡，防身如律」之語，亦可入。凡守身事夫之事皆是也。「和睦」，謂宜其家人；「寬惠」，謂逮下無疾妬，凡御下之事。病倦不能檢閲，幸更爲詳此目有無漏落，有即補之而輯成一書，亦一事也。向見所編家訓，其中似已該備。只就彼采擇，更益以經史子集中事，以經爲先，不必太多，精擇而審取之尤佳也。

與劉子澄

承寄示所和鴻慶舊詩，三復感歎。但麻鞋之契，今何敢望有如此事耶？槐陰詩文講卷皆佳，季章蓋所謂爲切問近思之學者，真不易得。但似有迫切狹吝之意，見得道理到處十分到，不到處亦十分不到。想見都不讀書理會文義，雖理會，亦是先將己意向前攙斷，扭捏主張，所以有來喻云云之病。景陽又忒寬慢，自己分上想見是不親切也。公度向時得見，資質儘過諸人，但後來覺得亦有局促私吝之意，不知今又如何也。

卷子隨看，各以鄙見批在紙背，請更詳之。似此講論，初聞之以爲當有益，故嘗往求問目，欲令諸生條對。以今觀之，則問者本無所疑而答者初無所見，多是臨時應課塞白。似此講論，恐無所益，又有一種切己病痛。日用功夫只在當人著實向前，自家了取，本不用與人商量，亦非他人言説所能干預。縱欲警覺同志，只合舉起話頭，令其思省，其聞之者亦只合猛省提掇，向自己分上著力，不當更著言語，論量應對。如人有病，只合急急求藥；既得藥，只合急急服餌，不當更著言語形容此病，更著言語贊歎此藥也。今將實踐履事却作閑言語説了，方其説時，意在於説而不在於行，此恐不惟無益，而又反有害也。以愚見觀之，似不若將聖賢之書大家講究一件，有疑即問，有見即答，無疑無見者，不必拘以課程，如此却似實有功夫，不枉了閑言語。不知老兄以爲如何也？

校勘記

〔一〕試亦驗其將然　「驗」，原作「恐」，據浙本改。

〔二〕周教授至以爲如何　按此段又見卷三三答吕伯恭第二十二函。

〔三〕伊尹天民之先仁否　「仁」，正訛改作「覺」。

〔四〕大抵道理平鋪放著　「抵」，浙本作「率」。

〔五〕具酒肉亦忤伊川　「酒肉」，浙本作「肉食」。

〔六〕故卒不能勝其義理之公也　「卒」，原作「率」，據閩本、浙本改。

〔七〕又稱横渠不必以佛老　「佛老」，閩本、浙本作「老佛」。

〔八〕吕侍講學佛老　「老」，浙本作「事」。

〔九〕聞只令諸生讀左氏及諸賢奏疏　「令」，原作「今」，據正訛改。

〔一〇〕擇之亦宜審矣　「亦宜」，閩本、浙本作「宜亦」。

〔一一〕答劉子澄　按此書别集卷五作與丁仲澄。

〔一二〕能不遺寸晷而不計近功　「晷」，原作「暑」，據浙本改。

〔一三〕又數大節目亦皆差誤　「目」，原作「日」，據浙本改。

〔一四〕無補於事而衹以取名　「衹」，原作「抵」，據閩本、浙本改。

〔一五〕中元前後可立木　「木」，原作「本」，據浙本改。

〔一六〕後來遂張王耳　「王」，原作「主」，據閩本、浙本改。

〔一七〕亦人與一本　「人與」，原作「與人」，據閩本、浙本乙。

〔一八〕傳扶大教　「扶」，浙本作「持」。

〔一九〕見之近思四　浙本作「見近思之四」。

〔二〇〕只用數日功夫便可辨　「辨」，原作「辨」，據浙本改。

〔二一〕想又有不主張者　「不」字原缺，據浙本補。

〔二二〕今幸少定　「定」，原作「足」，據浙本改。

〔二三〕但不免有些禪底意思　「有」字原缺，據浙本補。

晦庵先生朱文公文集卷第三十六

書 陸陳辯答

答陸子壽

蒙喻及祔禮，此在高明考之必已精密，然猶謙遜，博謀及於淺陋如此。顧熹何足以知之？然昔遭喪禍，亦嘗考之矣。竊以爲衆言淆亂，則折諸聖，孔子之言萬世不可易矣，尚復何説？況期而神之之意，揆之人情，亦爲允愜。但其節文次第，今不可考。而周禮則有儀禮之書，自始死以至祥禫，其節文度數詳焉。故温公書儀雖記孔子之言，而卒從儀禮之制。蓋其意謹於闕疑，以爲既不得其節文之詳，則雖孔子之言亦有所不敢從者耳。程子之説意亦甚善，然鄭氏説「凡祔，已反于寢，練而後遷廟」，左氏春秋傳亦有

「特祀于主」之文，則是古人之祔固非遂徹几筵，程子於此恐其考之有所未詳也。開元禮之説，則高氏既非之矣。然其自説大祥徹靈坐之後，明日乃祔于廟，以爲不忍一日未有所歸，殊不知既徹之後、未祔之前，尚有一夕，其無所歸也久矣。凡此皆有所未安，恐不若且從儀禮。温公之説，次序節文亦自曲有精意，如檀弓諸説可見。不審尊兄今已如何行之？願以示教。若猶未也，則必不得已而從高氏之説。但祥祭之日未可撤去几筵，或遷稍近廣處。直俟明日奉主祔廟然後撤之，則猶爲亡於禮者之禮耳。鄙見如此，不審高明以爲如何？

答陸子壽

先王制禮，本緣人情。吉凶之際，其變有漸，故始死全用事生之禮〔一〕。既卒哭祔廟，然後神之。然猶未忍盡變，故主復于寢而以事生之禮事之。至三年而遷于廟，然後全以神事之也。此其禮文見於經傳者不一，雖未有言其意者，然以情度之，知其必出於此無疑矣。其遷廟一節〔二〕，鄭氏用穀梁練而壞廟之説，杜氏用賈逵、服虔説，則以三年爲斷。其間同異得失雖未有考，然穀梁但言壞舊廟，不言遷新主，則安知其非於練而遷舊主，於三年而納新主邪？至於禮疏所解鄭氏説，但據周禮「廟用卣」一句，亦非明驗。故區區之意竊疑杜氏之說爲合於人情也。來諭考證雖詳，其大概以爲既吉則不可復凶，既神事之則不可復以事生之禮接爾。竊恐如此非惟未嘗深考古人吉凶變革之漸，而亦未暇反求於孝子慈孫深愛至痛之情也。

至謂古者几筵不終喪，而力詆鄭、杜之非，此尤未敢聞命〔三〕。據禮，小斂有席，至虞而後有几筵，但卒哭而後不復饋食於下室耳。古今異宜，禮文之變，亦有未可深考者。然周禮自虞至祔曾不旬日，不應方設而遽徹之如此其速也。

又謂終喪徹几筵，不聞有入廟之說，亦非也。諸侯三年喪畢之祭，魯謂之「吉禘」，晉謂之「禘祀」，禮疏謂之「特禘」者是也。但其禮亡，而士大夫以下則又不可考耳。夫今之禮文，其殘闕者多矣。豈可以其偶失此文而遽謂無此禮耶？

又謂壞廟則變昭穆之位，亦非也。據禮家說，昭常爲昭，穆常爲穆，故書謂文王爲「穆考」，詩謂武王爲「昭考」。至左傳，猶謂畢、原、酆、郇爲「文之昭」，邘、晉、應、韓爲「武之穆」，則昭穆之位，豈以新主祔廟而可變哉？但昭主祔廟則二昭遞遷，穆主祔廟則二穆遞遷爾。此非今者所論之急，但謾言之，以見來說考之未精類此。

又謂古者每代異廟，故有祔于祖父祖姑之禮。今同一室，則不當專祔於一人。此則爲合於人情矣。然伊川先生嘗譏關中學禮者有役文之弊，而吕與叔以守經信古，學者庶幾無過而已，義起之事，正在盛德者行之。然則此等苟無大害於義理，不若且依舊説，亦夫子存羊愛禮之意也。熹於禮經不熟，而考證亦未及精，且以愚意論之如此，不審高明以爲如何？然亦不特如此，熹常以爲大凡讀書處事，當煩亂疑惑之際，正當虚心博采以求至當。或未有得，亦當且以闕疑闕殆之意處之。若遽以己所粗通之一説而盡廢己所未究之衆論，則非惟所處之得失或未可知，而此心之量亦不宏矣。閑併及之，幸恕狂妄。

答陸子美

伏承示諭太極、西銘之失，備悉指意。然二書之説，從前不敢輕議，非是從人脚根、依他門户，却是反覆看來，道理實是如此，别未有開口處，所以信之不疑。而妄以己見輒爲之説，正恐未能盡發其奥而反以累之，豈敢自謂有扶掖之功哉！今詳來教及省從前所論，却恐長者從初便忽其言，不曾致思，只以自家所見道理爲是；不知却元來未到他地位，而便以己見輕肆抵排也。今亦不暇細論，只如太極篇首一句，最是長者所深排。然殊不知不言無極，則太極同於一物，而不足爲萬化之根；不言太極，則無極淪於空寂，而不能爲萬化之根。只此一句，便見其下語精密，微妙無窮。而向下所説許多道理，條貫脉絡，井井不亂，只今便在目前，而亘古亘今，攧撲不破。只恐自家見得未曾如此分明直截，則其所可疑者乃在此而不在彼也。

至於西銘之説，猶更分明。今亦且以首句論之：人之一身，固是父母所生，然父母之所以爲父母者，即是乾坤。若以父母而言，則一物各一父母。若以乾坤而言，則萬物同一父母矣。萬物既同一父母，則吾體之所以爲體者，豈非天地之塞；吾性之所以爲性者，豈非天地之帥哉？古之君子惟其見得道理真實如此，所以親親而仁民，仁民而愛物，推其所爲，以至於能以天下爲一家、中國爲一人，而非意之也。今若必謂人物只是父母所生，更與乾坤都無干涉，其所以有取於西銘者，但取其姑爲宏闊廣大之言以形容仁體而破有我之私而已，則是所謂仁體者全是虚名，初無實體，而小己之私却是實理，合有分別；聖賢於此却初不見義理，只見利害，而妄以己意造作言語，以增飾其所無、破壞其所有也。若果如此，則其立言之失，「膠固」二字豈足以盡之？而又何足以破人之梏於一己之私哉？

大抵古之聖賢千言萬語，只是要人明得此理。此理既明，則不務立論而所言無非義理之言，不務正行而所行無非義理之實，無有初無此理，而姑爲此言以救時俗之弊者。不知子靜相會，曾以此話子細商量否？近見其所論王通續經之説，似亦未免此病也。此間近日絶難得江西便，草草布此，却託子靜轉致。但以來書半年方達推之，未知何時可到耳。

如有未當，切幸痛與指摘，剖析見教。理到之言，不得不服也。

答陸子美

前書示諭太極、西銘之説，反復詳盡。然此恐未必生於氣習之偏，但是急迫看人文字，未及盡彼之情而欲遽申己意，是以輕於立論，徒爲多説而未必果當於理爾。且如太極之説，熹謂周先生之意恐學者錯認太極别爲一物，故著「無極」二字以明之。此是推原前賢立言之本意，所以不厭重複，蓋有深指。而來諭便謂熹以太極下同一物，是則非惟不盡周先生之妙旨，而於熹之淺陋妄説亦未察其情矣。

又謂著「無極」字便有虚無好高之弊，則未知尊兄所謂太極是有形器之物耶，無形器之物耶？若果無形而但有理，則無極即是無形，太極即是有理明矣，又安得爲虚無而好高乎？熹所論西銘之意，正謂長者以横渠之言不當謂乾坤實爲父母，而以「膠固」斥之，故竊疑之，以爲若如長者之意，則是謂人物實無所資於天地，恐有所未安爾，非熹本説固欲如此也。今詳來誨，猶以横渠只是假借之言，而未察父母之與乾坤，雖其分之有殊，而初未嘗有二體，但其分之殊則又不得而不辨也。

熹之愚陋，竊願尊兄更於二家之言少賜反復，寬心游意，必使於其所説如出於吾之所爲者而無纖芥之疑，然後可以發言立論而斷其可否，則其爲辨也不煩，而理之所在無不得矣。若一以急迫之意求之，則於察理已不能精，而於彼之情又不詳盡，則徒爲紛紛，而雖欲不差，不可得矣。然只此急迫，即是來諭所謂氣質之弊，蓋所論之差處雖不在此，然其所以差者則原於此而不可誣矣。不審尊意以爲如何？

子靜歸來，必朝夕得款聚。前書所謂異論卒不能合者，當已有定説矣。恨不得側聽其旁，時效管窺以求切磋之益也。延平新本龜山别録漫内一通。

近又嘗作一小卜筮書，亦以附呈。蓋緣近世説易者於象數全然闊略，其不然者，又太拘滯支離，不可究詰，故推本聖人經傳中説象數者，只此數條，以意推之，以爲是足以上究聖人作易之本指，下濟生人觀變玩占之實用，學易者決不可以不知。而凡説象數之過乎此者，皆可以束之高閣而不必問矣。不審尊意以爲如何？

答陸子美

示諭縷縷，備悉雅意。不可則止，正當謹如來教，不敢復有塵瀆也。偶至武夷，匆匆布叙，不能盡所欲言。然大者已不敢言，則亦無可言者矣。

寄陸子靜

奏篇垂寄，得聞至論，慰沃良深，其規模宏大而源流深遠，豈腐儒鄙生所能窺測？不知對揚之際，上於何語有領會？區區私憂，正恐不免萬牛回首之歎。然於我亦何病？語圓意活，渾浩流轉，有以見所造之深、所養之厚，益加歎服。但向上一路未曾撥轉處，未免使人疑著，恐是葱嶺帶來耳。如何如何？一笑。熹衰病益侵，幸叨祠禄，遂爲希夷直下諸孫，良以自慶。但香火之地，聲教未加，不能不使人慨歎耳。

答陸子靜

昨聞嘗有丐外之請而復未遂，今定何如？莫且宿留否？學者後來更得何人？顯道得書云嘗詣見，不知已到未？子淵去冬相見，氣質剛毅，極不易得。但其偏處亦甚害事，雖嘗苦口，恐未必以爲然。今想到部，必已相見，亦嘗痛與砭磅否？道理雖極精微，然初不在耳目見聞之外，是非黑白，即在面前。此而不察，乃欲別求玄妙於意慮之表，亦已誤矣。熹衰病日侵，去年災患亦不少。此數日來，病軀方似略可支吾，然精神耗減，日甚一日，恐終非能久於世者。所幸邇來日用功夫頗覺有力，無復向來支離之病。甚恨未得從容面論，未知異時相見，尚復有異同否耳？

答陸子靜丁未五月二日

稅駕已久，諸況想益佳，學徒四來，所以及人者在此而不在彼矣。來書所謂利欲深痼者已無可言，區區所憂，却在一種輕爲高論，妄生内外精粗之别，以良心日用分爲兩截，謂聖賢之言不必盡信，而容貌詞氣之間不必深察者。此其爲説乖戾狠悖，將有大爲吾道之害者，不待他時末流之弊矣。不審明者亦嘗以是爲憂乎？此事不比尋常小小文義異同，恨相去遠，無由面論，徒增耿耿耳。李子甚不易，知向學，但亦漸覺好高。鄙意且欲其著實看得目前道理事物分明，將來不失將家之舊，庶幾有用。若便如此談玄説妙，却恐兩無所成，可惜壞却天生氣質，却未必如乃翁樸實頭，無許多勞攘耳。

答陸子靜

學者病痛誠如所諭，但亦須自家見得平正深密，方能藥人之病。若自不免於一偏，恐醫來醫去，反能益其病也。所諭與令兄書辭費而理不明，今亦不記當時作何等語，或恐實有此病。承許條析見教，何幸如之！虚心以俟，幸因便見示。如有未安，却得細論，未可便似居士兄遽斷來章也。

答陸子靜

十一月八日，熹頓首再拜上啓子靜崇道監丞老兄：今夏在玉山，便中得書，時以入都旋復還舍，疾病多故，又苦無便，不能即報。然懷想德義與夫象山泉石之勝，未嘗不西望太息也。比日冬温過甚，恭惟尊候萬福，諸賢兄、令子姪、眷集以次康寧，來學之士亦各佳勝。熹兩年冗擾，無補公私，第深愧歉。不謂今者又蒙收召，顧前所被已極叨踰，不敢冒進，以速龍斷之譏，已遣人申堂懇免矣。萬一未遂，所當力請，以得爲期。杜門竊廩，温繹陋學，足了此生。所恨上恩深厚，無路報塞，死有餘憾也。

前書誨諭之悉，敢不承教。所謂古之聖賢惟理是視，言當於理，雖婦人孺子有所不棄；或乖理致，雖出古書，不敢盡信，此論甚當，非世儒淺見所及也。但熹竊謂言不難擇而理未易明，若於理實有所見，則於人言之是非，不翅黑白之易辨〔四〕，固不待訊其人之賢否而爲去取。不幸而吾之所謂理者或但出於一己之私見，則恐其所取舍未足以爲羣言之折衷也。况理既未明，則於人之言恐亦未免有未盡其意者，又安可以遽絀古書爲不足信，而直任胸臆之所裁乎？

來書反復，其於無極、太極之辨詳矣。然以熹觀之，伏羲作易，自一畫以下，文王演易，自「乾元」以下，皆未嘗言太極也，而孔子言之。孔子贊易，自太極以下，未嘗言無極也，而周子言之。夫先聖後聖，豈不同條而共貫哉？若於此有以灼然實見太極之真體，則知不言者不爲少而言之者不爲多矣，何至若此之紛紛哉？今既不然，則吾之所謂理者，恐其未足以爲羣言之折衷，又況於人之言有所不盡者，又非一二而已乎？既蒙不鄙而教之，熹亦不敢不盡其愚也。

且夫大傳之太極者，何也？即兩儀、四象、八卦之理具於三者之先，而緼於三者之内者也。聖人之意，正以其究竟至極，無名可名，故特謂之太極。猶曰「舉天下之至極無以加此」云爾，初不以其中而命之也。至如「北極」之「極」、「屋極」之「極」、「皇極」之「極」、「民極」之「極」，諸儒雖有解爲中者，蓋以此物之極常在此物之中，非指「極」字而訓之以中也。極者，至極而已。以有形者言之，則其四方八面合輳將來，到此築底，更無去處；從此推出，四方八面都無向背，一切停匀，故謂之極耳。後人以其居中而能應四外，故指其處而以中言之，非以其義爲可訓中也。至於太極，則又初無形象方所之可言，但以此理至極而謂之極耳。今乃以中名之，則是所謂理有未明而不能盡乎人言之意者一也。

通書理性命章，其首二句言理，次三句言性，次八句言命，故其章内無此三字，而特以三字名其章以表之，則章内之言固已各有所屬矣。蓋其所謂「靈」、所謂「一」者，乃爲太極；而所謂「中」者，乃氣禀之得中，與「剛善」、「剛惡」、「柔善」、「柔惡」者爲五性，而屬乎五行，初未嘗以是爲太極也。且曰「中焉止矣」，而又下屬於二氣五行、化生萬物之云，是亦復成何等文字義理乎？今來諭乃指其中者爲太極而屬之下文，則又理有未明而不能盡乎人言之意者二也。

若論「無極」二字，乃是周子灼見道體，迥出常情，不顧旁人是非，不計自己得失，勇往直前，説出人不敢説底道理，令後之學者曉然見得太極之妙不屬有無，不落方體。若於此看得破，方見得此老真得千聖以來不傳之秘，非但架屋下之屋、疊牀上之牀而已也。今必以爲未然，是又理有未明而不能盡人言之意者三也。

至於大傳既曰「形而上者謂之道」矣，而又曰「一陰一陽之謂道」，此豈真以陰陽爲形而上者哉？正所以見一陰一陽雖屬形器，然其所以一陰而一陽者，是乃道體之所爲也。故語道體之至極，則謂之太極；語太極之流行，則謂之道。雖有二名，初無兩體。周子所以謂之「無極」，正以其無方所、無形狀，以爲在無物之前，而未嘗不立於有物之後；以爲在陰陽之外，而未嘗不行乎陰陽之中；以爲通貫全體，無乎不在，則又初無聲臭影響之可言也。今乃深詆無極之不然，則是直以太極爲有形狀、有方所矣。直以陰陽爲形而上者，則又昧於道器之分矣。又於「形而上者」之上復有「況太極乎」之語，則是又以道上别有一物爲太極矣。此又理有未明而不能盡乎人言之意者四也。

至熹前書所謂「不言無極，則太極同於一物而不足爲萬化根本；不言太極，則無極淪於空寂而不能爲萬化根本」，乃是推本周子之意，以爲當時若不如此兩下説破，則讀者錯認語意，必有偏見之病，聞人説有即謂之實有，見人説無即以爲真無耳。自謂如此説得周子之意已是大煞分明，只恐知道者厭其漏洩之過甚，不謂如老兄者，乃猶以爲未穩而難曉也。請以熹書上下文意詳之，豈謂太極可以人言而爲加損者哉？是又理有未明而不能盡乎人言之意者五也。

來書又謂大傳明言「易有太極」，今乃言無，何耶？此尤非所望於高明者。今夏因與人言易，其人之論正如此。當時對之，不覺失笑，遂至被劾。彼俗儒膠固，隨語生解，不足深怪。老兄平日自視爲如何，而亦爲此言耶？老兄且謂大傳之所謂「有」，果如兩儀、四象、八卦之有定位，天地五行萬物之有常形耶？周子之所謂「無」，是果虚空斷滅、都無生物之理耶？此又理有未明而不能盡乎人言之意者六也。

老子「復歸於無極」，「無極」乃無窮之義。如「莊生入無窮之門，以遊無極之野」云爾，非若周子所言之意也。今乃引之而謂周子之言實出乎彼，此又理有未明而不能盡乎人言之意者七也。

高明之學超出方外，固未易以世間言語論量、意見測度。今且以愚見執方論之，則其未合有如前所陳者。亦欲奉報，又恐徒爲紛紛，重使世俗觀笑。既而思之，若遂不言，則恐學者終無所取正。較是二者，寧可見笑於今人，不可得罪於後世。是以終不獲已而竟陳之，不識老兄以爲如何？

答陸子靜

來書云：「浙間後生貽書見規，以爲吾二人者所習各已成熟，終不能以相爲。莫若置之勿論，以俟天下後世之自擇。鄙哉言乎！此輩凡陋，沈溺俗學，悖戾如此，亦可憐也。」

熹謂天下之理有是有非，正學者所當明辨。或者之説誠爲未當，然凡辨論者，亦須平心和氣，子細消詳，反覆商量，務求實是，乃有歸著。如不能然，而但於匆遽急迫之中肆支蔓躁率之詞，以逞其忿懟不平之氣，則恐反不若或者之言安靜和平，寬洪悠久，猶有君子長者之遺意也。

來書云「人能洪道」止「敢悉布之」。

熹按此段所説規模宏大而指意精切，如曰「雖自謂其理已明，安知非私見蔽説」，及引大舜善與人同等語，尤爲的當。熹雖至愚，敢不承教。但所謂「莫知其非」、「歸於一是」者，未知果安所決？區區於此亦願明者有以深察而實踐其言也。

來書云「古人質實」止「請卒條之」。

熹詳此説，蓋欲專務事實，不尚空言，其意甚美。但今所論「無極」二字，熹固已謂不言不爲少，言之不爲多矣。若以爲非，則且置之，其於事實亦未有害。而賢昆仲不見古人指意，乃獨無故於此創爲浮辨，累數百言，三四往返而不能已，其爲湮蕪亦已甚矣。而細考其間緊要節目，並無酬酢，只是一味慢罵虚喝，必欲取勝。未論顔曾氣象，只子貢恐亦不肯如此。恐未可遽以此而輕彼也。

來書云「尊兄未嘗」止「固自不同也」〔五〕。

熹亦謂老兄正爲未識太極之本無極而有其體〔六〕，故必以「中」訓「極」，而又以陰陽爲形而上者之道。虚見之與實見，其言果不同也。

來書云「老氏以無」止「諱也」。

熹詳老氏之言有無，以有無爲二；周子之言有無，以有無爲一，正如南北水火之相反。更請子細著眼，未可容易譏評也。

來書云「此理乃」止「子矣」。

更請詳看熹前書曾有「無理」二字否?

來書云「極亦此」止「極哉」。

「極」是名此理之至極,「中」是狀此理之不偏。雖然同是此理,然其名義各有攸當,雖聖賢言之,亦未嘗敢有所差互也。若「皇極」之「極」、「民極」之「極」,乃爲標準之意。猶曰立於此而示於彼,使其有所向望而取正焉耳,非以其中而命之也。「立我烝民」,「立」與「粒」通,即書所謂「烝民乃粒」,「莫匪爾極」,則「爾」指后稷而言。蓋曰使我衆人皆得粒食,莫非爾后稷之所立者是望耳。「爾」字不指天地,「極」字亦非指所受之中。此義尤明白,似是急於求勝,更不暇考上下文。推此一條,其餘可見。「中者天下之大本」,乃以喜怒哀樂之未發,此理渾然,無所偏倚而言。太極固無偏倚而爲萬化之本,然其得名自爲「至極」之「極」,而兼有「標準」之義,初不以「中」而得名也。

來書云「以極爲中」止「理乎」。

老兄自以「中」訓「極」,熹未嘗以「形」訓「極」也。今若此言,則是己不曉文義,而謂他人亦不曉也。請更詳之。

來書云「大學、文言皆言知至」。

熹詳「知至」二字雖同,而在大學則「知」爲實字,「至」爲虚字,兩字上重而下輕,蓋曰

「心之所知無不到」耳。在文言則「知」爲虚字，「至」爲實字，兩字上輕而下重，蓋曰「有以知其所當至之地」耳。兩義既自不同，而與太極之爲至極者又皆不相似。請更詳之。此義在諸説中亦最分明，請試就此推之，當知來書未能無失，往往類此。

來書云「直以陰陽爲形器」止「道器之分哉」。

若以陰陽爲形而上者，則形而下者復是何物？更請見教。若熹愚見與其所聞，則曰凡有形有象者，皆器也。其所以爲是器之理者，則道也。如是則來書所謂始終、晦明、奇偶之屬，皆陰陽所爲之器；獨其所以爲是器之理，如目之明、耳之聰、父之慈、子之孝，乃爲道耳。如此分別，似差明白。不知尊意以爲如何？此一條亦極分明，切望略加思索，便見愚言不爲無理，而其餘亦可以類推矣。

來書云「通書曰」止「類此」。

周子言「中」，而以「和」字釋之。又曰「中節」，又曰「達道」。彼非不識字者，而其言顯與中庸相戾，則亦必有説矣。蓋此「中」字是就氣稟發用而言其無過不及處耳，非直指本體未發，無所偏倚者而言也。豈可以此而訓「極」爲「中」也哉？來書引經必盡全章，雖煩不厭，而所引通書乃獨截自「中焉止矣」而下，此安得爲不誤？老兄本自不信周子，政使誤引通書，亦未爲害，何必諱此小失而反爲不改之過乎？

來書云「大傳」止「執古」。

大傳、洪範、詩、禮皆言極而已，未嘗謂極爲中也。先儒以此極處常在物之中央而爲四方之所面内而取正，故因以中釋之，蓋亦未爲甚失。而後人遂直以極爲中，則又不識先儒之本意矣。爾雅乃是纂集古今諸儒訓詁以成書，其間蓋亦不能無誤，不足據以爲古。又況其間但有以「極」訓「至」，以「殷齊」訓「中」，初未嘗以「極」爲「中」乎？

來書云「又謂周子」止「道耳」。前又云「若謂欲言」止「之上」。

無極而太極，猶曰「莫之爲而爲，莫之致而至」，又如曰「無爲之爲」，皆語勢之當然，非謂别有一物也。向見欽夫有此説，嘗疑其贅。今乃正使得著，方知欽夫之慮遠也。其意則固若曰非如皇極、民極、屋極之有方所形象，而但有此理之至極耳。若曉此意，則於聖門有何違叛而不肯道乎？「上天之載」，是就有中説無；「無極而太極」，是就無中説有。若實見得，即説有説無，或先或後都無妨礙。今必如此拘泥，强生分别，曾謂不尚空言，專務事實，而反如此乎？

來書云「夫乾」止「自反也」。

太極固未嘗隱於人，然人之識太極者則少矣。往往只是於禪學中認得個昭昭靈靈能作用底，便謂此是太極，而不知所謂太極乃天地萬物本然之理，亘古亘今，攧撲不破者也。「迥出常情」等語，只是俗談，即非禪家所能專有，不應儒者反當回避。況今雖偶然道著，而其所見所説即非禪家道理，非如他人陰實祖用其説，而改頭换面，陽諱其所自來也。如曰「私其説以自妙而又祕之」，又曰「寄此以神其姦」，又曰「繫絆多少好氣質底學者」，則恐世間自有此人可當此語。熹雖無狀，自省得與此語不相似也。

來書引書云：「有言逆于汝心，必求諸道。」

此聖言也，敢不承教。但以來書求之於道而未之見，但見其詞義差舛，氣象粗率，似與聖賢不甚相近，是以竊自安其淺陋之習聞，而未敢輕舍故步以追高明之獨見耳。又記頃年嘗有平心之説，而前書見喻曰：「甲與乙辨，方各自是其説，甲則曰願乙平心也，乙亦曰願甲平心也。平心之説恐難明白，不若據事論理可也。」此言美矣。然熹所謂平心者，非直使甲操乙之見、乙守甲之説也，亦非謂都不論事之是非也，但欲兩家姑暫置其是己非彼之意，然後可以據事論理，而終得其是非之實。如謂治疑獄者當公其心，非謂便可改曲者爲直、改直者爲曲也，亦非謂都不問其曲直也。但不可先以己意之向背爲主，然後可以審聽兩造之辭，旁求參伍之驗，而終得其曲直之當耳。今以粗淺之心，挾忿懟之氣，不肯暫置其是己非彼之私，而欲評義理之得失，則雖有判然如黑白之易見者，猶恐未免於誤；況其差有在於毫釐之間者，又將誰使折其衷而能不謬也哉？

來書云「書尾」止「文耶」。

中間江德功封示三策，書中有小帖云：「陸子靜策三篇，皆親手點對，令默封納。先欲作書，臨行不肯作。」此並是德功本語。不知來喻何故乃爾？此細事不足言，世俗毁譽亦何足計。但賢者言行不同如此，爲可疑耳。德功亦必知是諸生所答，自有姓名。但云是老兄所付，令寄來耳。

熹已具此，而細看其間亦尚有説未盡處。大抵老兄昆仲同立此論，而其所以立論之意不同。子美尊兄自是天資質實重厚，當時看得此理有未盡處，不能子細推究，便立議論，因而自信太過，遂不可回。見雖有病，意實無他。老兄却是先立一説，務要突過有若、子貢以上，更不數近世周、程諸公，故於其言不問是非，一例吹毛求疵，須要討不是處。正使説得十分無病，此意却先不好了。況其言之粗率，又不能無病乎？夫子之聖，固非以多學而得之。然觀其好古敏求，實亦未嘗不多學。但其中自有一以貫之處耳。若只如此空疏杜撰，則雖有一而無可貫矣，又何足以爲孔子乎？顔、曾所以獨得聖學之傳，正爲其博文約禮，足目俱到，亦不是只如此空疏杜撰也。子貢雖未得承道統，然其所知似亦不在今人之後，但未有禪學可改换耳。周、程之生，時世雖在孟子之下，然其道則有不約而合者。反覆來書，竊恐老兄於其所言多有未解者，恐皆未可遽以顔、曾自處而輕之也。顔子以能問於不能，以多問於寡，有若無，實若虚，犯而不校；曾子三省其身，惟恐謀之不忠、交之不信、傳之不習。其智之崇如彼，而禮之卑如此，豈有一毫自滿自足、强辯取勝之心乎？來書之意，所以見教者甚至，而其末乃有「若猶有疑，不憚下教」之言。熹固不敢當此，然區區鄙見亦不敢不爲老兄傾倒也。不審尊意以爲如何？如曰未然，則「我日斯邁而月斯征」，各尊所聞、各行所知亦可矣，無復可望於必同也。言及於此，悚息之深，千萬幸察。

近見國史濂溪傳載此圖説，乃云「自無極而爲太極」。若使濂溪本書實有「自」、「爲」兩字，則信如老兄所言，不敢辨矣。然因渠添此二字，却見得本無此字之意愈益分明，請試思之。

答陳同甫

數日山間從游甚樂，分袂不勝悵然。君舉已到未？熹來日上剡溪，然不能久留，只一兩日便歸。蓋城中諸寄居力來言不可行，深咎前日衢、婺之行也。如此則山間之行不容復踐，老兄與君舉能一來此間相聚爲幸。官舍無人，得以從容，殊勝在道間闕置車中，不得終日相語也。君舉兄不敢遽奉問，幸爲深致此意，千萬千萬。戰國策論衡一書并日注田説二小帙并往〔七〕，觀之如何也？所定文中子千萬擕來。陳叔達説有韓公所定禮儀，尚未及往借也。别後鬱鬱，思奉偉論，夢想以之。臨風引領，尤不自勝。

與陳同甫

君舉竟未有來期，老兄想亦畏暑，未必遽能枉顧，勢須秋涼乃可爲期。但賤迹孤危，力小任重，政恐旦夕便以罪去耳。旱勢已成，三日前猶蒸鬱，然竟作雨不成。此兩日晨夜凄涼〔八〕，亭午慘烈，無復更有雨意。雖祈禱不敢不盡誠，然視州縣間政事無一可以召和而弭災者，未知將復作何究竟也。本欲俟旬日間力懇求去，緣待罪文字未報，未敢遽發。今遂遭此旱虐，如何更敢求自便？但恐自以罪罷則幸甚，不然，則未知所以爲計也。不審高明將何以見教也？

新論奇偉不常，真所創見。驚魂未定，未敢遽下語。俟再得餘篇，乃敢請益耳。婺人得錢守，比之他郡事體殊不同。他人直是無一點愛人底心，無醫治處也。趙倅之去甚可惜，鄙意亦欲具曾救荒官吏殿最以聞，以方俟罪，嫌於論功，遂不敢上。不知錢守曾再奏否？若其遂行，實可惜也。書義破題真張山人所謂「著相題詩」者，句意俱到，不勝歎服。他文有可録示者，幸併五篇見教，洗此昏憒也。向説方巖之下伯恭所樂游處，其名爲何？

其地屬誰氏？幸批示。近刊伯恭所定古易頗可觀，尚未竟。少俟斷手，即奉寄。但恐抱膝長嘯人，不讀此等俗生鄙儒文字耳。社中諸友朋坐夏安穩，山間想見虛凉，無城市歊煩之氣。比所授之次第，亦可使聞一二乎？「可與立者，未可與權」，願明者之審此也。

答陳同甫

病中不能整理别頭項文字，閑取舊書諷詠之，亦覺有味，於反身之功亦頗有得力處，他亦不足言也。示喻見予之意甚厚，然僕豈其人乎？明者於是乎不免失言之累矣。震之九四，向來顔魯子以納甲推賤命，以爲正當此爻，常恨未曉其説。今同甫復以事理推配，與之暗合如此，然則此事固非人之所能爲矣。

附託之戒，敢不敬承。然其事之曲折，未易紙筆既也。叔昌所云，初實有之，蓋意老兄上未及於無情，而下決不至於不及情，是以疑其未免乎此。今得來喻，乃知老兄遂能以義勝私如此，真足爲一世之豪矣。而區區妄意，所謂淺之爲丈夫者，又以自愧也。

武夷九曲之中，比縛得小屋三數間，可以游息。春間嘗一到，留止旬餘〔九〕。溪山回合，雲煙開斂，旦暮萬狀，信非人境也。嘗有數小詩，朋舊爲賦者亦多。薄冗，無人寫得，後便當寄呈求數語。韓丈亦許爲作記文也。此生本不擬爲時用，中間立脚不牢，容易一出，取困而歸。自近事而言，則爲廢斥；自初心而言，則可謂「爰得我所」矣。承許見顧，若得遂從容此山之間，款聽奇偉驚人之論，亦平生快事也。但聞未免俯就鄉舉，正恐自此騫騰，未暇尋此寂漠之濱耳。

策問前篇，鄙意猶守明招時説；後篇極中時弊，但須亦大有更張，乃可施行。若事事只如今日而欲廢法，吾恐無法之害又有甚於有法之時也。如何如何？去年十論，大意亦恐援溺之意太多，無以存不親授之防耳。後生輩未知三綱五常之正道，遽聞此説，其害將有不可勝救者，願明者之反之也。妄意如此，或未中理，更告反覆，幸幸！

李衛公集一本致几間。此公才氣事業當與春秋戰國時何人爲比，幸一評之，早以見寄。幸甚！

與陳同甫

比忽聞有意外之禍，甚爲驚歎。方念未有相爲致力處，又聞已遂辨白而歸，深以爲喜。人生萬事，真無所不有也。比日久雨蒸鬱，伏惟尊候萬福。

歸來想諸況仍舊，然凡百亦宜痛自收斂。此事合説多時，不當至今日。遲頓不及事，固爲可罪，然觀老兄平時自處於法度之外，不樂聞儒生禮法之論。雖朋友之賢如伯恭者，亦以法度之外相處，不敢進其逆耳之論，每有規諷，必宛轉回互，巧爲之説，然後敢發。平日狂妄深竊疑之，以爲愛老兄者似不當如此，方欲俟後會從容面罄其説，不意罷逐之遽，不及盡此懷也。今兹之故，雖不知所由，或未必有以召之，然平日之所積，似亦不爲無以集衆尤而信讒口者矣。老兄高明剛決，非吝於改過者。願以愚言思之，絀去「義利雙行、王霸並用」之説，而從事於懲忿窒慾、遷善改過之事，粹然以醇儒之道自律，則豈獨免於人道之禍，而其所以培壅本根、澄源正本、爲異時發揮事業之地者，益光大而高明矣。荷相與之厚，忘其狂率，敢盡布其腹心。雖不足以贖稽緩之罪，然或有補於將來耳。不審高明以爲如何？悚仄悚仄。

答陳同甫

昨聞洶洶，常託叔度致書奉問，時猶未知端的，不能無憂。便中忽得五月二十六日所示字，具審曲折，喜不可言。且得脱此虎口，外此是非、得失置之不足言也。林叔和過此，又得聞其事首末尤詳，是亦可歎也已。還家之後，諸況如何？所謂少林面壁，老兄決做不得，然亦正不當如此，名教中自有安樂處。區區所願言者，已具之前書矣。大率世間議論不是太過即是不及，中間自一條平穩正當大路，却無人肯向上頭立脚，殊不可曉。老兄聰明非他人所及，試一思愚言，不可以爲平平之論而忽之也。偶有便，匆匆未暇索言。

答陳同甫

夏中朱同人歸〔一〇〕，辱書，始知前事曲折，深以愧歎。尋亦嘗別附問，不謂尚未達也。兹承不遠千里專人枉書，尤荷厚意。且審還舍以來尊候萬福，足以爲慰。而細詢來使〔一一〕，又詳歸路戒心之由，重增歎駭也。事遠日忘，計今處之帖然矣。熹衰病杜門，忽此生朝〔一二〕，孤露之餘，方深哽愴，乃蒙不忘，遠寄新詞，副以香果佳品，至於裘材，又出機杼，此意何可忘也！但兩詞豪宕清婉，各極其趣，而投之空山樵牧之社，被之衰退老朽之人，似太不著題耳。

示喻縷縷，殊激懦衷，以老兄之高明俊傑，世間榮悴得失本無足爲動心者。而細讀來書，似未免有不平之氣。區區竊獨妄意，此殆平日才太高、氣太鋭、論太險、跡太露之過，是以困於所長，忽於所短，雖復更歷變故，顛沛至此，而猶未知所以反求之端也。嘗謂「天理」、「人欲」二字，不必求之於古今王伯之迹，但反之於吾心義利邪正之間。察之愈密，則其見之愈明；持之愈嚴，則其發之愈勇。孟子所謂「浩然之氣」者，蓋斂然於規矩準繩不敢走作之中，而其自任以天下之重者，雖賁育莫能奪也。是豈才能血氣之所爲哉？

老兄視漢高帝、唐太宗之所爲，而察其心果出於義耶，出於利耶？出於邪耶，正耶〔一三〕？若高帝，則私意分數猶未甚熾，然已不可謂之無。太宗之心，則吾恐其無一念之不出於人欲也。直以其能假仁借義以行其私，而當時與之爭者才能知術既出其下，又不知有仁義之可借〔一四〕，是以彼善於此而得以成其功耳〔一五〕。若以其能建立國家、傳世久遠，便謂其得天理之正，此正是以成敗論是非，但取其獲禽之多而不羞其詭遇之不出於正也。千五百年之間，正坐如此，所以只是架漏牽補，過了時日。其間雖或不無小康，而堯、舜、三王、周公、孔子所傳之道，未嘗一日得行於天地之間也。

若論道之常存，却又初非人所能預。只是此箇自是亘古亘今常在不滅之物，雖千五百年被人作壞，終殄滅他不得耳。漢、唐所謂賢君，何嘗有一分氣力扶助得他耶〔一六〕？至於所及而告之。故曰「亦可以爲成人」，則非成人之至矣。爲子路，爲子夏，此固在學者各取儒者成人之論，專以儒者之學爲出於子夏，此恐未可懸斷。而子路之問成人，夫子亦就其其性之所近，然臧武仲、卞莊子、冉求中間插一箇孟公綽，齊手並脚，又要文之以禮樂，亦不是管仲、蕭何以下規模也。

向見祭伯恭文，亦疑二公何故相與聚頭作如此議論。近見叔昌、子約書中說話，乃知前此此話已說成了。亦嘗因答二公書力辨其說，然渠來說得不索性，故鄙論之發亦不能如此書之盡耳。老兄人物奇偉英特〔一七〕，恐不但今日所未見。向來得失短長，正自不須更挂齒牙〔一八〕，向人分説。但鄙意更欲賢者百尺竿頭進取一步，將來不作三代以下人物，省得氣力爲漢、唐分疏，即更脱灑磊落耳。李、孔、霍、張，則吾豈敢？然夷吾、景略之事，亦不敢爲同父願之也。

大字甚荷不鄙〔一九〕，但尋常不欲爲寺觀寫文字，不欲破例。此亦拘儒常態，想又發一笑也。寄來紙却爲寫張公集句坐右銘去，或恐萬一有助於積累涵養、睟面盎背之功耳。

聞曾到會稽，曾遊山否〔二〇〕？越中山水氣象終是淺促，意思不能深遠也。武夷亦不至甚好，但近處無山，隨分占取做自家境界。春間至彼，山高水深〔二一〕，紅緑相映，亦自不惡。但年來窘束殊甚，詩成而屋未就〔二二〕，亦無人力可往來，每以爲念耳〔二三〕。

答陳同甫

人至〔二四〕，忽奉誨示，獲聞即日春和，尊候萬福，感慰并集。且聞葺治園亭，規模甚盛，甚恨不得往同其樂而聽高論之餘也。「樓臺側畔楊花過，簾幕中間燕子飛」，只是富貴者事，做沂水舞雩意思不得，亦不是躬耕隴畝、抱膝長嘯底氣象。却是自家此念未斷，便要主張將來做一般看了。竊恐此正是病根，與平日議論同一關捩也〔二五〕。二公詩皆甚高〔二六〕，而正則摹寫尤工，卒章致意尤篤，令人歎息。所惜不曾向頂門上下一針，猶落第二義也。君舉得郡可喜，不知闕在何時？正則聞甚長進，比得其書甚久，不曾答得。前日有便，已寫下〔二七〕，而復遺之。今以附納〔二八〕，幸爲致之。觀其議論，亦多與鄙意不同。此事儘當商量〔二九〕，但卒乍未能得相聚，便得相聚，亦恐未便信得及耳。坐右銘固知在所鄙棄〔三〇〕；然區區寫去之意，却不可委之他人，千萬亟爲取以見還爲幸，自欲投之水火也。他所誨諭，其説甚長。偶病眼，數日未愈，而來使留此頗久，告歸甚亟，不免口授小兒，別紙奉報。不審高明以爲如何〔三一〕？

答陳同甫

來教累紙，縱橫奇偉，神怪百出，不可正視。雖使孟子復生，亦無所容其喙，況於愚昧蹇劣，又老兄所謂賤儒者，復安能措一詞於其間哉？然於鄙意實有所未安者，不敢雷同，曲相阿徇〔三二〕，請復陳其一二，而明者聽之也。

來教云云，其説雖多，然其大概不過推尊漢、唐，以爲與三代不異；貶抑三代，以爲與漢、唐不殊。而其所以爲説者，則不過以爲古今異宜，聖賢之事不可盡以爲法，但有救時之志、除亂之功，則其所爲雖不必盡合義理〔三三〕，亦自不妨爲一世英雄。然又不肯説此不是義理，故又須説天、地、人並立爲三，不應天地獨運而人爲有息。今既天地常存，即是漢、唐之君只消如此，已能做得人底事業，而天地有所賴以至今。其前後反覆，雖縷縷多端，要皆以證成此説而已。若熹之愚，則其所見固不能不與此異，然於其間又有不能不同者。今請因其所同而核其所異，則夫毫釐之差、千里之繆將有可得而言者矣。

來書「心無常泯，法無常廢」一段，乃一書之關鍵。鄙意所同，未有多於此段者也；而其所異，亦未有甚於此段者也。蓋有是人則有是心，有是心則有是法，固無常泯常廢之理。但謂之無常泯，即是有時而泯矣；謂之無常廢，即是有時而廢矣。蓋天理人欲之並行，其或斷或續，固宜如此。至若論其本然之妙，則惟有天理，而無人欲，是以聖人之教必欲其盡去人欲而復全天理也。若心，則欲其常不泯而不恃其不常泯也，法則欲其常不廢而不恃其不常廢也。所謂「人心惟危，道心惟微，惟精惟一，允執厥中」者，堯、舜、禹相傳之密旨也。夫人自有生而梏於形體之私，則固不能無人心矣。然而必有得于天地之正〔三四〕，則又不能無道心矣。日用之間，二者並行，迭爲勝負，而一身之是非得失、天下之治亂安危，莫不係焉。是以欲其擇之精而不使人心得以雜乎道心，欲其守之一而不使天理得以流於人欲，則凡其所行，無一事之不得其中，而於天下國家無所處而不當。夫豈任人心之自危而以有時而泯者爲當然，任道心之自微而幸其須臾之不常泯也哉？夫堯、舜、禹之所以相傳者既如此矣，至於湯、武，則聞而知之，而又反之以至於此者也。夫子之所以傳之顔淵、曾參者此也，曾子之所以傳之子思、孟軻者亦此也。故其言曰：「一日克己復禮，天下歸仁焉。」又曰：「吾道一以貫之。」又曰：「道不可須臾離也，可離非道也。是故君子戒慎乎其所不睹〔三五〕，恐懼乎其所不聞。」又曰：「其爲氣也，至大至剛，以直養而無害，則塞乎天地之間。」此其相傳之妙，儒者相與謹守而共學焉，以爲天下雖大，而所以治之者不外乎此。

然自孟子既没〔三六〕，而世不復知有此學，一時英雄豪傑之士或以資質之美、計慮之精，一言一行偶合於道者，蓋亦有之；而其所以爲之田地根本者，則固未免乎利欲之私也。而世之學者稍有才氣，便自不肯低心下意做儒家事業、聖學功夫，又見有此一種道理，不要十分是當，不礙諸般作爲，便可立大功名、取大富貴，於是心以爲利，爭欲慕而爲之。然又不可全然不顧義理，便於此等去處指其須臾之間偶未泯滅底道理，以爲只此便可與堯、舜、三代比隆，而不察其所以爲之田地本根者之無有是處也。

夫三才之所以爲三才者，固未嘗有二道也。然天地無心而人有欲，是以天地之運行無窮，而在人者有時而不相似。蓋義理之心頃刻不存則人道息，人道息則天地之用雖未嘗已，而其在我者則固即此而不行矣。不可但見其穹然者常運乎上，頽然者常在乎下，便以爲人道無時不立而天地賴之以存之驗也。夫謂道之存亡在人而不可舍人以爲道者，正以道未嘗亡而人之所以體之者有至有不至耳，非謂苟有是身則道自存，必無是身然後道乃亡也。天下固不能人人爲堯，然必堯之道行，然後人紀可修、天地可立也；天下固不能人人皆桀，然亦不必人人皆桀，而後人紀不可修，天地不可立也。但主張此道之人，一念之間不似堯而似桀，即此一念之間便是架漏度日、牽補過時矣。

且曰心不常泯而未免有時之或泯，則又豈非所謂半生半死之蟲哉？蓋道未嘗息而人自息之，所謂「非道亡也，幽、厲不由也」，正謂此耳。惟聖盡倫，惟王盡制，固非常人所及。然立心之本，當以盡者爲法，而不當以不盡者爲準。故曰：「不以舜之所以事堯事君，不敬其君者也；不以堯之所以治民治民，賊其民者也。」而況謂其非盡欺人以爲倫，非盡罔世以爲制，是則雖以來書之辨，固不謂其絶無欺人罔世之心矣。欺人者人亦欺之，罔人者人亦罔之，此漢唐之治所以雖極其盛，而人不心服，終不能無愧於三代之盛時也。

夫人只是這個人，道只是這個道，豈有三代、漢唐之别？但以儒者之學不傳，而堯、舜、禹、湯、文、武以來轉相授受之心不明於天下，故漢唐之君雖或不能無暗合之時，而其全體却只在利欲上。此其所以堯、舜、三代自堯、舜、三代，漢祖、唐宗自漢祖、唐宗，終不能合而爲一也。今若必欲撤去限隔，無古無今，則莫若深考堯、舜相傳之心法，湯、武反之之功夫，以爲準則而求諸身；却就漢祖、唐宗心術微處痛加繩削，取其偶合而察其所自來，黜其悖戾而究其所從起，庶幾天地之常經、古今之通義有以得之於我；不當坐談既往之迹，追飾已然之非，便指其偶同者以爲全體，而謂其真不異於古之聖賢也。

且如約法三章固善矣，而卒不能除三族之令，一時功臣，無不夷滅；除亂之志固善矣，而不免竊取宫人私侍其父，其他亂倫逆理之事往往皆身犯之。蓋舉其始終而言，其合於義理者常少，而其不合者常多；合於義理者常小，而其不合者常大。但後之觀者於此根本功夫自有欠闕，故不知其非而以爲無害於理。抑或以爲雖害於理，而不害其獲禽之多也。觀其所謂學成人而不必於儒，攙金、銀、銅、鐵爲一器而主於適用，則亦可見其立心之本在於功利，有非辨説所能文者矣。

夫成人之道，以儒者之學求之，則夫子所謂「成人」也。不以儒者之學求之，則吾恐其畔棄繩墨，脱略規矩，進不得爲君子，退不得爲小人。正如攙金、銀、銅、鐵爲一器，不唯壞却金銀，而銅鐵亦不得盡其銅鐵之用也。荀卿固譏游夏之賤儒矣，不以大儒目周公乎？孔子固稱管仲之功矣，不曰「小器而不知禮」乎？「人也」之説，古注得之。若管仲爲當得一箇人，則是以子産之徒爲當不得一箇人矣。聖人詞氣之際不應如此之粗厲而鄙也。

其他瑣屑，不能盡究。但不傳之絶學一事，却恐更須討論，方見得從上諸聖相傳心法，而於後世之事有以裁之而不失其正。若不見得，却是自家耳目不高、聞見不的，其所謂洪者，乃混雜而非真洪；所謂慣者，乃流徇而非真慣。竊恐後生傳聞，輕相染習，使義利之别不明，舜跖之塗不判，眩流俗之觀聽，壞學者之心術，不唯老兄爲有識者所議，而朋友亦且陷於收司連坐之法。此熹之所深憂而甚懼者，故敢極言以求定論。若猶未以爲然，即不若姑置是事而且求諸身，不必徒爲譊譊，無益於道，且使卞莊子之徒得以竊笑於旁而陰行其計也。

答陳同甫

示喻縷縷，備悉雅意。然區區鄙見，常竊以爲亘古亘今只是一體〔三七〕，順之者成，逆之者敗，固非古之聖賢所能獨然〔三八〕，而後世之所謂英雄豪傑者，亦未有能舍此理而得有所建立成就者也。但古之聖賢，從本根上便有惟精惟一功夫，所以能執其中，徹頭徹尾無不盡善。後來所謂英雄，則未嘗有此功夫，但在利欲場中頭出頭没，其資美者乃能有所暗合而隨其分數之多少以有所立。然其或中或否，不能盡善則一而已。來喻所謂「三代做得盡，漢唐做得不盡」者，正謂此也。然但論其盡與不盡，而不論其所以盡與不盡，却將聖人事業去就利欲場中比並較量，見有彷佛相似，便謂聖人樣子不過如此，則所謂毫釐之差、千里之繆者，其在此矣。且如管仲之功，伊吕以下誰能及之？但其心乃利欲之心，迹乃利欲之迹，是以聖人雖稱其功，而孟子、董子皆秉法義以裁之，不少假借。蓋聖人之目固大，心固平，然於本根親切之地、天理人欲之分，則有毫釐必計、絲髮不差者。此在後之賢所以密傳謹守以待後來，惟恐其一旦舍吾道義之正以徇彼利欲之私也。今不講此，而遽欲大其目、平其心，以斷千古之是非，宜其指鐵爲金、認賊爲子，而不自知其非也。

若夫點鐵成金之譬，施之有教無類、遷善改過之事則可，至於古人已往之迹，則其爲金爲鐵固有定形，而非後人口舌議論所能改易久矣。今乃欲追點功利之鐵，以成道義之金，不惟費却閑心力，無補於既往；正恐礙却正知見，有害於方來也。若謂漢唐以下便是真金，則固無待於點化，而其實又有大不然者。蓋聖人者，金中之金也。學聖人而不至者，金中猶有鐵也。漢祖、唐宗用心行事之合理者，鐵中之金也。曹操、劉裕之徒，則鐵而已矣。夫金中之金乃天命之固然，非由外鑠，淘擇不淨，猶有可憾。今乃無故必欲棄舍自家光明寶藏而奔走道路，向鐵鑪邊查礦中撥取零金，不亦誤乎？帝王本無異道，王通分作兩三等，已非知道之言。且其爲道，行之則是，今莫之禦而不爲，乃謂不得已而用兩漢之制，此皆卑陋之説，不足援以爲據。若果見得不傳底絶學，自無此蔽矣。今日許多閑議論，皆原於此學之不明，故乃以爲笆籬邊物而不之省。其爲喚銀作鐵，亦已甚矣。

來諭又謂「凡所以爲此論者，正欲發儒者之所未備，以塞後世英雄之口而奪之氣，使知千塗萬轍，卒走聖人樣子不得」。以愚觀之，正恐不須如此費力。但要自家見得道理分明，守得正當，後世到此地者，自然若合符節，不假言傳。其不到者，又何足與之爭耶？況此等議論，正是推波助瀾、縱風止燎，使彼益輕聖賢而愈無忌憚，又何足以閉其口而奪其氣乎？

熹前月初間略入城，歸來還了幾處人事，遂入武夷。昨日方歸，冗甚倦甚，目亦大昏，作字極艱。草草布此，語言粗率，不容持擇，千萬勿過。其間亦有瑣細曲折不暇盡辨，然明者讀之，固必有以深得其心，不待其詞之悉矣。

何丈墓文筆勢奇逸，三復歎息不能已。挽詩以心氣衰弱，不能應四方之求，多所辭却。近不得已，又不免辭多就少，隨力應副，往往皆不能滿其所欲。今若更作此，即與墓額犯重，破却見行比例矣。且乞蠲免，如何如何？抱膝吟亦未遑致思，兼是前論未定，恐未必能發明賢者之用心，又成虛設。若於此不疑，則前所云者便是一篇不押韻、無音律底好詩，自不須更作也。如何如何？

答陳同甫

誨諭縷縷，甚荷不鄙。但區區愚見，前書固已盡之矣。細讀來諭，愈覺費力。正如孫子荆「洗耳」、「礪齒」之云，非不雄辨敏捷，然枕流漱石，終是不可行也。已往是非不足深較，如今日計〔三九〕，但當窮理修身，學取聖賢事業，使窮而有以獨善其身，達則有以兼善天下〔四〇〕，則庶幾不枉爲一世人耳。

答陳同甫

方念久不聞動靜，使至，忽辱手書，獲聞近況，深以爲喜。且承雅詞下逮，鄭重有加，副以蜀縑、佳果、吳牋，益見眷存之厚。顧衰病支離，霜露悽惻，無可以稱盛意者，第增愧怍耳。「喫緊此兒」之句，尤荷高明假借之重，然鄙儒俗生，何足語此？咏歎以還，不知所以報也。

熹今年夏中粗似小康，涉秋，兩爲鄉人牽挽，蔬食請雨，積傷脾胃，遂不能食，食亦不化。中間調理稍似復常，又爲脚氣發動，用藥過冷，今遂大病，疲乏不可言。丹附乳石，平日不敢向口者，今皆雜進，尚未見效。意氣摧頹，如日將暮，恐不得久爲世上人矣。來喻衮衮，讀之惘然。反復數過，尚不能該其首末。蓋神思之衰落如此，況能相與往復、上下其論哉？向來讀書頗務精熟，中間亦幸了得數書，自謂略能窺見古人用心處，未覺千歲之爲遠。然亦無可告語者，時一思之以自笑耳。其間一二有業未就，今病已矣〔四一〕，不能復成書矣。不知後世之子雲、堯夫復有能成吾志者否？然亦已置之，不能復措意間也。只今日用功夫，養病之餘，却且收拾身心，從事於古人所謂小學者，以補前日粗疏脱略之咎，蓋亦心庶幾焉，而力或有所未能也。同父聞之，當復見笑。然韓子所謂「斂退就新懦，趨營悼前猛」者，區區故人之意，尚不能不以此有望於高明也。如何如何？此外世俗是非毁譽，何足挂齒牙間？細讀來書，似於此未能無小芥蔕也。大風吹倒亭子，却似天公會事發，彼洛陽亭館又何足深羨也？嘗論孟子「説大人則藐之」，孟子固未嘗不畏大人，但藐其巍巍然者耳。辦得此心〔四二〕，即更掀却卧房，亦且露地睡，似此方是真正大英雄人。然此一種英雄，却是從戰戰兢兢、臨深履薄處做將出來。若是血氣粗豪，却一點使不著也。伯恭平時亦嘗説及此否？此公今日何處得來！然其於朋友不肯盡情，亦使人不能無遺恨也。

抱膝吟久做不成，蓋不合先寄陳、葉二詩來，田地都被占却，教人無下手處也。況今病思如此，是安能復有好語，道得老兄意中事耶？承欲爲武夷之游，甚慰所望。但此山冬寒夏熱，不可居。惟春暖秋涼，紅緑紛葩，霜清木脱，此兩時節爲勝游耳。今春纔得一到，而不暇宿。秋來以病，未能再往，職事甚覺弛廢。若得來春命駕，當往爲數日款也。但有一事處之不安，不敢不布聞：私居貧約，無由遣人往問動静，而歲煩遺介存問生死，遂爲故事。既又闕然不報，而坐受此過當之禮，雖兄不以爲譴，而實非愚昧所敢安也。自此幸損此禮，因人入城時，以一二字付叔度、子約俾轉以來，亦足以道情素，不爲莫往莫來者矣。

如何如何？

答陳同甫

熹衰病如昨，不足言。但所見淺滯，只是舊時人。承喻正則自以爲進，後生可畏，非虚言也。想已相見，必深得其要領，恨不得與聞一二。然自度愚暗，於老兄之言尚多未解，政使得聞，決是曉會不得。如前書所報一二條，計於盛意必是未契。又如今書所喻「過分不止」之説，亦區區所未喻。如僕所見，却是自家所以自處者未能盡絶私意之累，而於所以開導聰明者未盡其力爾。故夬以五陽之盛而比一陰，猶欲決之，故其繇曰：「揚于王庭，孚號有厲，告自邑，不利即戎，利有攸往。」蓋雖危懼自修，不極其武，而揚庭孚號，利有攸往，初不顧後患而小却也。拙詩前已拜稟，大字固當如戒，但恨未識錢君，不知其所謂「正」與「大」者爲如何，未敢容易下筆也。

來詩有「大正志學」之語，逢時報主，深悉雅志。此在高明必已有定論，非他人所得預。然所謂「不能自爲時」者，則又非區區所敢聞也。但願老兄毋出於先聖規矩準繩之外，而用力於四端之微，以求乎究公之所樂，如其所以告於巍巍當坐之時之心，則其行止忤合付之時命，有不足言矣。就其不遇，獨善其身，以明大義於天下，使天下之學者皆知吾道之正而守之以待上之使令，是乃所以報不報之恩者，亦豈必進爲而撫世哉！佛者之言曰：「將此身心奉塵刹，是則名爲報佛恩。」而杜子美亦云：「四鄰耒耜出〔四三〕，何必吾家操？」此言皆有味也。夫聖賢固不能自爲時，然其仕久止速，皆當其可，則其所以自爲時者亦非他人之所能奪矣，豈以時之不合而變吾所守以徇之哉？

答陳同甫癸丑九月二十四日

自聞榮歸，日欲遣人致問未能，然亦嘗附鄰舍陳君一書於城中轉達，不知已到未也？專使之來，伏奉手誨，且有新詞厚幣佳實之況，感認不忘之意，愧怍亡喻。然衰晚病疾之餘，霜露永感，每辱記存始生，過爲之禮，祇益悲愴，自此告略去之也。比日秋陰，伏惟尊候萬福。熹既老而病，無復彊健之理。比灼艾後，始粗能食，然亦未能如舊。且少寬旬月，未即死耳。

新詞宛轉，説盡風物好處。但未知「常程正路」與「奇遇」是同是別，「進御」與「不進御」相去又多少？此處更須得長者自下一轉語耳。老兄志大宇宙，勇邁終古，伯恭之論無復改評。今日始於後生叢中出一口氣，蓋未足爲深賀。然出身事主，由此權輿，便不碌碌，則異時事業亦可卜矣。但來書諸論，鄙意頗未盡曉。如云「無動何以示易」，不知今欲如何其動，如何其易？此其區處必有成規，恨未得聞其詳也。又如「二者相似而寔不同」處，亦所未喻。若如鄙意，則須是先得吾身好、黨類亦好，方能得吾君好、天下國家好。而所謂好者，又有虛實、大小、久近之不同。若自吾身之好而推之，則凡所謂好者皆實、皆大而又久遠。若不自吾身推之，則彌縫掩覆，雖可以苟合於一時，而凡所謂好者，皆爲他日不可之病根矣。蓋脩身事君，初非二事，不可作兩般看。此是千聖相傳正法眼藏，平日所聞於師友而竊守之。今老且死，不容改易。如來喻者，或是諸人事宜，非老僕所敢聞也。

不知象先所論與此如何？向見此公差彊人意，恨未得款曲，盡所懷耳。此中今夏不雨，早稻多損。秋初一雨，意晚稻可望。今又不雨多日，山間得霜又早，次第亦無全功。幸日下米價低平，且爾遣日，未知向後如何耳。抱膝之約，非敢食言。正爲前此所論未定，不容草草下語。須俟他時相逢，彈指無言可說，方敢通箇消息。但恐彼時又不須更作這般閑言語耳。人還，姑此爲報。未即會晤，千萬以時自愛，倚俟詔除。

校勘記

〔一〕故始死全用事生之禮　「生」，原作「王」，據浙本改。

〔二〕其遷廟一節　「其」，浙本作「但」。
〔三〕此尤未敢聞命　「敢」，浙本作「能」。
〔四〕不翅黑白之易辨　「黑白」，閩本作「白黑」。
〔五〕固自不同也　「自」，原作「冒」，據浙本、象山先生全集卷二與朱元晦二改。
〔六〕太極之本無極而有其體　「其」，閩本、浙本作「真」。
〔七〕戰國策論衡一書并日注田説　「一」字，諸本皆同，則「戰國策論衡」當爲一書之名。「日」原作「自」，據陳亮壬寅答朱元晦秘書熹改。
〔八〕此兩日晨夜凄凉　「日」，原作「月」，據浙本改。
〔九〕留止旬餘　「止」，原作「上」，據閩本、浙本改。
〔一〇〕夏中朱同人歸　此句上，淳熙本有「九月十五日某頓首再拜同甫上舍老兄」十六字。
〔一一〕而細詢來使　「而」，淳熙本作「即」。
〔一二〕忽此生朝　「忽」，淳熙本作「直」。
〔一三〕正耶　「正」上，淳熙本有「出於」二字。
〔一四〕又不知有仁義之可惜　「不知有」，淳熙本作「無」。
〔一五〕而得以成其功耳　「功」，淳熙本作「志」。
〔一六〕扶助得他耶　「助」，淳熙本作「補」。

〔一七〕奇偉英特　「特」，淳熙本作「俊」。
〔一八〕正自不須更挂齒牙　「牙」，淳熙本作「頰」。
〔一九〕大字甚荷不鄙　此句上，淳熙本有「武夷諸詩能爲下一語否？韓記陸詩納呈。韓丈又有櫂歌，今并録去也」二十七字。
〔二〇〕曾遊山否　此句上，淳熙本有「丘宗卿頗款否？更曾與誰相見？項平父未受代否」十九字。
〔二一〕山高水深　「深」，淳熙本作「長」。
〔二二〕詩成而屋未就　「而」字原缺，據淳熙本補。
〔二三〕每以爲念耳　此句下，淳熙本有「來人不欲久留，草草布此，不能盡所欲言。無物可伴書，古龍涎二兩、鍾乳四兩、藤枕一枚幸視入。更有近思録兩册并以唐突，勿怪勿怪。尊嫂郎娘均慶。徐子才今在何處？或見，幸爲致意。向寒，珍重爲禱。有人之城，謾作數字寄叔度處，恐有便來此也。引領晤對，臨風悵然。不宣。熹頓首再拜」一百一十字。
〔二四〕人至　淳熙本作「熹頓首再拜同父上舍老兄：自頃人還，不得再附問，日以馳情。專人至止」二十八字。
〔二五〕同一闗捩也　「捩」，淳熙本作「鍵」。
〔二六〕二公詩皆甚高　此句上，淳熙本有「所需惡札一一納去，但抱膝詩以數日修整破屋，扶傾補敗，叢冗細碎，不勝其勞，無長者臺池之勝而有其擾，以此不暇致思。留此人等候數日，竟不能成。且令空回，俟旦夕有意思却爲作，附便以往也」七十七字。

〔二七〕已寫下　「下」，淳熙本作「了」。

〔二八〕今以附納　「今」，淳熙本作「亦」。

〔二九〕此事儘當商量　「當」，淳熙本作「索」。

〔三〇〕坐右銘固知在所鄙棄　此句上，淳熙本有「令外舅何丈何時物故？今乃葬邪？墓額亦已寫去，似却勝六字。然回首向來道間相見，如昨日事，而便有幽明之隔。人世營營，欲何爲邪」五十二字。

〔三一〕不審高明以爲如何　此句下，淳熙本有「此已覺昏澀，不能盡所欲言。惟冀以時自愛，臨紙不勝馳情。二月十四日，熹頓首再拜上狀」三十五字。又篇末多附言一段一百二十三字：「熹拜問眷集，伏惟佳慶，令郎爲學勝茂。從學諸君必有秀彦可與言者，恨未得見也。子才今得甚處差遣？欲作書，以未知此，寫不得。爲學甚篤，尤慰所懷，但未知所學何學耳。惠貺柑栗，尤荷厚意，村落瀟然，無以伴書，金絲膾材十餅、紫菜少許，共作一小篭，幸視至。天民到官可喜，因見幸爲致意。旦夕有便，自拜書也。熹再拜。」

〔三二〕曲相阿徇　「徇」，淳熙本作「媚」。

〔三三〕雖不必盡合義理　「必」字原缺，據淳熙本補。

〔三四〕然而必有得于天地之正　「于」，閩本、浙本、淳熙本作「乎」。

〔三五〕是故君子戒慎乎其所不睹　「慎」，淳熙本、浙本作謹。

〔三六〕然自孟子既没　「子」，淳熙本、浙本作「氏」。

〔三七〕亘古亘今只是一體　「體」，浙本作「理」。

〔三八〕所能獨然　「然」，浙本作「爲」。

〔三九〕如今日計　「如」，浙本作「爲」。

〔四〇〕達則有以兼善天下　「則」，閩本、浙本作「而」。

〔四一〕今病已矣　「病已」，疑「已病」之訛。

〔四二〕辦得此心　「辦」，原作「辨」，據浙本改。

〔四三〕四鄰耒耜出　「耒耜」，原作「來報」，據正訛改。

晦庵先生朱文公文集卷第三十七

書問答論事（一）

與籍溪胡原仲先生

熹拜覆正字丈丈尊前：熹拜違教席，忽已月餘，瞻慕之誠，食息不置。即日秋暑未闌，伏惟祕府清暇，尊候動止萬福。熹侍親養疾，幸粗遣，不煩賜念。但自别後，殊不聞動靜。今日拜省二十姑，亦云未得到在所消息，不勝懸想耳。計程月初可到，今想視事久矣。官居廩食之況不敢問，物情時變，必已瞭然於胸中矣。如有用我，而將奚先？此則區區所欲聞也。因來賜書，願以開示，少紓畎畝之憂。幸甚幸甚。

吾道不幸，范丈前月十八日遂不起疾。憂時深切，信道篤誠，世豈復有斯人哉！前此往哭其殯，視其家生理蕭然，未知所稅。衆議葬於渭曲，從其卜居之志，甚善。但聞其家欲居泰寧，似非良計。然伯修欒之，人不得而間也。熹初與元履諸人議，以爲居建陽一則便於墳墓，二則便於講學，三則便於生事，言之甚詳，未有見從之意。竊惟范丈平日教誨之誼，未敢默然，故敢復言於左右。伏想一慟之餘，亦當念之至此。因書一提其耳，或能改轍東來，則甚善也。

八哥此月亦物故，其重不幸如此，可傷！伯逢令姪自崇安徑趨邵武，聞留止數日，想今已行矣。不得一見，甚以爲恨。共父數相見否？迎侍乍到，不知爲況又如何？旬父後月初可歸，到時恐尚留邵武[二]，旦夕亦當歸也。山中絶無事，早秔收熟，斗穀售十五錢，小民無他恙，幸可寧息。謾恐欲知之。熹衰疾幸不作，氣體似亦差勝。向欲得真齊州半夏合固真丹，不知都下有之否？如可尋訪，乞爲置得一二兩，便中寄示，幸甚。蓋病雖小愈，不得不過爲隄防也。伯誠仙尉尊兄想非晚可歸矣，不敢別狀。天氣向凉，伏乞順時保重，行奮壯猷，以慰人望。謹啓，不備。

與籍溪胡先生

熹拜覆正字丈丈尊前：前月附便拜書，不知已達尊視否？自拜違後，一向不聞問。

數日前拜省二十姑宜人，蒙出示家問，獲聞詳實，深以爲喜。承嘗有賜書，然亦未拜領也。即日秋氣澄明，伏惟尊候動止萬福。熹奉親養疾，幸安田里，不敢上勤紀録。但里中秋來闕雨，此數日來晚稻秀而將實，尤覺焦渴爲患。方議祈禱，謾恐欲知。

范丈卜以重陽日葬，近得伯崇書，令爲處葬禮一二變節，一日爲檢閱，今日方略定矣。范遠地不得求正於丈丈。及有爲撰壙中誌石文，并俟他日請教〔三〕。倦甚，拜書不能詳。

家事於共父書中言之頗子細，乞轉詢之也。熹前書所議謀居一事，與前日所見家問中意偶合。此事勢難復與，蓋其家已目元履與熹爲伯崇之黨矣，可歎之甚！然不能息意者，政以范丈平日教誨之德不敢忘耳。得丈丈因書告語之，甚善。

秋已向深，江上消息如何？得且平善，甚幸。然愚意反以爲憂，蓋今出師防戍，轉輸科斂所不能免，聞沿江海州縣已騷然矣。歲歲如此，何以支吾？此不待兩兵相加而坐受弊之勢也。

前日劉子源來此，道嶺上拜别所聞誨言，以爲必極論天下事，至於慷慨灑涕，有以見仁人之心不能忘世如此。近又見共父家兵士説丈丈至彼耳聽漸聰，天其或者將一試大儒之效乎？聞之喜而不寐，伏計必有規模素定於胸中。

熹竊謂天下形勢如前所云者，亦當路所不可不知也。救之之術，獨在救其本根而已。

若隨其變而一一應之，則其變無窮，豈可勝救也哉？而所謂救其本根之術，不過視天下人望之所屬者，舉而用之，使其舉措用舍必當於人心，則天下之心翕然聚於朝廷之上，其氣力易以鼓動。如羸病之人，鍼藥所不能及，焫其丹田氣海，則氣血萃於本根而耳目手足利矣。不審丈丈以爲如何？因筆不覺及此。燈下作書，目力方倦，極草草不如法，伏乞尊察。未拜侍間，伏乞保重，以俟休命。中秋前一日，謹拜啓，不備。熹拜覆。

與范直閣

胡丈書中復主前日一貫之説甚力，但云：「若理會得向上一著，則無有内外、上下、遠近邊際，廓然四通八達矣。」熹竊謂此語深符鄙意。蓋既無有内外邊際，則何往而非一貫哉？忠恕蓋指其近而言之，而其意則在言外矣。聞子直説吾丈猶未以卑論爲然，敢復其説如此，幸垂教其是非焉。熹頃至延平，見李愿中丈，問以「一貫」、「忠恕」之説。見謂忠恕正曾子見處，及門人有問，則亦以其所見諭之而已，豈有二言哉！熹復問以近世儒者之説如何，曰：「如此則道有二致矣，非也。」其言適與卑意不約而合，謾以布聞。李丈名侗，師事羅仲素先生。羅嘗見伊川，後卒業龜山之門，深見稱許，其棄後學久矣。李丈獨深得其閫奧，經學純明，涵養精粹。延平士人甚尊事之，請以爲郡學正。雖不復應舉，而温謙慤厚，人與之處久而不見其涯，鬱然君子人也。先子與之遊數十年，道誼之契甚深。

與范直閣

伏奉賜教，獲聞邇日起居之詳，慰感亡以喻。信後暑雨應候，伏惟盛德所臨，百神勞相，台候萬福。熹親旁粗遣，未有可言者。伏蒙教諭「忠恕」之説，自非愛予之深，不鄙其愚，豈肯勤勤反復如此？感幸深矣。但伏思之，終未有契處，不敢隱默，請畢其詞，以求正於左右。

熹前書所論忠恕則一，而在聖人、在學者，則不能無異，此正猶孟子言「由仁義行」與「行仁義」之別耳。孟子之言不可謂以仁義爲有二，則熹之言亦非謂忠恕爲有二也。但聖賢所論，各有所爲而發，故當隨事而釋之，雖明道先生見道之明，亦不能合二者而爲一也。非不能合，蓋不可合也。彊而合之，不降高以就卑，即推近以爲遠，始倚一偏，終必乖戾。蓋非理之本然，是乃所以爲不一也。蓋曾子專爲發明聖人「一貫」之旨，所謂「由忠恕行」者也。子思專爲指示學者入德之方，所謂「行忠恕」者也。所指既殊，安得不以爲二？然核其所以爲忠恕者，則其本體蓋未嘗不同也。以此而論，今所被教問曲折，可以無疑矣。不識尊意以爲然否？

若夫曾子所言發明「一貫」之旨，熹前書一再論之，皆未蒙決其可否。熹又有以明之。

蓋「忠恕」二字，自衆人觀之，於聖人分上極爲小事，然聖人分上無非極致，蓋既曰一貫，則無小大之殊故也。猶天道至教，四時行、百物生，莫非造化之神，不可專以太虛無形爲道體，而判形而下者爲粗迹也。此孔子所謂「吾無隱乎爾」者，不離日用之間。二三子知之未至而疑其有隱，則是正以道爲無形，以日用忠恕爲粗迹，故曾子於此指以示之耳。此說雖陋，乃二程先生之舊說，上蔡謝先生又發明之。顧熹之愚，實未及此。但以聞見之知推衍爲說，是以不自知其當否而每有請焉。更望詳覽前書，重賜提誨，不勝幸甚。前日諸疑，亦望早賜鐫譬，俾毋疑爲望。時序向熱，伏乞爲道保重，以須環召。區區不勝大願，不備。

與范直閣〔四〕

四月一日，領所賜教帖，伏讀再三，仰佩眷予之厚，感慰不可以言。前日因平甫遣人，亦嘗拜狀矣，不審已達台聽否？即日初夏清和，伏惟班布多暇，台候起居萬福。熹奉親屏處，幸粗遣免〔五〕。山間深僻，亦可觀書。又得胡丈來歸，朝夕有就正之所，窮約之中，此亦足樂矣〔六〕。迫於親養，夏末須爲武林之行，計不三四月未得定居也〔七〕。

伏蒙別紙垂諭「忠恕」義，仰荷不棄其愚，與之反復，爲賜甚厚〔八〕。謹以來教所示熟思之矣，敢復爲說以請益焉〔九〕。熹所謂「忠恕」者〔一〇〕，乃曾子於「一貫」之語默有所契，因門人之問，故於所見道體之中，指此二事日用最切者以明道之無所不在；所謂「已矣」者，又以見隨寓各足，無非全體也。「忠恕」兩字，在聖人有聖人之用，在學者有學者之用。如曾子所言，則聖人之忠恕也，無非極致。二程所謂「維天之命，於穆不已，天地變化，草木蕃」者，正所以發明此義也。如夫子所以告學者與子思中庸之説，則爲學者言之也。故明道先生謂曾子所言與違道不遠異者，動以天爾。蓋動以天者，事皆處極，曾子之所言者是也。學者之於忠恕，未免參校彼己，推己及人，則宜其未能誠一於天，安得與聖人之忠恕者同日而語也？若曾子之所言，則以聖人之忠恕言之，而見其與性、與天道者未嘗有二，所以爲一貫也。然此所謂異者，亦以所至之不同言之，猶中庸「安行」、「利行」、「勉行」之別耳。苟下學而上達焉，則亦豈有所隔閡哉〔一一〕？愚見如此，更乞教其不至者，重賜鐫曉，使得所正焉。不勝幸甚！

他疑義尚多，蒙諭使得請教，此宿昔之願。但今日方聞伯崇欲以初三四日行，迫遽未暇抄録所記。俟暇日料理，有便即附行也。前日在共父處見直閣丈還朝陛對副本〔一二〕，讀之不能舍去。愛君敬主之義，蓋終篇三致意焉。然久矣莫以此言聲欬吾君之側者矣。近日所用雖不能盡滿人望〔一三〕，其間若亦有一二端士焉。前言儻見思乎？思其言必用其人，延登之命，計亦非晚矣。願爲斯道斯民厚自保重，副此歸依〔一四〕。

與范直閣〔一五〕

熹向嘗以「忠恕」、「一貫」之説質疑於函丈，伏蒙鐫曉切至，但於愚見尚有未安。比因玩索，遂於舊説益有發明，乃知前者請教之時雖略窺大義〔一六〕，然涵泳未久，説詞未瑩，致煩辨析之勤如此。今再録近所訓義一段拜呈〔一七〕，乞賜批鑿可否示下，容更思索，續具咨請也。去歲在同安獨居幾閲歲，看論語近十篇〔一八〕，其間疑處極多，筆札不能載以求教，伏紙但切馳仰。

與慶國卓夫人

熹輒有愚見，初欲面禀，今既不成行，敢此布之。五哥嶽廟近自春中以來，頓減遊燕，復近書册。若常能如此，寡過可期。更望因書褒勸，以奬成之。且聞尊意欲爲經營幹官差遣，不知然否？熹則竊以爲不可。近世人家子弟多因爲此壞却心性，一生仕宦費力〔一九〕。蓋其生長富貴，本不知艱難，一旦仕官，便爲此官，逐司只有使長一人可相拘轄，又間有寬厚長者，即以貴遊子弟相待，不欲以法度見繩，上無職事了辦之責，下無吏民窺伺之憂，而州縣守倅勢反出己下，可以凌轢，故後生子弟爲此官者無不傲慢縱恣，席勢凌人。其謹飭者雖不至此，亦緣不親民事，觸事懵然，非如州縣小吏等級相承，職事相轄，一日廢慢則罪戾及之，故仕於州縣者常曉事而少過。愚意以爲平父可且令參部，受簿尉之屬，乃爲正當。若不欲如此，即舍人兄爲營一稍在人下、有職事、喫人打罵差遣，乃所以成就之。若必欲與求幹官，乃是置之有過之地，誤其終身，恐非太碩人高明教子之本意也。受恩深厚，冒昧及此。皇恐皇恐！

熹所稟大概如此，更有曲折意度，紙盡寫不得。舍人兄長必深委悉，只乞因其侍次，試以問之，必以爲然也。熹又覆。

上黄端明

八月十一日，具位熹敢齋沐裁書，請納再拜之禮于致政尚書端明丈丈台座〔二〇〕：熹聞之，孟子有言，天下有達尊三：爵一，齒一，德一。此言三者之尊達于天下，人所當敬而不可以慢焉者也。雖然，爵也，齒也，蓋有偶然而得之者，是以其尊施于朝廷者則不及於鄉黨，施于鄉黨者則不及於朝廷，而人之敬之也亦或以貌而不以心。惟德也者，得於心，充於身，刑於家而推於鄉黨，而達於朝廷者也。有是而兼夫二者之尊焉，則通行天下，人莫不貴。雖歛然退避，不以自居，而人之所以心悦而誠服者，蓋不可解矣。

恭惟明公以兩朝侍從元老上還印綬而退處于家，自天子不敢煩以政，賜之几杖而乞言焉，其位與年固非偶然而得之者矣。而明公則未嘗以是而自異於人，其所以默而成之，不言而信者，則日新又新而未嘗有止也。此天下知德之士所以莫不竊慕下風之義，俱有執鞭之願，而熹之愚則有甚焉者。蓋其平生氣禀偏駁，治己則不能謹於細微，立志則不能持於常久，以至待人接物之際，温厚和平之氣不能勝其粗厲猛起之心，是以常竊自悼，以爲安得朝夕望見明公之盛德容貌而師法其萬一，庶幾可以飭身補過於將來，而不遂爲小人之歸也。今日之來，蓋將頓首再拜于堂下，以償其夙昔之願。伏惟明公坐而受之，使得自進於門人弟子之列，而不孤其所以來之意，則熹之幸也。鄉往之深，不自知其僭越，敢以書先于將命者而立于廡下，以聽可否之命。熹不勝皇恐之至。

與王龜齡

熹窮居晚學，無所肖似，往者學不知方，而過不自料，妄以爲國家所恃以爲重，天下所賴以爲安，風俗所以既漓而不可以復淳，紀綱所以既壞而不可以復理，無一不係乎人焉。是以聞天下之士有聲名節行，爲時論所歸者，則切切然以不得見乎其人爲歎。及其久也，或得見之，或不得見之，而熹之拳拳不少衰也。聞其進爲時用，則私以爲喜；聞其阨窮廢置，則私以爲憂。及夫要其所就而觀之，則始終大節真可敬仰者蓋無幾人；而言論風旨卒無可稱、功名事業卒無可紀者，亦往往而有。以此喟然自歎，知天下所謂聲名節行者，亦未足以定天下之人，而天下之事未知其果將何寄也。自是以來，雖不敢易其賢賢之心、緩其憂世之志，然亦竊自笑其前日所求於人之重而所以自待者反輕，如孟子之所譏也。於是始復取其所聞於師友者，夙夜講明，動靜體察，求仁格物，不敢弛其一日之勞，以庶幾乎有聞者，而於前日之所爲切切然者，則既有所不暇矣。

當是時，聽於士大夫之論，聽於輿人走卒之言，下至於閭閻市里、女婦兒童之聚，亦莫不曰天下之望，今有王公也。已而得其爲進士時所奉大對讀之，已而得其在館閣時上奏事讀之，已而得其爲柱史、在臺諫、遷侍郎時所論諫事讀之，已而又得其爲故大丞相魏國公之誄文及楚東酬唱等詩讀之，觀其立言措意，上自奏對陳説，下逮燕笑從容，蓋無一言一字不出於天理人倫之大，而世俗所謂利害得喪、榮辱死生之變，一無所入於其中，讀之真能使人胸中浩然，鄙吝消落，誠不自意克頑廉懦立之效，乃於吾身見之。於是作而歎曰：士之求仁，固當以反求諸己爲務，然豈不曰事其大夫之賢者云哉？今以前日失數公者自懲，是以一噎而廢食也。於是慨然復有求見於左右之意而未獲也。

昨聞明公還自夔州，撫臨近甸，而熹之里閈交游適有得佐下風者，因以書賀之，蓋喜其得賢大夫事之；而自傷無狀，獨不得一從賓客之後，以望大君子道德之餘光也。不意貧緣與其向來鄙妄無取之言皆得徹聞於視聽，明公又不以凡陋爲可棄、狂僭爲可罪，而辱枉手筆，以抵宋倅，盛有以稱道。竊惟明公之志，豈非以世衰道微，遺君後親之論交作肆行，無所忌憚，舉俗滔滔，思有以障其橫流者，是以有取於愚者一得之慮，因以不求其素而借之辭色也耶？明公之志則正矣、大矣，而熹之愚未有稱明公之意也。雖然，有一於此，其惟益思砥礪，不敢廢其所謂講明體察、求仁格物之功者，使理日益明、義日益精，操而存之日益固，擴而充之日益遠，則明公之賜，庶乎其有以承之，而幸明公之終教之也。

雖然，明公以一身當四海士大夫軍民一面之責，其一語一默、一動一靜之間，所係亦不輕矣。伏惟盛德大業前定不窮，其剛健中正、篤實輝光者固無所勉彊。以熹之所覩記，則古語所謂「行百里者半九十里」，明公其亦念之。況今人物眇然，如明公者僅可一二數，是以天下之人責望尤切，而明公尤不可以不戒。不審明公以爲如何哉？熹又聞之，古之君子「尊德性」矣，而必曰「道問學」；「致廣大」矣，必曰「盡精微」；「極高明」矣，必曰「道中庸」；「温故知新」矣，必曰「敦厚崇禮」。蓋不如是，則所學所守必有偏而不備之處。惟其如是，是故居上而不驕，爲下而不倍，有道則足以興，無道則足以容，而無一偏之蔽也。熹之區區以此深有望於門下，蓋所謂德性、廣大、高明、知新者必有所措，而所謂問學、精微、中庸、崇禮者又非别爲一事也。狂易無取，明公其必有以裁之。

往者明公在夔，成都汪公聲聞密邇，竊意有足樂者。此來時通問否？此公涵養深厚，寬靜有容，使當大事，必有不動聲色而内外賓服者。明公相知之深，一日進爲於世，引類之舉，其必有所先矣。熹杜門養親，足以自遣。昨嘗一至湖湘，出資交遊講論之益。歸來忽被除命，既不敢辭而拜命矣。然明公未歸朝廷，熹亦何所望而敢前也？引領牙纛，未有瞻拜之期，向風馳義，日以勤止。輒敢復因宋倅相爲介紹，致書下執事，以道其拳拳之誠。伏惟照察。

與陳丞相〔二〕

熹竊觀古之君子有志於天下者，莫不以致天下之賢爲急。而其所以急於求賢者，非欲使之綴緝言語、譽道功德，以爲一時觀聽之美而已，蓋將以廣其見聞之所不及、思慮之所不至，且慮夫處己接物之間或有未盡善者，而將使之有以正之也。是以其求之不得不博，其禮之不得不厚，其待之不得不誠，必使天下之賢，識與不識莫不樂自致於吾前以輔吾過，然後吾之德業得以無愧乎隱微而寖極乎光大耳。然彼賢者其明既足以燭事理之微，其守既足以遵聖賢之轍，則其自處必高，而不能同流合汙以求譽；自待必厚，而不能陳詞飾説以自媒；自信必篤，而不能趨走唯諾以苟容也。是以王公大人雖有好賢樂善之誠，而未必得聞其姓名、識其面目，盡其心志之底藴；又況初無此意，而其所取特在乎文字言語之間乎？

恭惟明公以厚德重望爲海内所宗仰者有年矣，而天下之賢士大夫似未得盡出於門下也。豈明公所以好之者未至歟？所以求之者未力歟？所以待之者未盡歟？此則必有可得而言之者矣。蓋好士而取之文字言語之間，則道學德行之士吾不得而聞之矣；求士而取之投書獻啓之流，則自重有耻之士吾不得而見之矣；待士而雜之妄庸便佞之伍，則志節慷慨之士寧有長揖而去耳。而況乎所謂對偶駢儷、諛佞無實，以求悦乎世俗之文，又文字之末流，非徒有志於高遠者鄙之而不爲，若乃文士之有識者，亦未有肯深留意於其間者也。

而間者竊聽於下風〔二三〕，似聞明公專欲以此評天下之士。若其果然，則熹竊以爲誤矣。江右舊多文士，而近歲以來，行誼志節之士有聞者亦彬彬焉。惟明公留意，取其彊明正直者以自輔，而又表其惇厚廉退者以厲俗，毋先文藝以後器識，則陳太傅不得專美於前，而天下之士亦庶乎不失望於明公矣。衰病屏伏，所欲面論者非一，而不獲前，姑進其大者如此。若蒙采擇，則熹所不及言者必有輕千里而告於明公者矣。

與劉共父

近略到城中，歸方數日。見平父示近問，承寄聲存問，感感。但所論二先生集，則愚意不能無疑。伯逢主張家學，固應如此，熹不敢議。所不可解者，以老兄之聰明博識、欽夫之造詣精深而不曉此，此可怪耳。若此書是文定所著，即須依文定本爲正。今此乃是二先生集，但彼中本偶出文定家，文定當時亦只是據所傳録之本，雖文定蓋不能保其無一字之訛也。今別得善本，復加補綴，乃是文定所欲聞。文定復生，亦無嫌間。不知二兄何苦尚爾依違也？此間所用二本固不能盡善，亦有灼然却是此間本誤者，當時更不曾寫去。但只是平氣虛心看得義理通處，便當從之。豈可肚裏先横却一個胡文定後，不復信道理耶？如定性書及明道叙述、上富公與謝帥書中删却數十字，及辭官表倒却次序，易傳序改「沿」爲「泝」，祭文改「姪」爲「猶子」之類，皆非本文，必是文定删改。熹看得此數處有無甚害者，但亦可惜改却本文，蓋本文自不害義理故也，叙述及富謝書是也。有曲爲回互而反失事實、害義理者，辭表是也。曲爲回互，便是私意害義理矣。惟定性書首尾雖非要切之辭，然明道謂横渠實父表弟，聞道雖有先後，然不應以聞道之故傲其父兄如此。語録説二先生與學者語有不合處，明道則曰「更有商量」，伊川則直云「不是」。明道氣象如此，與今所删之書氣象類乎，不類乎？且文定答學者書雖有不合，亦甚宛轉，不至如此無含蓄，况明道乎？今如此删去，不過是減得數十個閑字，而壞却一個從容和樂底大體氣象。恐文定亦是偶然一時意思，欲直截發明向上事，更不暇照管此等處。或是當時未見全本亦不可知。今豈可曲意徇從耶？向見李先生本出龜山家，猶雜以游察院之文。比訪得游集，乃知其誤。以白先生，先生歎息曰：「此書所自來可謂端的，猶有此誤，况其它，又可盡信耶？」只此便是虚己從善、公平正大之心。本亦不是難事，但今人先着一個私意横在肚裏，便見此等事爲難及耳。

又「猶子」二字，前論未盡。禮記云：「喪服，兄弟之子猶子也。」言人爲兄弟之子喪服猶己之子，非所施於平時也。况「猶」字本亦不是稱呼，只是記禮者之辭，如下文嫂叔之「無服」、姑姊妹之「薄」也。今豈可沿此遂謂嫂爲「無服」，而名姑姊妹以「薄」乎？古人固不謂兄弟之子爲姪，然亦無云猶子者，但云「兄之子」、「弟之子」，孫亦曰「兄孫」耳。二先生非不知此，然猶從俗稱姪者，蓋亦無害於義理也。此等處文定既得以一時己見改易二程本文，今人乃不得據相傳别本改正文定所改之未安處，此何理耶？又明道論王霸劄子等數篇胡本亦無，乃此間録去，有所脱誤，非文定之失。伊川上仁廟書此間本無，後來乃是用欽夫元寄胡家本校，亦脱兩句。此非以他人本改文定本，乃是印本自不曾依得文定本耳。似此之類，恐是全不曾參照，只見人來說自家刻得文字多錯，校得不精，便一切逆拒之，幾何而不爲訑訑之聲音顔色，拒人於千里之外乎？夫樂聞過、勇遷善，有大於此者，猶將有望於兩兄，不意只此一小事，便直如此，殊失所望。然則區區所以劇論不置者，正恐此私意根株消磨不去，隨事滋長，爲害不細，亦不專爲二先生之文也。

如必以胡氏之書一字不可改易，則又請以一事明之。集中與呂與叔論中書注云：「子居，和叔之子。」胡氏編語録時，意其爲邢恕之子，遂削此注，直於正文「子居」之上加一「邢」字。頃疑呂氏亦有和叔，因以書問欽夫。答云：「嘗問之邢氏，果無子居者。」以此例之，則胡氏之書亦豈能一一無繆誤？乃欲不問是非，一切從之乎？況此乃文字間舛誤〔一三〕，與其本原節目處初無所妨，何必一一遵之而不敢改乎？近以文定當立祠於鄉郡說應求、邦彦，二公皆指其小節疑之，魏元履至爲扼腕。今二兄欲尊師之，而又守其尤小節處以爲不可改，是文定有所謂大者，終不見知於當世也。此等處非特二先生之文之不幸，亦文定之不幸耳。今既用官錢刊一部書，却全不睹是，只守却胡家錯本文字以爲至當，可謂直截不成議論。恐文定之心却須該遍流通，決不如是之陋也。若說文定決然主張此書，以爲天下後世必當依此，即與王介甫主張三經、字說何異？作是說者，却是謗文定矣。設使微似有此，亦是克未盡底己私，所謂賢者之過。横渠所謂「其不善者共改之」，正所望於後學，不當守己殘而妬道真，使其遺風餘弊波蕩於末流也。程子嘗言，人之爲學，其失在於自主張太過。横渠猶戒以自處太重，無復以來天下之善；今觀二兄主張此事，得無近此？聖賢稽衆舍己、兼聽並觀之意似不然也。胡子知言亦云：「學欲約，不欲陋。」此得無近於陋耶？如云當於他處别刊，此尤是不情悠悠之説，與「月攘一雞」何異？非小生所敢聞也。

每恨此道衰微，邪説昌熾，舉世無可告語者。望二兄於千里之外，蓋不翅飢渴之於飲食。乃不知主意如此偏枯。若得從容賓客之後，終日正言，又不知所以不合者復幾何耳。欽夫尊兄不及别狀，所欲言者不過如此，幸爲呈似。所云「或不中理，却望指教」，熹却不敢憚改也。向所録去數紙合改處，當時極費心力，又且勞煩衆人，意以爲必依此改正，故此間更無别本。今既不用，切勿毁棄，千萬盡爲收拾，便中寄來，當十襲藏之，以俟後世耳。向求數十本，欲遍遺朋友，今亦不須寄來，熹不敢以此等錯本文字誤朋友也。天寒手凍，作字不成，不能傾竭懷抱，惟加察而恕其狂妄可也。

與劉共父

修德之説，但云主上憂勤恭儉，非不修德，然而上而天心未豫，下而人心未和，凡所欲爲，多不響應，疑於修德之實有未至焉。蓋修德之實在乎去人欲、存天理。人欲不必聲色貨利之娱、宫室觀遊之侈也，但存諸心者小失其正，便是人欲。必也存祇懼之心以畏天，擴寬宏之度以盡下，不敢自是而欲人必己同，不徇偏見而謂衆無足取，不甘受佞人而外敬正士，不狃於近利而昧於遠猷，出入起居，發號施令，念兹在兹，不敢忘怠，而又擇端人正士剛明忠直、能盡言極諫者，朝夕與居左右，不使近習便利捷給之人得以窺伺間隙，承迎指意，汙染氣習，惑亂聰明，務使此心虛明廣大，平正中和，表裏洞然，無一豪私意之累，然後爲德之脩，而上可以格天，下可以感人，凡所欲爲，無不如志。陛下自省於是數者，其心有得於中乎？其方從事於此而有未至乎？其無乃謂此無益而正背馳乎？一有不合乎此，則臣恐所謂修德之實者有所未至也。

恢復之形一段，切中今日之病。前日籤帖更定數語，非是欲苟全正論，蓋只此豪釐之間，便是人欲、天理同行異情處，不可不精察而明辨也。夫内修自治，本是吾事所當爲，非欲與人爲敵然後爲之。而爲之之道，必急其實而緩其名，必以深厚淵塞爲務，而不爲浮薄淺露之態，然後可以蓄可久之德而成可大之功。亦非爲畏泄其機而固爲是不可測也。若謂姑爲純正之論，而其實必用機心、挾陰謀然後可，則是心迹乖離，内外判析，孔子讀而儀秦行矣。彼管仲、商君、吴起、申不害非無一切之功，而所以卒得罪於聖人之門者，正在於此。願明者之熟察之也。

與劉共父

平父示別紙，諭及明道冠服事。熹初意既在學校立祠，密邇先聖先師之側，則不應直用野服爲象，故有此議。兼在延平學中見曹御史、陳了翁象，亦是豸冠法服。二公自去諫職，流落於外，皆非卒於其官者。見聞習熟，因欲援以爲例，而未嘗計其當時之得失也。今如或者之言固亦有理，但明道之爲御史，初非攝官，而宗正之除未嘗就職〔二四〕，此其考之亦恐有未精也。竊謂今日御史法冠乃是追用其平生冠服之最盛者，似亦無害於理。不然，則直用承議郎本品法服亦佳。據會要，則九品官皆有法服，但不知元豐官制後寄禄官有法服與否耳。又不然，則直用幞頭公服亦可，嘗見其家畫本緋衣也。但太不近古耳。鄙見如此，更惟高明裁之。或者所謂伊川祠堂之制，不知何謂？更告詢之，并問何人所立、今在何處可也。

與劉共父

熹前幅所禀訪問人材事，初若率然，既而思之，此最急務。然其意有未盡者，輒詳論之如左云：

古之大臣，以其一身任天下之重，非以其一耳目之聰明、一手足之勤力爲能周天下之事也。其所賴以共正君心、同斷國論，必有待於衆賢之助焉。是以君子將以其身任此責者，必咨詢訪問，取之於無事之時，而參伍校量，用之於有事之日。蓋方其責之必加於己而未及也，無旦暮倉卒之須，則其觀之得以久；無利害紛拏之惑，則其察之得以精。誠心素著，則其得之多；歲引月長，則其蓄之富。自重者無所嫌而敢進，則無幽隱之不盡；欲進者無所爲而不來，則無巧僞之亂真。久且精，故有以知其短長之實而不差；多且富，故有以使其更迭爲用而不竭。幽隱畢達，則讜言日聞而吾德脩；取舍不眩，則望實日隆而士心附。此古之君子所以成尊主庇民之功於一時，而其遺風餘韻猶有稱思於後世者也。

今之人則不然，其於天下之士固有漠然不以爲意者矣，其求之者又或得之近而不知其遺於遠，足於少而不知其漏於多，求之備而不知其失於詳也。其平居暇日所以自任者雖重，而所以待天下之士者不過如此，是以勤勞惻怛雖盡於鰥寡孤獨之情，而未及乎本根長久之計；恩威功譽雖播於兒童走卒之口，而未諭乎賢士大夫之心。此蓋未及乎有爲，而天下之士先以訑訑之聲音顔色待之矣。至於臨事倉卒而所蓄之材不足以待用，乃始欲泛然求己所未知之賢而用之，不亦難哉？

或曰：然則未當其任而欲先得天下之賢者，宜奈何？曰：權力所及則察之舉之，禮際所及則親之厚之，皆不及則稱之譽之，又不及則鄉之慕之。如是而猶以爲未足也，又於其類而求之，不以小惡揜大善，不以衆短棄一長，其如此而已。抑吾聞之李文公之言曰：「有人告曰，某所有女，國色也，天下之人必將極其力而求之，無所愛也；有人告曰，某所有人，國士也，天下之人則不能一往而先焉。此豈非好德不如好色者乎？」嗚呼！欲任天下之重者，誠反此而求之，則亦無患乎士之不至矣。

答韓無咎

誨諭儒釋之異在乎分合之間，既聞命矣。頃見蘇子由、張子韶書皆以佛學有得於形而上者而不可以治世，嘗竊笑之。是豈知天命之性而叙、秩、命、討已粲然無所不具於其中乎？彼其所以分者，是亦未嘗真有得於斯耳。不審高明以爲如何？

和靖兩書昔嘗見之，其謹於傳疑之意則是，而遂欲禁絶學者，使不復觀，則恐過矣。如以春秋改用夏時爲無此説，以「傳爲按，經爲斷」爲背於理，則疑其考之未精，或未盡聞他人所聞，而欲一以己所聞者概之之失也。春秋傳乃伊川所自著，其詞有曰：「周正月非春也，假天時以立義耳。」若果無改用夏時之意，則此説復何謂乎？况序文所引論語之言尤爲明白，不可謂初未嘗有此意也。又門人所記有答黄聱隅之語，謂以傳考經之事迹，以經别傳之真僞者，蓋見於兩家之書，是亦猶所謂「傳爲案，經爲斷」之意，而豈二人所記不期而皆誤乎？推此兩條，則凡和靖所謂非先生語者〔二五〕，恐特他人聞之而和靖亦未聞耳。今疑信未分而不復思繹，遽以一偏之説盡廢衆人所傳之書，似不若盡存其説而深思熟講，以考其真僞得失之爲善也。況明道行狀云：「其辨析精微，稍見於世者，學者之所傳耳。」觀此則伊川之意亦非全不令學者看語録，但在人自着眼看耳。如論語之書，亦是七十子之門人纂録成書，今未有以爲非孔子自作而棄不讀者。此皆語録不可廢之驗，幸更深察之。如何如何？

與芮國器燁

竊聞學政一新，多士風動，深副區區之望。但今日學制近出崇、觀，專以月書季考爲陞黜，使學者屑屑然較計得失於毫釐間。而近歲之俗又專務以文字新奇相高，不復根據經之本義。以故學者益騖於華靡，無復探索根原、敦勵名檢之志。大抵所以破壞其心術者不一而足，蓋先王所以明倫善俗、成就人材之意掃地盡矣。惟元祐間伊川程夫子在朝，與修學制，獨有意乎深革其弊。而當時咸謂之迂闊，無所施行。今其書具在，意者後之君子必有能舉而行之，區區願執事少加意焉，則學者之幸也。又蘇氏學術不正，其險譎慢易之習入人心深。今乃大覺其害，亦望有以抑之，使歸於正，尤所幸願。

與芮國器

昨者妄以鄙見薦聞，伏蒙垂諭，反復其説，幸甚幸甚。然熹竊以爲未嘗行之，不可逆料今日之不可行。且事亦顧理之所在如何耳，理在當行，不以行之難易爲作輟也。盡心竭力而爲之，不幸而至於真不可行，然後已焉，則亦無所憾於吾心矣。

蘇氏之學，以雄深敏妙之文煽其傾危變幻之習，以故被其毒者淪肌浹髓而不自知。今日正當拔本塞源，以一學者之聽，庶乎其可以障狂瀾而東之。若方且懲之而又遽有取其所長之意，竊恐學者未知所擇，一取一捨之間，又將與之俱化而無以自還。是則執事者之所宜憂也。

答鄭景望

龔帥過建陽，遣人相聞，不及一見爲恨。今日季教授見訪，云嘗小款，道其語皆出於忠厚長者。然在愚意，尚未有深解處〔二六〕。如論范忠宣救蔡新州及元祐流人，以爲至當之舉。熹嘗竊論此矣，以爲元祐諸賢憂確之不可制，欲以口語擠之，固爲未當；而范公乃欲預爲自全之計，是亦未免於自私，皆非天討有罪之意也。至其論諸公忽反爾之言、違好還之戒，自取禍敗，尤非正理。使後世見無禮於君親者拱手坐視而不敢逐，則必此言之爲也。且舜流四凶族，爲皐陶者亦殊不念反爾之戒，何耶？推此心以往，恐無適而非私者。邵子文以爲明道所見與忠宣合，正恐徒見所施之相似，而未見所發之不同。蓋毫釐之間，天理人欲之差有不可同年而語者矣。

又聞深以好名爲戒，此固然矣。然偏持此論，將恐廉隅毁頓，其弊有甚於好名。故先聖云：「君子疾没世而名不稱焉。」而又曰：「君子求諸己。」詳味此言，不偏不倚，表裏該備，此其所以爲聖人之言歟！學者要當於此玩心，則「勿忘」、「勿助」之間，天理卓然，事事物物無非至當矣。

熹又記向蒙面誨堯舜之世一用輕刑，當時嘗以所疑爲請，匆匆不及究其説。近熟思之，有不可不論者。但觀皐陶所言「帝德罔愆」以下一節，便是聖人之心涵育發生，真與天地同德。而物或自逆于理以干天誅，則夫輕重取舍之間，自有決然不易之理。其宥過非私恩，其刑故非私怒，罪疑而輕非姑息，功疑而重非過予。如天地四時之運，寒凉肅殺常居其半，而涵養發生之心未始不流行乎其間。此所以好生之德洽于民心而自不犯于有司，非既犯而縱舍之謂也。不審高明以爲如何？

又别本

聞二十一日旌旆定行，何丞之諭，已不及事矣。然渠所言大概謂盜賊之餘，土曠人稀，州縣以昔日歲計之額取辦今日見存之户，民力素已不堪。後來復以荒田之産均之見户，由此流移愈多、公私愈困耳。向蒙面誨堯舜之世一用輕刑，當時嘗以所疑爲請，匆匆不及究其説。近熟思之，亦有不可不論者。但觀臯陶所言「帝德罔愆」以下一節，便見聖人之心涵育發生，真與天地同德。而物或自逆于理以干天誅，則夫輕重取舍之間，亦自有決然不易之理。其宥過非私恩，其刑故非私怒，罪疑而輕非姑息，功疑而重非過予。如天地四時之運，寒凉肅殺常居其半，而涵育發生之心未始不流行乎其間。此所以好生之德洽于民心而自不犯于有司，非既抵冒而復縱舍之也。夫既不能止民之惡，而又爲輕刑以誘之，使得以肆其凶暴於人而無所忌，則不惟彼見暴者無以自伸之爲寃，而姦民之犯于有司者且將日以益衆，亦非聖人匡直輔翼、使民遷善遠罪之意也。

答鄭景望

虞書論刑最詳，而舜典所記尤密。其曰「象以典刑」者，「象」如天之垂象以示人，而「典」者常也，示人以常刑。所謂墨、劓、剕、宫、大辟，五刑之正也，所以待夫元惡大憝、殺人傷人、穿窬淫放，凡罪之不可宥者也。曰「流宥五刑」者，流放竄殛之類，所以待夫罪之稍輕，雖入於五刑而情可矜、法可疑與夫親貴勳勞而不可加以刑者也。四凶正合此法。曰「鞭作官刑」、「扑作教刑」者，官府學校之刑，以待夫罪之輕者也。曰「金作贖刑」，罪之極輕，雖入於鞭扑之刑，而情法猶有可議者也。疑後世始有贖五刑法，非聖人意也。此五句者，從重及輕，各有條理，法之正也。曰「眚災肆赦」者，「眚」謂過誤，「災」謂不幸。若人有如此而入於當贖之刑，則亦不罰其金而直赦之也。此一條專爲輕刑設。春秋肆大眚，則過悞之大入于典刑者亦肆之矣，所以爲失刑也。書又曰：「宥過無大。」明過之大入於典刑者，特用流法以宥之耳。曰「怙終賊刑」者，「怙」謂有恃，「終」謂再犯。若人有如此而入于當宥之法，則亦不宥以流而必刑之也。此二句者，或由重而即輕，或由輕而入重，猶今律之有名例，又用法之權衡，所謂法外意也。聖人立法制刑之本末，此七言者大略盡之矣。雖其輕重取舍、陽舒陰慘之不同，然「欽哉欽哉，惟刑之恤」之意，則未始不行乎其間也。蓋其輕重毫釐之間各有攸當者，乃天討不易之定理，而欽恤之意行乎其間，則可以見聖人好生之本心矣，夫豈一於輕而已哉？

又以舜命皋陶之辭考之，士官所掌，惟象、流二法而已。鞭扑以下，官府學校隨事施行，不領於士官，事之宜也。其曰「惟明克允」，則或刑或宥，亦惟其當而無以加矣，又豈一於宥而無刑哉？今必曰堯舜之世有宥而無刑，則是殺人者不死而傷人者不刑也。是聖人之心不忍於元惡大憝，而反忍於銜寃抱痛之良民也。是所謂「怙終賊刑，刑故無小」者，皆爲空言以誤後世也，其必不然也亦明矣。

夫刑雖非先王所恃以爲治，然以刑弼教，禁民爲非，則所謂傷肌膚以懲惡者，亦既竭心思而繼之以不忍人之政之一端也。今徒流之法既不足以止穿窬淫放之姦，而其過於重者則又有不當死而死，如彊暴贓滿之類者。苟采陳羣之議，一以宫、剕之辟當之，則雖殘其支體，而實全其軀命，且絶其爲亂之本，而使後無以肆焉，豈不仰合先王之意而下適當世之宜哉？況君子得志而有爲，則養之之具、教之之術，亦必隨力之所至而汲汲焉，固不應因循苟且，直以不養不教爲當然，而熟視其爭奪相殺於前也。

答鄭景望

初謂按行涓吉，必不渝期，今所賜字，殊未及此，何耶？遠民傾首以聽車馬之音久矣，行期屢却，無乃使之失望；而下吏之奉約束、聽期會者，將亦因是解弛而不虔乎？伏惟執事者試深慮之。僭易及此，皇懼之至。

示論明道程文不必見於正集，考求前此固多如此。然先生應舉時已自聞道，今讀其文，所論無非正理，非如今世舉子阿時徇俗之文，乃有愧而不可傳也。曾南豐序王深父之文，以爲片言半簡，非大義所繫，皆存而不去，所以明深父之於細行皆可傳也。況先生非欲以文顯者，而即此程文便可見其經綸之業已具於此時，雖文采不豔，而卓然皆有可行之實，正學以言，未嘗有一辭之苟。其所以警悟後學，亦不爲不深矣。愚意只欲仍舊次第，不審台意以爲如何？

答鄭景望

家祭禮三策并上，不知可補入見版本卷中否？若可添入，即孟詵、徐潤兩家當在賈頊家薦儀之後，孟爲第七，徐爲第八，而遞儹以後篇數，至政和五禮爲第十一，而繼以孫日用爲第十二，乃以杜公四時祭享儀爲第十三，而遞儹以後，至范氏祭儀爲第十九。又於後序中改「十有六」爲「十有九」，仍删去「孟詵、徐潤、孫日用」七字。此版須别换。不然，即存舊序而别作數語附見其後，尤爲詳實。不審尊意以爲如何？更俟誨諭也。但寫校須令精審無誤，然後刻版，免致將來更改費力爲佳。或未刻間，且并寫定上版真本寄示，容與諸生詳勘，納上尤便也。

答尤延之袤

熹杜門竊食，不敢與聞外間一事，尚不能無虎食其外之憂。衰病疲薾，雖在山林，亦不能有尋幽選勝之樂。但時有一二學子相從於寂寞之濱，講論古人爲己之學，至會心處，輒復欣然忘食，不自知道學之犯科也。年來目昏，不甚敢讀書。經說閑看，疏漏頗多，不免隨事改正，比舊又差勝矣。

綱目不敢動着，恐遂爲千古之恨。蒙教楊雄、荀彧二事，按温公舊例，凡莽臣皆書「死」，如太師王舜之類，獨於楊雄匿其所受莽朝官稱而以「卒」書，似涉曲筆，不免却按本例書之曰「莽大夫楊雄死」，以爲足以警夫畏死失節之流，而初亦未改温公直筆之正例也。荀彧却是漢侍中光禄大夫而參丞相軍事，其死乃是自殺，故但據實書之曰「某官某人自殺」，而系於曹操擊孫權至濡須之下，非故以彧爲漢臣也。然悉書其官，亦見其實漢天子近臣而附賊不忠之罪，非與其爲漢臣也。此等處當時極費區處，不審竟得免於後世之公論否？胡氏論彧爲操謀臣，而劫遷、九錫二事皆爲董昭先發，故欲少緩九錫之議，以俟他日徐自發之。其不遂而自殺，乃劉穆之之類，而宋齊丘於南唐事亦相似。此論竊謂得彧之情，不審尊意以爲何如？

者也。李淙、謝廓皆略識之，李在此作縣，甚得民情；謝甚俊，即任伯參政之孫，其家有古書者也。但吳仲權亦聞其名，見其文字甚清警，未知材氣如此也。今日下位後生中尚不爲無人，雖真僞相半，然亦且得勸勉獎就之，未敢輕有遺棄也。陳同父近得書，大言如昨，亦力勸之，令其稍就斂退。若未見信，即後日之患猶或有甚於此者，甚可念也。

叔祖奉使葬事，甚荷憐念。此事初未敢有請，不謂已蒙特達如此。不知今有定論否？叔祖當日挺身請使，留虜中十六年，竟保全節而歸。以奏對論和不可專恃，且虜有可圖之釁忤秦丞相，遂廢以死。在虜中時，嘗有祭徽廟文，或傳以歸，乙覽感動，錫賚甚寵。其書皆在此，此便不的，不敢附呈。鄙意輒欲次其行事以請於左右，幸而并賜之銘，則宗族子孫皆受不貲之惠矣。叔祖受知於晁景迂，學甚博、詩甚工也。

答尤延之

垂諭楊雄事，足見君子以恕待物之心。區區鄙意正以其與王舜之徒所以事莽者雖異，而其爲事莽則同，故竊取趙盾、許止之例而槪以莽臣書之，所以著萬世臣子之戒，明雖無臣賊之心，但畏死貪生而有其迹，則亦不免於誅絶之罪。此正春秋謹嚴之法。若温公之變例，則不知何所據依。晚學愚昧，實有所不敢從也。不審尊意以爲如何？如未中理，却望垂教也。

答林黄中栗

「室户」之説屢蒙指教，竟所未曉。蓋如所論，即室户乃在房之西偏，而入室者先必由房而後進至于室矣。歷考禮書，不見此曲折處。邵子之登，必自西階，房户雖在室户之東，蓋亦無所經見，恐未足以證室户之必東出也。愚意於此深所未解，更丐一言以發其蔽，幸甚幸甚。又見易圖深詆邵氏「先天」之説，舊亦嘗見其書，然未曉其所以爲説者。高明既斥其短，必已洞見其底藴矣。因來并乞數語掊擊其繆，又大幸也。

答林黄中

誨喻縷縷，備悉。樂章必已得之，因風幸早示及。丘推參還未還，尚未得聞「室户」之誨。大抵所欲知者，此户南鄉西鄉，果安所決？而經傳實據，果安所取？不論傳授之有無也。邵氏「先天」之説，以鄙見窺之，如井蛙之議滄海。而高明直以不知而作斥之，則小大之不同量，有不可同年而語者。此熹之前書所以未敢輕效其愚，而姑少見其所疑也。示諭邵氏本以發明易道，而於易無所發明。熹則以爲易之與道非有異也，易道既明，則易之爲書，卦爻象數皆在其中，不待論説而自然可覩。若曰道明而書不白，則所謂道者恐未得爲道之真也。不審高明之意果如何？其或文予而實不予，則熹請以邵氏之淺近疏略者言之：

蓋一圖之内，太極、兩儀、四象、八卦生出次第，位置行列不待安排而粲然有序。以至於第四分而爲十六，第五分而爲三十二，第六分而爲六十四，則其因而重之，亦不待用意推移而與前之三分焉者未嘗不吻合也。比之并累三陽以爲乾，連疊三陰以爲坤，然後以意交錯而成六子，又先畫八卦於内，復畫八卦於外，以旋相加而後得爲六十四卦者，其出於天理之自然與人爲之造作蓋不同矣。況其高深閎闊、精密微妙，又有非熹之所能言者。今不之察，而遽以不知而作詆之，熹恐後之議今猶今之議昔〔二七〕，是以竊爲門下惜之，而不自知其言之僭易也。

答林黄中

所扣鄉飲酒疑義，近細考所奏樂有不用二南、小雅六笙詩，而用南吕、無射兩宫十章，不知何據？豈有以見古之鄉樂用此律而寫其遺聲邪，將古樂已亡，不可稽考，而别制此樂也？然則特用此律，其旨安在？又所奏樂必有辭，聲必有譜，而律之短長必有定論。凡此數端，皆所未諭，幸因風詳悉指教。

與郭沖晦

熹窮鄉晚出〔二八〕，妄竊有志於道，雖幸有聞於師友，而行之不力，荏苒頹侵，今犬馬之年五十有一矣。脩身齊家，未有可見之效，而志氣不彊，不能固守貧賤之節，彊起從宦，舊學愈荒〔二九〕，施之於人，尤齟齬而不合。大抵志不能帥氣，理未能勝私，中夜以思，怛然內疚。高明不鄙〔三〇〕，不知將何以教誨之？熹所拱而竢也〔三一〕。

向來次輯諸書〔三二〕，雖亦各有據依，不敢妄意損益，然疑信異傳，不無牴牾。嘗得汪丈端明示以執事所辨數事，方且復書質之汪丈，更求一二左驗，別加是正，則汪公已捐賓客矣。自此每念一扣門下，以畢其說，而相去絕遠，無從致問。今幸得通姓名，又以單車此來，無復文書可以檢索，不復記向之所欲質問者。尚俟異時還家，別圖寓信，但恐益遠難致耳。近刻程先生、尹和靖二帖及白鹿、五賢二記，各納一本，伏幸視至。其間恐有可因以垂教者，切望不棄。

與郭沖晦

易說云：「數者，策之所宗，而策爲已定之數。」熹竊謂數是自然之數，策即蓍之莖數也。

禮曰龜爲卜、筴爲筮是已。老陽一爻過揲三十六策，故積六爻而得二百一十有六策耳。又云：「大衍之數五十，是爲自然之數，皆不可窮其義。」熹竊謂既謂之數，恐必有可窮之理。

又云：「奇者，所掛之一也；扐者，左右兩揲之餘也。得左右兩揲之餘寘於前，以奇歸之也。」熹竊謂奇者，左右四揲之餘也；扐，指間也。謂四揲左手之策，而歸其餘於無名指間，四揲右手之策，而歸其餘於中指之間也。一掛之間凡再扐，則五歲之間凡再閏之象也。

又云：「三多三少，人言其數雖不差，而其名非矣。」熹竊謂多少之説雖不經見，然其實以一約四，以奇爲少，以偶爲多而已。九八者，兩其四也，陰之偶也，故謂之多；五四者，一其四也，陽之奇也，故謂之少。奇陽體員，其法徑一圍三而用其全，故少之數三；偶陰體方，其法徑一圍四而用其半，故多之數二。歸奇積三三而爲九，則其過揲者四之而爲三十六矣。歸奇積三二而爲六，則其過揲者四之而爲二十四矣。歸奇積二三一二而爲八，則其過揲者四之而爲三十二矣。歸奇積二二一三而爲七，則其過揲者四之而爲二十八矣。過揲之數雖先得之，然其數衆而繁；歸奇之數雖後得之，然其數寡而約。紀數之法，以約御繁，不以衆制寡。故先儒舊説專以多少決陰陽之老少，而過揲之數亦冥會焉，初非有異説也。然七八九六所以爲陰陽之老少者，其説又本於圖、書，定於四象，詳見後段。其歸奇之數亦因揲而得之耳。大抵河圖、洛書者，七八九六之祖也；四象之形體次第者，其父也；歸奇之奇偶方圓者，其子也；過揲而以四乘之者，其孫也。今自歸奇以上皆棄不録，而獨以過揲四乘之數爲説，恐或未究象數之本原也。

又云：「四營而後有爻。」又曰：「一掛再扐，共爲三變而成一爻。」熹竊謂四營方成一變，故云「成易」，易即變也。積十二營三掛六扐乃成三變，三變然後成爻。

「易有太極，是生兩儀，兩儀生四象，四象生八卦」。熹竊謂此一節乃孔子發明伏羲畫卦自然之形體次第，最爲切要，古今説者惟康節、明道二先生爲能知之。故康節之言曰：「一分爲二，二分爲四，四分爲八，八分爲十六，十六分爲三十二，三十二分爲六十四，猶根之有榦，榦之有枝，愈大則愈少〔三三〕，愈細則愈繁。」而明道先生以爲加一倍法，其發明孔子之言又可謂最切要矣。蓋以河圖、洛書論之，太極者，虚其中之象也。兩儀者，陰陽奇耦之象也。四象者，河圖之一合六、二合七、三合八、四合九，洛書之一含九、二含八、三含七、四含六也。八卦者，河圖四正四隅之位，洛書四實四虚之數也。以卦畫言之，太極者，象數未形之全體也。兩儀者，一爲陽而一爲陰，陽數一而陰數二也。四象者，陽之上生一陽則爲⚌而謂之太陽；生一陰則爲⚍而謂之少陰。陰之上生一陽則爲⚎，而謂之少陽；生一陰則爲⚏，而謂之太陰也。四象既立，則太陽居一而含九，少陰居二而含八，少陽居三而含七，太陰居四而含六。此六、七、八、九之數所由定也。八卦者，太陽之上生一陽則爲☰，而名乾；生一陰則爲☱，而名兑。少陰之上生一陽則爲☲，而名離；生一陰則爲☳，而名震。少陽之上生一陽則爲☴，而名巽；生一陰則爲☵，而名坎。太陰之上生一陽則爲☶，而名艮；生一陰則爲☷，而名坤。康節先天之説，所謂乾一、兑二、離三、震四、巽五、坎六、艮七、坤八者，蓋謂此也。至於八卦之上，又各生一陰一陽，則爲四畫者十有六。經雖無文，而康節所謂八分爲十六者，此也。四畫之上又各有一陰一陽，則爲五畫者三十有二。經雖無文，而康節所謂十六分爲三十二者，此也。五畫之上又各生一陰一陽，則爲六畫之卦六十有四，而八卦相重，又各得乾一、兑二、離三、震四、巽五、坎六、艮七、坤八之次，其在圖可見矣。今既以七、八、九、六爲四象，又以揲之以四爲四象，疑或有未安也。河圖、洛書，熹竊以大傳之文詳之，河圖、洛書蓋皆聖人所取以爲八卦者，而九疇亦并出焉。今以其象觀之，則虚其中者，所以爲易也；實其中者，所以爲洪範也。其所以爲易者，已見於前段矣；所以爲洪範，則河圖九疇之象、洛書五行之數有不可誣者，恐不得以其出於緯書而略之也。叢書云：「理出乎三才，分出於人道。西銘專爲理言，不爲分設。」熹竊謂西銘之書，横渠先生所以示人至爲深切，而伊川先生又以「理一而分殊」者贊之，言雖至約，而理則無餘矣。蓋乾之爲父，坤之爲母，所謂理一者也。然乾坤者，天下之父母也。父母者，一身之父母也，則其分不得而不殊矣。故以民爲同胞、物爲吾與者，自其天下之父母者言之，所謂理一者也。然謂之民，則非真以爲吾之同胞；謂之物，則非真以爲我之同類矣。此自其一身之父母者言之，所謂分殊者也。又況其曰同胞，曰吾與，曰宗子，曰家相，曰老，曰幼，曰聖，曰賢，曰顛連而無告，則於其中間又有如是差等之殊哉？但其所謂理一者貫乎分殊之中而未始相離耳。此天地自然古今不易之理，而二夫子始發明之，非一時救弊之言，姑以彊此而弱彼也。

又云：「西銘止以假塗，非終身之學也。」熹竊謂西銘之言指吾體性之所自來，以明父乾母坤之實，極樂天踐形、窮神知化之妙，以至於無一行之不慊而没身焉。故伊川先生以爲「充得盡時，便是聖人」。恐非專爲始學者一時所見而發也。

又云：「性善之善，非善惡之善。」熹竊謂極本窮原之善與善惡末流之善非有二也，但以其發與未發言之有不同耳。蓋未發之前只有此善〔三四〕，而其發爲善惡之善者亦此善也。既發之後，乃有不善以雜焉。而其所謂善者，即極本窮原之發耳。叢書所謂「無爲之時，性動之後」者，既得之矣；而又曰「性善之善非善惡之善」，則熹竊恐其自相矛盾而有以起學者之疑也。

又云：「孟子以養氣爲學，以不動心爲始。」熹竊謂孟子之學蓋以窮理集義爲始、不動故能當大任而不動心。考於本章，次第可見矣。理明而無所疑，氣充而無所懼，心爲效。蓋唯窮理爲能知言，唯集義爲能養其浩然之氣。

與郭沖晦〔三五〕

某竊以中夏劇暑，共惟沖晦處士老丈燕居靜勝，神相尊候，動止萬福。某遠藉餘蔭，未由瞻晤，敢幾以時爲道自重，前膺三聘，用慰輿論。區區不勝至望。

仰服大名，得所論著而讀之，有年於此矣。某跧伏閩嶺，忽忽半生，無從望見德容、聽受誨藥，引領函丈，徒切拳拳。比者寅緣附致悃款，乃蒙謙眷，先枉教函。三復以還，感慰既深，又重自愧其不敏也。附便致謝，言不逮意，幸察。

竊惟執事家傳正學，有德有言，遁世離羣，聖主不得而致，清風素節，愈久愈高。今經帷諫列尚多缺員，衆謂當得高世之士以格君心，庶有變通於將來；非執事者，孰任其責邪？加璧之徵，計在辰夕。某辱在臭味，尤深欣矚之至。

僭易再拜，上問德門尊少，各惟佳福。是邦有委，幸示其目。

答程可久迥

熹昨者拜書草率，重蒙枉答，誨示勤懇；并劉掾轉示所製古度量及圖義一册，伏讀捧玩，開發良多。其爲感慰，不可具言。熹孤陋之學，於古人制度多所未講。近看范蜀公集引房庶漢志别本比今增多數字，又論員分、方分之差，亦甚詳悉，竊意其所以與司馬公、胡先生不同之端正在於此，所當明辨。今圖義中似已不取其説，然未嘗質其所以不然之意，熹於此有未曉然者。因便更乞詳以見教，幸甚。劉掾又云蒙許并寄古權，亦願早得之也。温公周尺刻本舊亦嘗依放制得一枚，乃短於今鐵尺寸許，不知何故如此差誤。俟檢舊本，續求教也。

「口賦」、「阡陌」二説，并荷指教，考證精博，歎服尤深。但「阡陌」二字，鄙意未能無疑。因以來教「千百」之義推之，則熹前説所謂「徑涂爲阡」者當爲陌，「畛道爲陌」者當爲阡。蓋史記索隱引風俗通：「南北曰阡，東西曰陌。」又云：「河南以東西爲阡、南北爲陌。」今以遂人之法考之，當以後説爲正也。遂人鄭注：「徑從畛横，涂從道横。」今考一徑之内爲田百畝，一涂之内爲田百夫，而徑涂皆從，即所謂南北之陌；一畛之内爲田千畝，一道之内爲田千夫，而畛道皆横，即所謂東西之阡也。其立名取義，正以夫畝之數得之。而其字爲道路之類，則當从「自」，而不當从「人」，蓋史記其本字，而漢志則因假借而亂之，恐不當引以爲據也。「馬阡陌之間成羣」，正謂往來田間道路之上；「富者連阡陌」，亦謂兼并踰制，跨阡連陌，不守先王疆理之舊界耳。若作「仟伯」字説，恐難分明也。不審尊意以爲如何？却望終賜誨示，幸甚。

答程可久

熹昨承寵示公劄，諭及黍尺制度，極荷不鄙。但素所未講，同官亦少有能知其説者，竊慮高明必有一定之論，却乞垂教，幸甚幸甚。弊郡向來製造祭器時未準頒降此册，只用臨川印本司馬書儀内周尺爲之，殊覺低小。今雖得此制，亦已無力可修改矣，并幾台悉。少懇：田賦、夫田二書，更欲求得數本，以廣長者救世之心。得早拜賜，甚幸甚幸。

答程可久〔三六〕

太極之義，正謂理之極致耳。有是理即有是物，無先後次序之可言。故曰「易有太極」，則是太極乃在陰陽之中，而非在陰陽之外也。今以「大中」訓之，又以乾坤未判、大衍未分之時論之，恐未安也。形而上者謂之道，形而下者謂之器，今論太極而曰「其物謂之神」，又以天地未分，元氣合而爲一者言之，亦恐未安也。有是理即有是氣，氣則無不兩者。故易曰「太極生兩儀」，而老子乃謂道先生一，而後一乃生二，則其察理亦不精矣。老莊之言之失大抵類此，恐不足引以爲證也。

兩儀四象之説，閩中前輩嘗有爲此説者，鄙意亦竊謂然，初未敢自信也。今得來示，斯判然矣。但謂兩儀爲乾坤之初爻，謂四象爲乾坤，初二相錯而成，則恐立言有未瑩者。蓋方其爲兩儀，則未有四象也；方其爲四象，則未有八卦也，安得先有乾坤之名、初二之辨哉？妄意兩儀只可謂之陰陽，四象乃可各加以太少之別，而其序亦當以太陽⚌、少陰⚍、少陽⚎〔三七〕、太陰⚏爲次。蓋所謂遞升而倍之者，不得越⚍與⚎而先爲⚏也。此序既定，又遞升而倍之，適得乾一、兑二、離三、震四、巽五、坎六、艮七、坤八之序也，與邵氏先天圖合。此乃伏羲始畫八卦自然次序，非人私智所能安排，學易者不可不知也。

晉公子貞屯悔豫之占，韋氏舊注固有不通，而來示之云，鄙意亦不能無所疑也。蓋以穆姜東宮之占言之，則所謂「艮之八」者，正指其所當占之爻而言之也。今云「貞屯悔豫皆八也」，而釋之以爲指三爻之不變者而言，則非其當占之爻，而於卦之吉凶無所繫矣。據本文語勢，似是連得兩卦而皆不值老陽老陰之爻，故結之曰：「皆八也。」而占之曰：「閉而不通，爻無爲也。」蓋曰卦體不動，爻無所用占爾。然兩卦之中亦有陽爻，又不爲偏言皆八，則此說似亦未安。且東宮之占，說亦未定，恐或只是遇艮卦之六爻不變者。但乃「艮其背不獲其身，行其庭不見其人」之占，史彊爲「之隨」之説，以苟悦于姜耳。故傳者記史之言而曰「是謂艮之隨」，明非正法之本然也。然其九三、上九亦是陽爻，又似可疑。大抵古書殘闕，未易以臆說斷。惟占筮之法則其象數具存，恐有可以義起者推而得之，乃所謂活法耳。

答程可久

熹前書所謂太極不在陰陽之外者，正與來教所謂不倚於陰陽而生陰陽者合。但熹以形而上下者其實初不相雜，故曰在陰陽之中。吾丈以形而上下者其名不可相雜，故曰不在陰陽之外。雖所自而言不同，而初未嘗有異也。但如今日所引舊説，則太極乃在天地未分之前，而無所與於今日之爲陰陽，此恐於前所謂「不倚於陰陽而生陰陽者」有自相矛盾處。更望詳考見教。

兩儀四象，恐須如先天之序〔三八〕，乃爲自然之數。而始乾終坤，理勢亦無不可。若必欲初⚌次⚏，乃是以意安排，而非自然之序。又二象之上各生兩爻，即須以乾、兑、艮、坤爲次，復無所據。更乞詳考見教。

乾坤六爻圖位鄙意亦有未曉處，更乞誨示。

揲蓍新圖内策數，不知於占筮有用處否？亦乞開諭。

答程可久

臨汀鹽筴既無可言，經界又不得行，民之窮困日以益甚，但有散爲流庸、聚爲盜賊兩事耳。廣右首議之人行遣甚峻，近世少見其比，益令人懶開口。奈何奈何？黄齊賢韻語用心甚苦，諸圖尤有功夫，甚不易得。已遵尊命，以數語附卷末。晚生淺學，何足爲重？三復長者之言，爲之慨歎。科舉之弊至於如此，奈何奈何？

答程可久〔三九〕

所諭爲學本末，甚詳且悉。前書所謂世道衰微，異言蠭出，其甚乖剌者，固已陷人於犯刑受辱之地；其近似而小差者，亦足使人支離繳繞而不得以聖賢爲歸。歧多路惑，甚可懼也。願且虚心徐觀古訓，句解章析，使節節透徹、段段爛熟〔四〇〕，自然見得爲學次第，不須别立門庭，固守死法也。

答程可久

示諭曲折，令人慨歎。然今日上下相迫，勢亦有不得已者。故事之從違可否，常在人而不可必。唯審時量力，從吾所好爲在己而可以無不如志爾。先生研精於易，至有成書，樂行憂違，伏想胸中已有成算，固非晚學所得而輕議也。

答程可久

程書易原近方得之，謹以授來使。易學啓蒙當已經省覽矣，有未安處，幸辱鐫誨。上饒財賦源流得蒙録示，幸甚。伯謨説近有刻石記文，亦願得之也。又有小懇，欲求妙墨爲寫大戴禮武王踐祚一篇，以爲左右觀省之戒，不審可否？卷子納上，得蒙揮染，不勝幸甚！

答程可久

忽聞有奉祠之命，爲之惘然。得非反以貳車改正之舉而激之至此也邪？世路險巇，人情不可測。以長者之寬平博厚處之，尚未能坦然無所繫閡，況如鄙狹之姿，又安可望於少行其志耶？行亦力請祈還故官，仰繼後塵爾。

答程可久

春秋例目拜貺甚厚。其間議論小國自貶其爵以從殺禮，最爲得其情者。頃年每疑胡氏滕子朝桓之説非春秋惡惡短之義，今已釋然。蓋後來鄭大夫亦有「鄭伯男也，而使從諸侯之賦」之説，則當時諸侯之願自貶者固多，但霸主必以此禮責之，故有不得而自遂爾。然其他尚有欲請教者，便遽未暇。大抵此經簡奥，立説雖易而貫通爲難，以故平日不敢措意其間。假以數年，未知其可學否爾。

答程泰之大昌

道生一，一生二，二生三。

熹恐此「道」字即易之太極，「一」乃陽數之奇，「二」乃陰數之偶，「三」乃奇偶之積。其曰「二生三」者，猶所謂二與一爲三也。若直以「一」爲太極，則不容復言「道生一」矣。詳其文勢，與列子「易變而爲一」之語正同。所謂「一」者，皆形變之始耳，不得爲非數之一也。

策數

策者，蓍之莖數，曲禮所謂「策爲筮」者是也。大傳所謂「乾坤二篇之策」者，正以其掛扐之外見存蓍數爲言耳。蓋揲蓍之法，凡三揲掛扐，通十三策而見存三十六策，則爲老陽之爻；三揲掛扐，通十七策而見存三十二策，則爲少陰之爻；三揲掛扐，通二十一策而見存二十八策，則爲少陽之爻；三揲掛扐，通二十五策而見存二十四策，則爲老陰之爻。大傳專以六爻乘老陽、老陰而言，故曰乾之策二百一十有六，坤之策百四十有四，凡三百有六十。其實六爻之爲陰陽者，老少錯雜，其積而爲乾者未必皆老陽，其積而爲坤者未必皆老陰。其爲六子諸卦者，或陽或陰，亦互有老少焉。蓋老少之别本所以生爻，而非所以名卦。今但以乾有老陽之象，坤有老陰之象，六子有少陰陽之象，且均其策數，又偶合焉，而因假此以明彼則可；若便以乾六爻皆爲老陽，坤六爻皆爲老陰，六子皆爲少陽少陰，則恐其未安也。但三百六十者，陰陽之合，其數必齊於此。若乾坤之爻而皆得於少陰陽也，則乾之策六其二十八而爲百六十八，坤之策六其三十二而爲百九十二，其合亦爲三百六十，此則不可易也。

河洛圖書

論雖以四十五者爲河圖，五十五者爲洛書，然序論之文多先書而後圖。蓋必以五十五數爲體，而後四十五者之變可得而推。又況易傳明有「五十有五」之文，而洪範又有九位之數耶？

當期

易卦之位，震東離南、兑西坎北者爲一說，十二辟卦分屬十二辰者爲一說。及焦延壽爲卦氣直日之法，乃合二説而一之，既以八卦之震、離、兑、坎二十四爻直四時，又以十二辟卦直十二月，且爲分四十八卦爲之公、侯、卿、大夫，而六日七分之説生焉。若以八卦爲主，則十二卦之乾不當爲巳之辟，坤不當爲亥之辟，艮不當侯於申酉，巽不當侯於戌亥。若以十二卦爲主，則八卦之乾不當在西北，坤不當在西南，艮不當在東北，巽不當在東南。彼此二説，互爲矛盾。且其分四十八卦爲公、侯、卿、大夫以附於十二辟卦，初無法象，而直以意言，本已無所據矣，不待論其減去四卦二十四爻而後可以見其失也。揚雄太玄次第乃是全用焦法，其八十一首蓋亦去其震、離、兑、坎者，而但擬其六十卦耳。諸家於八十一首多有作擬震、離、坎、兑者，近世許翰始正其誤。至立踦贏二贊，則正以七百二十九贊又不足乎六十卦六日七分之數而益之，恐不可反據其説以正焦氏之失也。

孔穎達

孔氏「是一揲也」四字，先儒莫有覺其誤者。今論正之，信有功矣。但細詳疏文後段，孔氏實非不曉揲法者，但爲之不熟，故其言之易差而誤多此四字耳。其云「合於掛扐之處」，又云「合於掛扐之一處而總掛之」，則實有誤，然於其大數亦不差也。

畢中和

畢氏揲法視疏義爲詳，柳子厚詆劉夢得，以爲膚末於學者，誤矣。畢論三揲皆掛一，正合四營之義。唯以三揲之掛扐分措於三指間爲小誤，然於其大數亦不差也。其言餘一益三之屬，乃夢得立文太簡之誤，使讀者疑其不出於自然而出於人意耳。此與孔氏之失固不可不正，然恐亦不可不原其情也。

答程泰之

熹昨聞禹貢之書已有奏篇，轉借累年，乃得其全。猶恨繪事易差，間有難考究處。近乃得温陵印本，披圖按説，如指諸掌，幸甚幸甚。此書之傳，爲有益於學者。但頃在南康兩年，其地宜在彭蠡、九江、東陵、敷淺原之間，而考其山川形勢之實，殊不相應。因考諸説，疑晁氏九江東陵之説以爲洞庭巴陵者爲可信。蓋江流自澧而東，即至洞庭，而巴陵又在洞庭之東也。若謂九江即今江州之地，即其下少東便合彭蠡之口，不應言「至東陵然後東迆，北會于匯」也。

白氏所論敷淺原者亦有理而未盡，蓋詳經文，敷淺原合是衡山東北一支盡處，疑即今廬阜，但無明文可考耳。德安縣敷陽山正在廬山之西南，故謂之敷陽，非以其地即爲敷淺原也。若如舊説，正以敷陽爲敷淺原，則此山甚小，又非山脈盡處。若遂如晁氏之説，以爲江入海處，則合是今京口，所過之水又不但九江而已也。若以衡山東北盡處而言，即爲廬阜無疑。蓋自岷山東南至衡山，又自衡山東北而至此，則九江之原出於此三山之北者，皆合於洞庭而注於岷江，故自衡山而至此者必過九江也。此以地勢考之，妄謂如此，不審參以他書，其合否又如何？但著書者多是臆度，未必身到足歷，故其説亦難盡據，未必如今目見之親切著明耳。閤下向者固嘗經行，而留意之久、記覽之富，其必有以質之。故敢輒獻所疑，伏惟有以教之，幸也。

答程泰之

病中得窺易老新書之祕，有以見立言之指深遠奥博，非先儒思慮所及矣。尚以道中籃輿摇兀，神思昏憒，未容盡究底藴。獨記舊讀「儼若容」止作「容」字，而蘇黄門亦解爲修容不惰之意，嘗疑此或非老子意。後見一相書引此，乃以「容」字爲「客」字，於是釋然，知老子此七句而三協韻，以「客」韻「釋」，吻若符契。又此凡言「若某」者，皆有事物之實，所謂客者，亦曰不敢爲主，而無與於事，故其容儼然耳〔四一〕。近見温公注本亦作「客」字〔四二〕，竊意古本必更有可考者。雖非大義所繫，然恐亦可備討論之萬一。不審台意以爲如何？

答李壽翁

熹竊嘗聞之，侍郎知易學之妙，深造理窟，每恨不得執經請業。茲辱誨諭，警省多矣。麻衣易説熹舊見之，常疑其文字言語不類五代國初時體製，而其義理尤多淺俗，意恐只是近三五十年以來人收拾佛老術數緒餘所造。嘗題數語於其後，以俟知者。及去年至此，見一戴主簿者，名師愈，即今印本卷後題跋之人。初亦忘記其有此書，但每見其説易專以麻衣爲宗，而問其傳授來歷，則又祕而不言。後乃得其所著他書觀之，則其文體意象多與所謂麻衣易説者相似，而間亦多有附會假託之談，以是心始疑其出於此人。因復徧問邦人，則雖無能言其贋作之實者，然亦無能知其傳授之所從也。用此決知其爲此人所造不疑。然是時其人已老病昏塞，難可深扣，又尋即物故，遂不復可致詰。但今考其書，則自麻衣本文及陳、李、戴注題四家之文如出一手〔四三〕，此亦其同出戴氏之一驗。而其義理，則於鄙意尤所不能無疑。今以台諭之及，當復試加考訂，他日別求教也。

程君著説亦嘗見之，其人見爲進賢令，至此數得通書，愷悌博雅，君子人也。自別有易説，又有田制書，近寄印本及所刻范伯達丈夫田説來。今各以一編呈納，伏幸視至。他所欲請教者非一，屬以歲凶，郡中多事，留此便人日久，且草具此拜稟，早晚別尋便拜啓次。

答陳體仁

蒙別紙開示説詩之意尤詳，因得以窺一二大者。不敢自外，敢以求於左右。來教謂詩本爲樂而作，故今學者必以聲求之，則知其不苟作矣。此論善矣，然愚意有不能無疑者。蓋以虞書考之，則詩之作本爲言志而已。方其詩也，未有歌也，及其歌也，未有樂也。以聲依永，以律和聲，則樂乃爲詩而作，非詩爲樂而作也。三代之時，禮樂用於朝廷而下達於閭巷，學者諷誦其言以求其志，詠其聲，執其器，舞蹈其節以涵養其心，則聲樂之所助於詩者爲多。然猶曰「興於詩，成於樂」，其求之固有序矣。是以凡聖賢之言詩，主於聲者少，而發其義者多。仲尼所謂「思無邪」，孟子所謂「以意逆志」者，誠以詩之所以作，本乎其志之所存，然後詩可得而言也。得其志而不得其聲者有矣，未有不得其志而能通其聲者也。就使得之，止其鍾鼓之鏗鏘而已，豈聖人「樂云樂云」之意哉？況今去孔孟之時千有餘年，古樂散亡，無復可考，而欲以聲求詩，則未知古樂之遺聲今皆以推而得之乎？三百五篇皆可協之音律而被之絃歌已乎？誠既得之，則所助於詩多矣，然恐未得爲詩之本也。況未必可得，則今之所講，得無有畫餅之譏乎？

故愚意竊以爲詩出乎志者也，樂出乎詩者也。然則志者詩之本，而樂者其末也。末雖亡，不害本之存，患學者不能平心和氣、從容諷詠以求之情性之中耳。有得乎此，然後可得而言，顧所得之淺深如何耳。有舜之文德，則聲爲律而身爲度，簫韶、二南之聲不患其不作。此雖未易言，然其理蓋不誣也。不審以爲如何？二南分王者諸侯之風，大序之説恐未爲過。其曰聖賢淺深之辨，則説者之鑿也。程夫子謂二南猶易之乾坤，而龜山楊氏以爲一體而相成，其説當矣。試考之如何？召南「夫人」恐是當時諸侯夫人被文王太姒之化者，二南之「應」，似亦不可專以爲樂聲之應爲言。蓋必有理存乎其間，豈有無事之理、無理之事哉？惟即其理而求之，理得，則事在其中矣。

答顔魯子

熹昨蒙諭及深衣，謹并幅巾大帶納上，皆温公遺製也。但帶當結處合有黑紐之組，所未能備。其説見於書儀本章，可考而增益也。又有黑履，亦見書儀，此不敢納呈。去古益遠，其冠服制度僅存而可考者獨有此耳。然遠方士子亦所罕見，往往人自爲制，詭異不經，近於服妖，甚可歎也。若得當世博聞好禮者表而出之，以廣其傳，庶幾其不泯乎。

答顔魯子

蒙諭深衣約紐，正所未曉。向借得者，亦闕此制。但既云「絛似紳而加濶」，即與今之匾絛相似，不知其制果如何。又今法服背後垂綬亦是古組綬之遺象，不記其以何物爲之，恐亦可參考，却俟訂正垂教也。又承垂諭景望謙卦忌盈之説，未審曲折。并薛氏鬼神事，於此素亦未能无疑。顧恨未得面扣其旨，以祛所惑。或恐有可以言語發明者，幸因筆及之也。熹忽例蒙誤恩，寬其致旱之罪而過録微勞，皆出推借之及。初不敢辭，適郡人應募賑濟者數家合得官資皆未放行，義難先受，不免申堂辭免，并乞早與推恩矣。恐欲知其曲折，故敢及之，非敢固爲矯激也。

校勘記

〔一〕問答論事　浙本作「前輩平交往復」。

〔二〕到時恐尚留邵武　「時恐」二字原缺，據正訛引徐樹銘新本補。

〔三〕并俟他日請教　「教」下，浙本有「可□」二字。

〔四〕與范直閣　淳熙本作「答范直閣問忠恕説」。

〔五〕幸粗遣免　「免」字，淳熙本無之。

〔六〕此亦足樂矣　「足」下，淳熙本有「以」字。

〔七〕計不三四月　「不」，淳熙本作「必」。

〔八〕爲賜甚厚　「賜」，淳熙本作「得」。

〔九〕敢復爲説以請益焉　「敢復」，淳熙本作「復敢」。

〔一〇〕熹所謂忠恕者　「熹」下，淳熙本有「前」字。

〔一一〕則亦豈有所隔閡哉　「閡」，淳熙本作「礙」。

〔一二〕前日在共父處見　「見」，淳熙本作「得」。

〔一三〕近日所用　「所」下，淳熙本有「召」字。

〔一四〕副此歸依　「依」下，淳熙本有「謹上狀不備」五字。

〔一五〕與范直閣　淳熙本作「再答」。

〔一六〕乃知前者　「者」，淳熙本作「日」。

〔一七〕今再録　「再」，淳熙本作「謹」。

〔一八〕看論語近十篇　「看」下，淳熙本有「得」字。

〔一九〕一生仕宦費力　「宦」，原作「官」，據浙本改。

〔二〇〕端明丈丈台座　「丈丈」，原作「文丈」，據浙本改。

〔二一〕與陳丞相　浙本作「與龔實之」。

〔二二〕而間者竊聽於下風　「間」，原作「聞」，據閩本、浙本改。

〔二三〕況此乃文字間舛誤　「乃」，原作「刀」，據閩本、浙本改。

〔二四〕而宗正之除未嘗就職　「之」字原缺，據閩本、浙本補。

〔二五〕則凡和靖所謂　「靖」，原作「靜」，據浙本改。下文「和靖」之「靖」同。

〔二六〕尚未有深解處　「未有」，浙本作「有未」。

〔二七〕熹恐後之議今猶今之議昔　「議今」下，浙本有「亦必」二字。「昔」下，浙本有「者」字。

〔二八〕熹窮鄉晚出　「出」，淳熙本作「生」。

〔二九〕舊學愈荒　「愈荒」，淳熙本作「荒蕪」。

〔三〇〕高明不鄙　「高」上，淳熙本有「惟」字。

〔三一〕熹所拱而竢也　「拱而竢」，淳熙本作「深願」。

〔三二〕向來次輯諸書　「次」，淳熙本作「收」。

〔三三〕愈大則愈少　「少」，原作「小」，據正訛改。

〔三四〕蓋未發之前　「前」，原作「善」，據浙本改。

〔三五〕此文原缺，據淳熙本與郭沖晦五幅補。

〔三六〕答程可久　淳熙本作「答程知縣」。

〔三七〕少陰二少陽二　「陰」，原作「陽」；「陽」，原作「陰」。據正訛改。

〔三八〕恐須如先天之序　「須」，原作「雖」，據浙本改。

〔三九〕此書又見卷六三，題爲答孫敬甫。

〔四〇〕使節節透徹　「透徹」，浙本作「徹透」。

〔四一〕而無與於事故其容儼然耳　「事故」，原作「故事」，據閩本、浙本改。

〔四二〕近見温公注本亦作客字　「客」，原作「容」，據浙本改。

〔四三〕陳李戴注題四家之文　「注」，原作「汪」，據浙本改。

晦庵先生朱文公文集卷第三十八

書問答〔一〕

答袁機仲樞

熹數日病中方得紬繹所示圖書、卦畫二説，初若茫然不知所謂，因復以妄作啓蒙考之，則見其論之之詳，而明者偶未深考，是以致此紛紛，多説而愈致疑耳。夫以河圖、洛書爲不足信，自歐陽公以來已有此説，然終無奈顧命、繫辭、論語皆有是言，而諸儒所傳二圖之數，雖有交互而無乖戾，順數逆推，縱横曲直，皆有明法，不可得而破除也。

至如河圖與易之天一至地十者合而載天地五十有五之數，則固易之所自出也。洛書與洪範之初一至次九者合而具九疇之數，則固洪範之所自出也。繫辭雖不言伏羲受河圖以作易，然所謂「仰觀」、「俯察」、「近取」、「遠取」，安知河圖非其中之一事耶？大抵聖人制作所由，初非一端，然其法象之規模，必有最親切處。如鴻荒之世，天地之間陰陽之氣雖各有象，然初未嘗有數也。至於河圖之出，然後五十有五之數奇偶生成，粲然可見。此其所以深發聖人之獨智，又非泛然氣象之所可得而擬也。是以仰觀俯察、遠求近取，至此而後，兩儀、四象、八卦之陰陽奇偶可得而言。雖繫辭所論聖人作易之由者非一，而不害其得此而後決也。

來喻又謂熹不當以大衍之數參乎河圖、洛書之數，此亦有説矣。數之爲數，雖各主於一義，然其參伍錯綜，無所不通，則有非人之所能爲者。其所不合，固不容以强合；其所必合，則縱横反覆，如合符契，亦非人所能强離也。若於此見得自然契合、不假安排底道理，方知造化功夫神妙巧密，直是好笑，説不得也。若論易文，則自「大衍之數五十」至「再扐而後掛」，便接「乾之策二百一十有六」至「可與祐神矣」爲一節，是論大衍之數；自「天一」至「地十」却連「天數五」至「而行鬼神也」爲一節，是論河圖五十五之數。今其文間斷差錯，不相連接，舛誤甚明。伊川先生已嘗釐正，啓蒙雖依此寫，而不曾推論其所以然者，故覽者不之察耳。

至於卦畫之論，反復來喻，於熹之説亦多未究其底藴。且如所論兩儀有曰「乾之畫奇，坤之畫偶」，只此「乾坤」二字便未穩當。蓋儀，匹也。兩儀，如今俗語所謂「一雙」、「一對」云爾。自此再變，至生第三畫，八卦已成，方有乾坤之名。當爲一畫之時，方有一奇一偶，只可謂之陰陽，未得謂之乾坤也。

來喻又曰以二畫增至四畫爲二奇二偶，又於四畫之上各增一奇一偶而爲八畫，此亦是於熹圖中所説發生次第有所未明而有此語。蓋四象第一畫本只是前兩儀圖之一奇一偶，緣此一奇一偶之上各生一奇一偶，是以分而爲四，而初畫之一奇一偶亦隨之而分爲四段耳，非是以二畫增成四畫，又以四畫增成八畫也。此一節正是前所謂自然契合，不假安排之妙。孔子而後，千載不傳，至康節先生始得其説。然猶不肯大段説破，蓋易之心髓全在此處，不敢容易輕説，其意非偶然也。

來喻又曰：「不知陰陽二物果可分老少而爲四象乎？」此恐亦考之未熟之過。夫老少於經固無明文，然揲蓍之法，三變之中掛扐四以奇偶分之〔二〕，然後爻之陰陽可得而辨；又於其中各以老少分之，然後爻之變與不變可得而分。經所謂「用九」、「用六」者，正謂此也。若其無此，則終日揲蓍，不知合得何卦？正使得卦，不知當用何爻？安得以爲後世之臆説而棄之乎？

又詳所論，直以天地爲兩儀，而「天生神物」以下四者爲四象，此尤非是。大抵曰儀、曰象、曰卦，皆是指畫而言。故曰易有太極而生兩儀、四象、八卦，又曰易有四象而示人以卦爻吉凶。若如所論，則是先有太極、兩儀、四象，然後聖人以畫八卦，而兩儀、四象、八卦三物各是一種面貌，全然相接不著矣。此乃易之綱領，如法律之有名例，不可以豪釐差。熹之所見判然甚明，更無疑惑，不審高明以爲如何？如其未然，幸復有以見教也。

答袁機仲

邵子曰：「太極既分，兩儀立矣。此下四節通論伏羲六十四卦圓圖。此一節以第一爻而言，左一奇爲陽，右一偶爲陰，所謂兩儀者也。今此一奇爲左三十二卦之初爻，一偶爲右三十二卦之初爻，乃以累變而分，非本即有此六十四段也。後放此。陽上交於陰，陰下交於陽而四象生矣。此一節以第一爻生第二爻而言也。陽下之半上交於陰上之半，則生陰中第二爻之一奇一偶，而爲少陽、太陰矣。陰上之半下交於陽下之半，則生陽中第二爻之一奇一偶，而爲太陽、少陰矣。所謂兩儀生四象者也。太陽一奇，今分爲左上十六卦之第二爻；少陰一偶〔三〕，今分爲左下十六卦之第二爻〔四〕；少陽、太陰，其分放此。而初爻之二，亦分爲四矣。陽交於陰，陰交於陽而生天之四象；剛交於柔，柔交於剛而生地之四象。此一節以第二爻生第三爻言也。陽謂太陽，陰謂太陰，剛謂少陽，柔謂少陰。太陽之下半交於太陰之上半，則生太陰中第三爻之一奇一偶，而爲艮爲坤矣。太陰之上半交於太陽之下半，則生太陽中第三爻之一奇一偶，而爲乾爲兑矣。少陽之上半交於少陰之下半，則生少陰中第三爻之一奇一偶，而爲離爲震矣。少陰之下半交於少陽之上半，則生少陽中第三爻之一奇一偶，而爲巽爲坎矣。此所謂四象生八卦也。乾一奇，今分爲八卦之第三爻；坤一偶，今分爲八卦之第三爻，餘皆放此。而初爻、二爻之四，今又分而爲八矣。乾、兑、艮、坤生於二太，故爲天之四象；離、震、巽、坎生於二少，故爲地之四象。八卦相錯，而後萬物生焉。」一卦之上，各加八卦以相間錯，則六十四卦成矣。然第三爻之相交，則生第四爻之一奇一偶，於是一奇一偶各爲四卦之第四爻，而下三爻亦分爲十六矣。第四爻又相交，則生第五爻之一奇一偶，於是一奇一偶各爲二卦之第五爻，而下四爻亦分而爲三十二矣。第五爻又相交，則生第六爻之一奇一偶，則一奇一偶各爲一卦之第六爻，而下五爻亦分而爲六十四矣。蓋八卦相乘爲六十四，而自三畫以上，三加一倍以至六畫，則三畫者亦加一倍而卦體横分〔五〕，亦爲六十四矣。其數殊塗〔六〕，不約而會，如合符節，不差毫釐，正是易之妙處。此來教所引邵先生説也。今子細辨析奉呈，幸詳考之，方可見其曲折，未遽可輕議也。

然此已是就六十四卦已成之後言之，故其先後多寡有難著語處。乍看極費分疏，猝然曉會不得。若要見得聖人作易根原直截分明，却不如且看卷首横圖，自始初只有兩畫時漸次看起，以至生滿六畫之後。其先後多寡既有次第而位置分明，不費詞説。於此看得，方見六十四卦全是天理自然挨排出來，聖人只是見得分明，便只依本畫出，元不曾用一毫智力添助。蓋本不煩智力之助，亦不容智力得以助於其間也。及至卦成之後，逆順縱横，都成義理，千般萬種，其妙無窮，却在人看得如何，而各因所見爲説，雖若各不相資，而實未嘗相悖也。

蓋自初未有畫時説到六畫滿處者，邵子所謂先天之學也。卦成之後，各因一義推説，邵子所謂後天之學也。今來喻所引繫辭、説卦三才六位之説，即所謂後天者也。先天、後天既各自爲一義，而後天説中取義又多不同，彼此自不相妨，不可執一而廢百也。若執此説，必謂聖人初畫卦時只見一個三才，便更不問事由，一連便掃出三畫，以擬其象。畫成之後，子細看來，見使不得，又旋擘劃〔七〕，添出後一半截。此則全是私意杜撰補接，豈復更有易耶？來喻條目尚多，然其大節目不過如此。今但於此看破，則其餘小小未合處自當迎刃而解矣。故今不復悉辨以浼高明，伏幸財察。

答袁機仲

來教疑河圖、洛書是後人僞作。

熹竊謂生於今世而讀古人之書，所以能别其真僞者，一則以其義理之所當否而知之，二則以其左驗之異同而質之，未有舍此兩塗而能直以臆度懸斷之者也。熹於世傳河圖、洛書之舊所以不敢不信者，正以其義理不悖而證驗不差爾。來教必以爲僞，則未見有以指其義理之繆、證驗之差也。而直欲以臆度懸斷之，此熹之所以未敢曲從而不得不辨也。況今日之論且欲因象數之位置往來以見天地陰陽之造化、吉凶消長之本原，苟於此未明，則固未暇別尋證據。今乃全不尋其義理，亦未至明有證據，而徒然爲此無益之辨，是不議於室而譟於門，不味其腴而齩其骨也。政使辨得二圖真僞端的不差，亦無所用，又況未必是乎？願且置此，而於熹所推二圖之説少加意焉，則雖未必便是真圖，然於象數本原亦當略見意味，有歡喜處，而圖之真僞將不辨而自明矣。

來教疑先天、後天之説。

據邵氏説，先天者，伏羲所畫之易也；後天者，文王所演之易也。伏羲之易初無文字，只有一圖以寓其象數，而天地萬物之理、陰陽始終之變具焉。文王之易即今之周易，而孔子所爲作傳者是也。孔子既因文王之易以作傳，則其所論固當專以文王之易爲主。然不推本伏羲作易畫卦之所由，則學者必將誤認文王所演之易便爲伏羲始畫之易，只從中半説起，不識向上根原矣。故十翼之中，如八卦成列，因而重之，太極、兩儀、四象、八卦而天地、山澤、雷風、水火之類，皆本伏羲畫卦之意；而今新書原卦畫一篇，亦分兩儀，伏羲在前，文王在後。必欲知聖人作易之本，則當考伏羲之畫；若只欲知今易書文義，則但求之文王之經、孔子之傳足矣。兩者初不相妨，而亦不可以相雜。來教乃謂專爲邵氏解釋，而於易經無所折衷，則恐考之有未詳也。

來教謂七、八、九、六不可爲四象。

四象之名，所包甚廣。大抵須以兩畫相重、四位成列者爲正。而一、二、三、四者，其位之次也；七、八、九、六者，其數之實也。其以陰陽剛柔分之者，合天地而言也；其以陰陽太少分之者，專以天道而言也。若專以地道言之，則剛柔又自有太少矣。推而廣之，縱橫錯綜，凡是一物，無不各有四者之象，不但此數者而已矣。此乃天地之間自然道理，未畫之前，先有此象此數，然後聖人畫卦時依樣畫出，揲蓍者又隨其所得掛扐過揲之數以合焉，非是元無實體而畫卦揲蓍之際旋次安排出來也。來喻於此見得未明，徒勞辨說，竊恐且當先向未畫前識得元有個太極、兩儀、四象、八卦底骨子，方有商量，今未須遽立論也。用九用六之文，固在卦成之後；而用九用六之理，乃在卦成之前，亦是此理。但見得實體分明，則自然觸處通透，不勞辨說矣。

至謂七、八、九、六乃揲蓍者所爲而非聖人之法，此誤尤不難曉。今且說揲蓍之法出於聖人耶，出於後世耶？若據大傳，則是出於聖人無疑。而當是之時，若無七、八、九、六，則亦無所取決，以見其爻之陰陽動靜矣，亦何以揲蓍爲哉？此事前書辨之已詳，非熹之創見新說，更請熟玩，當自見之，今不復縷縷也。來喻又云繫辭本只是四象生八卦，今又倍之，兩其四象而生八卦之一，此數字不可曉。然想不足深辨，請且於前所謂實體者驗之，庶乎其有得也。

來教疑四爻五爻者無所主名。

一畫爲儀，二畫爲象，三畫爲卦，則八卦備矣。此上若旋次各加陰陽一畫，則積至三重，再成八卦者八，方有六十四卦之名。若徑以八卦徧就加乎一卦之上，則亦如其位而得名焉。方其四畫五畫之時，未成外卦，故不得而名之耳。内卦爲貞，外卦爲悔，亦是畫卦之時已有此名。至揲蓍求之，則九變而得貞，又九變而得悔，又是後一段事，亦如前所論七、八、九、六云爾，非謂必揲蓍然後始有貞悔之名也。大抵新書所論卦位與繫辭、説卦容有異同，至論揲蓍，則只本繫辭，何由别有他説？如此等處至爲淺近，而今爲説乃如此，竊恐考之殊未詳也。

來教引伊川先生説重卦之由。

重卦之由，不但伊川先生之説如此，蓋大傳亦云「八卦成列，因而重之」矣。但八卦所以成列，乃是從太極、兩儀、四象漸次生出，以至於此，畫成之後，方見其有三才之象，非聖人因見三才，遂以己意思惟而連畫三爻以象之也。因而重之，亦是因八卦之已成，各就上面節次生出。若旋生逐爻，則更加三變方成六十四卦；若併生全卦，則只用一變便成六十四卦。雖有遲速之不同，然皆自然漸次生出，各有行列次第。畫成之後，然後見其可盡天下之變。不是聖人見下三爻不足以盡天下之變，然後別生計較，又并畫上三爻以盡之也。此等皆是作易妙處，方其畫時，雖是聖人，亦不自知裏面有許多巧妙奇特，直是要人細心體認，不可草草立說也。

以上五條，鄙意傾倒無復餘蘊矣。然此非熹之說，乃康節之說；非康節之說，乃希夷之說；非希夷之說，乃孔子之說。但當日諸儒既失其傳，而方外之流陰相付受，以爲丹竈之術。至於希夷、康節，乃反之於易，而後其說始得復明於世。然與見今周易次第行列多不同者，故聞者創見，多不能曉而不之信，只據目今見行周易緣文生義，穿鑿破碎，有不勝其杜撰者。此啓蒙之書所爲作也。若其習聞易曉，人人皆能領略，則又何必更著此書以爲屋下之屋、牀上之牀哉！更願高明毋以爲熹之說而忽之，姑且虛心遜志以求其通曉，未可好高立異而輕索其瑕疵也。玩之久熟，浹洽於心，則天地變化之神、陰陽消長之妙，自將瞭於心目之間，而其可驚可喜、可笑可樂必有不自知其所以然而然者矣。言之不盡，偶得小詩以寄鄙懷曰：「忽然半夜一聲雷〔八〕，萬户千門次第開。若識無心涵有象，許君親見伏羲來！」說得太郎當了，只少箇拄杖卓一下〔九〕，便是一回普說矣。狂妄僭率，幸勿鄙誚也。

答袁機仲

伏承别紙誨諭諄悉，及示新論，尤荷不鄙。但區區之説，前此已悉陳之。而前後累蒙排擯揮斥，亦已不遺餘力矣。今復下喻，使罄其説，顧亦何以異於前日耶？然既辱開之使言，則又不敢嘿嘿。然其大者未易遽論，姑即來教一二淺者質之。

夫謂温厚之氣盛於東南，嚴凝之氣盛於西北者，禮家之説也。謂陽生於子，於卦爲復，陰生於午，於卦爲姤者，曆家之説也。謂巽位東南，乾位西北者，説卦之説也。此三家者各爲一説，而禮家、曆家之言猶可相通。至於説卦，則其卦位自爲一説，而與彼二者不相謀矣。今來教乃欲合而一之，而其間又有一説之中自相乖戾者，此熹所以不能無疑也。夫謂東南以一陰已生而爲陰柔之位，西北以一陽已生而爲陽剛之位，則是陽之盛於春夏者不得爲陽，陰之盛於秋冬者不得爲陰，而反以其始生之微者爲主也。謂一陰生於東南、一陽生於西北，則是陰不生於正南午位之遇而淫於東〔一〇〕，陽不生於正北子位之復而旅於西也。謂巽以一陰之生而位乎東南，則乾者豈一陽之生而位於西北乎？況説卦之本文，於巽則但取其潔齊而位之東南〔一一〕，於乾則但取其戰而位之西北。巽以三畫言之，雖爲一陰之生，而其所以位之東南者，初非有取乎其義。至於乾，則又三陽之全體，而初無一陽已生之義可得而取也〔一二〕。凡此崎嶇反復，終不可通，不若直以陽剛爲仁、陰柔爲義之明白而簡易也。蓋如此則發生爲仁、肅殺爲義，三家之説皆無所牾。肅殺雖似乎剛，然實天地收斂退藏之氣，自不妨其爲陰柔也。

來教又論黑白之位，尤不可曉。然其圖亦非古法，但今欲易曉，且爲此以寓之耳。乾則三位皆白，三陽之象也。兑則下二白而上一黑，下二陽而上一陰也。離則上下二白而中一黑，上下二陽而中一陰也。震則下一白而上二黑，下一陽而上二陰也。巽之下一黑而上二白，坎之上下二黑而中一白，艮之下二黑而上一白，坤之三黑，皆其三爻陰陽之象也。蓋乾、兑、離、震之初爻皆白，巽、坎、艮、坤之初爻皆黑，四卦相間，兩儀之象也。乾、兑、巽、坎之中爻皆白，離、震、艮、坤之中爻皆黑，兩卦相間，四象之象也。乾、離、巽、艮之上爻皆白，兑、震、坎、坤之上爻皆黑，一卦相間，八卦之象也。豈有震、坎皆黑而如坤，巽、離皆白而如乾之理乎？此恐畫圖之誤，不然，則明者察之有未審也。

凡此乃易中至淺至近而易見者，契丈猶未之盡，而況其體大而義深者，又安可容易輕忽而遽加詆誚乎？此熹所以不敢索言，蓋恐其不足以解左右者之惑而益其過也。幸試詳之，若熹所言略有可信，則願繼此以進，不敢吝也。

又讀來書，以爲不可以仁、義、禮、智分四時，此亦似太草草矣。夫五行、五常、五方、四時之相配，其爲理甚明而爲説甚久。非熹獨於今日創爲此論也。凡此之類，竊恐高明考之未詳，思之未審，而率然立論〔一三〕，輕肆詆訶，是以前此區區所懷不欲盡吐於老丈之前者尚多。此其爲訑訑之聲音顔色大矣。若欲實求義理之歸，恐當去此而虚以受人，庶幾乎其有得也。僭易皇恐，熹又禀。

答袁機仲别幅

乾於文王八卦之位在西北，於十二卦之位在東南。坤於文王八卦之位在西南，於十二卦之位在西北。故今圖子列文王八卦於内，而布十二卦於外，以見彼此位置迥然不同。雖有善辯者，不能合而一之也。然十二卦之説可曉，而八卦之説難明。可曉者當推，難明者當闕，按圖以觀則可見矣。

論十二卦，則陽始於子而終於巳，陰始於午而終於亥；論四時之氣，則陽始於寅而終於未，陰始於申而終於丑。此二説者，雖若小差，而所爭不過二位。蓋子位一陽雖生而未出乎地，至寅位泰卦則三陽之生方出地上，而温厚之氣從此始焉。巳位乾卦六陽雖極而温厚之氣未終，故午位一陰雖生而未害於陽，必至未位遯卦而後温厚之氣始盡也，其午位陰已生而嚴凝之氣及申方始，亥位六陰雖極而嚴凝之氣至丑方盡，義亦放此。蓋地中之氣難見而地上之氣易識，故周人以建子爲正，雖得天統，而孔子之論爲邦，乃以夏時爲正。蓋取其陰陽始終之著明也。按圖以推，其説可見。

來喻謂坤之上六陽氣已生，其位在亥。乾之上九陰氣已生，其位在巳。以剥上九「碩果不食」、十月爲陽月之義推之，則剥卦上九之陽方盡而變爲純坤之時，坤卦下爻已有陽氣生於其中矣。但一日之内，一畫之中方長得三十分之一，必積之一月，然後始滿一畫而爲復，方是一陽之生耳。夬之一陰爲乾爲遇，義亦同此。來喻雖有是説而未蓋詳密，故爲推之如此。蓋論其始生之微，固已可名於陰陽；然便以此爲陰陽之限，則其方盛者未替，而所占不啻卦内六分之五；方生者甚微，而所占未及卦内六分之一，所以未可截自此處而分陰陽也。此乃十二卦中之一義，與復、遇之説理本不殊。但數變之後，方説得到此，不可攙先輥説，亂了正意耳。

來論又謂冬春爲陽、夏秋爲陰，以文王八卦論之，則自西北之乾以至東方之震，皆父與三男之位也。自東南之巽以至西方之兑，皆母與三女之位也。故坤、蹇解卦之彖辭皆以東北爲陽方、西南爲陰方。然則謂冬春爲陽、夏秋爲陰亦是一説。但説卦又以乾爲西北，則陰有不盡乎西；以巽爲東南，則陽有不盡乎東，又與三卦彖辭小不同。此亦以來書之説推之，而説卦之文適與彖辭相爲表裏，亦可以見此圖之出於文王也。但此自是一説，與他説如十二卦之類各不相通爾。

來喻以東南之温厚爲仁，西北之嚴凝爲義，此鄉飲酒義之言也。然本其言，雖分仁義而無陰陽柔剛之别，但於其後復有陽氣發於東方之説，則固以仁爲屬乎陽，而義之當屬乎陰從可推矣。來喻乃不察此，而必欲以仁爲柔、以義爲剛。此既失之，而又病夫柔之不可屬乎陽、剛之不可屬乎陰也，於是彊以温厚爲柔、嚴凝爲剛，又移北之陰以就南，而使主乎仁之柔；移南之陽以就北，而使主乎義之剛。其於方位氣候悉反易之，而其所以爲説者率皆參差乖迕而不可合。又使東北之爲陽、西南之爲陰亦皆得其半而失其半。愚於圖子已具見其失矣。

蓋嘗論之，陽主進而陰主退，陽主息而陰主消。進而息者其氣彊，退而消者其氣弱，此陰陽之所以爲柔剛也。陽剛温厚，居東南主春夏，而以作長爲事；陰柔嚴凝，居西北主秋冬，而以斂藏爲事。作長爲生，斂藏爲殺，此剛柔之所以爲仁義也。以此觀之，則陰陽、剛柔、仁義之位豈不曉然？而彼楊子雲之所謂於仁也柔、於義也剛者，乃自其用處之末流言之。蓋亦所謂陽中之陰、陰中之陽，固不妨自爲一義，但不可以雜乎此而論之爾。

向日妙湛蓋嘗面禀易中卦位義理層數甚多，自有次第，逐層各是一個體面，不可牽彊合爲一説。學者須是旋次理會，理會上層之時，未要攙動下層，直待理會得上層都透徹了，又却輕輕揭起下層理會將去。當時雖似遲鈍，不快人意，然積累之久，層層都了，却自見得許多條理千差萬别，各有歸著，豈不快哉！若不問淺深、不分前後，輥成一塊，合成一説，則彼此相妨，令人分疏不下，徒自紛紛成鹵莽矣。此是平生讀書已試之效，不但讀易爲然也。

前書所論仁、義、禮、智分屬五行四時，此是先儒舊説，未可輕詆。今者來書雖不及之，然此大義也，或恐前書有所未盡，不可不究其説。蓋天地之間，一氣而已，分陰分陽，便是兩物，故陽爲仁而陰爲義。然陰陽又各分而爲二，故陽之初爲木，爲春，爲仁，陽之盛爲火，爲夏，爲禮；陰之初爲金，爲秋，爲義，陰之極爲水，爲冬，爲智。蓋仁之惻隱方自中出，而禮之恭敬則已盡發於外；義之羞惡方自外入，而智之是非則已全伏於中。故其象類如此，非是假合附會。若能默會於心，便自可見。元、亨、利、貞其理亦然，文言取類，尤爲明白，非區區今日之臆説也。五行之中，四者既各有所屬，而土居中宫，爲四行之地、四時之主。在人則爲信，爲真實之義，而爲四德之地、衆善之主也。五聲、五色、五臭、五味、五藏、五蟲，其分放此。蓋天人一物，内外一理，流通貫徹，初無間隔。若不見得，則雖生於天地間，而不知所以爲天地之理；雖有人之形貌，而亦不知所以爲人之理矣。故此一義切於吾身，比前數段尤爲要緊，非但小小節目而已也。

答袁機仲

垂諭易説，又見講學不倦、下問不能之盛美，尤竊欽仰。已悉鄙意，别紙具呈矣。此但易中卦畫陰陽之分位耳，未是吾人切身之事。萬一愚見未合盛意，可且置之而更别向裏尋求，恐合自有緊切用功處也。

答袁機仲

再辱垂喻，具悉尊旨。然細觀本末，初無所爭，只因武陵舊圖仁義兩字偶失照管，致有交互，其失甚微。後來既覺仁字去西北方不得，義字去東南方不得，即當就此分明改正，便無一事。顧乃護其所短而欲多方作計，移换「陰陽剛柔」四字以蓋其失，所以競辨紛紜，以至于今而不能定也。蓋始者先以文王八卦爲説，而謂一陰生於巽，一陽生於乾，則既非説卦本意矣。其以三陽純乾之方爲一陽始生之地〔一四〕，則又爲乖剌之甚者。及既知之〔一五〕，而又以十二卦爲説，則謂一陽生於乾之上九〔一六〕，一陰生於坤之上六，遂移北方之陰柔以就南，使之帶回仁字於西南而不失其爲陰柔；移南方之陽剛以歸北，使之帶回義字於東北而不失其陽剛，則亦巧矣。然其所移動者凡二方，而六辰六卦例皆失其舊主，又更改却古來陰陽界限，蓋不勝其煩擾。而其所欲遷就之意，乃不過僅得其半而失其半。蓋北方雖曰嚴凝，而東方已爲温厚；南方雖曰温厚，而西方已爲嚴凝也。是則非惟不足以救舊圖一時之失，而其耻過作非，故爲穿鑿之咎，反有甚於前日者。竊恐高明於此急於求勝，未及深致思也。欲究其説以開盛意，又念空言繳繞，難曉易差，不免畫成一圖，先列定位，而後别以舊圖之失及今者兩次所論之意隨事貼説，有不盡者，則又詳言，别爲數條以附於後。切望虚心平氣，細考而徐思之。若能於此翻然悔悟，先取舊圖分明改正「仁義」二字，却將今所移易「陰陽剛柔」等字一切發回元來去處，如熹新圖之本位，則易簡圓成，不費詞説，而三才五行、天理人事已各得其所矣。

至於文王八卦，則熹嘗以卦畫求之，縱横反覆，竟不能得其所以安排之意，是以畏懼不敢妄爲之説，非以爲文王後天之學而忽之也。夫文王性與天合，乃生知之大聖，而後天之學方恨求其説而不得，熹雖至愚，亦安敢有忽之之心耶？但如來書所論，則不過是因其已定之位、已成之説而應和贊歎之爾。若使文王之意止於如此，則熹固已識之，不待深思而猶病其未得矣。故嘗竊謂高明之於此圖尊之雖至，信之雖篤，而所以知之則恐有不如熹之深者，此又未易以言語道也。

至如邵氏以此圖爲文王之學，雖無所考，然説卦以此列於「天地定位」、「雷以動之」兩圖心貼子今寓於此，武陵舊圖可疑處多，今不盡記。但此一義乃似只與此圖相似，只是圖心黑筆牽處差却仁義兩字。若欲改之，甚非難事。今來所說見於兩小貼及黑筆分界者，却覺紛更愈多、錯亂愈甚，不若只將舊圖依此改正而盡去新添種種移換之說之爲善也。

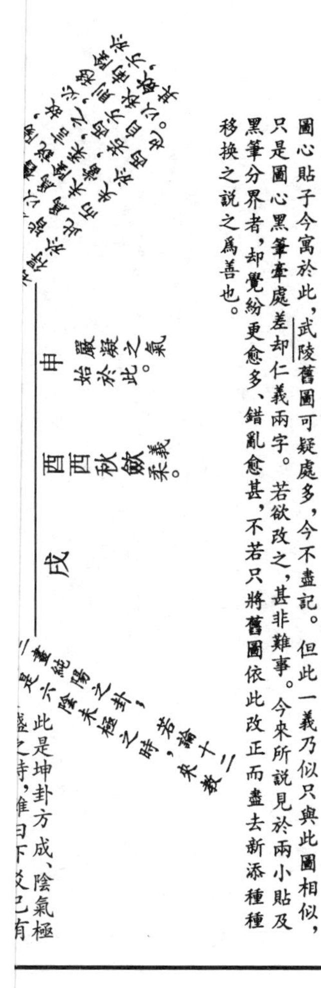

節之後，而其布置之法迥然不同，則邵氏分之以屬於伏羲、文王，恐亦不爲無理。但未曉其根源，則姑闕之以俟知者，亦無甚害，不必率然肆意立論而輕排之也〔一七〕。

又謂一奇一偶不能生四象，而二奇二偶不能生八卦，則此一圖極爲易曉，又不知老丈平時作如何看，而今日猶有此疑也。蓋其初生之一奇一偶，則兩儀也。一奇之上又生一奇一偶，則爲二畫者二，而謂之太陽、少陰矣。一偶之上亦生一奇一偶，則亦爲二畫者二，而謂之少陽、太陰矣。此所謂四象者也。四象成，則兩儀亦分爲四。太陽奇畫之上又生一奇一偶，則爲上爻者二而謂之乾、兑矣〔一八〕。餘六條準此。此則所謂八卦者也。八卦成，則兩儀四象皆分爲八。是皆自然而生，瀵湧而出，不假智力，不犯手勢，而天地之文，萬事之理，莫不畢具。乃不謂之畫前之易，謂之何哉？僕之前書固已自謂非是古有此圖，只是今日以意爲之，寫出奇偶相生次第，令人易曉矣。其曰畫前之易，乃謂未畫之前已有此理，而特假手於聰明神武之人以發其祕，非謂畫前已有此圖，畫後方有八卦也。此是易中第一義也，若不識此而欲言易，何異舉無綱之網、挈無領之裘，直是無著力處。此可爲知者道也，目疾殊甚，不能親書，切幸深照。

第四畫者，以八卦爲太極而復生之兩儀也。第五畫者，八卦之四象也。第六畫者，八卦之八卦也。再看來書，有此一項，此書未答，故復及之，熹又稟。

答袁機仲

易説不知尊意看得如何？ 前書所云二方六卦六辰皆失其所與得半失半之説，後來思之，亦有未盡。 蓋徙陽於北，使陽失其位而奪陰之位；徙陰於南，使陰失其位而奪陽之位，二方固已病矣。 東方雖得仍舊爲陽，然其温厚之仁不得南與同類相合，而使彊附於北方嚴凝之義，不則却須改仁爲義，以去陰而就陽，方得寧貼。 然又恐無此理，是東方三卦三辰亦失其所也。 西方雖得仍舊爲陰，然其離北附南，與夫改義爲仁，其勢亦有所不便。 是西方三卦三辰亦失其所也。 蓋移此二方而四方、八面、十二辰、十二卦一時鬼亂，無一物得安其性命之情也。 前書所稟，殊未及此之明白詳盡也。

答袁機仲

易説已悉，若只如此，則熹固已深曉，不待諄諄之告矣。 所以致疑，正恐高明之見有所未盡而費力穿鑿，使陰陽不得據其方盛之地、仁義不得保其一德之全，徒爾紛紜，有損無益爾。 今既未蒙省察，執之愈堅，則區區之愚尚復何説？ 竊意兩家之論，各自爲家，公之不能使我爲公，猶我之不能使公爲我也。 不若自此閉口不談，各守其説，以俟羲、文之出而質正焉。然以高明之見，自信之篤，竊恐羲、文復出，亦未肯信其説也。魏鄭公之言：「以爲望獻陵也，若昭陵，則臣固已見之矣。」佛者之言曰：「諸人知處，良遂總知；良遂知處，諸人不知。」正此之謂矣。世間事，吾人身在閑處，言之無益，此正好從容講論，以慰窮愁。而枘鑿之不合又如此，是亦深可歎者，而信乎其道之窮矣！

答袁機仲

易説垂示，極荷不鄙。然淺陋之見，前已屢陳，至煩訶斥久矣，今復何敢有言？但詳序説諸篇，唯是依經説理，而不惑於諸儒臆説之鑿，此爲一書要切之旨。今以篇中之説考之，則如繫辭、説卦解兩引禮記以春作夏長爲仁，秋斂冬藏爲義，説卦解又獨引温厚之氣始於東北，盛於東南；嚴凝之氣始於西南，盛於東北，以爲仁義之分，此於經既有據，又合於理之自然，真可謂不惑於諸儒臆説之鑿矣。但其所以爲説，則又必以爲聖人恐乾止有陽剛而無仁，坤止有陰柔而無義，故必兼三才以爲六畫，然後能使乾居東北而爲冬春之陽，坤居西南而爲夏秋之陰。又必横截陰陽各爲兩段，以分仁義之界，然後能使春居東而爲乾之仁，夏居南而爲坤之仁，秋居西而爲坤之義，冬居北而爲乾之義，此非本書之詞，但以鄙意注解如此，庶覽者之易曉耳。則其割裂補綴，破碎參差，未知於經何所據依，而何以異於諸儒臆説之鑿也？又按文王、孔子皆以乾爲西北之卦，艮爲東北之卦，顧雖未能洞曉其所以然，然經有明文，不可移易，則已審矣。今乃云乾位東北，則是貶乾之尊使居艮位，未知使艮却居何處〔一九〕？此又未知於經何所據依，而何以異於諸儒臆説之鑿也？又按孔子明言易有太極，是生兩儀，是則固以太極爲一、兩儀爲二，而凡有心有目者，皆能識之，不待推曆布算而後可知也。今太極論乃曰「乾坤者，易之太極」，則以是兩儀爲太極，而又使之自生兩儀矣。未知此於經何所據依，而又何以異於諸儒臆説之鑿也？至繫辭解，又謂太極者一之所由起，則是又以爲太極之妙一不足以名之，而其序則當且生所起之一而後再變，乃生兩儀矣。此則又未暇論其於經有無據依、是與不是諸儒臆説之鑿，而但以前論參之，已有大相矛盾者。不審高明之意果何如也？凡此四條，熹皆不敢輒以爲非以觸尊怒，但所未曉，不敢不求教耳。

答袁機仲

誨諭參同、邵氏不知易之説，辨博高深，非淺陋所能窺測。但參同之書本不爲明易，乃姑借此納甲之法以寓其行持進退之候。異時每欲學之，而不得其傳，無下手處，不敢輕議。然其所言納甲之法，則今所傳京房占法見於火珠林者是其遺説。沈存中筆談解釋甚詳，亦自有理。參同所云甲、乙、丙、丁、庚、辛者，乃以月之昏旦出没言之，非以分六卦之方也。此雖非爲明易而設，然易中無所不有，苟其言自成一説，可推而通，則亦無害於易，恐不必輕肆詆排也。至於邵氏先天之説，則有推本伏羲畫卦次第生生之妙，乃是易之宗祖，尤不當率爾妄議。或未深曉，且當置而不論，以謹闕疑。若必以爲不知易，則如熹輩尚何足與言易，而每煩提耳之勤也？既荷不鄙，不敢不盡其愚。其他如「六五坤承」，向亦疑有誤字，見於考異。而所示十二卦圖以姤爲子、以復爲午，亦所未喻。所引坎、離無爻位，亦有脱字。此或只是筆誤，皆未暇論也。

答趙提舉善譽

慕用之久，往歲雖辱寵臨，而倥偬卒迫，不能少款，每以爲恨。近乃竊窺所著易、論語書，又歎其得之之晚而不獲親扣名理也。間因虞君轉請所疑，初未敢以姓名自通，而高明不鄙，遠辱貽書，所以傾倒之意甚厚。三復以還，感慰亡量，不敢無以報也。

蓋道體之大無窮，而於其間文理密察，有不可以毫釐差者。此聖賢之語道，所以既言「發育萬物，峻極于天」，以形容其至大，而又必曰「禮儀三百，威儀三千」，以該悉其至微；而其指示學者脩德凝道之功，所以既曰「致其廣大」，而又必曰「盡其精微」也。近世之言道者則不然，其論大抵樂渾全而忌剖析，喜高妙而略細微。其於所謂廣大者則似之，而於精微有不察，則其所謂廣大者亦未易以議其全體之真也。

今且以經言論之，其所發明固不外乎一理，然其所指則不能無異同之别。而就其所同之中，蓋亦不無賓主、親疏、遠近之差焉。如卦之所以八者，以奇偶之三加而成也。而爻之所以三，則取諸三才之象，而非奇偶所能與，此理之一而所指之不同者也。四象之説，本爲畫卦，則當以康節之説爲主，而七、八、九、六，東、西、南、北，水、火、金、木之類爲客。得其主，則客之親疏遠近皆即此而可定；不得其主，而曰是皆一説，則我欲同而彼自異，終有不可得而同者矣。此所指之同而不能無賓主之分者也。是皆樂渾全而忌剖析之過也。至於乾、坤之純而不雜者，聖人所以形容天地之德，而爲六十四卦之綱也。乾之純於剛健而不雜，又聖人所以形容天理自然之全體而爲坤之綱也。所以贊其剛健柔順之全德，以明聖人體道之妙、學者入德之方者，亦云備矣，未嘗以其偏而少貶之也。至於諸爻，雖或不免於有戒，然乾九三之危，以其失中也；其得無咎，以其健而健也。坤六五之元吉，以其居尊而能下也；上六之龍戰，以其太盛而亢陽也。是豈惡乾之剛而欲其柔，惡坤之柔而欲其剛哉？今未察乎其精微之藴，而遽指其偏以爲當戒，意若有所未足於乾、坤而陋小之者，是不亦喜高妙而略細微之過乎？至於用九、用六，乃爲戒其剛柔之偏者。然亦因其陰變爲陽、陽變爲陰之象而有此戒，如歐陽子之云者，非聖人創意立説而强爲之也。

大抵易之書本爲卜筮而作，故其詞必根於象數，而非聖人己意之所爲。其所勸戒，亦以施諸筮得此卦此爻之人，而非反以戒夫卦爻者。近世言易者殊不知此，所以其説雖有義理而無情意，雖大儒先生有所不免。比因玩索，偶幸及此，私竊自慶，以爲天啓其衷。而以語人，人亦未見有深曉者，不知高明以爲如何？舊亦草筆其説，今謾録二卦上呈，其他文義未瑩者多，未能卒業，姑以俟後世之子雲耳。近又嘗編一小書，略論象數梗概，并以爲獻。妄竊自謂學易而有意於象數之説者，於此不可不知，外此則不必知也。心之精微，言不能盡。臨風引領，馳想增劇。

答趙提舉

易學未蒙指教，乃有「簡易」之褒，令人踧踖。其書草略，何足以當此？然此二字在易數中真不可易之妙。近世説易者愈多而此理愈晦，非見之明，孰能以一言盡之哉？歎伏亡已。近嘗略修數處，尋別寄呈。但圖、書錯綜縱横，無不吻合，終有不可得而盡者。信乎天地之文非人之私智所能及也！

與周益公

熹竊以孟夏清和，伏惟判府安撫少保大觀文丞相國公鈞候動止萬福〔二〇〕。熹近嘗拜書，并胡先生墓文請教。今者至城中，乃知未遣。已白史君趣其行，諒亦非久當徹鈞聽也。熹有少懇，率易拜禀：熹先君子少喜學荆公書，收其墨蹟爲多。其一紙乃進鄴侯家傳奏草，味其詞旨，玩其筆勢，直有跨越古今、開闔宇宙之氣。然與今版本文集不同，疑集中者乃删潤定本，而此紙乃其胸懷本趣也。嘗欲抄日録、李傳本語附其後而并刻之〔二一〕，使後之君子得以考焉而未暇也。今江西使者汪兄季路乃欲取而刻之臨川，妄意欲求相公一言以重其事，庶幾覽者有以知此幅紙數行之間而其所關涉乃有不可勝言之感，非獨爲筆札玩好設也。伏惟相公亦當慨然於此而終惠之，早賜揮染附季路，爲幸甚厚。其他尚有與王觀文論邊事數紙，異時并當附呈，以求審定也。專此具禀，不敢它及，伏乞鈞照。

答周益公

昨蒙寵喻范、歐議論，鄙意有所不能無疑。欲以請教，而亦未暇。今遇此便，似不可失，而病軀兩日覺得沉重，愈甚於前，勢不容詳細禀白。但竊以爲范、歐二公之心明白洞達，無纖芥可疑。呂公前過後功，瑕瑜自不相掩。若如尊喻，却恐未爲得其情者，故願相公更熟思之也。向見范公與呂公書引汾陽、臨淮事者，語意尤明白，而集中却不見之，恐亦爲忠宣所删也。忠宣固賢，然其規模氣象似與文正有未盡同者，深諱此事，雖不害爲守正，然未得爲可與權也。不審高明以爲如何？少日見徐五丈端立〔一二〕，自言嘗見石林，疑范、馬鍾律之辨乃故爲同異，以釋朋比之疑者。因告之曰：「此事信否未可知，然爲此論者亦可謂不占便宜矣。」石林爲之一笑而罷。今日之論恐或類此，故并及之。僭率皇恐，切望矜恕。

答周益公

前者累蒙誨諭范碑曲折，考據精博，論議正平，而措意深遠，尤非常情所及。又得呂子約録記所被教墨，參互開發，其辨益明。熹之孤陋，得與聞焉，幸已甚矣，復何敢措一詞於其間哉？然隱之於心，竊有所不能無疑者。蓋嘗竊謂呂公之心固非晚生所能窺度，然當其用事之時，舉措之不合衆心者蓋亦多矣。而又惡忠賢之異己，必力排之，使不能容於朝廷而後已〔一三〕。是則一世之正人端士莫不惡之。況范、歐二公或以諷議爲官、或以諫諍爲職，又安可置之而不論？且論之而合於天下之公議，則又豈可謂之太過也哉？逮其晚節，知天下之公議不可以終拂，亦以老病將歸而不復有所畏忌，又慮夫天下之事或終至於危亂，不可如何，而彼衆賢之排去者或將起而復用，則其罪必歸於我而并及於吾之子孫，是以寧捐故怨，以爲收之桑榆之計。蓋其慮患之意雖未必盡出於至公，而其補過之善，天下實被其賜，則與世之遂非長惡、力戰天下之公議以貽患於國家者相去遠矣。

至若范公之心，則其正大光明固無宿怨，而惓惓之義實在國家。故承其善意，既起而樂爲之用。其自訟之書，所謂「相公有汾陽之心之德，仲淹無臨淮之才之力」者，亦不可不謂之傾倒而無餘矣。此書今不見於集中，恐亦以忠宣刊去而不傳也。此最爲范公之盛德而他人之難者，歐陽公亦識其意而特書之。

蓋呂公前日之貶范公自爲可罪，而今日之起范公自爲可書。二者各記其實，而美惡初不相掩，則又可見歐公之心亦非淺之爲丈夫矣。今讀所賜之書而求其指要，則其言若曰：「呂公度量渾涵，心術精深，所以期於成務，而其用人才德兼取，不爲諸賢專取德望之偏，故范、歐諸公不足以知之，又未知其諸子之賢而攻之有太過者。後來范公雖爲之用，然其集中歸重之語亦甚平平，蓋特州郡之常禮，而實則終身未嘗解仇也。其後歐公乃悔前言之過，又知其諸子之賢，故因范碑託爲解仇之語以見意。而忠宣獨知其父之心，是以直於碑中刊去其語，雖以取怒於歐公而不憚也。」凡此曲折，指意微密，必有不苟然者。顧於愚見有所未安，不敢不詳布其説，以求是正，伏惟恕其僭易而垂聽焉。

夫吕公之度量心術，期以濟務則誠然矣。然有度量則宜有以容議論之異同，有心術則宜有以辨人才之邪正，欲成天下之務則必從善去惡、進賢退姦，然後可以有濟。今皆反之，而使天下之勢日入於昏亂，下而至於區區西事一方之病，非再起范公，幾有不能定者。則其前日之所爲〔二四〕，又惡在其有度量心術而能成務也哉？其用人也，欲才德之兼取，則亦信然矣。然范、歐諸賢非徒有德而短於才者，其於用人，蓋亦兼收而並取。雖以孫元規、滕子京之流恃才自肆，不入規矩，亦皆將護容養以盡其能，而未嘗有所廢棄，則固非專用德而遺才矣。而吕公所用，如張、李、二宋，姑論其才，亦決非能優於二公者。乃獨去此而取彼，至於一時豪俊跅弛之士，窮而在下者不爲無人，亦未聞其有以羅致而器使之也。且其初解相印而薦王隨、陳堯佐以自代，則未知其所取者爲才也耶，爲德也耶？是亦不足以自解矣。

若謂范、歐不足以知吕公之心，又不料其子之賢而攻之太過，則其所攻事皆有迹，顯不可揜，安得爲過？且爲侍從諫諍之官，爲國論事，乃視宰相子弟之賢否以爲前却，亦豈人臣之誼哉？若曰范、吕之仇初未嘗解，則范公既以吕公而再逐，及其起任西事而超進職秩，乃適在吕公三入之時。若范公果有怨於吕公而不釋，乃閔默受此而無一語以自明其前日之志，是乃内懷憤毒，不能以理自勝，而但以貪得美官之故，俛而受其籠絡，爲之驅使。未知范公之心其肯爲此否也？若曰歐公晚悔前言之失，又知其諸子之賢，故因范碑以自解，則是畏其諸子之賢，而欲陰爲自託之計，於是寧負死友以結新交，雖至以無爲有，愧負幽冥而不遑恤。又不知歐公之心其忍爲此否也？況其所書但記解仇之一事，而未嘗并譽其他美，則前日斥逐忠賢之罪，亦未免於所謂欲蓋而彰者，又何足以贖前言之過而媚其後人也哉？

若論忠宣之賢，則雖亦未易輕議，然觀其事業規模，與文正之洪毅開豁終有未十分肖似處，蓋所謂可與立而未可與權者。乃翁解仇之事，度其心未必不深恥之，但不敢出之於口耳。故潛於墓碑刊去此事，有若避諱然者。歐公以此深不平之，至屢見於書疏，非但墨莊所記而已。況龍川志之於此，又以親聞張安道之言爲左驗。張實呂黨，尤足取信無疑也。若曰范公果無此事而直爲歐公所誣，則爲忠宣者正當沫血飲泣，貽書歐公，具道其所以然者以白其父之心迹，而俟歐公之命以爲進退。若終不合，則引義告絶而更以屬人，或姑無刻石，而待後世之君子以定其論，其亦可也。乃不出此，而直於成文之中刊去數語，不知此爲何等舉措？若非實諱此事，故隱忍寢默而不敢誦言，則曷爲其不爲彼之明白而直爲此黯闇耶？

今不信范公出處文辭之實、歐公丁寧反復之論，而但取於忠宣進退無據之所爲以爲有無之決，則區區於此誠有不能識者。若摭實而言之，但曰呂公前日未免蔽賢之罪，而其後日誠有補過之功；范、歐二公之心則其終始本末如青天白日，無纖毫之可議；若范公所謂平生無怨惡於一人者，尤足以見其心量之廣大高明，可爲百世之師表；至於忠宣，則所見雖狹，然亦不害其爲守正，則不費詞説而名正言順，無復可疑矣。不審尊意以爲如何？狂瞽之言，或未中理，得賜鐫曉，千萬幸甚！

後書誨諭又以昭録不書解仇之語而斷其無有，則熹以爲吕公拜罷、范公進退既直書其歲月，則二公前憾之釋然不待言而喻矣。不然，則昭録書成，歐公固已不爲史官，而正獻、忠宣又皆已爲時用，范固不以墓碑全文上史氏，而吕氏之意亦恐其有所未快於歐公之言也，是以姑欲置而不言，以泯其迹，而不知後世之公論有不可誣者，是以啓今日之紛紛耳。如又不然，則范公此舉雖其賢子尚不能識，彼爲史者知之必不能如歐公之深，或者過爲隱避，亦不足怪，恐亦未可以此而定其有無也。

墨莊之録出於張邦基者，不知其何人。其所記歐公四事，以爲得之公孫當世，而子約以爲紹興舍人所記，此固未知其孰是。但味其語意，實有後人道不到處，疑或有自來耳。若談叢之書，則其記事固有得於一時傳聞之誤者。然而此病在古雖遷、固之博，近世則温公之誠，皆所不免，況於後山〔二五〕，雖頗及見前輩，然其平生蹤跡多在田野，則其見聞之間不能盡得事實宜必有之，恐亦未可以此便謂非其所著也。丹朱之云誠爲太過，然歐公此言當爲令狐父子文字繁簡而發，初亦無大美惡，但似一時語勢之適然，不暇擇其擬倫之輕重耳。故此言者雖未敢必其爲公之言，而亦未可定其非公之言也。此等數條，不足深論。然偶因餘誨之及而并講之，使得皆蒙裁正，則亦不爲無小補者。

唯是所與子約書中疑「學道三十年」爲後學之言者，則熹深惑焉，而尤以爲不可以不辨。不審明公何所惡於斯言而疑之也？以道爲高遠玄妙而不可學邪，則道之得名，正以人生日用當然之理，猶四海九州百千萬人當行之路爾〔二六〕，非若老佛之所謂道者，空虛寂滅而無與於人也。以道爲迂遠疏闊而不必學耶，則道之在天下，君臣父子之間、起居動息之際，皆有一定之明法，不可頃刻而暫廢。故聖賢有作，立言垂訓以著明之，巨細精粗，無所不備。而讀其書者必當講明究索，以存諸心、行諸身而見諸事業，然後可以盡人之職而立乎天地之間；不但玩其文詞，以爲綴緝纂組之工而已也。故子游誦夫子之言曰：「君子學道則愛人，小人學道則易使。」而夫子是之。則學道云者，豈近世後學之言哉？若謂歐公未嘗學此而不當以此自名耶，則歐公之學雖於道體猶有欠闕，然其用力於文字之間，而泝其波流以求聖賢之意，則於易、於詩、於周禮、於春秋皆嘗反復窮究，以訂先儒之繆；而本論之篇，推明性善之説，以爲息邪距詖之本，其賢於當世之號爲宗工巨儒而不免於祖尚浮虚、信惑妖妄者又遠甚。其於史記善善惡惡，如唐六臣傳之屬，又能深究國家所以廢興存亡之幾，而爲天下後世深切著明之永鑒者，固非一端。其他文説，雖或出於遊戲翰墨之餘，然亦隨事多所發明，而詞氣藹然，寬平深厚，精切的當，真韓公所謂「仁義之人」者；恐亦未可謂其全不學道，而直以燕、許、楊、劉之等期之也。若謂雖嘗學之，而不當自命以取高標揭己之嫌耶，則爲士而自言其學道，猶爲農而自言其服田，爲賈而自言其通貨，亦非所以爲夸。若韓公者，至乃自謂己之道乃夫子、孟軻、楊雄所傳之道，則其言之不讓益甚矣，又可指爲後生之語而疑之耶？凡此又皆熹之所未諭者，蓋嘗反復思之而竟不得其説。

恭惟明公以事業文章而論世尚友，其於范、歐之間固已異世而同轍矣。至於博觀今昔、考訂是非，又非肯妄下雌黄者。且於六一之文，收拾編彙，讎正流通，用力爲多，其於此事必不草草。況又當此正道湮微、異言充塞之際，餘論所及小有左右，則其輕重厚薄便有所分，竊計念之已熟而處之亦已精矣。顧熹之愚，獨有未能無疑者，是以不敢默默而不以求正於有道。所恨僞學習氣已深，不自覺其言之狂妄。伏惟高明恕而教之，則熹不勝千萬幸甚。

與留丞相别紙

伏蒙别紙垂諭楊至曲折，不勝皇恐。熹前此本以異議得罪於丞相，幸蒙矜察。今又失於周防，有此疏脱，意必已重得罪而遂見絶矣。不謂丞相采聽不遺，洞見底蘊，至於誨諭之詳，雖使熹自爲辯數，不過如此，幸甚。然聞州縣奉行之間不無觀望，因繫箠撻，橫及無辜，程督之嚴，至今未解，遠近傳聞，過有疑論。此殆未知丞相與其外家自有契分，而仁心曠度本不忍使其狼狽至此也。熹既蒙鐫誨，感懼之深，尚恐未有以此聞于鈞聽者，輒復禀白，伏惟照察。千萬幸甚。

與留丞相

前此蒙喻楊至秀才事，率易報禀。似聞已荷寬慈，許以容恕，足見大人之度至公無我有如此者，不勝敬服〔二七〕。然聞有司尚以前日符移之峻，追捕未已，其人至今竄伏，無所容寄，有足矜者。如蒙推念，更得一言明喻所屬罷其捕逮，仍俾互相闗白，使知盛德雅量不讎匹夫之意，則此人終受賜矣。熹辱知素厚，不敢復避嫌疑而冒昧及此，并冀容察。皇恐死罪。

答留丞相

李通判歸，出示所賜手教，拜領伏讀，慰幸已深。至於垂喻諄複勤懇，則又竊仰德盛禮恭、樂取諸人、不難舍己之意，蓋有一介布衣之士所不易者。歎慕感激，所得多矣。前此偶因垂問，率易呈獻，亦以姑備燕申餘暇遮眼止睡之須。不謂乃蒙親賜點閲，日有程課，以及終篇；而斟酌取予詳審精切，又有專門名家所不逮者。此周公執贄還贄之心、畢公克勤小物之意，此所以爲聖賢之盛節，而非近世諸公所及也。熹雖凡陋，然其用力於此不爲不久，而歷選平生，講磨論説，其得此於人蓋鮮。不意臨老乃有遇於明公也。更有它書，欲遂傾困倒廩以跪進於几下，而私居乏人，艱於繕寫，少假歲月，當遂此心。儻得一一悉蒙印證，則亦足以自信而無憾於方來矣。顧所不能無恨者，猶以登門之晚，而其質疑請益乃有十年之遲。伏想明公於此亦不能不慨然其間也〔二八〕。謹因李倅還便奏記敍謝。目昏不得謹好，尤以皇懼，并乞矜察。

與曾裘父

求仁之方，竊意潛心久矣。方恨未獲躬扣，昨欽夫寄示送行序文，其説似皆的當，不審高明以爲如何？

與曾裘父

向聞垂意魯論，聖門親切指要正在此書，想所造日以深矣，恨未得聞一二也。敬夫得書否？比來講論尤精密，亦嘗相與講所疑否？元履遇合非常，未知所以稱塞。士友蓋多榮之，而熹竊有懼焉。想高懷正如此，當有以警策之也。

與曾裘父

敬夫爲元履作齋銘，嘗見之否？謾納一本。其言雖約，然大學始終之義具焉，恐可寘左右也。崇安二公祠記，熹所妄作，輒往求教。雖不及改，尚警其後也。

答黄叔張維之

示及三書，感感。誠立誠通之論〔二九〕，誠如尊喻，不敢多遜。竊意自有此書，無人與之思索至此。西銘、太極諸説亦皆積數十年之功，無一字出私意。釋氏以胸襟流出爲極則，以今觀之，天地之間自有一定不易之理，要當見得不假毫髮意思安排、不著毫髮意見夾雜，自然先聖後聖如合符節，方是究竟處也。

答耿直之秉

熹生長窮僻，少日所聞於師友者，不過脩身窮理、守正俟命之説，雖行之不力，有愧夙心，亦未嘗敢舍之而從人也。頃歲入浙，從士大夫游，數月之間，凡所聞者無非枉尺直尋、苟容偷合之論，心竊駭之。而獨於執事者見其綜理名實、直道而行，卓然非當世之士也。顧雖未及一見，而職事之間適相首尾，乃有不約而合者，於是始復益信前日心期之不偶然也。兹者又承示及所與學官弟子講論之説，不唯有以見賢侯在泮弦歌之盛，而潛心大業，體用圓融之妙，所以警發昧陋者又爲深切。三復欣幸，不知所言。

然頃於此書粗嘗討究，亦見前輩之説有如此者。因以文義求之，竊疑聖言簡直，未遽有此曲折，而孔顔之所以爲聖賢，必有超然無一毫意、必、固、我之私者以爲之本，然後有以應事物之變而無窮。以是止據舊説，不復致疑。今睹來示，雖若不異於前人，而其規模之大、體用之全，則非彼所到，而熹之愚亦未及也。更俟從容反復玩味，别以求教。它所論著，亦有欲就正者。私居乏人抄寫，後便寄呈也。去歲救荒後時，狼狽殊甚，不謂其人乃復見恕如此。來喻所及，令人恐懼不自安耳。

答薛士龍季宣〔三〇〕

熹竊伏窮山，講服盛名之日久矣。去年邂逅林擇之，歸自宣城，又能道餘論一二，皆成己成物之大致。區區益願承教於前，顧以憂患之餘，屏跡田里，而執事名問方昭，德業方起，隱顯異趣，私竊揣料，未容遽遂鄙懷，則亦悵然太息而已。兹者林擴之之來，乃知榮膺睿眷，出試輔藩，宣布之初，譽處休洽〔三一〕，深以爲慰。又蒙不鄙，遠貽書翰，所以教告甚悉〔三二〕。擴之又以所聞相與推説，皆平生所深欲聞者，感幸之至，不容於心。然而三復來教，則有熹愚不敢當者二焉，請陳其説而左右者察之。

熹自少愚鈍，事事不能及人。顧嘗側聞先生君子之餘教，粗知有志於學，而求之不得其術，蓋舍近求遠，處下窺高，馳心空妙之域者二十餘年。比乃困而自悔，始復退而求之於句讀文義之間，謹之於視聽言動之際，而亦未有聞也。方將與同志一二友朋并心合力以從事於其間〔三三〕，庶幾銖積絲累，分寸躋攀〔三四〕，以幸其粗知理義之實，不爲小人之歸，而歲月侵尋，齒髮遽如許矣，懍然大懼日力之不足，思得求助於當世有道之君子以速其進而未得也。執事乃不知此，而反以講道教人之事期之，此熹之所以不敢當者一也。

至於聖賢出處之義，則亦略聞之矣。顧以材智淺劣，自知甚明，而又學無所成，不堪酬酢，故自十數年來，日益摧縮，不敢復有當世之念。雖昨來奉親之日急於甘旨之奉，猶不敢自彊其所不足以犯世患〔三五〕；矧今孤露餘生，形神凋喪，懶廢無用，益甚於前，誠不忍復爲彯纓結綬之計，以重不孝之罪。是以杜門空山，甘忍窮寂，以遂區區之志，而庶幾或寡過焉。執事又不知此，而反以行道濟時之事責之，此熹所以不敢當者二也。

感服至意，無以爲謝，敢布腹心，伏惟加憐察焉。繼此儻未斥絶，尚冀有以警誨之，使不迷於入德之塗，則執事之賜厚矣。它非所敢望也。

湖學之盛，甲於東南，而其湮廢亦已久矣。蓋自熙寧設置教官之後，學者不復得自擇師，是以學校之政名存實亡〔三六〕，而人才之出不復如當日之盛。今得賢太守身爲之師，其必將有變矣。然竊嘗讀安定之書，考其所學，蓋不出乎章句誦説之間。以近歲學者高明自得之論校之，其卑甚矣。然以古準今，則其虛實淳漓、輕重厚薄之效〔三七〕，其不相逮至遠。是以嘗竊疑之，敢因垂問之及而請質焉。因風見教及此，幸甚。又聞慶曆間嘗取湖學規制行之太學，不知當時所取果何事也？求諸故府，必尚有可考者，得令書吏録以見賜，則又幸甚。相望之遠，無由造前請益，所欲言者何啻萬端。遥想郡齋之間，伏紙不勝引領！

答薛士龍〔三八〕

熹屏居窮陋，幸無他苦，而涉春以來，親友喪亡，吊問奔走不得少安，殊無好況，此外無足言者。誨諭諄複，仰荷不鄙之意。然無可不可之教，則非初學所敢自期，而待禮而應者，尤非衰陋所敢萌意也。區區之懷，前言蓋已盡之矣〔三九〕。萬一諸公終不察，則不過恭俟嚴譴而已，無它説也。蒙愛念之深，而其間頗有未相悉者，故敢及之。然不足爲外人道也。

垂諭湖學本末，不勝感歎。而所論胡公之學蓋得於古之所謂灑掃應對進退者，尤爲的當，警發深矣。竊意高明所以成己成物之要未嘗不在於此，而廣大精微之藴，其所超然而獨得者，又非言之所能諭也。跧伏之蹤，未由承教於前，徒切歎仰。儻不棄外，時得惠音以鞭策之，實爲萬幸。而來教之云〔四〇〕，倒置已甚，讀之愧汗踧踖，不知所以自容。萬望矜察。自此書來，存訪死生之外，削去虚文，直以道義啓告誘掖，此真區區所望於門下者。鄙懷悾悾，亦得無所慚憚而悉布之，以求藥石之誨。不審尊意能容而聽之否？

答林謙之光朝

兹承祇召還朝，不獲爲問以候行李。伏奉黄亭所賜教帖，恭審執御在行神相，起居萬福，感慰之至。比日伏想已遂對揚，從容啓沃，必有以發明道學之要、切中當世之病者，恨未得聞。至於不次之除、非常之數，則不足爲執事道也。

熹愚不適時，自量甚審，所願不過力田養親，以求寡過而已。所謂趨赴事功，自當世賢人君子事，豈熹所敢議哉？過蒙諄譬，荷愛之深，書尾丁寧尤爲切至。屬數日前已申祠官之請，聞命不早，雖欲奉教而不可得矣。抑熹久欲有請於門下，而未敢以進。今輒因執事之問而一言之：

蓋熹聞之，自昔聖賢教人之法，莫不使之以孝弟忠信、莊敬持養爲下學之本，而後博觀衆理，近思密察，因踐履之實以致其知。其發端啓要，又皆簡易明白〔四一〕，初若無難解者。而及其至也，則有學者終身思勉而不能至焉。蓋非思慮揣度之難，而躬行默契之不易。故曰：「夫子之文章可得而聞也，夫子之言性與天道不可得而聞也。」夫聖門之學所以從容積累，涵養成就，隨其淺深，無非實學者，其以此與？今之學者則不然，蓋未明一理而已傲然自處以上智生知之流，視聖賢平日指示學者入德之門至親切處例以爲鈍根小子之學，無足留意。其平居道説，無非子貢所謂不可得而聞者，往往務爲險怪懸絶之言以相高。甚者至於周行却立，瞬目揚眉，内以自欺，外以惑衆。此風肆行，日以益甚，使聖賢至誠善誘之教反爲荒幻險薄之資，仁義充塞，甚可懼也。

熹縣力薄材，學無所至，徒抱憂歎，末如之何。竊獨以爲非如執事之賢，素爲後學所觀仰者，不能有以正而救之，故敢以爲請。執事誠有意焉，則熹雖不敏，且將勉策駑頓以佐下風之萬一，不識執事亦許之否乎？謹此布聞，因謝先辱。餘惟爲道自重，以慰後學之望。上狀不宣。

答江元適泳

孤陋晚生，屏居深僻，未嘗得親几杖之遊，乃蒙不鄙，使賢子遺之手書，致發明道要之文三編，加賜親札，存問縷綣，反若後進之禮於先進。熹愚不肖，不知所以得此於門下者，拜受踧踖，若無所容。退而伏讀以思，至于三四。雖昏憒無聞，未獲直闚所至之堂奧，然竊有以識夫所謂求仁之端者，而知其玩心高明，深造自得，非世儒之習也。幸甚幸甚。

熹天資魯鈍，自幼記問言語不能及人。以先君子之餘誨，頗知有意於爲己之學，而未得其處，蓋出入於釋老者十餘年。近歲以來，獲親有道，始知所向之大方。竟以才質不敏，知識未離乎章句之間。雖時若有會於心，然反而求之，殊未有以自信。其所以奉親事長、居室延交者，蓋欲寡其過而未能也。日者誤蒙收召，草野之臣，其義不敢固辭。造朝之際，無以待問，輒以所聞於師友者一二陳之。豈胸中誠有是道以進之吾君哉，特欲發其大端，冀萬一有助焉耳。不謂流傳，復誤長者之聽。伏讀誨喻，慚負不知所言。然厚意不可虛辱，敢因所示文編，其間有不能無疑者，略抒其愚，以請於左右，伏惟幸復垂教焉。

無極齋記發明義理之本原，正名統實於毫釐幾忽之際〔四二〕，非見之明、玩之熟，詎能及此？然其間有曰「易姑象其機，詩、書、禮、樂姑陳其用」。熹竊謂「姑」者，且然而非實之云乎？夫易之象其機，詩、書、禮、樂之陳其用，皆其實然而不可易者，豈且然而非實之辭也。又有曰「髣髴」，曰「强名」，曰「假狀」，凡此皆近乎老莊溟涬鴻蒙之説。以六經、語、孟考之，凡聖人之言皆慤實而精明、平易而淵奥，似或不如是也。又有曰「禮樂政事，典謨訓誥，皆斯齋之士苴耳」，「土苴」之言，亦出於莊周，識者固已議之。今祖其言以爲是説，則是道有精粗内外之隔，此恐未安。又曰「老兮釋兮，付諸大鈞範質之初」，語意隱奥，亦所未喻。又曰「西伯不識不知，仲尼毋意毋我，兹蓋乾坤毁無以見易；易不可見，乾坤或幾乎息矣」。又熹竊謂詩人之稱文王，雖曰「不識不知」，然必繼之曰「順帝之則」，孔門之稱夫子，雖曰「毋意毋我」，然後之得其傳者語之，必曰「絶四之外，必有事焉」。蓋體用相循，無所偏滯，理固然也。且大傳所謂易不可見則乾坤息者，乃所以明乾坤即易，易即乾坤，乾坤無時而毁，則易無時而息爾，恐非如所引終篇之意，乃類於老氏復歸於無物之云也。若夫中庸之終所謂「無聲無臭」，乃本於上天之載而言，則聲臭雖無，而上天之載自顯，非若今之所云并與乾坤而無之也。此恐於道體有害，自所謂求仁之端者推之，則可見矣。

士箴本末該備，説天人貫通其餘，指示仁體，極其親切。三要書推天理而見諸人事，其曰「體不立而徒恃勇斷以有爲，一旦智窮力屈，善後之謀索矣」，可謂切中今日之病。又曰「體中心之誠實者，達於禮樂刑政之間，而加之四方萬里之遠」，可謂善補衮職之闕，皆非淺陋所及也。然熹竊嘗聞之，聖人之學所以異乎老釋之徒者，以其精粗隱顯體用渾然，莫非大中至正之矩，而無偏倚過不及之差。是以君子智雖極乎高明，而見於言行者未嘗不道乎中庸。非故使之然，高明、中庸實無異體故也。故曰：「道之不行也，智者過之，愚者不及也；道之不明也，賢者過之，不肖者不及也。」又曰：「差之毫釐，繆以千里。」聖人丁寧之意，亦可見矣。凡此謬妄之言，皆不知其中否，正欲求教於左右以啓其未悟，故率意言之，無復忌憚。蓋以爲不如是不足以來警切之誨爾。因來不吝垂教，實所幸願，而非敢望也。

答江元適〔四二〕

别紙所喻汪洋博大，不可涯涘，然竊以平生所聞於師友者驗之，雖其大致規模不能有異，至其所以語夫進修節序之緩急先後者，則或不同矣。蓋熹之所聞，以爲天下之物無一物不具夫理，是以聖門之學，下學之序始於格物以致其知。不離乎日用事物之間，别其是非，審其可否，由是精義入神，以致其用。其間曲折纖悉，各有次序，而一以貫通，無分段，無時節，無方所。以爲精也而不離乎粗，以爲末也而不離乎本，必也優游澘玩，饜飫而自得之，然後爲至。固不可自晝而緩，亦不可以欲速而急。譬如草木，自萌芽生長以至於枝葉華實，不待其日至之時而揠焉以助之長，豈不無益而反害之哉？凡此與來教所謂傷時痛俗，急於自反，且欲會通其旨要，以爲駐足之地者，其本末指意似若不同。故前後反復之言，率多違異。今姑論其大概，以爲求教之目，其他曲折，則非得面承不能究也。

「精義」二字，聞諸長者，所謂義者，宜而已矣。物之有宜有不宜，事之有可有不可，吾心處之，知其各有定分而不可易，所謂義也。精義者，精諸此而已矣。所謂精云者，猶曰察之云爾。精之之至而入於神，則於事物所宜，毫釐委曲之間無所不悉，有不可容言之妙矣。此所以致用而用無不利也。來教之云似於名言之間小有可疑，雖非大指所繫，然此乃學者發端下手處，恐不可略，故復陳之。不審高明以爲如何？

答江元適

熹嘗謂天命之性流行發用，見於日用之間，無一息之不然，無一物之不體，其大端全體，即所謂仁。而於其間事事物物莫不各有自然之分，如方維上下定位不易，毫釐之間不可差繆，即所謂義。立人之道不過二者，而二者則初未嘗相離也。是以學者求仁精義，亦未嘗不相爲用。其求仁也，克去己私以復天理，初不外乎日用之間。其精義也，辨是非、別可否，亦不離乎一念之際。蓋無適而非天理人心體用之實，未可以差殊觀也。孟子告齊王曰：「權然後知輕重，度然後知長短，物皆然，心爲甚。王請度之。」嗚呼，此求仁之方也，而精義之本在焉，孟子其可謂知言之要矣。今執事以反身自認、存真合體者自名其學，信有意於求仁矣。而必以精義之云爲語道之精體，而無與乎學者之用力，又以辨是非、別可否爲空言，不充實用而有害乎簡易之理，則熹恐其未得爲至當之論也。蓋曰道之精體，則

「義」不足以名之，以「義」强名，則義之爲名又無所當。此蓋原於不知義之所以爲義，是以既失其名，因昧其實，於是乎有空言實用之説。此正告子義外之蔽也。既不知義，則夫所謂仁者亦豈能盡得其全體大用之實哉？近世爲精義之説，莫詳於正蒙之書，而五峯胡先生者，名宏，字仁仲。亦曰「居敬，所以精義也」。此言尤精切簡當，深可玩味。

恐執事未以爲然，則試直以文義考之。「精義入神」，正與「利用安身」爲對。其曰「精此義而入於神」，猶曰「利其用而安其身」耳。揚子所謂「精而精之」，用字正與此同，乃學者用功之地也。若謂「精義」二字只是道體〔四四〕，則其下復有「入神」二字，豈道體之上又有所謂神者，而自道以入神乎？以此言之，斷可決矣。

抑所謂反身自認、存真合體者，以孔子「克己復禮」、孟子「勿忘勿助」之説驗之，則亦未免失之急迫，而反與道爲二。大抵天人初無間隔，而人以私意自爲障礙，故孔孟教人，使之克盡己私，即天理不期復而自復。惟日用之間所以用力循循有序，不凌不躐，則至於日至之時，廓然貫通，天人之際不待認而合矣。今於古人所以下學之序則以爲近於傀儡而鄙厭之〔四五〕，遂欲由徑而捷出〔四六〕，以爲簡易，反謂孔孟未嘗有分明指訣，殊不知認而後合，揠苗助長，其不簡易而爲傀儡亦已大矣。熹竊以爲日用之間無一事一物不是天真本體，孔孟之言無一字一句不是分明指訣。故孔子曰：「吾無隱乎爾。」又曰：「天何言哉！」而子貢曰：「夫子之文章可得而聞也，夫子之言性與天道不可得而聞也。」夫豈平日雅言常行之外，而復有所謂分明指訣者哉？

此外牴牾尚多，然其大概節目具於是矣。以執事教誨不倦，念未有承晤之期，不敢久虛大賜，是以冒昧罄竭其愚。伏惟恕其狂妄，少賜覽觀，還以一言，示及可否，虛心以竢。如有所疑，不敢不以復也。

答詹體仁儀之

湘中學者之病誠如來教，然今時學者大抵亦多如此。其言而不行者固失之，又有一種只說踐履而不務窮理，亦非小病。欽夫往時蓋謂救此一種人，故其說有太快處，以啓流傳之弊。今日正賴高明有以救之也。爲學是分內事，纔見高自標致，便是不務實了，更說甚底？今日正當反躬下學，讀書則以謹訓說爲先，脩身則以循規矩爲要，除却許多懸空閑說，庶幾平穩耳。不審尊意以爲如何？

答楊庭秀萬里

程弟轉示所惠書教，如奉談笑，仰見放懷事外，不以塵垢粃糠累其胸次之超然者，三復歎羡，不能已已。數日偶苦脾疾，心腹撓悶，意緒無聊。值此便風，不敢不附報。自力布此，僅能問何如，他皆未暇及也。時論紛紛，未有底止。契丈清德雅望，朝野屬心，切冀眠食之間，以時自重，更能不以樂天知命之樂，而忘與人同憂之憂，毋過於優游，毋決於遁思，則區區者猶有望於斯世也。

答李季章壁

兩書縷縷，皆有飄然遠引之意，不審果以何日決此計耶？熹懇祠得請，深荷上恩。既還舊官，無復可辭之誼。孤危之跡雖未可保，然姑無愧於吾心可也。承問及先人紹興中文字，遺藁中劄子第三篇，疑即此奏。豫章所刊集中有之，今以納呈，已加籤貼於其上矣。筆削之際，儻得附見，千萬幸甚。諸公爭和議時，先人與胡德輝、范伯達諸公同入文字，皆史院同寮也。當時此一宗議論不知有無登載？魏元履所集戊午讜議一書甚詳，亦嘗見之否耶？如館中未有，得行下建寧抄録上送，亦一事也。

慶遠計程已到零陵久矣，又聞其自處泰然，亦不易也。但未知便得一向安坐否耳。前年與陳君舉商量，拈出孝宗入繼大統一事。當時議臣如婁寅亮、趙張二相、岳侯、范伯達、陳魯公皆未有褒録，恐可更詢訪當時曾有議論之人，并與拈出也。

答李季章

昨承喻及先君奏疏已蒙筆削，得附史氏篇末，幸甚。痛念先君早歲讀書，即爲賈陸之學。遭時艱難，深願有以自見，而不幸不試，所得陳於當世者止此而已。今乃得託史筆以垂不朽，豈不幸甚？但恐賢者去國之後，或爲不肖之孤所累，因見刊削，未可知耳。又聞黄文叔頃年嘗作地理木圖以獻，其家必有元樣，欲煩爲尋訪，刻得一枚見寄。或恐太大，難於寄遠，即依謝莊方丈木圖，以兩三路爲一圖，而傍設牝牡，使其犬牙相入，明刻表識以相離合，則不過一大掩可貯矣。切幸留念。

河西爲一　陝西爲一　河東、河北、燕雲爲一　京東西爲一　淮南爲一　兩浙、江東西爲一　湖南北爲一　西川爲一　二廣、福建爲一

大略如此，更詳闊狹裁之。相合處須令吻合，不留縫罅乃佳。

答李季章

熹罪戾之蹤，竟不免吏議，然已晚矣，又幸寬恩，未即流竄，杜門念咎，足以遣日，不足爲故人道也。累年欲脩儀禮一書，釐析章句而附以傳記，近方了得十許篇，似頗可觀。其

餘度亦歲前可了。若得前此别無魔障，即自此之後便可塊然兀坐，以畢餘生，不復有世間念矣。元來典禮淆訛處古人都已説了，只是其書衮作一片，不成段落，使人難看。故人不曾看，便爲憸人舞文弄法，迷國誤朝。若梳洗得此書頭面出來，令人易看，則此輩無所匿其姦矣，於世亦非少助也。勿廣此説，恐召坑焚之禍。

荆公奏草不記曾附去否？今往一通，可見當日規模亦不草草也。禹迹圖云是用長安舊本翻刻，然東南諸水例皆疏略。頃年又見一蜀士説蜀中嘉州以西諸水亦多不合，今其顯然者，如蜀江至瀘州東南乃分派南流，東折逕二廣自番禺以入海。以理勢度之，豈應有此？必是兩水南北分流，而摹刻者誤連合之，遂使其北入江者反爲逆流耳。然柳子厚詩亦言「牂牁南下水如湯」，則二廣之水源計必距蜀江不遠，但不知的自何州而分爲南北耳。又自瀘以南諸州今皆不聞，必已廢併。幸爲詢究，一一見喻。其圖今往一紙，可爲勾抹貼説，却垂示也。

答李季章

熹今歲益衰，足弱不能自隨，兩脅氣痛，攻注下體，結聚成塊，皆前所未有，精神筋力大非前日之比。加以親舊凋零，如蔡季通、吕子約皆死貶所，令人痛心。益無生意，決能復支久矣。所以未免惜此餘日，正爲所編禮傳已略見端緒而未能卒就，若更得年餘間未死，且與了却，亦可以瞑目矣。其書大要以儀禮爲本，分章附疏，而以小戴諸義各綴其後。其見於它篇或它書可相發明者，或附於經，或附於義。又其外如弟子職、保傅傳之屬，又自别爲篇，以附其類。其目有家禮、有鄉禮、有學禮、有邦國禮、有王朝禮、有喪禮、有祭禮、有大傳、有外傳。今其大體已具者蓋十七八矣。因讀此書，乃知漢儒之學有補於世教者不小。如國君承祖父之重，在經雖無明文，而康成與其門人答問，蓋已及之，具於賈疏，其義甚備，若已預知後世當有此事者。今吾黨亦未之講，而憸佞之徒又飾邪説以蔽害之，甚可歎也。

喻及仁里士人有志於學而能不事科舉者，近亦似曾聞説，但不知其姓名。此殊不易得，幸因風略報及也。舊來諸經説三四年來幸免煨燼，今亦恐未可保。然間因講説時有更定，欲寄一本去，恐可與西州同志者共之而未暇也。留衛公得詩説，日閲數版，手加點抹，書來頗極稱賞，仍盡能提其綱，亦甚不易。老年精力乃能及此，又不厭章句訓詁之煩也，要是天姿深静純實，故能若此。亦恨其聞此之晚，不得早效區區之愚耳。

德脩、文叔家居亦何所務？各有一書，煩爲致之，子直亦然也。今年閩中鄭、黄、鄧皆物故，氣象極覺蕭索。楊子直得祠又遭駁，項平父聞亦杜門不敢見人，其它吾人往往藏頭縮頸，不敢吐氣，甚可笑也。熹明年七十，已草告老之章，只從本貫依庶官例陳乞，亦不欲作廟堂書劄。而或者尚恐觸犯禍機。顧念禮律自有明文，而罪戾之餘，尚忝階官，亦無不許致仕之法，並已決意爲之，不復顧慮。政使不免，亦所甘心。蓋比之一時輩流，已獨爲優幸矣。尚欲低回貪戀微禄，以負平生之懷，復何爲哉！

前此附書〔四七〕，似是因李普州便。書中欲煩借黄文叔家地里木圖爲製一枚，不知達否？此近已自用膠泥起草，似亦可觀。若更得黄圖參照尤佳。但恐此書或已浮沉，不曾製得，即亦不必爲矣。禮殿圖舊亦有之，但今所寄摹畫精好，想正得古本筆意也。三五之目不可考，古事類此者多矣，今日豈能必其是非也邪？但既有是名號，則必有是人，易大傳但舉其製作之盛者而言耳。如漢人但言高祖、孝文，豈可便謂其間無惠帝耶？洮研發墨，鋒鋩可畏，此所難得〔四八〕，足爲佳玩矣。

答李季章

熹伏承不鄙，貺以先正文簡公詩編行實，并及三夫人二壙刻文，跽領伏讀，足慰平生高山仰止之心。而反復再三，又見其立德立言明白磊落，所以開發蒙吝，有不一而足者，幸甚幸甚。至於不察熹之愚陋，而將使之纂次其事，刻之幽宫以視來世，則熹之不德不文，人知其不足以勝此寄矣。顧念平生未嘗得拜文簡公之函丈，而讀其書、仰其人則爲日蓋已久。又嘗聽於下風，而知公之所以相知，亦有不待識其面目而得其心者，是以願自附焉而不敢辭也。唯是今者方以罪戾書名僞籍，平居杜門，屏氣齰舌，不敢輒出一語以干時禁，而凛凛度日，猶懼不免，乃於此時忽爾破戒，政使不自愛惜，亦豈不爲公家之累？是以彷徨顧慮，欲作復止，而卒未有以副來命之勤也。伏惟執事姑少察此而深計之。竊意高文大筆，取之今世不爲無人，固不必眷眷於一無狀罪廢之人，而使盛德百世之傳不得以時定也。

熹區區鄙意，前幅具之詳矣。始者亦嘗深念，欲便草定而託以前日所爲。既而思之，又似不誠而不可爲也。又念劉、孫所定本出賢昆仲之手者，自足傳信後世，但循例必欲更經一手删節，則雖在今日陰竊爲之，亦自不害。只是目下未可使人知有此作，將來草定，亦不可使人見有此書，此則難遮護耳。來使本欲留以少俟，渠亦以丁寧之切，不來相逼。但覺此終是未敢落筆，不如且遣之還。俟一面更將所示者子細翻閱，隨記所當增損處，密託人送令弟處。又恐經由都下不便，不若且少忍之。若未即死，固當有以奉報。或使溘先朝露，亦當以付兒輩令轉奉聞也。平生多做了閑文字，不能無愧詞。今此好題目，可惜不做。但又適當此時，令人鬱鬱耳。

續通典見詩中及之，恐有印本，求一部。長編改定本只寫改處，不知有多少册？得爲致之爲幸。或云建炎、紹興事亦已成書，不知然否？尤所欲得，但恐字多難寫耳。頃見靖康間事，楊龜山多有章疏，不曾編入，不知後來曾補否？蓋汪丈所刻本不曾載，福州、成都二本皆然。其奏議，後來南劍一本却有之，恐亦不可不補也。

答范文叔

大學之序固以「致知」爲先，而程子發明未有「致知」而不在「敬」者，尤見用力本領親切處。今讀來喻，知於主一蓋嘗用功，則致知之學宜無難矣。而尚欲更求其說，何耶？熹舊讀大學之書，嘗爲之說，每以淺陋，有所未安。近加訂正，似稍明白。親知有取以鋟木者，今内一通，幸試考之。或有未當，却望誨喻。然切告勿以示人，益重不韙之罪也。

答范文叔

讀書不覺有疑，此無足怪。蓋往年經無定說，諸先生所發或不同，故讀書不能亡疑。比年以來，衆說盡出，講者亦多，自是無所致疑。但要反復玩味，認得聖賢本意、道義實體，不外此心，便自有受用處耳。尹和靖門人贊其師曰：「丕哉聖謨，六經之編。耳順心得，如誦己言。」要當至此地位，始是讀書人耳。子約之去，私計良便。象先相從，所論云何？去歲相見不款，未得盡所欲言，至今爲恨耳。講義反復詳明，深得勸誦之體。特寄此章，豈亦有感於時論耶？大學近閲舊編，復改數處。今往一通，試以舊本參之，當見鄙意也。

答范文叔

春風堂記久已奉諾，安敢忘之！但近覺孤危之迹爲當世所憒疾，日以益甚，遂絶口不敢爲人出一語。非獨畏禍，亦義理之當然也。兼亦覺得此等空言無益於實，僅同戲劇，區區裝點，是亦徒爲玩物喪志而已。若論爲己切實功夫，豈此等所能助？而爲仁由己，亦何待他人之助耶？況明道先生氣象如此，乃是「不違仁」之影子。今於影外旁觀而玩其形似，孰若深察其心之所到而身詣之之爲實耶？竊謂爲仁之要固不出乎聖賢之言，若子夏所謂「博學篤志」、「切問近思」，夫子所謂「克己復禮」，所謂「恭敬忠恕」，可以備見其用力之始終矣。幸深味乎此而實加功焉，則爲有以慰區區之望，固不在於言語文字之間而已也。

答陳君舉

熹自頃寓書之後，南來擾擾，未能嗣音。至於懷仰德義，則無日而不勤也。乃蒙不忘，專人枉教，此意厚矣，何感如之！垂諭詩説，向見二君能道梗概，大指略同，意其必有成編，故以爲請。今承語及，乃知爾雅蟲魚決非磊落人之所宜注也。唐突負愧，如何可言！

誨示之勤，尤荷不鄙。然嘗謂人之爲學，若從平實地上循序加功，則其目前雖未見日計之益，而積累功夫，漸見端緒，自然不假用意裝點，不待用力支撑，而聖賢之心、義理之實必皆有以見其確然而不可易者。至於講論之際，心即是口，口即是心，豈容别生計較，依違遷就，以爲諧俗自便之計耶？今人爲學既已過高而傷巧，是以其説常至於依違遷就而無所分别。蓋其胸中未能無纖芥之疑有以致然，非獨以避咎之故而後詭於詞也。若熹之愚，自信已篤。向來之辯雖至於遭讒取辱，然至於今日，此心耿耿，猶恨其言之未盡，不足以暢彼此之懷、合異同之趣，而不敢以爲悔也。不識高明何以教之？惟盡言無隱，使得反復其説，千萬幸甚。老病幽憂，死亡無日。念此一大事非一人私説、一朝淺計，而終無面寫之期，是以冒致愚悃。鄉風引領，不勝馳情。

答陳君舉

前書所扣未蒙開示，然愚悃之未能盡發於言者亦多，每恨無由得遂傾倒，以求鐫切。近曹器之來訪，乃得爲道曲折。計其復趨函丈，必以布露。敢丐高明少垂采擇，其未然者痛掊擊之，庶有以得其真是之歸，上不失列聖傳授之統，下使天下之爲道術者得定于一，非細事也，惟執事圖之。

與陳君舉

先人自少豪爽，出語驚人。踰冠中第，更折節讀書，慕爲賈誼、陸贄之學。久之，又從龜山楊氏門人問道授業，踐修愈篤。紹興初，以館職郎曹與脩神宗正史、哲徽兩朝實録，而於哲録用力爲多。其辨明誣謗、刊正乖謬之功，具見褒詔。後以上疏詆講和之失忤秦相，去國補郡，不起，奉祠以終。

與陳君舉

先人贈告必已蒙落筆。母妻二告如亦合命詞，則前日失於具稟，今再有懇。先妣德性純厚，事姑極孝敬。祖母性嚴，先妣能順適之。治家寛而有法，歲時奉祀必躬必親。撫媵御有恩意，無纖毫嫌忌之意。亡婦先世自國初時以儒學登高科，其父諱勉之，字致中，紹興中嘗以布衣召至都堂，與秦丞相議不合而去。東萊吕舍人所謂「老大多才，十年堅坐」者也。凡此曲折，得頗見於詞命，足爲泉壤之榮，幸辱矜念。脱或已行，亦乞刊定。幸甚幸甚。

與劉德修光祖〔四九〕

方念久不聞動静，忽閲邸報，有房陵之行，爲之悵然，寢食俱廢，累日不能自釋。不審彼以何日就道？自簡至房，道里幾何？取道何州？閲幾日而後至？風土氣候不至甚異否？居處飲食能便安否？官吏士民頗知相尊敬否？吾道之窮，一至於此！然亦久知會有此事，但不謂在目前耳。偶有鄂便，託劉公度轉致此問。如有的便，亦望得一書之報，使知動息，少慰遠懷，千萬之幸！馮、李亦復不容，季章得郡而名見乃弟疏中，恐亦非久安者。李良仲鴻飛冥冥，使人深羡，第恨不得扣其玄中之趣。范文叔却幸未見物色，想亦深自晦也。熹足弱氣痞已半年矣，策杖人扶，僅能略移跬步。而腹脇脹滿，不能俯案，觀書作字，一切皆廢。獨於長者未敢依例口占耳。數日又加右臂作痛，寫字不成。衰憊至此，無復久存之理。承教無期，尚冀以時深爲世道自愛耳。熹隨例納禄，幸已得請。中間蓋亦小有紛紛，後雖粗定，然猶不免爲從之之累〔五〇〕，亦可歎也。

答黄文叔度

八月二十二日〔五一〕，具位朱熹頓首復書于知府顯謨正言執事：熹跧伏窮山，聞執事之名舊矣。未獲既見，每竊恨焉。去歲趨召北歸，道聞新天子以執事爲賢，擢居言路，方與善類同深喜幸，以爲上新即位，首擇一人以爲諫官，即得執事之賢以充其選，是必將用其言以新庶政無疑矣。以執事之賢如此，又遭難得之時如此，其必將有以開寤上心、謹始建極，以慰中外之望又無疑矣。而未一二日，已聞出守之命，則又爲之惘然昏惑，莫曉所謂。比至中都，亟問其故，則凡有識無不扼腕，而劉德脩獨取執事所上免章謄本相視，熹於是時亦復慨然浩歎，蓋不唯爲執事惜此事會，亦爲朝廷惜此舉措。且自恨其失一見之便，而又決知吾道之將不行矣。曾未兩月，果已罷遣〔五二〕。道間聞當來婺，又以行役有程，不能宿留以俟車騎之來。還家又苦疾病，重以春夏之交，氣候大變，邪毒薰心，危證悉見，自謂必死矣，固不能先自通於左右，乃於呻吟之中，忽奉手教之辱，三復醒然，過望幸甚。然而執禮過謙，稱道浮實，比擬非倫，則非淺陋之所敢當也。豈其戲耶？則執事莊士也，非以言爲戲者也。以爲誠耶？則懼其有傷執事者閲理之明、知人之哲也。

至論古昔聖賢所處之難易，則執事之意可知矣。如熹之愚，蓋嘗不自揆度，而妄竊有志於此。然學未聞道，言語無力，精神不專，不足以動人悟物。蓋昔人所謂説將尚不下者，而又何足以議此耶？雖然，今亦老矣，衰病益侵，旦暮且死，此心雖不敢忘，亦無復有望於將來矣。顧今運祚方隆，聖德日新，有永之圖必將與明者慮之，則夫所謂致一以格天者，乃執事事也。執事其亦察乎舜之所謂人心道心者爲如何，擇之必精，而不使其有人心之雜；守之必固，而無失乎道心之純；則始終惟一，而伊尹之所以格天者在我矣。於以正君定國而大庇斯人於無窮，豈不偉哉！鄙見如此，不識執事以爲如何？如有未當，願反復之，以卒承教之願，千萬幸也。

前此承書未久，即聞去郡，來使遂不復來取報章。今想已還會稽，不審爲況復何如？時論日新，尚復何説！因趙主簿歸天台，寓此爲謝。不能盡所欲言，又苦目痛，不能多作字，不得親書，深以愧恨。相望千里，邈無晤見之期，惟冀以時自重，使斯世猶有賴焉，則幸甚。不宣。

答徐元敏

昨者拜書，方愧草率，人還，賜教勤至，區區悚仄已不自勝。別紙垂誨，警發尤深。但詞意之間，謙卑已甚，非晚學小子所敢當。伏讀再三，益增恐懼。然竊伏觀尊誨之微指，大率以曲禮首章爲脩己治人之大要，喜其易行而病於難久。此非擇善之精、反躬之切，何以及此？顧念平昔所聞於師友者，其大端誠不外是。然行之不力，一暴十寒，其樂舒肆、喜談譃之病，殆有甚於高明之所患者，而何能有以少補於萬分？抑又聞之，主敬者存心之要，而致知者進學之功。二者交相發焉，則知日益明、守日益固，而舊習之非自將日改月化於冥冥之中矣。所聞如此，然躬所未逮，不自知其當否，敢因垂問之及而以質焉。儻蒙矜憐，還賜誨飭，使不迷於入德之方，則熹千萬幸甚。

答林正夫湜

慕仰高風，固非一日。中間雖幸寅緣再見，然苦怱怱，不得款奉誨語，至今以爲恨也。歸來抱病，人事盡廢，無繇奉記以候起居，每深馳跂。今茲楊通老來，忽奉手誨之辱，假借期許，既非愚昧之所敢當；而執禮過恭，尤使人恐懼踧踖而無所避也。雖然，高明之所以見屬之意，豈若世之指天誓日而相要於聲利之場者哉？況在今日而言之，尤足以見誠之至而好之篤。是以不敢隱其固陋，而願自附於下風焉。

蓋嘗聞之先生君子，觀浮圖者，仰首注視而高談，不若俯首歷階而漸進。蓋觀於外者雖足以識其崇高鉅麗之爲美，孰若入於其中者能使真爲我有而又可以深察其層累結架之所由哉？自今而言，聖賢之言具在方册，其所以幸教天下後世者，固已不遺餘力；而近世一二先覺又爲之指其門户、表其梯級，而先後之學者由是而之焉，宜亦甚易而無難矣。而有志焉者或不能以有所至，病在一觀其外，粗覘彷彿，而便謂吾已見之，遂無復入於其中，以爲真有而力究之計。此所以驟而語之,雖知可悦,而無以深得其味,遂至半途而廢,而卒不能以有成耳。竊計高明所學之深、所守之正,其所藴蓄蓋已施之朝廷而見於議論之實,於此宜不待於愚言矣。然既蒙下問,不可以虚辱;而熹之所有不過如此,若不以告於門下,以聽執事者之采擇,則又有非區區之所敢安者。是以敢悉布之,可否之決,更俟來教,熹所虚佇而仰承也。

通老在此相聚甚樂,比舊頓進,知有切磋之益。惜其相去之遠,忽起歸興而不可留也。從之聞以牙痛爲庸醫所誤,投以凉劑,一夕之間遂至長往,深可痛惜,然此亦豈醫之所能爲哉!德脩崎嶇遠謫,令人動心。然聞其平居對客誦言,固每以此自必,乃今爲得所願,然所關繫則不淺矣。有寫其記文以來者,已屬通老呈白,想亦深爲廢卷太息也。元善寓霅川,殊不自安,且晚必歸。子宣今日方得書也〔五三〕。熹氣痞,不能久伏几案,作字草草,且亦未能究所欲言。臨風引領,悵想亡量,惟高明察之。

校勘記

〔一〕問答 浙本作「前輩平交往復」。

〔二〕掛扐四以奇偶分之　「四」，正訛據下文改作「各」。

〔三〕少陰一偶　「少」，原作「太」，據閩本、浙本改。

〔四〕今分爲左下　「左」，原作「右」，據正訛改。

〔五〕則三畫者亦加一倍　「一」，原作「二」，據浙本改。

〔六〕其數殊塗　「其」，浙本作「二」。

〔七〕又旋擘劃　「擘劃」，原作「劃擘」，據閩本、浙本乙。

〔八〕忽然半夜一聲雷　「半夜」，浙本作「平地」。

〔九〕只少箇拄杖卓一下　「箇」下，浙本有「拈」字。

〔一〇〕正南午位之遇　「遇」，閩本、浙本作「姤」。作「遇」，避高宗嫌名也，當是朱熹原文，下同，不復出校。

〔一一〕而位之東南　此五字原缺，據浙本補。

〔一二〕位之西北至可得而取也　原作「已而未嘗有一陰一陽始生之説也」，據浙本改。

〔一三〕而率然立論　「率」，原作「卒」，據閩本、浙本改。

〔一四〕其以三陽純乾之方　「三」，原作「二」，據浙本改。

〔一五〕及既知之　「之」字原缺，據閩本、浙本補。

〔一六〕則謂一陽生於乾之上九　「則」，原作「而」；「陽」，原作「陰」。據閩本、浙本改。

〔一七〕不必率然肆意立論　「率」，原作「卓」，據浙本改。

〔一八〕則爲上爻者二　「二」，原作「三」，據正訛改。

〔一九〕未知使艮却居何處　「未」，浙本作「不」。

〔二〇〕鈞候動止萬福　「動止」，浙本作「起居」。

〔二一〕嘗欲抄日録　「日」，原作「目」，據本書卷八三跋王荆公進鄴侯遺事奏稿改。

〔二二〕少日見徐五丈端立　「五」，原作「王」，據浙本改。

〔二三〕使不能容於朝廷而後已　「能」，浙本作「得」。

〔二四〕則其前日之所爲　「前」，浙本作「當」。

〔二五〕況於後山　「山」，原作「世」，據閩本、浙本改。

〔二六〕當行之路爾　「當」，浙本作「常」。

〔二七〕不勝敬服　「敬」，浙本作「歎」。

〔二八〕慨然其間也　「其」，浙本作「有」。

〔二九〕誠立誠通之論　「誠通」，正訛改作「明通」。

〔三〇〕答薛士龍季宣　淳熙本作「答薛湖州」。

〔三一〕譬處休洽　淳熙本作「譬休浹洽」。

〔三二〕所以教告甚悉　「教告」，淳熙本、浙本作「告教」。

〔三三〕方將與同志　「與」下，淳熙本有「其」字。

〔三四〕分寸躋攀　「躋攀」，淳熙本、浙本作「攀躋」。

〔三五〕猶不敢自彊其所不足　「足」，淳熙本作「及」。

〔三六〕是以學校之政　「政」，原作「正」，據淳熙本、閩本、浙本改。

〔三七〕則其虚實淳漓　「漓」下，淳熙本有「之異」二字。

〔三八〕答薛士龍　淳熙本作「答薛湖州二」。

〔三九〕前言蓋已盡之矣　「言」，淳熙本、浙本作「書」。

〔四〇〕而來教之云　「云」，原作「去」，據淳熙本、浙本改。

〔四一〕又皆簡易明白　「簡」，浙本作「坦」。

〔四二〕正名統實　「統」，浙本無之。

〔四三〕答江元適　按此書續集卷六複出，題爲答江隱君。

〔四四〕若謂精義二字只是道體　「只」，浙本作「即」。

〔四五〕以爲近於傀儡而鄙厭之　「鄙厭」，浙本作「厭鄙」。

〔四六〕遂欲由徑而捷出　「由」，浙本作「曲」。

〔四七〕前此附書　「此」，浙本作「所」。

〔四八〕此所難得　「難」，浙本作「艱」。

〔四九〕與劉德修光祖　按此書續集卷六複出。

〔五〇〕然猶不免爲從之之累　底本原注云：「一本『爲』下空一字。」今據續集複出文補入「從」字。從之，孫逢吉字也。

〔五一〕八月二十二日　「二十二」，浙本作「二十四」。

〔五二〕果已罷遣　「已」，浙本作「亦」。

〔五三〕子宣今日方得書也　「宣」，浙本、天順本作「宜」。